Elena Wilhelm

Rationalisierung der Jugendfürsorge

D1724673

: **Haupt**

Elena Wilhelm

Rationalisierung der Jugendfürsorge

Die Herausbildung neuer Steuerungsformen
des Sozialen zu Beginn des 20. Jahrhunderts

Haupt Verlag
Bern · Stuttgart · Wien

Elena Wilhelm, Jg. 1966, Dr. phil. I, hat an der Universität Freiburg (Schweiz) Sozialarbeit, Ethnologie und Journalistik studiert und war anschliessend am Lehrstuhl für Sozialarbeit der Universität Freiburg (Schweiz) als Lektorin, am Pädagogischen Institut der Universität Zürich als wissenschaftliche Mitarbeiterin und an der Fachhochschule Solothurn als Dozentin tätig. Zurzeit lehrt und forscht sie an der Fachhochschule Aargau Nordwestschweiz im Fachbereich Soziale Arbeit. Die vorliegende Arbeit wurde von der Philosophischen Fakultät der Universität Jena im Sommersemester 2004 auf Antrag von Prof. Dr. Michael Winkler als Dissertation angenommen.

Publiziert mit Unterstützung des Schweizerischen Nationalfonds zur Förderung der wissenschaftlichen Forschung.

1. Auflage 2005

Bibliografische Information der *Deutschen Bibliothek*

Die Deutsche Bibliothek verzeichnet diese Publikation in der Deutschen Nationalbibliografie; detaillierte bibliografische Angaben sind im Internet über http://dnb.ddb.de abrufbar.

ISBN 3-258-06888-7

www.haupt.ch

Meinen Eltern

Vorwort

Meine Eltern, Hilde und Hans Wilhelm–Köhler, haben mit mir im Stadtarchiv Zürich sieben Falldossiers der Amtsvormundschaft der Stadt Zürich abgetippt. Ich danke Ihnen für diese großartige Arbeit, für ihre Hingabe, Ausdauer und Neugier. Ich bedanke mich auch in ihrem Namen beim Team des Stadtarchivs Zürich. Margrit Schaller hat die sieben Falldossiers mit mir diskutiert. Sie hat mir kritische Hinweise gegeben und mich in meinen manchmal überstiegenen Deutungen zurechtgewiesen. Ich danke ihr für diese große Unterstützung, für ihre Diskursbereitschaft, ihre Ideen sowie ihre Ermunterung und moralische Unterstützung. Dorothea Eich danke ich für ihr offenes Ohr, das sie meinen Ausführungen über das Leben der »Verwahrlosten« und »Degenerierten« über Jahre hinweg geschenkt hat, für ihre Anregungen und ihre Geduld. Oskar Eich gilt ein Dank für die Unterrichtung im Lesen der deutschen Kurrentschrift und Ilona und Jan Klaus danke ich für ihre Hilfe beim Kopieren der gedruckten Quellen. Danken möchte ich auch Marc Wilhelm, Philipp Wenger, Elke Gülck, Oliver Hofer, Agnès Fritze, Barbara Schirmer, Willi Duss, Myriam Rutschmann, Daniel Gredig, Peter Sommerfeld und Irene Somm, die mich auf verschiedenen Abschnitten meines wissenschaftlichen Wegs begleitet und inspiriert haben sowie Prof. Dr. Reinhard Fatke, der mich zur wissenschaftlichen Arbeit angeregt und mir den Zugang zu ihr ermöglicht hat. Ein herzliches Dankeschön geht an Luzia Truniger und Ueli Merten der Fachhochschule Aargau Nordwestschweiz, die mir in ihrer großzügigen Art Freiräume schafften, damit ich an meiner Arbeit schreiben konnte. Diese familiären und freundschaftlichen Ressourcen waren und sind für mich unersetzbar.

Prof. Dr. Michael Winkler hat mich mit der Übernahme der Betreuung dieser Arbeit – die ich im Januar 2004 als Dissertation an der Universität Jena eingereicht habe – und mit seiner großen Leidenschaft für den Gegenstand zur Weiterarbeit an ihr ermutigt und mir wertvolle Hinweise gegeben. Prof. Dr. Walter Hornstein hat sich in engagierter Weise mit meinem Manuskript auseinander gesetzt und mir unerlässliche Anregungen gegeben. Ihnen beiden gilt ein besonders großes Dankeschön.

Inhalt

Erstes Kapitel: Die Ausgangslage
Sozialpädagogische Historiographie im Zeichen der Sozialdisziplinierungsthese

1. Forschungsstand und Erkenntnisinteresse

Ausgangspunkt und Kernstück der vorliegenden Arbeit bildet eine Auswahl von Jugendfürsorgefällen, eine Anthologie von Existenzen, die sich über den Zugriff der rationellen Kinder- und Jugendfürsorge in die Geschichte eingeschrieben haben. Sieben Fälle aus den Archivbeständen der Amtsvormundschaft und des Waisenamtes bzw. der Vormundschaftsbehörde der Stadt Zürich, die zwischen 1908 und 1923 angelegt worden waren und bis ins Jahr 1934 reichen, dienen als materiale Teilgrundlage für die Entzifferung der Logik der »rationellen und systematisch ausgebauten Jugendfürsorge«[1] zu Beginn des 20. Jahrhunderts.[2] Die Fürsorge für die »gefährdeten« und »gefährlichen« bzw. die »verwahrlosten« Kinder und Jugendlichen ist dabei von ganz besonderem Interesse. Die allseits geforderte Rationalisierung der Jugendfürsorge sollte bezwecken, dass diese nicht mehr ausschließlich zur Hebung der Lebensfähigkeit derjenigen diente, die sie genießen durften, sondern als Mittel zur Förderung der allgemeinen Volkswohlfahrt wirkte und deshalb im Interesse aller Bürger lag. Nur eine rationelle Jugendfürsorge sollte den gefährlichsten Feind des Landes, die Verwahrlosung der Jugend, überwinden können.[3] Die fruchtbarste Verwendung des Staatsvermögens lag deshalb in der Erziehung der Jugend.[4] Die Amtsvormundschaft, die in Zürich 1908 gegründet wurde, bietet einen idealen Zugang zu solchen Jugendfürsorgefällen, da sie überall, wo sie eingeführt wurde, zur Grundlage der öffentlichen Jugendfürsorge und zum Mittelpunkt der gemeinnützigen Jugendschutzbestrebungen erklärt wurde.[5] »Bei der Belebung und Vertiefung, welche in neuerer Zeit sich auf dem Gebiet der Kinderfürsorge Bahn gebrochen hat, ist es für die Vormundschaftsbehörde zum unabwendbaren Bedürfnis geworden, ein eigenes Organ zu besitzen zur Feststellung und rationellen Bekämpfung der hier zutage tretenden Schäden.«[6]

Die administrativen Tätigkeiten haben sich in einer unüberschaubaren Masse von Dokumenten niedergeschlagen, die das wachsende Gedächtnis des gewöhnlichen Lebens bildeten. Für dieses Leben entstand im ausgehenden 19. Jahrhundert eine neue Regie, die den Menschen das Gesicht der »Liederlichkeit«, der »Verwahrlosung«, des »moralischen Defektes« und der »Lasterhaftigkeit« zuteilte.[7] Den liederlichen Eltern wurden ihre »verwahrlosten« und

»moralisch defekten« Kinder weggenommen und die verkommenen Elemente wurden immer subtiler und vermeintlich exakter klassifiziert. Sie wurden mit unglaublicher Geschäftigkeit, Strebsamkeit und Emsigkeit, mit hohem Aufwand, Einsatz, Umtrieb und Kosten, mit viel Wagnis und Risiko (die Amtsvormünder mussten eine Haftpflicht-, die Inspektionsgehilfinnen eine Unfallversicherung abschließen) inspiziert, kontrolliert, verwarnt, belehrt, versorgt, korrigiert, des Kantons oder des Landes verwiesen.[8] Hinter den Etikettierungen der Nachbarinnen und Hausmeister, der Pfarrer und Lehrer, der Verwandten und der administrativen und rechtlichen Organe, die, wie eine Inspektionsgehilfin erklärte, meistens übertrieben, unverhältnismäßig, ungerecht und manchmal unwahr waren,[9] stehen Menschen, die gelebt haben und gestorben sind, Menschen, die gelitten haben, die wütend waren, hasserfüllt, eifersüchtig, verletzlich, arm, traurig, verzweifelt, überfordert, liebenswürdig und leidenschaftlich. Die Texte sind ein Stück in der Dramaturgie ihrer Wirklichkeit. In den Texten werden ihre Leben verwaltet und verhandelt: das Leben des brutalen, rohen und heuchlerischen Heinrich, der lasterhaften und lügnerischen Rosmarie, der frechen und verdorbenen Elisabeth, das Leben des psychopathischen, eitlen und refraktären Arne, des geisteskranken und unverbesserlichen Toni, der entgleisten, liederlichen, unzüchtigen Ilse, des aufgeblasenen, arroganten aber erziehungsfähigen Walter, das Leben der trotzigen und leichtsinnigen Linda und dasjenige der intelligenten aber zum Lügen abgerichteten und gefährdeten Anna.

1908 wurden in Zürich der erste Kurs in Kinderfürsorge, der erste Schweizerische Informationskurs in Jugendfürsorge sowie der erste Kurs zur Einführung in weibliche soziale Hilfsarbeit durchgeführt, denn wer an der großen »Kulturarbeit« mithelfen und »rationelle Jugendfürsorge« betreiben wollte, bei dem genügte das gute Herz alleine nicht mehr.[10] Die im 19. Jahrhundert geforderte Rationalisierung der Erziehung und Bildung (»die Wichtigkeit und Nothwendigkeit einer rationellen Bildung und Erziehung der weiblichen Jugend wird und muss immer mehr erkannt und empfunden werden«[11]) sollte zudem erst dann gelingen können, wenn sie auf den Boden »wissenschaftlich fundierter Verfahren« und »wissenschaftlich kritischer Forschung« gestellt würde.[12]

Die ersten Jahrzehnte des 20. Jahrhunderts sind somit für die Herausbildung der Logik der Kinder- und Jugendfürsorge von entscheidender Bedeutung und die vorliegende Anthologie wird dadurch zum Ausgangspunkt einer Geschichte gegenwärtiger fürsorgerischer Praktiken, zum Ansatzpunkt einer historischen Ontologie unserer selbst.[13]

Pathologie der Moderne
oder antimoderne Jugendfürsorgepraxis?

Detlev Peukert brachte mit seiner 1986 erschienenen Untersuchung »Grenzen der Sozialdisziplinierung« die historische Jugendhilfe- und Jugendfürsorgeforschung in eine Phase spannender Auseinandersetzungen.[14] Für die nachfolgenden Untersuchungen bildete diejenige von Detlev Peukert eine unhintergehbare Referenz. Peukert ging davon aus, dass die immer wieder bemühte These der Sozialdisziplinierung den Kern der Jugendfürsorge deshalb gar nicht treffen könne, weil sie auf der Grundlage einer philosophisch-essayistischen Vorgehensweise von und im Umkreis von Michel Foucault entwickelt worden sei, über die jedoch die Unterschiede zwischen programmatischen Disziplinierungsansprüchen und ambivalenter Hilfepraxis nicht herausgearbeitet werden könnten.[15] Erst mit einer historisch-empirisch angelegten Untersuchung könne sichtbar gemacht werden, dass die Jugendlichen einen Handlungsspielraum für alltägliche Akte der Verweigerung, der Selbstbestimmung und des abweichenden Verhaltens hatten, der sich am offensichtlichsten in den Heimrevolten manifestierte. Der Handlungsspielraum der Jugendlichen relativiere, so Peukert, die Hypothese Foucaults eines sich ständig eindimensional verengenden Freiheitsraumes.

In der Bilanz seiner Studie unterstellt Peukert dann aber, dass eigentlich die Wirtschaftskrise zur Zurücknahme und Eingrenzung des Angebots der Jugendhilfe und damit zur Relativierung der Sozialdisziplinierung geführt habe und nicht der Widerstand der Jugendlichen: »In der Bewegung der ›Wilden Cliquen‹, in den Heimrevolten wie in einer Öffnung mancher Reformpädagogen und Jugendorganisationen zur Lebenswelt der Unterschichtjugend am Ende der 20er Jahre deutet sich ein gewisses Zurückrollen der sozialen Disziplinierungsprozesse an. Allerdings waren die größten Rückschläge der inneren Kolonialisierung durch die Staats- und Wirtschaftskrise des Reichs verursacht und keineswegs den erwähnten Gegenbewegungen geschuldet.«[16] Jedenfalls, so Peukerts Fazit, lasse ein Blick auf die Objekte der Jugendhilfe, also auf die Jugendlichen, keine durchschlagenden Veränderungen erkennen.[17]

An die Stelle der sich in der Krise andeutenden Chance zu einer selbstkritischen Umkehr der Sozialpädagogik seien dann aber, so Peukert, die Gewaltlösungen des Nationalsozialismus getreten.[18] Die ausgrenzenden Strategien sowie der totalitäre Geltungsanspruch der Sozialpädagogik seien jedoch bereits in ihrer Ausgangskonstellation angelegt gewesen. Die Zuwendung zu den Erziehbaren und die Ausgrenzung der Unerziehbaren hätten gemeinsam das Janusgesicht der modernen Sozialpädagogik gebildet. Die Angebote zur Erweiterung der Lebenschancen und die Tendenzen zur Enthumanisierung seien unlösbar miteinander verknäuelt gewesen, denn auch das Janusgesicht der Moderne habe nur einen Kopf.[19]

Marcus Gräser stellt in seiner Untersuchung »Der blockierte Wohlfahrtsstaat« Peukerts These der »Pathologie der Moderne« in Frage. Gräser untersucht die Krisenhaftigkeit der Jugendfürsorge als mögliches Paradigma für die Krisenhaftigkeit der Weimarer Republik und lokalisiert die Ursache der Krise der Jugendfürsorge nicht in einer »Pathologie der Moderne«, nicht im Ausgangsentwurf der Sozialpädagogik, nicht im Widerstandspotenzial der Betroffenen und auch nicht in der Wirtschaftskrise, sondern hauptsächlich in der antimodernen Praxis der Fürsorgeerziehung.[20] Die Krise sei das Ergebnis einer verpassten Modernisierung sowie eines schwachen Instrumentariums der Sozialpädagogik, die sich gegen die Versprechungen der Rassenhygiene nicht habe behaupten können.[21] »Die Fürsorgeerziehung scheiterte nicht, weil systemisch perfekte und an sich disziplinierende Institutionen mit den undisziplinierten Lebensentwürfen der Unterschichtjugendlichen kollidierten. Sie scheiterte vielmehr, weil sie zur industriellen Lohnarbeit als der wichtigsten disziplinierenden Instanz der modernen Gesellschaft ein gebrochenes Verhältnis hatte.«[22] Die Fürsorgeerziehung sei aus dem Ideal einer an vorindustriellen Leitbildern orientierten Erziehung erwachsen, die übersehen habe, dass sich die Erziehung der Zöglinge unter den Bedingungen der industriellen Lebenswelt zu bewähren habe. Diese vorindustrielle Praxis der Fürsorgeerziehung habe sich dann im Verlaufe der ersten Jahrzehnte des 20. Jahrhunderts zu einer Ungleichzeitigkeit entwickelt. Diese Ungleichzeitigkeit lasse die Fürsorgeerziehung und mit ihr »die um sie herum eingerichtete Jugendfürsorge« als paradigmatisch für die Weimarer Republik erscheinen.[23]

Zwar seien ohne Zweifel, so Gräser weiter, Teile der Jugendfürsorge als modern zu betrachten. Jedoch seien nicht diese fortgeschrittenen Teile der Jugendfürsorge in die Krise geraten, sondern eben ihr rückständiger Kern, die Fürsorgeerziehung.[24] Aus der Krise der Fürsorgeerziehung sei dann eine Krise der Jugendfürsorge geworden. Gräser moniert an Peukerts Untersuchung, dass das große Design der Disziplinargesellschaft dazu führe, die Widersprüche der Jugendfürsorge nicht in ihrer Praxis zu suchen, sondern aus der Ausgangskonstellation der Sozialpädagogik abzuleiten. Im Mittelpunkt Peukerts Untersuchung stehe deshalb auch gar nicht die Jugendfürsorge, sondern der Diskurs über die Jugendfürsorge.[25]

16

Individuelle Gestaltungsspielräume
und lernende Institutionen

Ebenfalls in Bezugnahme auf Peukert rücken Uwe Uhlendorff für Deutschland sowie Nadja Ramsauer für die Schweiz die individuellen Gestaltungsspielräume der Betroffenen ins Zentrum ihrer Aufmerksamkeit und sprechen von Aushandlungsprozessen zwischen Fürsorgerinnen und Befürsorgten.[26]

Ramsauer geht in ihrer Arbeit der Frage nach, inwiefern die Handlungsspielräume der Betroffenen die alltägliche Fürsorgepraxis der Zürcher Vormundschaftsbehörde beeinflussten.[27] Sie geht von der Annahme aus, dass das Modell der Sozialdisziplinierung im Falle der schweizerischen Vormundschaftspolitik zu kurz greife.[28] Das Modell greife allenfalls in der Armenpflege, da die Adressaten im Gegenzug zu konformen Verhaltensweisen materielle Hilfe erhielten. Die Bevormundeten hätten von der Vormundschaftsbehörde aber kaum finanzielle Unterstützung erwartet und dementsprechend der neuen Einrichtung gegenüber auch eine ablehnende Haltung eingenommen. Ramsauer bezieht sich dabei nicht, wie Peukert, auf Foucaults Analyse der Disziplinargesellschaften, sondern auf Max Webers Definition der rationalen Herrschaft (»für spezifische Befehle bei einer angebbaren Gruppe von Menschen Gehorsam zu finden«[29]), um zu beweisen, dass die Fürsorge mit dem Konzept der Sozialdisziplinierung nicht hinreichend erklärt werden könne. Die utopische Vision einer lückenlosen pädagogischen Kontrolle habe sich, angesichts des Widerstandes der Jugendlichen, nicht erfüllt.[30]

Ramsauer bestätigt mit ihrer Untersuchung ihre zu Beginn eingeführte Hypothese: Das behördliche Durchsetzungspotenzial sei durch die Handlungskompetenz der Eltern und Kinder gebrochen worden.[31] Das Handeln der Eltern und Kinder habe auf die behördlichen Strukturen eingewirkt, wodurch ein interdependentes und komplexes Fürsorgesystem entstanden sei.[32] »Das Konzept der Sozialdisziplinierung greift im Falle einer Vormundschaftsbehörde zu kurz (…) und wer hier eigentlich wen diszipliniert, steht ebenfalls zur Debatte.«[33]

Auch Uwe Uhlendorff stellt die Auffassung der deutschen Jugendhilfe als Repressionsgeschichte, als Geschichte der Sozialdisziplinierung Jugendlicher infrage.[34] Seine Kritik richtet sich gegen Peukerts These der Kolonialisierung der Lebenswelten jugendlicher Arbeiterschicht und gegen die Behauptung, die vielfältigen Interventionen der Jugendfürsorge hätten zu einem Hiatus zwischen formal organisierten Hilfesystemen und den Lebenswelten der Jugendlichen beigetragen.[35] Peukerts »Anstaltsmodell« könne nicht auf die gesamte deutsche

Jugendhilfe übertragen werden. Anhand der Mädchenarbeit des Hamburger Volksheims zeigt er auf, dass es in der Jugendhilfe auch andere Entwicklungen gegeben habe und kommt zum Schluss, dass die Jugendpflegeeinrichtungen durch die Heranwachsenden kolonialisiert worden seien. Den Jugendlichen könne nicht länger der Status passiv leidender Patienten gegeben werden, die Disziplinierungstorturen über sich ergehen lassen mussten oder gelegentlich durch Revolten ihren Unmut zum Ausdruck gebracht hätten. Die aktive Rolle der Jugendlichen und ihr Einfluss auf die Gestaltung pädagogischer Milieus würden unterschätzt. Die Jugendarbeit in Hamburg zeige auf, dass der Streit über Lebenskonzepte und normative Erwartungen, das Aushandeln akzeptabler Lebensformen besondere Eigenheiten sozialpädagogischer Einrichtungen gewesen seien. Diese hätten ein soziales Feld konstituiert, in dem gesellschaftliche Erwartungen und Lebensstile von Jugendlichen aufeinander trafen. In diesem Zwischenbereich hätten sich wesentliche Lernprozesse abgespielt, die für die Entwicklung einer pädagogischen Kultur entscheidend gewesen seien. Uhlendorff entwickelt auf der Grundlage dieser Erkenntnis ein »Modell sozialpädagogischer Einrichtungen als lernende Institutionen in der Zwischensphäre von System und Lebenswelt«[36]. Mit diesem Modell könne aufgezeigt werden, dass die Entwicklung der Jugendhilfe phasenspezifisch verlaufen sei: Auf die Konstituierungsphase folgte eine Phase der konzeptionellen Neuorientierung, die von einer Phase des sozialen Abbaus gefolgt worden sei. Die Geschichtsschreibung, so Uhlendorff, habe die Phase der konzeptionellen Neuorientierung bisher zu wenig fokussiert. Diese Phase sei aber deshalb gerade besonders relevant, weil man hier zeigen könne, dass sozialpädagogische Einrichtungen in ihrer Entwicklung nicht nur der Systemperspektive, sondern auch der Lebensweltperspektive verhaftet (gewesen) seien.[37]

Begriffliche Unschärfen

Wo liegen die Probleme und Desiderate der hier kurz rezipierten Untersuchungen? Peukert geht an keiner Stelle näher auf das Konzept der Sozialdisziplinierung ein – weder auf dasjenige Oestreichs, noch auf dasjenige Foucaults, auf das sich Peukert offensichtlich zu beziehen scheint.[38] Er vermengt die Konzepte »soziale Kontrolle«, »Kolonialisierung«, »Disziplinierung« und »Sozialdisziplinierung« recht unbekümmert, was in Anbetracht des Erkenntnisinteresses der Studie doch irritiert. Foucault selber spricht gar nicht von »Sozialdisziplinierung« und die Konzeptionen von Weber, Oestreich und Foucault können nicht einfach auf jene von Max Weber reduziert werden, die sich bei Peukert offensichtlich vor diejenige Foucaults geschoben hat. Das Konzept der Disziplinierung bleibt letztlich unverstanden. Spricht Foucault von der Ausbreitung disziplinärer Methoden, versteht Peukert darunter den Gehorsam der Jugendlichen. Foucaults disziplinarische Gesellschaft wird bei Peukert zur disziplinierten Gesellschaft. Außerdem bedarf die nicht nur von Peukert implizierte Unterstellung, Foucault habe sich ausschließlich der Entwicklung einer »Theorie der Disziplinargesellschaft« gewidmet, einer Korrektur.[39] Peukert kann Foucaults Erkenntnis und Methode nur deshalb desavouieren (»so anregend die Theorien Foucaults, so unbefriedigend ihr Reduktionismus auf den globalen Diskurs«[40]), da er sie auf theoretischer Ebene auf die Entwicklung einer (unverstanden gebliebenen) Theorie der Disziplinargesellschaft und auf methodologischer Ebene auf eine »hermetische Diskursanalyse«[41] verkürzt. Peukert lehnt sich letztlich viel mehr an Max Webers Modell der rationalen Herrschaft, denn an Foucaults Analyse der Disziplinarmacht an, obgleich dies so nicht ausgewiesen wird. Die Differenzen der beiden Analysen sind jedoch markant.[42]

Nebst diesen theoretisch-begrifflichen Schwierigkeiten erstaunt auch Peukerts methodologische Begründung sowie die Beschaffenheit der Quellen: Peukert stellt als materiale Grundlage seiner Untersuchung Quellen in Aussicht, in denen die Wahrnehmungsformen und Handlungsweisen der Unterschichtjugendlichen zum Ausdruck kämen und die die Sicht der Jugendlichen dokumentierten.[43] Wir erfahren dann aber, dass die Jugendlichen keine schriftlichen Selbstzeugnisse hinterlassen hätten, dafür aber die datenmäßige Erfassung von Verwahrlosungsfällen durch die Fürsorgeinstitutionen so dicht sei, dass auch durch »das Dickicht behördlicher Formeln und pauschaler moralischer und fachdisziplinärer Kategorisierungen zumindest einige Aspekte des wirklichen Lebens der Verwahrlosten«[44] durchscheinen. Peukerts Rekonstruktion der Selbstwahrnehmung der Jugendlichen stützt sich auf die von Siddy Wronsky und Alice Salomon gesammelten Falldarstellungen, die als Beispielmaterialien für die Fürsorgerinnenausbildung dienten, auf die zeitgenössische Jugendforschung, auf Untersuchungen über Erziehungsheime sowie auf die durch Peter Martin Lampel evozierten Selbstzeugnisse von Fürsorgezöglingen.[45] Aus diesen Materialien lassen sich aber, wenn überhaupt, nur sehr begrenzt Rückschlüsse auf das Selbstverständnis und die Lebenswelt der Unterschichtjugendlichen ziehen, da es sich um Interpretationen zweiten und dritten Grades handelt und um künstlich evozierte »Primärtexte«.[46]

Fokussierung der Fürsorgeerziehung
und des männlichen Jugendlichen

Nebst der folgenreichen Einschränkung des Untersuchungsgegenstandes auf die Fürsorgeerziehung, unterliegt Peukerts Konzeption einer weiteren, heiklen Beschränkung eines großen Teils der sozialpädagogischen Forschung: Peukert betrachtet nur die Fürsorge für den männlichen Jugendlichen und begründet diese Einschränkung damit, dass sich erstens der Diskurs in der Konstituierungsphase vornehmlich bzw. teilweise sogar ausschließlich auf diesen bezogen und sich zweitens die Fürsorgeerziehungspraxis überproportional diesem gewidmet habe und das Thema »Verwahrlosung« und Fürsorgeerziehung von Mädchen einen ganz eigenen Diskurs bilde, wobei sich der Verfasser außerstande fühle, »diesen von Tabuisierungen und Chiffrierungen durchsetzten Diskurs angemessen verstehend aufzuarbeiten«[47].

Auch an Gräsers Studie ist zu monieren, dass er seinen Blick ausschließlich auf die Fürsorgeerziehung und dabei auf die Fürsorgeerziehung für den männlichen Jugendlichen wirft. Wenn Gräser vom Niedergang der Jugendfürsorge spricht, meint er eigentlich den Niedergang der Fürsorgeerziehung. Wenn er behauptet, dass nicht eine ambivalente Moderne, sondern eine der Moderne nicht gewachsene und in der Tradition verhaftete, antiurbane und antiindustrielle Erziehung die Krise der Fürsorgeerziehung ausgemacht habe, ist diese These in der Begrenzung auf die Fürsorgeerziehung wohl richtig, nicht jedoch in ihrer Ausdehnung auf die Jugendfürsorge. Diese zeigte sich insgesamt nämlich sehr »modernisierungsoffen« und innovativ.[48] Die Krise hat neues geschaffen, was zu rekonstruieren Gräser verpasst. Er lokalisiert Ungleichzeitigkeit und Stillstand, wo sich bereits neue Modelle zu entwickeln beginnen.

Die Behauptung Gräsers, die Jugendfürsorge habe sich aufgrund ihres antimodernen Impetus nicht gegen rassenhygienische Versprechen behaupten können, ist deshalb nicht haltbar, da rassenhygienische Argumente von Beginn an Teil des Jugendfürsorgediskurses waren. Zu diesem Schluss kommt auch Heike Schmidt.[49] Gräser vernachlässigt die sehr viel früher einsetzende Debatte um die »Unerziehbarkeit« und ignoriert, wie Rainer Möhler richtig konstatiert, die bis in die Sozialdemokratie hinein wirkenden Denkmuster der Sozialhygiene, die den Rassenhygienikern in die Hand spielten. Nur deshalb, so Möhler, könne Gräser von einer Überwältigung der Jugendfürsorge durch die Rassenhygiene reden. Das Jahr 1933 erscheint als abrupter Bruch in der Erfolgsgeschichte der modernen Jugendfürsorge. Der von Gräser verwendete, äußerst problematische

Begriff einer »nationalsozialistischen Anti-Fürsorge« stehe, so Möhler zu Recht, symbolhaft für diese Sichtweise.[50] Gräsers Studie stellt eine wichtige Ergänzung bisheriger Arbeiten zur Jugendfürsorge dar, leidet jedoch unter ihrer Frontstellung gegen tatsächliche oder vermeintliche Thesen der aktuellen Forschungsdiskussion.[51]

Die Fixierung der sozialpädagogischen Forschung auf die Fürsorgeerziehung und die Fürsorge für den männlichen Jugendlichen, führt zu einer Überbewertung der Individualisierungs- und Disziplinierungsthese der Unterschichten.

Überdies lässt sich die Geschichte Deutschlands nicht bruchlos auf die Verhältnisse in der Schweiz übertragen.[52] Einiges weist darauf hin, dass in der Schweiz die Entwicklung anders verlaufen ist als in Deutschland. So hatte beispielsweise die Fürsorgeerziehung in der Schweiz einen sehr viel geringeren Stellenwert als in Deutschland. Während sich in Preußen der Anteil an Anstaltsversorgungen im Vergleich zum Anteil an Familienplatzierungen zwischen 1901 und 1924 zwischen 50 und 60 % bewegte,[53] lag der Anteil an Anstaltsversorgungen in der Schweiz von 1900 bis 1924 bei durchschnittlich 20 %.[54] Diese Differenz spiegelt sich im immer wieder geäußerten Postulat, die Familien- auf jeden Fall der Anstaltsversorgung vorzuziehen.[55] Auch die »Krise der Jugendfürsorge« war in der Schweiz weniger virulent als in Deutschland.

Falsche Dichotomisierung zwischen Disziplinierung und Handlungsspielraum

Ramsauer und Uhlendorff, die die dargelegten Einseitigkeiten zu überwinden versuchen, gelingt es meines Erachtens nicht, das Spannungsfeld zwischen Disziplinierung und Widerstand, zwischen Ausgrenzung und dem Kampf um Partizipation, Mitbestimmung und Selbstbestimmung zu analysieren und für weitere Forschungen zu erschließen. Vielmehr wird vorschnell vom Widerstand gegen die disziplinierende Zumutung und die Drohung der Ausgrenzung durch Akteure des Wohlfahrtsstaates darauf geschlossen, Disziplinierung sei inexistent. Damit lassen sie aber beharrlich und in logisch unbefriedigender Weise offen, wogegen sich denn der Widerstand der Betroffenen gerichtet haben sollte, wenn nicht gegen einen Versuch, sie fremd zu bestimmen, zu normieren und gegebenenfalls zu sanktionieren. Entgegen dieser Ausblendung müsste die Thematisierung von Widerstand auch aufzeigen können, dass Widerstand sich nicht nur regte und in unterschiedlichen Formen geleistet wurde. Es müsste auch aufgezeigt werden, dass Widerstand scheitern, Sanktionen nach sich ziehen und welche Effekte dieses Scheitern haben konnte. Wie Gräser zu Recht anmerkt, ist nicht jedes funktionale Ineinandergreifen, nicht jede Konkurrenz um die Klientel, nicht jede rivalisierende Überbietung in der Schaffung von Fürsorge das Ergebnis eines Aushandlungsprozesses. Die »lernende Institution« verrät noch nichts darüber, »warum gelernt wird oder werden muss, wer lernt und wer das Lernen verweigert«[56]. Gräser kritisiert an Uhlendorffs geschichtsoptimistischer Lesart der Jugendhilfe weiter, dass eine »hausgemachte« Krise nicht vorgesehen sei und der Verfall der Institution nur das Ergebnis äußerer Bedingungen sein könne. Gerade das Zusammenspiel von autochthoner Krise der Jugendfürsorge und der Reaktion unter den Trägern und politischen Entscheidungsträgern könne damit nicht erfasst und analysiert werden.[57]

Die erneute Ausblendung der Kehrseite wohlfahrtsstaatlich organisierter Jugendfürsorge verhindert, dass die Prozesse analysiert und auf ihre Bedingungen hin untersucht werden können. Die Sichtweisen transportieren einen unangebrachten sozialpädagogischen Optimismus.

Geschichtsschreibung als Anklage und Wiedergutmachung

Über diese beiden divergierenden Stränge (These der Disziplinierung und These der lernenden Institution) hinaus, existiert in der Schweiz eine Geschichtsschreibung als Strategie der »Anklage und Wiedergutmachung« mit der jedoch keine weiterführenden Erklärungen im Hinblick auf Bedingungen, Mechanismen und Prozesse der Jugendfürsorge geschaffen werden können.[58] Die unter diesem Fokus durchgeführte Untersuchung des Einflusses rassenhygienischer und eugenischer Theorien auf die Praxis von Fürsorge, Justiz und Medizin bzw. die Beschreibung der Zwangsmaßnahmen in diesem Kontext, führt zu einer Geschichtsschreibung, die das »Böse« in der Vergangenheit lokalisiert und das »Geläuterte« in der Gegenwart.

Der Historiker Thomas Huonker spricht seine Dankbarkeit gegenüber jenen Menschen aus, die den »Paradigmenwechsel« im Sozialstaat zustande gebracht hätten, der am Ende seiner Untersuchungsperiode (1970) auch in Zürich eingesetzt habe: »Weg von Kontrollapparaten und Zwangsmassnahmen gegen ›Abnormale‹, hin zum Respektieren und Akzeptieren des abweichenden Verhaltens.«[59] Monika Stocker, Zürcher Stadträtin und Vorsteherin des Sozialdepartements der Stadt Zürich, entschuldigt sich in ihrem Vorwort des von ihr in Auftrag gegebenen Berichts, bei den Opfern der Vergangenheit für das Unrecht, das ihnen angetan wurde. Gleichzeitig schätzt sie sich als Präsidentin der Vormundschafts- und der Fürsorgebehörde der größten Schweizer Stadt glücklich, sich »in den Behörden von Menschen gestützt zu wissen, die es sich nicht einfach machen, die ihre Entscheide in Erwägung aller fachlichen und therapeutischen Erkenntnisse fällen, die ihre Eingriffe mit hohem ethischen Bewusstsein verantworten und sich nur einem verpflichtet fühlen: dem Wohl des Einzelnen und dem Wohl des Gemeinwesens«[60]. Monika Stocker verspricht, alles daran zu setzen, dass später einmal auf die heutige Arbeit mit Dankbarkeit zurückgeblickt werden könne, dass es keine Täter und Opfer mehr gebe, sondern nur noch Handelnde, die ihre Verantwortung so gut, so gerecht und so menschlich wie möglich wahrnehmen.[61]

Selbstverständlich ist alles daran zu setzen, dieses Kapitel der Geschichte aufzuarbeiten und nichts erforderlicher, als sich bei den Opfern von Zwangsmaßnahmen und Gewalt der Vergangenheit zu entschuldigen. Wenn aber diese Art der Geschichtsschreibung *gleichzeitig* dazu führt, das »Böse« als überwunden zu wähnen und das Gegenwärtige in hohen Tönen zu loben, dann steckt in ihr die Gefahr der erneuten Tabuisierung und Ausblendung gegenwärtiger Mechanismen des Ausschlusses, der Kontrolle, des Zwangs, der subtilen, neuen, noch wenig erfassten Formen der Entsubjektivierung. Es ist etwas unbedarft zu glauben, diese gehörten der Vergangenheit an, abweichendes Verhalten würde heute toleriert, die sozialen Risiken seien heute gleich verteilt und solidarisch aufgehoben.[62] Im Satz von Monika Stocker, dass sich ihre Mitarbeiter und Mitarbeiterinnen nur einem verpflichtet fühlten, nämlich dem Wohl des Einzelnen und dem Wohl des Gemeinwesens, steckt ja gerade eine der Paradoxien bzw. eines der Strukturprobleme Sozialer Arbeit, da sich das Wohl des Gemeinwesens und dasjenige des Einzelnen oftmals ausschließen, zumindest nicht miteinander in Einklang zu bringen sind. Bei dem von Huonker untersuchten Feld der Rassenhygiene und Eugenik handelt es sich ja genau um den (vermeintlichen) »Schutz« des Gemeinwesens vor »Degenerierten« und »Minderwertigen«, der gegenüber den individuellen Rechten als wichtiger eingeschätzt wurde.

Diese Art der Geschichtsschreibung unterlegt ein Machtmodell, mit dem das Funktionieren der Macht nicht erfasst wird und demzufolge kaum Anschlussstellen für die Reflexion der Gegenwart geschaffen werden können. Die Amtsvormünder Dr. Hans Grob und Dr. Olga Lenz, Dr. Robert Schneider und Dr. Albert Robert Büchi, die Inspektionsgehilfinnen Helene Moser, Anna Haupt oder Linda Enderli, aber auch die Psychiater der Amtsvormundschaft Dr. Moritz Tramer und Dr. Walter Moos waren keine »Monster«, sie können nicht nur als »Täter« beschrieben werden. Sie hofften, Gutes zu tun, sie glaubten an den Sinn und Zweck ihrer Arbeit und ihre eigene Kompetenz. Sie arbeiteten bis zur Erschöpfung, gefährdeten ihre eigene Gesundheit.[63] Sie waren auch nicht frei von Skepsis. Die Zwiespältigkeit bzw. die Schattenseiten ihrer Arbeit waren zumindest einigen von ihnen durchaus bewusst.[64] Ebenso verkürzt ist Huonkers Lesart, dass es den »pflichtvergessensten« und ihre Kinder misshandelnden und missbrauchenden Eltern »ziemlich egal« gewesen sei, was mit ihren Kindern passierte, dass deren Kinder froh gewesen seien um die Wegnahme aus der Familie, und dass nur jene Eltern sich gegen die amtlichen Verfügungen gewehrt hätten, die sich auch sonst für ihre Kinder engagierten und deren Vertrauen hatten.[65] Huonker liefert für diese Aussagen denn auch keine Belegstellen. Die Beziehungen sind sehr viel komplexer. Es ist diese Komplexität, welche die Strukturlogik der Sozialen Arbeit bestimmt und die dieses Handeln so furchtbar schwierig macht.[66]

Der kurze Überblick über den derzeitigen Forschungsstand macht auf drei Probleme bzw. Lücken aufmerksam: Die Konzentration der Jugendfürsorge- und Jugendhilfeforschung auf die Fürsorgeerziehung für männliche Jugendliche,[67] die unklare Verwendung und deshalb auch unpräzise Kritik des Sozialdisziplinierungskonzepts sowie die spärliche Forschung in der Schweiz.

Erkenntnisinteresse

Mit der vorliegenden Arbeit wird versucht, einige dieser Desiderate zu erbringen. Ziel der Analyse (von Diskurs und Praxis bzw. von diskursiven und nicht-diskursiven Ereignissen) ist letztlich das Verständnis der »Produktion von Subjektivität und Gesellschaft« im Kontext einer »rationalisierten« Kinder- und Jugendfürsorge, das Verständnis von politisch-rechtlichen Institutionalisierungs-formen in ihren Beziehungen zu den historischen Subjektivierungsweisen.[68] Die Analyse von diskursiven und nicht-diskursiven Praktiken erlaubt es, die Kinder- und Jugendfürsorge auf drei Ebenen zu untersuchen: Als Traum oder Utopie, als Praxis sowie als sich herausbildende akademische Disziplin. Die Kinder- und Jugendfürsorge wird dabei in der Gesamtheit ihrer Wirkungen und nicht nur als konsequente Umsetzung von ethischen Grundentscheidungen der Gesellschaftsmitglieder, von Gesetzen oder als Indikator von Gesellschafts-strukturen entziffert. In dieser Perspektive wird also weder eine Epoche noch eine einzelne Institution in einer bestimmten Epoche analysiert, sondern ein Problem, das zu einem bestimmten Zeitpunkt aufgetaucht ist, verhandelt und möglichst »rationell« behandelt werden sollte: die »Verwahrlosung«.

Natürlich hatte die Jugendfürsorge auch ihre ökonomischen Motive, die beispielsweise in der Tatsache sichtbar werden, dass das Schweizerische Bauernsekretariat einen wichtigen Beitrag zur »Vermehrung des Angebots landwirtschaftlicher Arbeitskräfte« in der Rekrutierung von Fürsorgezöglingen sah und 1907 eine aufwendige Untersuchung über den Einfluss von Anstalten und Vormundschaftsbehörden auf die Berufswahl ihrer Zöglinge durchführen ließ.[69] Und selbstverständlich hatte die Jugendfürsorge auch ihre emotionalen Motive. Ich befrage die Dokumente aber nicht im Hinblick auf die Motive und Absichten der Akteure. Anstelle von versteckten Bedeutungen und Absichten rekonstruiere ich Kräfteverhältnisse.[70]

Die Vormundschaftsfälle bilden damit den Ausgangspunkt für eine sozial- und institutionengeschichtliche Analyse, um die Beziehungen der beteiligten Praxisfelder an ihnen durchzuspielen. Mehr als Bourdieus Frage nach der Klassengesellschaft und den Klassenkämpfen (die ohne jeden Zweifel existieren), interessieren die Fragen, bei welcher Gelegenheit ein Kampf überhaupt entsteht, mit welchem Ziel und mit welcher Methode er geführt wird, wer mit welchen Mitteln in den Kampf zieht, weshalb, wofür und wozu gekämpft wird, welches die Basis dieses Kampfes ist. Es ist eine Geschichtsschreibung von Unfällen, Zerstreuungen, zufälligen Ereignissen und Lügen und nicht die heitere Entwicklung der Wahrheit oder die konkrete Verkörperung der Freiheit. »Niemand ist verantwortlich für eine Entstehung, niemand kann sich ihrer Rühmen, sie geschieht in einem leeren Zwischen.«[71]

Hierfür rekonstruiere ich die Auseinandersetzungen und das Zusammenspiel dieser Praktiken und Diskurse, befrage sie nach ihren Widersprüchen, untersuche ihre Transformationen und entziffere ihre Effekte. Um dieses Vorhaben nachvollziehbar zu machen, müssen die Ebenen der Untersuchung aufgegliedert werden, wobei es sich um eine analytische und nicht um eine inhaltliche Gliederung handelt: Es gilt zu untersuchen, welches die Subjekte und Objekte dieser Diskurse und Praktiken waren, welcher Aussage- und Handlungsbereich wem von wem übertragen wurde und welcher Status den Aussagen der Beteiligten zukam. Es werden weiter die zentralen inhaltlichen Werte der Akteure und Akteurinnen rekonstruiert und es wird ein Inventar jener Denkweisen, Konzepte und Thesen erstellt, die jeweils einen Konsens herstellen konnten. Schließlich werden die für die Begründung des jeweiligen Geltungsbereichs verwendeten Wissensarten und Begriffe herausgearbeitet, mit Hilfe derer der gesellschaftliche Problembereich entziffert und bearbeitet wurde: Mit Hilfe welchen Wissens wurde das, was in Erfahrung gebracht wurde kategorisiert und interpretiert? Woher wurde dieses Wissen bezogen? Wurden die Interpretationen in einem spezialisierten Wissen geordnet und systematisch untergebracht oder handelte es sich um alltagstheoretische Interpretationen? Welche von den Kategorien aller Beteiligten wurden für die eigene Argumentation übernommen, welche wurden weggelassen und wie wurden die letztlich übernommenen Kategorien interpretiert?[72] Dabei geht es auch um die Frage, wie dieses Wissen eingesetzt wurde: Wurde es strategisch eingesetzt oder bewusst unterschlagen? Diese Fragen zielen insgesamt auf die inhaltliche und theoretische Situation, in der sich die Beteiligten befunden haben: Verfügten sie über theoretische Hilfsmittel zur Abstützung ihrer Diagnose, ihres Urteils, ihres Entscheids, ihrer Empfehlung, ihrer Intervention?[73] Wurde überhaupt Anspruch auf Wissenschaftlichkeit erhoben und wo erfuhr dieser seine Grenzen? Viertens interessiert sich die Analyse für die Strategien, Methoden, Techniken und Instrumente der rationellen Kinder- und Jugendfürsorge. Dabei ist von Interesse, weshalb eine bestimmte Strategie einer anderen vorgezogen wurde, welche Instrumente und Methoden weshalb gewählt wurden und welche weshalb nicht. Und schließlich wird untersucht, welche rechtliche Struktur und welche institutionelle Matrix daraus resultierte und welche Erfolge und Rückschläge zu verbuchen waren, welche Gewinne und welche Nachteile, welche Verwirrungen und Schäden, welche kontrollierten und unkontrollierten Konsequenzen, und es ist zu überprüfen, inwieweit Fehl- und Rückschläge zum Überdenken der Strategien Veranlassung gaben.

Die Arbeit versteht sich als ein Versuch der Rekonstruktion der historischen Bedingungen der Möglichkeit gegenwärtigen sozialpädagogischen Denkens und Handelns. Die Analyse begründet aber keine neue gegenwärtige Praxis. Sie zeigt weder die Ziele ihrer Veränderung auf, noch thematisiert sie sie unter dem Aspekt ihrer Falschheit, um danach auf die richtige Praxis hinzuweisen.[74] Die Analyse benennt allenfalls Orte, an denen Überschreitungen wünschbar sein könnten und versucht die Bedingungen für diese möglichen Überschreitungen anzugeben.[75]

Methodologischer Zugriff: macht- und gesellschafts-analytische Fundierung sozialpädagogischer Historiographie

Damit wird zugleich Foucaults Analytik der Frage unterzogen, ob und inwiefern sie eine fruchtbare Grundlage für eine macht- und gesellschaftsanalytische Fundierung sozialpädagogischer Forschung und Theoriebildung in historischer Perspektive bildet. Unter Berücksichtigung der sozialpädagogischen Rezeption Foucaults Werk scheint diese Frage etwas verwegen, da in ihr Foucaults Analytik der Macht vorwiegend als eine Aufforderung zur Non-Intervention und insofern als Absage an jegliche Sozialpädagogik gelesen wird: »Die praktische Konsequenz dieser Position für die Soziale Arbeit und gleichsam ihre Art von Handlungskompetenz wäre demzufolge, da jede Form der Intervention notwendigerweise kolonialisierend wäre, die radikale Non-Intervention (›Nichtstun ist besser als etwas tun‹), ihre berufsstrategische Variante das Postulat der Deprofessionalisierung.«[76] Foucaults kritische Rekonstruktion der Humanwissenschaften wird in dieser Auslegung bruchlos auf die Logik praktisch-beruflichen Handelns übertragen. Rauschenbach und Treptow betonen zwar, dass es in ihrer Abhandlung über das Erkenntnisvermögen der makrosozialen Theorien, zu denen die auf Foucault und anderen kritischen Theoretikern aufbauenden sozialpädagogischen Theoriebildungsversuche gezählt werden, »um eine vereinfachende und polarisierende Plausibilität heutiger gesellschaftstheoretischer ›Sprachlosigkeit‹ der Sozialen Arbeit«[77] gehe. Eine kritische Revision ist durchaus notwendig. Mit diesem Radikalschlag werden jedoch die fruchtbaren Anschlussstellen unkenntlich gemacht.

Auch Hauke Brunkhorst sieht in Foucaults Analytik die totale Entlegitimation der (beruflichen bzw. professionellen) Sozialpädagogik: »In der Struktur des Benthamschen Panopticons, in der Konstruktion des sozialen Raumes als Kontrollraum schrumpft die moderne Gesellschaft auf die Konturen des modernen Gefängnisses zusammen. Für sozialpädagogische Intervention, sie mag so progressiv sein, wie sie wolle, hat die Entdeckung der unentrinnbaren, alles affizierenden ›Normierungsmacht‹ betrübliche Konsequenzen: sie könnte, um dieser Macht zu entrinnen, nur noch gänzlich entsagen, das wäre das neoliberale Programm einer ›radikalen Nonintervention‹, oder sie müsste sich bedingungslos der jungkonservativen ›Rebellion gegen das Normative‹ verschreiben, von den Gefängnisrevolten über die Stadtindianer bis zur Parole der jugendlichen Hausbesetzer: ›legal – illegal – scheißegal‹.«[78] Anders ausgedrückt: »Was immer der Sozialarbeiter tut, das ist Foucaults resignative Botschaft, er zieht die Schlinge der Macht zu.«[79] Brunkhorst bezeichnet Foucaults Erklärung der Sozialpathologien unserer Zeit als einen konservativen Fehlschluss, da er das Problem auf die Aufklärungsparadoxie verkürze.[80] An dieser Stelle bleibt vorerst zu entgegen, dass es Foucault lediglich um die Ablehnung einer Denkweise ging, die die Ausbreitung des Wohlfahrtsstaates als selbstverständlich betrachtet und eine Diskussion über die möglichen sozialen und persönlichen Kosten solchen Vorgehens unterdrückt. Wohlfahrtsstaatliche Praktiken können nicht ohne eine kritische Hinterfragung auf alle Aspekte unseres Lebens ausgedehnt werden.[81] Foucault nimmt an, dass jede Machtstruktur ihre Vorteile und ihre Gefahren hat, und dass keine ideal sein wird. Das spricht aber keinem Noninterventionismus das Wort.

Und auch Jürgen Habermas liest Foucault im Sinne dieses totalisierenden Machtverständnisses: Die genealogische Geschichtsschreibung klammere, so Habermas, normative Geltungsansprüche ebenso ein wie Ansprüche auf propositionale Wahrheit und enthalte sich der Frage, ob einige Diskurs- und Machtformationen eher gerechtfertigt sein könnten, als andere. Foucault widersetze sich der Aufforderung, Partei zu nehmen; er verhöhne das gauchistische Dogma, die Macht für das Böse, das Hässliche, das Sterile und Tote zu halten und das, worüber Macht ausgeübt wird, für das Gute, Echte und Großartige. Es gebe für ihn keine richtige Seite. Dahinter stehe für ihn die Überzeugung, dass die Politik, die seit 1789 im Zeichen der Revolution gestanden habe, ans Ende gelangt sei, dass die Theorien, die das Verhältnis von Theorie und Praxis durchdacht haben, überholt seien.[82]

Foucault wollte jedoch einen Weg in Richtung einer neuen Ökonomie der Machtverhältnisse vorschlagen, der, im Widerspruch zu Habermas' Kritik, empirischer und direkter auf unsere gegenwärtige Situation bezogen ist, und der mehr Beziehungen zwischen Theorie und Praxis umfasst.[83] Es ging Foucault um die Stärkung derjenigen Praktiken, die sich der Ausbreitung der »Biomacht« am ehesten entziehen, am erfolgreichsten widersetzen und so zu Elementen eines anderen Seinsverständnisses werden könnten. Eine Gesellschaft ohne Machtverhältnisse könne nur eine Abstraktion sein. Dies mache jedoch die Analyse dessen, was sie innerhalb einer gegebenen Gesellschaft sind, wie sie sich historisch herausgebildet haben, eine Analyse dessen, was sie haltbar oder zerbrechlich macht, der Bedingungen, die notwendig sind, um die einen zu verwandeln und die andern zu beseitigen, politisch nur umso notwendiger. Die »Aussage, es könne Gesellschaft nicht ohne Machtverhältnisse geben, heißt weder, dass die jeweils gegebenen auch notwendig sind, noch dass auf alle Fälle die Macht im Herzen der Gesellschaft ein unvermeidliches Geschick darstellt, sondern dass die Analyse, die Herausarbeitung, die Infragestellung der Machtverhältnisse und des ›Agonismus‹ zwischen Machtverhältnissen und der Intransitivität der Freiheit eine beständige politische Aufgabe ist (...).«[84]

Die Untersuchung nimmt in der skizzierten Anlage erstens ein in der Schweiz wenig erschlossenes Feld in den Blick und versucht zweitens, den Blick auf dieses im Vergleich mit der bisherigen historischen Forschung und der bisherigen Professionsforschung zu verschieben: Die vorliegende Arbeit versucht über einen fallanalytischen Zugang eine Klärung der offen gebliebenen Fragen und versteht sich damit als Beitrag sowohl zur sozialpädagogischen Geschichtsschreibung als auch zu professionalisierungstheoretischen Fragen.

2. Probleme sozialpädagogischer Theoriebildung

Die klassische Professionsforschung begnügte sich oft mit der Diskussion der institutionellen Erscheinungsformen von Professionen, um letztlich ihre Autonomie zu begründen. Dabei vernachlässigte sie aber die Rekonstruktion der von den Berufen und den einzelnen Akteuren und Akteurinnen begründeten »Geltungsfragen«, die der Institutionalisierung vorangehen.[85] Die Rekonstruktion der wissenschaftlichen und politischen Diskurse sowie der Diskurse, die sich in den Praktiken und Diskursen der Jugendfürsorge manifestieren, erlaubt hingegen die Analyse der Bildung und des Flusses der verschiedenen Geltungsansprüche der beteiligten Akteure und der von ihnen verwendeten Wissensarten in ihren Beziehungen zu den gegründeten Institutionen und den Rollen, die dort gespielt werden müssen. Sie ermöglicht eine Aufschlüsselung der Kräfteverhältnisse, in welche die konkreten Praktiken und Diskurse eingeschlossen sind.

Kollektives Identitätsmanagement:
Fluchtlinien eines Theoriediskurses

Im aktuellen sozialpädagogischen Theoriediskurs werden indes vor allem die Erfolgsgeschichte und die Andersartigkeit der Sozialen Arbeit hervorgehoben. Anstatt sich mit den Produktionsbedingungen von Subjektivität und Gesellschaft und den Möglichkeitsbedingungen sozialpädagogischen Handelns zu befassen, bemüht sich die Sozialpädagogik um ihre eigene Position im Feld der Professionen. Begriffe wie »autonome Profession«, »alternative Professionalität«, »postmoderne Professionalität« »neue Fachlichkeit« etc. stellen dabei

29

Sinnstiftungs- und Identifikationsangebote, jedoch kaum brauchbare Kategorien für eine kritisch-wissenschaftliche Durchdringung der Sozialpädagogik dar. Die Überführung der berufspolitisch gefärbten und selbstbezüglichen Debatte in einen wissenschaftlichen Diskurs erfordert die Abwendung von diesem Identitätsmanagement, die Abwendung beispielsweise auch davon, dass in einem wissenschaftlichen Diskurs erfreut das sozialpädagogische Jahrhundert ausgerufen wird.[86] Ganz ungeachtet dessen, dass es verdächtig stimmt, den Wechsel des Jahrhunderts als Anlass dafür zu nehmen, dieses bereits vor seinem Ausklang mit einem Etikett zu versehen, auf das die eigene Identität gedruckt wird, stimmt vor allem auch das in dieser Zuschreibung zum Ausdruck kommende übersteigerte Selbstbewusstsein skeptisch, das in »steilem Anstieg«, »schwindelerregendem Aufstieg« und »beispiellosem Aufstieg« einen begrifflichen Ausdruck findet.[87] Hier geht es gerade nicht um eine kritische Diskussion des Befundes einer durch sozialpädagogische Konzepte durchdrungenen Gesellschaft, wie dies vergleichsweise Michael Winkler tut, der vermutet, dass sich in modernen Gesellschaften eine grenzenlos gewordene Integration sozialpädagogischer Vorstellungen und Konzepte in lebensweltliche und alltägliche Zusammenhänge vollzogen habe.[88] Die quantitative Ausweitung wird vielmehr zur Begründung der vermeintlichen Erfolgsgeschichte der Sozialpädagogik herangezogen: die Sozialpädagogik sei diejenige Profession, die sich in diesem Jahrhundert am meisten ausgedehnt habe. »Ein Anstieg in knapp 100 Jahren von 0 auf fast 1 Million Erwerbstätige bis zum Ende dieses Jahrhunderts ist eine wahrlich fulminante Entwicklung.«[89] Die zukünftige Aufgabe der Sozialpädagogik bestimmt Rauschenbach konsequenterweise darin, das quantitativ erreichte Volumen qualitativ zu optimieren, womit er meint, ressourcensparende, sozialverträgliche Wege einer dennoch professionellen Sozialen Arbeit zu finden bzw. von einer primär fiskalisch motivierten Kosten-Nutzen-Analyse zu einer fachlich fundierten Investitions-Wirkungs-Analyse zu gelangen.[90] Damit hätte sich dann die Sozialpädagogik endgültig von der modernen, wohlfahrtsstaatlich mitkonstituierten Profession hin zu einer sozialpolitischen Unabhängigkeit entwickelt.[91]

Im Trend sind Dienstleistungsmodelle Sozialer Arbeit, die die öffentliche Anerkennung und Wertschätzung der Sozialen Arbeit einfordern und postulieren, die Soziale Arbeit habe vordringlich ihre internen Identifikationsmuster, ihre Glaubwürdigkeit, ihr Image und ihre Authentizität zu stärken. Ein Manifest, das letztlich in die Selbstüberzeugungs- und Beschwörungsformel mündet: »Wir müssen das, was wir denken sagen. Wir müssen das, was wir sagen tun. Und wir müssen das, was wir tun, dann auch sein.«[92]

Ein Teil der sozialpädagogischen Professionalisierungsdebatte setzt oft hart-näckig und bisweilen verbissen alles darauf, ihre Autonomie und Normalität unter Beweis zu stellen. Dabei scheint dieser Nachweis theoretische und empi-rische Nachlässigkeit zu billigen bzw. zu fordern: So kann beispielsweise Ro-land Merten, von dem der ausführlichste Begründungstext einer autonomen So-zialen Arbeit vorliegt, den Ausweis der Sozialen Arbeit als normale Profession nur mit Hilfe einer durchgängigen Abstinenz von bzw. Ignoranz gegenüber em-pirischen Erkenntnissen bewerkstelligen: Wenn eine empirische Untersuchung für die eigene Argumentation herangezogen wird, vermag sie diese nicht zu stützen. So belegt er beispielsweise die sozialarbeiterische Organisationsauto-nomie indem er behauptet, dass die These der strukturellen Dominanz semi-professioneller Berufe seitens der Organisation auch empirisch als widerlegt angesehen werden müsse.[93] Es erfolgt indes keine einzige Quellenangabe, die diesen Befund auch stützen würde. Ähnlich verfährt Merten, um den Nachweis sozialpädagogischer Klientenautonomie zu erbringen.[94] Er unternimmt alles, um die Soziale Arbeit als unabhängig und »normal« zu charakterisieren. Dazu gehört beispielsweise auch, dass er gleich in der ersten Fußnote betont, dass auf die Verhältnisbestimmung von Sozialer Arbeit und Sozialpolitik verzichtet wer-den könne.[95] Damit gerät eine allfällige sozialpolitische Instrumentalisierung der Sozialpädagogik mit dem Zweck der sozialpädagogischen Bearbeitung bzw. Verwaltung von sozialen Problemlagen auch gar nicht mehr in den Blick. Mer-ten legitimiert diesen Kunstgriff damit, dass hoheitliche Zugriffe auf die Klien-tel Sozialer Arbeit heute eher die Ausnahme seien und tendenziell kooperative Formen professioneller Intervention dominieren würden.[96] Dass auch diese em-pirische Beweisführung willkürlichen Charakter hat, belegt er selber vierzig Seiten weiter vorne, wo er festhält: »Zunächst stellt sich hier die Frage nach dem Grad der Freiwilligkeit der Klienten gegenüber der professionellen Inter-vention. Obgleich zwar diesbezüglich verschiedenste Meinungen kursieren, las-sen sich solide empirische Untersuchungen hierzu nicht finden.«[97] Die eigenen Aussagen werden mit scheinbar vorhandenen aber nicht referierten Studien be-legt. Die seine Aussagen widerlegenden Behauptungen können mangels empiri-scher Studien entkräftigt werden. Die Schwäche seiner Beweisführung wohl ahnend, bleibt auch Merten zum Schluss nur noch die quantitative Abstützung seiner Normalisierungsthese: »Jenseits dieser generellen Überlegungen lässt sich jedoch anhand eines konkreter zu operationalisierenden Kriteriums die Normalisierung der Sozialen Arbeit im Bereich ihrer Beschäftigungsstruktur nachweisen, nämlich anhand des realen quantitativen Wachstums.«[98]

Diesen sozialpädagogischen Diskurs in den Blick nehmend, kann Walter Hornstein in seinem Urteil beigepflichtet werden, dass die Vorgänge der Professionalisierung, der Institutionalisierung, der Etablierung und Normalisierung sozialpädagogischer Praxis eine Tendenz sichtbar machen, sie unpolitisch, ungeschichtlich, ungesellschaftlich und ›asozial‹ werden zu lassen.[99]

Nicht anders verhält sich der Theoriediskurs in der Sozialarbeitswissenschaft, die sich explizit von sozialpädagogischen Theorietraditionen abgrenzt und sich als eigenständige wissenschaftliche Disziplin postuliert. Manche der Diskussionsbeiträge, wie beispielsweise jener von Gerd Gehrmann und Klaus Müller, persiflieren jedoch die eingeklagte Wissenschaftlichkeit ganz unverblümt.[100] Wenn ethnische Gruppen ethnische Eigenheiten als Strategie gegen Unterdrückung und Homogenisierung einsetzen und demonstrativ ihre gemeinsamen Werte und Normen artikulieren (im Sinne eines *black is beautiful*), dann ist das eine legitime, wenn vielleicht auch nicht unproblematische Befreiungsstrategie. Im Zeichen wissenschaftlicher Rationalität sind solche kollektive Identitätsmanagementprozesse, wie Gehrmann und Müller sie in Gang setzen, jedoch illegitim, weil sie nicht den rationalen Diskurs, sondern die Immunisierung gegen artfremdes Wissen begünstigen. Um die eigene Position zu legitimieren, setzen Gehrmann und Müller die zu bekämpfende herab und denunzieren sie. Was Pädagogik ist, bleibt unverstanden und das ausgemachte »pädagogische Denkmuster« wird auf den pädagogischen Bezug im Sinne Herman Nohls reduziert.[101] Die Sozialpädagogik auf ihre geisteswissenschaftliche Grundlegung zu verkürzen, verkennt überdies darüber hinausreichende Theoriebildungsversuche, auf welche einige Sozialarbeitswissenschaftler selbst wiederum zurückgreifen – so z.B. auf das Konzept der »Lebensbewältigung« oder des »gelingenderen Alltags«.

Eine Sichtung der Beiträge zur »Sozialarbeitswissenschaft« verdeutlicht, dass deren Funktionsbestimmungen sehr unterschiedlich sind, und dass sich unterhalb der terminologischen Klammer »Sozialarbeitswissenschaft« eine Vielzahl von Konzepten und Forschungsprogrammen offenbart, »deren innere Gemeinsamkeiten meist nicht größer sind als ihre Überschneidungen zu Positionen der Sozialpädagogik«[102].

So wird Sozialarbeit als Unterstützung der Lebensbewältigung von Menschen im Alltag unter erschwerten individuellen oder sozialen Bedingungen verstanden, als Fokussierung des persönlichen und sozialen Zurechtkommens, als Theorie und Praxis gelingenden und scheiternden Lebens, als Inklusion von sich selbst und andere ausbeutende Menschen, als Lösung der sozialen Frage und sozialer Probleme, als Herstellung einer natur- und menschengerechten ökologischen Umwelt sowie einer menschen- und sozialgerechten Gesellschaft und als Verteidigung der Menschenrechte.[103]

Es lassen sich auch flüchtige und vermeintlich problemvermeidende Bestimmungsversuche ausmachen, wie z.B. jenen von Heiko Kleve, der die »Sozialarbeitswissenschaft« als avantgardistische und postmoderne Disziplin schlechthin begreift, welche sich über die »Eigenschaft der Eigenschaftslosigkeit« und die »Identität der Identitätslosigkeit« auszeichnet und der damit einen Theoriediskurs mit einem Sprachspiel verwechselt.[104] Oder der Versuch von Peter Frath und Hans-Jürgen Göppner, die das Proprium der Sozialen Arbeit in ihrer Multifunktionalität und dasjenige der »Sozialarbeitswissenschaft« in ihrer Multireferentialität zu finden glauben,[105] ohne dass der Geltungsbereich der Sozialen Arbeit auch nur annähernd bestimmt würde.

Demgegenüber steht eine Sozialpädagogik als Herstellung eines gelingenderen Alltags, eine Sozialpädagogik als Vermittlung von Mündigkeit und Zurechnungsfähigkeit, eine Sozialpädagogik als Herstellung von Subjektivität oder eine Sozialpädagogik als Hilfe zur Lebensbewältigung.[106] Die »Sozialarbeitswissenschaft« begründet sich also nicht über eine gemeinsam geteilte Gegenstands- oder Funktionsbestimmung, die *grundlegend* von sozialpädagogischen Begründungsversuchen zu unterscheiden wäre.

Die Bemühungen um den Nach- und Ausweis sowohl der Sozialarbeit als auch der Sozialpädagogik als wirkliche, autonome und normale Disziplin(en) und Profession(en), vermögen keine Antwort auf die Fragen nach den in ihnen angelegten Rationalitäten, nach den Kräfteverhältnissen, in die sie verstrickt sind, nach den von ihnen verwendeten und hervorgebrachten Wissensarten, nach ihren gesellschaftlichen Funktionen sowie nach ihren Zielperspektiven zu geben.

Die Formel der »stellvertretenden Deutung« als Beschwörungsfigur sozialpädagogischer Identität

Während in der Sozialarbeitswissenschaft die Eigenständigkeit als Disziplin und Profession eingeklagt, nicht jedoch begründet wird, liegt in der Sozialpädagogik mit dem »lebensweltlichen Ansatz« und der daraus hervorgegangenen »rekonstruktiven Sozialpädagogik« ein Programm vor, mit dem die narzisstische Kränkung insofern überwunden scheint, als anstelle von Normalität und Autonomie eine bescheidene, andersartige Professionalität sowie eine selbstkritische, wissenschaftliche Reflexivität eingefordert wird. Bei genauer Betrachtung stellt sich aber heraus, dass die rekonstruktive Sozialpädagogik die Analyse der gesellschaftlichen Funktion der Sozialpädagogik zum einen mit dem Reiz der Selbstbezüglichkeit ersetzt, indem die Person des Professionellen ins Zentrum der Aufmerksamkeit gerückt wird und zum anderen auf eine Methodendiskussion verkürzt. Das Programm reduziert die Frage nach der sozialpädagogischen Professionalisierungsbedürftigkeit und Professionalisierbarkeit auf das Modell der »stellvertretenden Deutung«. Es transformiert ein theoretisches Begründungsproblem in ein Methodenproblem, was zur Konsequenz hat, dass die gesellschaftliche Funktion der Sozialpädagogik nicht geklärt werden kann bzw. vermeintlich nicht mehr geklärt werden muss. Kaum einmal wurde innerhalb dieses Programms die Frage aufgeworfen, woraufhin die Verbesserung der Verstehensleistung zielt, woraufhin beschrieben, rekonstruiert, analysiert, verstanden und gedeutet wird bzw. werden soll. Und es kann keineswegs unterstellt werden, dass diese Frage schon hinlänglich beantwortet sei.

Die stellvertretende Deutung wurde in der rekonstruktiven Sozialpädagogik abgekoppelt von inhaltlichen Fragen. Oevermanns Überlegungen wurden auf die Formel der »stellvertretenden Deutung« als Beschwörungsfigur sozialpädagogischer Identität und als »Königsweg« zur Lebenspraxis des Klientels reduziert.[107] Selbst die Kritiker des Programms vollziehen diese verkürzte Gleichsetzung von Professionalisierungstheorie und stellvertretender Deutung.[108] Die sozialpädagogische Professionalisierungsfrage transformiert sich im Programm der rekonstruktiven Sozialpädagogik unter der Hand in eine sozialpädagogische Methodendebatte, in welcher professionalisiertes Handeln nicht mehr danach bemessen wird, ob Krisen inhaltlich adäquat bearbeitet werden, sondern ob das Handeln den methodischen Kriterien gerecht wird. Anstatt die Strukturproblematik der Sozialpädagogik systematisch zu rekonstruieren, rückt die rekonstruktive Sozialpädagogik das methodische, kunstgerechte Handeln des Sozialpädagogen in den Vordergrund und mit diesem die Person des Professionellen, ihren »professionellen Habitus« und ihre Deutungskompetenz, weil sich, so die aus dem Modell der stellvertretenden Deutung abgeleitete Annahme, professionalisiertes sozialpädagogisches Handeln durch die Person des Handelnden, durch die Person des Professionellen hindurch konstituiere.[109] Es droht dabei jedoch eine kritisch-wissenschaftliche einer »narzisstischen Reflexivität« zu weichen.[110] Jedenfalls erweist sich das professionalisierungstheoretische Programm der rekonstruktiven Sozialpädagogik vor allem als ein weitreichendes Versprechen, als ein Programm, dessen theoretische und empirische Voraussetzungen auf jeden Fall noch zu klären sind.[111]

Der Begriff der stellvertretenden Deutung verkommt zum Mythos sozialpädagogischer Genialität. Die Figur bietet Nahrung für die Illusion, der Frage nach der Norm und Macht entkommen zu sein.[112] Sie bietet eine vermeintliche Entlastung, indem sie sich vom stellvertretenden Handeln positiv abhebt, »denn im stellvertretenden Problem*lösen* ist die Autonomie der Lebenspraxis der Adressaten nicht gewahrt«[113]. Dies betonen auch Dewe et al., die den entscheidenden Kern des Professionsproblems in der prinzipiellen Unterscheidung von stellvertretender Problemlösung und stellvertretender Problemdeutung sehen. Die Soziale Arbeit könne sich nur dann professionalisieren, wenn sie aufhöre, durch stellvertretende Problemlösung entmündigende Hilfe zu leisten. Das mäeutische Modell pädagogischen Handelns biete die Chance für eine Bildungsarbeit im Sinne eines Kompetenztransfers sowie für die Repolitisierung der Sozialpädagogik. Stellvertretendes Handeln wurde in jedem Fall als Expertokratie und entfremdete Abfertigung (miss-)verstanden.[114]

Gildemeisters Diagnose, dass sich die Professionalisierungsdebatte der 90er Jahre im Vergleich mit derjenigen der 70er und 80er Jahre zunehmend auf die inhaltlichen Probleme der Grundlegung Sozialer Arbeit konzentriere, wozu ihr die Alltagswende wesentliche Impulse gegeben habe, kann ich auf der Grundlage dieser Ausführungen nicht teilen.[115] Vielmehr trifft Hornsteins und Lüders 1989 getroffenen Feststellung auch heute noch zu, dass sich bei der sozialpädagogischen Adaption des Konzepts der stellvertretenden Deutung das Spezifikationsproblem stelle, »also die Frage, ob denn und wie ein derartig allgemeines und generalisierbares Konzept, das bei Oevermann vom delphischen Orakel über die sozialisatorische Triade bis hin zum ärztlichen und juristischen Handeln strukturell alles umfasst, die Ebene der konkreten pädagogischen Arbeit und Aufgaben überhaupt erreichen kann.«[116]

Diese Frage ließe sich erst im Anschluss an eine grundlegende Klärung der gesellschaftlichen Funktion der Sozialpädagogik beantworten. Jeder Nachweis einer Professionalisierungsbedürftigkeit impliziert auch den Anspruch auf Macht in Form einer Wissensmonopolisierung. Oevermann selbst vernachlässigt diese Implikation und auch Vertreter einer »alternativen« Professionalität sind allzu schnell geneigt, das Machtproblem in ihrer Argumentation als gelöst zu betrachten. Deshalb stehen alle Bemühungen, eine Professionalisierungsbedürftigkeit der Sozialpädagogik zu belegen, in der argumentativen Tradition der

Normalisierung der Sozialpädagogik. In Oevermanns radikalisierter Professionalisierungstheorie fehlt also eine gesellschaftskritische Dimension in der inhaltlichen Bestimmung der Fokusse. Die vorliegende Arbeit ist ein Versuch, die Strukturlogik sozialpädagogischen Handelns in einer machtanalytischen und historisch-empirischen (fallanalytischen) Perspektive zu erschließen.

3. Quellen und Argumentationslinien

Nachdem die Anschlussstellen offen gelegt und die Zugriffsweisen skizziert sind, soll die Quellenlage kurz geschildert und das Vorgehen dargestellt werden. Der zweite Teil der vorliegenden Abhandlung (sowie die dieser Abhandlung beigelegte *compact disc*), präsentieren eine Auswahl von Jugendfürsorgefällen, eine »Anthologie von Existenzen«, die sich über den Zugriff der »rationellen Jugendfürsorge« in die Geschichte eingeschrieben haben.[117] Die sieben Fälle werden in der hier vorliegenden Arbeit kurz geschildert.[118] Insgesamt habe ich fünfundvierzig Dossiers der Amtsvormundschaft der Stadt Zürich gesichtet, die zwischen 1908 und 1923 angelegt worden waren. Diese Dossiers habe ich mit Hilfe der Protokolle der Vormundschaftsbehörde der Stadt Zürich auf der Grundlage der folgenden Kriterien ausgewählt: Es sollte sich um Kontrollen, Beistandschaften und Vormundschaften über Kinder und Jugendliche zwischen ca. 6 und 18 Jahren handeln, beide Geschlechter sollten vertreten, die Fälle von verschiedenen Amtsvormündern und Inspektionsgehilfinnen bearbeitet und die Maßnahmen aus unterschiedlichen Gründen eingeleitet worden sein: wegen Pflichtverletzung der Eltern, Gefährdung oder Verwahrlosung der Kinder und Jugendlichen sowie wegen Illegalität oder Minderjährigkeit.[119]

Eine Anthologie von Existenzen im Zugriff der Jugendfürsorge

Aus diesen fünfundvierzig gesichteten Dossiers wählte ich die sieben hier vorliegenden Fälle für die Anthologie aus. Diese engere Auswahl zielte zu den oben genannten Kriterien zusätzlich auf eine möglichst große Varianz der Dossiers hinsichtlich Umfang, Aufwand und Dauer der Fallbearbeitung, hinsichtlich der Begründung der Einleitung einer Maßnahme sowie der Bearbeitungsweisen und involvierten Institutionen. Der ökonomische Status der Betroffenen war in allen Fällen derselbe: »Kein Vermögen. Kein Spargut«. Die Verschiebung der sozialen Frage auf die Frage der Erziehung und Bildung der Jugend wird uns noch beschäftigen. Das Räderwerk der Fürsorge hat sich in allen Fällen jeweils um ein Familienmitglied besonders stark gedreht. Entlang den Objektivierungen dieses Mitgliedes durch die Behörden habe ich – außer in einem Fall – die Titel der Fälle konzipiert.

Einige der hier vorliegenden Fälle bieten eine Besonderheit, die nicht in allen Dossiers, zumindest nicht im vorliegenden Umfang, zu finden ist und die meine Auswahl mitgeleitet hat: Nebst Protokollen, Berichten und Briefen von öffentlichen und privaten Institutionen, beinhalten fünf der Dossiers eine bemerkenswerte Menge von Briefen der Befürsorgten: Briefe der Eltern und Kinder an die Vormünder und Inspektionsgehilfinnen, Briefe der Eltern an ihre Kinder, der Kinder an ihre Eltern und der Kinder untereinander, die in den Pflegefamilien oder in den Anstalten liegen gelassen, von den Pflegeeltern abgefangen oder von den Eltern und Pflegeeltern der Amtsvormundschaft vorgelegt und schließlich in den umfangreichen Dossiers der Amtsvormundschaft und der Vormundschaftsbehörde der Stadt Zürich abgelegt wurden.

Diese Vielfalt der Dokumente bietet die Gelegenheit, die sich ergänzenden, kreuzenden und widersprechenden Diskurse darzulegen: den Diskurs der Inspektionsgehilfinnen und Amtsvormünder, der Stadt-, Bezirks- und Waisenräte, der Psychiater und Fürsorgeärztinnen, der Richter und Staatsanwälte, der Detektive und Polizeiinspektoren, der Direktoren, Hausväter und Vorsteher von Erziehungsanstalten und Gefängnissen, der Pflegefamilien und Lehrer, der Hausvermieter und Nachbarinnen sowie der Befürsorgten und Bevormundeten, welche das Räderwerk der Behörden in Gang hielten. Alle diese Diskurse sprechen scheinbar von demselben Fall. In der vorliegenden Zusammenstellung werden diese heterogenen Diskurse jedoch nicht zu einem homogenen Gesamtwerk, sondern zu einem Kampf, zu einer Auseinandersetzung, zu einem Kräftevergleich, zu einem Spiel der Macht. Über diese Kriterien hinaus ist es der Zufall sowie meine persönliche Betroffenheit, Ergriffenheit und Verwirrung in der Begegnung mit diesen vergangenen Existenzen, die unter den Tausenden diese hier »auferstehen ließ« und dadurch ihre Wut, ihr Elend, ihre Hartnäckigkeit, ihre Verzweiflung, ihre Gleichgültigkeit fortleben lassen.[120]

Nebst diesen »nicht-diskursiven« Praktiken werden auch die diskursiven Praktiken einer Untersuchung unterzogen. Die Analyse des Jugendfürsorgediskurses in der deutschsprachigen Schweiz basiert auf veröffentlichten und unveröffentlichten schriftlichen Quellen. Dies sind zum einen die Publikationen in den hierfür relevanten Zeitschriften und zum anderen die Protokolle und Geschäftsberichte der Vormundschaftsbehörde und des Stadtrates.[121] Die Rekonstruktion

der Schaffung der Gesetzesgrundlagen und der Institutionenbildung stellt ebenfalls auf schriftlichen, veröffentlichten und unveröffentlichten Quellen ab, wie
z.B. auf Botschaften, Gesetzestexten, Protokollen, aber auch auf Material, das
aus verwaltungs- bzw. regierungsinternen Vorgängen hervorging. Diese Quellen
sind in öffentlichen Bibliotheken und im Archiv der Stadt Zürich zugänglich.

Der Argumentationsstrang

Bevor wir uns dem konkreten Gegenstand zuwenden, wird das in der vorliegenden Untersuchung angewandte Programm der Historiographie entwickelt
(Kapitel 2). Ziel der vorliegenden Geschichtsschreibung ist weder das reine
Verständnis früherer Zeiten noch die Aufdeckung kausaler Zusammenhänge.
Die beabsichtigte geschichtstheoretische Rekonstruktion soll der Selbstreflexi-
on dienen, der Bewusstwerdung über die Gewordenheit und den sozialen Ort
der Sozialen Arbeit. Hierfür wird auf Foucaults »Ereignishaftigkeitsprüfung«
zurückgegriffen. Sein Ansatz ermöglicht die Ausarbeitung einer Analytik im
Sinne einer kritischen Haltung gegenüber der Akzeptabilität von Praktiken im
Kontext der Kinder- und Jugendfürsorge. Dabei wird auch dargelegt, dass es (in
Abgrenzung zu einem Ansatz in kritisch-theoretischer Perspektive der Frankfurter Schule) nicht um eine Kritik an der Praxis selbst, sondern um die Frage
geht, welches die Bedingungen der Akzeptanz einer spezifischen, aus heutiger
Sicht möglicherweise intolerablen oder problematischen Praxis waren. Es soll
also nicht angeklagt, sondern es soll der Blick verschoben werden. Die Analyse
bevorzugt gegenüber der Kritik, als theoretische Frage nach der Legitimität des
Handelns, eine kritische Haltung, als empirische und zugleich historische Frage
nach den Akzeptabilitätsbedingungen der jugendfürsorgerischen Praktiken. In
der Ereignishaftigkeitsprüfung geht es nicht darum zu erkunden, was wahr oder
falsch ist, was wissenschaftlich oder ideologisch ist, was legitim oder missbräuchlich ist. Sie macht keine allgemeinen Wirklichkeitsprinzipien aus, sondern charakterisiert den Nexus von Macht und Wissen, über den sich die Akzeptabilität der Kinder- und Jugendfürsorge erfassen lässt.

Nach der Darlegung der geschichtstheoretischen Grundlagen und dem methodologischen Zugriff wenden wir uns den Ereignissen zu. In Kapitel 3 wird die
Transformation der sozialen Frage aufgearbeitet. Zu Beginn des 20. Jahrhunderts bezog sich soziale Ungleichheit nicht mehr auf den unterschiedlichen
Gebrauch der Freiheit und Verantwortlichkeit (wie dies noch im Liberalismus
der Fall war), sondern markierte eine Differenz im Grad der Gesellschaftlich-

keit. Behandelt werden musste deshalb vor allem diese Differenz im Grad der Gesellschaftlichkeit und nicht »das innere Leiden an der Armut«, wie Richard Münchmeier meint.[122] Um die Verantwortung für die Massenarmut vom ökonomischen System umzuleiten und das eingeklagte Recht auf Arbeit zu verhindern, wurde die liberale Interpretation des Zusammenhangs von Armut und Arbeit vor allem über die Intensivierung und Umformulierung moralischer Kategorien mittels medizinisch-hygienischer und biologisch-sozialer Argumente als neue Strategie der Sozialregulierung erweitert und modifiziert.[123] Dass allen Menschen das gleiche Recht auf Entfaltung eingeräumt werden sollte, war notwendig, damit die Tüchtigen von den Untüchtigen unterschieden werden konnten, denn das Problem lag darin, dass die soziale Minderwertigkeit nicht zwingend mit der biologischen Untüchtigkeit einhergehen musste. Auf den Darwinschen Prinzipien, so Wilhelm von Gonzenbach, könne deshalb gerade nicht aufgebaut werden, weil die Zivilisation die Menschheit so weit von den natürlichen Verhältnissen, aus denen Darwin seine Lehre entwickelt hatte, weggetragen habe, dass man in vielen Fällen geradezu zum Gegenteil einer natürlichen Auslese der Tüchtigen gekommen sei. Gonzenbach erinnerte an den Krieg, in dem die Tüchtigsten in den Tod getrieben wurden, derweil die »Staatskrüppel« fern vom Geschütz ihren Patriotismus in Druckerschwärze ergossen.[124]

Der sozialen Arbeit sollte deshalb die Aufgabe zukommen, so Gonzenbach, die Anlage der Individuen wirklich erkennbar zu machen. Danach sollte die Rassenhygiene die Auswahl und Förderung derjenigen treffen können, deren Förderung und Mehrung für das Gedeihen der Gesellschaft erwünscht war.[125] Durch die Verschiebung der Klassen- in eine Rassenfrage wurden die »Verwahrlosten« und »Degenerierten« als eigene Spezie, als eigene soziale Rasse aufgefasst. Die soziale Gefahr wurde zum Instrument der Diagnose von sozialen Pathologien und eröffnete eine Vielzahl von Behandlungsformen: psychiatrische Therapien, medizinisch-hygienische Interventionen, fürsorgliche Maßnahmen. Die Jugendfürsorge wurde damit zu einer politischen Interventionstechnik, die regulierend und kontrollierend in die Gesellschaft eingriff.[126] Sie wurde also keineswegs entpolitisiert, wie in der sozialpädagogischen Geschichtsschreibung festgehalten wird, sondern, ganz im Gegenteil, radikal politisch aufgeladen.[127] Diese Transformation kann deshalb auch nicht ausschließlich mit dem Begriff der »Pädagogisierung« gefasst werden.

In dieser Transformation bildeten sich zwei Pole heraus, welche die neue »soziale Ökonomie« konstituierten: der Fürsorgepol und der medizinische Pol.[128] Diese beiden Pole schlossen sich zu Beginn des 20. Jahrhunderts im Problem der Kindheit und Jugend zusammen. Um dieses Problem herum nahm die Entwicklung des Sozialen ihren Fortgang. Kindheit und Jugend wurden auf eine neue Weise problematisiert. Wer dem Überhandnehmen der antisozialen Elemente in der menschlichen Gesellschaft wirksam begegnen wollte, musste sich nicht bloß der bereits kriminell gewordenen, sondern der »gefährdeten« Kinder und Jugendlichen überhaupt annehmen. Wurde noch 1837 von der Direktion der Schweizerischen Gemeinnützigen Gesellschaft die Frage, ob und unter welchen Bedingungen der Staat berechtigt sei, verwahrlosten Eltern ihre verwahrlosten Kinder zu entziehen, dahingehend beantwortet, dass dies auf keinen Fall präventiv geschehen dürfe, war dieser Eingriff 1912 im Schweizerischen Zivilgesetzbuch als präventive Maßnahme verankert.[129]

Parallel zu der Sorge um das »gefährdete« Kind, beschäftigte man sich in der Jugendgerichtsdebatte mit der richtigen Behandlung der »gefährlichen« Jugendlichen. Mit Hilfe eines kriminologischen und psychiatrischen Wissens, versuchte man, in der Vergangenheit des straffälligen Minderjährigen und in der Organisation seiner Familie die Vorzeichen seiner Vergehen und Entgleisungen zu entdecken. Es genügte nicht mehr, sein Benehmen während dem Delikt zu untersuchen. Es musste seine körperliche und seelische Individualität ergründet werden. Auf diesen kriminologisch-psychiatrischen Diskurs folgte jener über den zukünftigen Verbrecher, über jenes Kind, das in Gefahr stand, gefährlich zu werden und deshalb »gefährdet« war. Seinetwegen baute man eine Infrastruktur der Prävention auf, eine Intervention, die nicht mehr dazu verdammt war, zu spät zu kommen, weil sie auf einem Wissen gründete, mit dem die Möglichkeit eines strafbaren Verhaltens antizipiert und diesem damit zuvor gekommen werden konnte.[130] Dieser Wandel der Problematisierungsweisen wird in Kapitel 4 nachgezeichnet.

In dieser Zeit wurde eine nicht-individualisierende Kasuistik, die sich auf die Intention und die Umstände als Elemente der Qualifizierung einer Abweichung richtete, durch eine individualisierende Kasuistik abgelöst, die sich auf das »verwahrloste« Kind, auf seine Natur, seine Lebens- und Denkweise, seine Vergangenheit, seinen Charakter und sein Milieu bezog und über die sich die Kinder- und Jugendfürsorge erst begründen konnte. Die »gefährlichen« und »gefährdeten« Kinder und Jugendlichen rückten einander in dieser Transformation näher und verschmolzen im »verwahrlosten« Kind und Jugendlichen. Die Verwaltung, Führung, Versorgung und Erziehung der »verwahrlosten« Kinder und Jugendlichen bildete die Ausgangs- und Legitimationsbasis für umfassende und weitreichende Strategien und Technologien der Führung der Menschen und der Regierung des Sozialen. Der Fokus der Kinder- und Jugendfürsorge weitete sich innerhalb der ersten drei Jahrzehnte von den »verwahrlosten« Individuen auf die gesamte Bevölkerung aus. »Verwahrlosung« diente fortan nicht nur als »Chiffre der Individualität«, sondern auch als »Dynamometer der Gesellschaft«, der ihre biologische und politische Kraft anzeigte (Kapitel 5).[131]

Diese Entwicklung wurde getragen und koordiniert von der Amtsvormundschaft, dem zentralen Organ der Kinder- und Jugendfürsorge. Die Einrichtung der amtlichen Vormundschaft ermöglichte es, die Gesundheits- und Erziehungsziele mit den Methoden ökonomischer und moralischer Überwachung zu verknüpfen. Die Amtsvormundschaft war das wichtigste, aber längst nicht einzige Organ dieser neuen Strategie. Es gab eine unglaubliche Explosion von öffentlichen und privaten Kinder- und Jugendfürsorgeeinrichtungen, die schließlich im »Vormundschaftskomplex« zusammenschmolzen.[132] Die unzähligen privaten Vereine sollten dabei fortan als das breit im Sonnenschein der öffentlichen Meinung ausgelegte Netz einer Kreuzspinne dienen, in dessen Maschen die Fliegen (also die Fälle) hängen blieben, die dann von der Kreuzspinne (der Vormundschaftsbehörde) bearbeitet würden.[133] Die Herausbildung dieser institutionellen Matrix wird in Kapitel 6 dargelegt.

Der Bürokratisierungs- und Verstaatlichungsprozess wurde auch kritisch beobachtet und kommentiert. Es wurde bereits damals moniert, dass die Bürokratisierung die Professionalisierung der sozialen Arbeit verhindere. Wilhelm Feld, einer der schärfsten Kritiker der Bürokratisierung und Verstaatlichung, wollte die Fürsorgearbeit aus den behördlichen, aber auch aus den religiösen und privaten Betrieben loslösen und genossenschaftsförmig organisieren. Er plädierte, in begründeter Abgrenzung gegenüber Herman Nohl und Eduard Spranger, für eine gesellschaftswissenschaftliche Fundierung der Fürsorge und kritisierte deren verengte und praxisorientierte Perspektive. Es ist kein Zufall, dass Feld auf zwei deutsche Theoretiker rekurrierte. In der Schweiz war die »pädagogische Position« vergleichsweise untervertreten. Was heute rückblickend als sozialpädagogische Praxis interpretiert wird, ist in der Schweiz weniger aus der Erziehung bzw. der Pädagogik hervorgegangen, als aus einem Konglomerat disziplinärer und beruflicher Zusammenhänge, in denen der Pädagogik als Reflexion

der Erziehungstatsache bzw. der Erziehungswirklichkeit zunächst eine untergeordnete Rolle zukam. Die Stelle pädagogischer Reflexion blieb leer und es
wurde auch nicht an den in der Schweiz geführten Diskursen des 18. und 19.
Jahrhunderts angeschlossen (Kapitel 7).

Nach der Darlegung der gesellschaftlichen und diskursiven Voraussetzungen
werden in den Kapiteln 8, 9 und 10 die alltäglichen Praktiken der Kinder- und
Jugendfürsorge dargelegt und analysiert. In Kapitel 8 werden die sieben Fälle
der Amtsvormundschaft der Stadt Zürich der ersten drei Jahrzehnte des 20.
Jahrhunderts geschildert. Grundlage und gleichzeitig unerlässliche Erweiterung
dieses Kapitels ist die dieser Abhandlung beiliegende *compact disc*.

In Kapitel 9 werden die Praktiken hinsichtlich ihrer Verfahren und des in ihnen
zur Geltung gebrachten Wissens analysiert. In den Akten werden die Ergebnisse
eines inquisitorischen Ermittlungswissens und eines psychiatrischen Klassifikationswissens durch eine Art »psychoanalytisch-alltagstheoretisch-moralpäda-
gogisches« Interpretationswissen vereinheitlicht. Die Ausrichtung dieser heterogenen Wissensbestände auf eine gemeinsame Perspektive hin, wurde durch
ihre Zusammenfassung in einer »außergerichtlichen Rechtsprechung« durch
den Vormundschaftskomplex geleistet, in dem eine neue Synthese erarbeitet
und eine Empfehlung für die günstigste Maßnahme abgegeben wurde. In den
Berichten und Anträgen der Amtsvormünder auf Kontrolle, Bevormundung,
Entzug der elterlichen Gewalt und anderweitige Versorgung der Kinder, umkleidet eine aufwändige Rhetorik die Übeltaten und Fehltritte, die Makel und
Auswüchse, mit der die ins Visier der Fürsorge Genommenen niedergeschmettert wurden. Die Anträge stützten sich zum einen auf die Inspektionsberichte
und zum anderen auf die psychiatrischen Gutachten. Die soziale Untersuchung
stand am Schnittpunkt von Repression und Fürsorge. Ausgehend von den Kin-
der- und Jugendfürsorgepraktiken durchdrang diese Praxis nach und nach die
gesamte Sphäre des »Sozialen«: Sie erschloss die Möglichkeit, Kinder und Jugendliche aus ihrem Milieu herauszuziehen oder wieder zu integrieren. Sie ermöglichte den Eingriff in die Familie zum Zweck der Umerziehung.
    Während die Inspektionsgehilfinnen das Milieu erkundeten und in den Fami-
lien, in der Nachbarschaft, bei Lehrern und Arbeitgebern, bei Lehrmeistern und
Ladenbesitzern Abklärungen vornahmen, sollten die Psychiater das Wesen der
Kinder und Jugendlichen erforschen. Sie suchten nach den inneren und äußeren
Ursachen der Verfehlungen und Verirrungen, der »Verwahrlosung«, der »Degeneration« und des »moralischen Defekts«. Befanden sich die Kinder und Ju-

gendlichen außerhalb psychiatrischer Kategorien, blieb auch ihnen nur noch der Rekurs auf moralische, alltagstheoretische Kategorien. Sie hatten in den ersten Jahrzehnten noch kein geschlossenes Begriffsraster zur Verfügung, um das Verhalten der Kinder und Jugendlichen zu entziffern, um ihre Beobachtungen auf einen spezifischen Zusammenhang zu überführen. Die Streiche, Verfehlungen und Delikte der Kinder und Jugendlichen wurden über die Verkettung voneinander unabhängiger Tatsachen und Ereignisse zu verstehen und zu erklären versucht. Die Beobachtungen konnten nicht immer in einem spezialisierten, wissenschaftlichen Wissen geordnet und systematisch untergebracht werden und es handelt sich dabei nicht selten um eine Art »einleuchtende Phänomenologie des gesunden Menschenverstandes«.[134] Im Unterschied zu den Inspektions- und Informationsberichten der Gehilfinnen, enthalten die Gutachten Interventionsempfehlungen, die jedoch längst nicht immer stringent aus der gestellten »Diagnose« ableitbar und manchmal von anderen als medizinisch-pädagogischen Interessen geleitet waren.

In Kapitel 10 werden die Strategien und Taktiken des Handelns der Beteiligten rekonstruiert. Es werden die Kräfteverhältnisse, die Auseinandersetzungen, der Widerstand und die Konflikte aufgezeigt, die sich aus den Falldossiers erschließen lassen. Dabei werden sowohl die Komplexität der Praktiken und Kämpfe als auch deren Effekte ersichtlich und es wird deutlich, dass es keine einfache Deutung gibt, dass sich nicht mit Sicherheit sagen lässt, was richtig war und was falsch, welches Handeln legitim war und welches nicht. Die Komplexität des Feldes und der Praktiken der Kinder- und Jugendfürsorge ist zu erdrückend. Es gibt »Fälle«, die nicht wirklich »lösbar« sind, da sich die Leidengeschichten der Beteiligten zu fest in ihre Leben eingeschrieben haben, da ihre Wunden zu tief sind, ihr Elend und ihre Armut zu groß, das Verstehen und das Wissen der Beteiligten zu ungenügend, die unreflektierten Normen und Wertvorstellungen zu hindernd, die Handlungsmöglichkeiten zu eingeschränkt, die Missverständnisse zu drastisch.

Im abschließenden Kapitel 11 werden die wichtigsten Effekte der Rationalisierung der Kinder- und Jugendfürsorge bzw. des Verwahrlosungsdispositivs hinsichtlich ihrer Subjektivierungs- und Vergesellschaftungsweisen beschrieben. Die Kinder- und Jugendfürsorge ordnete zunächst die Beziehung der Eltern zu ihren Kindern neu. Es reichte nicht mehr aus, eine bestimmte Menge an Kindern zu produzieren. Die Kinder mussten richtig gestillt, verköstigt, angeleitet und erzogen werden. Das Verwahrlosungsdispositiv führte zu einer Reduktion der Familienautorität und zur Moralisierung der Hausfrau und Mutter. Auf die Verteidigung der Interessen der schwächsten Familienmitglieder (Kinder und Frauen) gerichtet, erlaubte die Kinder- und Jugendfürsorge ein staatliches und korrektives Eingreifen in die Familie. Jacques Donzelot nennt diese Transformation den Übergang von einer Regierung der Familien zu einer Regierung durch die Familie.[135] Die Mutter wurde in diesem Spiel zum zentralen Objekt der Kinder- und Jugendfürsorge. Die Hausfrauen und Mütter sollten künftig das Glück des Volkes bilden, von ihnen hing ab, wie sich die Zukunft des Volkes gestalten würde. Über das Verwahrlosungsdispositiv konnte die Frage des individuellen Zustandes mit der Frage nach dem Leben der Bevölkerung verbunden werden und damit wurde das Wissen, das sich in der Mischzone des Sozialen um die »Verwahrlosung« gebildet hatte, auch zu einem Einsatz für politische Interventionen.[136]

In den sich herausbildenden Praktiken zeigt sich nicht einfach das Verschwinden einer Machtform, wie Uhlendorff und Ramsauer unterstellen, sondern deren Transformation. Es ist richtig, wie Ramsauer festhält, dass die Rekurse und Proteste der Eltern und Kinder aufzeigen, dass diese durchaus einen Handlungsspielraum hatten. Wogegen aber sollte sich der Protest richten, wenn nicht gegen Versuche der Vereinnahmung und Disziplinierung? Die Rekurse und Beschwerden waren ein Grund für die Einführung der Fürsorgeabteilung, für die Bildung des Wohlfahrtsamts sowie für eine Reihe von »unabhängigen« Beratungsstellen. Hier kann an Uhlendorffs These der »lernenden Institution«[137] angeknüpft werden, und es gilt, mit Marcus Gräser zu fragen, »warum gelernt wird oder gelernt werden muss«[138]. Die Untersuchung zeigt auf, dass in der Fürsorge ausgrenzende und disziplinierende, mitunter »rassistische« Strategien von Beginn an angelegt waren. Bereits im ersten Jugendfürsorgekurs von 1908 wurde die Forderung erhoben, die Schwachen aus den Schulen zu nehmen und in Spezialklassen zu stecken – nicht um der Schwachen willen – sondern »um der Starkbegabten willen, denen sowieso die überfüllte Schule noch viel zu viel Zeit lässt zur Langeweile«[139].

Es ist zwar richtig, wie Gräser konstatiert, dass sich die Fürsorgeerziehung durch hoffnungslos veraltete Strategien auszeichnete und der antimoderne Impetus der Fürsorgeerziehung zur Krisenanfälligkeit mit beitrug. Die Jugendfürsorge insgesamt war aber alles andere als schwach in ihren Instrumenten und Begriffen. Sie erwies sich, ganz im Gegenteil, als ein innovativer und dynamischer Bereich, der sich permanent den Anforderungen der Zeit anpasste und neue Strategien und Techniken sowie neue Begrifflichkeiten hervorbrachte. Gräser fasst den Begriff der Ausgrenzung zu eng und übersieht deshalb die Tendenz der Exklusion bereits *vor* der Krise gegen Ende der Weimarer Republik. Heike Schmidt schlägt vor, den Begriff der Ausgrenzung auf die Verweigerung einer vollen gesellschaftlichen Teilhabe zu beziehen und nicht nur auf die Ausgrenzung von »Minderwertigen« und »Unerziehbaren«.[140] Dazu gehört auch die Ausweitung auf die zwangsweise Inklusion in Erziehungsanstalten, wie wir sie in den dargelegten Fällen wieder finden. Diese war von Beginn an in der Jugendfürsorge angelegt.

Mit Blick auf die Schwierigkeiten der Theoriebildung in der Sozialpädagogik zeigt die historische Rekonstruktion zum einen auf, dass das Ansinnen einer akademischen Fundierung der sozialen Arbeit, ihrer universitären Verortung und der Sprengung des Monopols der sozialen Frauenschulen keinen Erfolg hatte. Die Konzeption der Kinder- und Jugendfürsorge bzw. der sozialen Arbeit als »sekundäre Profession« scheiterte und führte zu ihrer Verengung auf die soziale *Hilfs*arbeit und damit auch zu einer Überschätzung und Mythisierung der Rolle der bürgerlichen Frau in der Konstitutionsphase der sozialen Arbeit. Zum anderen zeigt die Arbeit auf, dass Michel Foucaults Konzept der *Gouvernementalité* einen möglichen Anknüpfungspunkt bietet, um die rekonstruierte Logik dieses Feldes theoretisch zu fassen.[141]

Zweites Kapitel: Die Methode
Das System der Akzeptabilität oder
die Ereignishaftigkeitsprüfung

1. Geschichtstheoretische Grundlegung

Nachdem das Erkenntnisinteresse umrissen ist, wird nun das Forschungsprogramm entwickelt, mit dem die genannte Voreinstellung historisch-empirisch umgesetzt werden soll. Vorab aber wird ein Blick auf den aktuellen sozialpädagogischen Diskurs über den Nutzen der Geschichte für die sozialpädagogische Theoriebildung geworfen, um daran anknüpfend das eigene Programm zu entfalten.[1]

Der Ruf nach Klassikern

Der Diskurs über die Auseinandersetzung mit der Geschichte der Sozialpädagogik wird seit geraumer Zeit dominiert von der Forderung nach einer intensiveren Beschäftigung mit den Klassikern der Sozialpädagogik: 1993 legte Michael Winkler ein Plädoyer für eine verstärkte Auseinandersetzung mit Klassikern der Sozialpädagogik vor. Blickt man auf die Neuerscheinungen der letzten Jahre, ist dieser Ruf nach vermehrter Beschäftigung mit historischen Referenztexten nicht ohne Resonanz geblieben. 1995 wurde die Diskussion um Klassiker in zwei Essays der Zeitschrift für Pädagogik aufgenommen.[2] 1998 erschienen mit Christian Niemeyers »Klassiker der Sozialpädagogik« und der Textsammlung »KlassikerInnen der Sozialen Arbeit« von Werner Thole, Michael Galuske und Hans Gängler zwei einschlägige Publikationen, denen von Rolf Rainer Wendt die Frage entgegengehalten wurde »Müssen Klassiker deutsch sein?«[3] Mit den in der Zeitschrift für pädagogische Historiographie erschienen Beiträgen von Reinhard Fatke und Martin Graf gelangten erneut zwei Artikel zur Veröffentlichung, die – wenn auch sehr unterschiedlich – zur Frage nach sozialpädagogischen Klassikern Position ergriffen und die Diskussion weiterführten.[4] In Auseinandersetzung mit den von Winkler aufgeworfenen Fragen stehen damit unterschiedliche Standpunkte zur Diskussion.[5] In Ergänzung sowie teilweiser Abgrenzung zu diesen Positionen schlage ich ein Programm einer theoriegeleiteten Geschichte des theoretischen Diskurses sowie des beruflichen Handelns in Form einer historischen und zugleich empirischen

»Ereignishaftigkeitsprüfung« vor, mit dem, so meine Hoffnung, die im ersten Kapitel herauskristallisierten machttheoretischen Desiderate der sozialpädagogischen Theoriebildung eingelöst werden könnten.

Winklers Beschäftigung mit den Klassikern der Sozialpädagogik ist motiviert vom Befund, dass die Sozialpädagogik die Sprache der Theorie nicht kenne. In der Auseinandersetzung mit den Klassikern der Sozialpädagogik sieht er eine – zu diesem fehlenden Theoriediskurs alternative und zudem noch unverbrauchte – identitätsbildende Strategie für Disziplin und Profession. Winkler stellt darüber hinaus die These auf, dass der ungesicherte Status der Sozialpädagogik als wissenschaftlicher Disziplin und als Profession mitunter eine Folge ihrer Ignoranz und ihres Widerstandes gegenüber ihren Klassikern sei. Einem »gebrochenen Verhältnis« zu sich und einem ungesicherten Selbstverständnis mit dem Griff nach »Klassikern« begegnen zu wollen, ist durchaus plausibel. Die Frage nach den Vorgängern (und die weniger oft gestellte Frage nach den Vorgängerinnen) in Disziplin und Profession kann als Versuch begriffen werden, mit der Vergegenwärtigung von disziplinärer und professioneller Vergangenheit auf eine bestehende Unsicherheit in gegenwärtigen Fragen der disziplinären und professionellen Praxis zu antworten.[6]

Die Gültigkeitskriterien wissenschaftlichen Erzählens

Auch ein Blick in die Grundlagen geschichtswissenschaftlicher Erkenntnis zeigt, dass dieser Gedanke nicht abwegig ist. Das lebensweltliche, vorwissenschaftliche historische Erzählen wurde als eine Operation erkannt, die in der Vergegenwärtigung von Vergangenheit Zeiterfahrungen auf die Probleme der Gegenwartsdeutung bezieht und damit nicht nur zur Verständigung über das Werden des Bestehenden beiträgt, sondern auch zur Sinnstiftung und zur Eröffnung von Zukunftsperspektiven.[7] Historisches Erzählen ist ein Vorgang, in dem eine Person über die Vergegenwärtigung von vergangenen Ereignissen und Handlungen die Erfahrung von Kontingenz verarbeiten sowie die Veränderung der Welt und die Veränderung ihrer selbst deuten kann. Menschen können sich so im Wandel der Verhältnisse und ihrer Selbst als etwas Überdauerndes zur Geltung bringen, was – solange die Erzählung als gültig erachtet wird – der Selbstvergewisserung dient.[8] Dem möglichen Einwand, mit dem Ruf nach Klassikern der Disziplin sei allerdings eine wissenschaftliche und keine lebensweltliche Bezugnahme auf die Vergangenheit angesprochen, ist zu entgegnen, dass auch die wissenschaftliche Geschichtsschreibung als erzählende Vergegenwärtigung von Vergangenem die am lebensweltlichen Erzählen aufgezeigte Kraft zur Selbstvergewisserung und Orientierung besitzen kann.[9] Das wissenschaftliche historische Erzählen unterliegt denselben Gültigkeitskriterien, denen auch das lebensweltliche Erzählen aus der Vergangenheit unterliegt und unterwirft sich selbstverständlich zusätzlich der methodischen Kontrolle und Reflexion. Mit dieser methodischen Kontrolle ist ein wissenschaftskonstituierendes Gütekriterium bezeichnet, das im lebensweltlichen historischen Denken, das durchaus die Gestalt von Mythen und Legenden annehmen kann, nicht berücksichtigt wird und der Geschichtsschreibung die wissenschaftsspezifische Gestalt verleiht, in ihren Gültigkeitsansprüchen gesichert und überprüfbar zu sein.[10] Empirische Triftigkeit wird dadurch wissenschaftskonstitutiv, dass sie die Geschichtsschreibung veranlasst, den Tatsachengehalt ihrer Aussagen durch Forschung zu sichern und intersubjektiv überprüfbar darzulegen, so dass sie kritisiert, empirisch verbessert und gegebenenfalls widerlegt werden kann. Das Kriterium der normativen Triftigkeit gewinnt wissenschaftskonstitutive Form, indem es Geschichtsschreibende auffordert, ihre Relevanzkriterien im Sinne einer Reflexion ihres Standpunktes offen zu legen und so durch andere Perspektiven kritisierbar zu machen. Das Kriterium der narrativen Triftigkeit schließlich wird wissenschaftskonstitutiv in der Form, dass es zur Offenlegung und Begründung der konstruktionsleitenden Hinsichten verpflichtet, denen in der Geschichtsschreibung gefolgt wird. Der in der Geschichte vermittelte Sinngehalt wird damit intersubjektiv nachprüfbar und der Kritik zugänglich.[11] Diesen Kriterien muss also die folgende Rekonstruktion Genüge tun. Die Kriterien verweisen indes auch auf die Tatsache, dass Erzählungen Konstruktionen sind und Geschichte in ihrer Form nicht festgelegt ist. Geschichte ist nicht als etwas Gegebenes, als ein vorliegender Gegenstand zu verstehen, der durch die Geschichtsforschung ans Licht befördert und sukzessive in seiner Gesamtheit erfasst und erklärt werden könnte. Geschichte ist nur denkbar als eine Menge von Erfahrungen in der Vergangenheit, die in unterschiedlichen Geschichten aufgegriffen und erzählt werden. Die Vergangenheit ist keine in sich abgeschlossene Welt, sondern mit Bezug auf neu eintretende Ereignisse und durch sie mögliche Neubestimmung des Gewesenen prinzipiell offen.[12] Die Erzählungen berichten demnach vom Früher und Später im Vergangenen aus der Position des Subjekts in einer immer wieder anderen Situation.[13]

Damit wird ersichtlich, dass niemals die abschließende, die einzig wahre Geschichte vorliegen kann. Es sind immer nur einstweilig triftige, in Bezug auf die aktuelle Situation und die gegebenen Orientierungsbedürfnisse richtige Geschichten denkbar. Geschichte muss immer wieder neu und anders geschrieben werden.[14] Aus dieser geschichtstheoretischen Position wird verständlich, weshalb Geschichte auf Orientierungsbedürfnisse reagieren kann. Je nach Situation, in der wir uns befinden, sind unterschiedliche Erfahrungen aufgreifbar und verschiedene Tatsachen zu einer Erzählung formbar. Natürlich werden jeweils diejenigen in eine Erzählung aufgenommen, die aus der aktuellen Sicht von besonderer Bedeutung sind. Wendet man Winklers Plädoyer für die Lektüre von Klassikern als möglichen Versuch, die Potenziale des historischen Erzählens zur wissenschaftlichen Selbstreflexion (und nicht zur Identitätsstiftung) in der Sozialpädagogik zu nutzen, so erweist sich seine Hoffnung vor dem Hintergrund der geschichtstheoretischen Überlegungen als nicht so unbegründet, wie Graf behauptet.[15] Gemäß Graf lässt der Rückgriff auf Klassiker nämlich die Kapitulation vor der notwendigen theoretischen Anstrengung, einen Mangel an Welt und an gesellschaftlicher Erfahrung sowie letztlich die Furcht, erwachsen zu werden, erkennen.[16]

Klassikerrezeption oder Theoriegeschichte?

Selbst wenn man aber die Leistung historischen Erzählens im Sinne eines Selbstvergewisserungspotenzials gelten lässt, stellt sich die Frage, ob sich diese historische Arbeit auf die Beschäftigung mit Klassikern beschränken oder auch nur schon konzentrieren soll.[17] Denn der Rekurs auf Klassiker muss differenziert betrachtet werden: Der Rückgriff auf Theoretiker früherer Epochen darf angesichts des aufgezeigten Zusammenhangs von jeweils gegenwärtiger Situation und der Konstruktion von Geschichte nicht so unmittelbar konzipiert werden, wie dies beispielsweise Reinhard Fatke tut, der unter einer positiven Bezugnahme auf einen Klassiker wie Pestalozzi offenbar den Einbezug des »einen oder anderen seiner Grundgedanken in neuere Theoriebildungen«[18] versteht.[19] Christian Niemeyers Vorschlag, als Klassiker zu erachten, wer Ideen hinterließ, denen der Rang des Zeitlosen zukommt, darf – wie er selbst präzisiert – nicht dazu verleiten, die »schockgefrorenen« Ideen Pestalozzis auf die Heimerziehung der Gegenwart anzuwenden.[20]

Was also kann aus der Betrachtung der Vergangenheit gelernt werden kann? Es ist von der Vorstellung Abschied zu nehmen, aus »der« Geschichte könnten konkrete Lehren für die Zukunft gezogen werden. Geschichten lassen sich keine Handlungsanweisungen und Lösungen für morgen entnehmen. Geschichte ist nicht wiederholbar und jede eigene Erfahrung verändert die Ausgangslage und damit die Erfahrung selbst. Erfahrungen, die andere in der Vergangenheit gemacht haben, lassen sich daher nicht unmittelbar auf die Situation heute übertragen. Der wesentliche Punkt beim Erzählen ist hingegen, dass Zeiterfahrungen in eine Konstruktion eingearbeitet werden, in der eine Kontinuität von der Vergangenheit zur Gegenwart geschaffen wird, die über die Gegenwart hinaus auch den Blick auf die gleichfalls kontinuierlich anschließende Zukunft eröffnet. Die narrative Konstruktion von Kontinuität gestattet, aus den überlieferten Handlungen und dem erzählten Erleiden zu lernen, dass es erstens anders kommt, als zweitens man denkt. Die durch das Erzählen geschaffene Kontinuität zwischen gestern und heute erlaubt es dem Individuum, nicht nur Handlungsumstände, Handlungsabsichten und Handlungserfolge miteinander zu vergleichen, daraus die Differenz zwischen Absicht und Effekt zu ersehen und so die Erfahrung von Kontingenz zu machen und zu verarbeiten. Sie erlaubt es dem Individuum auch, diese Einsicht auf die Gegenwart zu beziehen und in die aktuelle, auf die Zukunft bezogene Handlungsplanung eingehen zu lassen, womit ein absichtsvolles Handeln in die Zukunft ermöglicht wird. Geschichten zeigen Perspektiven und Bedingungsnetze möglichen Handelns auf.[21]

Auf Theoriegeschichte übertragen heißt dies, dass es sich verbietet, Theoriestücke aus früheren Jahrzehnten und Jahrhunderten im Sinne von überdauernden Lösungen für aktuelle theoretische Probleme unbesehen in heutige wissenschaftliche Arbeiten zu überführen. Sich mit Theorie aus früherer Zeit zu befassen und theoretische Bemühungen aus der Vergangenheit zu vergegenwärtigen, dient demgegenüber dazu, sich zunächst einmal damit vertraut zu machen, wie in unterschiedlichen Epochen und unter anderen Verhältnissen Gegenstände konstruiert, Forschung betrieben und Theorien gebildet wurden. Für dieses Anliegen können die Arbeiten einzelner Theoretiker und Theoretikerinnen besonders ergiebig sein.[22]

Dennoch plädiere ich dafür, dass eine gut fundierte Theoriegeschichte gegenüber der Suche nach »Klassikern« bevorzugt wird. Mit einer theoriegeschichtlichen Rekonstruktion von Diskursen und der Analyse ihrer Eingebundenheit könnte die Schwierigkeit umgangen werden, die sich aus der Rekonstruktion der Traditionslinien, der Besinnung auf die wichtigsten Vertreter und Vertreterinnen und deren Auslegung ergibt. Theoriegeschichte kann aufzeigen, wie die Theorielandschaft, die wir heute vorfinden, zustande gekommen ist und aus welchen Diskursformationen die Theorien hervorgingen, von welchen sie sich abgrenzten, wie sie sich im Laufe durch die Zeit transformierten und welche Alternativen dazu bestanden haben. Entwicklungen und Brüche werden damit sichtbar, Weichenstellungen und Alternativen fassbar.[23]

Auf der Grundlage einer solchen Theoriegeschichte lassen sich durchaus die im Zusammenhang mit Klassikern aufgeworfenen Fragen debattieren, welche Einsichten und Konzepte einzelner Autoren und Autorinnen zu überdauernder Bedeutung gelangten, und es lässt sich erforschen, unter welchen Bedingungen und mit welcher Umformulierung ihre Denkansätze für sozialpädagogisches Argumentieren und Handeln bestimmend wurden und heute noch bedeutsam sind.[24] Es lässt sich aber auch rekonstruieren – und das im Gegensatz zur Ausrichtung an »Klassikern«, die in der Regel in den Dienst der Konstruktion von bis heute reichenden Traditionslinien gestellt werden – welche Ansätze und Modelle nebenher bestanden haben und vergessen- bzw. untergegangen sind.[25]

2. Theoriegeschichte oder Geschichte des beruflichen Handelns?

Nun sieht Winkler in der Beschäftigung mit Klassikern aber nicht nur eine Chance zur Selbstvergewisserung der Disziplin. Er sieht darin zugleich eine identitätssichernde Strategie für die Profession.[26] Vor dem Hintergrund der geschichtstheoretischen Überlegungen dürfte aber fassbar geworden sein, dass eine Selbstvergewisserung der Profession – die außerdem immer nur ein Teil von »Identitätssicherung« ausmachen kann – über eine Theoriegeschichte allein nicht erreicht werden kann. Soll auch das Bewusstsein über die eigene Gewordenheit von Praktikerinnen und Praktikern unterstützt werden, bedarf dies zusätzlich zum Blick zurück auf die Geschäfte des Denkens auch eines Blicks zurück auf die Geschäfte des beruflichen Handelns.[27]

Reflexion der Alltagserfahrung als affirmative Theoriebildung?

Dem gegenüber moniert Martin Graf, dass die Reflexion der Alltagserfahrungen der Profession keine adäquaten Deutungen der Sozialpädagogik hervorgebracht und zu einer affirmativen, zu wenig radikalen Theoriebildung geführt habe.[28] Er sieht die Identität der Disziplin in einer Theorie nach dem Muster der Frankfurter Schule gesichert, der es – so Graf in Übernahme eines Gedankens von Horkheimer und Adorno – nicht um die Vergangenheit zu tun ist, sondern um die Einlösung der vergangenen Hoffnung.[29] Graf versteht sozialpädagogi-

sche Theorie als Entlegitimation der Praxis auf der Grundlage kritisch gesellschaftstheoretischer Überlegungen. Ziel sozialpädagogischer Theoriebildung
sei die Kritik sozialpädagogischer Praxis durch deren Entlegitimation.[30]

Theorie wird damit als Begründungs- und Legitimationstheorie sozialpädagogischen Handelns verstanden. Sozialpädagogische Theorie könne dann erst
in zweiter Linie und nur als Konsequenz handlungsanleitende Theorie werden.[31] Während die These der Risikogesellschaft die Sozialpädagogik von der
Frage nach der Norm entlaste, münde eine kritisch gesellschaftstheoretisch begründete Sozialpädagogik in die Frage, wie und unter welchen Voraussetzungen
sich sozialpädagogische Handlungen begründen und rechtfertigen lassen, ohne
die doppelten Ansprüche von Öffentlichkeit und Klientel verleugnen zu müssen
bzw. welche Normen in näherer Zukunft gelten und welche ihrer Mittel dann
noch legitimierbar sein werden.[32]

Die Frage zielt somit auf die Begründungsmöglichkeit sozialpädagogischer
Handlungen, die Graf nach einer eingehenden systematischen Analyse und
problemgeschichtlichen Aneignung in den Begriffen »Mündigkeit« (als pädagogischem Ziel auf Seiten der Subjektivität) und »Zurechnungsfähigkeit« (als
pädagogischem Ziel auf Seiten der Intersubjektivität) zusammenfasst.[33]

Indem Graf mit dem selbstkritischen Klaus Mollenhauer die Anfänge der
Sozialpädagogik nicht in der Industriegesellschaft, sondern in der bürgerlichen
Selbsterzeugung lokalisiert, vermutet er, dass die Verschiebung von strukturellen Problemen in solche der Menschenbildung ebenfalls darauf zurückgeführt
werden kann. Die Frage nach der Selbsterzeugung des aufgeklärten Bürgers sei
somit wesentlich eine bildungstheoretische Frage.[34] Damit haben Sozialpädagogik und Bildungstheorie ihre gemeinsame Grundlage im bürgerlichen Habitus. Die sozialpädagogische Theorie, die erst auf die aufklärerische Bildungstheorie folge, markiere aber einen Wechsel in der Begründung der bürgerlichen
Selbsterzeugung: Die langfristigen Entwicklungen weisen die Sozialpädagogik
als ein Überwindungsversuch einer vor allem bildungstheoretisch orientierten
Individualpädagogik aus und nicht als Antwort auf soziale Probleme der Industrialisierung. Insofern sei Sozialpädagogik weniger ein Teilgebiet der Pädagogik
als eine Überwindung der Pädagogik unter gesellschaftlichen Vorzeichen.[35]

Weil die Sozialpädagogik aber ihre gesellschaftlichen Voraussetzungen unzureichend reflektiert habe, falle sie, so Graf, immer wieder auf eine subjekt-
zentrierte Pädagogik zurück, was er am Beispiel Michael Winklers »Theorie
der Sozialpädagogik« illustriert. Die Überwindung subjektzentrierter Pädagogik
bedeute aber zugleich die Hinwendung zur Gesellschaft: Individuum und Ge-

sellschaft müssten deshalb in einer Theorie der Sozialpädagogik neu aufeinander bezogen werden. Evolutionstheoretische Überlegungen führen Graf dazu, diese Beziehung zwischen Individuum und Gesellschaft als Entwicklung der Reflexion über Bildung und Demokratie (Politik) zu fassen: Eine kritische Perspektive auf den Bildungsbegriff zeige, dass dieser letztlich auf die Erhaltung der Authentizität des Subjekts zielt. Das daraus von Graf für die Sozialpädagogik extrapolierte Konzept ist das der »individuellen Mündigkeit«.[36] Mündigkeit bedeute Bewusstmachung und sei insofern Bildung, in der die »projektive Kraft« gestärkt und entfaltet werden kann.[37] »Der Sinn der Bildungstheorie für die Sozialpädagogik besteht damit darin, jene Kontinuität des Bewusstseins zu erhalten oder wieder herzustellen, deren Zerstörung im Interesse der gegenwärtigen gesellschaftlichen Verhältnisse ist.«[38] Die Entwicklung zu Mündigkeit ist begleitet zur Entwicklung zu Dialog und Demokratie. Eine kritische Perspektive auf den Demokratiebegriff zeige, dass dieser aber nicht im bürgerlichen Staat aufgehe. Demokratische Verfassungen haben eine normative Grundlage in verallgemeinerbaren Interessen. Während Mündigkeit auf Bewusstsein des Subjekts zielt, zielt Zurechnungsfähigkeit auf das allgemeine Interesse als Basis des vernünftigen Handelns.

Mit Hilfe der Theorie des kommunikativen Handelns zeigt Graf auf, dass die für die Durchsetzung allgemeiner Interessen notwendigen konsensuellen Lösungen argumentativ gesättigte Diskurse voraussetzen. Voraussetzung der Diskursteilnahme aber ist »Zurechnungsfähigkeit«, die nun das pädagogische Ziel auf Seiten der Intersubjektivität begründet. Das gebildete Individuum ist auf den Diskurs angewiesen. Beide Konzepte – sowohl das der »Mündigkeit« als auch das der »Zurechnungsfähigkeit« – verweisen auf Bewusstsein als die innere Zugänglichkeit möglicher Argumente. Zurechnungsfähigkeit ist die Voraussetzung für spezifische Formen der Diskussion, in denen gesellschaftlich produzierte Unbewusstmachungen als falsche Aktualisierung von Erlebnissen, identifiziert werden sollen.[39] Dadurch wird Bewusstsein und Argumentationsfähigkeit zurück gewonnen. Zurechnungsfähigkeit ist also Voraussetzung von Mündigkeit.

Die Legitimitätsprüfung
oder der utopische Horizont einer herrschaftsfreien Gesellschaft

Grafs Projekt ist der Versuch, unter legitimationstheoretischen Interessen die sozialpädagogische Theorieproduktion zu rekonstruieren und Kriterien für die Kritik illegitimen Handelns herauszuarbeiten. Es handelt sich um eine gesellschafts- und bildungstheoretisch hergeleitete Theoriekritik. Die auf dieser Grundlage herausgearbeiteten, das sozialpädagogische Handeln begründenden Konzepte »individuelle Mündigkeit« und »soziale Zurechnungsfähigkeit« zeichnen einen utopischen Horizont einer herrschaftsfreien Gesellschaft. Die versprochene Praktikabilität der abstrakten Konzepte mündet in die Frage »wie viel an eigener Erfahrung Gruppenmitglieder etwa bei der Lösung einer Aufgabe in eine Diskussion einbringen können, ohne dabei falsche Situationsanalogien herstellen zu müssen und wie die Gruppe damit umgehen kann.«[40]

Diese Frage aber liefert kein hinreichendes Instrumentarium, um sozialpädagogische Praxis im Hinblick auf ihre Legitimationsfähigkeit zu überprüfen, da den Kommunikationsbeziehungen ein zu wichtiger Platz eingeräumt wird: Der soziale Charakter von Kommunikation wird auf die Koordinationsleistungen sprach- und handlungsfähiger Subjekte individualistisch verkürzt, wodurch die Konzepte Mündigkeit und Zurechnungsfähigkeit ineinander übergehen.[41]

Zurechnungsfähigkeit ist die Voraussetzung eines herrschaftsfreien Diskurses, in dem Unbewusstmachungsprozesse aufgedeckt werden können. Voraussetzung der Teilnahme an Diskursen bedingt aber Kritikfähigkeit.[42] Und dies ist, wie wir gesehen haben, Mündigkeit (Bewusstsein) als die Fähigkeit, sich über die eigene Biographie als gesellschaftlicher zu erinnern. Graf ist sich dessen bewusst und führt an, dass mit der Einführung psychoanalytischer Erkenntnisse individueller und gruppaler Unbewusstheiten als Argument im Diskurs, ein ausdrückliches, vorgängiges Bewusstsein nicht zwingend verlangt ist. So steht bei Graf Bewusstsein am Schluss des Diskurses, zusammen mit der argumentativ gesättigten Lösung des gestellten Problems. Sozialpädagogik wird zu Bildung unter psychoanalytischem Vorzeichen: sie ist Erziehung, die ihre projektive Kraft zurückgewonnen hat und zugleich Korrektiv eines Bildungssystems, in dem die eigene Erfahrung in curricularen und sozialen Normierungen enteignet wurde bzw. wird. Die Vorstellung aber, dass es, selbst bzw. gerade mit der Einführung eines letztlich therapeutischen Charakters der Kommunikation, einen Zustand der Kommunikation gebe, in dem Geltungsansprüche nach Wahrhaftigkeit ohne Hindernisse und Beschränkungen, ohne Zwangseffekte zirkulieren, gehört in die Ordnung der Utopie. Grafs Begriff von Utopie ist deshalb kein kritischer als Ausdruck der Hoffnung auf Veränderung: Er bleibt für sozialpädagogische Theoriebildung ortlos – entgegen Grafs Absicht. »Werden ist immer mit Abschied verbunden, daher wohl die Sehnsucht des Seins. Die Allmachtsphantasie zieht sich zurück, unter dem Druck des gesellschaftlichen, expandierenden Realitätsprinzips, und rettet sich zur Kunst. Kunst drückt durch die Trauer um den Verlust ihre Hoffnung aus. ›Die wahre Utopie ist traurig‹, sagt Horkheimer.«[43] Das von Graf mit Blick auf die Geschichte und insbesondere auf die Klassiker hervortretende kritisch theoretische Programm eines legitimen sozialpädagogischen Handelns ist zeitlos. Seine Kritik an Winklers Ansatz muss hier gegenüber seinem eigenen Zugang geltend gemacht werden.

Es stellt sich deshalb die Frage nach alternativen theoretischen Hinsichten, welche die Rekonstruktion von Vergangenheit leiten und damit die Frage nach möglichen Alternativen zu Grafs ahistorisch konzipierter Legitimitätsprüfung.

3. Die Ereignishaftigkeitsprüfung

Eine »kritische Utopie« (sollte sich dieser Begriff noch als zutreffend erweisen) bedarf eher einer kritischen Haltung denn einer Kritik. Die Frage nach der Akzeptanz bzw. dem System der Akzeptabilität sozialpädagogischer Praktiken (umschrieben als eine kritische Haltung) rückt damit vor die Frage nach deren Legitimität (gefasst als Kritik). Und diese Frage nach der Akzeptabilität erfordert ein analytisches Instrumentarium sozialpädagogischer Praktiken.

Voraussetzung dieses Instrumentariums ist, dass die Machtbeziehungen nicht als etwas an sich Schlechtes gesehen werden, wovon wir uns befreien müssten. Es wird davon ausgegangen, dass strategisches Handeln nicht in der ortlosen Utopie einer vollkommen aufgeklärten Kommunikation aufgelöst werden kann.[44] Und: Macht ist nicht einfach Herrschaft, als die sie von Graf gefasst wird. In dieser Fassung erzeugt sie nur Begrenzung, Mangel und Unterdrückung, fördert Unbewusstmachung, ist negativ und steht der Wahrhaftigkeit und Wahrheit entgegen. Foucault bezeichnet diese Auffassung von Macht als die »juridisch-diskursive«[45]. Graf hat Anknüpfungspunkte für eine Theorie der Legitimation sozialpädagogischen Handelns freigelegt. Diese decken sich aber nicht mit denjenigen für eine Theorie als Kritik an sozialpädagogischer Praxis, was er einst aber als seine Absicht deklariert hat.[46]

Die Frage nach der in der sozialpädagogischen Praxis angelegten Rationalität, die Frage nach der institutionellen Matrix, in der die Sozialpädagogik sich entwickelt, die Frage, wie sich die Formen der Rationalisierung in Praktiken verkörpern, können deshalb nicht beantwortet werden. Theoriebildung, so wird hier unterstellt, kann aber nicht unabhängig von diesen Praktiken betrieben werden. Dabei geht es nicht um eine Wiederbelebung einfacher Applikationsmodelle, sondern um die Feststellung, dass sich keine Theorie entwickeln kann, ohne auf eine Mauer zu stoßen, welche nur von der Praxis durchbrochen werden kann und umgekehrt. Auf diese lässt sich Graf nicht ein. Nur deshalb wohl kann er mit Niemeyer zum Schluss kommen, »dass man die Sozialpädagogik, wenn man sie denn als aufgeklärte Disziplin betreiben will, anders anzulegen hat: jedenfalls nicht notwendig berufsförmig; weniger kurativ denn präventiv orientiert; und – vor allem – weniger bezogen auf die Pädagogik als auf die Soziologie«[47]. Warum und wie sich in dieser Fassung sozialpädagogisches Handeln besser legitimieren ließe und eher dazu geeignet sei, Aufklärungsprozesse zu fördern bzw. Unbewusstmachungen aufzudecken, wird nicht plausibilisiert.

Kritische Haltung statt Kritik

Der Theoriediskurs kann nicht für sich allein genommen intelligibel gemacht werden. Theorie hat nicht von einem sicheren Hinterland aus aufzuklären, sondern selbst zur regionalen und lokalen Praxis zu werden.[48] Die Sozialpädagogik braucht weniger Vertreter des Bewusstseins und des Diskurses als eine Theorie, die selbst zur Praxis werden kann, um sich mit der Aktion der Praxis in einem Netz von Beziehungen und Übertragungen zu verschränken.

Die Funktionen sozialpädagogischer Praxis bleiben bei Graf unberücksichtigt. Sie sollen erst nachträglich, d.h. nach der theoretischen Legitimation sozialpädagogischen Handelns in den Blick genommen werden: »Ob Sozialpädagogik, theoretisch wie praktisch, Unbewusstmachungsprozesse fördert oder der Aufklärung dient, hat die theoretische Reflexion zu klären.«[49] Grafs Ansatz bleibt insofern wesentlich idealistisch. Auf der Suche nach den Legitimitätsbedingungen sozialpädagogischen Handelns mit der Frage nach der falschen Idee, die sich die Theorie von sich selbst gemacht hat, mit der Frage nach dem Gebrauch, dem sie sich ausgesetzt hat und der Frage, an welche Herrschaft sie sich gebunden hat, werden die Praktiken selbst ausgeblendet und somit Kritik gegenüber einer kritischen Haltung (als Aufklärung) bevorzugt. »Anstatt dieser

Prozedur, welche die Form einer Legitimitätsprüfung der historischen Erkenntnisweisen annimmt, könnte man vielleicht eine andere Vorgangsweise ins Auge fassen: Anstatt über das Problem der Erkenntnis könnte diese über das Problem der Macht in die Frage der Aufklärung einsteigen; sie würde nicht als Legitimitätsprüfung vorgehen, sondern als Ereignishaftigkeitsprüfung oder Ereignishaftmachung.«[50]

Gegenüber Grafs Kritik, als theoretische Frage nach der Legitimität sozialpädagogischen Handelns und als Frage nach der falschen Idee, die sich die Theorie von sich selbst gemacht hat, bevorzugt die Ereignishaftigkeitsprüfung eine kritische Haltung als historische und zugleich empirische Frage nach der Akzeptabilität sozialpädagogischer Diskurse und Praktiken.[51] Sie fragt nicht nach Legitimität sondern nach dem »System der Akzeptabilität«, das sich durch eine kritisch historische Rekonstruktion der diskursiven und nicht-diskursiven Praktiken erschließen lässt.[52] Damit wird es möglich, die Frage nach der in der sozialpädagogischen Praxis angelegten Rationalität und die Frage, wie sich die Formen der Rationalisierung in Praktiken und Diskursen verkörpern, zu untersuchen. Anstatt über das Problem der Erkenntnis steigt dieses Projekt über das Problem der Macht in die Frage der Aufklärung ein. Die Ereignishaftigkeitsprüfung erkundet nicht, was wahr oder falsch ist, was begründet oder nicht begründet ist, was wirklich oder illusorisch ist, was wissenschaftlich oder ideologisch ist, was legitim oder missbräuchlich ist. Sie zieht keine Scheidelinie zwischen Legitimität und Illegitimität. Deshalb spricht Foucault, anstatt von Erkenntnis und Herrschaft, von Wissen und Macht. Das Wort »Wissen« bezeichnet alle Erkenntnisverfahren und Wirkungen, die in einem bestimmten Moment und in einem bestimmten Gebiet akzeptabel sind. Das Wort »Macht« deckt viele einzelne, definierbare und definierte Mechanismen ab, die in der Lage zu sein scheinen, Diskurse oder Praktiken zu induzieren. Macht ist dabei aber nicht einfach Herrschaft, als die sie meistens, so auch von Graf, gefasst wird. Denn in dieser Fassung erzeugt sie nur Begrenzung, Mangel und Unterdrückung, fördert Unbewusstmachung, ist negativ und steht der Wahrhaftigkeit und Wahrheit entgegen. Nun erhalten die beiden Begriffe Macht und Wissen aber lediglich eine methodologische Funktion: Sie machen keine allgemeinen Wirklichkeitsprinzipien aus. Sie umschreiben lediglich ein Analyseraster: Es geht deshalb nicht darum, zu beschreiben, was Wissen und Macht ist und wie das eine das andere unterdrückt oder missbraucht, »sondern es geht darum, einen Nexus von Macht-Wissen zu charakterisieren, mit dem sich die Akzeptabilität eines Systems – sei es das System der Geisteskrankheit, der Strafjustiz, der Delinquenz, der Sexualität usw. – erfassen lässt. Von der empirischen Beobachtbarkeit – für uns jetzt – zu seiner historischen Akzeptabilität – in einer bestimmten Epoche – geht der Weg über eine Analyse des Nexus von Macht-Wissen, der die Tatsache seines Akzeptiertseins auf das hin verständlich macht, was es akzeptabel macht – nicht im allgemeinen sondern eben dort, wo es akzeptiert ist: das heißt es in seiner Positivität erfassen«[53]. Das Verfahren kümmert sich also nicht um die Legitimierung, sondern durchläuft den Zyklus der Positivität, indem es vom Faktum der Akzeptiertheit zum System der Akzeptabilität übergeht.[54]

In der »Ereignishaftigkeitsprüfung« geht es darum zu entziffern, was genau bestimmte Praktiken tun. Wenn es einem gelungen ist, Strategien der Machtverhältnisse, die Wissenstypen stützen und umgekehrt freizulegen hat man ein »Dispositiv« eingeführt, das sowohl die Methode als auch die Struktur der untersuchten kulturellen Praktiken kennzeichnet. Das Dispositiv (oder der Erkenntnisraster) umfasst sowohl nicht-diskursive als auch diskursive Praktiken. Es umfasst Diskurse, Institutionen, architektonische Einrichtungen, reglementierende Entscheidungen, Gesetze, administrative Maßnahmen, wissenschaftliche Aussagen, philosophische, moralische oder philanthropische Sätze.[55] Das Dispositiv selbst ist das Netz, das zwischen diesen Elementen geknüpft werden kann. Es soll die Natur der Verbindungen verdeutlichen, die sich zwischen diesen heterogenen Elementen herstellen kann. Das Dispositiv ist eine Art von Formation, deren Hauptfunktion darin besteht, auf einen Notstand zu antworten.[56] Das Dispositiv erhält damit eine vorwiegend strategische Funktion. Anstelle von Ursprüngen, versteckten Bedeutungen oder expliziter Intentionalität werden Kräfteverhältnisse gesucht, der Ausbruch eines Kampfes, der einen Raum definiert und lichtet.

Zu einer kritischen Erzählung wird eine solche Annäherung an Geschichte dadurch, dass mit ihr die Selbstverständlichkeit gegenwärtiger Diskursformationen und Praktiken gebrochen wird und die sie stützenden Normen hinterfragbar werden. Damit werden die Voraussetzungen für die Entwicklung alternativer Denk- und Handlungsmöglichkeiten in der Gegenwart geschaffen.[57] Kritik ist damit nicht mehr die Suche nach formalen Strukturen mit universaler Geltung, sondern die historische Untersuchung der Ereignisse, die uns dazu geführt haben, uns als Subjekte dessen, was wir tun, denken und sagen zu konstituieren und anzuerkennen.[58] Das skizzierte Programm umschreibt ein Vorhaben, mit dem weder furchtlos und unerschrocken auf dem Baugerüst der Theoriebildung zugleich die ganze Welt verändert werden kann, noch plädiert es für eine von der Welt abgewandte und unerfahrene Reflexion über Klassiker auf dem Diwan im Wohnzimmer.[59] Es erfordert die mühsame und kleinliche Arbeit in den Archiven und Bibliotheken, um durch die Rekonstruktion von Geschichte(n) eine neue Erfahrung mit der Gegenwart zu ermöglichen. Eine solche Geschichtsschreibung vermag, so meine Hoffnung, allemal die Grenzen des wissenschaftlichen Diskurses zu überschreiten. Sie wird politisch und praktisch, indem sie Kämpfe – auch individuelle und lokale Kämpfe – aufdeckt, ernst nimmt und so Anknüpfungspunkte für praktikable Formen des Handelns und des Widerstands bietet.[60]

Drittes Kapitel: Die Transformation
Von der sozialen Ungleichheit zur Differenz im Grad der Gesellschaftlichkeit

1. Soziale Ökonomie:
Von der Verhaltens- zur Wesensdifferenz

Im Frühliberalismus des 18. Jahrhunderts, der sich gegen den Polizeistaat und dessen Regulierungsanspruch konstituiert hatte, wurden die regulatorischen Kompetenzen in das ökonomische Subjekt und die »bürgerliche Gesellschaft« gelegt und nicht dem Staat übertragen. Das Gegensatzpaar Gesellschaft – Staat bildete die Grundlage des Funktionierens des Liberalismus.

Zu Beginn des 20. Jahrhunderts war der Staat unverzichtbarer Garant des gesellschaftlichen Fortschritts. Er stand der Gesellschaft nicht mehr als Fremdkörper gegenüber, sondern wurde zum Staat der Gesellschaft, zum Sozial-Staat.[1]

Man kann diese Transformation als Sieg der Arbeiterklasse verbuchen oder man kann sie als Tendenz einer zunehmenden Verrechtlichung der sozialen Beziehungen deuten. Mit Jacques Donzelot gehe ich davon aus, dass in dieser Transformation zunächst einmal eine Verschiebung in der Objektivierung von Gesellschaft erkennbar wird, die sich von der Vorstellung einer »bürgerlichen Gesellschaft« deutlich unterscheidet und die für das Verständnis der Entwicklung der Kinder- und Jugendfürsorge unabdingbar ist.[2]

Der Liberalismus konzipierte die Gesellschaft in Form einer freiwilligen Vereinigung von Individuen. Die einzelnen Individuen bildeten den zentralen Referenzpunkt der liberalen Regierungskunst. Die »bürgerliche Gesellschaft« war ein durch die ökonomischen Einzelinteressen produziertes Objekt und mit der Summe ihrer Teile identisch. In dieser »bürgerlichen Gesellschaft«, die als Summe der individuellen Interaktionen wahrgenommen wurde, war die Vorstellung einer den Einzelwillen überschreitenden Gesellschaft nicht denkbar. Aus diesem Grund wurde auch kein Zusammenhang zwischen Armut und Reichtum hergestellt. Armut war ein individuelles Geschick, das nicht auf den Reichtum eines anderen individuellen Geschicks bezogen werden konnte.

Armut als Konstitutionsprinzip einer Rasse

Gegen Ende des 19. Jahrhunderts veränderte sich diese Konstellation: Die Gesellschaft wurde zu einem eigenständigen »Subjekt«, das nicht mehr von den Einzelsubjekten abgeleitet und auf die Vereinigung deren Individualwillen zurückgeführt werden konnte. »Gesellschaft« bezeichnete nunmehr einen eigenständigen Bereich von Beziehungen, mit eigenen Gesetzmäßigkeiten und eigenen Gegenständen, die sich sowohl von denjenigen der Ökonomie als auch von denjenigen der Politik unterschieden. Es etablierte sich eine neue Organisationsform von Gesellschaft: das Soziale.[3]

Ein wichtiger Grund dieses Wandels lag in der Massenarmut und der organisierten Arbeiterbewegung. Sie ließen die ungenügenden Sicherheitsmechanismen der liberalen Regierungsform zutage treten, welche um das Individuum und seine Freiheitsrechte zentriert waren.[4] Die vom Liberalismus durchgesetzte Trennung von Politik und Ökonomie konnte sich angesichts des Miteinanders von ökonomischer Ungleichheit und eingeklagter politischer Gleichheit nicht mehr halten. Das 19. Jahrhundert wurde mit der sozialen Frage konfrontiert, auf die das liberale System keine Antwort hatte. Die Entdeckung der Gesellschaft als eine Gesellschaft, die über die Summe ihrer einzelnen Subjekte hinausgeht, die Etablierung des Sozialen, war insofern an die Armutsfrage gekoppelt, für deren Bewältigung (nicht Lösung) ein neues Sicherheitssystem etabliert werden musste, in welchem dem Staat eine entscheidende Rolle zukam.

Im Mittelpunkt der liberalen Konzeption standen die Freiheit des individuellen Willens und das Prinzip der Verantwortlichkeit.[5] In diesem Verständnis lagen die Ursachen von Armut nicht in einer defizitären Gesellschafts-, sondern in einer mangelhaften Persönlichkeitsstruktur. Die Abschaffung der Armut musste bzw. konnte im Liberalismus deshalb nicht über das Recht geschaffen werden, sondern war nur über eine Moralisierung der Individuen möglich, über die deren Willen transformiert und eine Veränderung in ihrem Verhalten bewirkt werden sollte. Nach dieser liberalen Vorstellung war Armut demnach also kein soziales Übel, das in der kapitalistisch organisierten Ökonomie ihre Wurzeln haben könnte, sondern eine individuelle Verhaltensweise, die auf einer spezifischen moralischen Disposition beruhte. Die Bekämpfung der Armut richtete sich deshalb auf die Verantwortung des Einzelnen. Der individuellen Verantwortung für die Armut korrespondierte auf Seiten der Reichen die moralische Verantwortung für Mild- und Wohltätigkeit. Eine Verantwortung, die jedoch nur freiwillig geleistet werden musste bzw. konnte. Der Liberalismus hatte also nicht die Unterstützungspraktiken abgelehnt, sondern die Vorstellung eines Rechts auf Unterstützung.[6] Das Recht hatte im Liberalismus die einzige Funktion, das Nebeneinander der individuellen Freiheiten abzusichern. Es sanktionierte dementsprechend nur diejenigen Handlungen, welche die Freiheit der anderen bedrohte und einschränkte.

Die liberale Wohltätigkeit nährte sich also nicht aus einer rechtlichen Verpflichtung, sondern aus einem moralischen Imperativ. Diese liberale Konzeption und damit ihre Regierungstechnologien scheiterten in dem Moment, als deutlich wurde, dass der vom Liberalismus proklamierte freie Zugang zur Arbeit nicht der Schlüssel zur Lösung der Armutsfrage war. Die Idee der Auflösung der Armut in der Arbeit scheiterte. Arbeitslosigkeit und Elend nahmen zu, an die Stelle der Armut als individuellem Schicksal trat die Armut der Massen. Die Arbeit war kein Garant mehr fürs Überleben. Die Moralisierungsstrategie konnte aber nur dann funktionieren, wenn sie durch ein negatives Band zwischen Arbeit und Armut verknüpft war.[7]

Um »die Wogen der sozialen Revolution« in einer Zeit, wo »sie gierig und gieriger denn je am Bestande unserer Kultur emporlecken«[8] zu glätten, um den unbeherrschten revolutionären Forderungen nach einer radikalen Reorganisation der Gesellschaft zu begegnen, musste die Frage der Armut von einem rechtlichen Anspruch auf Arbeit getrennt und ein Bezug auf Politik und Ökonomie möglichst vermieden werden. Denn der Liberalismus musste die Armut ebenso voraussetzen wie er vorgab, sie abzuschaffen, da die Armut als Motor des moralischen Fortschritts diente, indem sie unablässig vor Augen führte, wohin der falsche Gebrauch der Freiheit führen konnte und als treibende Kraft des ökonomischen Fortschritts, indem sie die Reproduktion billiger Arbeitskräfte durch die Integration der arbeitsfähigen Armen in den Arbeitsmarkt absicherte.

Der Pauperismus stellte, so François Ewald, ein Armutsphänomen dar, das mit drei miteinander verbundenen Charakteristika beschrieben werden kann.[9] Man hatte es mit einem Typ von Armut zu tun, der ganze Bevölkerungsgruppen betraf. Ewald bezeichnet dieses Charakteristikum als »Ausdehnung«. Die Armut war auch schon zuvor ein Massenphänomen. Das Neue am Pauperismus bestand jedoch darin, dass er eine ganze Population brandmarkte. »Welches auch immer die negativen Eigenschaften sein mögen, mit denen man ihn (den Pauperismus; Anm. EW) beschrieb, Mittellosigkeit, Entwürdigung oder moralischer Verfall, er manifestierte sich, und dies machte seinen Schrecken aus, als Lebensweise, als Existenzform einer ganzen Population mitsamt ihren Bräuchen, Gewohnheiten, Verhaltensweisen und Beziehungen. Man hatte es mit einer neuen sozialen Spezies zu tun, der der Arbeiter der Großindustrie.«[10]

Das zweite Charakteristikum ist die »Intensität« der Armut. Es handelte sich um eine permanente Armut, die in Raum und Zeit beständig blieb, sich ausbreitete und wie von selbst vermehrte. Es handelte sich zudem um eine »erbliche« Armut.[11] Armut wurde zum Konstitutionsprinzip einer Rasse. Das Furchtbare am Pauperismus waren jedoch nicht nur die physischen und physiologischen Merkmale der von ihm betroffenen Bevölkerung. Er untergrub zugleich die Grundlage, auf der die Requalifizierung des Armen basierte: Seinen Willen. Die Vorsorgepolitik ging vom Gedanken der ursprünglichen Gleichheit des Armen und des Reichen und von der Gleichheit ihres Willens aus. Ihre Ungleichheit war eine Ungleichheit der Lebensumstände, die sich durch die Art und Weise, in der der einzelne seinen Willen bestimmte, erklären ließ. Die Ungleichheit ging aus einer Differenz des Verhaltens hervor. Durch den Pauperismus wurde aus der sozialen Ungleichheit eine Differenz der physischen und moralischen Konstitution. Zwischen dem Reichen und dem Armen, dem Proletarier und dem Bourgeois bestand von da an eine Differenz des Wesens. Diese trennte sie als Kollektive voneinander ab und stellte sie als zwei verschiedene Gesellschaftsklassen einander gegenüber.

Die Differenzierung zwischen Ursachen und Bedingungen von Armut

Das dritte von Ewald genannte Charakteristikum ist der »Ursprung« des Pauperismus. Pauperismus bezeichnete eine Form von Armut, die nicht aus dem Fehlen von Arbeit, sondern aus der Arbeit selbst hervorging. Der Pauperismus war Resultat der industriellen Arbeit. Er begleitete die Industrialisierung als deren Schlagschatten. Der Pauperismus ging mit der Zerstörung der Industrieordnung und den Formen ihrer Sozialisation und Solidarität einher. Er war Ergebnis der Freiheit der Arbeit und des Konkurrenzsystems. Er stellte die Freiheit, ihren Gebrauch und ihre Ausübungsbedingungen prinzipiell in Frage. Damit tauchte der Gedanke einer ökonomischen, sozialen und politischen Kausalität des Elends auf. Ein »gefährlicher« Gedanke, so Ewald, denn er lief darauf hinaus, den Armen von jeder Verantwortung für seinen Zustand freizusprechen, sie auf die Gesellschaft, ihre Organisations- und Funktionsprinzipien zu übertragen und aus der Armut des Armen tatsächlich ein Produkt des »Systems« zu machen. Die Übernahme dieses Gedankens hätte dazu führen können, dass die beiden konstitutiven Prinzipien »Eigentum« und »Freiheit« an den Pranger gestellt würden. Er hätte dem Sozialismus, der Organisation der Arbeit, der Revolution Tür und Tor geöffnet. Ewald legt dar, dass er sich aber auch für eine subtilere Handhabung eignete, indem man zwischen Ursachen und Bedingungen des Elends der Arbeiter unterscheiden konnte. Die Ursachen blieben dieselben, die bereits ausgemacht waren: die Liederlichkeit des Arbeiters, sein moralischer Zerfall, die Perversion seines Willens.[12]

Der Arbeiter war für die Entbehrungen seines Standes selbst verantwortlich. Insofern blieb die Armut ein Verhalten. Nun fand sie aber in der neuen industriellen Ordnung Bedingungen vor, die sie entstehen ließen und begünstigten. Die Ursache des Elends wurde nach wie vor in der Liederlichkeit des Armen gesehen. Es stellte sich aber die Frage, woher diese Liederlichkeit kam und wodurch sie begünstigt wurde. Durch diese Frage wurde aus der »Philosophie der Armut« eine »Psychosoziologie der Armut«, wobei die Armen neu objektiviert wurden.[13] Es änderte sich die Beziehung des Armen zu sich selbst sowie zur Welt. Die Gegensatzbeziehung zwischen Mensch und Welt wurde von einem Verhältnis der Komplizität abgelöst.[14] Der Kampf gegen die Armut konnte nicht mehr über die Beziehung eines Willens zu einem anderen Willen geführt werden. Man musste auf die physischen und materiellen Bedingungen einwirken, die ihr Verhalten bestimmten. Man musste Eingriffe ins Milieu vornehmen. Eine Politik der Armut, die in der Wohnungsfrage und der Kinder- und Jugendfürsorge ihre Anwendungsmöglichkeiten gefunden hatte. Den Armen wurde über ihr Milieu die Verantwortung für ihren moralischen Niedergang, ihren physischen und moralischen Verfall zugeschrieben. Das Milieu umfasste das Familienleben und die beengten Wohnbedingungen der Arbeiter, ihr Zusammengepferchtsein. »*Jugendfürsorge* und *Bodenpolitik* haben sehr enge Beziehungen, weit engere, als auf den ersten Blick zu erkennen ist. (…) *Wer Fürsorgepolitik treibt, muss Bodenpolitik treiben, wenn er dem Übel an die Wurzel gehen will!*«[15] Das war der Beginn der Problematisierung der Beziehung des Menschen zur Umwelt und zum Raum.[16]

Der Arme wurde also durch seine *Liederlichkeit* charakterisiert, die im »Milieu« ihren Nährboden fand. Es handelte sich um eine ursprüngliche und radikale Liederlichkeit, die den Lebens- und Arbeitsbedingungen der Armen entsprach: »Man soll lieber bei der Kindesmutter nachsehen, dem wüsten Weib, die keine Kinder erziehen könne und überall bekannt sei für ihr böses Maul und ihren liederlichen Lebenswandel.«[17] »Vom Familienoberhaupt ist zu sagen, dass

Nüssli ein liederlicher, dem Trunke etc. ergebener Mensch ist.«[18] »Die Armenpflege wird aufmerksam gemacht, dass Nüssli-Halder sich äusserst liederlich
aufführe, nicht arbeite.«[19] »Es fällt in Betracht: Linda Eberhard ist infolge ihrer
Liederlichkeit unterstützungsbedürftig geworden.«[20]

Der Ursprung der Liederlichkeit deutete darauf hin, dass man ihr nicht mit
eigenen Mitteln entrinnen konnte. Den Arbeiter seiner Freiheit zu überlassen
hieße, ihn jenem ökonomischen und sozialen Determinismus auszuliefern, der
notwendigerweise in die Schrecken des Pauperismus führte. Die Freiheit des
Arbeiters bedurfte deshalb unter den Bedingungen der neuen industriellen Ordnung einer *Bevormundung*, die sie absicherte und vor sich selbst in Schutz
nahm. Die »Wohltätigkeit« musste von nun an permanent, konstant und regulär
sein. Die grundlegende Liederlichkeit, die man dem Arbeiter zuschrieb, ließ die
bislang konzipierten Instrumente zur Förderung der Vorsorge als unzureichend
und veraltet erscheinen und es galt, aus der Wohltätigkeit eine öffentliche gesellschaftliche Funktion zu machen. Die Politik der Absicherung ging von einer
Politik der Arbeitervorsorge zu einer Politik der »generalisierten Wohltätigkeit«
über, wodurch der Staat zu einer moralischen Person wurde. Donzelot nennt
diese neue Ökonomie die Soziale. »Soziale Ökonomie« bezeichnet alle Formen
zur Lenkung des Lebens der Armen, die darauf zielen, die sozialen Kosten ihrer
Reproduktion zu senken und für ein Minimum an öffentlichen Unkosten eine
erwünschte Zahl von Arbeitern zu erhalten.[21]

2. Sozialer Ausgleich: Die Politisierung der sozialen Arbeit

Über die »soziale Ökonomie« konnte die moralische Analyse der Ursache der
Armut um die Untersuchung des »Milieus« erweitert werden.[22] Ursache des sozialen Elends waren nach wie vor Liederlichkeit, Gleichgültigkeit und Faulheit,
die in sich Verschlagenheit, Falschheit und Bosheit trugen. Diese Charaktereigenschaften kommen in fast allen Falldossiers zum Tragen, während die materielle Not nicht thematisiert wird, obgleich alle gesichteten Fälle letztlich »Fälle
von Armut« waren: »N. ist eine schlechte, faule Person.«[23] »Er blieb gleich
faul, hatte landwirtschaftliche Arbeiten am liebsten, wenn sie getan waren.«[24]
»Herr Verwalter Kramer bezeichnete ihn als verschlagenen Charakter, als faulen, bequemen Herrn, der nicht arbeiten will und überall der Arbeit auszukneifen
fen sucht.«[25] »Bei einer tel. Anfrage habe man Frau D. gesagt, Walter sei faul u.
hinterlistig.«[26] »Es liege ein gewisser guter Kern in Viktor, es sei nur schade,

dass er seine Faulheit nicht überwinde & dass er nicht offener sei, es sei etwas Falsches & Verdrücktes in seinem Wesen.«[27] »Sie ist falsch, durchtrieben, vor allem faul.«[28] »Der Mann sei notorischer Alkoholiker (Schnapser) und mit einem ganz gemeinen Charakter behaftet; er habe ein rohes und freches Benehmen und ein arbeitsscheues Wesen an sich.«[29]

Individuelle Gefährdung und gesellschaftliche Bedrohung

Die allgemeine Disposition konnte auf günstige oder weniger günstige Bedingungen treffen, konnte durch das Milieu verstärkt und vor allem konnte sie auf die Kinder in diesem Milieu übertragen werden, die damit eine problematische Milieuidentität ausbildeten: »Sie habe nur nie begreifen können, wieso eine Behörde in solch einem Milieu ein Kind lassen könne.«[30] »Es wäre darum behördlicherseits nicht zu verantworten, wenn die sittlich verwahrloste Linda Eberhard in das erzieherisch selber nicht einwandfreie Milieu zu ihren Eltern vorzeitig heimkehren würde.«[31] »Aus dem, was ich bis jetzt erfahren habe, habe ich den Eindruck gewonnen, dass die kleinen Kinder moralisch schweren Schaden leiden würden, wenn sie noch länger in dem gleichen Milieu verbleiben müssten.«[32] Von diesem Milieu ging eine soziale Gefahr aus. Die Kinder und Jugendlichen waren in »diesem molligen Schlamm«[33] gleichermaßen »gefährdet« wie potenziell »gefährlich«. Der »Schlamm-Pöbel«[34] bedrohte die Bevölkerung als kollektives Phänomen von innen heraus. Die Armut bildete eine soziale Tatsache industriell-kapitalistischer Gesellschaften. Der »Schlamm-Pöbel« indes umschrieb eine verwilderte, rohe, unzivilisierte Lebensform, die es zu regulieren galt: »Der rohe Ton, mit dem die Kinder untereinander verkehren, habe selbst für die Leute etwas abschreckendes, die die rohe Sprache unserer Jugend kennen.«[35] »Unter den Alten wie unter den Jungen herrscht unter sich und gegenseitig ein solch roher Ton, dass es selbst für den schlecht gebildeten etwas abschreckendes sei.«[36] »Man habe die Leute gefürchtet wegen ihrer Gemeinheit und Rohheit, die Frau soll noch schlechter sein als der Mann.«[37]

Die Bekämpfung des Pöbels als soziale Gefahr, ermöglichte die Aufrechterhaltung der Armut, die deshalb auch gar nicht verschwinden durfte, weil sie Voraussetzung der Produktion des Wohlstands waren. Über die Moralisierung des Pöbels als kollektives Phänomen, wurde das individuelle Merkmal zusätzlich zu einer sozialen Pathologie, zu einer »Endemie«[38], welche die Gesellschaft von innen heraus bedrohte. Das städtische Arbeitermilieu brachte böse, schwierige, traurige, tiefgesunkene, bedenkliche, gefürchtete, sittlich verkommene, mindere, verrufene, übel beleumdete Gesellschaften hervor, degenerierte Familien, rohe Schwefelbanden, richtige Appachengesellschaften, die eine Gefahr für die öffentliche Sicherheit und Sittlichkeit darstellten, einen permanenten Tod, der in das Leben hineinkriecht, Parasiten, die das Leben zerfressen, zersetzen und schwächen, ein unheimliches Pack.[39] »Wer die Gestalten, Geräusche und Gerüche der Armenviertel kennt (…), dem schärft sich der Blick für eine Art moralische Malaria, deren unheilvoller Einfluss die geistige Lebenskraft untergräbt.«[40] Resultat dieser Umdeutung waren zwei sich scheinbar widersprechende, in Wirklichkeit aber komplementäre Strategien: Der Schutz des Individuums vor den sozialen Risiken der Gesellschaft einerseits sowie die Verteidigung der Gesellschaft vor den Gefahren des »Schlamm-Pöbels« und der »gefährlichen Gesellschaften« andererseits.[41] »Die Gesellschaft, welche sich zum Schutze des armen Kindes in allerlei gemeinnützigen Vereinen organisirt hat und auch den Staat in den Dienst des Jugendschutz gestellt hat, besitzt anderseits den Anspruch, vor den tausend Bosheiten und Schädigungen verwahrloster Kinder geschützt zu werden. Die Maßnahmen, die wir dagegen treffen, bezwecken gewiss in erster Linie das Wohl des Kindes, aber ihre Funktion als Schutz der Gesellschaft darf darüber nicht vergessen werden, beruht doch darin die Rechtfertigung, die Kräfte des ganzen Staates für das humane Werk in Anspruch zu nehmen.«[42]

Pädagogisierung der sozialen Arbeit?

Konsequenz dieser Verschiebungen der Problematisierungs- und Objektivierungsweisen war eine Entpolitisierung des Problems der Ungleichheit in einer Gesellschaft von »Gleichen«. In der Geschichtsschreibung wird diese Verschiebung als »Pädagogisierung der sozialen Frage bzw. der sozialen Probleme« oder auch als »Pädagogisierung der Sozialarbeit« bezeichnet.[43] Diese Verschiebung sei der Grund, weshalb die Soziale Arbeit noch heute mit dem Problem konfrontiert sei, strukturelle Probleme auf individueller Ebene »lösen« zu müssen. Über die »Pädagogisierung der sozialen Frage« seien soziale und sozial verursachte Probleme in individuell zu bearbeitende Defizite von Moral, Lernen und Erziehung umdefiniert und über die »Pädagogisierung der Jugendhilfe« sei diese dann endgültig entpolitisiert worden.[44]

Diese individualisierende Deutung der Erscheinungsformen und der Ursachen von sozialer Not habe zu einer politisch ungemein relevanten veränderten Lokalisierung der Probleme von Armut, Desintegration und Devianz geführt: »Im Rückgang von der äußeren Not auf den ›inneren Menschen‹ wird das innere Leiden an der Armut zur ›eigentlichen‹ Not und die Bearbeitung des inneren Leidens an der äußeren Not zur genuinen Aufgabe einer sich pädagogisch verstehenden Fürsorge.«[45] Diese Erklärung scheint mir aber unpräzise. Erstens markiert die Pädagogisierung der sozialen Frage und deren Verschiebung in eine Frage der Menschenbildung keine Entpolitisierung der Jugendhilfe sondern, ganz im Gegenteil, deren politische Aufladung. Zum anderen werden in diesem Diskurs »Pädagogisierung« und »Individualisierung« einfach gleichgesetzt. Individualisierung war aber »ein Zug der Zeit« und nicht nur eine Handlungsstrategie der Pädagogik. Insgesamt wurde die Umdeutung der sozialen Ungleichheit zu wenig genau analysiert. Diese bezog sich fortan nicht mehr auf den unterschiedlichen Gebrauch der Freiheit und Verantwortlichkeit (wie im Liberalismus), sondern markierte eine Differenz im Grad der Gesellschaftlichkeit.

3. Von der Klassen- zur Rassenfrage

Behandelt werden musste von nun an vor allem diese Differenz im Grad der Gesellschaftlichkeit und nicht »das innere Leiden an der Armut«, wie Münchmeier meint. Es erstaunt deshalb auch nicht, dass in den Fallbeispielen der Amtsvormundschaft der Stadt Zürich, wie wir noch sehen werden, weder die soziale Ungleichheit noch »das innere Leiden an der Not« thematisiert werden. Wilhelm von Gonzenbach brachte dies in seinem Eröffnungsvortrag am ersten zürcherischen Jugendhilfekurs folgendermaßen zum Ausdruck: »Die meisten Menschen denken bei den Worten Sozialhygiene, Sozialpolitik, sozialen Werken etc. an Gleichmacherei. Das ist noch ein Erbteil von den Schlagworten der grossen französischen Revolution her, der liberté, fraternité und égalité. Wie die Freiheit, so ist auch diese Gleichheit übel missverstanden und also auch missbraucht worden. Es soll ja gar nicht heissen, alle Menschen sind gleich, sondern die grosse Forderung jener Zeit hiess, alle Menschen seien gleich vor dem Gesetz! Meine Damen und Herren, das ist ein gewaltiger Unterschied. Alle Menschen sollen vor dem Gesetz gleich sein und sind es heute auch weitgehend. Wir haben keine rechtlich privilegierten Klassen mehr. Und die ganz gleiche Forderung stellt die soziale Hygiene: Alle Menschen haben das gleiche Recht auf Gesundheit, auf Existenz und auf Entfaltung ihrer Eigenart und Begabung, insoweit sie sich in die gesellschaftliche Ordnung einreiht. Aber kein vernünftiger Mensch wird behaupten wollen, alle Menschen seien gleich überhaupt. Von der Unrichtigkeit dieser Unwirklichkeitsphrase überzeugt uns jeder Blick auf die Nase unseres Nächsten. Und noch viel mannigfaltiger wie die äusserlich körperliche *Verschiedenheit*, ist die geistige an Begabung und Charakter. Hier dürfen, ja müssen wir die *verschiedene Wertigkeit* der Menschen durchaus anerkennen und unsere Konsequenzen daraus ziehen, nicht nur in der Bewertung des einzelnen Individuum, sondern, weil sich diese Eigenschaften unfehlbar von den *Eltern auf die Kinder vererben*, in der *Bewertung der Familie* und der *Abstammung*.«[46]

Um die Verantwortung für die Massenarmut vom ökonomischen System umzuleiten und das eingeklagte Recht auf Arbeit zu verhindern, wurde die liberale Interpretation des Zusammenhangs von Armut und Arbeit vor allem über die Intensivierung und Umformulierung moralischer Kategorien mittels medizinisch-hygienischer und biologisch-sozialer Argumente als neue Strategie der Regulierung des Sozialen erweitert und modifiziert.[47] Dass allen Menschen das gleiche Recht auf Entfaltung eingeräumt werden sollte, war deshalb notwendig, damit die Tüchtigen von den Untüchtigen überhaupt unterschieden werden konnten. Das Problem lag darin, dass die soziale Minderwertigkeit nicht zwingend mit der biologischen Untüchtigkeit einhergehen musste. »Man hat der sozialen Hygiene und ihrer Fürsorgearbeit den Vorwurf gemacht, sie wirke dem Darwinschen Prinzip der *Ausmerzung der Minderwertigen* entgegen. So erfreulich es ist, dass naturwissenschaftliches Denken und Verständnis für die Unausweichbarkeit der Vererbungsgesetze in weitere Kreise gedrungen ist, so muss doch gleich hier vor oberflächlichen Schlüssen gewarnt werden. Soziale Minderwertigkeit bedeutet noch lange nicht biologische, also Leibesuntüchtigkeit. (…) Um aber diese *Anlagen* wirklich erkennen zu können, müssen wir allen Individuen Gelegenheit geben, dieselben ungehemmt durch äussere Widerstände (Mangel an äusseren Mitteln, Beeinträchtigung der Entwicklung durch Unterernährung, schlechte Wohnung, Krankheit usf., die damit zusammenhängen) *voll zu entwickeln*. Das ist aber gerade die Aufgabe der sozialen Hygiene. Und an ihren Früchten sie erkennend, die Dank der Bemühungen der sozialen Hygiene gereift sind, wird erst die Rassenhygiene die Auswahl und Förderung derjenigen treffen können, deren Förderung und Mehrung für das Gedeihen der Gesellschaft erwünscht ist. Soziale und Rassenhygiene sind also durchaus nicht Gegensätze, sondern zwei Probleme, die so eng zusammengehören, dass die eine ohne die andere gar nicht denkbar ist.«[48] Auf den Darwinschen Prinzipien konnte also gerade nicht aufgebaut werden, weil die Zivilisation die Menschheit so weit von den natürlichen Verhältnissen, aus denen Darwin seine Lehre entwickelt hatte, weggetragen hatte, dass man in vielen Fällen geradezu zum Gegenteil einer natürlichen Auslese der Tüchtigen gekommen war. »Ich erinnere nur an den Krieg, in dem gerade die Tüchtigsten dem Tode am nächsten stehen und die ›Staatskrüppel‹ fern vom Geschütz ihren Patriotismus in Druckerschwärze ergiessen.«[49] Der sozialen Hygiene sollte die Aufgabe zukommen, die Anlage der Individuen wirklich erkennbar zu machen. »Die soziale Hygiene hat ihrer weitblickenden Schwester, der Rassenhygiene, in die Hände zu arbeiten und bei aller caritativen Fürsorge und Existenzgarantie der vom Erbschicksal vernachlässigten ihr Hauptaugenmerk darauf zu richten, dass den *Tüchtigen freie Bahn* (…) geschaffen werde.«[50] Dieses Ziel umschrieb Gonzenbach mit dem Begriff »sozialer Ausgleich«: »Dabei wird diese soziale Arbeit immer mehr auch eine Angelegenheit der Öffentlichkeit, des Staates, der mit seiner *sozialen Politik* die Fehler unserer heutigen sozialen Struktur an den Wurzeln anpacken und ausmerzen soll durch sozialen Ausgleich (…).«[51]

Nachdem das »Milieu« insofern von Bedeutung war, als es die permanente Quelle der Reize bildete, die auf die ererbten Keimanlagen wirkten, wodurch »gewisse Menschen« zu Wesen mit antisozialem Charakter wurden, war biomedizinisch-psychologischen und milieutheoretischen Deutungsmustern Vorschub geleistet und es bildete sich ein biologisch-sozialer Diskurs heraus. Die »Degenerierten« und »Verwahrlosten« wurden zur permanenten Gefahr. Es entstand ein Rassismus, den die Gesellschaft gegen sich selber, gegen ihre eigenen Elemente ausspielte.[52] Es ging in diesem Rassismus aber nicht um Hass oder Verachtung. Es ging in ihm nicht um eine ideologische Operation, in der die brodelnden Feindseligkeiten gegen einen bestimmten Gegner gerichtet wurden. »Die Besonderheit des modernen Rassismus (…) ist nicht an Mentalitäten, Ideologien und Lügen der Macht gebunden. Sie ist an die Technik der Macht, an die Technologie der Macht gebunden.«[53] Über die Verschiebung der Klassen- in eine Rassenfrage konnte der Kampf (über die Einführung des Biologischen, die Differenzierung der Arten, die Rekonstruktion und Selektion des Stärksten, die Abwendung der Gefahr der Degeneration) dem politischen System entzogen werden. Die »Verwahrlosten« und »Degenerierten« wurden (nebst den »Anormalen«) als eigene Spezie, als eigene soziale Rasse aufgefasst. Die soziale Gefahr wurde zum Instrument der Diagnose von sozialen Pathologien und eröffnete eine Vielzahl von Behandlungsformen: psychiatrische Therapien, medizinisch-hygienische Interventionen, fürsorglich-pädagogische Maßnahmen. Erst über den Rassismus wird das scheinbare Paradox von »Töten« und »Leben stärken« aufgelöst. Die Kinder- und Jugendfürsorge wurde zu einer politischen Interventionstechnik, die kontrollierend und regulierend in den sozialen Körper eingriff.[54] Emma Steiger brachte dies 1932 folgendermassen zum Ausdruck: »Das Humanitätsideal, aus dem heraus die gemeinnützigen Gesellschaften gegründet worden sind und Pestalozzi gewirkt hat, verengt sich in der selbstsichern bürgerlichen Gesellschaft des ausgehenden 19. Jahrhunderts. Aus dem grossen Ziel harmonischen Menschentums wird das Ziel eines brauchbaren Gliedes der bestehenden Gesellschaft.«[55]

Soziale Arbeit als strategische Verknüpfung von Pädagogik, Psychiatrie und Justiz

Die gesellschaftlich entscheidende Wirkung der Kinder- und Jugendfürsorge kann nur verstanden werden, wenn man von der strategischen Verknüpfung der drei Hauptinstanzen ausgeht, aus denen sie sich zusammensetzte: Justiz, Psychiatrie und Pädagogik. Die Transformation kann deshalb nicht ausschließlich unter dem Stichwort der »Pädagogisierung« gefasst werden. Wenn unter »Pädagogisierung« die Expansion pädagogischer Semantik in andere soziale Systeme wie beispielsweise Ökonomie und Politik verstanden wird sowie die Umcodierung sozialer Probleme, dann müsste die »Entgrenzung des Pädagogischen« auch auf der diskursiven Ebene auffindbar sein. Das Gebiet der Kinder- und Jugendfürsorge umfasste in der Schweiz des beginnenden 20. Jahrhunderts aber eine diskursive und nicht-diskursive Praxis, an der sich Psychiater, Sozial- und Rassenhygieniker, Gerichtsmediziner, Kinderärzte, Schulärzte, Orthopäden, Richter, Jugend- und Staatsanwälte, Straf- und Zivilrechtsprofessoren, Kriminalisten, Ökonomen, Politiker, Pfarrer, Psychologen, Lehrer, Erzieher, Kindergärtnerinnen, Krankenschwestern, Polizeiassistentinnen und – wie Wilhelm Feld sie nannte – »wohlfahrtssporttreibende Damen«[56] mit ihren je eigenen Semantiken beteiligten. Es muss also gleichzeitig von einer »Psychiatrisierung«, »Sozialpsychologisierung« oder »Biomedizinierung« struktureller Probleme gesprochen werden. Die ausschließliche Beschreibung des Prozesses als »Pädagogisierung« markiert eher eine »Selbstüberschätzung« der Disziplin (selbst wenn sie kritisch gewendet ist), als das Ergebnis einer kritischen, historisch-empirischen Analyse.

Viertes Kapitel: Die Problematisierungsweisen Gefährliche Jugend, gefährdete Kindheit

1. Der gefährliche Jugendliche: Die familiäre Justiz

Jacques Donzelot rekonstruiert in der oben dargelegten Entwicklung die Herausbildung von zwei Polen, welche die »soziale Ökonomie« konstituierten: der »Fürsorgepol« und der »medizinische Pol«.[1] Diese beiden Pole schlossen sich zu Beginn des 20. Jahrhunderts im Problem der Kindheit und Jugend zusammen und um dieses Problem herum nahm die Entwicklung des »Sozialen« ihren unaufhaltsamen Fortgang. In der Kinder- und Jugendfürsorge wurde unter dem Begriff der »Verwahrlosung« vereint, was die Kindheit und Jugend bedrohte (die »gefährdete« Kindheit) und was sie bedrohlich machte (die »gefährliche« Jugend). Wie es dazu kam, dass die Verwaltung der »Gefährlichen« und »Gefährdeten« schließlich im Vormundschaftskomplex zusammengeschlossen wurde, lässt sich anhand der Jugendgerichtsdebatte nachzeichnen.

Die Jugendgerichtsdebatte

1896 wurde vom Bundesrat der Entwurf für ein Schweizerisches Strafgesetzbuch in Auftrag gegeben.[2] Der Vorentwurf von 1916 schlug die folgende Ordnung der Behandlung der Kinder und Jugendlichen vor: Den Grundsatz, dass ein Kind, welches das 14. Altersjahr noch nicht zurückgelegt hatte, strafrechtlich nicht verfolgt werden sollte. Hatte das Kind das sechste Altersjahr zurückgelegt, so hatte die »zuständige Behörde« den Sachverhalt festzustellen und über den körperlichen und geistigen Zustand des Kindes und über seine Erziehung genaue Berichte einzuziehen, in zweifelhaften Fällen auch einen ärztlichen (»wenn immer möglich psychiatrischen«[3]) Bericht.[4] Die Behörde hatte die zweckmäßige und erforderliche Behandlung anzuordnen, Verweise zu erteilen und Schularrest zu verhängen.[5] Auch die zweite Altersstufe (14. bis 18. Lebensjahr) sollte grundsätzlich dem Strafrecht gegenüber Erwachsenen entzogen werden. Das Einführungsgesetz erklärte in Art. 39 die Kantone befugt, die richterlichen Handlungen im Verfahren gegen Jugendliche besonderen Behörden (wie Jugendschutzämtern, vormundschaftlichen Behörden aber auch Schulbehörden) zu übertragen. Die vorberatende Expertenkommission hatte also beschlossen, bezüglich jugendlicher Rechtsbrecher den Ausdruck »Richter«

(und damit auch »Gericht«) im Strafgesetzbuch wegzulassen und durch den Ausdruck »zuständige Behörde« zu ersetzen. »Eine beachtenswerte Konzession an humane Empfindung!«[6] Nur ausnahmsweise sollte bei »Gemeingefährlichkeit« des Täters oder bei sehr schweren Vergehen auch bei Jugendlichen die ordentliche Bestrafung eintreten. In diesem Fall sollte der Richter die Strafe wie bei einem Unmündigen mildern. Weiter sollten die Bundesvorschriften nicht gehen.

Emil Zürcher, ordentlicher Professor für Strafrecht an der Universität Zürich und Nationalrat, schilderte den Gang eines typischen Verfahrens folgendermaßen: Die Polizei- oder Untersuchungsbehörde hatte den objektiven Tatbestand einer Schädigung an Personen oder Sachen festgestellt und zur Wahrscheinlichkeit erhoben, dass ein Kind Urheber sei oder in anderer Weise dabei sich betätigt hatte. Nun sollte die Polizei- oder Untersuchungsbehörde ihren Befund nach ihrem Ermessen entweder der Vormundschaftsbehörde oder der Schulbehörde überweisen. Die Vormundschaftsbehörde bedurfte keiner ganz sicheren Feststellung der Täterschaft. Sie sollte vielmehr einfach einschreiten, wenn ihr die Vorschriften der Artikel 283 oder 284 des Schweizerischen Zivilgesetzbuches zuzutreffen schienen, wenn also das Kind oder der Jugendliche »verwahrlost« oder »gefährdet« war. Andernfalls sollte sie die Sache der Schulbehörde überweisen. Die Schulbehörde ihrerseits hatte die Täterschaft festzustellen, da sie das Kind nur dann, wenn sie es fehlbar wusste, bestrafen durfte. Fand sie aber, dass eine besondere Behandlung oder Versorgung des Kindes stattzufinden habe, so sollte sie die Sache wieder an die Vormundschaftsbehörde zurückweisen.[7] Natürlich musste dafür gesorgt werden, dass Konflikte zwischen den beiden Behörden rasch behoben werden konnten. Ausserdem sollte das Hin- und Herschicken von Akten aber keinerlei Unzuträglichkeiten mit sich bringen, da das Kind schließlich nicht mitgeschickt würde. Die Vormundschaftsbehörde, so Zürchers Fazit, sei die Behörde, um die richtige Maßnahme in die Wege zu leiten, die Schule sei die richtige Beobachtungsstation.[8]

Die Beobachtung und Abklärung der Kinder und Jugendlichen wurde zusehends in besonders dafür geschaffene Institutionen (wie psychiatrische Beobachtungsstationen und Beobachtungsklassen) verlegt.[9] Diese neue Strategie erfordere juristisch, medizinisch-psychiatrisch und pädagogisch gebildete und sonstige angesehene, einflussreiche und warmherzige Männer und je nach Bedürfnis auch wahrhaft gebildete (aber nicht eingebildete) Frauen.[10] Abgesehen von den ganz schweren Delikten hatte der neueste Entwurf von 1916 am Prinzip der Erziehung und der rettenden Fürsorge an Stelle der Vergeltung festgehalten. »Die Expertenkommission hat damit dem Entwurf des Schweizerischen Strafgesetzbuches eine seiner schönsten Perlen erhalten.«[11]

Die Schreckensbilder der normalen Justiz

Die neuen Strategien wurden legitimiert mit den Schreckensbildern der normalen Justiz, die auf die Kinder und Jugendlichen einen verderblichen Einfluss habe. Das Schlimmste an den gerichtlichen Verfahren sei ihre Öffentlichkeit und dieser sollte endlich ein Ende bereitet werden. Gefährlich war an dem öffentlichen Gerichtsverfahren ihre Hast und Schnelligkeit, mit welcher diese einfachen Fälle behandelt werden mussten. Der Jugendliche schien davon wenig beeindruckt, eher verwirrt und verständnislos. Die Erwartung, die Ehrfurcht vor dem Gericht und die schnelle Erledigung standen in großem Widerspruch, und der nachhaltig wirkende Eindruck der Verhandlung schien vollkommen zu fehlen. Die Öffentlichkeit des Verfahrens, der manchmal gleichgültige Ton in vielen Verhandlungen, die Widersprüche in den Anschuldigungen, die Scheinbegründungen, das Lächerlichmachen in den Plädoyers, ließen dem Jugendlichen die ganze Prozedur, die gerade ihn doch betraf, als etwas Unwahres erscheinen. Diese öffentlichen Verfahren nahmen den Jugendlichen Angst und Ehrfurcht vor späteren, neuen Untersuchungen und vor neuen Verhandlungen. Die Jugendlichen erhielten den Eindruck, dass eingesperrt zu werden und nicht eingesperrt zu werden, nicht in den ernsten, wohlmeinenden Abwägungen ihren Grund hätte, sondern dass es mehr Zufall oder Glückssache wäre. Überdies hatte man auch beobachtet, dass das Kind möglichst schnell nach dem Urteil anfange, die am wenigsten unbequemen Seiten in der neuen Situation herauszuspüren. Das liege eben in der Natur des Kindes. Die unglückliche Wirkung der Öffentlichkeit und des Sensationsinteresses an der Publikation der Verhandlungen über jugendliche Verbrechen wirke schließlich in demselben ungünstigen Sinne.[12] Die Sehnsucht und der Ehrgeiz jedes Kindes suche eine Deutung, die für es spreche und es entschuldige. Es könne sich zu leicht als ein Held fühlen, weil es in der Zeitung komme. Alles Theatralische sollte deshalb tunlichst vermieden werden: »Il faut supprimer tout ce qui peut rappeler de près ou de loin l'appareil théâtral.«[13] Die »Jugendjustiz« sollte eine »familiäre Justiz« werden.[14] Die Kleinheit des Saales sollte für den Eindruck von Intimität sorgen.

Basel hatte als erste Stadt die zur Durchführung des neuen eidgenössischen Vormundschaftsrechtes neu gestaltete Vormundschaftsbehörde zu einem Zentralorgan für die Kinder- und Jugendfürsorge gemacht und sie als entscheidende Behörde für die Behandlung jugendlicher Rechtsbrecher bezeichnet. Das sollte nach dem baslerischen Einführungsgesetz zum Zivilgesetzbuch in folgender Weise geschehen: Dem Vorsteher des Vormundschaftswesens war nach dem neuen Recht ein Kollegium, der Vormundschaftsrat, beigegeben, von dem das Gesetz sagte, unter seinen Mitgliedern und Suppleanten sollten sich womöglich ein Arzt, ein pädagogisch Gebildeter, ein Jurist und ein Kaufmann befinden; ein Mitglied und ein Suppleant sollten weiblichen Geschlechtes sein.[15] Dieses Kollegium hatte die Befugnis, die geeigneten Maßnahmen gegenüber Kindern zu ergreifen, die vor dem vollendeten 14. Altersjahr sich gegen Polizei- und Strafgesetze vergangen hatten. Der Vormundschaftsrat hatte sich aber in ausgedehntem Masse auch der 14-18 Jahre alten Rechtsbrecher anzunehmen. Zwar griffen hier zunächst die ordentlichen Strafbehörden (Staatsanwalt, Untersuchungsrichter, Strafgericht) ein, aber in der großen Mehrzahl der Fälle kam es nicht zu einer Bestrafung, sondern zu einer Überweisung oder wenigstens zu einer Mitteilung des Falles an den Vormundschaftsrat. Das traf zu, wenn der Jugendliche die zur Erkenntnis seiner Tat erforderliche Einsicht nicht besaß, ferner, wenn er zwar Einsicht genug gehabt hatte, aber seine Schuld sich nicht als schwerwiegend herausstellte. Vor allem kamen aber auch die schwereren Fälle vor den Vormundschaftsrat, wenn die Anwendung von Erziehungs- und Besserungsmaßregeln Erfolg versprachen. Je nach der Lage des einzelnen Falles hatte dann der Rat geeignete Maßnahmen zu veranlassen: Unterstellung unter die Fürsorge oder Anstaltsversorgung.[16] Die Untersuchungshaft sollte möglichst beschränkt und die Berührung des Jugendlichen mit erwachsenen Verbrechern vermieden werden. Die Verhandlungen gegenüber Jugendlichen sollten nach Raum und Zeit von andern Strafverhandlungen getrennt werden. »Le jeune délinquant ne doit avoir aucun contact avec la justice ordinaire; tout le monde aujourd'hui est d'accord sur ce point.«[17] »Zu vermeiden ist die Gefängnisluft mit ihren Ansteckungsstoffen, physischen und psychischen; zu vermeiden ist die öffentliche, jugendlicher Eitelkeit schmeichelnde Gerichtsverhandlung.«[18]

Kritik der Inquisition:
Entrechtung der jugendlichen Rechtsbrecher

Natürlich war man sich nicht in allen aufgeworfenen Fragen einig. Es gab beispielsweise grosse Unstimmigkeiten, was »die Ordnung der Kinder und Jugendlichen« bzw. die altersmässige Grenzziehung zwischen Kindern und Jugendlichen anbelangte. Sollte die Grenze bei 14, 15 oder 16 Jahren liegen? Es gab Auseinandersetzungen und Unstimmigkeiten über die richtigen Institutionen und deren Bezeichnung, vor allem für die Versorgung der über 18-jährigen. Sollten diese in einer Korrektionsanstalt oder in einem Jugendgefängnis versorgt werden? Wie wir dem endgültigen Gesetztext von 1937 entnehmen können, wurde schliesslich auch für die über 18-jährigen die Einweisung in eine Erziehungsanstalt vorgesehen. Im Zentrum der Auseinandersetzung aber stand die Absetzung des Richters und des Verteidigers. Die Kritiker des Jugendfürsorgemodells, in dem die Zuständigkeit in die Hände der Vormundschaftsbehörden gelegt werden sollte, erinnerten an die Zeiten der heiligen Inquisition, in der Ankläger und Verteidiger in einer Person vereint waren. Hans Felix Pfenninger, Staatsanwalt und Privatdozent an der Universität Zürich, erinnerte daran, dass vor hundert Jahren im Strafverfahren die gleichen Ideen wirksam gewesen waren, die nun bei der Regelung des Jugendstrafverfahrens fühlbar seien. »Es sind – darüber kann keine Täuschung bestehen – die Ideen des Inquisitionsprozesses, in welchem ja der Richter auch zugleich Ankläger und Verteidiger war, weil man sagte: Der Angeklagte ist bei seinem Richter am besten aufgehoben, dieser ist sein bester Verteidiger.«[19] Dies sage man heute nun auch vom Jugendrichter. Gegen diese Auffassung habe man jedoch im Strafprozessrecht angekämpft und man hatte im Laufe des 19. Jahrhunderts an ihre Stelle den modernen Anklageprozess gesetzt, indem man sich sagte, dass die wirkliche Wahrheit am besten durch das Gegeneinanderspielen von Anklage und Verteidigung und beurteilt durch den neutralen Richter, herbeigeführt werden könne. Pfenninger billigte den Jugendanwälten und Jugendrichtern zwar zu, dass auch sie auf die Wahrheitsfeststellung bedacht seien. Er brachte aber ein Fallbeispiel ins Spiel, um die Schwierigkeiten des »Inquisitionsprozesses« zu verdeutlichen: »Stellen Sie sich bloss folgenden Fall vor: Ein Jugendlicher ist verwahrlost, der beste Weg zur Behebung dieses Zustandes aber wäre, ihn schuldig zu erklären und dann in Anstaltsversorgung zu geben. Muss da nun nicht beim Jugendanwalt, namentlich bei dem noch nicht absolut gefestigten Jugendanwalt, im Unterbewusstsein der Wunsch tätig sein, den Jugendlichen nach Möglichkeit der Tat zu überführen, um dann auch die erwähnte Massnahme gegen ihn ergreifen zu können? Deshalb, und weil man in der Auswahl der Jugendanwälte doch hin und wieder die Erfahrung macht, dass nicht alles Idealmenschen sein können, ist eine Kontrolle nötig.«[20] Die Kontrolle sei für die Tatbestandsfeststellung und die Wahrung der strafprozessualen Garantien notwendig. Hierfür sei eine in der Strafrechtspflege selbständige Behörde die einzig richtige Kontrollstelle, so z.B. die Staatsanwaltschaft, nicht aber das Jugendamt oder die Vormundschaftsbehörde, die mit der Strafrechtspflege an sich nichts zu tun habe. Man müsse stets bedenken, dass gerade der Jugendliche der denkbar schutzbedürftigste Angeklagte sei. Ebenso entschieden, wie Pfenninger für eine Untersuchung eintrat, welche alle strafprozessualen Garantien wahrte, war er für die Zulassung der Verteidigung sowohl in der Voruntersuchung als auch in der Hauptverhandlung.[21] Unter der Flagge der Jugendfürsorge, so Pfenninger, käme man sonst zur Entrechtung der jugendlichen Rechtsbrecher. Pfenninger sowie ein paar andere Kritiker, die mit demselben Argument die neue Entwicklung kritisierten, setzten sich in der Debatte nicht durch. Das von Pfenninger eingeführte Fallbeispiel stellte denn auch gar kein Problem mehr dar, da man die »Verwahrlosten« sowieso auf administrativem Weg über die Vormundschaftsbehörden in eine Erziehungsanstalt einweisen konnte und es hierfür keiner (ungerechtfertigten) Tatüberführung bedurfte.[22]

Das »inquisitorische« Verfahren, das gekoppelt war an die anonyme Anzeige, die zunehmende Loslösung des jugendfürsorgerischen Handelns von der Logik juristischen Handelns bzw. des kontradiktorischen Verfahrens, führte immer wieder zu Widerstand sowohl der Betroffenen als auch der Öffentlichkeit: »Nur das möchte ich heute schon vorsorglich erklären, dass eine Namhaftmachung der Auskunftgeber nicht in Frage kommen kann. Das wäre meinerseits eine Perfidie sondergleichen gegenüber den Leuten, denen wir Diskretion zugesichert haben, ansonsten wir die nötige Auskunft nicht erhalten hätten. Es ist billig von Kabinettsjustiz zu sprechen und für ein kontradiktorisches Verfahren zu schwärmen. Theoretisch mag dies schon sein, aber praktisch hört dann jeder Kinderschutz auf, weil dann niemand mehr etwas gehört und gesehen haben will. Es gibt hier m. E. nur ein entweder oder: Entweder man bleibt beim bisherigen Verfahren und traut dem Fürsorger zu, dass seine langjährige Erfahrung und Menschenkenntnis ihn befähigt, die erhaltenen Auskünfte richtig einzuschätzen und zu wissen wieviel er abstreichen muss, oder man hat dieses Zutrauen nicht und verlangt ein kontradiktorisches Verfahren mit ›Zeugeneinvernahmen‹ und verzichtet damit zugleich auf die Möglichkeit notwendiger Fürsorge in 99 von hundert Fällen.«[23]

Ergründung der körperlichen und seelischen Individualität

Um ein genügendes Bild des straffälligen jungen Menschen zu erhalten, genügte es deshalb fortan nicht (mehr), sein Benehmen bei dem Delikt zu untersuchen. Zu diesem Zwecke musste vielmehr seine ganze körperliche und die damit aufs engste zusammenhängende seelische Individualität ergründet werden. Insbesondere auch die gesundheitlichen Verhältnisse in der Familie, die Veranlagung der Eltern und der Geschwister mussten studiert werden. Erst dadurch sollte es möglich werden, ein Bild von dem Milieu zu erhalten, in dem der Jugendliche aufgewachsen war, erst dadurch konnte man sich klar werden über bewusste oder unbewusste Einflüsse der Umgebung, die schließlich zum Zustandekommen des Verbrechens geführt hatten. Die Erfassung der Persönlichkeit des Kindes wurde zum obersten Prinzip.[24] Natürlich musste auch der äußere Sachverhalt des Deliktes abgeklärt werden. Aber bedeutungsvoller und aufschlussreicher schienen die Antworten auf die Fragen: »Wieso kam das Kind zu einem Diebstahl, einer Brandstiftung, einem Sittlichkeitsdelikt? Hat nur die Gelegenheit einen Dieb aus ihm gemacht, zu einer fast zufälligen Entgleisung geführt, oder ist seine Tat das Symptom einer schweren Gefährdung oder Verderbtheit?«[25] Der Wille, solche Verhältnisse abzuklären, sei stärker, die Mittel dazu seien feiner geworden, als es in frühern Zeiten der Fall war.

Mit Hilfe eines kriminologischen und psychiatrischen Wissens, versuchte man, in der Vergangenheit der straffälligen Minderjährigen und vor allem in der Organisation ihrer Familie gemeinsame Vorzeichen der Übeltaten zu entdecken. Die jugendliche Straftat wurde zu einer »Stellungnahme der ganzen Individualität des Rechtsbrechers gegenüber der Gesellschaft«[26].

2. Das gefährdete Kind: Der staatliche Eingriff in die Familie

Parallel zu diesem kriminologisch-psychiatrischen Diskurs verlief jener über den zukünftigen, den potentiellen Verbrecher, über jenes Kind, das in Gefahr stand, gefährlich zu werden und deshalb »gefährdet« war. Seinetwegen baute man eine Infrastruktur der Prävention auf und löste eine erzieherische Aktion aus, die es früh genug vor der Straftat zurückhalten sollte.[27]

Bereits 1837 wurde von der Direktion der Schweizerischen Gemeinnützigen Gesellschaft in einem Rundschreiben die Frage aufgeworfen, ob und unter welchen Bedingungen der Staat überhaupt berechtigt sei, »Eltern, welche als moralisch verdorben anzusehen sind, ihre Kinder zu entziehen«[28]. Auf diese Frage gingen zwei Antworten ein: Pfarrer Samuel Rudolf Fetscherin sprach sich vehement gegen dieses Recht aus. Der Staat habe kein Recht zur moralischen Beurteilung seiner Bürger. Gesetzliches Recht stehe weder dem Staat noch den Gemeinden zu, notorisch schlechten Eltern ihre Kinder zu entziehen, da weder der eine noch der andere im Stande sei, durch die ihnen zur Verfügung stehenden Hilfsmittel den Kindern eine bessere Erziehung zum voraus zu garantieren, als die, welche ihnen selbst schlechte Eltern geben konnten.[29] Er führte die Zerstörung der Kinder in den Armenspitälern und -anstalten sowie bei den Pflegefamilien ins Feld, wo so manches »thierischer Brutalität wehrlos preisgegeben« und »mit dem unauslöschlichen Stempel der Stupidität bezeichnet« worden sei.[30] Die Erfahrung über die in irgendeinem Lande unter obrigkeitlicher Leitung stehenden Erziehungsanstalten lehre, dass das Verderben sich dort in ebenso furchtbarem Masse, wie in schlechten Haushaltungen entwickeln könne.[31] Eine Wegnahme der Kinder sei, wenn überhaupt, nur dann zu rechtfertigen, wenn der Nachweis einer besseren Erziehung *vorab* erbracht werden könnte. Nachweise des Erfolges fehlten jedoch, so Fetscherin, da die Gemeindebehörden, die zwar Rechenschaft schuldig seien, in ihren amtlichen Berichten nur Auskunft über Namen und Zahlen der bevormundeten und versorgten Kinder, jedoch keinen Aufschluss über den Erfolg der Erziehung erbrächten. Wo der Staat aus vermeintlichen Rücksichten der Humanität nach freier Willkür handle, entfalte sich ein Despotismus, der entsetzlicher sei als jeder andere, da er unter dem Schilde der Humanität und Freiheit verborgen sei.[32] Es stehe also keiner Behörde das Recht zu, so schloss Fetscherin, unter irgendwelchem Vorwand den schlechtesten Eltern ihre Kinder wegzunehmen. Jede *präventive* Maßregel gegen die Armen sei ungesetzlich und somit unrecht.[33]

Anders beantwortete Regierungsrat Zehnder (zugleich Präsident der Armenkommission des Kantons Zürich) diese Frage. Er wollte dem Staat dieses Recht dann eingeräumt haben, wenn die gesetzlichen Grundlagen dafür geschaffen seien und der Ausdruck »moralische Verdorbenheit« geklärt würde, der jeweils nur nach Ort, Zeit und Umständen begründet werden könnte.[34] Verbüßten die Eltern eine Zuchthausstrafe, so sollte der Staat in jedem Fall berechtigt sein, ihnen ihre Kinder zu entziehen. Kam bei einer Armengenössigkeit moralische Verdorbenheit der Eltern hinzu, dann sollte der Staat ebenfalls in jedem Fall berechtigt sein, den Eltern (auch gegen deren Willen und selbst bei deren Verzicht auf die Armenunterstützung) die Kinder wegzunehmen. Hunziker verstärkte in seiner Kommentierung der beiden eingegangenen Lösungen die Position Zehnders, indem er ausführte, dass der Staat zwar nicht einen moralischen Zustand bzw. eine moralische Verfassung des Bürgers beurteilen dürfe, jedoch durchaus eine aus einem moralischen Zustande erfolgte Handlung. Der Staat habe nicht das Recht, moralisch zu richten, er habe aber die Pflicht, Rechte zu schützen, die der Bürger verletze. Eine Wegnahme des Kindes bzw. die in solchen Fällen einzig mögliche Lösung der »Trennung der Kinder von den Eltern«, sei deshalb auch nur als Konsequenz einer fehlbaren Handlung und nicht präventiv möglich.[35] Die rechtsverletzende Handlung und Armengenössigkeit aber entziehe die Familie dem Kreise des Privatverhältnisses. Damit unterstützte Hunziker die Position, gegen die sich Fetscherin gewehrt hatte: die Ungleichbehandlung der Armen, die durch die Einschränkung ihrer Rechte (wie beispielsweise das Einspruchsrecht der Gemeinde gegen die Eheschließung eines Armengenössigen oder der Entzug des Stimmrechtes von Armen) sowie durch die Rückforderungen des Armenunterstützungsbeitrages durch die Gemeinden, zu ungesetzlichen Handlungen geradezu forciert würden, wie Fetscherin zu bedenken gab.

Die gesetzliche Verankerung des präventiven Eingriffs

Die Schweizerische Gemeinnützige Gesellschaft schloss sich in ihrer Diskussion der Position Hunzikers an, die zunehmend an Stärke gewann und 1904 in einer »Weihnachtspredigt« kulminierte, in der der Schriftsteller Meinrad Lienert zu einem radikalen Kinderschutz aufrief, zu einer harten und kompromisslosen Bestrafung der ruchlosen, herzlosen, entmenschten, vertierten, zu Tigern gewordenen Eltern, der »Kindleinfresser«, die ihre Kinder misshandelten: »Getreue liebe Eidgenossen! Gedenkt aller Kinder! Erbarmt euch auch der ärmsten Kinder der Mutter Helvetia! Man mag es anderwärts halten, wie man will, in unserm Schweizerischen Vaterlande soll es heissen: hinein in die Familie ohne Rücksicht, ohne alles Vorschützen von sogenannten heiligen Haus- und Familienrechten, wenn es sich um das leibliche und seelische Heil der Kinder handelt, hinein in die Familie! Und wenn es auch nicht angenehm für den Staat ist, sich mit neuen Bürden zu belasten und weit bequemer für die Allgemeinheit, vor diesen offenkundigen Übelständen die Augen so viel als möglich zu verschliessen, so darf das alles und anderes mehr heute nicht mehr gelten, hinein in die Familie, wenns Not tut! – in Gottesnamen selbst unter Kostenfolge.«[36]
Die gefährdete Kindheit bot die Legitimationsbasis für einen staatlichen Eingriff in die Familie als Keimzelle dieses zugleich individuellen als auch sozialen Übels.[37] Das Schweizerische Zivilgesetzbuch bestimmte, dass die vormund-

schaftlichen Behörden bei pflichtwidrigem Verhalten der Eltern die zum Schutze des Kindes geeigneten Vorkehrungen zu treffen hatten. War ein Kind in seinem leiblichen oder geistigen Wohl dauernd gefährdet oder verwahrlost, so sollte die Vormundschaftsbehörde es den Eltern wegnehmen und in angemessener Weise in einer Familie oder Anstalt unterbringen. Waren die Eltern überhaupt nicht imstande, die elterliche Gewalt auszuüben, oder fielen sie selbst unter Vormundschaft, oder hatten sie sich eines schweren Missbrauches der Gewalt oder einer groben Vernachlässigung ihrer Pflichten schuldig gemacht, so sollte ihnen die zuständige Behörde die elterliche Gewalt entziehen. Der Entzug der Gewalt war auch gegenüber Kindern wirksam, die später geboren wurden.[38] Hatte sich selbst Hunziker noch 1837 gegen präventive Maßnahmen ausgesprochen, da diese nicht legitimierbar seien, war 1907 der präventive Eingriff mit dem Begriff der »Gefährdung« gesetzlich im Schweizerischen Zivilgesetzbuch verankert.

3. Die Verschmelzung vom gefährlichen und gefährdeten im »verwahrlosten« Jugendlichen

Ausgehend von dem Willen, den Rückgriff auf die Justiz und den Strafvollzug möglichst zu vermindern oder gar zu vermeiden, stützte sich die Kinder- und Jugendfürsorge auf ein psychiatrisches, soziologisches und zunehmend auch psychoanalytisches Wissen,[39] um das Drama, die Polizeiaktion vorauszusehen und den harten Arm des Gesetzes durch die ausgestreckte Hand des Erziehers zu ersetzen.[40] Man studierte das Familienklima und den Sozialkontext, der aus einem Kind ein »Risiko-Kind« machte.[41] Denn »das Verbrechen ist keine Erscheinung, die mit einem mal und unvermittelt in einem fleckenlosen Leben auftritt; es schiesst vielmehr in einem Boden empor, der durch die allmählige, stufenweise Schwäche und Abstumpfung des Gewissens vorbereitet ist.«[42]

Die quantitative und qualitative Erfassung der »Verwahrlosten«

Zu Beginn dieser Strategie standen die Statistiken über die »verwahrlosten« Kinder und Jugendlichen.[43] Gleichzeitig mit der zahlenmäßigen Erfassung sollten auch die qualitativen Details erfasst werden. 1898 berichteten die Schweizerischen Blätter für Gesundheitspflege aus einem Artikel von Kühner, der 1897 in der Zeitschrift »Die Kinderfehler« vorschlug, für Kinder in jeder Familie ein

»Lebensbuch« anzulegen und zu führen. Kühner berichtete in diesem Artikel, dass er bereits vor 25 Jahren in Familien, »deren Verständnis über das Rezeptbuch hinausreichte«, die Einrichtung getroffen hatte, die Merksteine der ganzen körperlichen, geistigen und sittlichen Entwicklung des Kindes in einem Buch, dem »Lebensbuch«, aufzuzeichnen, um ein vollständiges und klares Bild über den Entwicklungsgang des Kindes zu haben, um aus leisen Anfängen beginnende leichte Abweichungen, ungewöhnliche Anzeichen des Geschehens beim Kinde festzustellen und früh zur Kenntnis und Beurteilung derer zu bringen, die es anging.[44]

Das Lebensbuch sollte dazu beitragen, das wichtige und bis dahin zu wenig gewürdigte Verhältnis zwischen Schule und Haus zu klären. Es sollte der Schule eine wichtige Grundlage für die Entscheidung über erzieherische Maßnahmen und für das einheitliche Zusammenwirken von Familie und Lehrerschaft bieten. Mehr noch: Das Lebensbuch sollte langsam zu einer Familienchronik werden: »Das Kind, über dessen Entwicklungsgang die Chronik berichtet, ergänzt jetzt, herangewachsen als Mutter, die Erziehung ihres Kindes durch ihr eigenes Beispiel und das ihrer Geschwister. Für Lehrer, Erzieher, Ärzte ist das Lebensbuch bereits mehrfach Gegenstand der Einzeichnung, Erörterung und Auskunftserteilung geworden. Ein Unternehmen, das sich durch Generationen bewährt, verdient gewiss allgemeinere Einführung, Nachachtung, Empfehlung.«[45] Mit Hilfe des Lebensbuches sollte man aus der Geschichte der Eltern erkennen können, was von den Kindern zu erwarten war. Es würde die Möglichkeit bieten, bei erblich vorbelasteten Kindern frühzeitig einzuschreiten.[46] Das Lebensbuch sollte das Zentrum der Häuslichkeit bilden, nach ihm hin sollten sich alle Tätigkeiten ausrichten, von ihm aus sollte alles Leben ausgehen. Eingeführt wurde dieses Lebensbuch nicht. Es wäre nicht umsetzbar gewesen. Es tauchte aber etwas später, an anderen Orten (in den Amtsstuben, Arztpraxen, Anstalten, Gefängnissen, Beobachtungsstationen etc.) und in anderer Form (als Fallakten, Krankengeschichten, Beobachtungsprotokolle, Erziehungsgutachten, Forschungsberichte, publizierte Falldarstellungen etc.) wieder auf.

Die Strategien der Fürsorge für die »gefährdete« Jugend und diejenigen für die »gefährliche« Jugend rückten einander in dieser Transformation zusehends näher. Hans Grob, der zweite Amtsvormund der Amtsvormundschaft der Stadt Zürich, meinte dazu: »Uns Jugendfürsorgern, die wir nicht Jugendrichter oder Jugendanwälte sind, fällt es immer wieder auf, dass man so scharf unterscheiden will zwischen kriminellen Kindern und Jugendlichen und den andern, die sonst wie gefährdet oder verwahrlost sind. In langer Erfahrung haben wir den

Eindruck bekommen: Im Grunde ist der Unterschied zwischen den Gefährdeten oder Verwahrlosten, die fehlbar werden, und denen, die nicht fehlbar werden, nicht gross, im Gegenteil, die kriminell werdenden Kinder und Jugendlichen sind durchschnittlich weniger gefährdet und die Gesellschaft gefährdend oder schädigend als die sonst wie gefährdeten oder verwahrlosten. Aus der Praxis kommen wir dazu, diese strafrechtliche Schuld, das Delikt im strafgesetzlichen Sinn bei Kindern und Jugendlichen nicht so scharf zu umreissen und zu betonen, sondern die Person des Kindes und des Jugendlichen und die Art seiner Gefährdung und Verwahrlosung zu erfassen zu suchen und weiter zu suchen, wie wir ihm helfen können.«[47]

Die »Gefährdeten« und »Gefährlichen« verschmolzen im »Verwahrlosten«, der »gefährdete« wurde zum »gefährlichen« Jugendlichen und umgekehrt. Wer dem Überhandnehmen der antisozialen Elemente in der menschlichen Gesellschaft wirksam begegnen wollte, musste sich nicht bloß der bereits kriminell gewordenen, sondern der verwahrlosten Jugend schlechthin annehmen.[48] Die kriminellen Jugendlichen bildeten nämlich nur einen Ausschnitt, und nicht einmal immer den gefährlichsten, unter der verwahrlosten Jugend. Es sollte zwischen individuellen und generellen Ursachen der »Verwahrlosung« unterschieden werden. Die individuellen Ursachen umfassten innere Ursachen, wie erbliche Belastung mit ihren mannigfaltigsten Formen geistiger und körperlicher Minderwertigkeit sowie äußere Ursachen, wie die soziale Lage der Familie, die Wohnverhältnisse, zerrüttete Familienverhältnisse, Elternlosigkeit, uneheliche Abstammung etc. Als generelle Ursachen bezeichnete Briner die durch den Zeitgeist vergiftete Atmosphäre, den Krieg, den einseitigen Materialismus, die gesteigerten Lebensbedürfnisse, den übertriebenen Individualismus und die Autoritätslosigkeit. Die Bekämpfung der Verwahrlosung habe, so Briner, zwei Hauptaufgaben: Die möglichst wirksame Bekämpfung der individuellen inneren Ursachen durch rassenhygienische Maßnahmen sowie die allmähliche Beseitigung der generellen, wie der individuellen äußeren Ursachen durch Erzeugung eines wahrhaft sozialen Gemeinschaftssinnes, durch Ausbau der Sozialpolitik (insbesondere der Sozialhygiene), durch die Vertiefung des Verantwortungsgefühles aller Schichten des Volkes jedem notleidenden Kind gegenüber, durch Stärkung des Familienverbandes, durch Verbesserung der Erziehungsmethoden und durch eine viel sorgfältigere Behandlung jedes Einzelfalles von Verwahrlosung. Hierbei sei eine möglichst frühe und zuverlässige Erfassung jedes Einzelfalles anzustreben, ein planmäßiges obligatorisches Zusammenwirken von Pädagoge und Arzt, eine individuelle, ganz gründliche Behand-

lung, ein organisches Zusammenarbeiten von Schul-, Vormundschafts-, Armenbehörden und Strafrichter (soweit strafrechtliche Maßnahmen erforderlich sei-
en, hätten Verfahren und Strafe ausschließlich dem Erziehungswerk zu dienen)
sowie eine breite Aufklärung des Volkes über die Zweckmäßigkeit dieser Mittel. Das zentrale Organ dieser Strategie sollte künftig die Vormundschaftsbehörde sein.

In dieser Zeit lag die Bedingung der Möglichkeit, dass eine »nicht-individualisierende Kasuistik«, die sich noch auf die Intention und die Umstände als Elemente der Qualifizierung einer Abweichung gerichtet hatte, durch eine individualisierende Kasuistik abgelöst wurde, die sich auf das delinquente, das
abweichende, das verwahrloste, das moralisch defekte Kind selbst, auf seine
Natur, seine Lebens- und Denkweise, seine Vergangenheit, seinen Charakter
und sein Milieu bezog und über die sich die Kinder- und Jugendfürsorge erst
begründen konnte.[49] »Das Strafrecht berücksichtigt in erster Linie die Tat, Pädagoge und Arzt als Kinderforscher hingegen die Eigenart, die seelische und
körperliche Organisation des Individuums. Nicht der Charakter der Tat, sondern
in weit höherem Grad der Charakter des Täters, seine ganze ethische, intellektuelle und gemütliche Organisation muss uns die Richtlinien zu seiner Beurteilung und Verurteilung vorzeichnen. Es ist gewiss ein grosses Kunststück, sich
so recht in das Gewebechaos des Geistes, Gemüts und Gefühlslebens eines solchen Individuums hineinzudenken.«[50]

Fünftes Kapitel: Das Dispositiv
»Verwahrlosung« als Chiffre der Persönlichkeit
und als Dynamometer der Gesellschaft

1. »Verwahrlosung« als Chiffre der Persönlichkeit: Die Anfänge einer individualisierenden Kasuistik

Aus dem Kunststück sollte eine Wissenschaft werden. Nachdem sich der Kinderschutz bzw. die Kinderzucht bis ins 18. Jahrhundert vorwiegend auf den Körper der Kinder gerichtet hatte (Strafe an der Stud, in der Trülle und in der Gätteri) trat im 19. Jahrhundert deren Wesen, deren Seele ins Zentrum der Aufmerksamkeit und mit der Seele ein ganzer Komplex wissenschaftlichen Wissens zunächst vor allem aus der Pädagogik und der Psychologie. So bemerkte Fischer 1877 in kritischer Absicht zu den Methoden der Waisenhäuser: »Die Erziehung ist vor allem nicht eine an das Seelenleben sich anschliessende, von Innen entwickelnde, psychologisch-bewusste, lebendige, sondern eine äussere, mechanische, welche durch Gesetz, durch Gebote und Verbote erzwingen und aufoktroiren will.«[1] Die »neue« Erziehung sollte ganz anders funktionieren. Die weniger schwierigen Fälle sollten idealerweise in eine brave, rechtschaffene, fromme, arbeitsame, einfache und bescheidene Familie kommen, die möglichst auf dem Lande wohnen sollte, die in der Verwahrlosung fortgeschrittenen, verdorbenen Fälle, die »störrischen, trotzigen, verschlagenen und arbeitsscheuen Wesen« in Anstalten, da diese Fälle von den Erziehern einen »psychologischen Blick« verlangten, der die wirren Fäden des gestörten Seelenlebens zu erkennen und zu ordnen wusste und die verschiedenen Äußerungen des kindlichen Gemütes und Geistes zu deuten verstand.[2] »Erkennen«, »Ordnen« und »Deuten« des »ganzen Menschen« setze, so Fischer, »Erfahrung«, »Bildung« und »Methode« voraus.[3] Hier finden wir die Anfänge einer individualisierenden Kasuistik in der Kinder- und Jugendfürsorge und »die seit Socrates so genannte mäeutische Methode, durch Fragen zum gewünschten Ziele zu gelangen.«[4]

Diese Transformation brachte – nebst den Psychiatern und Pädagogen – auch eine Reihe von neuen Berufen hervor: den Amtsvormund, die Inspektionsgehilfin, die Sozialhelferin, die sich unter dem Begriff des Fürsorgers, etwas später unter demjenigen des Sozialarbeiters versammelten. Er war nicht mehr an eine einzige Institution gebunden, sondern wurde den schon bestehenden Apparaten der Justiz, Fürsorge und Erziehung aufgepfropft. Was ihm bei der Verstreuung seiner Einsatzorte eine Einheit gab, war sein Eingriffsbereich, der mit den Umrissen der »am meisten benachteiligten Klassen«[5] zusammenfiel. Innerhalb dieser sozialen Schichten war seine Hauptzielscheibe die Pathologie des Kindes in seinen beiden Äußerungsformen: das »gefährdete« Kind, dem nicht alle wünschenswerte Pflege und Erziehung zukam und das »gefährliche« Kind, das straffällig wurde. Alle Neuartigkeit der sozialen Arbeit, all ihre Modernität lag in dieser geschärften Aufmerksamkeit für die Probleme der Kindheit und Jugend, in einer konsequenten Infragestellung der Einstellungen von Bestrafung oder Barmherzigkeit, in der Ausbreitung eines Erziehungseifers, der ohne Grenzen, der eher um Verständnis als um rechtliche Sanktion bemüht war und der das gute Gewissen der Barmherzigkeit durch die Suche nach wirkungsvollen Techniken ersetzte.[6] Aus der Lektüre der Fachzeitschriften erfährt man nicht viel über das effektive Funktionieren und den Erfolg der Kinder- und Jugendfürsorge, aber es wird deutlich, auf welche Weise sie zu ihrer Expansion kam: Am Anfang standen die Ziffern der Delinquenz, die Statistiken der Jugendverbrechen. Über diese erste Ebene legte sich ein kriminologisches Wissen, um in der Vergangenheit der »gefährlichen« Jugendlichen, in ihrer Familie, die Vorzeichen ihrer Verkommenheit zu entdecken. Dadurch entwickelte sich der Typus des künftigen Verwahrlosten, der Typus desjenigen Kindes, das in Gefahr stand, gefährlich zu werden. Seinetwegen errichtete man eine Infrastruktur der Prävention und löste eine erzieherische Aktion aus, die es von der Straftat zurückhalten sollte.[7]

Von der Last repressiver Mentalität zum Licht des Wissens

Das Kind wurde zum Interventions- und Forschungsobjekt. Ausgehend von statistischen Erhebungen gelangte man zur Erkenntnis, dass ein vollständiges Bild der Entwicklung und des Zusammenwirkens der einzelnen Momente nur die Einzelforschung zu geben vermöge, »d.h. die Verfolgung des ganzen Lebenslaufes des einzelnen Verbrechers oder Verwahrlosten in allen seinen Details, verbunden mit persönlicher Beobachtung des Individuums.«[8] Mit der Sammlung dieser Hinweise ließen sich alle Formen von Unangepasstheit abdecken, um einen Präventionskreis aufzubauen, der im Vormundschaftskomplex seine Ausdehnung fand.[9] Stück für Stück sollte dieses Vorgehen, das zwar noch von der »Last repressiver Mentalitäten« in seinem Lauf gehemmt, aber zugleich

vom »Licht des Wissens« geleitet war, einer Abschaffung jeder stigmatisierenden Sanktion zugunsten einer sorgfältigen Beschäftigung mit dem Einzelfall
näher kommen.[10] Es bildete sich ein Wissen, das Techniken und wissenschaftliche Diskurse umfasste, die – in welcher Weise werden wir noch sehen – in die
konkrete Jugendfürsorgepraxis einflossen.

In der von der Schweizerischen Gemeinnützigen Gesellschaft 1837 aufgeworfenen Frage nach dem Recht des Eindringens des Staates in die Familie,
stand mit dem Begriff der »Verwahrlosung« vor allem die moralische Handlung
(später, verankert im Schweizerischen Zivilgesetzbuch auch der moralische Zustand) der Eltern zur Debatte – zunächst noch unabhängig von dessen Auswir-
kungen auf die Kinder. In der Studie von Lengweiler aus dem Jahre 1895 wurde
unter »Verwahrlosung« die Verlassenheit des Kindes verstanden.[11] »Verwahrlost« bedeutete für Lengweiler dasselbe wie »ohne Bewahrung« und »schutz-
los« zu sein. Bei ihm findet sich eine erste Klassifikation der »Verwahrlosten«.
Er unterteilte sie in die »Findelkinder« (die ausgesetzten Kinder, deren Eltern
unbekannt waren), »die von ihren Eltern verlassenen Kinder« (ohne dass es
möglich gewesen wäre, die Eltern zu finden oder an sie zu gelangen), die »armen Waisen« (elternlose Kinder ohne Existenzmittel), die »Kinder, deren Eltern
durch Krankheit, wegen physischer oder intellektueller Inkapazität, wegen De-
tention oder Verurteilung der Erziehung nicht obliegen konnten« sowie die
»Kinder, welche von ihren Eltern der Landstreicherei, dem Bettel und dem Müßiggang preisgegeben oder durch schlechte Behandlung in ihrem Gedeihen gefährdet« waren.[12] Der Mangel an Bewahrung ließ den Blick zunächst vom moralischen Zustand der Eltern auf das Verhältnis zwischen den moralisch
verdorbenen Eltern und ihren Kindern schwenken. In dieser Transformation geriet zunehmend das Kind selbst in den Blick und »Verwahrlosung« wurde nun
gefasst über die am Kinde festgestellten Folgen des Mankos an Bewahrung, an
Schutz und schließlich an Erziehung. Fischer kündete diese Sichtweise 1877
an: »Es ist wahr, der Ausdruck ›verwahrlost‹ ist allgemein gehalten, indem er
nicht bestimmt erklärt, ob damit körperlich oder geistig und sittlich vernachlässigte Kinder gemeint seien. Allein klar ist doch immerhin, dass körperliche und
geistige Erziehung Hand in Hand gehen müssen, wenn der Gegensatz der Verwahrlosung – die wahre Erziehung an dem Kinde – thätig sein soll.«[13] Das
hauptsächlichste Merkmal der »Verwahrlosung« sah Fischer in der Verwilderung der geistigen und moralischen Anlagen und Kräfte, in einem Zustand
geistlicher und sittlicher Ausartung und Versunkenheit. Die Verwilderung und
Ausartung äußere sich, so Fischer, durch Unlust am Lernen, an Arbeit, an

Schul- und Christenlehre und Kirchenbesuch, durch Hang zu Trägheit, zum Müßiggang und zur Ausschweifung, durch höhnisches Entgegennehmen von Ermahnung, Tadel und Strafe und jeder Zurechtweisung, durch Schwerfälligkeit im Auffassen, durch auffällige Schwäche des Gedächtnisses, durch große Zerstreuung, Oberflächlichkeit und Flüchtigkeit, ferner durch gewisse moralische Fehler, wie Lügenhaftigkeit, Ungehorsam in Verbindung mit beharrlichem Trotz und Widerspruch, Hang zum Naschen und Stehlen, begleitet von einem wohlentwickelten, hinterlistigen Wesen, Hang zum Herumvagieren und zur sittlichen Ausschweifung.[14] »Wohl darf man es sagen: es gebricht unsern Kindern in auffallender Weise an Schüchternheit, Zaghaftigkeit, Erröthen, an jener phantasievollen Achtung vor allem Hohen, Grossem, Unbegreiflichen – mit einem Worte, es gebricht ihnen sehr an schöner Kindlichkeit.«[15]

Der Beginn der Einzelfallforschung: Die Fallschilderung

Die Ursachen und Erscheinungsformen der fehlenden schönen Kindlichkeit bildeten den zentralen Gegenstand des Kinder- und Jugendfürsorgediskurses und der sich entwickelnden Einzelfallforschung. Die Erscheinungsformen und die Mutmaßungen über die Ursachen der »Verwahrlosung« wurden zunächst in Falldarstellungen geschildert, die die Vorhut der Systematisierungs- und Ordnungsversuche bildeten und die neuen Klassifikationssysteme und »systematischen Forschungen« ankündigten, in denen sich psychiatrische, psychoanalytische, pädagogische und alltagstheoretische Wissensbestände kreuzten und legierten.[16] Amtsvormund Robert Büchi schilderte in seinem Aufsatz »Zur Psychologie verbrecherischer Jugendlicher« das Wesen seiner Mündel und erklärte die Gründe deren Ausschweifungen.[17] Es sind Beschreibungen, die die neuen Objektivierungsweisen ankündigen und in denen die sich kreuzenden Diskurse aufscheinen.

Julius K., geboren 1900, ist debil und moralisch defekt; er hat zudem ein leicht aufbrausendes Temperament, ist gemütlich ausserordentlich schnell verstimmt und psychisch haltlos (»Labilität der Affekte«). Seine Erziehung liess, trotz der verhältnismässig recht guten ökonomischen Situation der Eltern, in allen Teilen zu wünschen übrig. Nachdem Julius den Vater, der ein grober, ungehobelter Trinker und eingebildeter Renommist ist, zu verschiedenen Malen um namhafte Summen betrogen und bestohlen hatte, wurde er aufs Land versetzt und hielt sich so lange ordentlich, bis es seiner Mutter, einer gutmütigen, aber unglaublich geschwätzigen Debilen, einfiel, den Sohn mit allen Mitteln wieder in die Stadt zu ziehen. Dann folgte Delikt auf Delikt, trotz allen Ermahnungen, selbst gerichtlichen Strafen. Julius wurde des Elternhauses verwiesen; er vagierte daraufhin monatelang unter falschem Namen im Lande herum, log, stahl bei jeder Gelegenheit, arbeitete gelegentlich auch vorübergehend, oder sass eine Strafe ab und wurde mir schliesslich in total verwahrlostem Zustand durch die Polizei zugeführt. Auf meine eingehenden Fragen, warum er eigentlich trotz aller unliebsamen Erfahrungen immer wieder gestohlen habe, meinte Julius, er könne eben kein Geld sehen, ohne dass ihn nicht der Teufel »stupfe«, es zu nehmen und sofort zu verjubeln. Besonders aber, wenn es ihm an einer Arbeitsstelle verleidet sei, spüre er alsbald einen unwiderstehlichen Drang in sich, weit fortzureisen; dann lasse er eben alles an Geld und Geldeswert mitlaufen, was ihm unter die Augen komme und denke an nichts anderes mehr. Julius K. handelt also ganz triebartig; seine moralischen, zum Teil intellektuellen Defekte verunmöglichen es ihm zudem, aus unliebsamen Erfahrungen sich genügend starke Hemmungen für die Zukunft zu schaffen. Ganz naiv gibt er selbst an, an die Folgen seiner gesetzwidrigen Handlungen habe er im Moment der Tat nie gedacht; das komme ihm immer erst später – wenn die Polizei ihm auf den Fersen sei.

Arne C., geboren 1900, steht in Bezug auf seine allgemeine Intelligenz um ein Erhebliches über Walter F., doch ist er bei bester Einsicht in seinen Zustand vollkommen der Spielball seiner Gefühle und Triebe. So ist er ausser Stande, sich gegen seine depressiven Stimmungen, seine Unzufriedenheit mit sich und der Welt zu wehren. Aus dem für ihn selbst unleidlichen Zustande vermag er sich nur dann aufzuraffen, wenn der Besitz von Geld es ihm ermöglicht, Abwechslung, Zerstreuung beim Kartenspiel in feinen Cafés, im Theater und Konzert und in Gesellschaft von Mädchen beim Tanz und intimen Umgang zu suchen. Seine Unlustgefühle sind, wenn ihm das nicht möglich ist, zeitweise so gross, dass er in einer Art von Verzweiflung wider alles bessere Wissen sich gehen lässt und bei der ersten besten Gelegenheit stiehlt und betrügt, um sich in Besitz von Geld zu bringen. Obschon er fähig zu qualifizierter Arbeit ist, vermag er nie lange bei einer geordneten Tätigkeit auszuharren und verliert an ihr sofort alle Freude, sobald seine depressiven Stimmungen einsetzen. Arne besitzt nur geringe, oder besser gesagt, ungleichmässige Anpassungsfähigkeit. Heute arbeitet er mit Begeisterung und Hingebung, morgen läuft er vielleicht schon wieder weg, verkauft die Kleider von Eltern und Geschwistern zu Schundpreisen und begeht irgendwelche Delikte, die er hinterher als »blödsinnig« bezeichnet und die ihn mit dem Gericht in Konflikt bringen. Nie denkt er im Moment der Tat an die schlimmen Folgen, obschon er schon mehrfach bei der Verbüssung von Strafen psychisch sichtlich furchtbar gelitten hat. Erst wenn das Delikt geschehen ist, erfasst ihn für den Augenblick ein jäher Schreck und mit bemerkenswerter Schlauheit, Umsicht und Kaltblütigkeit setzt er alles daran, um sich vor Entdeckung und Bestrafung zu schützen.[18]

Büchi machte bei all diesen Fällen eine »neurotische Einstellung zum Leben« aus.[19] Bei Julius K. handle es sich um »überkompensierte Liebesbedürftigkeit« und »Minderwertigkeitsgefühle«, bei Arne C. um eine »Depression«, die ihm unbewusst als Entschuldigung für sein Scheitern im Leben diene. Man könne den Wesenszug dieser Jugendlichen in Anlehnung an Kaufmann auch »Improvidenz« (Mangel an Voraussicht) nennen.[20] Oft sei dieser Defekt so schwer, dass man von »beginnender Dissoziation des Denkens infolge Affektstörungen oder von Debilität« sprechen dürfe.[21]

Solche Schilderung des seelischen, gemütlichen, geistigen und körperlichen Zustandes der Kinder und Jugendlichen gab es Dutzende in dieser Zeit. Der erste Weltkrieg, in dem die Anzahl der »verwahrlosten« Kinder und Jugendlichen offensichtlich in die Höhe schnellte, war eine wichtige Referenz für die Begründung der Notwendigkeit einer detaillierten und systematischen Erfassung der »verwahrlosten« Kinder und Jugendlichen zum einen sowie für den Ausbau und die Diversifikation der Erziehungs- und Fürsorgeinstitutionen zum anderen. In immer größerem Umfang, so wurde argumentiert, hätte sich die Kinder- und Jugendfürsorge mit Elementen, namentlich Jugendlichen, zu befassen, die einen hohen Grad von »Verwahrlosung« aufwiesen und infolgedessen in höchstem Masse verderblich auf ihre Altergenossen einwirkten. Die erste Pflicht der Amtsvormundschaft bestehe daher in der sofortigen Entfernung dieser Elemente aus dem bisherigen Milieu unter gleichzeitiger zweckentsprechender Versorgung.[22] Nicht nur die Anzahl, sondern auch die Vielfalt der Kinder- und Jugendfürsorgeeinrichtungen sollte erhöht werden. Der allseits festgestellte quantitative Anstieg der »verwilderten«, »verrohten« und »zügellosen« Kinder,[23] schien damit auch die Gelegenheit zu bieten, die nach wie vor ungelöste und drängende Frage: »Anstalts- oder Familienerziehung« endlich einer fachlich fundierten Antwort zuzuführen. Dass die Versorgung von Kindern und Jugendlichen in Anstalten oder Familien vielfach auch negative Folgen für die Kinder hatte, war längst bekannt. Seit der Gründung der Rettungs- und Besserungsanstalten erhoben sich kritische Stimmen gegen diese. Ein Ausweg dieses Übels sah man in einer besseren Abstimmung zwischen Zögling und Anstalt. Voraussetzung hierfür war eine minutiöse Abklärung der Ursachen und Erscheinungsformen der »Verwahrlosung« in einem Beobachtungsheim. »Die bisherigen staatlichen *Korrektionsanstalten für Jugendliche* sind ihrem Zwecke eigentlich zum größten Teile dadurch entfremdet worden, dass allerlei Elemente durch Gerichte, Gemeindebehörden und Private ohne spezielle Berücksichtigung ihrer Eigenart oder der unkorrigierbaren Anlage des Zöglings dorthin verbracht werden. Ihr Gang durch das Beobachtungsheim würde nunmehr entschieden vermeiden, dass Unverbesserliche mit Erziehbaren, aber stark Gefährdeten, zusammenkämen. Im Volke besteht, eben nicht ganz ohne Grund, die Idee, als würde in den heutigen Korrektionsanstalten für Jugendliche, die Schlechten nicht besser, die Bessern aber schlechter gemacht.«[24] Kinder, deren angeborene Anlagen zu den besten Hoffnungen Anlass gaben, konnten also durch eine unsachgemäße Versorgung für ihr ganzes Leben ruiniert werden.[25] Diese Feststellung erhöhte den Legitimationsbedarf für eine Versorgung in einer Erziehungsanstalt und begründete vor allem die Notwendigkeit des Ausbaus und der Spezifikation der Einrichtungen, um die individualisierende Behandlung zu gewährleisten. »Ist aber schon die Untersuchung auf intensive Individualisierung eingestellt, so muss das auch die Reaktion gegenüber dem rechtsbrecherischen Kinde sein.«[26] Den Bedarf einer besseren Abstimmung von Anstalt und Zögling und der Diversifikation der Angebote belegte man mit der Schilderung von »typischen Fallbeispielen«.[27] In die Korrektionsanstalten sollten keine hoffnungslosen, sondern nur noch erziehungsfähige Fälle aufgenommen werden. Für arbeitsfähige, aber unverbesserliche männliche und weibliche Taugenichtse sollte eine gesonderte Anstalt eingerichtet werden, wenn möglich eine geschlossene. Die Herstellung einer familiären Atmosphäre war in diesen Fällen nicht nötig. Es sollte in diesen Fällen nicht (mehr) um Erziehung im eigentlichen Sinne, sondern lediglich noch um Disziplinierung gehen. Zu ihnen gehörte beispielsweise Josephine M.:

Josephine M., geboren 1899, hat eine besonders traurige Jugendzeit verlebt. Ihr Vater war ein roher, brutaler, zur Trunksucht neigender Mensch. Von seiner Ehefrau liess er sich scheiden und heiratete von neuem. Die Stiefmutter des Mädchens, die im Verdachte stand, Kuppelei zu betreiben, verstand es offenbar noch viel weniger, sich dem Kinde in richtiger Weise anzunehmen, so dass eigentlich von einer Erziehung nicht gesprochen werden konnte. In der Schule galt Josephine M. soweit als intelligent; doch zeigte sie schon dazumal einen starken Hang zum Lügen und Stehlen. Alle Augenblicke verschwanden den Mitschülern Hefte, Bleistifte, usw. Auch versuchte Josephine zu Hause, und wo sie nur immer Geld vermutete, sich solches zu beschaffen. Nach Schulentlassung liess sie sich auch als Postkind verschiedene Unredlichkeiten zu schulden kommen und wurde daher von der Amtsvormundschaft in der Erziehungsanstalt Tagelswangen untergebracht. Dort entzog sie sich aber jeder Einwirkung alsbald durch Flucht, musste polizeilich und in grenzenloser Verwahrlosung von neuem der Anstalt zugeführt werden. Aber auch nachher ging es nicht, und schliesslich wurde das Mädchen endgültig ausgewiesen mit der Begründung, dass es die übrigen Insassinnen durch sein freches, unbotmässiges und lügenhaftes Wesen aufs schlimmste beeinflusse. Josephine M. kam als dann in die Anstalt bei Derendingen. Dort ist sie drei Male auf ganz halsbrecherische Art und Weise entflohen. Nach dem letzten Fluchtversuch wurde sie nicht mehr dorthin zurückverbracht, weil der Vater, der inzwischen in Schaffhausen eine Wirtschaft übernommen hatte, auf dem Beschwerdewege die Überweisung der Beistandschaft nach Schaffhausen verlangt hatte. Laut eingezogenen Berichten hielt sich aber das Mädchen in Schaffhausen ganz besonders schlecht. Sie arbeitete so gut wie gar nichts, ging gelegentlich auf den Strich, hielt sich gewöhnlich in unzulässiger Weise in der Wirtschaft des Vaters auf und soll sich dort zu wiederholten Malen den Gästen in ganz schamloser Weise zum Geschlechtsverkehr angeboten haben. Die Wirtschaft wurde alsdann polizeilich geschlossen, und Josephine M. vagierte eine Zeitlang im Lande herum. Sie wurde von der Polizei aufgegriffen und, da inzwischen die Vormundschaft wieder nach Zürich übertragen worden war, nahm man sich hier von neuem des Mädchens an. Sie war, sittlich und moralisch noch mehr heruntergekommen, sodass an Privatversorgung absolut nicht zu denken war. Da es nun aber leider gänzlich an einer passenden Anstalt für solche Mädchen fehlt, blieb nichts anderes übrig, als sie neuerdings in Verwahrung zu nehmen, und schliesslich in die Korrektionsanstalt Regensdorf zu verbringen. Nach ihrer Entlassung musste notwendigerweise ein neuer Versuch an einer Privatstelle gemacht werden. Was man jedoch voraussah, nämlich, dass Josephine von neuem wieder in ihre alten Fehler zurückverfalle, geschah. Unter ganz besonders merkwürdigen Umständen versuchte das Mädchen dann auch noch »aus unglücklicher Liebe« sich das Leben zu nehmen und wurde, nachdem ihre Selbstgefährlichkeit festgestellt war, zur psychiatrischen Begutachtung in einer Irrenheilanstalt untergebracht. Da eine eigentliche Geistesstörung nicht konstatiert werden konnte, anderseits aber die gemachten Erfahrungen hinreichend gelehrt haben, dass das Mädchen ausserstande ist, sich auf ehrbare Weise selbständig durchs Leben zu bringen, soll nun ihre heimatliche »korrektionelle« Versorgung durchgeführt werden.

Für abnorm veranlagte, psychopathische Kinder und solche, bei denen sich Ansätze zu einer Geisteskrankheit zeigten, sollten spezielle (teilweise geschlossene) Anstalten mit fachmännischer Leitung geschaffen werden, die an eine der bestehenden Irrenanstalten angegliedert werden und einen »familiären Charakter« aufweisen sollten. In ein solches, geschlossenes Heim sollte Eduard G. verlegt werden:

Eduard G., geb. 1905: Seine Mutter leidet an fortgeschrittener Dementia praecox, der Vater aller Wahrscheinlichkeit nach ebenfalls. Als einziges Kind war daher seine Erziehung, wie man sich leicht vorstellen kann, eine total verfehlte. Obschon seine Eltern nur einfache Arbeitsleute sind, die sich mühsam ein paar Franken erspart hatten, wurde dem Knaben nach Möglichkeit jeder Wunsch erfüllt. Er konnte überhaupt zu Hause tun und lassen, was er wollte. In der Schule zeigte er mangelhaften Fleiss bei genügender Begabung, verübte dumme Streiche, stahl seinen Mitschülern Kleinigkeiten. Bei Anordnung der Beistandschaft sah ich mich genötigt, den Knaben von seinen Eltern zu entfernen und ihn in Kostpflege zu geben. Mit grösster Gleichgültigkeit liess Eduard sich an den neuen Pflegeort verbringen, machte sich aber schon am zweiten Tage wieder davon, mit der Begründung, er habe nicht im Sinne, für andere zu arbeiten, kam nach Hause und tat, als ob nichts Besonderes geschehen wäre. Anstatt die Schule zu besuchen, trieb er sich in den Strassen der Stadt umher, stahl unter anderm ein Velo und vergnügte sich mit diesem. Leuten der Nachbarschaft fiel es dann auch auf, dass der Knabe merkwürdig viel Geld zur Verfügung habe und sich davon teure Spielsachen kaufte. Sie machten der Polizei Anzeige und bei dieser Gelegenheit kamen dann noch eine Menge grösserer und kleinerer Diebstähle an den Tag. Von einer Strafuntersuchung wurde in Anbetracht des jugendlichen Alters abgesehen. Eduard G. wurde in das städtische Jugendheim verbracht, fiel dort aber durch seine sexuelle Verdorbenheit unliebsam auf, beeinflusste die übrigen Insassen des Hauses nachteilig und führte sich sehr bald derart auf, dass man beinahe froh war, als er eines schönen Tages wieder entfloh. Die Eltern zeigten natürlich keine Einsicht in die Versorgungsbedürftigkeit ihres Sohnes und setzten alles daran, ihn wieder bei sich behalten zu können. Als auch noch einige weitere Versuche mit dem Knaben ergebnislos verliefen, liess ich ihn psychiatrisch untersuchen. Der Arzt stellte fest, dass es sich hier um ein schwer psychopathisches Kind handle, das ganz hemmungslos über sein Davonlaufen und seine Diebstähle spreche, und von dem man den Eindruck gewinne, dass hier nicht nur moralische Defekte und das Resultat besonders mangelhafter Erziehung vorliege, sondern dass es sich vielmehr um eine in Entwicklung begriffene, schwere geistige Erkrankung im Sinne der Hebephrenie handle. Auf alle Fälle bedürfe der Knabe der Pflege in einer geschlossenen Anstalt.

Bei anderen Fällen schien eine eingehende Beobachtung für eine sichere Entscheidung für die Versorgung unabdingbar. Für diese mussten Beobachtungsstationen geschaffen werden.

Raoul P., geb. 1901: Seine Eltern sind geschieden. Der Vater ist Zimmermann, hält sich, unbekannt wo, auf, und liess seit der Scheidung nie mehr etwas von sich hören. Die Mutter war Choristin beim Stadttheater und bringt sich nunmehr als Modistin kümmerlich durch. Sie zeigte sich in der kurzen Zeit, seit der ich Beistand des Raoul P. bin, als eine gutmütige, aber ziemlich schwache Frau, die ihrem Sohn bei weitem nicht gewachsen ist. Raoul P. hat drei Sekundarklassen mit Erfolg absolviert, erwies sich aber dort schon im Umgang mit den Mitschülern als ein äusserst merkwürdiger, zu starker Selbstüberhebung neigender Junge. Er verfertigte bereits Gedichte und, wenn der Lehrer ihm eine gewisse Begabung in dieser Richtung nicht absprechen mochte, fiel doch vor allem immer wieder eine verblüffende Arroganz und Selbstüberschätzung des Mündels auch Personen gegenüber auf, die sich seiner etwas annahmen. Nach Schulentlassung war der Jüngling absolut nicht zu bewegen, in eine Lehre zu treten, um etwas Brauchbares zu werden. Ihm steckte vielmehr die »Künstlerlaufbahn« im Kopf; namentlich wollte er Schauspieler, Dichter, Journalist, Maler und Musiker werden und glaubte, man würde nun nichts Eiligeres zu tun haben, als ihm, dem Hochbegabten, ja Genialen, jedoch Unverstandenen, Stipendien zu verschaffen oder einen Mäzen aufzutreiben, der seine fernere Ausbildung an die Hand nehmen würde. Es brauchte stundenlange Unterredungen mit dem jungen Mann, um ihn wenigstens nur zu bewegen, zu Hause, seiner Mutter gegenüber, etwas anständiger aufzutreten, und seine Wünsche in Bezug auf Kleider und Essen mehr den nicht rosigen finanziellen Verhältnissen der Familie anzupassen. Da R. P. entschieden in gewissem Sinne als begabt angesehen werden musste, unternahm ich einen Versuch, ihn in einem Privatinstitut die Maturität machen zu lassen. Es verging aber kein Vierteljahr, bis der Leiter des Institutes es kategorisch ablehnte, den Mündel weiterhin bei sich zu behalten, da er durch sein merkwürdiges Benehmen bei Lehrern und Mitschülern starken Anstoss errege und es ausserdem an Fleiss fehlen lasse. R. P. mangelt es offenbar an jeglicher Anpassungsfähigkeit; einen praktischen Beruf will er nicht ergreifen, einer bessern geistigen Ausbildung bringt er zu wenig Fleiss und Ernst entgegen, so dass die Frage, was nunmehr zu geschehen habe, äusserst schwierig zu lösen sein dürfte. Eine ambulante psychiatrische Untersuchung stellte das Vorhandensein einer latenten Geisteskrankheit als nicht ganz unwahrscheinlich hin; ein sicheres Urteil fehlt jedoch. Auf jeden Fall aber muss in der nächsten Zeit doch ein entscheidender Schritt getan werden.

Und in weiteren Fällen waren nicht genügend Gründe für eine vormundschaftliche Maßnahme vorhanden und man hoffte auf das »Mitwirken« der Eltern, das im Schweizerischen Zivilgesetzbuch auch vorgesehen war.

Johannes E., geb. 1898, wuchs als Jüngster in einer kinderreichen Familie auf. Die Ehe seiner Eltern musste von Anfang an als zerrüttet bezeichnet werden, da der Vater sich in hohem Masse dem Trunke ergab, liederlich war und sich nach Jahr und Tag von seiner Ehefrau trennte, der es allerdings stark an Intelligenz und Energie gebricht. Johann E. kam unter Beistandschaft anlässlich verschiedener kleinerer Einbruchsdiebstähle, die er im Verein mit leichten Kameraden unternommen hatte. Er wies von Anfang an einen hohen Grad von Verwahrlosung auf, und lange Zeit konnte man nicht klug, daraus werden, was überhaupt nunmehr mit ihm anzufangen sei. Schliesslich wurde der Versuch gemacht, ihn, seinem Wunsche gemäss, in eine Schmiedelehre zu placieren, und zwar auf dem Lande, da es dringend nötig war, ihn aus dem für ihn besonders verderblichen Stadtmilieu zu entfernen. Erst die Zeit lehrte, dass Johann E. ein fauler, lügenhafter Bursche sei, dem es an jeglichem Arbeitswillen gebrach, und der sich infolgedessen als absolut unbrauchbar erwies. Obschon der Lehrmeister alles daran setzte, gewisse, vorhandene Fähigkeiten des Burschen zu entwickeln, musste nach einem Jahre der Versuch aufgegeben werden. Die unverständige Haltung des Mutter hatte natürlich nicht dazu beigetragen, E. zum Aushalten anzuspornen; sie nahm vielmehr den empfindlichen, beim geringsten Tadel trotzenden Liebling bei jeder Gelegenheit in Schutz und gestaltete für ihn seine Heimkehr zur besonderen Annehmlichkeit. Er arbeitet heute als Handlanger in einer Munitionsfabrik, führt sich, wie früher, zu Hause lümmelhaft auf, zeigt Lust, den Zahltag für seine besonderen Liebhabereien (Kino usw.) zu verbrauchen, wird jedoch erst dann wieder wahrscheinlich bald genug – von sich hören machen, wenn es der Mutter neuerdings verleidet, ihren Sprössling ohne Kostgeld aufzufüttern.

Bevor also einschneidende Fürsorgemaßnahmen getroffen werden sollten, musste das Wesen des zur Versorgung gelangenden Kindes gründlich erforscht werden. Damit wurde die Frage nach dem Ort der Erziehung auf die Frage der richtigen Beurteilung der »verwahrlosten« Kinder und Jugendlichen als Voraussetzung zur Bestimmung des richtigen Ortes ihrer Erziehung verschoben. Für eine solche fachlich fundierte Beurteilung aber waren die bisher angestellten »informatorischen Feststellungen« der Inspektionsgehilfinnen und Informatoren – auf deren Berichten mitunter auch die Falldarstellungen von Robert Büchi beruhten – unzulänglich bzw. gar gefährlich: »Die Versorgung von gefährdeten Kindern durch die Bezirkskommission ›Pro Juventute‹ Zürich vom Jahr 1914 an, führte uns bald zur Erkenntnis, dass man durch den Recherchendienst vom Milieu, besonders aber vom Wesen eines zu versorgenden Kindes in vielen Fällen ein ungenügendes, nicht selten sogar ein falsches Bild erhält. (…) Die Aufgabe, ein fremdes Milieu und das oft schwer zugängliche und komplizierte Wesen eines schwererziehbaren Kindes zu erforschen, ist so schwierig, die Fehlerquellen auch des besteingerichteten Informationsdienstes sind so zahlreich, dass der Recherchendienst für die Beurteilung eines schwererziehbaren Kindes immer nur Notbehelf sein kann.«[28]

2. Von der individualisierenden Kasuistik zur vergleichend-systematischen Einzelfallanalyse

Die Aufmerksamkeit wurde damit von den Eltern und dem Erziehungsmilieu auf das Wesen des Kindes verschoben. Die Erkundung des Wesens erforderte im Gegensatz zur Milieuerkundung die permanente und lückenlose Beobachtung des Kindes und das hieß: eine stationäre Einrichtung zu dessen Beobachtung. »Die Unterbringung schwer erziehbarer Jugendlicher in Anstaltsfürsorge leidet unter dem Mangel einer zeitgemässen gesetzlichen Regelung. Die einzige zur Verfügung stehende staatliche Anstalt in Ringwil steht wohl namentlich darum in Misskredit, weil dort wahllos Kriminelle, Psychopathen, moralisch Schwachsinnige und auch bloss durch unrichtige Erziehung verdorbene Jugendliche eingewiesen werden, was eine zielbewusste individuelle Behandlung verunmöglicht. Die Inkraftsetzung des vom Kantonsrate durchberatenen neuen Gesetzes über die Zwangsversorgung von jugendlichen und erwachsenen Verwahrlosten, welches dem Gebot der Spezialisierung Rechnung trägt und namentlich vorgängig der Einweisung eine gründliche psychiatrische und pädagogische Untersuchung vorsieht (Beobachtungsheim), ist daher nach Möglichkeit zu fördern. Vorläufig ziehen die Amtsvormünder in zweifelhaften Fällen häufig den Psychiater beim Vormundschafts- und Armenwesen zur Begutachtung zu, da es von grösster Wichtigkeit ist, die Quelle des Übels zu erforschen, bevor man sich über den Weg der Bekämpfung desselben schlüssig macht.«[29]

Von der Milieuerkundung zur Wesensschau

Zu diesem Zweck wurde 1917 von der »Pro Juventute« in Zürich die »Vorstation« eingerichtet. In der »Vorstation« sollten schwererziehbare Kinder mittels »individuell angepasster Erziehungsversuche« auf die Gesamtheit der geistigen und körperlichen Eigenschaften hin beobachtet werden.

Die Beobachtungsergebnisse, welche in Form eines Erziehungsgutachtens den einweisenden Organisationen nach der notwendigen Beobachtungszeit bekannt gegeben wurden, sollten den Versorgern für jedes Kind eine zweckmäßige Grundlage für die weiteren Fürsorgemaßnahmen verschaffen. Das Erziehungsgutachten war also dem Fürsorger, dem Erzieher und dem Arzt Grundlage für die weiteren Fürsorge-, Behandlungs- und Erziehungsmaßnahmen. Grundlage des Erziehungsgutachtens wiederum bildeten der Anmelde-, der Informations- und der Beobachtungsbogen. Der Anmeldebogen wurde durch die einweisende Fürsorgestelle und deren Arzt ausgefüllt. Der Informationsbogen wurde von der Vorstationsleitung ausgefüllt und bildete die Ausgangslage für die Vorgeschichte des Zöglings. Der Beobachtungsbogen schließlich gliederte sich in drei Teile: in die Vorgeschichte, den körperlichen Zustand und den geistigen Zustand, wobei beim geistigen Zustand zwischen Intellekt einerseits und Gefühls-, Trieb- und Willensleben andererseits unterschieden wurde. Er wurde für jedes Kind einzeln geführt. Alles Bemerkenswerte sollte auf ihm im Sinne eines individuellen Tagebuchs eingetragen werden. Wir erinnern uns an das von Kühner propagierte Lebensbuch.

Das Erziehungsgutachten selbst baute auf diesen drei Bögen sowie auf den Grundsätzen des Zentralsekretärs der Pro Juventute, Heinrich Hanselmann auf, dessen Materialsammlung Albert Furrer zur Verfügung stand. Das Erziehungsgutachten stellte zuerst den »psychischen und den physischen Habitus« dar (»Darstellung«). Danach wurden die »charakteristischen Wesenszüge des Kindes« herausgehoben, die Frage der Erziehbarkeit beantwortet (erziehbar, beschränkt erziehbar, unerziehbar) sowie Vorschläge für die im Einzelfall empfehlenswerten Fürsorgemaßnahmen angegeben (»Zusammenfassung«).

Mit dem Erziehungsgutachten wurden die Abweichungen in den Bereich der wissenschaftlich erkennbaren Gegenstände gerückt. Albert Furrer, Lehrer und Leiter der Vorstation, fasste diese jedoch nicht unter dem Begriff der »Verwahrlosung« zusammen. Der Begriff, so Furrer, sei für die Zwecke der Begutachtung zu allgemein und unscharf, weil man sich alles darunter vorstellen könne und man gewöhnlich an ein zerlumptes, schmutziges, körperlich und moralisch heruntergekommenes Kind denke. Ein Kind könne aber auch verwahrlost sein, ohne ein einziges dieser Merkmale aufzuweisen.

Die Geburt der Kinder- und Jugendpsychiatrie

Ausgehend von den von ihm beobachteten Kindern und Jugendlichen in der »Vorstation«, bildete Albert Furrer drei Gruppen von »schwererziehbaren« Kindern und Jugendlichen: Die »Psychisch-Defekten«, die »Milieu-Infizierten« (oder »Verdorbenen«) sowie die »Psychisch-Defekten« und zugleich »Milieu-Infizierten«.

Zu der Gruppe der »psychisch-defekten« Kinder zählte Furrer diejenigen, die aus einem günstigen Milieu stammten, deren angeborene Anlage aber in irgendeiner Richtung defekt war. Zu dieser Gruppe zählte er vor allem die psychopathischen Kinder, die in ihrem Gefühls- und Willensleben krankhaft waren. Mit Berufung auf Psychiater und Heilpädagogen definierte er »Psychopathie« als »klassischen Grenzzustand zwischen geistiger Gesundheit und eigentlicher Geisteskrankheit«, wobei es weniger um die Störungen der Intelligenz als vielmehr um krankhafte Erscheinungen im Gefühls- und Willensleben ging.[30] Diese Gruppe unterteilte Furrer in sieben Typen: Die apathischen Kinder, die durch ihre Gefühlsarmut, ihre geringe Affektintensität, ihre mangelhafte Modulationsfähigkeit und ausgesprochene Trägheit auffielen. Die manischen Kinder, die von quecksilbriger Lebhaftigkeit seien, unbeständig im Fühlen und leichtsinnig im Handeln. Die triebhaften Kinder, die durch ihren Wandertrieb und ihre verbrecherischen Anlagen auffielen. Die moralisch-defekten Kinder, die er als unheilbar erachtete. Weiter benannte er die periodisch verstimmten Kinder sowie die unberechenbaren Kinder, die er nicht weiter charakterisieren konnte. Schließlich kamen noch die sexuell-anormalen hinzu, wobei zu diesem Typus fälschlicherweise oft Jugendliche gezählt würden, deren Perversitäten nicht auf konstitutioneller Grundlage sondern auf psychoneurotischer Basis beruhten. Zu den »Psychisch-Defekten« zählte Furrer beispielsweise Paul S.:

Paul S. war als einjähriges, sehr schwächliches Kind im Jahre 1914 von einer vortrefflichen Pflegefamilie aufgenommen worden. Die Kindsmutter war schon vor Pauls Versorgung an Tuberkulose gestorben. Der Kindsvater hatte ein sehr unregelmässiges Leben geführt und zur Zeit der Versorgung war er dem Trunke ergeben. Er kümmerte sich wenig um Paul. Während der vergangenen 1.5 Jahre besuchte er seinen Knaben nie. Die andern vier Kinder des S. mussten durch die Amtsvormundschaft ebenfalls anderweitig versorgt werden. Paul entwickelte sich langsam und zeigte bald Züge, die den Eindruck des Anormalen machten. Im Frühjahr 1917 wurde Paul der Vorstation zur Beobachtung übergeben. Wir sollten die Frage entscheiden, ob sich der Knabe für Familienpflege oder nur für Anstaltserziehung eigne. In der Vorstation war Paul ausserordentlich wählerisch im Essen. Trotzdem der Appetit normal zu nennen war, wollte sich Paul körperlich nicht recht entwickeln. Die Muskulatur blieb andauernd sehr dürftig. Im Gehen war er schwerfällig und ungeschickt, sodass er auf Fremde oft den Eindruck eines Schwachsinnigen machte. Das war er jedoch nicht. Sein Gefühlsleben wies zwei deutlich von einander unterscheidbare Stadien auf. Paul hatte eine Periode der erhöhten Reizbarkeit, wo er Neigung hatte zu heftigen Affekt-Ausbrüchen, besonders zur Zornwut, zum Toben und zur Widerspenstigkeit. Nach dieser Periode folgte regelmässig eine Zeit, die wir als Übergangsstadium auffassten, und die gewöhnlich charakterisiert war durch körperliche und geistige Schlaffheit, gesteigerte Apathie, welche manchmal an epileptiforme Dämmerzustände gemahnte. Dieser Zustand ging unmerklich über in die andere Grundstimmung, die durch Gleichmässigkeit, stumpfsinnige Vergnügtheit und Zufriedenheit charakterisiert war. Dieser periodische Wechsel zwischen auffälliger Gereiztheit und ruhigem, vergnügtem Wesen liess den Verdacht auf keimende Epilepsie aufkommen. Die wenigen vorhandenen Symptome gestatteten jedoch eine bestimmte Diagnose auf Epilepsie nicht. Wollte man die Annahme der Epilepsie ablehnen, so blieb doch sicher eine durch Periodizität ausgezeichnete Form von Psychopathie übrig. Da es keine Anstalt für psychopathische Kinder unbemittelter Eltern gibt, kamen wir dazu, dem Amtsvormund des Knaben vorzuschlagen, den Knaben vorläufig nicht in eine Anstalt, sondern in eine verständnisvolle Pflegefamilie zu versorgen.

Der Gruppe der »Verdorbenen« bzw. »Milieu-Infizierten« ordnete Furrer diejenigen Kinder und Jugendlichen zu, welche allseitig gut veranlagt seien, die aber durch das Milieu, in welchem sie aufwuchsen oder zumindest eine Zeit lang lebten, in einem »ungünstigen Sinne« beeinflusst wurden. Zu dieser Gruppe gehörten diejenigen Kinder und Jugendlichen, die an einer Psychoneurose litten. Furrer unterschied dabei die folgenden Typen: die Angstkinder, die nervösen Kinder, die hysterischen und innerlich zerrissenen Kinder sowie diejenigen mit sonderbaren Gewohnheiten und absurden Charakterzügen. Die Gruppe der »Verdorbenen« umfasste also jene Kinder, die durch das Milieu bzw. eine falsche Erziehung psychisch geschädigt wurden und eine Psychoneurose entwickelten. Zu den »Milieu-Infizierten« gehörte beispielsweise Hans R.:

Hans R. (geboren 1909) ist unehelicher Knabe. Die Kindsmutter ist arbeitstüchtig, gewissenhaft und steht in gutem Ruf. Die häusliche Aufsicht über Hans war ungenügend, weil die Mutter tagsüber auswärts arbeitete. Hans verbrachte seine freie Zeit unter der Obhut der alternden und kränkelnden Grossmutter, die offenbar allzu nachsichtig war und sich überhaupt zur Erziehung kaum mehr eignen dürfte. Im übrigen trieb sich Hans mehr als gut auf der Strasse umher. In der Schule kam Hans nicht vorwärts; es schien, dass er je länger desto träger und schwächer wurde. Der Amtsvormund wollte über das Wesen des Knaben und dessen häusliche Verhältnisse ins Klare kommen, deshalb schickte er uns Hans zur Beobachtung. Während seines Aufenthaltes in der Vorstation machten wir an seiner Mutter die betrübende Entdeckung, dass auch sie an schwächlicher Nachsicht gegenüber ihrem Jungen krankte. Sie hatte ihren Knaben öfters ohne triftigen Grund von der Schule ferngehalten. Sie war zu ängstlich besorgt um das körperliche Wohlbefinden ihres Buben. Sie hatte z.B. Angst, er bekomme bei uns zu wenig zu essen, schickte ihm deshalb Käse und heimlicherweise liess sie ihm durch ein Fräulein auf dem Schulweg Schokolade zustecken. Sie glaubte, für Hans immer besondere Vergünstigungen (Besuche etc.) beanspruchen zu dürfen. Hinsichtlich Intelligenz gehörte Hans nach dem übereinstimmenden Urteil unseres Arztes, des neuen Lehrers und nach unserem Dafürhalten in den Rahmen der Durchschnitts-Intelligenz. Von einer Abnahme der Intelligenz konnte nicht die Rede sein. Hansens Stimmung war meist ruhig, gelassen, etwas träumerisch. Er hatte leichte Neigung, von der Wirklichkeit sich abzuwenden. Gelegentlich machte er den Eindruck, als sei er ganz geistesabwesend, als habe er sog. Absenzen, welche den Verdacht auf Epilepsie nahelegten. Unser Psychiater stellte aber fest, dass es sich nicht um epileptische Erscheinungen handeln konnte. Überhaupt waren eigentliche psychopathische Züge bei Hans nicht erkennbar, wenn auch das Gesamtbild seiner Persönlichkeit den Eindruck grosser Passivität machte. Die grösste Benachteiligung für Hans sahen wir daher nicht in seinen Anlagen, sondern in seinem ungünstigen Milieu. Dieses bietet für ihn eine dreifache Gefahr: Es fehlt ihm der Vater, Hans ist Einkind, und es mangelt die genügende Aufsicht. Die Mutter betrachtet, hütet und behütet ihren Herzensjungen, als wäre er noch ein kleines Kind. Dies muss besonders deswegen schädlich auf Hans wirken, weil diese Behandlungsart dem an der sorglosen Kindheit hängenden Knaben und seinen dahingehenden Wünschen nur zu sehr entgegenkommt. Wir fürchten, dass Hans an den Rockschössen seiner Mutter hängen bleiben und dass er noch als erwachsener Mann sentimentalen, schwächlich träumerischen Stimmungen sich hingeben wird, in denen er wünschen wird, ein Kind noch zu sein. Es fehlt in Hansens Erziehung die männliche Kraft und eine auf tiefere Einsicht gegründete und durch die Notwendigkeit begrenzte Rücksichtslosigkeit. Wir kamen daher dazu, dem Amtsvormund zu empfehlen, diesen Knaben wenigstens zeitweise in ein zweckentsprechendes Milieu zu versetzen, um ihn vor Verweichlichung zu schützen.

Und schließlich gab es die Gruppe jener Kinder und Jugendlichen, die sowohl »psychisch-defekt« als auch »verdorben« bzw. »milieu-infiziert« waren. Dieser Gruppe wurde z.B. Willi E. zugeteilt:

Willi E. trat als 9-jähriger, körperlich und sittlich gefährdeter Knabe in die Vorstation ein. Er ist aus einer überaus unglücklichen Ehe hervorgegangen. Seine Mutter war schon zur Zeit seiner Geburt dem Trunk ergeben. Willi musste häusliche Streitszenen, Prügeleien zwischen Vater und Mutter mitansehen. Als er ungefähr 5 Jahre alt war, fiel die Familie auseinander. Willi kam in eine Erziehungsanstalt, wo er 2.5 Jahre verblieb. Mutter und Tante nahmen den Jungen, angeblich wegen schlechter Behandlung, Ende 1916 aus dieser Anstalt weg und brachten ihn nach Zürich zu einer Pflegefrau. Von da kam er im April 1917 durch Vermittlung einer Lungenfürsorgestelle in Zürich in unsere Vorstation, in der er aussergewöhnlich lange, nämlich 1.5 Jahre, verblieb. Auf Grund unserer Beobachtungen in dieser langen Zeit konnten wir Willi hinsichtlich seiner intellektuellen Veranlagung recht günstig beurteilen. Seine Stimmung war fast immer freudig, gelegentlich übertrieben lustig, ausgelassen. In letzterer Stimmungslage verübte er meist mutwillige Streiche und Zerstörungshandlungen. In sexueller Hinsicht gab Willi eine Zeit lang zu ernsten Bedenken Anlass. Er hatte unter anderem kleinen Mädchen nachgestellt, und es kam zu gegenseitigen Besichtigungen. Gewisse Anzeichen scheinen dafür zu sprechen, dass Willi als kleines Kind unfreiwilliger Zeuge von ehelichen Sexualakten war. Sein sexuelles Phantasieleben war unzweifelhaft sehr rege. Auf dem Gebiet der sog. höheren Gefühle fiel vor allem eine bedenkenerregende Armut an sittlichen Gefühlen auf. Er machte sich im Hause mehrfach durch Dickereien unangenehm bemerkbar. Er ging dabei mit erstaunlichem Raffinement vor. Seiner Unzuverlässigkeit in dieser Richtung ging parallel die Lügenhaftigkeit. In diesem Punkt bot Willi die grössten erziehlichen Schwierigkeiten. In den meisten Fällen erschienen seine unwahren Angaben als bewusste Lügen wider besseres Wissen, vorgebracht zum Zwecke der Erlangung eines Vorteils oder zur Entschuldigung. Gelegentlich allerdings waren seine Lügen ein Gemisch von bewusster Lüge und Phantasie. Wir konnten aber oft genug feststellen, dass von pathologischer Lüge und zwangsmässigem Stehlen nicht die Rede sein konnte. Mit befremdender Leichtigkeit, ohne ernsthaften innern Kampf, fast hemmungslos schritt er jeweils zur Lüge und zum Diebstahl. Wenn er eine günstige Gelegenheit sah und er es für unmöglich hielt, dass man ihn erwischen konnte, dann bestand für ihn kein Hindernis zur Lüge und zum Diebstahl. Nach vollbrachter Tat schien er nie echte Reue zu verspüren; bald nachher war er wieder bei heiterster Laune und den Erziehern und Kameraden gegenüber benahm er sich, wie wenn nichts geschehen wäre. Es war unnütz, an Willis Ehrgefühl zu appellieren. Mahnungen und selbst harte Strafen trafen ihn nie tief. Kaum bestraft, war er wieder seelenvergnügt. Er war stets sogleich bereit, Besserung zu versprechen und schöne Beteuerungen zu machen, dabei wollte er aber immer nur dafür sorgen, dass möglichst bald wieder »gut Wetter« um ihn war. In auffälligem und zwar günstigem Gegensatz zu diesen Charakterschwächen standen jene Eigenschaften Willis, die ihn in der Gesellschaft der Kinder und auch der Erwachsenen nicht unbeliebt machten. Er bewies Anhänglichkeit, versöhnlichen Sinn, Kameradschaftlichkeit und Gehorsam. Wir mussten den Heilungsprozess gegen Willis Lügenhaftigkeit und Unehrlichkeit, den wir angebahnt hatten und der zeitweise von etwelchem Erfolg begleitet zu sein schien, nach 1.5 Jahren leider für aussichtslos ansehen. Dementsprechend beurteilten wir die Prognose für die spätere soziale Brauchbarkeit dieses Knaben ungünstig. Es ist sehr zu befürchten, dass Willi später im freien Leben mit den Strafgesetzen in Konflikt geraten wird. Willi dürfte zu den Moralisch-Defekten zu zählen sein. Die ungünstigen Milieu-Einflüsse von früher her haben ein übriges getan, um diesen Knaben zu einem besonders schwer erziehbaren zu stempeln. Dem Amtsvormund des Knaben empfahlen wir Anstaltserziehung.

Albert Furrer betonte, dass die Einteilung der schwererziehbaren Kinder und Jugendlichen in die genannten drei Gruppen nicht nur theoretische Bedeutung habe, und dass er diese Gruppen nicht aus »wissenschaftlichem Registrationsbedürfnis«, sondern aus praktischen Rücksichten gebildet habe, da die in jedem einzelnen Fall einzuschlagende Fürsorgepraxis abhängig von der Gruppenzugehörigkeit des Kindes sei.[31] So würde man für ein moralisch verdorbenes Kind andere Fürsorgemaßnahmen treffen, als für ein moralisch defektes Kind. Konnte das Kind nach »langer Beobachtungszeit!« in eine der drei Gruppen eingeteilt werden, so war »die allgemeine Fürsorgerichtung für dieses Kind aus der Erfahrung gegeben«.[32] Betrachten wir uns die Empfehlungen jedoch näher

(»Dem Amtsvormund des Knaben empfahlen wir Anstaltserziehung.« »Wir kamen daher dazu, dem Amtsvormund zu empfehlen, diesen Knaben wenigstens zeitweise in ein zweckentsprechendes Milieu zu versetzen, um ihn vor Verweichlichung zu schützen.« »Da es keine Anstalt für psychopathische Kinder unbemittelter Eltern gibt, kamen wir dazu, dem Amtsvormund des Knaben vorzuschlagen, den Knaben vorläufig nicht in eine Anstalt, sondern in eine verständnisvolle Pflegefamilie zu versorgen.«), so sind sie, verglichen mit dem deklarierten Anspruch, doch einigermaßen undifferenziert und vage. Sie zeigen nicht mehr auf, als diejenigen Strategien, die sowieso schon zum Repertoire amtsvormundschaftlichen Handelns gehörten: Anstalts- oder Familienerziehung. Sie enthalten weder eine Spezifikation der Bedingungen, die dort jeweils herrschen sollten, noch Angaben über die (über die reine Platzierung hinausgehenden) zu treffenden Maßnahmen.

Furrer forderte aufgrund der großen Verantwortung, welche die »Verpflanzung eines Kindes« mit sich bringe, eine Beobachtungsgelegenheit für *alle* zu versorgenden Kinder und Jugendlichen zu schaffen und verlieh seiner Forderung mit der Kritik an den in den herkömmlichen Erziehungsanstalten integrierten Beobachtungsstationen Nachdruck: »Das Waisenamt der Stadt Zürich hat im Sommer 1918 in dem der Amtsvormundschaft angegliederten ›Knabenheim Selnau‹ eine Unterkunftsstätte eingerichtet, die zugleich als Beobachtungsstation dienen soll. Es hiesse aber den dort Leitenden jede Fachkenntnis absprechen, wenn man annehmen würde, dass dieselben das Knabenheim als vollendete Beobachtungsstation betrachten.«[33]

Die Beantwortung der Frage, ob ein Arzt oder ein Pädagoge die Oberleitung über ein Beobachtungshaus haben sollte, wollte Furrer den »Fachleuten« überlassen. Selbstverständlich schien ihm jedenfalls, dass in einem Beobachtungshaus »Arzt und Erzieher beständig zusammenwirken« sollten, und dass das Beobachtungshaus auch eine geeignete Tätigkeit für die »pädagogisch veranlagte Frau« mit ihren intuitiven Fähigkeiten bot.[34]

Wir finden hier den Übergang einer individualisierenden Kasuistik zu einer vergleichend-systematischen Einzelfallforschung. Diese richtet ihr Erkenntnisinteresse nicht nur auf fallspezifische und fallumfassende Merkmale. In ihr wird vielmehr das Besondere »systematisch« nachgebildet, um danach auch das Allgemeine sichtbar werden zu lassen. Ihr Ziel ist also immer auch die Abstraktion von falltypisch-kombinierten sowie von fallübergreifend-allgemeinen Merkmalen. Furrer analysierte Fall für Fall, um in einem zweiten Schritt die verschiedenen Fälle vergleichend zu kontrastieren. Aus dieser fallvergleichenden Kontrastierung leitete er dann deskriptive Typen ab.

Es könnten Unzählige solcher Systematisierungsversuche angeführt werden. Moritz Tramer, der frühere Psychiater der Amtsvormundschaft der Stadt Zürich und Direktor der Irrenanstalt Rosegg in Solothurn, bildete fünf Gruppen von Jugendliche: Er sprach von psychischen Störungen und ordnete die Jugendlichen nach medizinisch-psychiatrischen Gesichtspunkten erstens in die »Neurosen« (oder »Psychoneurosen«) und die »Hysterie« (was alltagssprachlich mit dem Begriff der »Nervosität« gefasst wurde), zweitens in die »Psychopathien« (Störungen, welche hauptsächlich anlagegemäß bedingt seien und in erster Linie das Instinkt-, Trieb-, Affekt und Willensleben bzw. das Temperament und den Charakter beträfen) und drittens in die »Geisteskranken« (insbesondere Jugendirrscin, Schizophrenie und Epilepsie). Nun fehlten jedoch jene, bei denen die psychische Reifung das gewohnte, natürliche, ihrem besonderen Typus entsprechende Bild zeigten (die Schwärmer, Nüchternen, die selbständigen Gestalter, die passiv Empfangenden, die Draufgänger und Duckmäuser), wenn nicht gewisse äußere Einflüsse vorhanden wären, die zur »Verwahrlosung« führten (das war Tramers vierte Kategorie) oder gewisse innere Einflüsse bzw. hervorstechende Charaktereigenschaften, die »schwierige Charaktere« hervorbrachten, wie Tramer die fünfte und letzte Gruppe nannte.[35] Oder die Kategorien Heinrich Hanselmanns: Er unterteilte die schwererziehbaren Kinder und Jugendlichen in die »Schwererziehbaren mit neuropathischer Konstitution« (spezielle Formen, nervöse Kinder, epileptische Kinder), die »Schwererziehbaren mit psychopathischer Konstitution« (hysterische, gefühlsabwegige, gefühlsblöde, gefühlseinseitige, willensgestörte Kinder) und die »Schwererziehbaren mit Umweltsfehlern« (verkrüppelte, missgebildete, freche, faule, lügnerische, stehlende und sexuell abweichende Kinder).[36]

Was bisher durch Inspektionen und Hausbesuche in Erfahrung gebracht werden sollte, wurde also neu ins »Laboratorium« verlegt: in Beobachtungsheime und später auch in spezielle »Psychopathenklassen«, in denen die Lehrer die Kinder beobachten und die weiterführenden Maßnahmen empfehlen sollten.[37] Diese Änderung der Strategie der Erkundung deutet auch die Verschiebung vom Stellenwert des Milieus hin zur Anlage für die Erklärung der »Verwahrlosung« an. Mit dem Begriff der »Schwererziehbaren« wurde die Problematisierung gegenüber den »Verwahrlosten« insofern verschoben, als in diesem Begriff der Behandelnde, der Erzieher in die Begriffskonstruktion mit einbezogen wurde. Der Charakter, das Wesen des Jugendlichen, wurde an der Schwere seiner Behandlung, seiner Erziehung bemessen. Damit konnte verdeutlicht werden, dass die Eltern für diese Erziehungsaufgabe ungeeignet sein mussten. Sollte die über die Beobachtung eingeleitete Erziehung erfolgreich sein, war das eine Auszeichnung der Leistung der Erzieher. Sollte die Erziehung scheitern, konnte niemandem ein Vorwurf gemacht werden.

Vier Jahre nach der Eröffnung wurde die »Vorstation« der »Pro Juventute« »wegen Platzmangel und verschiedener anderer Unzulänglichkeiten« aufgelöst und 1923 durch die staatliche, psychiatrische Anstalt »Stephansburg« ersetzt.[38] Dieser Wandel markiert zwei wichtige Prozess, auf die weiter unten eingegangen wird: Die Verstaatlichung und die zunehmende Bedeutung der Psychiatrie im Kontext der Kinder- und Jugendfürsorge.

3. Von der Einzelfallanalyse zur Bevölkerungsstatistik: »Verwahrlosung« als Dynamometer der Gesellschaft

»Verwahrlosung« bildete, trotz bzw. wegen der Unklarheit und Überdehnung des Begriffs, trotz bzw. wegen der Ungewissheit über deren genauen Ursachen, das ideale Konzept, das von allen Beteiligten immer wieder neu, nach den jeweiligen spezifischen Interessen und Logiken ausgelegt und angepasst werden und an dem man sich abarbeiten konnte. Das Konzept wurde zum Ausgangs- und Knotenpunkt, zum Scharnier der beteiligten Akteure und Akteurinnen und konnte in fürsorgerische, (heil-)pädagogische, medizinische, psychiatrische, sozial- und rassenhygienische sowie juristische Diskurse problemlos integriert werden. Es war geradezu konstitutiv für den Jugendfürsorgediskurs im allgemeinen sowie hinsichtlich dieses Konzeptes, dass sich diese Diskurse von Anfang an in ihrem gemeinsamen Gegenstand kreuzten, verschmolzen und wieder auseinanderbrachen – auch wenn sie von den Beteiligten nicht immer wirklich verstanden, sie deshalb mitunter auch wild vermengt wurden, was manchmal zu abstrusen Vorstellungen führte. Jakob Kuhn-Kelly beispielsweise, vollzog in seinem Referat »Gewisses und Ungewisses über das Problem des so genannten Versehens der Frauen (Muttermale) und Mutmassliches über Vererbung und Beeinflussung des Kindes in körperlicher und seelischer Beziehung vor der Geburt« am ersten Schweizerischen Jugendgerichtstag, eine etwas seltsame, esoterisch anmutende »Legierung« von milieu- und anlagespezifischen Deutungsmustern der »Verwahrlosung«. Es ging in diesem Referat um die Beeinflussung des Kindes bzw. der Leibesfrucht im Mutterleib während der »kritischen Phase«: »Ich schöpfte sofort Verdacht, das eigentümliche Benehmen des Knaben möchte durch eigenartige Vorkommnisse mutmassliche Begründung finden, und ich bemerkte der Frau, sie möchte es nicht übel aufnehmen, es geschehe nicht aus Neugierde, sondern es liege für mich ein ganz besonderes Interesse zugrunde, wenn ich sie frage, ob sie vielleicht während der kritischen Zeit mit diesem Knaben auch geschnipft oder gestohlen habe (…) Sie möchte sich besinnen, ob sie nicht etwas begangen habe, das auf die Ursache des Reizes dieses Knaben schliessen lasse.«[39] Das Stehlen der Mutter während ihrer Schwangerschaft übertrug sich also auf die Leibesfrucht.

Kuhn-Kellys Argumentation lief an jenem Ort zusammen, an dem alle Strategien der Jugendfürsorge zukünftig zusammenlaufen sollten: in der Frau und Mutter. In der schwangeren und gebärenden, in der stillenden und pflegenden, in der sorgenden und erziehenden Mutter, in der zukünftigen moralischen Instanz der Gesellschaft, die von nun an für das Gedeihen des Individuums sowie der Gesellschaft verantwortlich war. »Wenn man von einem ›Jahrhundert des Kindes‹ spricht, so ist dagegen das zu sagen, dass es erst dann ein Jahrhundert des Kindes geben kann, wenn wir ein ›Jahrhundert der Mutter‹ gehabt haben, wenn alles getan worden ist, die Mutter physisch, intellektuell, moralisch, sozial so zu stellen, dass sie in allen Schichten der Bevölkerung ihrer hohen Lebensaufgabe gerecht zu werden vermag. Wohl dem Lande, das grosse Mütter hat! Die Aufwendungen, die ein Volk zur Hebung der Frauen, zur Förderung der Stellung der Mütter macht, sind ein Gradmesser seiner Kultur, und mit der Stellung der Frau steht und fällt das Ansehen einer Nation.«[40]

Die »Verwahrlosten« bildeten das Fundament, von dem aus sich eine Technologie »organisch«[41] weiterentwickeln konnte, die sich nicht mehr nur auf das einzelne Individuum, sondern auch auf den Gattungsmenschen bzw. auf die Vielfalt der Menschen richtete, insofern diese eine Masse bildeten: Die Kulturwelt durchflutete »eine Erziehungsbewegung, wie sie an Umfang und Tiefe keine geschichtliche Epoche gezeigt hat (…). Durch alle Kulturvölker geht ein grosser Zug, ein gewaltiges Ringen nach Kraft und Gesundheit. Man ist, wie noch nie, von der Wahrheit des Wortes überzeugt, dass nur diejenigen Völker ein Anrecht auf Bestand haben, welche es verstehen, ihre geistige und körperliche Gesundheit zu bewahren.«[42] Die »Jugendwohlfahrtspflege« bzw. die »Jugendhilfe« nahm sich allen an und nicht mehr nur den »Verwahrlosten«, »Krüppeln«, »Perversen« und »Degenerierten«.[43] Brachte die Jugendfürsorge einen gewissen Ausgleich dadurch, dass für ihre Erziehungsobjekte besondere Maßnahmen der Vorbeugung oder der Heilung ergriffen wurden, so wies die

Jugendwohlfahrtspflege immer und immer wieder darauf hin, dass die größeren Aufwendungen für die Anormalen die Aufwendungen für die Normalen nicht beeinträchtigen durften, und dass auch deren Kraft zu stärken war.[44] Um die Mittel und Kräfte richtig einzusetzen, genügte die Einzelfallforschung nicht mehr: »Wenn die Hygiene sich umsieht nach dem Gesundheitszustand einer ganzen Bevölkerung, sei es als Volkskörper als Ganzes, sei es nach seiner gesellschaftlichen Schichtung (soziale Hygiene), wenn sie die einzelnen Schäden, denen sie zu wehren hat, nach ihrer Wertigkeit und damit ihre Aufgabe nach ihrer Dringlichkeit erforschen soll, so wendet sie sich an die Bevölkerungsstatistik, die ihr zunächst in der Gegenüberstellung der Bilanz aus Einnahmen (Geburten) und Ausgaben (Todesfälle) und im Vergleich der Ziffern in verschiedenen Orten und Ländern ein *Urteil über die Lebenskraft einer Bevölkerung* geben kann.«[45] Gonzenbach forderte die Schaffung einer Arbeitsgruppe für »quantitative und qualitative Bevölkerungspolitik«.[46]

»Verwahrlosung« diente nicht nur als Interpretationsschema der Persönlichkeit, sondern auch als Kräftemesser der Gesellschaft. »Verwahrlosung« musste deshalb sowohl im Interesse des Individuums als auch im Interesse der Gesellschaft bekämpft werden: »Die Anordnung folgt nicht allein im Interesse des Jugendlichen selbst, sondern auch in demjenigen der Gesellschaft; in seinem eigenen Interesse, um ihn durch eine rationelle Erziehung vorerst von Müssiggang, Vagabondage und Verbrechen abzuhalten (...); im Interesse der Gesellschaft, um sie vor der Gefahr zu schützen, die ihr vor der Gefahr der Vernachlässigung dieser Seite der strafrechtlichen Prävention erwachsen würde.«[47] In dieser Übertragung eines individuellen auf einen gesellschaftlichen Zustand liegt der Ursprung der Sozialen Arbeit. Über diese Auslegung wurden Erziehungs- und Bildungsprozesse an das Soziale anschlussfähig – allerdings in einer nicht unproblematischen Weise. Insofern waren und sind totalisierende und individualisierende Prozesse in der Sozialen Arbeit untrennbar miteinander verbunden.

Die Steigerung des Willens zum Leben

Hinter all diesen Bemühungen steckte der Traum der Steigerung des »Willens zum Leben«[48] und des »Willens zur Gesundheit«[49]. Es war dieser Traum, der der sozialen Arbeit zum Durchbruch verhalf: »Die Fürsorge wurde zu einem Beruf mit bestimmtem Fachwissen, das sich in einem geordneten Lehrgange aneignen liess. Dieser setzte sich um so eher in der öffentlichen Anerkennung durch, als um jene Zeit die plötzlich (in Frankreich und Deutschland z. T. aus nationalistisch-militärischen Gründen der Volksvermehrung) populär gewordene Säuglingsfürsorge zur Bekämpfung der Kindersterblichkeit ein zahlreiches geschultes Personal erheischte.«[50]

Die verborgenen Feinde der Gesundheit und des Lebens zu entdecken und zu bekämpfen war das dankbare Ziel, das die exakte Wissenschaft der Humanität und der aktiven Liebe gewiesen hatte, die für den Schutz und die Fürsorge des jungen Menschenlebens eintreten sollte.[51]

Die größte Sorge, die sowohl die Gemeinnützigen als auch die Patrioten miteinander teilten, war der Untergang der Schweiz aufgrund ihres Bevölkerungsrückgangs.[52] Die Affronts gegen den »Willen zum Leben« waren der jugendliche Selbstmord (nicht zufällig wurde er in dieser Zeit thematisiert), die »Engelmacherei«, die Säuglingsmortalität (die auch zusammenhing mit der Stillunfähigkeit der Schweizerinnen, die offensichtlich signifikant höher lag, als diejenige der Italienerinnen und Deutschen) sowie der Krieg.[53]

Aus Angst vor dem nationalen Tod forderte der Sekretär der Freiwilligen und Einwohnerarmenpflege der Stadt Zürich das Unvorstellbare: Über die Zwangseinbürgerung der Ausländer sollte die Agonie gestoppt werden, obgleich ja eigentlich »die deutsche Einwanderung, deren Dimensionen die Bezeichnung Invasion übertreffen und den Charakter einer vollständigen Aufsaugung oder Kolonisation verdienen« es bedingten, »dass der deutsche Einfluss bald stärker sein wird, als die Assimilierungsfähigkeit oder -kraft unserer je länger je mehr sich abschleifenden sog. Eigenart, die sich nachgerade in unserer Mundart erschöpft«.[54] Dass es um die Kraft der Bevölkerung ging, kommt auch im folgenden Plädoyer des Nationalökonomen Schlatter (der sich weder als sozialistischen Desperado noch als Anarchisten bezeichnet haben wollte) am ersten Schweizerischen Informationskurs in Jugendfürsorge von 1908 zum Tragen (einer der ganz wenigen Beiträge, in denen überhaupt vom sozialen Elend der Massen und von Armut gesprochen wird): »Weil nun aber unsere Scheinkultur nicht mehr aus der Welt zu schaffen ist, weil der herrschende Kapitalismus seine Machtstellung unter keinen Umständen mehr preisgeben wird, da ihm Religion, Kanonen und Schiessautomaten zur Verfügung stehen, gibt es auch nur ein einziges Mittel, gegen die Verelendung der Massen anzukämpfen, und das Mittel heisst Ehelosigkeit und Verweigerung der Kinderzeugung! Für den erwachsenen Menschen bedeutet Ehelosigkeit – Unabhängigkeit, und für die

Kinder, die gar nicht geboren werden, ist am allerbesten ›fürgesorgt‹ in unsern heutigen Zuständen!«[55]

Gefahr drohte von den Vergnügungen, die die Kraft der Jugend abschöpfte. Dazu gehörten die »Kinematographenpest« und das »Velofieber«.[56] Das Kino wurde zu »einem Krebsschaden an unserem Volksleben«. Der Wirklichkeitssinn der Jugendlichen würde getrübt, die Halbwelt, die Verbrecherwelt, das Lumpenproletariat und die oberen Zehntausend würden ihnen dort vor Augen geführt; ebenso Ehebruch, Verführung Maitressenwirtschaft und Selbstmord. In den Schulen sei bereits bei vielen Jugendlichen Nervenüberreizung infolge des zu häufigen Besuchs des Kinos festgestellt worden.[57] Fast ebenso gefährlich schienen das Velofieber und der Fußballrausch. Nicht nur, weil dadurch die Kraft der Jugend absorbiert wurde und die Gesundheit geschädigt werden konnte, sondern auch, weil diese »Fieber« den Sparwillen der Kinder und Jugendlichen massiv beeinträchtigte: »Seit der Gründung des hiesigen Fußball-Klubs sind bei unserer Schuljugend Erscheinungen zutage getreten, die zum Aufsehen mahnen. Mit grosser Freude konnte man konstatieren, dass die im letzten Jahr ins Leben gerufene Schulsparkasse ganz bedeutende Einlagen erhielt: der Sparsinn unserer Schuljugend war geradezu erfreulich. Seit einigen Wochen musste man die befremdende Beobachtung machen, dass insbesondere die Knaben der oberen Klassen mit wenigen Ausnahmen keine Einlagen mehr machten. Sorgfältige Nachforschung förderte nun folgende Tatsache zutage: Unsere Schulknaben hatten im Laufe dieses Sommers nicht weniger als drei Fussball-Klubs gegründet.«[58] Basierend auf den Ergebnissen statistischer Forschung erfolgten Eingriffe und Kampagnen, die die Moral und das Verantwortungsgefühl der Bevölkerung heben sollten. Über die Kinder- und Jugendfürsorge konnte sich ein Arsenal von Verfahren installieren, das geeignet erschien, das Leben der Bevölkerung zu regulieren und zu steigern: In ihrem Mittelpunkt standen das allgemeine Gesundheitsniveau, die Rassenhygiene, der Geburtenrückgang, die Fortpflanzung (»wenn wir einen tüchtigeren Nachwuchs unseres Volkes haben möchten, dürften wir uns auch den da und dort auftauchenden Vorschlag ernsthaft überlegen: es möchte von Gesetzes wegen von beiden Verlobten ein ärztliches Zeugnis vor dem Eingehen der Ehe verlangt werden«[59]), die Abtreibung, die Lebensdauer, das Still- und Ernährungsverhalten der Mütter (»Wenn sie ihnen zugleich von der Stillprämie Kenntnis geben würden, wäre vielleicht noch mehr zu erreichen«[60]), das Siedlungsverhalten, die Bevölkerungsbewegung und die Wohnverhältnisse (»Staat, Gemeinden, Gesellschaften sollen zusammenwirken zur Anbahnung des kleinen Wohnungsbaues als der

Grundlage zur Pflege eines lebenskräftigen und lebensfreudigen Familienlebens, als Stätte der Anleitung des heranwachsenden Geschlechtes zu einem tätigen Leben, zur Arbeit«[61]). Eine Agenda, über die individuelle Phänomene kollektiviert wurden. Diese Technologie ging nicht mehr, wie die Disziplinartechnologie, von einer präskriptiven Norm aus, sondern vom empirisch feststellbaren Normalen. Ihr Ziel war nicht die Normierung, sondern die Normalisierung als Anpassung an den empirisch vorfindbaren Mittelwert: »Diese Methode der Volkserziehung, die schrittweise vom Bestehenden ausgeht und sich fortlaufend mit dem Möglichen begnügt (…), möchte ich die organische Methode im Gegensatz zur systematischen Methode nennen. Die organische Methode stellt nicht das Mittel der Aufklärung in den Vordergrund, sondern die Persönlichkeit dessen, dem geholfen werden soll [also Volk und Mutter] wie auch dessen, der helfen soll.«[62]

Diese sozialregulierende bzw. -kontrollierende Technologie arbeitet mit anderen Mitteln als die sozialdisziplinierende Technologie und die Institutionalisierung ist Konsequenz und nicht Voraussetzung ihres Funktionierens: »Erst, wenn alle vorbereitende Aufklärungsarbeit das Bedürfnis nach ständiger Beratung nach Massgabe der örtlichen und persönlichen Verhältnisse geweckt und gefördert hat, erst dann ist es Zeit, eine Mütterberatungsstelle zu gründen.«[63] Ihr oberstes Prinzip war die Unauffälligkeit: Die Propaganda sollte bewusst altmodisch, nach außen scheinbar effektlos arbeiten und sie musste dem spezifisch weiblichen Geschmack Rechnung tragen.[64] Über diese neuen Institutionen, die die Aufmerksamkeit auf die Mütter richtete, wurde eine Strategie konstituiert, die auf die Vorsorge zielte, denn eine vorbeugende Erziehung wurde als ethisch wertvoller und wirtschaftlich rationeller bezeichnet, als die von Fall zu Fall arbeitende, rein retrospektive Fürsorge.[65]

»Verwahrlosung« als Dispositiv

»Verwahrlosung« kann als Dispositiv im Sinne Foucaults bezeichnet werden. Das Dispositiv umfasst Diskurse, Institutionen, architektonische Vorrichtungen, Gesetze, Verwaltungsmaßnahmen, wissenschaftliche Aussagen, Moral, Philanthropie.[66] Das Dispositiv ist das Netz, das zwischen diesen Elementen geknüpft wird und verdeutlicht die Natur der Verbindungen, die sich zwischen diesen Elementen herstellt. Es ist die Formation, deren Hauptfunktion darin bestand, auf einen Notstand zu antworten.[67] Im Dispositiv der »Verwahrlosung«

verschränkten sich die beiden Technologien der Macht.[68] »Verwahrlosung« repräsentiert zum einen ein körperliches Verhalten, das in den Anstalten Disziplinierungsmaßnahmen zugänglich gemacht wird. »Verwahrlosung« repräsentiert zum anderen einen Zustand der Bevölkerung, der über ambulante Einrichtungen regulierenden Maßnahmen zugänglich gemacht wird. »Verwahrlosung« befindet sich an einem Kreuzungspunkt von Körper, Seele und Bevölkerung. Die Effekte der »Verwahrlosung« sind sowohl auf der Mikroebene des Körpers und der Seele, als auch auf der Makroebene der Gesellschaft angesiedelt. »Verwahrlosung« wird zum Thema individueller *und* politischer Eingriffe. Vor diesem Hintergrund ist es berechtigt, aber zu kurz gegriffen, wenn Uwe Uhlendorff, als Argument gegen die Kritik von Marcus Gräser an seinem Ansatz, geltend macht, dass es absurd sei, die Mütterberatungsstellen als Disziplinarapparaturen zu bezeichnen, die durch eine zweckmäßige Rationalität einer Zurichtung auf gesellschaftliche Tüchtigkeit charakterisiert waren. Es könne doch nicht behauptet werden, so Uhlendorff, dass es auch hier zu einer Ausgrenzung der »Nichterziehbaren« oder zu Blockierungen gekommen sei.[69] Richtig ist, dass hier nicht von einer »Disziplinaragentur« gesprochen werden kann. Es wurde auch nicht ausgegrenzt und nicht blockiert. Diese Institutionen aber geschichtsoptimistisch lediglich unter dem Aspekt der Hilfeleistung zu lesen, scheint problematisch, da mit dieser Lesart die neue Logik der kinder- und jugendfürsorgerischen Praktiken nicht erfasst werden kann. Uhlendorff fasst Macht nur als juridische, als ausschließende und unterdrückende Macht und vermag ihre »positiven« Effekte deshalb nicht zu erfassen.

Sechstes Kapitel: Die institutionelle Matrix
Der Vormundschaftskomplex

1. Die Amtsvormundschaft:
Zentrales Organ der Kinder- und Jugendfürsorge

Mit den veränderten Problematisierungsweisen und Praktiken hatte der Ausbau der Institutionen und damit die Anzahl der Betroffenen (oder umgekehrt) einen ungeheuren Aufschwung genommen und zwischen 1890 und 1930 gab es eine unglaubliche Explosion von privaten und öffentlichen Kinder- und Jugendfürsorgeeinrichtungen.[1] »Wir haben uns daran gewöhnt, in jeder Ortschaft einen Polizeidiener zu haben. Sollte es unmöglich sein, wenigstens in jedem Amte oder grösserem Bezirk einen Beamten einzustellen, dessen Spezialaufgabe die Jugendfürsorge wäre?«[2] Nein, es sollte nicht unmöglich sein. Ein paar Jahre später hatte jeder Bezirk des Kantons Zürich seinen eigenen Jugendfürsorger.[3]

Die richtige Erkenntnis der bestehenden
Schäden und der geeigneten Abhülfsmittel

Einen fulminanten Aufschwung erhielt die Entwicklung der Kinder- und Jugendfürsorgeinstanzen mit der Einführung ihres zentralen Organs, der Amtsvormundschaft. Obgleich die Übernahme einer Vormundschaft Pflicht jedes Bürgers war, gestaltete sich die Suche nach geeigneten Vormündern schwierig. Man war auf »das Orakel des Adressbuches« angewiesen und der mit Hilfe desselben gewonnene Vormund war oft nur eine Journalnummer ohne jede lebendige Beziehung zum Mündel oder zu Mutter und Kind. Eine Vormundschaft wurde ungern und unwillig übernommen und der Verkehr mit der Mutter und dem Kind wurde offensichtlich als »kompromittierend« erlebt.[4] Die privaten Vormünder erledigten das Minimum der mit der Übernahme einer Vormundschaft verbundenen Pflichten, um einer Ordnungsbusse zu entgehen und die Klagen über die Abneigung der Bürger gegen die Übernahme einer Vormundschaft durchziehen die Jahresberichte des Stadtrates bis weit ins 19. Jahrhundert zurück.[5] Die Wahl zu einem Vormund hatte nicht selten einen Rekurs zur Folge.[6] Die Mühseligkeit der Rekrutierung von geeigneten Vormündern und die »Belebung« und »Vertiefung«, welche sich auf dem Gebiet der Kinder- und Jugendfürsorge Bahn gebrochen hatte, bildeten den offiziellen Grund, weshalb es für die Vormundschaftsbehörde zum unabwendbaren Bedürfnis geworden war, ein eigenes Organ zur Feststellung und rationellen Bekämpfung der zutage tretenden Schäden zu besitzen.[7]

Die zu diesem Zwecke eingerichtete Amtsvormundschaft wurde zur neuen Grundlage der öffentlichen Jugendfürsorge und zum Mittelpunkt der gemeinnützigen Jugendschutzbestrebungen.[8] In den Geschäften der Amtsvormundschaft sollte nicht mehr die Vermögensverwaltung, sondern »das persönliche Moment« im Vordergrund stehen.[9] Der Amtsinhaber sollte sich ausschließlich den ihm übertragenen Vormundschaften widmen können, mit öffentlicher Autorität bekleidet und mit den erforderlichen Eigenschaften des Geistes und des Herzens ausgerüstet sein. »Unter den dem Amtsvormund übertragenen Vormundschaften treten, abgesehen von den Vormundschaften über Uneheliche, diejenigen Fälle durchaus in den Vordergrund, in denen es sich darum handelt, entweder Kinder zu schützen vor dem verderblichen Einfluss ihrer natürlichen Gewalthaber, oder einzuschreiten da, wo die Eltern der fortschreitenden Verwahrlosung ihrer Kinder ohnmächtig zusehen, ohne von sich aus die nötigen Massnahmen zur Abwendung der drohenden Gefahr zu treffen.«[10] Die Amtsvormundschaft wurde als außerordentlich wirksame und segensreiche Förderung der Kinder- und Jugendfürsorge angepriesen, da mit dem sachkundigen und gründlichen Eingreifen des Amtsvormundes zum Schutze von Kindern, die in ihrem leiblichen, geistigen und sittlichen Gedeihen bedroht waren, ungleich größere und wertvollere Erfolge erzielt werden könnten, als mit privaten Einzelvormündern, denen die »richtige Erkenntnis der bestehenden Schäden« und die »Wahl der geeigneten Abhülfsmittel« offensichtlich fehlten.[11]

Die Amtsvormünder und ihre Gehilfinnen

Am 15. August 1908 nahm der erste Amtsvormund der Schweiz seine Arbeit bei der Amtsvormundschaft der Stadt Zürich auf. Die Vormundschaftsbehörde hatte sich unter 24 Bewerbern für den Juristen Dr. Walter Schiller entschieden, der 1904 zum Thema »Rehabilitation Verurteilter im Schweizerischen Recht« promovierte.[12] Schiller war zuvor Sekretär der Freiwilligen- und Einwohnerarmenpflege der Stadt Zürich, wo ihm die Fürsorge für die entlassenen Sträflinge übertragen wurde sowie Leiter des Büros für dauernde Unterstützungsfälle. Seit 1905 gehörte er zudem dem Zentralkomitee des zürcherischen Schutzaufsichtsvereins für entlassene Sträflinge an.[13] Dem Amtsvormund zur Seite standen in

»opferfreudiger Weise« Frl. Marta von Meyenburg (die 1908 zusammen mit Mentona Moser den ersten Kurs in Kinderfürsorge veranstaltet hatte und die die 1920 gegründete soziale Frauenschule in Zürich bis 1934 leiten würde) sowie Frl. May Welti, die ihre volle Arbeitskraft freiwillig in den Dienst der Amtsvormundschaft stellten. Die uneigennützige Mitarbeit dieser Damen wurde mit »warmem Dank« quittiert, weil sie sich qualitativ und quantitativ weit über das erhob, was gewöhnlich unter freiwilliger Mithülfe verstanden wurde. Durch die Beständigkeit ihrer Mitarbeit hätten sich die beiden Damen diejenigen Erfahrungen angeeignet, welche nötig seien, um die Fälle streng sachlich und nicht nach dem bloßen subjektiven Fühlen (wie es bei nur gelegentlicher Mitarbeit auf diesem Gebiet leicht vorkomme), zu beurteilen.[14] Marta von Meyenburg und May Welti erhielten als Entschädigung für die »bescheidenen, dem Waisenamt geleisteten Dienste«[15] als Weihnachtsgeschenk eine Bronzefigur, die May Welti als Zeichen dafür hielt, dass der Amtsvormund mit ihren, »wenn auch leider oft ungenügenden Leistungen nicht unzufrieden war«[16].

Trotz der beiden freiwilligen Gehilfinnen wurde es durch die Häufung der Fälle für die Amtsvormünder immer schwieriger, die Fürsorge für ihre Schützlinge persönlich auszuüben und die Mitwirkung weiblicher Hilfskräfte wurde stets dringlicher. Diese Mitwirkung gereiche, so die Begründung der Vormundschaftsbehörde, den Mündeln nicht zum Schaden, im Gegenteil sei sie dazu angetan, das persönliche Moment bei der Durchführung der ganzen Aufgabe zu erhalten und der Institution der Amtsvormundschaft den allfälligen Vorwurf der Bürokratie zu ersparen.[17] Die kurze Erfahrung mit den freiwilligen Helferinnen habe gelehrt, dass die Mitwirkung geeigneter weiblicher Kräfte bei der Fürsorgearbeit des Amtsvormundes von großem Wert sei. Die Kontrolle und Beaufsichtigung vor allem der jüngeren Kinder gehöre ganz einfach in den Wirkungskreis der Frau, da es der verständigen Frau besser als dem Manne gelinge, bei ihren Besuchen Übelstände in der Verpflegung und Ernährung von Kindern aufzudecken und den Besorgerinnen entsprechende Belehrungen zu erteilen. Ebenso wie die Frau für die Beaufsichtigung bestehender Verpflegungsorte eingesetzt werde, sei sie auch vorzüglich für die Ermittlung neuer empfehlenswerter Pflegestellen verwendbar, deren der Amtsvormund fortwährend bedürfe. Die Mithilfe qualifizierter weiblicher Kräfte sei umso mehr geboten, als danach gestrebt würde, künftig die Bevormundung der Neugeborenen außerehelichen Kinder noch bedeutend schneller als bisher – nämlich schon in den ersten Wochen nach Geburt – durchzuführen, um die »Verfolgung« der außerehelichen Kinder wirksamer zu gestalten und sobald als möglich Einsicht in die Pflegeverhältnisse der Neugeborenen zu gewinnen. Der große Nutzen der Amtsvormundschaft gerade in diesem Gebiete sei statistisch nachweisbar. Die Tatsache, dass die Mitwirkung freiwilliger Helferinnen wegen des Umfanges, den die Arbeit bereits angenommen hatte, nicht mehr ausreiche, führte schließlich zur Schaffung der Stelle einer besoldeten Gehilfin des Amtsvormundes. Eine besoldete Anstellung wurde auch deshalb als notwendig erachtet, da bei freiwilligen Hilfskräften jederzeit die Möglichkeit bestand, dass sie sich von der Arbeit zurückzogen. Nur durch die Schaffung einer besonderen Stelle konnte die erforderliche Sicherheit und Gleichmäßigkeit des Betriebes in dieser Richtung erreicht werden.[18] Von der Stelleninhaberin wurde eine »tüchtige allgemeine Bildung« erwartet. Daneben sollte sie über »Spezialkenntnisse auf dem Gebiete der sozialen Fürsorge« und besonders »auf dem Gebiete der Körperpflege und Kinderernährung« verfügen. Die Tätigkeit sei bei der Verschiedenheit der Verhältnisse, in denen sich die Mündel befänden, eine vielfältige und erfordere »grosses Taktgefühl« und »strenge Objektivität«.[19] Durch die Anstellung einer Gehilfin konnte die Errichtung der Stelle eines zweiten Amtsvormundes hinausgezögert werden, allerdings nicht für lange, da die Zahl der Vormundschaften, für deren Übernahme der Amtsvormund infolge der schwierigen Verhältnisse der Mündel als die gegebene Persönlichkeit erschien, wie auch die seiner übrigen Geschäfte in rascher Zunahme begriffen war.[20]

So wurde 1909, durch Beschluss des Stadtrates Zürich, die Stelle einer Gehilfin des I. Amtsvormundes ausgeschrieben, auf die sich weder Marta von Mayenburg noch May Welti beworben hatten. Auf die Ausschreibung gingen 32 Anmeldungen ein. Von diesen hatte Walter Schiller 28 als unbrauchbar ausgeschieden, wegen zu jugendlichen oder zu vorgerückten Alters oder weil die betreffenden Bewerberinnen sich weder über irgendwelche praktische Betätigung noch theoretische Vorbildung auf dem Gebiete der sozialen Fürsorgetätigkeit auszuweisen vermochten.[21] In engere Konkurrenz traten nach ihrem Bildungsgang und ihrer bisherigen Betätigung schließlich vier Bewerberinnen.[22] Aus der persönlichen Vorstellung, sowie den noch vorgenommenen näheren Erkundigungen in Verbindung mit den bereits in den Anmeldungen enthaltenen Angaben, ergab sich Folgendes: Ida Hauser verfügte sowohl über eine recht gute allgemeine Bildung sowie über genügende Ausweise über Vorbildung auf dem Gebiet der Kinder- und Jugendfürsorge. Gegen sie sprach jedoch »eine sehr bemerkbare Unsicherheit im Auftreten und im Verkehr mit dem Publikum, die schwächliche körperliche Konstitution der Bewerberin, sowie die geringe Vertrautheit mit den hiesigen Verhältnissen.«[23] Martha Weigmann wurde neben einer ausreichenden allgemeinen Bildung vor allem ihre Kenntnisse auf dem Gebiet der Krankenpflege und Kinderkrankenpflege attestiert. Auch ihr seien jedoch die hiesigen Verhältnisse völlig unbekannt und außerdem trete ihr jugendliches Alter (22 Jahre) im Verkehr deutlich in Erscheinung. Milly Humbel wies sich offensichtlich über recht gute theoretische und praktische Vorbildung für das Amt aus. Sie hatte außerdem mit Erfolg vom Januar bis Juli 1909 den II. Kurs in Kinderfürsorge absolviert und betätigte sich zur Zeit ihrer Bewerbung bei der Fürsorgestelle für Lungenkranke in Zürich. Ihr Geschick im Verkehr mit Kindern und Erwachsenen wurde gerühmt. Ihr persönliches Auftreten sei ruhig und sicher. Bedenken erweckte jedoch ihr sehr jugendliches Alter (22 Jahre) und »infolgedessen der Mangel an Lebenserfahrung, welche doch besonders für ein Amt, wie es das zu besetzende ist, neben den nötigen theoretischen Kenntnissen als ein wesentliches Erfordernis erscheinen muss.«[24] Auch schien die Gefahr, dass infolge einer eventuellen Heirat der neu gewählten Gehilfin die Stelle in absehbarer Zeit wieder neu besetzt werden müsste, bei einer so jungen Bewerberin natürlich größer.[25] Bei Abwägung der in Betracht fallenden Faktoren schien Helene Moser die geeignete Bewerberin zu sein. Sie sei mit den hiesigen Verhältnissen verwachsen und von angemessenem Alter (28 Jahre). Helene Moser war nach Besuch der Volksschule und der höheren Töchterschule fünf Jahre in einem Büro beschäftigt und hatte von ihren Arbeitgebern ausgezeichnete Zeugnisse bezüglich ihrer Leistungen wie ihrer Führung erhalten.[26] In den letzten Jahren hatte sich die Bewerberin mehr hauswirtschaftlicher Arbeit zugewandt. Neben der Führung des großen Haushaltes der eigenen Familie (Eltern und 10 Kinder), hatte sie sich auf diesem Gebiet durch den Besuch hauswirtschaftlicher Kurse ausgebildet. Im laufenden Jahr hatte die Bewerberin einen Samariter- und einen Krankenpflegekurs sowie den Vorsteherinnenkurs des Frauenvereins für Mäßigkeit und Volkswohl besucht. Zur Ansicht gelangt, »dass gewisse soziale Schäden auf zu grossem Alkoholkonsum beruhen«, beteiligte sie sich an der Gründung des Frauenbundes zur Errichtung alkoholfreier Wirtschaften.[27] Zur Zeit ihrer Bewerbung stand Helene Moser in Tätigkeit bei den Kinderkrippen in Zürich III. »So hat also Helene Moser, auch wenn sie den Kurs in Kinderfürsorge nicht besucht hat, immerhin einen Einblick gewonnen in die für eine Gehilfin des Amtsvormundes in Betracht fallenden Arbeitsgebiete. Sie ist im Stande, Müttern und Hausfrauen beratend zur Seite zu stehen. Der persönliche Eindruck von der Bewerberin ist ein recht günstiger. Dieselbe verbindet im Auftreten mit grosser Einfachheit und Anspruchslosigkeit doch die nötige Sicherheit. Gerade diese Eigenschaften sind für die zu besetzende Stelle von grosser Bedeutung.«[28]

Die Attraktivität der Stelle als Inspektionsgehilfin war hoch.[29] 1920 gingen für die ausgeschriebene Stelle einer Inspektionsgehilfin siebzig Bewerbungen ein. Ein sehr wichtiges Anstellungskriterium war die Lebenserfahrung des gesetzten Alters.[30] Die Ausbildung in sozialer Hilfsarbeit bzw. in Kinder- und Jugendfürsorge war nicht das ausschlaggebende Kriterium, wie wir der Anstellungspraxis entnehmen können, doch wurde jeweils begründet, weshalb eine Bewerberin ohne Ausbildung einer Bewerberin mit Ausbildung vorgezogen wurde. Die Ausbildung konnte außerdem (das erleichterte den Entscheid) auch parallel zur Tätigkeit auf der Amtsvormundschaft absolviert werden. 1922 bewilligte die Vormundschaftsbehörde den acht Inspektionsgehilfinnen der Amtsvormundschaft, denen bereits schon die Teilnahme am Ausbildungskurs der »sozialen Frauenfürsorge« gestattet worden war, zusätzlich den Besuch von sechs Vorträgen von je zwei Stunden des Nervenarztes Dr. W. Gut über die Fürsorge für Psychopathen.[31] Mit Beschluss vom 6. Januar 1923 hatte der Stadtrat die Abteilungsvorstände ermächtigt, den Teilnehmerinnen der Kurse der sozialen Frauenschule für Fürsorgerinnen den Besuch weiterer einzelner Vorlesungen während der Arbeitszeit ausnahmsweise zu bewilligen.[32]

Die gewaltige Expansion der Amtsvormundschaft

Bereits 1910 klagte der erste Amtsvormund, Dr. Walter Schiller, dass trotz der Anstellung einer Gehilfin die vorhandenen Arbeitskräfte nicht mehr ausreichten und daher ein weiterer Ausbau der Amtsvormundschaft erforderlich sei.[33] Nebst dem quantitativen Anstieg kompliziere sich die Arbeit außerdem dadurch, dass die Mündel da, wo Familien aufgelöst oder einzelne Kinder weggenommen werden müssten, vielfach aus erzieherischen Gründen, in ziemlicher Entfernung von der Stadt untergebracht werden müssten, so dass die periodische Kontrolle einen erheblich größeren Zeitaufwand erforderte. Beschränkte sich laut der Geschäftsordnung die Arbeit der Amtsvormünder auf die Führung der ihnen zugewiesenen Vormundschaften, so hatte »das Bedürfnis der Praxis« das Tätigkeitsgebiet des Amtsvormundes bedeutend erweitert.[34] Der Amtsvormund konnte seine Geschäfte nur noch durch regelmäßige Überzeitarbeit sowie durch Nacht- und Sonntagsarbeit bewältigen. Auch an ein Zurückgehen der Arbeit war offensichtlich nicht zu denken, denn der zukünftige Wegfall der Vormundschaften über die vaterhalb verwaisten Kinder würde durch die Mehrarbeit, welche die Kinderschutzbestimmungen des Zivilgesetzbuches mit sich brächten, mehr als aufgehoben werden. Auch das gegenwärtige Hülfspersonal des Amtsvormundes konnte keine Mehrbelastung mehr ertragen.[35] Ebenso war die besoldete Gehilfin, Fräulein Moser, voll ausgelastet.[36] Die notwendige Erweiterung der Amtsvormundschaft ließe sich, so der Amtsvormund, nur auf dem Weg der Vermehrung des Hülfspersonals oder durch Bestellung eines 2. Amtsvormundes denken, wobei der zweite Weg der richtigere sei, da sich eine zu weit gehende Delegation der Aufgaben des Vormundes an Hülfspersonen nicht empfehle. Die persönliche Beziehung zwischen Vormund und Mündel müsse auch beim Amtsvormund erhalten bleiben. Einerseits müssten die Mündel und die Mündeleltern Gelegenheit haben, jederzeit direkt mit dem Vormund zu verkehren, da sonst das Vertrauen des Publikums in die ganze Institution schwinde. Andererseits sei dieser Kontakt auch für den Amtsvormund von größter Bedeutung, da er sich dadurch die Möglichkeit erhalte, seine Mündel persönlich zu kennen. Falle diese Möglichkeit dahin und wäre der Amtsvormund ausschließlich auf die Berichte des Hülfspersonals angewiesen, so gerate er in Gefahr, zu schablonisieren, statt die einzelnen Fälle individuell zu behandeln.[37] Auf den Antrag des I. Amtsvormundes an den Vorstand der Vormundschaftsbehörde, beantragte der Vorstand beim Stadtrat – »von der Erwägung ausgehend, dass eine blosse weitere Vermehrung des Hülfspersonals der Sache nicht diene, da dem Amtsvormunde immerhin die Möglichkeit gewahrt bleiben sollte, mit seinen Mündeln noch eine gewisse persönliche Fühlung zu unterhalten«[38] – die Stelle eines 2. Amtsvormundes, die bewilligt und schließlich von dem Juristen Dr. Hans Grob besetzt wurde.

1915 waren bereits sechs Amtsvormünder (darunter eine Frau), sechs Inspektionsgehilfinnen und sechs Kanzlisten bei der Amtsvormundschaft beschäftigt.[39] Zu den Amtsvormündern, ihren Inspektionsgehilfinnen und Kanzlistinnen gesellten sich nach und nach weitere Mitarbeiterinnen und Mitarbeiter: 1914 wurde die Kinderärztin Frau Dr. med. Anna Wirz für drei Halbtage pro Woche als Fürsorgeärztin für die Amtsvormundschaft verpflichtet.[40] 1916 wurde Dr. jur. Konrad Schulthess provisorisch zum Prozessvertreter ernannt.[41] 1918 wurde die Stelle eines psychiatrischen Gutachters eingerichtet, die zuerst Dr. med. Moritz Tramer und ab 1923 Dr. med. Walter Moos innehatte. Fünf der sechs bis 1915 gewählten Amtsvormünder waren Juristen. Für die 1915 neu zu besetzende Stelle des 6. Amtsvormundes hatten sich fünfzehn Bewerber gemeldet, wovon fast alle ein juristisches Studium hatten. Mit der Begründung, dass die Aufgabe und Arbeit des Amtsvormundes eine derart mannigfaltige sei, ganz besonders auf dem ebenso wichtigen, wie schweren Gebiete der Erziehung von intellektuell oder psychisch kranken oder verkümmerten Kindern, wurde die Wahl eines pädagogisch geschulten Bewerbers begründet.[42] Als 6. Amtsvormund wurde daher, als erster »Nichtjurist«, Dr. phil. Alfred Robert Büchi gewählt, der vorher Sekretär des städtischen Mietbüros war.[43] Und auch als neunter Amtsvormund wurde 1918 kein Jurist, sondern der Pädagoge und Primarlehrer Dr. phil. Hans Oprecht angestellt. »Über seine praktische Tätigkeit als Lehrer, wie über seine wissenschaftliche Befähigung liegen die vorzüglichsten Ausweise vor. Einem Pädagogen darf diesmal umso eher der Vorzug gegeben werden, als zur Zeit die Fürsorge für die verwahrloste Jugend eine Hauptaufgabe der amtsvormundschaftlichen Tätigkeit bildet.«[44] Ansonsten wurden bis Ende der 20er Jahre Juristen bevorzugt. Auf die Ausschreibung der Stelle von Dr. Häberli gingen achtzehn Anmeldungen ein. Unter den Bewerbern befanden sich sieben mit pädagogischer Bildung, die sich aber offensichtlich weder über längere Lehrtätigkeit, noch über besondere Fürsorgetätigkeit ausweisen konnten.[45] Von den vier Bewerbern mit juristischer Hochschulbildung wurde Dr. Robert Schneider gewählt, »der schon in den bisherigen Stellungen sich sozial betätigte, 1918 als Zentralsekretär im Zürcher Oberland, seit Januar 1919 als Zentralsekretär des Schweizerischen Gemeinde- und Staatsarbeiterverbandes.«[46] Auch ein Jahr später wurde wieder einem Juristen vor einem Pädagogen oder einem Arzt der Vorzug gegeben, obwohl im Zuge der Schaffung der Stelle eines Prozessvertreters im Grossen Stadtrat von Zürich nachdrücklich betont worden war, dass damit die Vormundschaftsbehörde bei der Besetzung der Stellen von Amtsvormündern die Möglichkeit erhalte, nicht nur Juristen, sondern auch Erzieher oder Mediziner zu berücksichtigen. Die Vormundschaftsbehörde argumentierte jedoch, dass der vernachlässigte Stand des Büros des fünften Amtsvormundes die Besetzung mit einer Kraft bedinge, die mit der Verwaltungspraxis vertraut sei und die unerlässlichen rechtlichen Kenntnisse bereits besitze.[47]

Die Anzahl der Bewerbungen auf die Stelle eines Amtsvormundes nahm Ende der 20er Jahre zu.[48] Trotz der vielen Bewerbungen, die jeweils eingingen, wurden in diesen Jahren drei Amtsvormünder ohne akademische Ausbildung gewählt. Auf die Nachfolge von Dr. Hans Grob gab es 1929 vierunddreißig Bewerbungen. Angestellt wurde Ernst Weber, der sein Studium in Nationalökonomie und Recht abgebrochen hatte und bisher als Stellenvermittler der Amtsvormundschaft Zürich arbeitete. Auf die frei gewordene Stelle des fünften

Amtsvormundes, Dr. Hürlimann, gingen im Jahre 1930 einunddreißig Bewerbungen ein. Gefordert waren eine gute Allgemeinbildung und Rechtskenntnisse. Gewünscht wurde Vertrautheit mit Erziehungsfragen. Gewählt wurde Jakob Sommerhalder, der eine dreijährige Lehre in der Gemeindeverwaltung absolviert hatte und Sekretär bei der Vormundschaftsbehörde in Altstetten war.[49] 1931 gingen auf die frei gewordene Stelle des zweiten Amtsvormundes (Ernst Weber blieb nur zwei Jahre) siebenundsechzig Bewerbungen ein. Gewählt wurde der Sekundarlehrer Georg Früh. Es ist nicht eruierbar, ob in diesen Jahren unter den Bewerbern auch Promovierte waren.

2. Das problematische Verhältnis zwischen Amtsvormundschaft und Armenpflege

Der Zuständigkeitsbereich der Amtsvormundschaft überschnitt sich mit demjenigen der Armenpflege, mit der die Vormundschaftsbehörde eine enge, jedoch nicht immer unproblematische Zusammenarbeit pflegte. Auch die Armenpflege hatte das Recht, Eltern ihre Kinder wegzunehmen. In der Armenpflege wurde schon 1898 die Stelle eines Inspektors geschaffen, der speziell mit der Kinder- und Jugendfürsorge betraut wurde.[50] Lediglich 15 % der versorgten Kinder wurden im Einverständnis der Eltern versorgt. Alle anderen wurden den Eltern zwangsweise weggenommen »entweder einer unzutrauenswürdigen unehelichen Mutter, oder dann beiden Eltern, wenn sie infolge geistiger oder moralischer Minderwertigkeit: Geisteskrankheit, Trunksucht, Unsittlichkeit, Misswirtschaft etc., unfähig sind, ihre Kinder selbst zu braven, tüchtigen Menschen zu erziehen«[51]. Die Wegnahme wurde bei unterstützten Eltern, die auf dem Stadtgebiet wohnten, von den Kreisarmenkommissionen und bei Auswärtswohnenden vom Inspektorat eingeleitet. Die Zentralarmenpflege musste diese auf Antrag der Unterstützungskommission oder auf Antrag der Vormundschaftsbehörde beschließen. »Sie werden es ohne weiteres glauben, dass diese Wegnahmefälle manchmal recht unerquicklicher Natur sind. (…) In den schlimmsten Fällen sind ernstliche Todesdrohungen, in Fällen mittlerer Güte mindestens Lärmszenen mit Flüchen und Verwünschungen zu gegenwärtigen. Mancher stille Fall aber greift den Wegnehmenden selbst tief ans Herz, wenn die Wucht des Augenblicks bei der fehlbaren Mutter einen Reueanfall auslöst und sie ihr Weh in einem Tränenstrom ausweint, oder wenn ein reuiger Vater in stiller Verzweiflung sich über seine Fehltritte Rechenschaft gibt. Das kann der psychologische

Moment sein, um solche Leute zu heben und er wird auch nicht versäumt, – mit dem Versprechen, die Kinder zurückzugeben, wenn sich die Eltern so gebessert haben, dass wirkliche Aussicht auf Dauer der Besserung besteht.«[52]

Auch bei der Armenpflege musste nicht selten für die Wegnahme eines Kindes die polizeiliche Gewalt in Anspruch genommen werden. Manchmal wurden die Kinder direkt aus der Schule geholt, um dem Konflikt mit den Eltern aus dem Weg zu gehen. Der Zweck der Kinderwegnahme sei aber durchaus nicht die Bestrafung der Eltern, sondern die Prophylaxis. Über die Wegnahme sollte das Kind dem Elend entrissen, zu menschenwürdigem Dasein hinaufgeführt und zu einem freien Bürger gemacht werden. Private Versorgungen wurden bei der Armenpflege gegenüber der Anstaltsversorgung bevorzugt.[53] Zum einen, weil sie kostengünstiger waren und zum anderen wurde moniert, dass die Anstalt nur ein Surrogat der Familie sei, ein notwendiges Übel eben, dem die Familienerziehung auf jeden Fall vorzuziehen sei. Die Anstalt mache das Kind zum »Teilstück einer Maschine« und durch den steten Verkehr mit den anderen schlimmen Elementen könne es sich gar nicht verbessern. Armeninspektor Hinder wünschte sich, dass die Anstaltserziehung (gleich wie die Photographie und die Architektur durch künstlerisch gebildete »Dilettanten« aus ihrer Erstarrung befreit worden waren), durch welterfahrene und »gebildete Outsiders« neue Impulse erhalten würde.[54]

Armenpflege und Amtsvormundschaft: Dasselbe Ziel, unterschiedliche Wege

Das höchste Ziel sowohl der Armenpflege, als auch der Amtsvormundschaft war, brave und tüchtige Kinder zu erziehen. Auch die Strategien der Abklärung und der Versorgung waren bei der Armenpflege und der Amtsvormundschaft dieselben, wie wir der Anthologie entnehmen können. Armenpflege und Vormundschaftsbehörde waren sich in ihren Entscheiden jedoch nicht immer einig und das oftmals auch problematische Verhältnis dieser beiden Instanzen, zieht sich ebenso als roter Faden durch die diskursiven und nicht-diskursiven Praktiken der ersten Jahrzehnte des 20. Jahrhunderts, wie die Diskussion des Verhältnisses zwischen heimatlicher und territorialer Armenpflege.[55] Den Armenpflegern war die amtsvormundschaftliche Versorgung von Kindern aus Kostengründen oft ein Dorn im Auge. Auch die Armenerzieher hatten mit den neuen Kinder- und Jugendfürsorgebestrebungen übrigens ihre große Mühe und sahen ihre eigenen, bisher gültigen Erziehungsprinzipien durch die neuen Jugendfürsorgebestrebungen radikal in Frage gestellt: »Im Zeitalter des Kindes, wo die kleine Majestät auf den Thron gesetzt wird, hört man nachgerade auf allen Strassen das Lied pfeifen über Kinderschutz. (…) Es ist eine kolossale Aktion der Grossen für die Kleinen!«[56] »Doch seien wir auf der Hut vor dem Kinderschutz-Inspektor! Denn der Kinderschutz will die Kinder nicht nur vor Ausbeutung, sittlicher Gefährdung und unzüchtiger Behandlung, nicht nur vor Überanstrengung, sondern vor Arbeit überhaupt, und nicht nur vor Misshandlung, sondern vor körperlicher Züchtigung überhaupt schützen.«[57] »Von den stillen und bescheidenen Anstaltserziehern, die seit alter Zeit Jahrein und -aus in der Kinderstube stehen und hinter dem Pfluge gehen, redet kein Mensch.«[58]

Weder das privatrechtliche Gesetzbuch noch das Armenrecht enthielten ausdrückliche Bestimmungen über die zu treffenden Maßnahmen bei unterschiedlichen Ansichten von Armenpflege und Vormundschaftsbehörde. Das Armengesetz erklärte lediglich, dass bei Versorgung von Bevormundeten deren Vormund zu den Beratungen der Armenpflege hinzuzuziehen sei. Die Armenpflege monierte für sich jedoch die freie Entscheidung bei Vormundschaftsfällen: »Es ist also nicht einzusehen, warum die Armenpflege unter das Waisenamt hinein interpretiert werden sollte.«[59] Die Armenpflege reklamierte für sich das Recht, Kinder auch ohne vorherige vormundschaftliche Maßnahme den Eltern wegzunehmen. Es brauche keinen Entzug der väterlichen Gewalt, um ein Kind anderweitig zu versorgen, denn schließlich würden auch der Schul- und der Impfzwang ohne Entzug der väterlichen Rechte durchgeführt.[60] Gleichzeitig sprach die Armenpflege der Vormundschaftsbehörde das Recht ab, über die Versorgung armengenössiger Kinder selbständig zu entscheiden: »Ist die fragliche Familie aber mittellos, so ist die Vormundschaftsbehörde auf die Mitwirkung der Armenpflege angewiesen. Dann hat die letztere das entscheidende Wort, der Vormundschaftsbehörde verbleibt nur das Beschwerderecht.«[61]

Dieser Konflikt wurde auch mit dem Inkrafttreten des neuen Zivilgesetzbuches nicht gelöst. Die Armenpflege stellte sich auf den Standpunkt, dass der eidgenössische Gesetzgeber mit dem Zivilgesetzbuch die Grenzen seiner Kompetenzen überschritten habe, da ihm nicht zustehe vorzuschreiben, in welcher Weise die Fürsorge für diejenigen Kinder vor sich gehen solle, die von der öffentlichen Armenpflege unterstützt würden.

In einem Präzedenzfall, in dem ein Vormund für einen Zögling Unterstützung beantragte, mit der die Armenpflege nicht einverstanden war, entschied ein Bezirksrat zugunsten des Vormundes. Trotzdem gab die Vormundschaftsbehörde immer wieder zum Ausdruck, dass sich die Fürsorgearbeit für die Amts-vormünder besonders schwer gestalte, »weil sie bis jetzt nicht wie andere Für-sorgeeinrichtungen (städtische Armenpflege, Kinderfürsorgeamt) über Kredite verfügen, welche ihnen die Durchführung der als notwendig befundenen Mass-nahmen erlauben, sondern zunächst darauf angewiesen sind, die finanzielle Sorge für die Behebung der bestehenden Übelstände den Befürsorgten oder ih-ren Angehörigen zu überlassen, allenfalls die Armenbehörden anzurufen, was, ganz abgesehen von dem geringen Verständnis, das ländliche Armenpflegen oft für moderne Jugendfürsorge aufbringen, gerade bei den besseren Elementen meist auf starken Widerstand stösst«[62]. So lasse es sich auch leicht »psycholo-gisch« erklären, »dass der Amtsvormund viel grössere Mühe hat, sich bei den seiner Fürsorge anvertrauten Personen das für ein gedeihliches Zusammenwir-ken unerlässliche Vertrauen zu gewinnen. Wäre der Amtsvormund in der Lage, für den Fall wirklichen Bedürfnisses materielle Beihülfe zu leisten, so wäre ihm auch ein fürsorgerischer Erfolg eher gesichert«[63].

3. Verstaatlichung und Bürokratisierung

Armenpflege und Amtsvormundschaft waren nicht die einzigen Einrichtungen der Kinder- und Jugendfürsorge der Stadt Zürich. Zur gleichen Zeit wie die Amtsvormundschaft, also 1908, wurde das städtische Kinderfürsorgeamt ge-gründet.[64]

Das städtische Amt für Kinderfürsorge

Das Kinderfürsorgeamt ging, so die Selbstdarstellung, aus der Erkenntnis her-vor, dass die Gesellschaft ihre Verantwortung für die Erziehung ihrer Nach-kommenschaft übernehmen und die »Obliegenheiten der Jugendfürsorge als soziale Pflichten eines modernen Gemeinwesens«[65] anerkennen müsse. Die Verantwortung für das Gedeihen der Nachkommen könne nicht ausschließlich den Eltern überlassen werden.

Die Einführung des Kinderfürsorgeamtes stützte sich auf die Gemeindever-ordnung von 1907, in der in Artikel 105 bestimmt wurde, dass die Stadt Maß-nahmen für die Ausübung der Schulgesundheitspflege und zur Fürsorge für rückständige, körperlich und geistig gebrechliche, verwahrloste und bedürftige Kinder im schulpflichtigen und vorschulpflichtigen Alter zu treffen habe. In diesem Sinne beinhaltet die Schaffung des Kinderfürsorgeamtes auch eine leise Kritik an der Schule, die sich mit der persönlichen Erziehung der einzelnen Kinder nicht mehr abgeben konnte bzw. wollte.[66] Der Schule wurde gar eine Mitverschuldung der »Verwahrlosung« zugeschrieben, da sie gegenüber der Verstandes-, die Gemüts- und Charakterbildung massiv vernachlässigt habe.[67] Das Kinderfürsorgeamt sollte zudem dem Übel der Zersplitterung entgegenwirken und die Zusammenarbeit der verschiedenen Organisationen für Kinder- und Jugendfürsorge fördern.[68]

Dem Kinderfürsorgeamt wurde also jene Rolle zugewiesen, die kurze Zeit nach ihrer Entstehung die Amtsvormundschaft übernehmen sollte: Die Bündelung aller Kinder- und Jugendfürsorgebestrebungen. Das Kinderfürsorgeamt war Bestandteil der Schulverwaltung. Damit wurde die Auffassung betont, dass die vom Kinderfürsorgeamt gebotene Hilfe nicht als Armenunterstützung zu betrachten sei, sondern als ein ergänzender Ausgleich zu den Lasten des Schulzwangs, da die Schule ihren hohen Pflichten nur genügen könne, wenn Körper und Geist der ihr anvertrauten Kinder gesund seien.[69]

Das Amt für Kinderfürsorge sollte also die Zentralstelle für alle Maßnahmen werden, die sich die Sorge um körperliche und sittliche Wohlfahrt von Kindern des schulpflichtigen Alters zum Ziele setzten. Der Vorsteher des Amtes sollte zu diesem Zweck mit denjenigen öffentlichen und privaten Institutionen in Verbindung treten, die diese Aufgaben verfolgten. Ihm oblag zudem, in Verbindung mit den Organen der Kreise, die Organisation und Leitung der Schülerspeisungen. Er hatte die Verabfolgung von Kleidern an bedürftige Kinder zu besorgen, die vorübergehende oder dauernde Versorgung kranker, zurückgebliebener, verwahrloster Kinder zu leiten und die Versorgungsorte zu überwachen. Er musste an der Zuweisung der Kinder in die Ferienkolonien und Erholungsstationen partizipieren und sich an der Organisation und Beaufsichtigung der Jugend- und Ferienhorte, an den Bestrebungen für Kinderschutz, der Versorgung der Schüler aus Spezialklassen, der Versorgung verwahrloster Kinder und der Beschäftigung und Platzierung schulentlassener Kinder beteiligen.[70]

Die Hauptaufgabe des Kinderfürsorgeamtes aber sollte die Vergabe von Nahrung in Form von Schülerspeisung sowie die Vergabe von Kleidern und Schuhen sein. Die materielle Hilfe war aber an die Kontrolle über deren Verwendung gebunden. »Wer jedoch aus öffentlichen Mitteln unterstützt wird, wird solche nur fordern können, wenn er jederzeit in der Lage ist, deren zweckmässige und nutzbringende Verwendung nachzuweisen. Dazu ist Kontrolle notwendig.«[71] Über die Vergabe hinaus, wachte das Kinderfürsorgeamt auch über die Erziehung und leitetet Versorgungen ein. 1911 beispielsweise, beschäftigte sich das Kinderfürsorgeamt mit 849 in Zürich wohnhaften Familien, wovon in 445 Familien, bei insgesamt 520 Kindern und Jugendlichen (bei 293 Knaben und bei 227 Mädchen, also in ca. 50 % der Fälle), wegen zerrütteten Familienverhältnissen, mangelnder Aufsicht und Zucht, sittlicher Gefährdung, Krankheit und Tod der Mutter, Diebereien und Betrügereien, Alkoholismus der Eltern, Misshandlung, Vernachlässigung und Unordentlichkeit der Eltern, Schulschwänzen, Ungezogenheit des Kindes oder Abwesenheit der Eltern, eine Evakuierung aus der Gemeinschaft der Eltern notwendig wurde.[72] In vielen Fällen, so Stauber, musste durch vormundschaftliche Maßnahmen erst die Möglichkeit zum Einschreiten geschaffen werden, denn oftmals weigerten sich die Eltern, die Kinder versorgen zu lassen.[73] Die Kinder, Jugendlichen und Familien wurden vorwiegend durch Lehrer, Schulärzte und Ärzte, Behörden, Verwandte und Bekannte angemeldet oder kamen, zu einem kleinen Teil jedoch, auf eigene Veranlassung.[74] Die Maßnahmen des Kinderfürsorgeamtes beschränkten sich jedoch nicht nur auf das schulpflichtige Alter. Sie wurden bewusst und mit Absicht auf das vorschulpflichtige Alter ausgedehnt.[75] Heinrich Hiestand war stets bestrebt, mit allen anderen öffentlichen und privaten Institutionen, welche eine ähnliche Aufgabe verfolgten, in enge Fühlung zu gelangen.

Über die Einzelfallarbeit hinaus organisierte das Kinderfürsorgeamt Hortabende und Ferienkolonien, »um der körperlichen und sittlichen Verwahrlosung der unter ungünstigen Verhältnissen aufwachsenden Jugend zu wehren«[76]. Die Jugendspiele, die Ausmärsche und die Schwimmkurse sollten die verlassenen Kinder und Jugendlichen im Sommer, die Handarbeitskurse im Winter von der Gasse abziehen. Den ganz Heimatlosen öffneten am Abend nach Schulschluss die Jugendhorte ihre Tore. Die Schützlinge dieser Anstalten erhielten dort nicht nur ein Abendbrot, sie wurden auch »überwacht und passend beschäftigt«[77]. Die Leitung der Horte lag in den Händen »bewährter Lehrkräfte oder pädagogisch veranlagter Frauen«[78]. Ehrend wurde hervorgehoben, dass die Hortkinder auch Wäsche und Wollsachen und Einlegesohlen aus Papier für die Wehrmänner anfertigten. Auch die beiden Pestalozzihäuser der Stadt Zürich, Schönenwerd und Burghof, waren der Aufsicht durch das Kinderfürsorgeamt unterstellt. Und über die Einweisung in das ebenfalls dem Kinderfürsorgeamt angeschlossene städtische Jugendheim konnte »manche Schulklasse (…) für längere oder kürzere Zeit von einem gefährlichen Element befreit werden«[79]. Die Stadt Zürich, so Staubers Fazit, dürfe mit Recht stolz sein auf ihr Kinderfürsorgeamt, auf den mannigfaltigen Segen, der von ihm ausströme und sie dürfe sich glücklich schätzen, ihre Geschicke Behörden anvertrauen zu können, die mit so viele sozialem Verständnis und gutem Willen sich der körperlich, geistig und moralisch gefährdeten Jugend annehme. Was man der Jugend opfere, so Stauber, das werde das Geschlecht der Zukunft einst lohnen.[80]

Der Untergang des städtischen Kinderfürsorgeamtes und die Gründung der Fürsorgeabteilung

Das Kinderfürsorgeamt hätte also nach der Idee seines Vorstehers, Heinrich Hiestand, und gemäss der Geschäftsordnung für die Schulbehörden und Lehrerkonvente von 1909 zur »Zentralstelle aller Massnahmen zur Sorge um die körperliche und sittliche Wohlfahrt von Kindern des schulpflichtigen und vorschulpflichtigen Alters«[81] werden sollen. Diese Bedeutung kam jedoch von Anfang an der Amtsvormundschaft zu. Über die Delegation von schwierigen Fällen an die Vormundschaftsbehörde unterlief das Kinderfürsorgeamt seine eigene Bedeutung zum einen gegenüber der Amtsvormundschaft und zum anderen gegenüber den Eltern, die das Vertrauen in das Kinderfürsorgeamt offensichtlich zunehmend verloren.

Nadja Ramsauer macht beim Kinderfürsorgeamt ein anderes »Muster« als bei der Vormundschaftsbehörde aus: Das Kinderfürsorgeamt habe weniger über moralische als vielmehr über ökonomische Prinzipien gehandelt.[82] Es sei deshalb bezeichnend, dass das Kinderfürsorgeamt, das vor allem materielle Unterstützung geleistet habe, 1925 zurückgestuft worden sei.[83] Diese Deutung ist weder beleg- noch haltbar. Ramsauers Auslegung, dass sich die Eltern ohne Angst vor repressiven Maßnahmen an das Kinderfürsorgeamt wenden konnten, und dass das Kinderfürsorgeamt keinen Zwang ausübte, ist schon aufgrund der Tatsache, dass in 50 % der Fälle, den Eltern die Kinder weggenommen wurden, nicht haltbar.

Es gibt einen anderen, meines Erachtens plausibleren Grund für die Schließung des Kinderfürsorgeamtes: Während es unter der Herrschaft des privatrechtlichen Gesetzbuches (das fast aller Schutzmaßnahmen für körperlich und seelisch gefährdete und verwahrloste Kinder ermangelte) notwendig war, dass das Kinderfürsorgeamt sich dieser Kinder annahm, hätte diese Aufgabe eigentlich mit der am 1. Januar 1912 erfolgten Einführung des Schweizerischen Zivilgesetzbuches mit seinen zahlreichen Schutzbestimmungen für die heranwachsende Jugend der Vormundschaftsbehörde überwiesen werden sollen. Durch das Fehlen einer solchen eigenen Institution sah sich die Vormundschaftsbehörde jedoch dazu gezwungen, von »wünschenswerten Massnahmen« abzusehen, weil die Gefährdung der betreffenden Kinder noch keine derartige war, dass sich ein vormundschaftliches Vorgehen hätte rechtfertigen lassen. Schritt die Vormundschaftsbehörde in solchen Grenzfällen trotzdem ein und wurde im Falle eines Rekurses von der Oberbehörde nicht geschützt, »so musste man den Dingen ihren Lauf lassen, bis sie sich derart verschlimmerten, dass neue Klagen eingingen und ein Einschreiten sich dann doch als notwendig erwies«[84]. Dadurch sei aber die wichtigste und wertvollste Tätigkeit des vorbeugenden Kinderschutzes verunmöglicht worden. Jeder erfahrene Fürsorger wisse, wie wichtig es für eine erfolgreiche Fürsorgeerziehung gefährdeter Kinder sei, dass diese der zuständigen Behörde so früh als möglich gemeldet würden. Ein weiteres Moment auf diesem Gebiet bildete zudem die freiwillige Zusammenarbeit von Eltern und Fürsorgern, für die jedoch bei der Vormundschaftsbehörde ebenfalls eine passende Stelle fehlte. Diesen Aufgabenbereich hatte das Kinderfürsorgeamt übernommen. Ein großes Hindernis für eine vollständige Jugendfürsorge des Kinderfürsorgeamtes lag jedoch darin, dass sich die Fürsorge auf das schulpflichtige Alter beschränken musste, da die Stelle dem Schulwesen angegliedert war. Sie habe dadurch ihre Tätigkeit nicht selten just in jenem Moment aufhören müssen, in dem sie am notwendigsten gewesen wäre. Dadurch seien die bisher behördlich betreuten Kinder mehr oder weniger schnell wieder in die alte »Verwahrlosung« zurück gefallen oder die neue Instanz habe sich mit großer Mühe in ein ansehnliches Aktenmaterial einarbeiten müssen, das dem bisherigen Fürsorger seit Jahren vertraut gewesen sei.

Alle diese Nachteile sollten mit der Errichtung einer Fürsorgeabteilung beim Vormundschaftswesen dahinfallen. Diese sollte sich mit der schutzbedürftigen Jugend vom Tage der Geburt bis zur erlangten Volljährigkeit befassen und neue Fälle bis zum achtzehnten Altersjahr entgegen nehmen. Die Amtsstelle sollte vor allem präventiv arbeiten. Die Eltern, die an eine solche Fürsorgeabteilung gelangten, hätten die beruhigende Gewissheit, dass keine Einschränkung der elterlichen Rechte zu befürchten seien, solange sie sich keine schwere Vernachlässigung ihrer Elternpflichten zuschulden kommen ließen und die mit ihrer Zustimmung getroffenen Schutzmaßnahmen für ihre Kinder nicht durch unbefugte und unvernünftige Einmischung gefährdeten. Außerdem hätten sie den großen Vorteil, dass sie bei einer anderen Unterbringung ihrer Kinder auf städtische Beiträge rechnen könnten, ohne dass die öffentliche Armenpflege in Anspruch genommen werden müsste.[85]

Zunehmende Zentralisierung

1925 wurde deshalb beim Vormundschaftswesen eine Fürsorgeabteilung einge-richtet, die sich mit vorbeugendem Kinderschutz für die schwererziehbare oder sittlich gefährdete Jugend befassen sollte. Die bisher vom Kinderfürsorgeamt in dieser Richtung geleistete Arbeit wurde der neuen Amtsstelle übertragen und das Schulwesen von der Obsorge für schwererziehbare und sittlich gefährdete Schulkinder entlastet. Das Personal des Kinderfürsorgeamtes wurde übernom-men und die Leitung der Abteilung, die dem Vorstand des Vormundschaftswe-sens unmittelbar unterstellt wurde, dem bisherigen Adjunkten des Kinderfür-sorgeamtes als Inspektor der Fürsorgeabteilung übertragen. Gleichzeitig wurde die bisher dem Polizeiwesen angegliederte Fürsorgestelle für sittlich gefährdete Mädchen von dieser Verwaltungsabteilung losgelöst und 1926 als »Fürsorge-stelle für schutzbedürftige Mädchen« ebenfalls dem Vormundschaftswesen an-gegliedert und auch unmittelbar dem Vorstand unterstellt. Die bisherige Polizei-assistentin führte von da an den Titel »Vorsteherin«. Auch die zwei Pestalozzi-häuser wurden dem Vormundschaftswesen unterstellt und das Kinderfürsorge-amt war ab diesem Zeitpunkt nur noch für die gesundheitliche Betreuung der Kinder in schulpflichtigem Alter zuständig.[86]

Die Fürsorgestelle wurde als eine prachtvolle Errungenschaft gefeiert. Wäh-rend der kurzen Zeit ihres Bestehens habe es sich gezeigt, dass die Fürsorgeab-teilung einem schon lange vorhandenen Bedürfnis entspreche. Die Befürch-tung, dass sich bei der Angliederung dieser Stelle an das Vormundschaftswesen viele Eltern scheuen würden, ihre Hilfe in Anspruch zu nehmen, habe sich nicht nur nicht bestätigt, sondern es habe sich eine offensichtliche Vermehrung der Fälle gezeigt. Andererseits habe diese Stelle durch die Angliederung an das Vormundschaftswesen eine Stärkung ihrer Autorität erfahren und es sei, was ganz besonders hervorgehoben wurde, der bisher bestehenden Zweispurigkeit endlich ein Ende bereitet worden. Was die Anzahl der Fälle anbelangt, die als Erfolgskriterium der Einrichtung angeführt wurde, bleibt zu sagen, dass bei-spielsweise im Jahr 1925 (bei 386 behandelten Fällen) in 25 % der Fälle, die El-tern auf eigene Veranlassung gekommen waren. Die anderen 75 % der Fälle wurden der Fürsorgeabteilung durch die Lehrerschaft (35 %), die Vormund-schaftsbehörden und andere Amtsstellen (10 %), die Schulärzte (5 %) und Pri-vatpersonen und private Fürsorgeeinrichtungen (25 %) angezeigt![87] Im Jahre 1927 standen bei der Fürsorgeabteilung von insgesamt 987, 668 Kinder »zu Hause unter Kontrolle«, während 319 versorgt wurden.[88] Die Fürsorgeabteilung stand in enger Fühlung mit fast allen öffentlichen und privaten Fürsorgeinstitutionen der Stadt und verdankte diesen im Jahresbericht ihr stets hilfsbereites Entgegenkommen. Der häufigste Verkehr bestehe naturgemäß mit dem Kinderfürsorgeamt, den Fürsorgestellen für Lungen- und Alkoholkranke, der Vormundschaftsbehörde, den Schul- und Polizeiorganen, der Jugendanwaltschaft und der Armenpflege.

Die Integration eines Teils des Aufgabenspektrums und des Personals des Kinderfürsorgeamtes in den Zuständigkeitsbereich der Vormundschaftsbehörde, die Loslösung der Fürsorgestelle von der Polizei und deren Integration in die Vormundschaftsbehörde, die Auflösung der »Vorstation« und deren Ersetzung durch eine staatlich regulierte Einrichtung, deuten eine Entwicklung an, die 1928 ihren Höhepunkt erreichte: Die Zentralisierung, Verstaatlichung und Bürokratisierung der Kinder- und Jugendfürsorgebestrebungen. 1928 wurde das Kinderfürsorgeamt vollständig aufgelöst und auch die gesundheitliche Betreuung der schulpflichtigen Kinder in den Verantwortungsbereich der Vormundschaftsbehörde aufgenommen. »Die Stadt Zürich hat ihre ausgedehnte und sehr erfolgreiche Arbeit zu Gunsten gefährdeter Jugend sei 1. Januar 1929 organisatorisch machtvoll zusammengefasst in einem eigenen Jugendamt, das mit seinen drei Abteilungen dem städt. Wohlfahrtsamt unterstellt ist.«[89]

Instrumentalisierung der Vereine

Nebst den öffentlichen Kinder- und Jugendfürsorgeinstanzen gab es Dutzende von privaten Kinder- und Jugendfürsorgeeinrichtungen mit Zuständigkeit in der Stadt Zürich: Die Kommission zur Versorgung verwahrloster Kinder im Bezirk Zürich, die Kinderschutzvereinigung Zürich, der stadtzürcherische Verein für Frauen-, Mutter- und Kinderschutz, der Versorgungsverein für hilflose Mädchen, die Erziehungsberatungsstelle im heilpädagogischen Seminar, eine Pädagogische Auskunftsstelle, die Pro Juventute sowie Hunderte von stationären und teilstationären vor allem privaten Einrichtungen.[90]

Diese Einrichtungen hatten gewiss ihre Handlungsspielräume. Über ihre staatliche Subventionierung sowie über die personelle Besetzung des Vorstandes konnten sie jedoch im Hinblick auf die staatlichen Interessen instrumentalisiert werden. Die meisten Vereine waren zusehends auf eine finanzielle Unterstützung durch den Staat angewiesen. Der Sozialstaat hatte seine Effekte auf die

Spendenfreudigkeit des Bürgertums. In den Vereinsvorständen finden wir eine Reihe bekannter Personen, die in staatlichen Einrichtungen der Kinder- und Jugendfürsorge eine hauptamtliche Stelle hatten: Heinrich Hiestand beispielsweise, der Vorsteher des Kinderfürsorgeamtes der Stadt Zürich, war Präsident des Vereins für Frauen-, Mutter- und Kinderschutz, Vorstandsmitglied und Kassier der Schweizerischen Vereinigung für Kinder- und Frauenschutz, Mitglied des Stiftungsrates der »Pro Juventute«.

Das 1926 angelegte, vom Grossen Stadtrat beschlossene Fürsorgezentralregister, bildete eines der wichtigsten Instrumente dieser Entwicklung. Das Register sollte ein besseres Zusammenarbeiten der amtlichen und privaten Fürsorgestellen und die einheitliche Behandlung jedes Fürsorgefalles ermöglichen. Sämtliche städtischen Amtsstellen mit fürsorgerischen Aufgaben und alle von der Stadt unterstützten freiwilligen Fürsorgeeinrichtungen wurden angehalten, die Namen der von ihnen befürsorgten Personen des Stadtgebietes dem Fürsorgezentralregister anzumelden. Die eingehenden Meldungen wurden auf Registerkarten übertragen, auf denen sowohl Personalien als auch Fürsorgeinstanz vermerkt wurden. Vor der Übertragung auf die Registerkarte mussten die gemachten Angaben mit den Meldekarten des Zentralkontrollbüros verglichen werden. Den in einem Falle handelnden Stellen musste sofort Bericht erstattet werden, wenn eine neue Meldung von einer weiteren Fürsorgestelle erfolgte. Dieser Bericht sollte die Veranlassung geben, dass sich die betreffenden Stellen miteinander ins Einvernehmen setzten. Das Register stand allen es bedienenden Stellen zur Auskunftseinholung offen.[91] Das neue Gesetz über Armenfürsorge vom 23. Oktober 1927 gab die Grundlage und Veranlassung, die amtliche Fürsorge unter dem Wohlfahrtsamt zusammenzufassen, das die vormundschaftlichen, die vor- und fürsorglichen Maßnahmen treffen musste. Die Geschäftsordnung vom 7. November 1928 umschrieb das Tätigkeitsgebiet und die Organisation des Wohlfahrtsamtes, das in drei Abteilungen gegliedert wurde: in die zentrale Abteilung, das Jugendamt (das wiederum vier Unterabteilungen besaß) und in die dritte Dienstabteilung, das Fürsorgeamt.[92]

Ähnliche Tendenzen der Zentralisierung fanden in den anderen Bezirken des Kantons Zürich statt. In allen Bezirken wurden Bezirksjugendkommissionen mit ihren Bezirksjugendsekretariaten eingerichtet, die zu den zentralen Kinder- und Jugendfürsorgeeinrichtungen wurden und die durch das kantonale Jugendamt koordiniert wurden. Im Bezirk Zürich beschränkte sich die Arbeit der Jugendkommission auf die Vororte und die Gemeinden der Landschaft, da die Stadt, wie wir gesehen haben, ein überaus dichtes Netz von Einrichtungen bereits besaß, doch standen »die Organe des städtischen und kantonalen Jugend-amtes miteinander in ständiger Fühlung zur erspriesslichen Lösung gemeinsa-mer Aufgaben«[93]. Um die komplexen Aufgaben zu bewältigen, wurde das Sek-retariat der Bezirksjugendkommissionen in mehreren Bezirken mit der Jugendanwaltschaft (dem neu geschaffenen Organ des Jugendstrafrechts), in anderen mit bestehenden oder neu gegründeten Amstvormundschaften, mit dem Bezirkssekretariat Pro Juventute, mit der Berufsberatungsstelle oder mit ande-ren öffentlichen und privaten Institutionen der Jugendfürsorge unter einem ge-meinsamen Kostendach verbunden.[94] Die Vereine bildeten dabei »das breit im Sonnenschein der öffentlichen Meinung ausgelegte Netz einer Kreuzspinne, in dessen Maschen die Fliegen hängen bleiben, nämlich die Fälle, in welchen die Tätigkeit der Spinne, nämlich der Aufsichtsbehörde, erforderlich wird. Diese ist mit den Werkzeugen, nämlich den Kompetenzen, versehen, die erforderlich sind, um das Entweichen der in die Maschen des Gewebes geratenen Fliege zu verhindern. Die Stützpunkte, an welchen das Spinnengewebe aufgehängt ist, sind die hier eingeschlagenen Artikel des Z.G.B.«[95].

Siebtes Kapitel: Der Rückschlag
Die gescheiterte Professionalisierung

1. Kritik der Bürokratie

Gegen den Verstaatlichungs- und Bürokratisierungsprozess wurde Kritik laut. Ein profilierter Kritiker war Wilhelm Feld, der für eine autonome, genossenschaftliche Organisation der Sozialen Arbeit und zugleich für die Notwendigkeit ihrer gesellschaftswissenschaftlichen Fundierung plädierte.[1] Wer zu Beginn des 20. Jahrhunderts die Fürsorge zum Beruf erkoren hatte, der sei, so Wilhelm Feld, noch mit dem Herzen dabei gewesen und habe gewusst, dass er in der Fürsorge keine große Karriere machen könne, sondern eine entsagungsvolle Arbeit vor sich hatte. Der Zuzug zur sozialen Arbeit erfolgte noch zu Beginn des 20. Jahrhunderts aus den verschiedensten sozialen Schichten. Aus dem unterschiedlichen beruflichen Vorleben der Einzelnen erfolgte deren Übergang zur sozialen Arbeit. Ehemalige kaufmännische Angestellte und Handarbeiter, Gewerkschaftsbeamte, Theologen, Juristen, Mediziner, Lehrer, Pädagogen und Hausfrauen fanden in der sozialen Arbeit ein neues Tätigkeitsfeld, das ihrer Veranlagung und persönlichen Neigung entsprochen habe. Die meisten unter ihnen seien bemüht gewesen, sich in die theoretische Gedankenwelt hinein zu leben, die sie befähigen sollte, ihre soziale Kleinarbeit von höherer Warte aus zu überblicken und in einen gesellschaftlichen Zusammenhang zu stellen.[2]

»Klapperatismus« und soziale Indifferenz

Nachdem einzelne Staaten einen bestimmten Vorbildungsgang für gewisse Gruppen von Sozialbeamtinnen vorgeschrieben hatten und das Monopol der Ausbildung immer mehr auf die sozialen Frauenschulen überging, zu deren Aufnahmebedingungen die sozial exklusiv wirkende, höhere Schulbildung zählte, sei der Beruf der Sozialbeamtin ein standesgemäßer Erwerb für die »besseren Kreise« geworden, welcher vor allem wegen des Reizes seiner Neuheit und seiner abwechslungsreichen Tätigkeit der höheren Lehrerin vorgezogen worden sei (zumal die letztere auch eine erheblich längere Ausbildungszeit erforderte). Dadurch aber sei die Fürsorgearbeit von »ungeeigneten Elementen« überflutet worden, denen es an einem »sozialen Verstehen« gefehlt habe. Das Schicksal aller in Aufschwung kommenden Berufe von den Unberufenen überflutet zu werden, drohte also auch in der sozialen Arbeit und es würde beschleunigt, so Feld, durch das Monopol, das ein bestimmter Ausbildungsgang (die Frauenschulen) aufrichte. Dadurch entstünde ein Privileg der Besitzenden, da nur sie die Vorbedingungen für jenes Monopol erfüllen konnten.[3] Es ließen sich, so Wilhelm Feld, stundenlang Beispiele für den Mangel sozialen Verstehens unter den Sozialarbeiterinnen erzählen. Und er schildert einen Fall, in dem eine Fürsorgebeamtin, die sich Mühe gab, auf alle Weise ihren Schützlingen behilflich zu sein, von fast sämtlichen Kolleginnen angefeindet wurde, denen das Beispiel dieser unbürokratischen Hilfe »den behaglichen Schlendrian formaler Erledigung ihrer Akten zu stören drohte«[4].

Feld betonte, dass dies bei den Männern nicht besser sei als bei den Frauen – besonders wo es sich um Beamte der öffentlichen Verwaltung handelte. Soweit letztere aus der üblichen Kanzleibeamtenlaufbahn hervorgegangen seien, wehrten sie sich häufig gegen die »Eindringlinge«, denen der bürokratische Glorienschein fehlte. Sie empfänden diese als unbefugte Konkurrenten, beanspruchten für sich selbst das Monopol auf alle Posten der amtlichen Wohlfahrtspflege und behandelten vor allem die Damen des Außendienstes – obwohl diese sie meist an fachlicher Schulung wie allgemeiner Bildung überragten und erheblich qualifiziertere und verantwortungsvollere Arbeit zu leisten hatten – als nebensächliche Untergebene. Die Beamten hätten einen ständigen, intrigenreichen Kleinkrieg gegen die notwendige Selbständigkeit der Damen des Außendienstes geführt und damit nicht nur persönlich, sondern vor allem auch sachlich, die wichtige Arbeit draußen aufs empfindlichste erschwert.[5]

An Tagungen und Kongressen wurde immer häufiger moniert, dass die bürokratische Struktur verhindere, dass die Fürsorge ihren schweren Aufgaben gerecht werden könne. Leider, so Feld, gehe diese Kritik aber schon in den konventionellen Wortvorrat der Routiniers über und selbst Vertreter jener »entseelten Mechanisierungspraxis«, gegen die die Kritik doch eigentlich gerichtet war, bemühten sich bereits, »sie als phrasenhafte Auffrischung ihres Programms oratorisch zu verwenden«[6].

Diese bürokratischen Verhältnisse würden von den führenden Persönlichkeiten der Fürsorge in ihrer Gefahr massiv unterschätzt. Die entscheidenden Akteure seien von den organisatorischen Aufgaben (von Fragen der Gesetzgebung, des gemeinsamen Vorgehens, der zahlreichen einzelnen Organisationen, der verwaltungstechnischen Einrichtung der Betriebe) dermaßen in Anspruch genommen, dass sie sich um die Kleinarbeit der Individualfürsorge nicht genügend kümmerten und ihr darum entfremdet seien. Über ihrer Sorge um den

Ausbau der Jugendfürsorgeeinrichtungen hätten sie vergessen, dass diese schließlich nicht Selbstzweck seien, dass nicht »der reibungslose Ablauf eines geistreich ausgeklügelten Verwaltungsmechanismus«[7] die Hauptsache sei, sondern vielmehr der Geist der Hingabe an eine Sache, der aus einem intrigierenden Knäuel einzelner Beamten erst eine Arbeitsgemeinschaft mache.

Die besten Wohlfahrtsgesetze, welche Fürsorgemaßnahmen zu Zwangsaufgaben von Staat und Gemeinde erklärten, die tiefgründigsten, von den vielseitigsten Fachleuten aller Fakultäten beratenen Programme für die berufliche Ausbildung der Sozialbeamten, brächten die soziale Arbeit keinen einzigen Schritt weiter, solange diese bürokratisch organisiert sei. Der vorurteilslose Beobachter müsse jeder Organisation – sei es auch die modernste und einflussreichste – mit größtem Misstrauen begegnen, deren Mitarbeiterstab statt einer arbeitsfreudigen Gesinnungsgemeinschaft warmherziger Menschen, eine Auslese von klugen, strebsamen und geschäftstüchtigen, aber sozial indifferenten Leuten bildete. Dieser letzte Typus würde jedoch durch die neuste Entwicklung mit ihrer Überspannung des Organisatorischen begünstigt und der Typus drohe selbst in die Kreise der privaten Fürsorge einzudringen, die es bisher verstanden hatten, sich doch wenigstens vom Bürokratismus frei zu halten (auch wenn diese andere Schwächen hatten).

Diejenigen, die es, rein menschlich, am ernstesten mit ihrer Fürsorgearbeit nahmen, hätten sich oft am energischsten von dem offiziellen Betrieb abgesetzt, dem sie vorwarfen, dass er immer mehr ins »äusserliche Machen« gerate, und dass er von oben herab, ohne Tuchfühlung mit der Praxis der Einzelfälle, organisiere. Unter der Verständnislosigkeit für die Bedürfnisse der Frontarbeit leide die Arbeitsfreudigkeit der besten Kräfte. Und sie schade auch der Sache, indem sie die Außenbeamtinnen in ihrer Bewegungsfreiheit hemme und ihnen ein sachgemäßes, wirksames Eingreifen verunmögliche oder indem sie vom grünen Tisch aus ungeeignete Einrichtungen installiere, wo aus den unmittelbaren Erfahrungen der Kleinarbeit ganz anders wirksame Maßnahmen herausgewachsen seien. Es komme also darauf an, erstens für die Fürsorgearbeit Menschen zu gewinnen, die mit dem innersten Herzen dabei seien und diesen Persönlichkeiten zweitens einen starken Rückhalt zu verschaffen gegenüber dem Ansinnen und den Hemmungstendenzen der Bürokraten und der »Nur-Organisatoren«, der aktenführenden Büroschreiber wie der leitenden Dezernenten (die oft von der ganzen Fürsorge keinen Deut verstünden).[8]

Fürsorge und Wohlfahrtspflege ließen sich unter keinen Umständen im Rahmen der üblichen bürokratischen Praxis einordnen, wenn sie nicht selbst bürokratisiert und in ihr Gegenteil verkehrt werden sollten.[9] Die größte Gefahr für die Fürsorge liege darin, so Feld, dass die Verwaltungsjuristen nur auf einen »reibungslosen Ablauf des Klapperatismus« eingestellt seien, und dass ihnen die Besonderheit der Fürsorgearbeit nicht einleuchte.[10] Feld sah im »Juristenmonopol« das größte Verhängnis der Fürsorge und unterstrich seine Deutung mit Hilfe eines Briefes, den er von einer Fürsorgerin erhalten hatte: »Der ewig unnötige Kampf um Dinge, die klar auf der Hand liegen und die wir dennoch nicht aufnehmen und bearbeiten können, weil Verständnislosigkeit des juristischen Chefs sich dagegen stemmt, macht sehr müde und schwächt unsere Kraft für unsere eigentliche Arbeit.«[11]

Die Alternative: Eine genossenschaftsförmige Organisation

Feld wollte die Fürsorgearbeit aus den behördlichen, aber auch aus den religiösen und privaten Betrieben loslösen und genossenschaftsförmig organisieren. Er gestand durchaus ein, dass sein Vorschlag Anklänge an die Idee Fliedners der Wiederbelebung der frühchristlichen Diakonie und die Arbeit der katholischen Kongregationen habe. Er wollte aber keiner konfessionellen und dogmatisch begrenzten Bewegungen das Wort sprechen. Bei aller Achtung vor den Leistungen der kirchlichen Anstalten, hielt er es für unmöglich und verfehlt, dass sie in der Moderne den überwiegenden Teil der Fürsorge tragen könnten. Das wäre in seinen Augen ein rückwärts blickender, den Rhythmus geschichtlichen Geschehens verkennender Glaube. Das wesentliche aber jener konfessionellen Veranstaltungen, die Tatgemeinschaft Gleichgesinnter, könne jedoch nach Abstreifen des historischen Kleides vergangener Zeiten noch einmal von entscheidendem Einfluss sein. Dass die konfessionelle Caritas schon rein numerisch nicht im Stand wäre (und je länger je weniger sein sollte), die gesamte Hilfsbedürftigkeit des Volkes zu bewältigen, schien ihm klar. Der Geist der Zeit widerstrebe nicht nur der kirchlichen Wohltätigkeit, sondern lasse auch immer mehr die Volkskreise zusammenschrumpfen, die aus innerster Überzeugung den Eintritt in Kongregationen oder Diakonien als etwas Natürliches empfänden.

Die entscheidende Frage für Feld war die, ob Gesinnungs- und Tatgemeinschaften, die nicht auf einer kirchlich-konfessionellen Bindung gründeten, überhaupt Bestand haben könnten. Davon hänge zu einem großen Teil die Möglichkeit einer genossenschaftlichen Organisation der sozialen Arbeit ab. Nur, wenn sich dieses Modell wirklich im modernen Bewusstsein »verankern« ließe, könnte es der Träger der Fürsorgearbeit werden und die dafür nötige Selbständigkeit gegenüber den Behörden wahren. Feld ging es nicht darum, den Mitgliedern solcher »Bruder- und Schwesterschaften« asketische Gelübde aufzuerlegen oder die Ehe der Fürsorgearbeiter einzuschränken. Auch jedes äußere Erkennungszeichen (Ordenstracht oder auch nur eine Vorstecknadel) lehnte er entschieden ab. Auch das gemeinsame Wohnen sei keine Bedingung. Die berufliche Ausbildung könne auch ohne Mutterhäuser außerhalb der Gemeinschaft bei den bisherigen Bildungsstätten (die wiederum selbst Ausgangspunkt von Arbeitsgemeinschaften werden könnten) geschehen.

In organisatorischer Beziehung wesentlich wäre es, dass die einzelnen Amtsstellen und freiwilligen Fürsorgevereine, welche soziale Arbeitskräfte benötigten, diese in Zukunft sich von jenen Gemeinschaften aufgrund vertraglicher Vereinbarungen geben ließen. Diese sollten aber nicht als Beamte in den lähmenden Mechanismus der Bürokratie eingespannt und dort zerrieben werden, sondern unabhängig als Vertreter ihrer Gemeinschaft arbeiten und dieser in erster Linie verantwortlich sein. Die Fürsorge lasse sich nun einmal nicht mit den landläufigen Mitteln dieser Welt betreiben (insofern stecke auch in der notorisch schlechten Bezahlung so vieler Sozialbeamter eine symbolische Bedeutung) und wenn es schon durch den Gang der Geschichte unmöglich geworden sei, dass »die offiziellen Vertreter der anderen Welt die Caritas« ausschließlich ausüben, so sei als dritte Stufe nach der kirchlichen und staatlichen Wohlfahrtspflege sehr wohl die von ihm vorgeschlagene Kombination möglich, die zwar den unwiderruflich zur Herrschaft gelangten weltlichen Gewalten des öffentlichen Lebens die Souveränität und die Aufbringung der Mittel lasse, aber die praktische Ausübung der Hilfeleistung jenen genossenschaftlich organisierten Kreisen übertrage. Fürsorge und Staat seien fast ebenso scharfe Gegensätze, wie Kirche und Staat es sein sollten. In wahrer Fürsorge seien Kräfte lebendig, die ihrem Wesen nach dem eigentlichen Staatsbetrieb fremd seien. Der Staat und schließlich alle Strebungen der Zeit wollten Macht, wollten sich selber als letzten Zweck – auch die Kirchen, in ihren historisch-konkreten Erscheinungsformen, seien dieser Neigung erlegen.[12]

Wer mit einer sozialen Gesinnung in der Bürokratie und – abhängig von ihr – sachliche Erwägungen vor die Interessen seiner Person oder seines Amtes stelle, der sei in Gefahr, von dem formalistischen Mechanismus zermahlen zu werden, in dem jedes Rädchen in erster Linie eifersüchtig über die Wahrung seiner Zuständigkeit zu wachen habe und wo Kompetenzkonflikte nahezu das einzige seien, woran sachliches Interesse bestehe.[13] Bürokratische Arbeit bedeute die

Erfüllung der von oben herab dekretierten generellen Vorschriften, die so oft dazu zwingen würden, die Besonderheit der individuellen Wirklichkeit zu vergewaltigen: »Subsumtion des lebendigen Einzelfalles unter irgend eine trockene Paragraphen-Nummer (auch wenn sie all solcher Einordnung spottet) und dann die schematische Behandlung nach dem für die Nummer vorgeschriebenen Schema: das ist ihrem Wesen nach die Weisheit der Bureaukratie.«[14] Lebendiges Schaffen gehe von dem Einzelfall aus, nehme ihn in der ganzen Fülle seiner Mannigfaltigkeit und Einzigartigkeit und lasse sich von dieser Wirklichkeit statt von einer aprioristischen »Grüne-Tisch-Weisheit« die Leitlinien geben. Diese Art täglich neu schöpferischen Gestaltens müsse auch in der Fürsorge herrschen. »Innerhalb der Fürsorge kreuzen sich die vielfältigsten Probleme der individuellen Seelenkunde mit jenen der soziologischen Zusammenhänge, der Gemeinschafts- und Gesellschaftsbildung. Deshalb sind ihre Aufgaben durch öffentlich rechtliche Normen allein überhaupt nicht erfüllbar.«[15] Dass »lebendiges Schaffen« innerhalb der Bürokratie nicht möglich sei, das sei der entscheidende Einwand gegen die Aufsaugung der Fürsorge durch den Beamtenapparat. Wollten Staat und Gemeinde lebendige Fürsorge betreiben, so bleibe ihnen nichts übrig, als sie aus dem ertötenden Mechanismus der Bürokratie zu lösen.

2. Gesellschaftswissenschaftliche Fundierung der sozialen Arbeit

Als ein Lösungsweg dazu galt einigen die Heranziehung ehrenamtlicher, weiblicher Hilfskräfte, die frische Luft in die verstaubten Amtsstuben bringen sollten (so auch in die Amtsvormundschaft). Diesen Weg erachtete Feld als unzulänglich. Voraussetzung des Gelingens seines Modells war für ihn eine akademisch fundierte Ausbildung in sozialer Arbeit. Neben den Arbeiten, die in der Hauptsache von ehemaligen Frauenschülerinnen oder von entsprechenden Sozialbeamten männlichen Geschlechts im Außendienst (als Gehilfen und vor allem Gehilfinnen) geleistet würden, gäbe es die selbständige und leitende Fürsorgetätigkeit, für die ein abgeschlossenes akademisches Studium üblich sei (Juristen im Vormundschaftswesen und in der Jugendgerichtsbarkeit, Theologen, Pädagogen und Nationalökonomen in der Armenpflege und in Erziehungsanstalten, dieselben sowie Psychiater in der offenen Fürsorge für Schwererziehbare, Gefährdete, Gebrechliche sowie Mediziner in der Gesundheitsfürsorge). Neben den im Hauptberuf fürsorglich tätigen Akademikern, gab es auch zahlreiche Pfarrer, Lehrer, Verwaltungsbeamte, Richter usw., die sich nebenher, sei es in Verbindung mit ihrem Beruf oder ehrenamtlich der sozialen Arbeit widmeten.

Soziale Arbeit als sekundäre Profession und Felds Kritik an Nohl und Spranger

Feld erachtete die formalwissenschaftliche und die bürokratische Ausbildung der Verwaltungsjuristen als eine völlig ungeeignete Vorbereitung auf die praktische Fürsorgearbeit. Arzt, Pädagoge und Volkswirt seien hierfür viel geeigneter. All diese Gruppen hätten aber auf jeden Fall eine Schulung sowie eine theoretische Vorbildung im Fürsorgewesen nötig.[16] Wilhelm Feld konzipierte damit die Fürsorge als eine Art sekundäre Profession.[17] Die verhängnisvollen Wirkungen des unwissenden, nur den guten Willen mitbringenden Dilettantismus, seien in den letzten Jahrzehnten erkannt worden. Dagegen bedürfe es eines umso energischeren Hinweises auf die notwendige Richtung der fachlichen Schulung. Während für die Kleinarbeit in gewissen Fürsorgezweigen die spezielle Technik der Fürsorge ihres Sondergebiets die Hauptsache sein sollte und hier oft eingehendere Kenntnisse pädagogischer oder medizinischer Art erforderlich seien, hätten die leitenden Persönlichkeiten, vor allem wenn sie größeren Organisationen mit verschiedenen Fürsorgezweigen oder mit räumlich weitreichendem Einfluss vorstünden, in erster Linie eine sozialwissenschaftliche Erkenntnis der funktionellen Bedeutung der Fürsorge nötig, die, so Feld, in nicht geringem Masse auch für alle Kleinarbeit eine sehr wichtige Voraussetzung sei.[18]

Diese Frage führte zum bekannten Streit der Fakultäten um die Leitung der Fürsorgearbeit. Dieser Streit sei, so Feld, allmählich schon alt geworden, bestehe aber ungeschwächt nach wie vor fort. Herman Nohl warf die Frage auf, wer denn eigentlich zuständig sei für die praktische soziale Arbeit: »Der Psychiater oder der Pädagoge, der Jurist oder der Sozialpolitiker oder der Geistliche?«[19] Dieselbe Frage müsse auch für die Ausbildungen gestellt werden: »Ziehen sie ihre Lebenskraft aus der Medizin oder Sozialpolitik oder der Juristerei oder der Pädagogik?«[20] Nohl wollte, so Feld, diese verschiedenen Strömungen zunächst einmal ungehindert nebeneinander bestehen lassen, damit der große Aufgabenkreis des Gebietes von jeder Seite aus in Angriff genommen und wissenschaftlich durchdrungen werden könne. Für die Dauer aber, so Herman Nohl, könne das bloße Nebeneinander der verschiedenen Vorlesungen und Übungen nicht ausreichen. Es brauche einen verantwortlichen Träger, ein wissenschaftliches Zentrum für die Ausbildung des neuen beruflichen Sozialbeamten sowie für die Vertretung der sozialen Jugendarbeit bei den Universitäten. Und für diese Aufgaben sei, so Nohl, die Pädagogik da, die neue Pädagogik, die begriffen habe, dass sie mehr sei als die Schulpädagogik und die ganze Ausdehnung ihres Arbeitsfeldes vor sich sehe. In ihrer Hand müsse es liegen, den breiten Massen der Studierenden aller Fakultäten, besonders aber den Lehrern, die neue sozialpädagogische Einstellung zu vermitteln.

Feld stimmte letzterem zu – unter dem Vorbehalt, dass auch die Lehrer mehr als nur die sozialpädagogischen Teile der Fürsorge kennen müssten. Schon allein die Jugendfürsorge brauche weit mehr als eine lediglich erzieherische Einstellung. Die Hauptsache war in Felds Verständnis der sozialen Arbeit das soziale Verstehen. Und außer der Jugendarbeit, an die Nohl vor allem gedacht habe, gebe es noch andere Gebiete der Fürsorge, in die einen Einblick zu haben für die Studierenden aller Fakultäten, mindestens ebenso wichtig sei, wie die Kenntnis der Jugendarbeit. Feld bezweifelte, dass der Pädagogik die Aufgabe zufallen sollte, die entscheidende wissenschaftliche Durchdringung der späteren beruflichen Sozialbeamten zu leisten. Nohls Fehler sei, dass er dabei nur an die Ausbildung der mittleren Sozialbeamten denke, denen die Universität aufgrund eines Examens, ein Diplom zu geben habe, das dem Zeugnis der geprüften Wohlfahrtspflegerin gleichwertig (aber nicht höherwertig!) sei. Für Nohl, so Feld, sei es belanglos, ob sich später dann auch höhere Examina herausbilden würden, da es ihm zunächst einmal um den Grundtypus des sozialen Beamten gehe. Für diejenigen, die sich speziell weiterbilden wollten, bestünde ja noch die Promotionsmöglichkeit. Nohl plädierte in diese Richtung, so Feld, da er befürchtete, dass für den akademischen Typus zu wenige Möglichkeiten der Beschäftigung bestünden. Da man sich kein Studienratsgehalt für den Volksschullehrer leisten könne, werde man auch den Jugendpfleger, den Fürsorgeerzieher und den Sozialbeamten dieser Mittelgruppe zurechnen. Nur so würde es überhaupt möglich sein, die Umgestaltung der Erziehungsanstalten und Gefängnisse vorzunehmen und den »Aufseher« durch den wirklichen Erzieher in Gemeinschaft mit dem »Meister« zu ersetzen. Feld machte geltend, dass das Argument von Nohl bzw. das von ihm anvisierte Ziel, nichts mit der *grundsätzlichen* Frage nach dem wissenschaftlichen Zentrum der Fürsorge zu tun habe, und dass damit das Plädoyer von Nohl zugunsten der Pädagogik als der zentralen Fürsorgewissenschaft nicht stichhaltig sei.

Feld kritisierte auch Eduard Sprangers Forderung, die pädagogischen Stunden an den sozialen Frauenschulen auszubauen, um den Geist der Wohlfahrtspflege auf die »Höherbildung des Menschen« einzustellen.[21] »Gewiss, die ›Höherbildung des Menschen‹ ist eine furchtbar nette Losung für Aktionen selbstbewusster Kulturträger auf das ›gewöhnliche Volk‹. Den jungen Damen bestbürgerlicher Herkunft in den Frauenschulen mag sie lieblich ins Sentiment eingehen. Aber liegt nicht ein gut Teil Phrase und Unkenntnis der tatsächlichen sozialen Zustände darin? Und etwas Kulturdünkel der glücklich Besitzenden? Die Zielsetzung auf Höherbildung des Menschen birgt die Gefahr, dass die hierauf Abgerichteten mit zu viel Selbstbewusstsein und zu wenig Demut an die Arbeit gehen. Auch hat das Schlagwort dieser Höherbildung für mich etwas gar zu antiquarischen Beigeschmack einer überwundenen Epoche weltfernen Idealismus guter, zufriedener Bürgerlichkeit.«[22]

Die marginale Bedeutung der Pädagogik für die Herausbildung der Jugendfürsorge in der Schweiz

Die »pädagogische Position« war in der Schweiz vergleichsweise untervertreten. Eine Analyse der an den gesamtschweizerischen und zürcherischen Kursen und Kongressen auf dem Gebiete der Kinder- und Jugendfürsorge gehaltenen Referate verdeutlicht exemplarisch, dass die Pädagogen und Pädagoginnen im Vergleich zu den Männern und Frauen aus den anderen Bereichen aus Wissenschaft, Politik und Berufspraxis, mit 18.2 % untervertreten waren, wobei die Erzieher lediglich 2.4 % ausmachten.[23] Die hohe Beteiligung von Männern und Frauen aus den beiden Bereichen Medizin und Recht spiegelt sich auch in den Referatsthemen der Kongresse und Kurse: Fragen über Krankheitsbilder, Rassen- und Sozialhygiene, über Säuglingssterblichkeit und Ernährung, über Degenerationserscheinungen, Anormalitäten und Perversitäten standen nebst Fragen der institutionellen und organisatorischen Ausgestaltung der Kinder- und Jugendfürsorge an erster Stelle.[24] Auch der Begriff »Sozialpädagogik« kam im deutschschweizerischen Diskurs bis 1930 kaum vor und er wurde meines Wissens nur zweimal über die Verwendung reiner Begrifflichkeit hinaus auch dem Versuch einer »Begriffsbestimmung« zugeführt.[25] Zum einen von Heinrich Hiestand, einem ehemaligen Lehrer und Vorsteher des Kinderfürsorgeamtes der Stadt Zürich, der Sozialpädagogik mit Rücksicht auf das Ziel der Erziehung in einen bewussten Gegensatz zur Individualpädagogik stellte.[26] Die Sozialpädagogik habe die Interessen der Gemeinschaft gegenüber den individuellen Interessen in den Vordergrund zu rücken. Das individuelle Glück könne nur solange gefördert werden, als dieses dem Wohl der Gesamtheit nicht zuwiderlaufe. Die Erziehung habe deshalb zwei Aufgaben: sie müsse individualisieren aber sozial erziehen, sie müsse tüchtige Menschen und gute Bürger heranziehen. Das Recht der Einzelnen bleibe dabei den Bedürfnissen des Ganzen untergeordnet. »Die Individualerziehung werde zur Sozialerziehung! Durch energische Willensbildung werde der Schüler befähigt, seine persönlichen Triebe zu unterdrücken, wenn sie sich für die Gesamtheit schädlich zeigen sollten.«[27] Die zentrale Frage war, wie sich die Sorge für den Einzelnen mit der Sorge für die Gesamtheit vereinigen ließe, wobei der Sorge für die Gesamtheit Priorität zukommen sollte. Genau diese Auslegung des Begriffs bot im ersten Jugendfürsorgekurs von 1908 die Plattform zur Diskussion über die Versorgung und Vernichtung der Unerziehbaren und des »staatsbelastenden Menschenmaterials«[28].

Der sozial- und rassenhygienische Diskurs kann deshalb kaum als Strategie der Lösung der Krise der Jugendfürsorge Ende der 20er Jahre gelesen werden, wie dies beispielsweise Marcus Gräser tut.[29] Er hat viel früher eingesetzt und die Logik der sozialen Arbeit von Anfang an mitgeprägt.

Zum anderen lag eine Bestimmung von Robert Tschudi, einem Lehrer aus Basel vor, der unter Sozialpädagogik jene Schulpädagogik verstanden haben wollte, die sich in ihrer Ausgestaltung von den sozialen Erkenntnissen beeinflussen lässt, wobei er unter den sozialen Erkenntnissen das Wissen über die Familienverhältnisse der Schülerinnen und Schüler verstand. Die Familienverhältnisse umfassten die Wohnverhältnisse, den Körperentwicklungs- und Gesundheitszustand der Schulkinder sowie die Erwerbsverhältnisse der Eltern.[30]

Damit lagen zwei unterschiedliche und nur vage angedeutete Ideen von Sozialpädagogik vor, die sich beide – ob beabsichtigt oder nicht – am Ansatz von Paul Natorp orientierten: Bei Heinrich Hiestand handelte es sich um eine »Sozialpädagogik schlechtester Note«[31], wie Natorp selbst wohl gesagt hätte, die sich über die Idee der Erziehung zur Gemeinschaft in die Gefahr begab, die Erziehung zur Sicherung der Machtstellung der Gewalthabenden zu missbrauchen. Robert Tschudi hingegen konzipierte eine Sozialpädagogik als Reflexion und Gestaltung der sozialen Bedingungen von Bildung,[32] die jedoch voreilig von der Reflexion der Bildungsvoraussetzungen in die Frage nach der institutionellen Ausgestaltung abgedriftet war. Sie mündete in die Forderung nach vermehrter Aufgabenhilfe, nach Eltern- und Mütterabenden sowie nach Schulwohlfahrtseinrichtungen, wobei die Grundlage dieser Maßnahmen laufend durchzuführende Untersuchungen über die Wohn- und Gesundheitsverhältnisse der Schülerinnen und Schüler sein sollten.[33]

Walter Hornsteins Diagnose, dass sich in der Kinder- und Jugendhilfe als einem sozialpädagogischen Bereich auch noch andere Disziplinen »tummeln«,[34] muss – für die Verhältnisse in der Schweiz und in historischer Betrachtung – umgedacht werden: schon eher tummelte sich hier die Pädagogik in einem Diskurs, der maßgeblich von anderen Disziplinen bzw. Berufen geführt worden war. Was heute rückblickend als sozialpädagogische Praxis interpretiert wird, ist also weniger aus der Erziehung bzw. der Pädagogik hervorgegangen, als aus einem Konglomerat disziplinärer und beruflicher Zusammenhänge, in denen der Pädagogik als Reflexion der Erziehungstatsache bzw. der Erziehungswirklichkeit eine untergeordnete Rolle zukam. Die Stelle pädagogischer Reflexion blieb zunächst leer und es konnte auch nicht an den in der Schweiz geführten Diskursen des 18. und 19. Jahrhunderts angeschlossen werden.[35] Einem zeitgenössischen Urteil entsprechend, habe sich das Fehlen dieses theoretischen Zusammenhangs bereits im 19. Jahrhundert abgezeichnet: »Von einer philosophischen Fundierung der Armenerziehung kann Mitte des 19. Jahrhunderts nicht mehr gesprochen werden, *vielmehr richtet sich die Tätigkeit nach praktischen, augenblicklichen Bedürfnissen*. Was sich noch an theoretischen Bemühungen und Erörterungen vorfindet, geschieht mehr im psychologischen und politischen Sinne und bezieht sich auf die moralische Beurteilung von Armut und Verwahrlosung.«[36]

Es kann deshalb nicht von einer sozialpädagogischen Tradition in der Schweiz bzw. von einer entscheidenden Rolle der Pädagogik in der Ausgestaltung der Kinder- und Jugendfürsorge gesprochen werden. In der Mischzone des Sozialen überschnitten und verflochten sich vielmehr zahllose Linien wissenschaftlicher, politischer und karitativer Organisation und Intervention.

Eine gesellschaftswissenschaftliche Fundierung der sozialen Arbeit

Wilhelm Feld wollte also die Fürsorgearbeit mehr von einem sozialen, als von einem pädagogischen Ethos durchdrungen wissen und hatte mit dieser Position in der Schweiz auch keine erkennbaren Gegner. Die Anträge von 1922 um die Aufnahme von Vorlesungen in Fürsorge und Wohlfahrtspflege an den Schweizerischen Universitäten, wurden von der Schweizerischen Gemeinnützigen Gesellschaft an die staatswissenschaftliche und nicht an die philosophische Fakultät gerichtet.[37] Die Gesuche wurden auch hochschulintern an keiner der Hochschulen an die Philosophische Fakultät weitergeleitet. Auch Emma Steiger, die in den dreißiger Jahren zu einer führenden Figur in der Jugendhilfe wurde, verortete die Jugendhilfe sozialwissenschaftlich: »Während die meisten Schriften in der Jugendhilfe entweder gesundheitsfürsorgerisch oder erzieherisch eingestellt sind, sollte versucht werden, das ganze Gebiet nach einem einheitlichen Gesichtspunkt darzustellen. Dieser konnte nur in einer gesellschaftswissenschaftlichen Einstellung gefunden werden, die in erster Linie nach der Lage und den Bedürfnissen der Jugend und einzelner ihrer Gruppen innerhalb der Gesellschaft frägt, und dann die verschiedenen Wege zeigt, auf denen die Jugendhilfe diesen gerecht zu werden, der Jugend zu helfen sucht.«[38]

Um den »Anderen« zu helfen, so Feld, brauche der Fürsorger zwar in vielen Fällen pädagogische Kenntnisse und erzieherische Fähigkeiten, aber solche Kenntnisse seien ihm Hilfsmittel und Technik. Spranger mache eine falsche Gegenüberstellung, wenn er das erzieherische Ethos für die Höherbildung des Menschen reserviere und den sozialen Gedanken auf die nüchtern-sachliche Heilung bereits eingetretener Schäden reduziere. Feld machte demgegenüber geltend, dass auch der soziale Gedanke entschieden auf den Menschen eingehe, jedoch auf den Menschen in Abhängigkeit von seiner Umwelt. Und um diese zu erfassen, genüge die pädagogische Betrachtungsweise ebenso wenig wie die psychiatrische oder kriminalistische oder die ökonomische. Die Fürsorge sei eine Funktion des Gesellschaftslebens. Sie habe gesellschaftliche Ziele und knüpfe an gesellschaftliche Vorgänge und Einrichtungen an. Ihre Träger seien gesellschaftliche Institutionen. Und so sei denn auch die Fürsorgewissenschaft »eine selbständige Disziplin der Gesellschaftswissenschaften (…). Hier in den Gesellschaftswissenschaften muss demnach das wissenschaftliche Zentrum für die Ausbildung der Sozialbeamten liegen. Den Unter- und Hintergrund aller Ausbildung in der Fürsorge muss die ständige Besinnung auf die funktionelle Bedeutung der Fürsorgearbeit im Ablaufe des gesellschaftlichen Lebens bilden.«[39] Von hier aus hätten alle Erwägungen den Ausgang zu nehmen. Diese Besinnung könne gar nicht ernsthaft genug betrieben werden. Zahlreiche Fürsorgeunternehmungen krankten genau daran, dass sie in dem tausendfältigen Getriebe ihre eigene Bedeutung nicht richtig einschätzen könnten. Die Kraft an nebensächliche Aufgaben zu verschwenden oder eine dringliche Aufgabe mit untauglichen Mitteln anzugreifen, sei die betrüblichste Eigenschaft des Dilettantismus, weil er das Wesentliche der Bedürfnisse und Aufgaben nicht klar erkennen könne. Und die Ursache davon sei der Mangel eines Überblicks über das Gesellschaftsleben, das Fehlen der Erkenntnis der wirklichen Zustände und Entwicklungstendenzen. Nur wer den »Pulsschlag« des Lebens zu deuten verstehe, nur der könne wirksame Fürsorgeeinrichtungen schaffen und die Fürsorge in fruchtbringender Weise leiten. Dieses »Pulsfühlenkönnen« sei, so Feld, in erster Linie eine Sache natürlicher Begabung. Aber ein systematisches Studium der Tatsachen könne und müsse diese vertiefen und ergänzen. Und dazu sei vor allem das sozialwissenschaftliche Studium geeignet.[40]

Im Rahmen von Ausbildungseinrichtungen für soziale Arbeit müsse das Verständnis in dieser Richtung durch einen Überblick der Fürsorgeaufgaben im Zusammenhang mit dem gegenwärtigen gesellschaftlichen Zustand und der fürsorgebedürftigen Verhältnisse gefördert werden. Daraus könne sich dann allmählich eine selbständige »Soziologie der Fürsorge«[41] entwickeln, die aus der Vielfalt der Einzeltatsachen eine »Theorie der Wohlfahrtsarbeit« abstrahiere und dadurch zu einer grundsätzlichen Würdigung aller Fürsorge gelangen und ihre funktionelle Bedeutung theoretisch entwickeln könne. Feld entwickelte ein Programm für die Ausbildung in sozialer Arbeit, deren Hauptaufgabe es sein sollte, fürsorgewissenschaftlich denken zu lehren, die Wohlfahrtsarbeit in ihrer Totalität als eine Betätigung des gesellschaftlichen Organismus zu erfassen und die soziologische Seite der Fürsorge und ihre soziale Bedeutung klar herauszustellen.[42] Wenn man sich nicht auf diese grundsätzliche Aufgabe besinne, bestehe auch bei der geplanten Schule für soziale Arbeit in Zürich die Gefahr des zentrumslosen Nebeneinanders der Fächer mit seinem dilettantischen, volkshochschulmäßigen Zug.

Die ausländischen Veranstaltungen dienten hier nicht als Vorbild, sondern als warnendes Beispiel, wie man es nicht machen sollte. Die Ausbildung dürfe sich keinesfalls darauf beschränken, die Fürsorgeeinrichtungen und ihre Träger verständlich zu machen, sie müsse auch die fürsorgebedürftigen Zustände berücksichtigen. Neben den »Subjekten« der Fürsorge stünden deshalb ihre »Objekte« als mindestens gleichwertiger Gegenstand des Studiums. Unter den »Objekten« verstand Feld sowohl die gesellschaftlichen Zustände als auch die individuellen Verhältnisse der bedürftigen Personen. Es fehle hierfür jedoch an zuverlässiger Forschung, die die zahlenmäßige Häufigkeit und die Arten von Bedürftigkeit aufzeigten. Feld forderte deshalb auch eine »wissenschaftlich kritische Forschung für die Praxis«[43] sowie eine »wissenschaftlich gehaltene Zeitschrift für Fürsorgewissenschaft«[44]. Er verwies außerdem auf die *case study method*, also die systematische Übung in Studium und Behandlung der Einzelfälle. Die Anwendung dieser Methode sei zumindest zu prüfen – auch wenn sich bereits Kritik gegen sie erhebe – zumal sie ja nicht nur in der Ausbildung zu sozialer Arbeit Verwendung finde, sondern auch im juristischen und medizinischen Unterricht der amerikanischen Universitäten verankert sei.[45]

3. Verwehrte Verwissenschaftlichung

Das Ansinnen einer akademischen Fundierung der sozialen Arbeit, ihrer universitären Verortung und der Sprengung des Monopols der sozialen Frauenschulen, hatte keinen Erfolg. Sowohl das Gesuch der »*Academia*« um eine Aufnahme von Vorlesungen in der Wohlfahrtspflege an die Universität Zürich von 1908,[46] als auch die Gesuche der Schweizerischen Gemeinnützigen Gesellschaft um Aufnahme von Vorlesungen im Bereich der Fürsorge von 1922 (die an alle schweizerischen Hochschulen gestellt wurden), wurden aus unterschiedlichen Gründen abgelehnt.[47] In den Gutachten von 1908 wurde zur Geltung gebracht, dass die Einführung in Fragen der Wohlfahrtspflege in der Praxis geschehen sollte. »Auch die beste Vorlesung vermöge nicht einen guten Praktiker als solchen auszubilden.«[48] Das müsse dem Leben selbst überlassen bleiben. Die Spezialisierung widerspreche dem Wesen der Universität, denn es sei keine Spezialisierung unter wissenschaftlichen, sondern eine unter rein praktischen Gesichtspunkten und führe deshalb zur Zusammenfassung wissenschaftlich heterogener Disziplinen. »Eine besondere und isolierte Behandlung der Probleme des Armenwesens berge die schwere Gefahr in sich, dass sie die sozialen Fragen unter einem ganz falschen Gesichtspunkt suche, unter demjenigen der Armenpflege.«[49]

1922 wiesen die Eidgenössische Technische Hochschule in Zürich, die Universitäten Neuenburg und Lausanne das Gesuch mit der Begründung ab, dass an der medizinischen Fakultät über die Vorlesungen in allgemeiner und sozialer Hygiene das Thema bereits erschöpfend behandelt werde: So an der Eidgenössischen Technischen Hochschule Zürich durch Prof. Dr. med. Wilhelm von Gonzenbach, an der Universität Neuenburg durch Dr. med. Schable und an der Universität Lausanne durch Dr. med. Delay. Die juristische Fakultät der Universität Bern gab außerdem zu bedenken, dass die Wohlfahrtspflege nicht als selbständiges Problem betrachtet werden könne, was der wissenschaftliche Wert der an einigen deutschen Universitäten eingeführten Lehrfächer ja belege und die rechts- und staatswissenschaftliche Fakultät der Universität Zürich lehnte das Gesuch ab, da die Ausbildung von Praktikern auf dem Gebiete der Fürsorge und Wohlfahrtspflege – ob es nun Akademiker oder Nichtakademiker seien – nicht zum Aufgabenkreis der Universität gehöre.[50] Die anderen Universitäten lehnten mit der Begründung ab, dass kein Bedarf bestehe (Universität Freiburg) oder keine Finanzen vorhanden seien (Hochschulen St. Gallen und Genf).[51] Die außeruniversitären Ausbildungsgänge für Männer fanden zunächst keinen großen Anklang. 1925 bot die Schweizerische Gemeinnützige Gesellschaft den ersten Kurs in sozialer Arbeit für männliche Fürsorger an, der »nur von etwa 30 Personen, meistens Fürsorgerinnen«[52] besucht wurde. Der zweite Kurs von 1937 war erfolgreicher.[53] »Wir haben zunächst nur an männliche Fürsorger gedacht und uns zuerst nur an sie gewandt. Nachdem sich aber großes Interesse bei den Fürsorgerinnen zeigte, haben wir auch noch sie eingeladen.«[54] Diesmal kamen 115 Personen an den Fortbildungskurs, wovon 79 männlichen Geschlechts waren.

Nadja Ramsauer hält fest, dass der Verwissenschaftlichungsprozess der Kinder- und Jugendfürsorge an den Zürcher Kursen zu einem Abschluss gelangt sei. Während in den ersten Kursen diejenigen Referenten und Referentinnen die Tagungen dominiert hätten, die aus ihrer Betreuungspraxis berichten konnten und die Wissenschaftler eher im Hintergrund gestanden hätten, zeige sich in den Zürcher Kursen der Abschluss eines Verwissenschaftlichungsprozesses.[55] Veranstaltungsort sei bezeichnenderweise die Universität gewesen. Die Akademiker hätten an diesen Kursen einen festen Status eingenommen und die Aufgabe übernommen, den Praktikerinnen und Praktikern der Fürsorge ihr Wissen zu vermitteln.[56]

Ich komme mit der Analyse der Kurse zwischen 1908 und 1937 zu einem anderen Schluss: Es muss zum einen zwischen den Organisatoren und den Referentinnen und Referenten unterschieden werden: Die Kurse wurden nie von einer wissenschaftlichen Gesellschaft oder von Akademikern initiiert und verantwortet, sondern vom Erziehungsrat bzw. der Erziehungsdirektion, von der Schweizerischen Gemeinnützigen Gesellschaft, der Schweizerischen Gesellschaft für Gesundheitspflege, der Konferenz der Schweizerischen Erziehungsdirektoren, des Schweizerischen Gemeinnützigen Frauenvereins, der Schweizerischen Gemeinnützigen Gesellschaft, der Schweizerischen Gesellschaft für Schuldgesundheitspflege, der Pro Juventute sowie vom Schweizerischen Lehrerverein.[57] Auch in den Leitungsteams und in den Aufsichtskomitees der Kurse und Tagungen waren nie Professoren oder Privatdozenten. Was die Referenten und Referentinnen anbelangt, gibt es keine sichtbare Veränderung in der Zusammensetzung. Immer schon wurden Wissenschaftler und Wissenschaftlerinnen hinzugezogen. Trotzdem waren die Kurse in der Mehrzahl von Praktikern und Praktikerinnen und ausschließlich für Praktiker und Praktikerinnen konzipiert.[58] 1937 waren im Fortbildungskurs für soziale Arbeit für männliche Fürsorger keine Wissenschaftler mehr als Referenten eingeladen. Die soziale Arbeit wurde also als berufspraktische Ausbildung verstanden. Die Forderung nach einer wissenschaftlichen Fundierung der Ausbildung und nach einer Verankerung an der Universität tauchte an diesen Kursen nicht auf. Felds Ideen blieben ein Traum und die bürokratische Organisation wurde zum strukturierenden Prinzip.

Die Frage, welches Handeln dieses die soziale Arbeit strukturierende Prinzip evozierte, ist Gegenstand der nachfolgenden Kapitel.

Achtes Kapitel: Die alltäglichen Praktiken
Eine Anthologie von Existenzen im Zugriff
der rationellen Jugendfürsorge

Die Lektüre und die Abschrift der Akten aus den Falldossiers der Amtsvormundschaft der Stadt Zürich war eine tiefgehende und eindrucksvolle Erfahrung, die mehr in mir wach gerufen hat, als wissenschaftliche Abhandlungen
über die Geschichte der Sozialpädagogik. Die Schönheit dieser Archivalien hat
mich dazu bewogen, diese Geschichten selbst zur Darstellung zu bringen. Die
Dokumente von sieben Fällen befinden sich auf der beiliegenden *compact disc*
(»Degeneriert«, »verwahrlost«, »moralisch defekt«. Eine Anthologie von Existenzen im Zugriff der rationellen Jugendfürsorge zu Beginn des 20. Jahrhunderts). Die Fallgeschichten werden in diesem Kapitel kurz geschildert. Man
könnte diese Geschichten auch als Novellen lesen. Pierre Bourdieu weist in seinem Werk »Das Elend der Welt – Zeugnisse und Diagnosen alltäglichen Leidens an der Gesellschaft«[1], darauf hin, dass die Zeugnisse, die Männer und
Frauen ihm und seinen Mitarbeiterinnen hinsichtlich ihrer Existenz und ihrer
Schwierigkeiten zu existieren anvertraut haben, zwar als kleine Novellen aufgefasst und als solche gelesen, ohne Verständnis für die methodologischen Voraussetzungen und theoretischen Analysen aber nicht richtig verstanden werden
können.[2] Meine Darstellungsweise mag derjenigen von Bourdieu gleichen und
insofern gilt sein kritischer Hinweis auch für die Lektüre der vorliegenden Geschichten. Das Vorhaben unterscheidet sich aber im theoretischen Zugriff von
der Untersuchung Bourdieus und seiner Mitarbeiter: Es versucht sich zum einen
der Idee eines möglichen Versprechens zukünftiger Emanzipation, wie es in
Bourdieus Beschreibungen immer wieder durchschimmert, zu enthalten. Es ist
nicht das Vorhaben eines »messianischen Materialismus«[3]. Es ist eher der Versuch einer rückblickenden Nachsicht als einer »Einlösung der vergangenen
Hoffnung«[4]. Bourdieu und seine Mitarbeiterinnen und Mitarbeiter bringen Geschichten »von unten« zur Darstellung, erzählt von »Alltagsmenschen«, die
sonst weder zu Wort kommen, noch gehört werden. Sie geben Zeugnis über ihr
Leben, ihre Hoffnungen und Frustrationen, über ihre Verletzungen und Leiden.
Die individuellen Existenzen sollen aber trotz ihrer offenkundigen Subjektivität
und Einmaligkeit für die Leserin auch in ihrer sozialen Typik und Bedingtheit
verstehbar gemacht werden. Die Geschichten werden deshalb in ihren sozial-

strukturellen Kontexten präsentiert.[5] Bourdieus Verstehen umfasst nebst dem Versuch, den Anderen in seiner Notwendigkeit zu verstehen, den Versuch, entgegengesetzte Perspektiven aufgrund unterschiedlicher Positionen im Sozialraum miteinander in Bezug zu bringen. Erst diese sozio-genetische Zusammenschau unterschiedlichster Lebens- und Gesellschaftsbilder erzeuge eine »schonungslose Radiographie der französischen (…) Gegenwartsgesellschaft«[6]. Vor unseren Augen entsteht damit »ein Kaleidoskop dichter ethnologischer Beschreibungen«[7], in denen die subjektive Sinngebung, die subjektive Erfahrung nicht unterschlagen, sondern zu Bewusstsein gebracht werden soll.

Zum einen geht es mir hier aber nicht um eine Geschichte der Besiegten. Es geht mir nicht darum, endlich diejenigen zu Wort kommen zu lassen, die es selbst nicht konnten, »die von der Geschichte, von der Gewalttätigkeit der Geschichte zum Schweigen gezwungen wurden, von allen Herrschafts- und Ausbeutungssystemen«[8]. Zum anderen fokussiere ich weniger die subjektiven Erfahrungen und Sinngebungen, als die Formen des Handelns und Denkens, die Praktiken, die mir als Schlüssel zum Verständnis der Produktion von Subjektivität und Gesellschaft dienen.[9] Damit belehne ich eher Foucaults sozialgeschichtliche Entzifferungen, als Bourdieus soziographische »Fallstudien«. Ich bediene mich hierfür eines kleinen, eher unbekannten Segmentes Foucaults Untersuchungen und Ideen: »Der Fall Rivière«, »Über Hermaphrodismus«, »Das Leben der infamen Menschen«, »Familiäre Konflikte«.[10] Es handelt sich dabei um sozialgeschichtliche Analysen von praktischen Systemen. In den Blick kommen dabei primär weder die Vorstellungen, die die Menschen von sich selbst haben, noch die Bedingungen, von denen sie ohne ihr Wissen bestimmt sind, sondern das, was sie tun und wie sie es tun. Foucault nennt dies die Rationalitätsformen, die die Weise zu handeln organisieren.[11] Die dieses Programm konstituierende Frage bzw. Sorge lautete: »In dem Augenblick, in dem das große System der wissenschaftlichen und philosophischen Rationalität das allgemeine Vokabular produziert, in dem man seit dem 17. Jahrhundert kommuniziert, stellt sich die Frage, was mit denen geschieht, die durch ihr Verhalten von dieser Sprache ausgeschlossen sind. Das ist die Frage, die mir keine Ruhe lässt.«[12] Und diese Frage hat die oben genannten Studien als Geschichte der Infamen, der Ehr- und Ruchlosen, der Schreckens- und Skandalmenschen hervorgebracht, die, wie mir scheint, für eine Genealogie sozialpädagogischen bzw. jugendfürsorgerischen Handelns von besonderer Bedeutung sind. Foucault präsentiert in den genannten Werken unscheinbare Existenzen, die von Macht-Wissens-Formationen erfasst wurden. Es sind aber keine Identifikationsfiguren

»einer romantischen Geschichte der Volkskämpfe«[13]. Das Auftauchen, die Wiederkehr dieser Leben im Hier und Jetzt, soll sich in der Form vollziehen, in der sie einst verwaltet und regiert wurden und nicht Kraft der Aufforderung durch die Wissenschaft, die sich im Gespräch mit ihnen (durch methodische Konstruktion) der symbolischen Gewalt zu entledigen versucht und sich rückhaltlos der befragten Person zur Verfügung stellen will.[14]

Die Leserin und der Leser der Fallgeschichten werden gebeten, keine Urteile über die Geschichten zu fällen, sich einer subjektzentrierten Lesart zu widersetzen und sich von den Geschichten zu einem neuen Blick anregen zu lassen. Es geht nicht darum, die Mitglieder der Behörden anzuprangern, anzuklagen oder zu verurteilen. Es geht auch nicht darum zu ergründen, ob Heinrich Nüssli (»Erste an seinen Knaben gerichtete Frage: ›Häscht z'fresse?‹ Röbi: ›Ich chume gnueg und recht über.‹ Zweite Frage: ›Chunst uf de Grind über?‹ Röbi: ›Ich bekomme keine Schläge.‹ Dritte Frage: ›Gend dir die andere uf de Grind?‹ Knabe verneint es. Jetzt wendet sich Nüssli frech an den Hausvater: ›Wüssed Sie, eso e religiösi Schnörre imponiert eus nöd‹.«), ob also dieser Heinrich tatsächlich roh, brutal und grob oder ob Toni, der »in kindischem Vergnügen gestohlenen Aether auf die Strasse wirft, um zu warten, ob die Passanten betäubt umfallen« und der vom Handwagen über den Kanarienvogel bis zu Knöpfen wahllos alles stiehlt, ob dieser Toni nun tatsächlich geisteskrank oder vielleicht doch zurechnungsfähig war.

Im Laufe der Geschichte hat sich nicht einfach nur die Einstellung gegenüber »verwahrlosten« Jugendlichen geändert. Diese Deutung setzt diese als Gegenstand bereits voraus. »Verwahrlosung« existiert aber erst als Gegenstand in einer Praktik und erst durch diese Praktik.[15] »Verwahrlosung« existiert als solche also nicht. Was uns in den protokollierten Fällen entgegen kommt, ist z.B. die Schilderung einer Mimik (»Bei allen diesen Versicherungen ist eine deutliche Diskrepanz zwischen seinen Worten und seinem Gesichtsausdruck zu sehen«[16]), die sich offensichtlich von derjenigen der anderen unterscheidet, die Darlegung einer Gestik (»Am Chilbisonntag seien ihrer 6, 7 den Berg hinauf gekommen, mit Händen und Armen in der Luft herumfuchtelnd, gelärmt und gepoltert wie eine richtige Zigeunerbande«[17]), die Beschreibung eines Blicks (»Auffallend ist sein merkwürdig starrer Blick«[18]), die Kommentierung eines Tons und einer Sprache (»Der rohe Ton, mit dem die Kinder untereinander verkehren, habe selbst für die Leute etwas abschreckendes, die die rohe Sprache unserer Jugend kennen. Armenpfleger Hürlimann habe mit eigenen Ohren gehört, wie ein Bub

seine eigene Mutter ›Hur‹ nannte; ›du lahme Chaib‹; ›du chrume Siech‹‹[19])
oder die Schilderung eines Milieus (»Zeitweise sollen in der Dreizimmerwohnung drei Familien gehaust haben, neben Nüssli's noch Küng und Schaller. Beständig seien Burschen und Mädchen eingegangen, die Tag und Nacht freien
Zutritt hatten zur Wohnung«[20]). Aber das beobachtete »Verhalten«, das be-
schriebene Milieu, die geschilderten Ereignisse, bilden erst die Materie für eine
»Verwahrlosung«, die in diesem Stadium noch nicht existiert. »Man muss
gleichzeitig die transhistorische Realität natürlicher Gegenstände negieren und
dennoch diesen Gegenständen ausreichend objektive Realität lassen, damit sie
etwas bleiben, das zu erklären ist, und nicht nur subjektive Phantome sind, die
man bloß beschreiben kann; es ist also erforderlich, dass die natürlichen Gegenstände nicht existieren und dass die Geschichte eine zu erklärende Realität
bleibt.«[21] Die Aufeinanderfolge von unterschiedlichen Praktiken verfolgt also
nicht zwingend einen Fortschritt. Ihr Motor ist nicht die Vernunft. Verändert
haben sich die Objektivierungen, die Prinzipien, auf die sich die neuen Praktiken gründen, die institutionalisierten Bearbeitungsformen und die Effekte.

Die Geschichten vermögen in dieser Form auch keine Ziele der Veränderung
der Praktiken aufzuzeigen noch erlauben sie, diese unter dem Gesichtspunkt ihrer Falschheit zu thematisieren, um anschließend auf die Perspektiven des richtigen Lebens zu verweisen. Wenn es den Geschichten gelingen könnte, vermeintliche Evidenzen jugendfürsorgerischer Praktiken zu diskreditieren und
ihnen die selbstverständliche Anerkennungswürdigkeit zu nehmen, wenn es ihnen gelingen könnte freizulegen, was sie erzeugen, was sie hervorbringen, was
sie »Positives« schaffen, welche möglichen Effekte von den Praktiken ausgehen, dann hätten sie den Zweck ihrer Darstellung erreicht. Hierfür müssen die
bestehenden sozialen Verhältnisse als Kräfteverhältnisse gelesen und subjektbe-
zogene Lesarten sollten vermieden werden. Es muss die Bereitschaft erzeugt
werden, übliche und gewohnte Sichtweisen, Perspektiven oder Vorstellungen
aufzugeben oder sie zumindest zu problematisieren. Nicht bemitleiden, nicht
auslachen, nicht verabscheuen, sondern entziffern – im Hinblick auf die möglichen Effekte entziffern. Die sieben Fallgeschichten sind damit auch ein Beitrag
zu einer Sozialgeschichte »von unten«. Ich hoffe, dass mein Blick einen Zugang verschafft, der nicht sozialromantisch oder folkloristisch ist.[22] Die Zu-
sammenfassungen der Dossiers sind ein Eingeständnis an das Zeitbudget der
Leserin und des Lesers und markieren einen Bruch hinsichtlich der zugrunde
gelegten Methodologie. Die Lektüre der ganzen Falldossiers vermittelt einen
Einblick in die Kräfteverhältnisse, die Komplexität, die Prozesshaftigkeit, die

Deutungs- und Handlungsmuster sowie die lebensweltlichen und beruflichen Zusammenhänge, der mit keiner Zusammenfassung ersetzt werden kann. Insofern möchte ich der Leserin und dem Leser die Lektüre der Falldossiers ans Herz legen. Die »Anthologie« bildet überdies eine Dokumentation, die in der Lehre an Hochschulen eingesetzt werden kann und den Studierenden einen Teil der »Berufsgeschichte« auf nachdrückliche Weise zugänglich macht.[23]

1. Familie Nüssli: »degeneriert« und »verwahrlost«

Die Akte der Familie Nüssli erstreckt sich über elf Jahre, von 1908 bis 1919. Anders als bei den meisten anderen Fällen, ist hier die ganze neunköpfige Familie präsent und wir können den Weg der Eltern und der sieben Kinder nachvollziehen bis zur Volljährigkeit der 1899 geborenen Elisabeth, die den Amtsvormund mehr als ihre Geschwister und Eltern beschäftigt. Sie wird während ihrer Jugend an 19 verschiedenen Pflegeorten und Stellen platziert. Der Vater, Heinrich Nüssli, ist von Höngg und übel beleumundet, ebenso seine Frau Rosmarie, geborene Halder. Die sieben Kinder »seien zum lügen und stehlen geradezu erzogen worden«. Die Kinder heißen Heinrich (geb. 1893), Rosmarie (geb. 1896), Ernst (geb. 1897), Elisabeth (geb. 1899), Robert (geb. 1900) Werner (geb. 1903) und Erna (geb. 1907).

Beide Ehegatten haben je ein Kind aus früheren Beziehungen, der außereheliche Sohn von Rosmarie Nüssli heißt Max Halder und lebt über längere Zeit mit der Familie zusammen. Die Akte wird eröffnet mit dem Gesuch der Armenpflege Höngg an den Bezirksrat Zürich, die Kinder unter Vormundschaft zu stellen. Zu diesem Zeitpunkt sitzt der Vater, Heinrich Nüssli, zusammen mit Max Halder in Untersuchungshaft. Er hat unterschriftlich erklärt, dass er auf die väterliche Vormundschaft seiner Kinder verzichte und mit der Einleitung der staatlichen Vormundschaft einverstanden sei. Die ersten Erkundigungen ergeben »denkbar traurige Verhältnisse«. Der Ruf der Familie ist bei Nachbarn und Wohnungsvermietern schlecht, wegen Diebereien der Kinder, Hehlerei der Eltern und dem rohen Ton, mit dem in dieser Familie miteinander umgegangen würde. »Die Armenpflege müsse es geradezu als eine Versündigung an diesen Kindern betrachten, wenn man sie alle unter der Obhut der Eltern liesse.« Als erster wird der elfjährige Ernst in die Pestalozzistiftung eingewiesen, der zehnjährige Robert kommt nach Hettlingen. Die Vormundschaft wird später – aus den Akten wird nicht ersichtlich wann genau – wieder aufgehoben.

Erst drei Jahre später datiert der nächste Eintrag der Freiwilligen- und Einwohnerarmenpflege der Stadt Zürich, mit durchwegs ungünstigen Informationen. Der Vater sei ein »arbeitsscheuer, grober, unsolider Mensch«, die Mutter etwas besser, sie gehe nebst den Hausgeschäften putzen. Der älteste Sohn Heinrich »sei ein Nichtsnutz, wolle nicht arbeiten, wechsle oft die Stelle«. »Die schulpflichtigen Kinder seien etwas ungezogen«, aber verhältnismäßig gut gekleidet und ordentlich gehalten und die Wohnungsordnung sei soweit gut.

Wieder ein Jahr später, im Frühling 1912, sind die Informationen »im ganzen noch die Gleichen wie letztes Jahr«. Ein weiteres Jahr später wohnt Familie Nüssli an der Denzlerstrasse in Zürich und diesmal ist der Inspektionsbericht, sich auf Erkundigungen aus der Nachbarschaft stützend, drastischer formuliert. »Sowohl die Eltern wie die Kinder werden durchwegs und gleich lautend als sittlich wie moralisch minderwertig & verdorben geschildert. Sie gehen systematisch darauf aus, durch betrügliche Angaben und Diebereien aller Art ein parasitäres Leben zu führen.« Der Mann sei notorischer Alkoholiker, es werde überhaupt in der Familie viel Alkohol konsumiert und die beiden Söhne, Heinrich und Max Halder, feierten oft halbe und ganze Nächte Orgien in der Wohnung, wobei es in betrunkenem Zustand nicht selten Krach gebe. Daraufhin schreibt die Einwohnerarmenpflege der Stadt Zürich an die Amtsvormundschaft, die Armenpflege »Höngg beschränke sich darauf zu constatieren, es liege den Kindern Nüssli eben im Blut und man habe sich darauf gefasst zu machen, dass successive die ganze Gesellschaft dauernd der Gemeinde zur Last fallen werde. Es dürfte höchste Zeit sein, dass hier einmal energisch eingegriffen wird«. Die Bezirksanwaltschaft, die eine Strafuntersuchung wegen Diebstahls macht und die Eltern in Untersuchungshaft nimmt, informiert die Amtsvormundschaft, dass ein Eingreifen bei dieser Familie nötig sei. Wieder wird mit schriftlichem Einverständnis der Eltern Nüssli eine Amtsvormundschaft beantragt und der beauftragte Vormund, Dr. Hans Grob, wird ermächtigt, die Kinder nötigenfalls in Anstalten zu versorgen.

Elisabeth, jetzt vierzehnjährig, kommt als Haushalthilfe zu Familie Kuhn in Dielsdorf, Robert, dreizehnjährig, ins Pestalozzihaus Burghof in Dielsdorf, Werner zehnjährig, in das Pestalozzihaus Schönenwerd und Erna, sechsjährig, kommt zu der Bauernfamilie Schlatter in Sünikon. Sie wird dort bleiben und zu einem »gesunden Mädchen« heranwachsen, das »nett und intelligent« aussieht und seinen Pflegeltern Freude macht.

Vorerst müssen die Kinder mit Kleidern versorgt werden, da sie wenig mitbekamen von zu Hause und es gehen Gesuche um Kleider und Schuhe von der Amtsvormundschaft an die Armenpflege Höngg, da diese die Kosten zu übernehmen hat.

Die Pflegeeltern Kuhn und Schlatter beschweren sich, kaum sind die Kinder dort, beim Amtsvormund über die Besuche der Mutter Nüssli, der ältesten Tochter und anderer Verwandten. Sie hetzten die Kinder auf und seien von ganz schlechtem Einfluss. Und auch das erste Gesuch des Vaters Heinrich Nüssli um Aufhebung der Amtsvormundschaft ist schon wenige Wochen nachher beim Amtsvormund. Er schimpft gegen die Verlogenheit des Vormundes, der seine Töchter zu schlechten Leuten verschachert habe. Und er fügt bei, dass den Pflegeeltern keine Kleider für die Kinder zugeschickt würden, denn die Kinder sollten sofort Mutter und Vater wieder »zugestellt werden«. Zudem seien seine Kinder Hönggerbürger und nicht Zürcher und deshalb sei gar nicht die Amtsvormundschaft der Stadt Zürich zuständig. Drei Wochen später ist der Beschluss des Bezirksrates Zürich da: Auf das Begehren um Aufhebung der Vormundschaft wird nicht eingetreten.

Wiederholt kommen Klagen aus Sünikon, dass der »Nüssli-Clan« – bis zu sieben Personen – Erneli besuchen wolle, oder dass die Brüder im Dorf herumschleichen um die Schwester entführen zu können. Den Eltern Nüssli wird Weisung erteilt, ihre Kinder bei den Pflegfamilien und in den Heimen vierteljährlich nur einmal zu besuchen.

Im Juli 1913 teilt Höngg der Amtsvormundschaft mit, dass Heinrich, der älteste Sohn, wegen Diebstahl zu einem Jahr Arbeitshaus verurteilt und in die Strafanstalt Regensdorf eingewiesen worden sei.

Ernst holt seine Schwester Elisabeth unter einem Vorwand bei Kuhns in Dielsdorf ab und beide brennen zu den Eltern durch, wie der Vater dem Vormund schriftlich mitteilt, »denn das arme Kind wurde von der Barbarin Frau Kuhn auf traurige Art misshandelt«. Nüsslis sind zwischenzeitlich nach Jona, St. Gallen, gezogen. Elisabeth wird zum Vormund, Dr. Hans Grob, gebracht und bittet ihn inständig, sie nicht mehr bei der Familie Kuhn zu versorgen. Sie habe bei Kuhns zu schwere Arbeiten verrichten müssen, zu wenig zu essen gehabt und öfters Ohrfeigen bekommen. Dr. Grob befindet, dass eine anderweitige Unterbringung des Mädchens wohl im Interesse beider Parteien liege. Das kommt bei Kuhns schlecht an. Frau Kuhn schreibt einen erbosten, ordinären Brief »an Elisabeth, die freche Lügnerin!« und Anwalt Kuhn gibt seinem Erstaunen darüber Ausdruck, dass Dr. Grob dem Mädchen offenbar Glauben schenke.

Elisabeth reißt nach dem Gespräch mit dem Vormund aus und bleibt unauffindbar. Die Eltern Nüssli werden unter Androhung der Überweisung an den Strafrichter aufgefordert, den Aufenthalt ihrer Tochter bekannt zu geben, worauf Heinrich Nüssli umgehend antwortet »dass Bethli in Berlin ist. Zum Glück kam jene edle Frau grad zu uns auf Besuch, wir erzählten ihr Bethli sein trauriges Schicksal, die gute Frau nahm Bethli sofort mit nach Deutschland«. Wenige Wochen später wird Elisabeth von einem Polizeidetektiven in Begleitung ihrer Eltern zum Vormund und danach ins Jugendheim gebracht.

Der Vater schreibt an Stadtrat Pflüger: »Sie sind ja sozial mit Leib und Seele, geben Sie Bethli und wenn es möglich ist auch das jüngste kleine Erneli den Eltern wieder.« Und er schreibt in einer Nachbemerkung: »Wir haben die Kinder auferzogen und es kostet viel Mühe und Arbeit jetzt soll man sie andern Leuten überlassen zur Ausbeutung und sie von ihren guten Eltern entfremden als kleines Kindlein wollte sie niemand, jetzt da sie erzogen sind sollen Vater und Mutter das nachsehen haben das ist ja Macht vor Ordnung.« Nüsslis haben auch einen »Berater« genommen, lic. jur. Paul Wirz, der ebenfalls an die Vormundschaftsbehörde schreibt.

Im jährlichen Inspektionsbericht wird über den Besuch bei Erna, resp. der Familie Schlatter berichtet und damit über jenen Chilbi-Sonntag, als sich auf offener Strasse ein heftiger Streit um das Mädchen abspielte, als ihrer sieben mit Lärm und Hallo kamen, eine berauschte Bande, die alle am Kind rissen. Heute sehe das Mädchen kräftig und gesund aus, habe dicke rote Backen, aber »ein rechtes Nüsslizüngli habe das Kind schon« und »gegen Eigensinn und Trotz gebe es immer zu kämpfen«.

Der Bericht über Robert hält fest, dieser sehe gesund und blühend aus und sein Verhalten gebe zu keinen Klagen Anlass. »Weniger erfreut sind die Hauseltern über Eltern, Geschwister und übrigen Verwandten des Buben«, welche manchmal zahlreich und laut erscheinen. Ernst habe sicher auch seinen Bruder Robert entführen wollen und habe es danach erfolgreich bei Elisabeth probiert. Auch mit Herrn und Frau Kuhn wird von der Inspektionsgehülfin nochmals ein ausführliches Gespräch geführt und deren Sicht der Dinge dargestellt. Die Berichte sind jetzt unterschrieben mit L. Grob-Schwyzer. Die Inspektionsgehülfin ist die Ehefrau von Amtsvormund Dr. Hans Grob geworden.

Im September tritt Elisabeth bei Familie Bachmann in Niederweningen ihre zweite Stelle an. Bachmanns haben zwei Kleinkinder. Familie Nüssli meldet sich kurz darauf bei Familie Bachmann und fragt diese an, ob Elisabeth für ein Wochenende nach Hause kommen könne.

Aus dem Pestalozzihaus Schönenwerd kommen ebenfalls Klagen über Nüsslis. Der Vater und die älteren Brüder versuchten offensichtlich, Werner wegzulocken und sparten nicht an hässlichen Schimpfereien über die Hauseltern. Diese ersuchen um eine Versetzung des Knaben in eine andere Anstalt. Im Winter werden wegen der grassierenden Maul- und Klauenseuche die Besuche in den Pestalozzihäusern untersagt und die Buben können auch nicht in den üblichen Weihnachtsurlaub fahren.

Nach fünf Monaten wollen Bachmanns Elisabeth nicht mehr, sie werde über alle Massen frech und man könne ihr auch nicht trauen mit dem kleinen Knaben, er fürchte sich plötzlich im Dunkeln. Sie kann für einige Tage zu den Eltern von Frau Bachmann, Familie Vollmer in Höngg. Dort erzählt sie der Inspektionsgehülfin im Beisein von Frau Vollmer über sexuelle Gewalt, welche sie mit sechs Jahren vom damaligen Untermieter erlebte. Später sei sie wiederholt von einem Kollegen ihres Bruders Heinrich vergewaltigt worden.

Elisabeth kommt ins Jugendheim und von dort nach Chur zu Familie Forster, die drei Kinder haben. »Sie sind sehr lieb mit mir und verstehen auch sehr viel Spass«, schreibt Elisabeth ihrem Vormund und dessen Frau.

Dr. Grob beantragt bei der Vormundschaftsbehörde nun auch die Fremdplatzierung von Rosmarie und Ernst, worauf Heinrich Nüssli umgehend mit einer Beschwerde reagiert. In seinem Antrag zur Abweisung der Beschwerde schreibt der Amtsvormund, dass die Verhältnisse in der Familie, die jetzt in Altstetten wohnt, sehr misslich seien. Eltern und Kinder erwiesen sich als »sittenlose Krakehler und Blauemacher«, die deshalb jede Arbeitsstelle in Kürze wieder verlieren. Und »Rosmarie strielte immer mit Burschen herum und liess sich schliesslich mit Heinrich Küng, einem ganz minderen Subjekt ein, nächtigte auch mindestens einmal bei ihm, wobei es jedenfalls zum Geschlechtsverkehr kam«. Sie solle für zwei Jahre in ein Arbeiterinnenheim kommen. »Auch der Sohn sei ein Galgenstrick«, er solle in eine Lehrstelle außerhalb von Zürich gegeben werden. Der Aufenthaltsort von Ernst ist unbekannt. Den Anträgen des Vormundes wird entsprochen und die Beschwerde wird abgewiesen.

Für Elisabeth steht ein neuerlicher Wechsel an, Frau Forster will sie nicht mehr, da sie nicht nähen kann, was für diesen Haushalt unabdingbar sei. Elisabeth bedauert das, sie bekommt aber eine andere Stellung in Chur, bei einer Familie Brändli, wo sie den vierjährigen Buben hüten und im Geschäft helfen muss. Der Monatslohn beträgt Fr. 8.–. Sie schreibt an Herrn und Frau Grob Kartengrüße, die sie mit »Ihr Mündel Bethli« unterzeichnet.

Von Erna, die nun in der 1. Klasse ist und den Buben Röbi und Werner in den Pestalozzihäusern kommen gute Inspektionsberichte.

Da die Eltern Nüssli der Aufforderung, den Aufenthaltsort von Ernst und Rosmarie bekannt zu geben, nicht nachkommen, wird strafrechtlich gegen sie vorgegangen, das Verfahren aber von der Bezirksanwaltschaft sistiert. Rosmarie und Ernst werden zur Aufenthaltsforschung ausgeschrieben.

Im Juli 1914 stellt Heinrich Nüssli, etwas mehr als ein Jahr nach Errichtung der Vormundschaft, ein weiteres Gesuch an die Behörde um »Rückgabe der Vaterschaft«. Der älteste Sohn, Heinrich, sei aus dem Arbeitshaus entlassen und nun »wäre es doch gewiss besser, wenn die ganze Familie wieder beisammen wäre«. Das Begehren wird ein paar Wochen später abgewiesen, da die Berichte über die Eltern weiterhin bedenklich seien. Heinrich, der Vater, muss einrücken. Er arbeitet in einer Suppenküche im Stadelhofen.

Robert reißt aus dem Burghof aus und will zu den Eltern, wo er aber aufgegriffen und in den Burghof zurückgebracht wird.

Wegen schlechtem Geschäftsgang und frechem Benehmen kündigen Brändlis Elisabeth. Sie schreibt ihrem Vormund munter, dass er sich keine Sorgen machen müsse, sie werde in Chur oder im Engadin schon eine Stelle finden und für sich selber sorgen. Das will der Amtsvormund nicht, er sucht und findet eine nächste Stelle bei einer Bauernfamilie in der Nähe von Zürich, das aber gefällt Elisabeth und vor allem ihrer Mutter nicht. Elisabeth bleibt bei den Eltern und hütet das Kind einer benachbarten Familie. Nüsslis ziehen einmal mehr um, Elisabeth wird von Dr. Grob ins Jugendheim verbracht.

Die älteren Geschwister, Rosmarie und Ernst, die polizeilich ausgeschrieben sind, tauchen auf. Sie waren seit dem Sommer in Belfort, fanden dort beide eine Stelle und mussten im November zurück in die Schweiz – des Krieges wegen. Sie werden von der Polizei einvernommen und nun wird klar, dass die Eltern Nüssli wussten, wo die beiden waren, dies aber der Amtsvormundschaft verschwiegen. Dr. Grob drängt auf eine Bestrafung der Eltern, der Waisenrat ist damit nicht einverstanden: »Eine nachträgliche Strafe gibt der ganzen Sache den Beigeschmack der Rache und der kleinlichen Rechthaberei.«

Gleichzeitig läuft gegen die Eheleute Nüssli eine Untersuchung wegen Kuppelei, denn die »Berufs-Dirne Kern, genannt Spitz, ist bei Nüssli in der Wohnung abgestiegen.«

Im Januar 1915 kommt Elisabeth an eine neue Stelle, zur Familie Vonmoos in Russikon.

Über Werner im Pestalozzihaus Schönenwerd-Aathal wird im Inspektionsbericht Gutes berichtet und Robert im Burghof »scheint auch ordentlich zu geraten. Die Nüssli-Kinder haben gute Anlagen, müssen aber dem Einfluss der Eltern ganz entzogen werden.« Auch der erste Bericht über Elisabeth in Russikon tönt gut, Frau Vonmoos ist sehr zufrieden, das Mädchen sei »willig, flink und fleissig«.

Im April 1915 ergeht erneut ein »Gesuch um Rückgabe der Vaterschaft« von den Eltern Nüssli an das Waisenamt, sie schreiben unter anderem: »Seien Sie so gut und geben Sie die Kinder den Eltern wieder, wir haben nun 2 Jahre mit Sehnsucht auf sie gewartet und werden sie so gut es unserer Kräfte vermögen zu guten und braven Menschen erziehen.« Gleichzeitig rät Rosmarie ihrer jüngeren Schwester ganz unverhohlen, wie sie sich bei Vonmoos' unbeliebt machen soll mit Klagen über zu strenge Arbeit und vorgetäuschte Schmerzen im Unterleib. »Lasse nur nicht alles mit dir machen so wird sie dich von selber nicht mehr wollen und Grob mitteilen Bethli arbeitet nicht mehr so viel wie am Anfang.« Zehn Tage später läuft Elisabeth bei Familie Vonmoos weg zu den Eltern, sie erkrankt dort an einer Blinddarmentzündung. Frau Vonmoos findet obigen Brief und ist nicht mehr bereit, Elisabeth nach deren Gesundung wieder aufzunehmen.

Eine Beschwerde der Familie Nüssli gegen den Hausvater des Pestalozzihaus Burghof wegen schlechter Behandlung von Robert, geht beim Waisenrat ein und wird dem Vorstand des Schulwesens zur Abklärung weitergeleitet.

Das Begehren um Rückgabe der Kinder wird abgelehnt und Nüsslis werden von der Vormundschaftsbehörde aufgefordert, »sich zukünftig jeder ungünstigen Beeinflussung der versorgten Kinder zu enthalten.« Heinrich Nüssli antwortet mit einem vehementen Protestbrief, indem er heftig auf die Arbeitgeber von Elisabeth und den Leiter des Burghofs, Ammann, schimpft. Und auch der Amtsvormund bekommt seinen Teil ab. Die Aktennotiz der Waisenräte dazu lakonisch: »Auf den Protest Nüssli wird nicht eingetreten und die Entscheidung der Oberbehörden ruhig abgewartet.« Indessen soll Elisabeth einmal mehr ins Jugendheim verbracht werden, die Eltern verweigern dies aber. So wird sie von Inspektionsgehülfin Frl. Haupt in Begleitung zweier Detektive von zu Hause weggeholt und in den Heimgarten Bülach gebracht. Jetzt brennen Vater Nüssli die Sicherungen durch und er schreibt an den Amtsvormund unter der Anschrift »Schuftenhund, Seelenmörder, samt Hauptin« wüste Vorwürfe über dessen

Vorgehensweise, die Polizei, Frl. Haupt und den Heimgarten. Dort ist Elisabeth schon wieder weg, »durchs Küchenfester durchgebrannt.« Sie muss dafür mit drei Tagen Arrest in der Schipfe büssen. Und dem Vater wird »für sein ungebührliches Verhalten der Vormundschaftsbehörde gegenüber und wegen seiner Beschimpfung einer Amtsperson eine Ordnungsbusse von 15 Frk. auferlegt«. Amtsvormund Dr. Hans Grob sucht das Gespräch mit Nüsslis. In einer »gründlichen Aussprache« versprechen diese, Elisabeth künftig in Ruhe zu lassen und sich an die Anordnungen des Vormundes zu halten. Er verzichtet auf eine Ehrverletzungsklage (am Genugtuungsbetrag von je zehn Franken für ihn und Frl. Haupt hält er jedoch fest) und lässt Herrn und Frau Nüssli Erklärungen unterschreiben, in denen sie die »ehrenrührigen Anreden« als »gänzlich unberechtigt« deklarieren. Dr. Grob sucht im Bündnerland und Engadin nach einer neuen Stelle für Elisabeth und lässt zu diesem Zweck in lokalen Zeitungen ein Inserat erscheinen.

Das an den Bezirksrat weiter gezogene Begehren Nüsslis »auf Wiederherstellung der elterlichen Gewalt« wird abgewiesen.

Bei der Beschwerde über den Hausvater des Burghofs ist Vater Nüssli insofern erfolgreich, als Robert von dort wegversetzt wird und ins Pestalozzihaus Schönenwerd kommt, obwohl sich die Anklage – durch die von Stadtrat Pflüger vorgenommene Untersuchung – als grundlos erwies.

Vater Nüssli schickt erneut einen Brief mit Vorhaltungen an den Vormund, der jetzt eine Ehrverletzungsklage beim Friedensrichteramt erhebt.

Elisabeth kommt nach St. Gallen zu den Eheleuten Wagner. Er ist Vertreter bei »Maggi« und häufig auf Reisen. Frau Wagner ist in Erwartung des ersten Kindes. Zwischen Familie Nüssli und Elisabeth geht eine Korrespondenz hin und her in der immer wieder beteuert wird, dass der Vater nächstens Erfolg haben werde gegen die Bevormundung und sie nach Hause kommen könne. Und sie berichten, dass Werni fortgelaufen sei aus Schönenwerd, alles zu Fuß bis nach Wiedikon. Sie hätten ihn aber wieder zurückgeschickt, obwohl er ungern gegangen sei.

Im November 1915 verfasst Dr. Grob den 1. Vormundschaftsbericht zuhanden des Bezirksrates, den er mit folgenden Sätzen eröffnet: »Familie Nüssli ist vollkommen degeneriert, in moralischer und sittlicher Hinsicht ganz heruntergekommen, unglaublich verlogen, heuchlerisch. Es ist ein Glück wenigstens für die 4 jüngeren Kinder, dass Ihre Behörde am 2.V.1913 ihre anderweitige Unterbringung beschloss.« Er beantragt dann, dass Heinrich zufolge seiner Volljährigkeit aus der Vormundschaft entlassen und die Vormundschaft von Erna der

Behörde von Sünikon-Steinmauer übertragen werde. Für Ernst und Rosmarie hätten nie vormundschaftliche Maßnahmen ergriffen werden können und es habe sich gezeigt, »dass bei diesen Kindern nichts mehr zu verderben und zu gewinnen wäre.«

Elisabeth verschwindet nach knapp zwei Monaten bei Wagners, nachdem dort ein Konflikt um verschwundenes Kleingeld stattgefunden hatte, und taucht zu Hause auf. Mutter Nüssli beschuldigt Wagners, Elisabeth schlecht behandelt und ihr zu wenig zu Essen gegen zu haben. Der gerufene Arzt, der kurz vorher eine Schwangerschaft bei der älteren Schwester Rosmarie konstatiert hat, sagt, es könne »nichts Krankhaftes festgestellt werden, höchstens etwas Blutarmut infolge Wachstum.«

Ein Inspektionsbesuch in Schönenwerd-Aathal bei Röbi und Werner ergibt vorwiegend Positives. »Sie geben beide nicht zu Klagen Anlass, leisten auch in der Schule was sie können.« Robert ist über den Wechsel von Burghof nach Schönenwerd begeistert und möchte »um alles in der Welt nicht mehr tauschen.« Auch über die Eltern könne man nicht klagen, sie kämen an den Besuchtagen, der Vater habe »das letzte mal den Buben ganz gehörig zugesprochen.« Auch Erna in Sünikon geht es gut, sie macht einen freundlichen Eindruck und ist ein zutrauliches, folgsames Kind.

Jetzt will der Amtsvormund Elisabeth definitiv in den Heimgarten einweisen und lässt sie polizeilich zu Hause abholen und vorerst in die Schipfe bringen. Heinrich Nüssli erhebt daraufhin Beschwerde bei der Justizdirektion gegen Dr. Grob. Dieser beantragt gleichzeitig bei der Armenpflege Höngg die »korrektionelle Versorgung des Vaters und eventuell auch der Mutter Nüssli«. Das wird von der Armenpflege »infolge finanzieller Rücksichtnahme« abgelehnt. Zur Klärung der Vorwürfe der schlechten Behandlung von Elisabeth bei Wagners werden die Parteien – Nüsslis mit Tochter, Herr Wagner, Frl. Haupt – von Stadtrat Pflüger zu einer Rücksprache eingeladen. Wagner muss einiges eingestehen.

Elisabeth wird gestattet, über Weihnachten zu Hause zu bleiben und dann in den Heimgarten einzutreten. Doch die zuständige Aushülfe in der Inspektion wird am verabredeten Termin ausgetrickst, Elisabeth taucht am Bahnhof auf und verschwindet unter einem Vorwand wieder. Der zweite Versuch, Elisabeth durch die Polizei zu Hause abzuholen, scheitert auch, die Mutter besteht darauf, sie wisse nicht wo die Tochter sei. Die Polizei beantragt daraufhin, den Eltern Nüssli und Sohn Heinrich die Niederlassung in der Stadt Zürich zu entziehen. Am 18. Januar 1916 erfährt der Amtsvormund, dass Elisabeth seit dem 3. Januar bei Straßenwärter Sebastian Notz in Seebach sei. Dieser wäre bereit, Elisabeth bei sich und seinen drei Buben zu behalten, sie wird jetzt aber in den Heimgarten verbracht.

Die Beschwerde gegen Amtsvormund Dr. Grob wird abgewiesen. Die Vormundschaftsbehörde erwägt, Vater und Sohn Nüssli korrektionell zu versorgen. Ende Februar wird vom Bezirksgericht betreffend Ehrverletzung entschieden: »Der Angeklagte wird verurteilt zu einer Gefängnisstrafe von 4 Tagen und zu einer Geldbusse von Fr. 30.–.« Elisabeth ist bereits wieder aus dem Heimgarten entwichen und sitzt auf der Polizeiwache eine Arreststrafe ab. Der Vater gelangt mit dem Begehren an die Behörde, Elisabeth solle aus dem Heimgarten weg und zu Straßenmeister Notz platziert werden. Bald darauf geht von ihm ein sehr langes und ausführliches Schreiben bei der Vormundschaftsbehörde und beim Bezirksrat Zürich ein unter dem Titel »Die Leiden der Elisabeth Nüssli«. Darin beschreibt er aus seiner Sicht die Zeit seit Elisabeth »unschuldig bevormundet« ist, von 1913 bis heute, März 1916. Alle Aufenthaltsorte und Arbeitsstellen Elisabeths werden aufgelistet und kommentiert und hervorgehoben, wie schlecht es die meisten Arbeitgeber und vor allem auch der Amtsvormund mit Elisabeth meinten. »So behandelt man nicht einmal eine Verbrecherin, geschweige denn ein so armes unschuldiges Mädchen. Wir wollen jetzt sehen, was die hohe Regierung zu solchem Treiben sagt.« Eine Woche später ist die nächste Beschwerde beim Waisenrat, diesmal gegen den »Vogtbericht« d.h. Vormundschaftsbericht von Dr. Grob. Heinrich Nüssli protestiert energisch gegen die Ausdrücke, mit denen seine Familie tituliert wird und beklagt sich sehr über die Interventionen des Amtsvormundes sowie den Einsatz von Polizisten. Er bittet einmal mehr um »Absetzung dieses Vormundes Herrn Dr. Grob sowie um Einsetzung meines Vaterrechtes.« Unterschrieben ist dieses Gesuch auch von der Mutter Rosmarie Nüssli sowie von Sohn Heinrich.

Im April werden an verschiedenen Wohnorten umfangreiche Erkundigungen über Nüsslis eingezogen. Diese sind zwischen 1912 und 1916 rund ein dutzend Mal umgezogen. Manchmal blieben sie nur ein paar Wochen, oft nur drei Monate in einer Wohnung. Die Aussagen sind fast durchwegs verheerend für die Familie: Sie werden betitelt als »bedenkliche Gesellschaft«, »Hurenbande«, »unheimliches Pack«. Sie hätten ständig Streitereien gehabt, nicht gearbeitet, dafür umso mehr getrunken, Schulden gemacht, gestohlen. Die Töchter seien schon früh sittlich verwahrlost, »Burschen und Mädchen der schlimmsten Sorte« hätten dort verkehrt, »das reinste Bordell«. Abends sei jeweils der Tanz losgegangen oder Krach. »Wenn man etwas zu den Leuten sage, schiebe der Mann alle Schuld an dem Treiben auf die Frau, und sie regelmässig auf den Mann, jedes spiele die Unschuld, prügeln dann einander halb tot, und wenn es an das wüste Leben gehe, seien sie wieder ganz einig«, so zitiert Frl. Haupt Aussagen der gegenwärtigen Nachbarschaft. Gestützt auf dieses Material erklärt sich die Armenpflege Höngg als Heimatgemeinde der Nüsslis mit der Bevormundung der Eheleute Nüssli und der Einweisung des Mannes in eine Korrektionsanstalt einverstanden. In den ebenfalls zitierten Protokollen der Armenpflege geht es vor allem um Kostengutsprachen für die bevormundeten Kinder und punktuelle Auslagen für die Familie; die Gemeinde hat von 1913 -1916 insgesamt Kosten von Fr. 6 969.28 bezahlt.

Vater Nüssli ist unermüdlich. Im Mai informiert er Stadtrat Pflüger, dass Elisabeth nicht mehr im Heimgarten sei, sondern von ihm zu einer tüchtigen Damenschneiderin aufs Land in die Lehre gegeben würde, »da ich es für besser finde das meine Tochter einen Beruf erlernt, als das sie in einer Anstalt verdorben wird«.

Der Amtsvormund wird von der Vormundschaftsbehörde der Stadt Zürich gebeten, Stellung zu beziehen zu den letzten drei Beschwerden der Eheleute Nüssli, weiteren Schreiben von Heinrich Nüssli sowie dem oben zitierten Schreiben an den Stadtrat. Dr. Grob antwortet mit einem ausführlichen Bericht, der in den Antrag mündet: »Sie wollen 1. die Beschwerden als unbegründet abweisen, 2. mich ermächtigen die Tochter Elisabeth dem Arbeiterinnenheim Derendingen für die vorgeschriebene Dauer von 4 Jahren zu überweisen, 3. die Armenpflege Höngg einzuladen, den Vater Nüssli für die Dauer von 2 Jahren korrektionell zu versorgen und gleichzeitig der Mutter und dem Sohn Heinrich die korrektionelle Versorgung von gleicher Dauer anzudrohen für den Fall, dass sie künftig sich nicht klaglos führen, insbesondere nicht jeder ungünstigen Beeinflussung der Erziehung der Kinder sich enthalten.« Dem Antrag des Amtsvormundes wird von der Vormundschaftsbehörde vollumfänglich entsprochen. Vom Bezirksrat wird die Dauer der Versorgung von Heinrich Nüssli dann auf ein Jahr reduziert.

Wenige Wochen später kommt ein weiterer einschneidender Entscheid, diesmal vom Stadtrat von Zürich: »Den Eheleuten Nüssli-Halder, sowie deren Sohn Heinrich wird die Niederlassung in der Stadt Zürich mit Wirkung ab dem 1. August 1916 auf die Dauer von 10 Jahren entzogen.«

Robert reißt aus dem Pestalozzihaus Schönenwerd aus, worauf die Heimkommission beschließt, die Brüder Robert und Werner zu entlassen und der Vormund wird ersucht, »so rasch als möglich für anderweitige Versorgung der beiden besorgt zu sein«. Schließlich willigt die Heimkommission ein, Werner auf Zusehen hin zu behalten, für den sechzehnjährigen Robert soll eine Lehrstelle gesucht werden. Aber auch er kann, bis es soweit ist, in Schönenwerd bleiben, denn »Röbi sei ein Bursche, der einem Freude machen könne, intelligent und fleissig, zugänglich. Nur von Zeit zu Zeit ein Trotzkopf«.

Elisabeth, die vorübergehend in der Bürgerstube platziert war, brennt durch »indem sie sich des Nachts an zwei zusammengeknüpften Leinentüchern vom Fenster an der Hausmauer herunterliess«. Der Vormund hatte den Vertrag mit dem Arbeiterinnenheim Derendingen schon unterschrieben. Dann kommt ein Brief von Elisabeth aus Bitterfeld, in dem sie dem Vormund mitteilt, dass sie in einer guten Familie mit fünf Kindern, sehr zufrieden und gut aufgehoben sei. Sie hätte so weit weggehen müssen, »da Sie mir den Frieden und die Freiheit ja nicht gönnen wollten, sondern mich immer nach dem berüchtigten Beamtenschema behandelten«. Dr. Grob versucht vergeblich, Elisabeth via Meldeämter in Deutschland ausfindig zu machen.

Heinrich Nüssli rekurriert gegen die korrektionelle Versorgung beim Regierungsrat. Dieser weist, gestützt auf die Akten ausführlich begründet, den Rekurs Ende 1916 ab und leitet die Einweisung sofort ein.

Noch immer ist der Aufenthaltsort von Elisabeths unbekannt und nun wird der Mutter mit der eigenen korrektionellen Versorgung gedroht, wenn sie diesen den Behörden nicht mitteile. Sie verweigert jedoch die Auskunft. Der Amtsvormund erhält einen telefonischen Hinweis aus Wallisellen, auf eine Adresse in Bitterfeld, wird aber von der dortigen Polizei informiert, dass weder ein entsprechender Name noch eine solche Adresse existiere.

Gleichzeitig sucht Dr. Grob eine Lehrstelle für Robert, der gerne einen Beruf auf der »Eisenbranche«, Schlosser oder Mechaniker, erlernen möchte. Er bekommt eine Zusage von Schlossermeister Mattmann in Wernetshausen.

Am 22. Mai 1917 wird Elisabeth von der Polizei bei ihrer Mutter, die inzwischen in Seebach wohnt, nach mehreren vergeblichen Versuchen verhaftet. Sie gibt zu Protokoll, sie habe sich seit ihrer Entweichung aus der Schipfe vor zehn Monaten vor allem bei Emil Gloor, Schuhmacher, an der Hürststraße in Seebach versteckt gehalten. Dieser gelangt mit einem Brief an Stadtrat Pflüger in dem er diesen bittet, Elisabeth bei ihm zu belassen als Haushalthilfe und zur Versorgung seiner Kinder. Der Stadtrat geht auf diesen Vorschlag nicht ein. Da der Amtsvormund davon ausgeht, die Mutter habe den Aufenthaltsort ihrer Tochter gekannt, beantragt er, wie angedroht, ihre korrektionelle Versorgung.

Elisabeth wird am 15. Juni 1917 mit Polizeitransport nach Derendingen gebracht, am 18. Juni ist sie bereits wieder weg, indem sie sich durchs Fenster hinunterließ. In der polizeilichen Ausschreibung vermerkt Dr. Grob, dass das Mädchen wohl bei Gloor, jetzt an der Spitalgasse in Zürich, zu finden sei, da dieser kürzlich versichert habe, er werde es baldmöglichst heiraten.

Robert hat seine Lehrstelle in Wernetshausen angetreten und verspricht dem Vormund, sich an der Stelle gut zu halten und »all mein Fleiss und Energie in die Arbeit« zu setzen. Allerdings beklagt er sich sehr über die Auflage des Vormundes, keinen Kontakt zu seiner Familie zu haben und legt auf rührende Weise ein gutes Wort für seine Familie ein und plädiert für Nachsicht und Verständnis seinen Eltern gegenüber.

Unangemeldet erscheint Frau Gloor auf der Amtsvormundschaft, sie sei seit vier Wochen von ihrem Mann geschieden. Drei der Kinder seien bei ihr, zwei bei ihrem Mann. Elisabeth habe während der Monate bei ihnen nichts geholfen, sei im Bett gelegen und habe gelesen und ihr Mann habe sie verwöhnt. Er habe ihr wohl auch zur Flucht aus dem Heim geholfen. Drei Wochen später kommt Frau Gloor erneut und berichtet, Elisabeth sei wohl schwanger und verstecke sich bei ihrem Ex-Mann, aber so geschickt, dass sie die Polizei nicht finden könne. Die beiden gelangen mit mehreren Briefen an Stadtrat Pflüger mit der Bitte, heiraten zu dürfen. Es finden auch Gespräche zwischen Emil Gloor und dem Amtsvormund statt. Dieser kommt schließlich den beiden so weit entgegen, dass Elisabeth bei ihm arbeiten, aber bei einer benachbarten Familie wohnen soll.

Robert erkrankt an einer ernsthaften Lungenentzündung und kommt ins Krankenasyl Rüti, wo ihn Dr. Grob besucht. Er beklagt sich über die Grobheit und Unfreundlichkeit seines Lehrmeisters und bittet darum, die Stelle wechseln zu können. Der Vormund stimmt nach einem Gespräch mit dem Lehrmeister zu. Kurz vor Weihnachten kann Robert gesund entlassen werden und kann bis zum Antritt einer neuen Stelle zu seiner Familie. Am 24. Dezember 1917 erreicht den Amtsvormund eine Karte: »Die besten Weihnachtsgrüsse sendet Fam. Nüssli, Oerlikon«, und am 31. Dezember folgen noch herzliche Glückwünsche zum Jahreswechsel. Der älteste Sohn, Heinrich, setzt sich bei Stadtrat Pflüger dafür ein, dass Robert bei der Familie wohnen bleiben kann und Emil Gloor und Elisabeth versuchen unermüdlich, vom Amtsvormund wie von Stadtrat Pflüger endlich die Heiratsbewilligung zu erhalten.

Da Rosmarie Nüssli gegen den Beschluss des Bezirksrates, sie in eine Korrektionsanstalt einzuweisen, Rekurs eingelegt hat, werden im Februar 1918 wieder umfangreiche Nachfragen an den letzten Wohnorten der Familie eingeholt. Ganz so schlimm wie in den vorigen Inspektionsberichten tönt es jetzt nicht mehr – »offenbar nehmen sich die einzelnen Familienmitglieder nun mehr zusammen« – aber sie fielen an allen Wohnorten negativ auf. Amtsvormund Grob beantragt bei der Direktion der Justiz und Polizei den Rekurs von Rosmarie Nüssli abzuweisen. Vater Nüssli ist seit Neujahr wieder zu Hause.

Für Robert zeigt sich eine Lösung: Er wird bei seinem Bruder Heinrich wohnen, der nächstens heiraten will, und bei Mechaniker Huwyler in Oerlikon die Lehre fortsetzen. Die Heirat muss allerdings mangels Geld immer wieder verschoben werden. Elisabeth zieht mit Emil Gloor an den Neumarkt 17, im Niederdorf. Der Inspektionsgehülfin macht Elisabeth einen »leichten, ganz niederdorfmässigen« Eindruck.

Im Juli 1918 muss Dr. Grob den 2. Vormundschaftsbericht abliefern. Sein Resümee: Rosmarie ist volljährig und verheiratet, über sie wie ihren ebenfalls volljährigen Bruder Ernst gingen keine besonderen Klagen ein. Zu Elisabeth erläutert er ihre aktuelle Situation mit Emil Gloor, von Robert berichtet er, der neue Lehrmeister sei mit dessen Betragen und Leistung zufrieden. Werner ist noch im Pestalozzihaus Schönenwerd und die Berichte von dort sind durchwegs gut, und Erna schließlich entwickle sich positiv bei Schlatters in Sünikon. Die Vormundschaften von Rosmarie und Ernst entfallen wegen Volljährigkeit, die Vormundschaften von Robert und Werner werden nach Oerlikon übertragen, diejenige von Erna in Steinmaur bleiben und, so beantragt Dr. Grob, er sei nur noch als Vormund von Elisabeth zu bestätigen. Der Antrag des Amtsvormundes wird von der Vormundschaftsbehörde genehmigt.

Im August 1918, fast elf Monate nach dem Entscheid, Rosmarie Nüssli sei in eine Korrektionsanstalt einzuweisen, wird von der Direktion der Justiz und Polizei des Kantons Zürich verfügt, der Beschluss des Bezirksrates solle nicht vollzogen werden, so lange Frau Nüssli zu keinen weiteren Klagen Anlass gebe. Martin Schaller-Nüssli und seine Frau Rosmarie, beantragen bei der Armenpflege Höngg, Werner Nüssli nach Abschluss der Schule zu sich zu nehmen und in einer Lehre zu schicken. Die eingezognen Berichte über das junge Paar, dessen zweijähriges Kind bei den Grosseltern Nüssli in Oerlikon ist, lauten zufrieden stellend, so dass diese Lösung ins Auge gefasst wird.

Miserabel tönt, was die Inspektionsgehülfin vom Zusammenleben Emil Gloors und Elisabeth Nüsslis in Erfahrung bringt: Elisabeth sei brutal zu den Kindern, vor allem das Mädchen werde oft geschlagen und müsse die ganze Hausarbeit erledigen, während sie selbst im Bett liege. Sie werde von Emil Gloor mit Kleidern und häufigen Ausgängen verwöhnt, dann hätten sie aber auch wieder Streit und sie werde von ihm geschlagen. Sogar Elisabeths Familie findet, sie müsse dort weg, es tue ihr nicht gut. Sie sollte »wieder einmal erfahren was schaffen heisst, und ein ordentlicher Mensch werden«. Und in einem kurzen Nebensatz: »Übrigens macht Frau Nüssli ordentlichen Eindruck, auch das Kind Schaller-Nüssli sieht gut aus; die Wohnung ist tadellos sauber und aufgeräumt.«

Elisabeth beklagt sich beim Vormund, sie habe noch Kleider bei ihrer Familie und diese wollten sie nicht herausrücken, er solle sich doch dafür einsetzen. Vater Heinrich Nüssli erklärt dem Amtsvormund in einem kurzen, höflichen Brief, warum die Kleider bei ihnen sind – nämlich weil Elisabeth nach einem heftigen Streit mit Gloor nach Hause gekommen sei – und ist für einmal einverstanden mit dem Vormund: Er sei »mit einer eventuellen Heirat mit diesem traurigen Gloor absolut nicht einverstanden«. Es ist nicht anzunehmen, dass die Proteste von Vater und Vormund erfolgreich waren. Elisabeth wird im Frühling 1919 volljährig und damit aus der Vormundschaft entlassen. Das Dossier der Familie Nüssli bei der II. Amtsvormundschaft schließt mit den Sätzen: »Die Verehelichung mit Gloor wird vermutlich in den nächsten Wochen stattfinden. Grund zum Fortbestand vormundschaftlicher Massnahmen besteht aber zur Zeit nicht. Elisabeth wird wohl ein Sorgenkind bleiben. Kein Vermögen.«

2. Walter Duss:
»moralisch verkümmert« aber »erziehungsfähig«

Aktenkundig wird Familie Duss im Jahr 1914, kurz nachdem Viktor, das jüngste der fünf Kinder, geboren wurde. Zwanzig Jahre später, 1934 also, schließt das Dossier mit dessen Volljährigkeit. Der älteste Sohn, Friedrich, ist 1902 geboren. Der zweitälteste Sohn, Walter, ist 1907 zur Welt gekommen, die Tochter, Anna, 1909 und Hans, der Zweitjüngste, 1911. Von Walter – dem größten Sorgenkind – gibt es eine umfangreiche Korrespondenz mit dem Vormund, in der Walter die Stationen seiner Jugend, sein Unbehagen, seine Ängste und Nöte schildert.

Der Vater, Friedrich Duss, ist schon vor 1914 bei der Vormundschaftsbehörde bekannt. Er trinke, kümmere sich nicht um seine Familie, sei grob und schlage die Kinder. Familie Duss lebt in Armut, die Kinder hungern oft, Mobiliar ist nur das allernotwendigste vorhanden. Vom Lohn des Vaters scheint kaum etwas zur Familie zu kommen. Die Mutter verdient mit Heimarbeit für den Frauenverein ein wenig dazu. Unter diesen Bedingungen und nicht richtig erholt vom Wochenbett mit Viktor, übersteigt die Pflege der Kinder und des Haushaltes ihre Kräfte. Im ersten Inspektionsbericht heißt es: »Frau Duss sieht sehr hülfsbedürftig aus; müde, abgeschlagen.« Trotzdem: »Die Frau machte einen ordentlichen Eindruck, sie scheint bemüht Haushalt und Kinder in Ordnung zu halten.« Das werden ihr die Behörden während der ganzen zwanzig Jahre zu Gute halten, dass sie mit bescheidensten Mitteln einen sauberen und ordentlichen Haushalt führt.

Von der Vormundschaftsbehörde werden Friedrich Duss der Entzug der elterlichen Gewalt und die eigene Bevormundung angedroht, wenn er nicht ab sofort ein arbeitsameres und solideres Leben führe und seinen Pflichten gegenüber seiner Familie nicht gewissenhaft nachkomme. Die Pflege und Erziehung der Kinder wird unter die Kontrolle des dritten Amtsvormundes, Dr. Hermann Häberli, gestellt.

Im März 1915 stirbt Friedrich Duss an Nierenschrumpfung und Lungenblutung. Die Familie zieht in eine billigere Wohnung. Die drei Zimmer kosten Fr. 36.–. Von der Gemeinde erhält Frau Duss Fr. 30.–. Vor allem aber findet Frau Duss eine Stelle als Weberin in der Seidenfabrik Stierli an der Seestrasse, wo sie monatlich zwischen Fr. 120.– und 140.– verdient. Sie wird dort achtzehn Jahre bleiben und nach Beendigung der Schule wird auch ihre Tochter Anna dort Arbeit finden. Vorläufig sind die Kinder tagsüber in Krippe und Hort versorgt.

Die beiden älteren Söhne, Friedrich und Walter, kommen zur Schwester des verstorbenen Vaters und deren Mann nach Bern. Herr und Frau Bruggisser sind kinderlos und leben in guten Verhältnissen. Herr Bruggisser ist Eichmeister.

Frau Duss muss in den kommenden Jahren mit dem Allernotwendigsten auskommen. Sie ist immer wieder krank, muss sich auf der Lungenfürsorgestelle untersuchen lassen und bekommt wegen allgemeiner Schwäche und Anämie einen Landaufenthalt verordnet. Auch die drei kleinen Kinder werden regelmäßig im Sommer in die Ferien geschickt, die Armenpflege kommt für die Kosten auf. Im Beistandschaftsbericht 1919 heißt es über diese armen Verhältnisse lakonisch: »Die Verhältnisse sind nach wie vor ordentliche.«

Friedrich und Walter sind bei Tante und Onkel Bruggisser in Bern und gehen dort zur Schule. Von Walters Lehrer geht ein Brief nach Zürich, der ihn folgendermaßen schildert: »Gut begabt, aber immer zu Dummheiten aufgelegt. Nie um Ausreden verlegen (…). Hervorstechende Eigenschaft an ihm ist seine Renommiersucht, er will sich hervortun und auszeichnen, dann tritt auch etwa Jähzorn zu Tage.« Friedrich, der Älteste, kommt nach Beendigung der Schule und sechs Monaten Handelsschule nach Lausanne, wo er eine Lehre als Hotel-kellner absolviert. Als er wegen Unredlichkeiten die Stelle vor Lehrabschluss verlassen muss, brennt er mit Walter, der seine obligatorische Schulzeit soeben abgeschlossen hat, nach Zürich durch, »weil Bruggissers so grob sind«.

Der neu zuständige Amtsvormund, Dr. Schneider, macht für die beiden jungen Männer je ein »Programm«: Friedrich soll entweder die Ausbildung zum Hotelsekretär beenden oder eine Handelsschule besuchen. Walter soll in einer geeigneten Erziehungsanstalt mit Landwirtschaftsbetrieb versorgt werden und nach Ablauf eines Jahres seine definitive Berufswahl treffen. Er tritt im Frühjahr 1921 ins Pestalozzihaus Burghof ein, wo sich »Walter nun hoffentlich zu einem tüchtigen, brauchbaren Menschen entwickeln wird«. Nach einem Jahr berichtet Lehrer Ammann vom Burghof, Walter sei noch »wie ein 5. Klässler, körperlich zurückgeblieben, mittelmässig begabt, wenn gewisse Störungen nicht wären, könnte er ein gut mittelmässiger Schüler sein«. Die Störungen äußern sich so, dass Walter sich nicht konzentrieren kann, bald müde ist, flüchtig und vergesslich. Es wird beschlossen, ihn ein zweites Jahr im Burghof zu lassen. Danach soll er zu Bruggissers zurück und eine Lehre machen. Im zweiten Jahr im Burghof reißt Walter mit zwei Kollegen aus, sie reisen nach Zürich, wo er aus der mütterlichen Wohnung Fr. 20.– entwendet. Frau Duss fürchtet, Walti »schlage seinem Vater nach« und der Hausvater im Burghof lässt verlauten, »nun müsse er dem Bürschchen etwas consequenter entgegentreten«.

Friedrich hat eine Stelle im Hotel Excelsior in Rom in Aussicht. Da erkrankt er an Pocken und kann zum abgemachten Zeitpunkt nicht fahren. Nach seiner Genesung arbeitet er bis zum Eintritt in die Rekrutenschule im Hotel Schwei-zerhof in Basel. Er wird, da volljährig, aus der Beistandschaft entlassen. Später wandert er nach Amerika aus und einmal schreiben Bruggissers dem Amtsvor-mund, sie seien enttäuscht, nie mehr von Friedrich zu hören.

Inzwischen wohnt Hans, der Zweitjüngste, schon seit geraumer Zeit bei Bruggissers, es scheint ihm zu gefallen und Tante und Onkel haben Freude an ihm. Frau Duss hat noch Anneli und Viktor bei sich, sie »sind gut dran, auch Frau Duss geht es gesundheitlich besser, der Ferienaufenthalt hat ihr wieder sichtlich Kräftigung gebracht«, so im Inspektionsbericht vom November 1922.

Walter wird im Frühjahr 1923 aus dem Burghof entlassen und zu »Albert Rosset, agriculteur in Curtilles«, in Stellung gegeben, »mit Rücksicht auf die schwache Constitution« ohne Lohn, nur für ein Sackgeld. Das und alles ande-re geht aber nicht gut. Bereits nach einem Monat schreibt sein Meister an Brug-gissers und den Amtsvormund, dass es mit Walter nicht gehe, er sei frech, faul und bösartig. Ganz anders tönt es im Brief, den Walter an Tante und Onkel schreibt und ausführlich darlegt, »dass ich nun einmal einen schlechten Platz getroffen« und es bei Rossets nicht gehen könne. »Ich möchte niemals mehr in den Burghof, weil das ja die grösste Schande eines Menschen ist in einer Anstalt zu sein, aber ich sage Euch, dass ich es dort 100 mal schöner hatte als jetzt hier. Ich schaffe ja gerne und bin ja jetzt auch in den Jahren wo ich schaffen soll. Aber ich meine hier ist es doch zu sehr übertrieben. Ich habe doch immer 15 Stundentag. Am Morgen um 5 Uhr auf und am Abend um 10-11 Uhr ins Bett.« Noch einen Monat beschäftigen ihn Rossets, dann geht er für 4 Wochen zu einem anderen Bauern und ist dann für kurze Zeit bei der Mutter, wo er sich ganz grob und unverschämt benehme und dem Anneli Geld genommen habe. Der Amtsvormund sucht intensiv nach einer neuen Stelle und wird fündig bei Familie Eich in Sulzbach.

Onkel Bruggisser zieht sein Angebot zurück, Walter für sein Geschäft heranziehen zu wollen »nach den bis jetzt von Walti gezeigten Karraktereigenschaften« soll Hans diese Chance bekommen.

Fünf Monate dauert das Arbeitsverhältnis in Sulzbach, dann wird der Vormund von Hermann Eich dringend ersucht, sein Mündel »wegen wiederholtem pflegelhaftem Benehmen« unverzüglich abzuholen. Walter kommt ins Knabenheim und kann drei Wochen später eine Lehrstelle bei der Konditorei Hüsler in Baden antreten, wo er auch Kost und Logis erhält. Der Lehrvertrag kommt nicht zu Stande, Walter wird schon während der Probezeit entlassen. Er stiehlt seinem Kollegen und in der Bäckerei Geld und »ohne ein absolutes Vertrauen ist ein Lehrverhältnis undenkbar und unmöglich«, schreibt Herr Hüsler. Es steht ein neuerlicher Aufenthalt im Knabenheim an und Amtsvormund Dr. Schneider gibt bei Dr. Moos, Psychiater des Vormundschafts- und Armenwesens, »für die weitere Behandlung des Falles« ein Gutachten in Auftrag. Dieses hält »Moralitätsdefekte« fest, »ein deutliches Verkümmern moralischer Gefühlsbetonung« sowie »üble Eigenschaften: Flüchtigkeit, Vergesslichkeit, Fehlen von Arbeitsfreude und -willen«. Der Aufenthalt im Burghof habe aber gezeigt, »dass bei konsequentem Anpacken er sich noch am ehesten halten kann«. Das bedeutete, dass Walter Duss noch erziehungsfähig sei, »wenn er, wie schon der erste Lehrer betont, recht lange unter konsequenter und richtiger Leitung steht«. Dr. Moos empfiehlt eine Einweisung in die Zwangserziehungsanstalt Aarburg, »wo er zu einer Berufslehre angehalten und ausgebildet werden kann«. Die Vormundschaftsbehörde Zürich stimmt dem Antrag von Dr. Schneider zu, »seinen Schutzbefohlenen für die Dauer von drei Jahren in die Zwangerziehungsanstalt

Aarburg einzuweisen«. Das Kostgeld von Fr. 900.– jährlich übernimmt die Einwohnerarmenpflege. Im August 1924 wird Walter in die Aarburg gebracht. Nach vierzehn Tagen unternimmt er den ersten Fluchtversuch, der allerdings nur zwei Tage dauert. Dann lesen wir erst ein Jahr später wieder von ihm, nach dem ersten Besuch des Vormundes in der Aarburg. Walter absolviert eine Schneiderlehre und habe »sich nun in die Anstaltsordnung gefügt, hat scheinbar Freude am ergriffenen Beruf«.

Inzwischen hat Anna die Schule mit der 2. Sekundarklasse beendet und möchte gerne Verkäuferin lernen. Sie findet eine Lehrstelle beim Warenhaus Globus, dort wird aber nach zwei Monaten festgestellt, dass sie nicht die geringste Eignung zum Verkäuferinnenberuf habe.

Kurz nach dem oben erwähnten Besuch des Vormundes entweicht Walter Duss erneut mit einem Kollegen zusammen und wird polizeilich ausgeschrieben. Nach zwei Wochen wird er in Basel »wegen Velodiebstahls und falscher Namensführung« verhaftet und vom Strafgericht Basel zu drei Wochen Gefängnis verurteilt. Aus der Haft schreibt er dem Vormund einen Brief: »Was bietet mir das Leben noch. Ich bin in den Anstalten abgestumpft; griesgramig schlechter geworden. Bin sittlich und moralisch gefallen. Was habe ich für ein Leben hinter mir. (…) Von Anstalt zu Anstalt, ein geborener Zuchthäusler. Mit was habe ich das verdient? Was habe ich so unerhörtes verbrochen? Wenn ich das gestohlene Geld von Uster und von Baden zusammenzähle, so ergeben sich kaum 50 Fr. Vom Basler Gericht bekäme ich dafür 5 Tage, da ich aber noch nicht vorbestraft bin höchstens 3 Tage Arrest. Ihr aber verdammt mich zu 3 Jahren Aarburg! Wisst Ihr nicht was das heisst? Habt Ihr kein Herz? Wo ist da die viel gerühmte goldene Jugendzeit?« Er schlägt vor, ihn in die Fremdenlegion ziehen zu lassen oder eine ihm versprochene Stelle bei einem schweizerisch-belgischen Grafen antreten zu dürfen. Zurück in der Aarburg verfasst er einen Bericht »Auf der Flucht«, und schreibt einen Brief an den Grafen, wonach von Amtsvormund und Anstaltsleitung vermutete wird, »Duss scheint in Basel in eine schlimme Gesellschaft (Homosexuelle?) geraten zu sein«. Indessen scheint Walter »anständiger als früher« zu sein, was von der Anstaltsleitung misstrauisch zur Kenntnis genommen wird.

1925 beginnt in den Akten die Korrespondenz über das jüngste der »Duss-Kinder«, den 11-jährigen Viktor. Der Lehrer nimmt mit dem Vormund Kontakt auf und sagt über seinen Schüler, er gehöre in eine Spezialklasse für Schwererziehbare, er zeige »in seinem ganzen empfindungslosen und gleichgültigen Verhalten deutlich Züge pathologischer Veranlagung und sollte unter besonders strenge Erziehung gestellt werden. (...) Das Beste wäre für ihn eine Landversetzung, wo er zum praktischen Arbeiten angehalten würde«. Das daraufhin bei Dr. Moos eingeholte psychiatrische Gutachten hält fest: »Eine geistige Abnormität habe ich bei ihm nicht feststellen können. Es handelt sich um eine ähnliche Anlage, wie bei dem von mir 1924 untersuchten Bruder Walter, nur dass es noch nicht zu krassen Manifestationen gekommen ist.« Der Psychiater empfiehlt eine Platzierung bei Bruggissers in Bern. Diese sagen aber ab, die Ausbildung von Hans koste schon recht viel und Frau Bruggisser hat gesundheitliche Probleme. Der Mutter fällt es schwer, Viktor weggeben zu müssen, ist aber bereit, sich der vormundschaftlichen Anordnung zu fügen und Viktor kommt ins Pestalozzihaus Schönenwerd-Aathal.

Anna hat inzwischen die Pläne für eine Verkäuferinnen-Lehre aufgegeben und arbeitet in der Seidenweberei Stierli. Sie bekommt einen Webstuhl neben demjenigen der Mutter und »scheint befriedigt«. Der Lohn für die Akkordarbeit beläuft sich auf Fr. 140 bis 160.– im Monat.

Hans hat in Bern das Progymnasium abgeschlossen und ist für ein Jahr im Welschland, bevor er eine Mechanikerlehre machen will. Bruggissers loben ihn und bestätigen, dass er das Geschäft werde übernehmen können.

Walter bereitet sich in der Aarburg auf seine Lehrabschlussprüfung vor. Für den Stoff eines Sonntagskleides, das er als Prüfungsstück nähen muss, sowie die notwendige Garderobe nach der Entlassung (inkl. Nastücher, Pantoffeln und Hut) muss er beim Vormund Fr. 490.– beantragen, die ihm zugesprochen werden. Im Anschluss an die Prüfung tritt Walter seine erste Stelle bei einem Schneider in Trimbach an, wird aber schon nach drei Tagen vor die Türe gesetzt. Er geht zurück zur Mutter, findet eine Stelle als Hausbursche im Hotel Augustinerhof in Zürich und wird im Mai 1927 aus der Beistandschaft entlassen, obwohl »der weiteren Entwicklung des Burschen mit wenig Vertrauen« entgegengesehen wird.

Bald muss sich Frau Duss beklagen über sein freches Benehmen, und dass er ihr und Anna immer wieder Geld entwende. Auch bei Pfarrer Hauri, der die Familie seit Jahren kennt, fragt Walter um Fr. 100.– nach, die er zurückzahlen müsse, »ansonsten er dem Strafrichter überwiesen werde«. Amtsvormund Dr. Schneider schlägt der Vormundschaftsbehörde vor, »den jungen Mann einmal vorzuladen und zu verwarnen«. Später wird Walter von Norddeutschland her von der Polizei überführt und kommt wegen Diebstahl und Unterschlagung in die Strafanstalt Regensdorf, wo er eine Arbeitshausstrafe von einem Jahr verbüßen muss. Das ist der letzte Akteneintrag zu Walter.

Im Beistandschaftsbericht vom Frühjahr 1929 wird Anna aus der Beistandschaft entlassen, »es ist ein bescheidenes, ruhiges Mädchen geblieben, das der Mutter in jeder Beziehung eine rechte Stütze ist«.

Viktor, der Jüngste, reißt nach drei Jahren aus dem Pestalozzihaus aus, um dem Vormund klar zu machen, dass er nach der 2. Sekundarklasse einfach nicht mehr zur Schule will, sondern eine Lehre als Sattler und Tapezierer absolvieren wolle. Rasch findet sich eine Lehrstelle in Gerlafingen, doch nach einem Monat konstatiert Viktor, dass er »für einen Sattler nicht geeignet« sei und viel lieber Elektriker oder Maurer werden möchte. Dank der vielen guten Beziehungen des Amtsvormundes mit Arbeitgebern, an die regelmäßig Mündel vermittelt werden, findet sich auch eine Maurer-Lehrstelle. Im Frühjahr 1930 tritt Viktor bei Maurermeister Hürlimann in Hombrechtikon eine dreijährige Lehre an. Nicht dass die Meistersleute glücklich wären mit Viktor, er sei eben langsam und etwas »stumpf« und wenn man ihn nicht energisch in die Finger nehme, so werde er frech und faul. Im Herbst lief er einmal weg, nach Zürich, kehrte aber nach zwei Tagen zu Hürlimanns zurück. In diesem Zusammenhang erfahren wir, dass Viktor einen Schwager hat, der ebenfalls Maurer ist, das heißt, dass Anna inzwischen verheiratet ist.

Dann geht es mit Viktor wieder recht, ein »gfreuter« Lehrbub wird er allerdings nie, »es sei schade dass er seine Faulheit nicht überwinde und dass er nicht offener sei, es sei etwas Falsches und Verdrücktes in seinem Wesen«, auch wenn »ein gewisser guter Kern« in ihm liege.

Im Herbst 1931 erhält der Amtsvormund erfreuliche Nachricht von Bruggissers aus Bern: Hans hat seine Feinmechanikerlehre als Bester seines Jahrgangs abgeschlossen und wird nun nach Deutschland reisen, wo er bei Geschäftsfreunden ins Waagenfach eingearbeitet wird, um danach ins Geschäft des Onkels einzutreten. Da er volljährig ist, wird auch die Aufsicht über ihn abgeschrieben.

1933 beendet Viktor seine Maurerlehre erfolgreich und der Vormund hält im Aufsichtbericht fest: »Viktor hat mit dem Fortschritt der Lehrausbildung mehr Interesse für die Arbeit bekundet, entsprechend dem grösseren Interesse wurden auch die Arbeitsleitungen besser.« Er bekommt in Zürich eine Stelle als Maurer und wohnt bei der Mutter. Doch bald geht der Firma die Arbeit aus und Viktor wird vom Arbeitsamt eine Stelle in Lausanne zugewiesen. Den Winter über bleibt er im Welschland, oft sind die Arbeitseinsätze kurz, die Krise zeigt sich in allen Branchen. Im Frühjahr 1934 kehrt er nach Zürich und zur Mutter zurück, und findet eine Stelle in Wollishofen. Er wird in diesem Jahr zwanzigjährig, die

Akte der Familie Duss schließt versöhnlich: »Viktor Duss wird am (...) 1934 volljährig. Er hat sich zu einem recht arbeitsamen und soliden jungen Mann entwickelt, der es auch als seine Pflicht erachtet seiner betagten Mutter behilflich zu sein, die ihr ganzes Leben lang sich mit ihren schwachen Kräften gemüht und gesorgt hat und heute nicht mehr voll arbeitsfähig ist.«

3. Anna Bodmer:
»intelligent und willig«, aber »moralisch gefährdet«

Anna Bodmer ist fast vom Moment ihrer Geburt an bis zum Alter von achtzehn Jahren auf der Amtsvormundschaft der Stadt Zürich erfasst und ihr äußerer Lebensweg ist in Hunderten von Schreiben, Aktennotizen und Briefen zwischen der Amtsvormundschaft Zürich und dem Armenerziehungsverein des Bezirks Aarau, in Gerichtsprotokollen und Inspektionsberichten festgehalten. Von Anna selber gibt es keine schriftlichen Zeugnisse, sie ist lediglich in Zitaten und Beschreibungen in den Akten präsent und wird während ihrer Kindheit als »aufgeweckt«, »blühend«, »fröhlich«, »intelligent«, »gesund« und »stark« beschrieben. Später kommen dann Adjektive wie »berechnend«, »verschlagen« und »sittlich verwahrlost« dazu.

Im Alter von vierzehn Tagen wird die außerehelich geborene Anna von ihrer zwanzigjährigen Mutter, Rosmarie Bodmer, ihrer Großmutter, Marie Flück-Bodmer, zur Pflege übergeben. Diese lebt in zweiter, kinderloser Ehe mit Heinrich Flück. Die Mutter Annas, gebürtig von Erlinsbach im Kanton Aargau, verschwindet vorläufig ohne Angaben ihres Aufenthaltes und ist die nächsten Monate sowohl für die Behörden wie für ihre Mutter unauffindbar. Am 19. Januar 1915 wird für Anna Bodmer eine Beistandschaft erstellt und ihre Großmutter, Marie Flück-Bodmer und deren Ehemann, Heinrich Flück, die an der Albisriederstrasse in Zürich wohnen, werden als Pflegeeltern bestätigt. Die Vaterschaft Annas klärt sich nie, ihre Mutter will dazu weder nach der Geburt noch später etwas sagen. »Sie weiss selber nicht, von wem das Kind ist«, gibt ihre Mutter zu Protokoll, »sie habe stets ein leichtfertiges Leben geführt«. 1916 erhält die Amtsvormundschaft Zürich auf ihre Anfrage hin vom Gemeinderat Erlinsbach die Information, dass sich Rosmarie Bodmer 1915 mit Peter Keller, Glasmacher in Bachenbülach, verheiratet habe.

Anni wächst also bei den Großeltern auf und »gedeiht zusehends, ist für sein Alter normal und kräftig entwickelt«. Die Pflege wird im 1. Beistandschaftsbericht als »sehr gut« bezeichnet und die Flücks hängen »so sehr an dem Kind, dass sie es auf keinen Fall mehr hergeben möchten«. Sie melden an, dass sie Anna so bald als möglich adoptieren möchten, d.h. wenn Herr Flück vierzigjährig ist, wie es das Gesetz vorschreibt. Im Januar 1916 wird die Beistandschaft »da eine Ueberlassung der elterlichen Gewalt auf die aussereheliche Mutter nicht in Betracht kommt«, in eine Vormundschaft übertragen, die der bisherigen Beiständin, Frau Dr. Olga Lenz, übertragen wird. Das Ehepaar Flück erhält von der Heimatgemeinde Annas ein monatliches Kostgeld von Fr. 20.–. Die halbjährlichen Inspektionsberichte von verschiedenen Inspektionsgehilfinnen sind in den folgenden drei Jahren ausnahmslos positiv. »Anna geniesst liebevolle Pflege bei Grossmutter Flück. Das Mädchen sieht prächtig aus und ist gesund und glücklich«, heißt es im Bericht vom Juni 1917. Über die Kindsmutter gibt es laut Großmutter keine guten Nachrichten, sie habe einen Lump zum Mann, werde oft verprügelt und bekomme nichts zu essen. Ihr 1916 geborener, ehelicher Sohn, stehe auch schon unter Vormundschaft und müsse ihr wahrscheinlich weggenommen werden. Um ihre Tochter kümmere sie sich gar nicht.

Im Frühjahr 1919 ist das Ehepaar Flück laut Inspektionsbericht in einer schweren Lage: Heinrich Flück sei lange im Militärdienst gewesen, habe dann als Handlanger in der Kehrichtverbrennung zu einem Taglohn von Fr. 10.– gearbeitet und leide jetzt unter angegriffenen Lungen, die eine Kur nötig machten. Frau Flück versuche, mit Nähen und dem großen Garten zum Lebensunterhalt beizusteuern. Die Gemeinde Erlinsbach erhöht auf Gesuch von Dr. Schulthess, der Frau Dr. Lenz als Amtsvormund abgelöst hat, das monatliche Kostgeld auf Fr. 30.–. Flücks müssen zusätzlich Unterstützung bei der Einwohnerarmenpflege der Stadt Zürich beantragen, welche »zur Kontrolle des Falles eine Armenpatronin« bestellte. Diese wird auf Gesuch des Amtsvormundes wieder abgesetzt. Deren Erkundigungen – in einem Schreiben an die Amtsvormundschaft festgehalten – geben jedoch erstmals »ein wenig positives Bild« der Pflegeeltern ab: »Unsere Armenpatronin äussert sich dahin, dass die Kinderpflege einwandfrei sei während die Gefahr vorliege, dass eine gewisse Eitelkeit beim Mädchen grossgezogen werde, in dem die Kleiderausrüstungen immer über die Verhältnisse Flücks hinaus erfolgen. (…) Beide Eheleute werden als etwas leichtlebig geschildert, die Frau wird direkt als vergnügungssüchtige Misswirtschafterin bezeichnet. Ob daher Anna Bodmer auf die Länge hinaus bei Flücks einwandfrei gehalten werden kann, dürfte fraglich sein; eine ständige Kontrolle empfiehlt sich somit durchaus.« In den Inspektionsberichten der kommenden Jahre heißt es wiederholt, Frau Flück sei morgens um zehn oder elf Uhr noch im Bett gelegen, einmal lasse sie sich verleugnen, weil die Gasrechnung bezahlt werden müsste. Anni selbst wird nur gelobt, sie sehe blühend aus und sei aufgeweckt. Trotzdem beantragen die Pflegeeltern, Anna erst ein Jahr später als üblich einzuschulen und unter dem Namen Flück einzutragen.

Ab Sommer 1921 besucht Anni im Schulhaus Hard die 1. Klasse, die Zeugnisse sind durchschnittlich bis gut. Und dann, am 3. März 1923, Anna ist mittlerweile neunjährig und in der 2. Klasse, gelangt an die Amtsvormundschaft ein Polizeirapport der Stadtpolizei »gegen die Eheleute Flück, betreffend mangelhafter Erziehung des Kindes«. Eine Nachbarin hatte Anzeige erstattet und die Polizei begann ihre Ermittlungen bei der leiblichen Mutter, Rosmarie Keller, geb. Bodmer. Diese gab zu Protokoll, dass sie Anni nach ihrer Heirat 1915 habe zu sich nehmen wollen, aber am Widerstand ihrer Mutter gescheitert sei. Im Laufe der Zeit habe sie erfahren müssen, dass Anna von ihrer Mutter und dem Stiefvater mangelhaft erzogen würde. Die Schwägerin, Maria Bodmer, geb. Messerli, habe ihr gesagt, dass die Mutter schon längere Zeit trunksüchtig sei und in der Folge das Kind sehr launenhaft behandle, mit unmenschlichen Schimpfworten tituliere und wegen kleiner Vergehen schlage. Anni werde zum Lügen erzogen und gegen seine leibliche Mutter aufgehetzt. Auch müsse es nachts um zehn Uhr oder noch später in der Wirtschaft Wein holen. Die Familie Flück habe viel Herrenbesuch und Anni müsse dem Treiben bis in die späte Nacht hinein beiwohnen. Der Stiefvater Flück sei schon wegen Notzucht in Untersuchungshaft gewesen; Anni habe schon mit ihm auf den Abort gehen müssen oder zu ihm ins Bett, wenn die Frau ihren Vergnügungen nachgehe. Als leibliche Mutter verlange sie, dass das Kind wenigstens richtig erzogen werde und dazu müsse es in andere Hände kommen. Diesen Aussagen schließen sich vier Nachbarinnen an, welche aber aus Angst vor Frau Flück nicht als Zeugen genannt sein wollen. Diese sei im ganzen Haus als böses Weib bekannt. Die vom Amtsvormund veranlasste Rücksprache mit der Lehrerin Annis ergibt dagegen ein erfreuliches Bild. »Das Kind sei punkto Kleider und Körperpflege wohl das best gehaltene in der Klasse und auch, was Leistungen und Betragen anbetreffe, die beste Schülerin.« Es sei »gesprächig und offen« und habe auch schon erzählt dass es Wein holen musste in der nahen Wirtschaft, aber nicht so spät. Am Morgen sei es »frisch und unternehmungslustig«. Das Winterzeugnis von Anni Bodmer ist ausgezeichnet, nur im Schreiben hat sie eine 4–5, in den anderen Fächern 5 und 5–6. Amtsvormund Dr. Schulthess lässt die widersprüchlichen Aussagen auf sich beruhen und vermerkt im 4. Vormundschaftsbericht vom Januar 1924 die Pflege- und Erziehungsverhältnisse bei Flücks machten einen ordentlichen Eindruck, auch wenn die Grosseltern das Kind etwas zu verwöhnen scheinen. »Immerhin ist es nicht so, dass schärfere Massnahmen getroffen werden müssten.«

Noch immer weiß Anna nicht, dass das Ehepaar Flück nicht ihre Eltern sind. Im Sommer 1924 zieht die Familie an die Denzlerstrasse und will von der Behörde in Ruhe gelassen werden. Das Kind könne schließlich nichts dafür, dass es ein Uneheliches sei und weder die Nachbarschaft noch Anni selbst sollen erfahren, dass sie nicht ihr Kind sei. Die Kanzlei des Schulwesens der Stadt Zürich fragt bei Flücks nach, wann die offizielle Namensänderung bzw. die Adoption der Anna Bodmer sei, das Kind müsse sonst in Zukunft mit seinem gesetzlichen Namen benannt werden. Der Amtsvormund unterstützt die Pflegeeltern in ihrem Wunsch, Anni zu adoptieren und teilt dies der Kanzlei des Schulwesens mit, worauf Anni weiterhin Flück genannt wird. Die Adoption wird aber nicht zu Stande kommen. Das erste Hindernis kommt von der Armenpflege, welche der Auffassung ist, dass die Fürsorge der Adoptiveltern für das Kind unentgeltlich sein muss, Flücks aber regelmäßig von der Armenpflege Unterstützung bekämen. Flücks wären deshalb auch bereit, auf die Armenunterstützung zu verzichten. Vor allem aber ist es Annas Mutter, Rosmarie Keller-Bodmer, die ihre notwendige Zustimmung zur Adoption und Namensänderung verweigert. Sie wiederholt die Anschuldigungen gegen Flücks, wo Anna für jede Kleinigkeit Prügel bekäme, mit wüsten Ausdrücken tituliert und gewaltsam von ihr, der leiblichen Mutter, ferngehalten werde. Der Flück sei ein minderwertiger Mensch und schon früher in Strafuntersuchungen wegen Sittlichkeitsdelikten gestanden. Sie verlangt das ihr zustehende Recht, ihre Tochter regelmäßig für ein paar Stunden sehen zu dürfen. Der Pflegevater klärt Anna auf, wer ihre richtige Mutter ist, was ihr furchtbar zu schaffen gemacht habe.

Die Justizdirektion des Kantons Aargau, welche letztlich für die Namensänderung zuständig ist, verlangt für eine »nicht ganz ausgeschlossene« Namensänderung ohne die Zustimmung der Mutter genauere Abklärungen über die Verhältnisse der Großeltern Flück, ob sie »für die richtige Erziehung des Kindes Garantie bieten«. Die daraufhin durchgeführten Erkundigungen in der Nachbarschaft des Ehepaars Flück-Bodmer ergeben ein Bild von Streitereien, Konflikten, Vorwürfen und Anschuldigungen. An Flücks bleibt kein gutes Haar: Frau Flück sei eine Trinkerin, eine freche Person die im ganzen Haus Streit suche, sie lüge und erziehe auch Anni zum Lügen. Sie sei eine Zeit lang viel fort gegangen in Kino und Tingeltangel, habe in den Lebensmittelgeschäften rundum Schulden gemacht bis sie nichts mehr bekam. Anna stecke viel bei Frau

Furrer (der Schwester von Annas Mutter, also ihrer Tante), die bekanntlich mit Wissen ihres Mannes, Max Furrer, der Artist ist, Herren-Liebhaber habe und wenn sie abends auf den Fang ausgehe, so habe sie zur Bemäntelung Anni am Arm. Der Flück selber sei in dieser Beziehung auch nicht sauber. Anni sei unglaublich frech und sittlich verwahrlost. Der Amtsvormund lässt daraufhin das Vorstrafenregister des Heinrich Flück vom Polizeiinspektorat kommen und dieses listet in den Jahren 1914, 1919 und 1920 fünf Straftaten auf, die jeweils Busse bzw. ein bis vierzehn Tage Gefängnis nach sich zogen: Wegen Vergehen gegen die öffentliche Sittlichkeit, wegen einfachem Diebstahl und ausgezeichnetem Betrug. Dieselben Akten werden 1932 im Bericht des Erkundigungsdienstes des Wohlfahrtsamtes nochmals zitiert. Das »Vergehen gegen die öffentliche Sittlichkeit« wird dort aber als »Vergehen gegen die öffentliche Sicherheit« dargelegt. Auch Max Furrer hat ein Strafregister: Er wurde zwischen 1918 und 1928 gebüßt wegen unsittlichen Produktionen, Nichtversteuern seines Hundes, zu schnellem Autofahren, Motorradvergehen und fahrlässiger Körperverletzung sowie wegen schuldhafter Nichtbezahlung des Militärpflichtersatzes.

Im August 1926 erhält Amtsvormund Dr. Schulthess von Annis Mutter einen langen Brief, den sie als »das Geständnis meines verfehlten Lebens« bezeichnet. Sie schildert darin ihre traurige Kindheit, den frühen Tod des Vaters und die ungewollte Schwangerschaft, die schlimme Behandlung durch ihre Mutter, die Leidenszeit ihrer Ehe. Sie fleht den Amtsvormund an, Anni zu helfen, »ehe es verloren ist«. Erneut muss die Inspektionsgehilfin, Frl. Gertrud Haupt, ein halbes Dutzend Nachbarinnen über Flücks befragen und entwirft auf seitenlangen Protokollen ein trübes Bild von deren familiären Zuständen. Dr. Schulthess informiert die heimatliche Armenbehörde von Anna Bodmer in Erlinsbach über die Lage und diese beschließt, nach Kenntnisnahme der Akten, »die sofortige Wegnahme des Kindes von seinem jetzigen Pflegeort«. Bis ein neuer Pflegeplatz außerhalb von Zürich gefunden ist, soll Anna in ein städtisches Jugendheim gebracht werden. Als sie am 1. November 1926 bei der Amtsvormundschaft ahnungslos ihr Zeugnis vorzeigt, wird sie von Frl. Haupt, auf Geheiß von Dr. Schulthess, direkt ins Jugendheim verbracht. »Es wird ihm gesagt, was mit ihm geschehe, wisse ich heute selber noch nicht, vorläufig komme es ins städtische Jugendheim.« Anni geht weinend mit. Die Pflegeltern und Furrers (Tochter und Schwiegersohn), wehren sich vehement gegen die »Verleumdungen« der Nachbarschaft und erbringen ihrerseits eine von anderen Nachbarn und Nachbarinnen unterzeichnete Erklärung, dass sie »als rechtschaffene Leute bekannt sind«. Erzürnt sind Flücks und Furrers auch über den Umstand, dass ihnen eine Hilfskraft abhanden kommt, das Kind würde ihnen weggenommen, »wo man etwas von ihm hätte«. Sie engagieren einen Rechtsanwalt, Dr. Weider, der gegen den Entscheid der Armenbehörde Erlinsbach Beschwerde führt.

Von allen Seiten – Großeltern, Tante und Onkel, Mutter, Behörden – wird um Anna gerungen, alle Parteien haben ihre Gründe, die sie vehement ins Feld führen. Die Armenbehörde lässt Anna nach zehn Tagen aus dem Jugendheim holen und zu einer Familie Muntwyler in Aarau bringen. Der Armenerziehungsverein des Bezirks Aarau, der im Auftrag der Armenbehörde Erlinsbach für die Platzierung Annas verantwortlich ist, meldet am 24. November 1926 nach Zürich: »Anna Bodmer ist bei der Familie Muntwyler recht gut aufgehoben. Es herrscht Ordnung und Sitte im Haus und Anna wird lieb, aber streng und ernst behandelt, was bei diesem Kinde erforderlich ist.« Flücks und Furrers unterlassen nichts, um Anni wieder zu bekommen. Täglich schreiben sie Anni Briefe, telefonieren und kommen zu Muntwylers zu Besuch, um Anni zu sehen. Diese haben strikte Order, Anni mit den Besuchern nicht aus dem Haus zu lassen, da die Behörde eine Entführung befürchtet. Neu bemühen sich vor allem Furrers um das Kind, wollen es zu sich in Pflege nehmen und sagen nun selber, »zur Grossmutter könne man es nicht mehr tun«. Unterstützt werden Furrers in ihren Bemühungen von einem Herrn Gulliver, ebenfalls Artist, wie Herr Furrer. Frau Flück selber interveniert immer wieder beim Amtsvormund in Zürich gegen die Verleumdungen durch die Nachbarschaft.

Die Erlinsbacher Armenpflege weist die Beschwerde von Dr. Weider ab. Die Wegnahme Annas beruhe nicht auf »Weiberklatsch«, wie dieser unterstelle, sondern auf den Berichten der Amtsvormundschaft. Eine zweite Beschwerde des Anwalts im Auftrag der Familien Flück und Furrer geht an die Vormundschaftsbehörde der Stadt Zürich gegen Amtsvormund Dr. Schulthess betreffend der Wegnahme des Kindes. Auch diese Beschwerde wird abgewiesen wegen Unzuständigkeit, diese liege bei der Armenpflege Erlinsbach. Flücks rekurrieren gegen die Abweisung der Beschwerde.

Der Amtsvormund besucht sein Mündel bei Muntwylers in Aarau und ist zufrieden mit dem was er sieht und hört. Aber er vermerkt im Inspektionsbericht: »Muntwylers wollen das Kind tatsächlich nicht mehr behalten wegen der sehr ungefreuten Nebenerscheinungen und weil sie fürchten, wenn es nicht gut herauskomme, so würde es heissen, sie hätten Anni nicht recht erzogen.« Auf Zureden der Amtsvormundschaft und des Armenerziehungsvereins behalten sie dann Anna doch. Ein halbes Jahr später ist der Amtsvormund zum zweiten Mal dort und muss sich von Muntwylers ausführliche Klagen über Annas Verwandtschaft anhören, deren Besuche »weniger zahlreich, aber doch nicht gefreut« wären. Anni wird gesagt, »dass es gar nicht mehr daran denken soll, dass es wieder nach Zürich zurückkomme«. Das Mädchen soll mithelfen, dass die Verwandten »nicht weiterhin derartige Brief schreiben und ihm den Kopf voll machen«, sonst riskiere es, in eine Anstalt zu kommen, wo es dann, so wird ihr gedroht, nicht mehr solche Freiheiten hätte wie in dieser Familie.

Im August 1927 erhält der Amtsvormund den Entscheid der Vormundschaftsbehörde der Stadt Zürich, dass das Gesuch der Eheleute Flück-Bodmer um Rückgabe der Anna Bodmer und die Beschwerde über Dr. Konrad Schulthess, Amtsvormund, wegen seiner Amtsführung als Vormund, abgewiesen werden. Flücks ziehen das Verfahren weiter, und reichen beim Bezirksamt Rekurs ein, das Mandat geht wegen des Todes von Dr. Weider an Dr. W. Seiler. Dieser stellt Anfang Dezember das Gesuch, ob Anna die Feiertage bei Flücks in Zürich verbringen könne. Der Vormund weist bestimmt ab. Es erweist sich, dass der Bezirksrat sämtliche Akten, also auch die Berichte des Erkundungsdienstes, dem Rekurrenten zur Einsicht geöffnet hat, worauf Frau Flück den entsprechenden Auskunftspersonen Ehrverletzungsklagen androht. Die Vormundschaftsbehörde beklagt diesen Zustand in einem Schreiben an den Bezirksrat und informiert auch die Direktion der Justiz des Kantons Zürich. Im Übrigen steht die Vormundschaftsbehörde ganz hinter dem bisherigen Vorgehen und dem Vormund und beantragt die Abweisung des Rekurses. Von Flücks werden neue Zeugen angegeben, diese »mussten aber erklären, dass ihnen die Verhältnisse Flücks nicht bekannt seien«, ihre Aussagen sind in der Ermittlung also ohne Wert.

Plötzlich wendet sich Hans Gulliver, der sich an der Seite Furrers und Flücks heftig für Annas Zurückkommen eingesetzt hatte, radikal von den beiden Familien ab und gibt auf der Vormundschaft zu Protokoll, dass es direkt unverantwortlich wäre, Flücks das Kind wieder zu geben, alles was gegen Frau Flück gesagt würde sei wahr, sie sei falsch, durchtrieben, faul und verlogen. Er wohne seit vier Monaten bei Flücks und könne das alles bestätigen. Von der Justizdirektion wird Amtsvormund Dr. Konrad Schulthess beauftrag abzuklären, ob und wie viel Schulden Flücks in den Läden der Nachbarschaft hätten. Die Inhaber einer Bäckerei, eines Comestiblesgeschäftes, der Milchmann und eine Fuhrhalterei bestätigen, dass Flücks bei ihnen in der Kreide stehen. Zwischen dem Ehepaar Flück und einer der Informantinnen, Frau Lüthy, kommt es zu

Handgreiflichkeiten, bei der mit Postkorb und Regenschirm Schläge verteilt werden.

Im August 1928 weist die Justizdirektion des Kantons Zürich den Rekurs von Flück und Furrer ab.

Für die jetzt vierzehnjährige Anna steht der Schulabschluss bevor, auf entsprechende Fragen hin sagt sie, sie wolle Köchin werden. Am 24. Dezember 1928 fährt Anna heimlich von Aarau nach Zürich zu Flücks, nachdem deren Gesuche für einen Besuch von allen Stellen abgelehnt worden waren. Die Polizei wird eingeschaltet, und am 31. Dezember 1928 sagt Anna auf dem Polizeiposten in Aarau aus, sie gehe nicht mehr zu Muntwylers zurück, der Pflegevater habe sich in geschlechtlicher Beziehung an ihr vergangen. Es habe jeweils im Keller die Ankenmödeli einpacken müssen, Herr Muntwyler sei dabei gewesen und habe dann sehr lieb mit ihr getan. Wiederholt habe er ihr die Hose geöffnet und mit den Fingern an den Geschlechtsorganen manipuliert. Das dauere schon seit sechs Monaten, sie habe sich geschämt es jemandem zu erzählen. Anni wird sofort an einen neuen Ort verbracht, zu einer älteren Witwe. Die Aussagen Annas stoßen auf Skepsis, die Behörden vermerken, dass »grosse Vorsicht am Platz ist. Oft spielt die Phantasie, oft Rache bei solchen Behauptungen. (…) Auch hat es ja immer geheissen, wie Anni von der Grossmutter Flück zum Lügen abgerichtet worden sei«. Eine Woche später legt Muntwyler ein Geständnis ab, er habe wiederholt unsittliche Handlungen an seinem Pflegekind vorgenommen und behauptet gleichzeitig, er sei gereizt worden. Gegen Muntwyler wird ein Strafverfahren eröffnet. In Haft genommen wird er nicht, da sein Gesundheitszustand dies nicht zulasse.

Anna kommt ins Heim »Sonnenbühl« in Bruggen, der Präsident des Armenerziehungsvereins Aarau schreibt dazu an den Amtsvormund: »Wir sind selber gespannt, ob das Mädchen in der kontrollierten Freiheit pariert oder trotz den ernstesten Vorstellungen und Androhungen wieder Seitensprünge macht. Bewährt es sich im Heim nicht, so kommt es in eine geschlossene Anstalt, das wurde ihm deutlich gesagt. Anna Bodmer ist von den 87 Zöglingen unser grösstes Sorgenkind geworden und wir befürchten, auch bleiben.« In seinem 7. Vormundschaftsbericht versteigt sich Dr. Schulthess gar zu folgenden Behauptungen: »Es ist natürlich sehr bedauerlich, dass das Mädchen nicht sofort von den Annäherungen des Pflegevaters Mitteilung machte, und zeugt das von seiner Verschlagenheit. Sicher ist ja, dass Anna nicht so unschuldig war wie sie dartun wollte, denn bereits vor Jahren wurde gemunkelt, der Ehemann der Grossmutter Flück stehe in einem sonderbaren Verhältnis zu dem Kinde. Aus diesem selbst war aber nichts herauszubringen.«

Im März 1929 findet die Gerichtsverhandlung gegen Muntwyler statt, die Staatsanwaltschaft fordert sieben Monate Zuchthaus. Die Verteidigung führt an, der Angeklagte habe bei der Begehung der strafbaren Handlung keinen bösen oder tätigen Willen geäußert und der Schaden auf das bereits sittlich stark heruntergekommene Mädchen habe nicht sehr groß sein können. Muntwyler wird bedingt verurteilt zu sechs Monaten Zuchthaus, mit einer Bewährungsfrist von vier Jahren. Nach diesem Urteil gibt es über zwei Jahre keine Akten mehr über Anna Bodmer. Sie ist im Heim Sonnenbühl-Bruggen. Ende 1931 meldet sich der Präsident des Armenerziehungsvereins Aarau bei der Amtsvormundschaft mit der Bitte, erneut Erkundigungen einzuziehen über die Familien Flück und Furrer. Anna ist mittlerweile fast achtzehn und muss das Heim verlassen. Sie möchte in Zürich an der Frauenarbeitsschule Lingère erlernen und bei den Großeltern wohnen. Flücks sind inzwischen zweimal umgezogen, die Erkundigungen in der jeweiligen Nachbarschaft ergeben immer wieder das gleiche Bild: Frau Flück habe überall Schulden, könne mit dem Geld nicht umgehen, schwatze viel und dumm; der Mann sei ein Tscholi der viel arbeite und auch zu Hause tüchtig mithelfen müsse.

Das Dossier Anna Bodmer schließt mit einem kurzen Schreiben des Amtsvormundes an den Armenerziehungsverein Aarau mit dem Satz: »Von einer Rückkehr des Mädchen zu seinen Grosseltern kann absolut keine Rede sein.«

4. Ilse Jens:
»unzüchtig« und »liederlich«

Ilse ist das fünfte und jüngste Kind der Eheleute Friedrich und Gertrude Jens-Köhler aus Bayern. Wie lange die Familie 1914 schon in der Schweiz lebt und ob der Krieg in Deutschland ein Grund dafür ist, wissen wir nicht. Von den vier älteren Kindern erfahren wir aus den Akten lediglich, dass sie bereits volljährig sind. Ilse ist siebzehnjährig, als die Stadtpolizei Zürich bei der Vormundschaftsbehörde auf sie aufmerksam macht. Nach polizeilichen und von der Vormundschaftsbehörde direkt eingezogenen Informationen, müsse Ilse Jens trotz ihrer Jugend als Dirne bezeichnet werden und sie sei zudem von einer unbeschreiblichen Frechheit. Zwei Jahre zuvor hatte sich bereits das Kinderfürsorgeamt mit ihr beschäftigt, und die fünfzehnjährige wegen »geschlechtlichem

Verkehr mit einem Studenten« in die Anstalt zum guten Hirten in Altstätten versorgt. Der Aufenthalt dort zeigte jedoch nicht die beabsichtigte Wirkung. Ilse wechselte nach der Entlassung Anstellungen und Freunde in rascher Folge. Die Eltern geben als Ursache für »das ganze Verkommen« der jungen Frau deren Aufenthalt in Rolle, im Waadtland an, wo sie als Angestellte in einem Café Bekanntschaft mit »eigenartigen Militärs« gemacht habe und später in Zürich Umgang hatte mit einer Frauensperson, welche ihr angeblich ein Zimmer gab und gleichzeitig behauptete, Ilse arbeite fleissig bei ihr in Bern. Die Eltern hätten »die Tochter zuviel sich selbst und dem Einfluss unrechter Leute überlassen«, folgert Amtsvormund Dr. Emil Kaiser. Die Eltern bezeichnen sich als machtlos ihrer Tochter gegenüber, versuchten es mit Kontrolle und Einschliessen. Sie geben vor der Vormundschaftsbehörde »ihre Unfähigkeit, Wandel zu schaffen« zu und am 13. August 1914 wird ihnen die elterliche Gewalt entzogen und als Vormund Frau Dr. Olga Lenz eingesetzt. Es findet eine einzige Begegnung zwischen der Inspektionsgehilfin der Amtsvormundschaft und Ilse Jens statt, zu Hause bei der Familie. »Nette, saubere, reine Wohnung, zinsfrei, da Frau J. die Abwartsstelle im Haus versieht. Gehalt jetzt nur noch 50 Frk., der Mann ist ganz verdienstlos, will sich freiwillig für irgendwelche Arbeit in Deutschland dem Militär zur Verfügung stellen.« Ilse benimmt sich laut Bericht zurückhaltend und tut »etwas beleidigt«, da sie nichts Schlimmes getan habe, keinen Vormund brauche und nach dem Krieg wieder nach Deutschland gehe. Was die Inspektionsgehilfin mit der Drohung quittiert, »dass es dem Vormund jederzeit möglich sei, sie auch in Deutschland aufzufinden«. Als nächstes erfährt die Amtsvormundschaft, dass Ilse Jens im Oktober 1914 »wegen ihres sittenlosen Treibens« polizeilich ausgewiesen und 5 Jahre aus dem Kanton Zürich weggewiesen wurde. Zuerst findet sie in Waldshut eine Stelle in einem Nähmaschinengeschäft, kommt dann angeblich wegen Diebstahls dort ins Gefängnis. Dann werden die Informationen immer spärlicher: Die Mutter erhält je einen Brief aus Stuttgart und aus München, die Amtsvormundschaft fragt bei den Einwohnerämtern in Niedereulenbach und München erfolglos nach dem Aufenthalt von Ilse nach.

Im Oktober 1915 stirbt der Vater – bei den Akten findet sich eine Todesanzeige des Deutschen Militärvereins Zürich – und daraufhin sei, so die Mutter später, ein »herzbeweglicher« Brief der Tochter aus Fürth, Bayern, gekommen mit der Versicherung, sie habe Arbeit und bedaure ihren früheren Lebenswandel sehr. Doch auch in Fürth hält sich Ilse Jens offiziell nicht mehr auf, als Amtsvormund Dr. Olga Lenz auf dem Bürgermeisteramt nachfragt. Schliesslich stellt die Amtsvormundschaft am 30. Oktober 1916 an den Bezirksrat Zürich den Antrag, die Vormundschaft für Ilse Jens abzuschreiben. Allerdings solle der Sachverhalt der heimatlichen Vormundschaftsbehörde der Ilse Jens (Niedereulenbach, Bayern) mitgeteilt werden, »damit diese die ihr gut scheinenden Massnahmen für das liederliche und noch längere Zeit minderjährige Mädchen treffe«. Dem Begehren wird am 23. Dezember 1916 stattgegeben.

5. Toni Marek:
»gemeingefährlich« und »unverbesserlich«

Mit zwölf Jahren wurde Toni Marek von Mähren, der 1902 geboren wurde und bis zum dritten Schuljahr in Wien aufwuchs, von der Vormundschaftsbehörde der Stadt Zürich bebeiständet. Er befindet sich in der Heilanstalt Burghölzli und soll direkt aus der Klinik nach Österreich ausgeschafft und dort in einer passenden Erziehungsanstalt untergebracht werden. Als Beistand wird Amtsvormund Dr. Emil Kaiser eingesetzt. Toni hatte im Laufe von vier Monaten gegen vierzig Diebstähle verübt. »Wahllos: Handwagen, Revolver, Perücken, Harmonika, Feldstuhl, Messer, Uhren, Kanarienvogel etc. Geld 50, 65 und 200 Franken«. Toni Marek wohnt seit 1911 mit seiner Mutter in Zürich, sie ist Schneiderin, lebt seit langem getrennt von ihrem Mann, welcher durch »Trunksucht und Geschlechtskrankheit geisteskrank war«, zwei Jahre in der Irrenanstalt Czernowitz in Mähren verbrachte und von dessen Aufenthalt Frau Marek seit Jahren nichts mehr weiß. Toni wird in einem Gutachten von Prof. Bleuler, Heilanstalt Burghölzli, als in Bezug auf die Zurechnungsfähigkeit gut zwei Jahre unter seinem Alter und hochgradig gemeingefährlich beurteilt. Die Diebesbeute teilte Toni jeweils mit dem vier Jahre älteren Walter Hartmann, der »zufolge einer früher erlittenen Gehirnerschütterung nicht ganz normal ist«. Dieser wird ebenfalls unter Beistandschaft gestellt. Toni wird am 3. November 1914 »heimgeschafft«, laut Akten weiß niemand wohin.

Als Leonie Grob, Aushilfe in der Inspektion, im April 1915 die Erkundigungen für den Inspektionsbericht macht, ist Toni wieder bei seiner Mutter. Er sei seit Ostern wieder da und verhalte sich sehr ruhig, besuche wieder die Schule. Die Inspektionsgehilfin fragt die Nachbarschaft ausführlich und – aus den Antworten zu schließen – ziemlich suggestiv über Frau Marek aus. Misstrauisch macht offenbar ihre Fröhlichkeit. Sie singe und pfeife den ganzen Tag alle erdenklichen Lumpenliedlein, lache und schäkere und sei viel zu viel auf der

Strasse. Von einigen Nachbarinnen wird über ihren sittlichen Lebenswandel spekuliert: »Beweise fehlen, aber man vermutet doch stark, dass sie nicht aus ihrer Schneiderei lebt.« Andere meinen, der häufige Besuch des Ausläufers gelte ihrer Freundin, die in der gleichen Wohnung wohnt. Frau Marek teilt der Amtsvormundschaft mit, dass sie selbst den Toni in Feldkirch geholt habe, wo er eingesperrt war, keine Schule besuchte und nichts für seine psychiatrische Behandlung getan wurde. Toni sagt gegenüber seinem Beistand, er sei auf dem Schloss in Feldkirch untergebracht gewesen, es habe ihm dort gefallen, obwohl außer ihm nur die Kinder des Abwarts da waren und später noch ein anderer Schweizer Knabe.

Im Dezember 1915 gibt es wieder Klagen über Tonis Verhalten, er sei grob mit den Mitschülern, lüge und stehle. Frau Marek meint, das meiste sei übles Reden der Mitschüler, sie könne nicht besser auf Toni aufpassen, wenn es nicht gehe müsse er halt fort. Im Frühjahr komme er sowieso aus der Schule. Zu diesem Zeitpunkt beantragt das Kinderfürsorgeamt beim Amtsvormund die Heimschaffung von Mutter und Sohn. Dies hauptsächlich aufgrund der Tatsache, »dass die Mutter unseres Schützlings in nächster Zeit ein offenbar uneheliches Kind erwartet«. Toni wird vom Schulunterricht gänzlich dispensiert, um für seine Mutter die Hausgeschäfte und die notwendige Pflege zu besorgen und damit zu verhindern, dass die Mutter auf Kosten des Staates in einer Pflegeanstalt untergebracht werden muss. Wieder verübt Toni, zusammen mit anderen Burschen, eine Reihe von Diebstählen, verschiedenste Gegenstände im Wert von Fr. 20.– bis Fr. 40.–, sowie Geldbeträge bis Fr. 80.–. Die Gelder hätten die Burschen für Schleckwaren, Kinovorstellungen usw. verbraucht und hie und da auch anderen Knaben davon gegeben. »Bezeichnend für den Geisteszustand von Marek ist, dass er verschiedene gestohlene Sachen in andern Häusern ablieferte mit der Angabe, er habe sie vor dem Haus gefunden«. Der Bezirksanwalt verlangt seine Versorgung in einem Jugendheim, der Knabe sei in höchstem Grad gemeingefährlich. Der Mutter könne der Knabe nicht überlassen bleiben, da diese keine Autorität habe über ihn und wegen ihres Charakters und ihrer Lebensführung für eine richtige Erziehung des Knaben nicht fähig sei. Der Amtsvormund beantragt die Heimschaffung von Mutter und Sohn, diese stehe sittlich in keinem guten Ruf. Am 27. März 1916 habe sie einen Knaben, Klaus Peter, geboren, womit der Beweis ihres unsittlichen Lebenswandels erbracht sei. Am 26. Mai 1916 verfügt die Justiz- und Polizeidirektion des Kantons Zürich: 1. Frau Marek wird mit ihren beiden Knaben Toni und Peter heimgeschafft. 2. Der Frau Marek wird die Niederlassung im Kanton Zürich und das Wiederbetreten desselben ohne die Bewilligung der Polizeidirektion untersagt.

Offenbar stellt Frau Marek beim Regierungsrat ein Gesuch (ein entsprechendes Dokument ist nicht im Dossier), denn der Amtsvormund schreibt eine Woche später an den Regierungsrat und relativiert dabei seine eigenen Aussagen: »Es ist richtig, dass Frau Marek eine tüchtige Schneiderin ist und voraussichtlich den Unterhalt für sich und ihren jüngsten Knaben verdienen kann und keine Unterstützung nötig haben wird. Richtig ist auch, dass ein positiver Beweis dafür, dass sie sich ausser mit Stähli auch mit andern Männern eingelassen hat, nicht erbracht werden kann. Wenn daher der Regierungsrat findet, dieses Verhältnis mit Stähli genüge für sich allein noch nicht, um die Frau aus sittenpolizeilichen Gründen auszuweisen, so habe ich meinerseits nichts dagegen, wenn dem Gesuch von Frau Marek entsprochen wird.« Toni ist vorerst wieder im Burghölzli, Prof. Bleuler gibt erneut ein Gutachten über Marek ab: er ist und bleibt unzurechnungsfähig, unverbesserlich und gemeingefährlich. Die neue Strafuntersuchung ist wiederum einzustellen. Toni wird in die Bürgerstube und schließlich in die Polizeikaserne verbracht, von wo aus er am 8. September 1916 ausgeschafft und »zum Zwecke der heimatlichen Anstaltsversorgung der Bezirkhauptmannschaft Feldkirch zugeführt« wird. Die Heimschaffung von Frau Marek wird sistiert.

6. Linda Eberhard:
»trotzig« und »in Gefahr, sittlich zu verwahrlosen«

Linda ist das älteste Kind der Familie Eberhard, wohnhaft in Höngg. Sie ist 1906 geboren, nach jeweils drei Jahren folgen ihre Schwester Emma und die beiden Brüder Manfred und Arnold. Die Akten beziehen sich auf den relativ kurzen Zeitraum von 1923-1926 und es geht ausschließlich um Linda, die den Eltern seit ihrer Rückkehr aus dem Welschland große Schwierigkeiten bereitet. »Sie gehorcht den Eltern nicht und hat mit einer ganzen Reihe junger Burschen Liebesverhältnisse angeknüpft. Weder Güte noch Strenge vermochten die Tochter auf einen andern Weg zu bringen, sie steht im Begriff völlig zu verwahrlosen«, so das Protokoll der Amtsvormundschaft der Stadt Zürich, und »die Eltern ersuchen deshalb um Bestellung eines Beistandes und Versorgung des Mädchens«. Die Mutter klagt dem als Beistand eingesetzten Amtsvormund, Dr. Oprecht, die siebzehnjährige Linda habe eine Freundin, die einen schlechten

Einfluss auf sie ausübe, bekomme Briefe von einem Schaubudenbesitzer aus Winterthur und sei letzthin nachts um halb elf, von einem Burschen umarmt, nach Hause gekommen.

Der Amtsvormund holt an verschiedenen Orten Informationen ein: Die Lehrer von Lindas Brüdern erhalten einen Fragebogen zu deren Leistungen und Betragen; über die beiden Buben wird nichts Nachteiliges gesagt. Lindas Arbeitgeber, der Blusenfabrikant J. Hunziker, äußert sich in seinem Bericht über die Lehrtochter Linda sehr zufrieden, ebenso die Inhaberin der Bäckerei in Bex, wo Linda vorher ein Jahr gearbeitet hatte. Trotzdem, für Linda wird ein Platz in einer Anstalt gesucht, wie es die Eltern gewünscht haben. Da das Mädchenheim »Heimgarten« in Bülach keinen freien Platz hat, wird sie vorübergehend in der Epileptischen Anstalt untergebracht. Von der Anstalt wird Linda als »ordentlich, freundlich und willig« beschrieben. Nach zwei Monaten ist sie wieder zu Hause und verspricht den Eltern hoch und heilig, sich in jeder Beziehung zu bessern, wenn sie nur nicht in den »Heimgarten« müsse. Diese wollen es wieder mit ihrer Tochter versuchen und bitten die Amtsvormundschaft dringend »Linda Gelegenheit zu geben, ihr Versprechen zu halten«. Das ist der Beginn eines mehrfachen Hin und Her zwischen Familie und Heim, Ausdruck der Ambivalenz der Eltern Eberhard zwischen Überforderung mit ihrer Tochter und notwendiger Unterstützung durch deren Arbeitskraft und Lohn. Die Versorgung ins Heim wird aufgeschoben, Linda gibt sich in den nächsten Wochen Mühe, »sei zu Hause anständig und provoziere keine Uneinigkeiten durch schlechtes Benehmen oder spätes Heimkommen«. Linda möchte wieder ins Welschland und der Vormund findet für sie eine Anstellung in Payerne, bei Mme Morand, Chapellerie, als Haus- und Ladengehilfin, für anfänglich Fr. 30.– Monatslohn. Nach einem halben Jahr zeigt sich die Chefin sehr zufrieden mit Lindas Einsatz und Interesse, und auch die Freizeit missbrauche es nicht, komme am Sonntag immer pünktlich um 6 Uhr vom Ausgang zurück.

Im August verlangen die Eltern Eberhard, dass Linda nach Zürich zurückkomme, sie hätte eine Stelle beim Telefonamt in Aussicht und da der Vater ab 1. September arbeitslos werde, sei man auf Lindas Verdienst angewiesen. Gegen den Willen des Amtsvormundes Oprecht und Mme Morand kehrt Linda zurück – und besteht die Aufnahmeprüfung für die Stelle als Telefonistin nicht. Die Eltern Eberhard sind der Meinung, dass diese Ablehnung mit dem Schreiben des Amtsvormundes an das Telefonbüro Zürich zu tun hat, in dem dieser Linda für die Stelle empfiehlt. Der Vater findet im Seidengeschäft bei Gebr. Hausheer AG, eine Stelle für Linda als Angestellte.

Einige Monate später klagen die Eltern wieder über Schwierigkeiten mit Linda, dass diese falschen Umgang pflege und mit mehreren Männern Bekanntschaft unterhalte. Auch habe sie den letzten Lohn nicht ganz abgegeben, sondern von den Fr. 120.– Fr. 40.– für ein Paar Schuhe verwendet. Dem Beistand sagt Linda, dass sie von ihrem Lohn bis jetzt nur Fr. 2.– behalten durfte und sich für Fr. 40.– Schuhe, Strümpfe und ein Kleid gekauft habe. Auch habe sie nur einen Freund, den Josef Maag. Sie wolle weg von zu Hause.

Die Mutter informiert den Amtsvormund darüber, dass Linda bereits in Payerne jede Nacht bis 2 oder 3 Uhr ausgeflogen sei und auch jetzt wieder nach Hause komme, wann sie wolle. Sie lege sich keine Zügel an und lasse sich sofort mit Männern ein.

Nun stellt Amtsvormund Dr. Oprecht an die Vormundschaftsbehörde den Antrag, die junge Frau für die Dauer von mindestens zwei Jahren in dem Mädchenheim »Heimgarten« in Bülach unterbringen zu dürfen. Denn »die Gefahr der vollständigen Verwahrlosung des Mädchens« sei sehr groß. Linda stellt sich dieser Versorgung mit Briefen an Dr. Oprecht entgegen, in denen sie unter anderem schreibt:»Da ich mich von zu Hause verachtet fühlte suchte ich meine Freuden anderweit kann aber alles was ich bis jetzt getan, vor jedermann verantwortlichen.« Die Eltern hielten ihr das Essen vor und der Vater züchtige sie jetzt noch körperlich. Lindas Widerstand ist insofern erfolgreich, als ein Platz gesucht wird in einem Heim, von wo aus sie weiterhin ihrer Arbeit nachgehen kann. Linda tritt ins Lydiaheim ein, wo das tägliche Kostgeld von Fr. 3.80 weitgehend aus ihrem Lohn bezahlt werden kann. Frl. Bächtold vom Lydiaheim »ist eifrig bestrebt von Anfang an Ordnung in die Gewohnheiten der Linda Eberhard zu schaffen«, was ihr aber nicht gelingt. Linda ist nicht bereit, sich an die Hausordnung zu halten, sie kommt abends zu spät zurück und bleibt am Wochenende über Nacht weg. Auch ihre Freundin passt nicht ins Konzept. Bereits nach zehn Tagen ist »der Versuch Lydiaheim« gescheitert, die neunzehnjährige Linda wird ins Mädchenheim Heimgarten bei Bülach eingewiesen, ihre Arbeitsstelle bei der Firma Hausheer gekündigt. Nun tauchen dort noch unbezahlte Rechnungen auf, für von Linda bezogene Seide. Der Vater wird angehalten, den Betrag von Fr. 32.25 zu bezahlen.

Der »Heimgarten« besteht auf einer Aufenthaltsdauer von zwei Jahren, was im Fall von Linda heißt, dass sie ein Jahr über ihre Volljährigkeit hinaus in der Anstalt zu bleiben hat. Das Pflegegeld beläuft sich auf Fr. 600.– jährlich, der Eintritt erfolgt am 31. März 1925. Die Kosten werden von der Armenpflege Höngg übernommen, den Eltern Eberhard in der Folge jede Unterstützung verweigert. Der Vater ist nur aushilfsweise bei Escher Wyss angestellt, mit einem bescheidenen Anfangsgehalt. Es ist ihm nicht möglich die Rechnung der Firma Hausheer zu bezahlen, was zu einer längeren Korrespondenz zwischen dem Vater, dem Beistand und der Firma führt. Und bereits wenige Wochen nach Lindas Eintritt in den »Heimgarten« schreibt Vater Eberhard an Dr. Oprecht, er habe »einen Verdienst von Linda mit Rücksicht auf meine Familienverhältnisse bitter notwendig« und er könne sich »mit einer Internierung von Linda im ›Heimgarten‹ von zwei Jahren unter keinen Umständen einverstanden erklären«. Er reicht gegen die Versorgung seiner Tochter beim Waisenrat Rekurs ein. Sowohl die Armenpflege Höngg wie der Amtsvormund beantragen, die Beschwerde abzuweisen. Begründet wird das unter anderem mit dem Hinweis, dass die Schuld an der sittlichen »Verwahrlosung« der Tochter »nicht zum geringen Teil« ihren Eltern angelastet werden müsse. Der Vater sei jähzornig, früher der Trunksucht ergeben und habe seine Tochter noch mit neunzehn Jahren körperlich gezüchtigt. Die Mutter, Lydia Eberhard, sei willensschwach und einsichtslos, unterstütze die Tochter in allen Fehlern und Schwächen. Eine vorzeitige Entlassung würde den Eltern nur vorübergehende Hilfe bringen, »das Mädchen selber würde nämlich dabei ganz sicher völlig zu Grunde gehen«. Die Stellungnahme des Beistandes schließt mit den Worten: »Es kann keine Rede davon sein, dass dem Mädchen dadurch irgendwie unrecht geschähe. Die Versorgung liegt nur im Interesse der Linda Eberhard und muss für die Dauer von zwei Jahren durchgeführt werden.« Der Rekurs wird abgewiesen, weil der Rekurrent »weniger am Wohlergehen der Tochter, an deren Versagen er nicht zuletzt schuld ist, liegt, als daran, sie möglichst rasch seinen eigennützigen Zwecken dienstbar zu machen«.

Amtsvormund Dr. Oprecht setzt sich dafür ein, dass der Familie Eberhard von der Armenpflege Höngg wenigstens ein einmaliger Unterstützungsbeitrag zugesprochen wird. Da sich Manfred Eberhard aber »zufolge der mir zuteil gewordenen Denunziationen« nicht entschließen kann, persönlich vor der Armenpflege zu erscheinen, unterbleibt diese Unterstützung.

Vater Eberhard kämpft weiter, wiederholt beim Beistand, dass er nicht bereit sei, zwei Jahre auf den Verdienst von Linda zu verzichten, er habe immer noch in erster Linie das Recht über sie und »die angewandten Methoden können meinetwegen in Russland angebracht sein«. Das ist die erste von mehreren Anspielungen auf die Mitgliedschaft von Dr. Oprecht in der Sozialdemokratischen Partei, für welche er im Nationalrat einen Sitz hat. Manfred Eberhard schickt dem Amtsvormund Ausschnitte aus der Wahlpropaganda der Sozialdemokraten, wo diese versprechen, sich für die Löhne der Arbeiter und Angestellten einzusetzen und droht, den ganzen Fall seiner Tochter »in einer gewissen Zeitung« zu veröffentlichen um zu zeigen, wie wenig Verständnis ein überzeugter Sozialist aufbringe.

Inzwischen hat sich Linda im »Heimgarten« eingelebt und die Inspektionsgehilfin berichtet nach ihrem ersten Besuch nur positiv. Linda gewinne in ihrem Wesen so sehr, »dass man sich vom weiteren Aufenthalt Bestes versprechen« dürfe. Auch die Mutter habe nach einem Besuch ihrer Befriedigung Ausdruck gegeben und der Vater scheine sich über die Versorgung beruhigt zu haben. Tatsächlich aber zieht er den Rekurs weiter an den Regierungsrat, wo er am 1. Oktober 1925 abgewiesen wird. Manfred Eberhard gibt trotzdem nicht auf, er schreibt dem Amtsvormund, er werde seine Beschwerde noch an einer anderen Instanz anhängig machen, die dem Beschluss des Regierungsrats zu Grunde gelegten Erwägungen entsprächen teilweise nicht den Tatsachen und seien stark übertrieben.

Linda selbst ist voller guter Vorsätze, wie sie ihrem Beistand schreibt: »Nicht der Freiheit wegen möchte ich den Heimgarten ein Jahr früher verlassen, sondern zeigen dass ich in einem Jahr mich habe vervollständigen können. (…) Ich würde gerne meinen Eltern bald eine tüchtige Stütze sein und eine der grössten Freude wäre mir, wenn man für mich nicht mehr bezahlen müsste.«

Schließlich bestimmt Lindas Volljährigkeit den Ausgang des Konflikts. Mit der Erreichung des zwanzigsten Altersjahres erlischt die Beistandschaft und Linda könnte den »Heimgarten« doch bereits nach einem Jahr, und nicht, wie vertraglich abgemacht, nach zwei Jahren verlassen. Außer sie würde entmündigt. Dafür allerdings, so schätzen es die verantwortlichen Stellen ein, liegen nicht genügend Gründe vor und es wird auf einen entsprechenden Antrag verzichtet. So können wir davon ausgehen, dass Linda an ihrem zwanzigsten Geburtstag zu ihrer Familie zurückgekehrt ist.

7. Arne Cohn:
»psychopathisch« und »refraktär«

Arne Cohn, geboren 1900, ist das mittlere Kind der fünf Geschwister Cohn, deren Vater 1903 verstorben ist. Die jüdische Familie ist gebürtig aus Brody, Galizien. Wann genau sie in die Schweiz kam, ist nicht erwähnt, doch wurde Arne hier geboren. Frau Cohn verheiratet sich ein zweites Mal mit Ernst Braun, welcher aber 1915 stirbt – im Jahr in dem die uns zugängliche Akte Cohn beginnt.

Diese ist in verschiedener Beziehung eine Spezielle: Sie beginnt mit dem 6. Vormundschaftsbericht, da mit diesem die Übergabe der Vormundschaft über die Kinder Cohn an die Amtsvormundschaft erfolgte. Vorher wurde diese durch eine Privatperson, Moritz Brecht-Waser, ausgeübt. Dieser ersuchte die Amtsvormundschaft, ihn von der Aufsicht über Arne zu entlasten, worauf die Vormundschaftsbehörde aber beschloss, sämtliche Cohn-Kinder dem Amtsvormund Dr. Robert Büchi zu unterstellen. Gleichzeitig konnten die beiden Ältesten, Amalie und Ida, infolge ihrer Volljährigkeit entlassen werden. Arne war bei der Übernahme der Vormundschaft durch Dr. Büchi bereits siebzehnjährig; die Akte schließt 1930, zehn Jahre nach Ende der eigentlichen Vormundschaft. Dr. Büchi hat auf freiwilliger Basis den Kontakt zu seinem ehemaligen Mündel weitergepflegt. Die umfangreiche Korrespondenz dieser Jahre belegt einerseits die Hilfe und Unterstützung des Amtsvormundes für den inhaftierten Arne, daneben beinhalten die Briefe einen regen Austausch über Lebensfragen im Geiste der Anthroposophie. Es entwickelt sich zeitweise ein eigentliches Meister-Schüler Verhältnis zwischen Dr. Büchi, dem studierten Pädagogen und Philosophen, und Arne, dem intelligenten und wortgewandten »Filou«, der immer auch ein Suchender war. Ein weiterer Teil der Korrespondenz verläuft zwischen dem Amtsvormund und Hanna Kallas, der Verlobten von Arne Cohn, die eine Tochter hat von ihm und sich in ihrer materiellen und seelischen Not immer wieder an Dr. Büchi wendet.

Zurück zum Anfang: Die erste Begegnung zwischen Arne und dem Amtsvormund im Januar 1918 wird von diesem in einer Aktennotiz so eingeleitet: »Arne Cohn macht keinen guten Eindruck – moquantes Lächeln.« Er erkundigt sich »im Interesse einer erspriesslichen Behandlung des Falles« bei Dr. Strasser, bei dem Arne in psychiatrischer Behandlung war, nach seiner Einschätzung und erhält die Auskunft, C. sei wohl »bis zu einem gewissen Grad einsichtig«, und es bestehe die Vermutung einer *Dementia praecox*. Arne zieht im Februar 1918 aus der mütterlichen Wohnung in ein Zimmer an der Bahnhofstrasse, allerdings nur für ein paar Wochen und kommt dann zurück. Die Mutter beklagt sich sehr über ihn. Er arbeite wohl nicht regelmäßig, komme zu allen Tages- und Nachtzeiten nach Hause. Sie habe vernommen, er spiele »bei den Berufsspielern eines Cafés« und befürchte, er stecke in einem »akuten Schub seiner Krankheit«. Sie wäre froh, »schon der steten Aufregung wegen, wenn Arne nach Österreich abgeschoben würde«. Das vereinbarte Kostgeld bleibt er ihr schuldig. Die

Buchhandlung Emmenegger, bei der Arne als Vertreter angestellt war, klagt auf Unterschlagung im Betrag von Fr. 181.20, Arne bleibt für einen kurzen Arrest auf der Bezirksanwaltschaft. Dr. Strasser setzt sich ein für die Sistierung des Verfahrens und plädiert für eine Einweisung in die Heilanstalt Burghölzli und von dort für eine Abschiebung. Die Entwendung einer Ledertasche mit Inhalt im Wert von ca. Fr. 250.– führt zu einer weiteren Anzeige. Arne kommt in die Heilanstalt Burghölzli, wo von der Assistenzärztin Dr. S. Morgenstern ein psychiatrisches Gutachten erstellt wird. Aus diesem erfahren wir neben dem Tatbestand seiner Delikte – mehreren Diebstählen und Unterschlagungen im Laufe der letzten Monate – die detaillierte Biografie von Arne: Der aufgeweckte Knabe habe in der Schule nicht die erwarteten Erfolge gezeigt. In der Sekundarschule spielte der Fußball die Hauptrolle in seinem Leben. Sein bescheidenes Taschengeld reichte nicht für Bälle und Sportkleidung, er beschaffte sich das fehlende Geld durch Entwendungen in der Familie. Dabei hat er auch Bücher, einige Bände Lessing und Hauffs Märchen, mit welchen er nach Lugano reiste, um sie dort zu verkaufen, lediglich selber gelesen und sich dann der Polizei gestellt. Er wurde dem Kinderfürsorgeamt gemeldet und von diesem in eine Familie gegeben. Er beging dann in der Villa eines Schulkollegen einen »recht gewagten Einbruchdiebstahl«, bei dem er Fr. 1 300.– entwendete, von dem er einen großen Teil an der Landesausstellung in Bern für Bahnen und Lose ausgab. Nach seiner Verhaftung empfahl Dr. Strasser die Unterbringung in einer Erziehungsanstalt, »in der eine individualisierende Behandlung mit Erlernen eines Berufes durchgeführt werden sollte«. Arne kam in das Pestalozzihaus Burghof. Nach Angaben von Frl. Martha Burkhard, Aushülfe der Haushälterin, fiel Arne als der intelligenteste Zögling auf. Erstmals zeigte sich hier sein Interesse an religiös-philosophischen Fragen, er las eifrig die Bibel, hatte Lust zum Studium und dachte daran, Pfarrer zu werden, und dabei »liess er die Hindernisse, die seiner Nationalität als Jude enthalten sind, auf der Seite«. Zwischen ihm und Frl. Burkhard entstand eine Freundschaft, sie war ihm »die Mutter, die Schwester und vielleicht auch die erste Liebe«, so Dr. Morgenstern in ihrem Gutachten. Die Freundschaft bestand auch nach dem Austritt aus dem Burghof weiter. Mit einem Brief aus dem Burghölzli, der Teil des Gutachtens ist, beendet Arne den Kontakt mit Martha Burkhard abrupt und unmissverständlich. Weiter wird im biografischen Teil des Gutachtens festgehalten, dass Arne nach der Entlassung aus dem Burghof nicht zu einer Berufslehre zu motivieren war, sondern sogleich Geld verdienen wollte und eine Stelle als Perronkellner in Göschenen annahm, wo er neun Monate blieb. Dann folgten kurze Anstellungen in

Zürich im Kino Central und in Lugano als Kellner. Die nächste Arbeit war bei der Buchhandlung Emmenegger, zu welchem Zeitpunkt die Amtsvormundschaft einsetzte.

Frau Dr. Morgenstern kommt in ihrem Gutachten zu den Schlussfolgerungen: »Moralische Gefühle fehlen ihm nicht; sie sind jedoch weder von einer genügenden Tiefe noch Stärke, um ihn bei an ihn herantretenden Versuchungen als Schutz zu dienen. (…) Da die Erfahrung gezeigt hat, dass er dort, wo er eine feste Disziplin fühlt, sich hält, wäre vielleicht in seinem eigenen und im sozialen Interesse ratsam, ihn in seine Heimat zu befördern, wo er jetzt den Militärdienst absolvieren muss und vielleicht auf diesem Wege die für ein normales Leben notwendigen Hemmungen in sich grossziehen könnte.«

Inzwischen hat der Amtsvormund für Arne eine Arbeitsstelle in Sulgen organisiert, wo dieser gerade zwei Wochen bleibt. Wieder wohnhaft bei seiner Mutter, arbeitet er kurze Zeit als Magaziner bei einem Musikhaus. Er bemüht sich auf Anraten des Vormundes um seine Schriften und erhält vom österreichischen Konsulat die Auskunft, er müsse sich sofort in Innsbruck melden, was er aber unterlässt. Bald darauf kommt von der Bezirksanwaltschaft die telefonische Information, Arne Cohn sei in Bellinzona wegen eines Velodiebstahls verhaftet worden. Zudem sind in Zürich zwei Klagen wegen Diebstahl und Unterschlagung hängig. Am 26. Februar 1919 hält eine Aktennotiz fest, dass die Passangelegenheit in Ordnung gekommen sei, worauf sich Arne entschließt, »freiwillig ins Österreichische zu reisen«. Die Mutter ist froh über diesen Entscheid, und hilft mit, die Reise zu finanzieren. Der Amtsvormund informiert Bezirksanwaltschaft und Polizei über Arne Cohns Abreise. Dieser wird polizeilich ausgeschrieben und würde bei einer Wiedereinreise in die Schweiz verhaftet, resp. wieder an die Grenze gestellt. Einige Tage später kommt eine erste Postkarte aus Wien und bald darauf ein frohgemuter Brief aus Salzburg: »Ich bin so guter Dinge, dass ich das Bedürfnis habe fröhlich zu sein und Ihnen, einem mir wirklich wohlwollenden Menschen, zu schreiben. In meinem Posten finde ich Frieden und Freude. Mein Chef ist zufrieden mit mir und Fortuna meine Freundin, nebenbei bemerkt auch eine aus Fleisch und Blut, und ich gewinne immer mehr die Überzeugung, dass ich am rechten Platze bin.« Der Vormund freut sich, eine freundlich-wohlwollende Korrespondenz geht hin und her.

Im Juli kommt unvermittelt ein Telefon von Arne aus Winterthur, er sei »heimlicherweise wieder in die Schweiz gekommen, ohne Geld, ohne Schriften, ohne Kleider und zwar unter Umgehung der Einreisebewilligung und Grenzpolizei, indem er über den Rhein geschwommen sei«. Der Pass ist ihm abhanden gekommen. Er ersucht um Beschaffung von Schriften. Damit beginnt ein jahrelanger Kampf um gültige Papiere. Brody gehört inzwischen nicht mehr zu Österreich, sondern zu Polen. Der nächste Aufenthaltsort von Arne ist das Bezirkgefängnis Bülach, wo er wegen Diebstahls sitzt, von dort wird er in die Strafanstalt Regensdorf verlegt, wo er bis im April 1920 inhaftiert bleibt.

Inzwischen wird die Vormundschaft über Arne Cohn abgeschrieben, diejenigen für die jüngeren Brüder Hans und Gottlieb wieder Moritz Brecht-Waser übergeben.

Drei Jahre vergehen bis zum nächsten Aktenstück. Es ist ein Antwortbrief von Dr. Büchi an Arne Cohn in Brünn, der, wie alle weiteren Briefe, noch immer mit »Amtsvormund« unterzeichnet ist. Amtsvormund Dr. Büchi gibt darin seiner Hoffnung Ausdruck, dass Arne allmählich ein ruhigeres Fahrwasser finden möge. Er lässt es nicht an guten Ratschlägen fehlen »denn das werden Sie ja wohl gesehen haben, dass mit Unwahrheit und Unehrlichkeit, auch wenn sie mitunter durch die Verhältnisse erzeugt sind, nicht viel erreicht ist«.

1927, vier Jahre später, erhält Dr. Büchi den ersten Brief von Hanna Kallas, Mutter einer Tochter von Arne Cohn. Dieser Brief ist, wie alle folgenden, ein Hilferuf. Sie schreibt, dass Arne in Den Haag in Haft ist, weil er keine gültigen Papiere habe. Sie selbst habe ihm abgeraten nach Polen zu fahren und sei dadurch Schuld am Unglück. Sie lebt in Karlsbad, ist ohne Arbeit und bittet um Rat. Mit dem zweiten Brief, »mir ist dieser Schritt sehr schwer«, bittet sie Dr. Büchi um 1 000 Kronen, welche sie als Kaution für eine Stelle als Kassiererin hinterlegen muss. Der Amtsvormund weist die Bitte ab, bietet Hanna Kallas aber an, in anderer Weise jederzeit gerne behülflich zu sein.

Nachdem die holländische Polizei die Identität von Arne Cohn in Zürich überprüft hat, wird er nach Deutschland ausgeliefert, wobei ihm »die falschen und die richtigen Papiere abgenommen« wurden, wie er Dr. Büchi aus dem Gefängnis Offenburg schreibt. Es sind lange, deprimierte Briefe. Er leidet Qualen, dass er Frau und Kind nicht beistehen kann und diese Not leiden müssen. In den vielen folgenden Briefen zwischen Arne Cohn und Amtsvormund Robert Büchi geht es zum einen um Sachfragen – meistens die fehlenden Papiere und die hängigen Klagen – und daneben um philosophische Anregungen, von denen hier nur wenig wiedergegeben werden. »Lassen sie einmal alles beiseite, was mit der Eitelkeit, mit dem Hochmut, mit dem Egoismus zusammenhängt, nehmen sie einmal an, dass all dies und auch Ihr sogenannter Verstand, ja nicht die letzte Instanz sind, sondern dass hinter all dem ja eigentlich erst das tiefe, wahre Leben beginnt.« Arne Cohn nimmt dies auf und schreibt, »dass mir Ihre Gedanken, die philosophischen wie die pädagogisch gemeinten, verständlich und klar sind. Über die ersteren werde ich so gut es geht nachdenken und freue mich auf solche Beschäftigung für schlaflose Nächte. Worauf es Ihnen ›ankommt‹ weiss ich sehr wohl; aber offen gestanden weiss ich von mir zu sagen, dass eine vollständige Wandlung nur langsam, nicht auf einmal möglich ist und dass ich einer von den Unglücksvögeln bin, die nur durch die bittersten Erfahrungen zur Reife und zur Erkenntnis gelangen können. – Leider!« Auch Fragen der Graphologie tauchen immer wieder auf, das scheint beide Korrespondenzpartner zu interessieren, insbesondere fragt Cohn ab und zu nach, ob seine seelischen Veränderungen in der Schrift erkennbar seien.

Der nächste Brief von Hanna Kallas ist ein erschütternder Bericht über die Situation einer allein erziehenden Mutter ohne Arbeit und ohne familiäre oder fürsorgerische Unterstützung. Hanna Kallas hungert so, dass sie ohnmächtig wird am Arbeitsplatz, der herbeigerufene Arzt hochgradige Unterernährung feststellt und ihr zu einem Sanatoriumsaufenthalt rät, für den ihr jedoch die Mittel fehlen. Die Wohnung wird wegen nicht bezahlter Miete gekündigt, der Winter steht vor der Tür (der Brief datiert vom 24. Oktober 1927) und es fehlt ihr und dem Kind an allem. Dr. Büchi schickt umgehend 500 tschechische Kronen. Der Dankesbrief wird von der kleinen Caroline mit unterschrieben.

Arne Cohn schreibt, dass seine Gerichtsverhandlung war und das Urteil ein Jahr Gefängnis lautet, von dem er nun die Hälfte hinter sich hat. Er bittet Dr. Büchi, für ihn ein Gnadengesuch beim Badischen Justiz-Ministerium einzureichen. Im Januar 1928 geht ein Gesuch um Erlass der restlichen Strafe für Arne Cohn von Zürich nach Karlsruhe, in dem sich Dr. Büchi, als ehemaliger Vormund, ausführlich und wohlwollend für Arne Cohn einsetzt. Mit Erfolg: Arne Cohn wird zugesichert, »unter der Voraussetzung weiterer guter Führung« ab 30. März bis zum Strafende am 30. Juni »Strafurlaub auf Wohlergehen« zu bekommen.

Hanna Kallas geht es schlecht, sie ist in finanzieller Bedrängnis, ist krank und müsste dringend zur Erholung. Dr. Büchi schickt ihr nochmals 500 Kronen. Er rät ihr dringend, Hilfe zu suchen bei einer Frauenhilfsorganisation und will versuchen, von Zürich aus die zuständige Fürsorgestelle zu mobilisieren.

Wieder schlechte Nachrichten aus dem Gefängnis: Sowohl die tschechoslowakische wie die österreichische Justiz haben für Arne Cohn Auslieferungsbegehren wegen Unterschlagungen gestellt. Aber auch eine Abschiebung nach Polen ist im Gespräch. Unter diesen deprimierenden Aussichten bittet Arne seinen ehemaligen Vormund mit seiner Mutter zu reden, damit Hanna Kallas und die kleine Caroline nach Zürich ziehen könnten und einstweilen bei der Mutter Unterschlupf fänden. Diese ist ihrer Schwiegertochter »sehr zugetan« und hat ihr auch schon selber diesen Vorschlag gemacht.

Auch im Gefängnis in Mannheim, wohin er nach Offenburg kam, hat Arne eine engagierte Bezugsperson gefunden. Der Anstaltsoberlehrer Petry wendet sich an Dr. Büchi mit der Bitte, Cohn zu benachrichtigen ob seine Frau in Zürich angekommen sei, sie müsste seit einer Woche dort sein und Arne mache sich große Sorgen. Büchi kann berichten, dass Frau und Kind wohlbehalten in Zürich angekommen und bei der Schwiegermutter sind.

Oberlehrer Petry schreibt auch, er habe am »inneren Wesen« von Arne Cohn großes Interesse bekommen, seit er ihn näher kennen gelernt habe. Petry gibt Arne Cohn Rudolf Steiners »Wie erlangt man Erkenntnis« zu lesen; die Lektüre beeindruckt diesen tief, er schreibt dazu an Büchi: »Eine Erkenntnis war mir nach wenigen Seiten klar, nämlich dass ich meine eigene Seele grässlich misshandelte bisher u. dass der vorgezeichnete Weg der einzige und zugleich schwerste ist, der zu unserem (Frau + Kind) Glück und Frieden führt. Ich weiss auch klar, dass ich nie die höchsten Stufen erreichen kann, aber wenn ich auch nur auf eine gewisse Höhe gelange, bürgt der Weg dahin schon für das Wohlergehen meines Kindes u. wenn sie's erlebt, meiner Frau. Warum ich wohl so spät zu diesem Fingerzeig gelange?« In einem späteren Brief schreibt Büchi: »Und das was im Gefängnis innerlich erworben wurde, muss sich in der Freiheit nochmals vertiefen und bewähren. Die Gefängnisluft ist für Erkenntnisse wie Treibhausluft.« Er argumentiert auch anthroposophisch für den Sinn und die Richtigkeit dessen, was Arne durchmacht. »Die Kräfte, die Sie ins Gefängnis brachten, heissen nicht notwendig Gefängnis, sie haben auch eine andere Leseart. Sie heissen auch Ruhe und Stabilität, Vertiefung und In-sich-gehen.« Und diese Kräfte würden wieder durch andere Konstellationen abgelöst und eine äussere Veränderung möglich machen, wenn es ihm gelänge an den Punkt zu kommen, da er nicht mehr gegen das Schicksal anrennen wolle. Arne Cohn schreibt auch immer wieder von seinem Bemühen um »Gedankenkontrolle«, da er überzeugt sei »dass der gehegte Gedanke sich von der daraus resultierenden Handlung nur wenig unterscheidet«. Und er tönt an, dass er um Frieden und eine neue Heimat zu finden, nach Amerika auswandern müsste. Denn ganz unerwartet hat sich ein Bruder der Mutter, der seit Jahrzehnten in guten Verhältnissen in der Nähe von New York lebt, wieder gemeldet. Daraufhin interveniert Dr. Büchi ein zweites Mal beim Badischen Justizministerium in Karlsruhe mit der Anfrage, ob man Arne Cohn nach Amerika ausreisen lasse, wenn der fragliche Onkel bestätige, seinen Neffen aufzunehmen. Die Antwort lautet, dass einer solchen Ausreise nichts im Weg stünde, falls der hängige Auslieferungsantrag zurückgenommen würde. Und um gültige Papiere müsse sich Cohn in Polen selber bemühen. Von der Reise nach Amerika ist dann nie mehr die Rede.

In Zürich ist die Situation von Hanna Kallas bei der Schwiegermutter auch nicht rosig. Sie macht dort den Haushalt, pflegt die alte Frau und verdient nichts. Dr. Büchi leistet Kostengutsprache für einen dreiwöchigen Aufenthalt im Erholungsheim Fluntern und vermerkt: »Die Rechnung ist an mich privat zu adressieren.«

Als die Auslieferung in die Tschechoslowakei beschlossen ist, schreiben Hanna Kallas und Dr. Büchi je ein Gesuch an den Präsidenten der Tschechoslowakischen Republik, Masaryk. Sie bitten um den Verzicht auf die Auslieferung, damit Arne Cohn entlassen werden könne. Das geschieht tatsächlich Anfang Mai 1928, verbunden mit einer unbegrenzten Landesverweisung aus dem Deutschen Reich. Arne Cohn muss Deutschland innerhalb von 14 Tagen verlassen, ist aber in Holland, in Frankreich und in der Schweiz polizeilich ausgeschrieben. Er besitzt keinerlei gültige Papiere und will sich, nachdem er umsonst »alle Gerichts- und Polizeibehörden um Rat abgelaufen ist – verzeih mir Gott – wie früher einen Pass verschaffen, mit welchem ich dann in der Tat nach Holland kann und auch zweifellos ein Unterkommen finden würde. Ja so geht es mit Vorsätzen; aber sehen Sie Herr Doktor ich kann ja nicht anders. In 14 Tagen fliesst viel Wasser durch den Bach«. Er sucht auch Hilfe beim Israelischen Unterstützungsverein in Mannheim, dieser aber lehnt ab, da Cohn »den Eindruck eines internationalen Heiratsschwindlers gemacht habe«. Dann beginnt ein unstetes Leben, Arne Cohn reist offensichtlich unter falschem Namen zwischen Deutschland und Frankreich hin und her auf der Suche nach Verdienst. Diesen macht er mit dem Erstellen von graphologischen Gutachten, er sehe sich aber »immer wieder um nach einer kaufmännischen Position«. Am 4. Juli 1928 schreibt er an Dr. Büchi: »Inzwischen habe ich Frau und Kind nach dem Elsass gebracht, wo sie sich in einer kleinen Pension im Walde sehr wohl fühlen. Es ist unglaublich wie rasch sich diese Frau in meiner Umgebung erholt; dieses zu sehen ist wohl der grösste Lohn.« Einige Tage später spricht ein Brief von Hanna Kallas eine andere Sprache. Sie beklagt sich bitter und enttäuscht, dass sich Arne nicht um sie und Caroline kümmere, immer unterwegs sei und sage er verdiene viel Geld, sie davon aber nichts sähe, aber »ich darf ihm nichts sagen, sonst würde er mir böse sein«. Er ginge nie mit ihr zum essen, weil sie zu einfach angezogen sei. »Ich spüre, A. hat uns nicht mehr lieb.«

Sie findet einen Liebesbrief von einer jungen Frau und fragt verzweifelt »Was soll ich Herr Doktor tun? (…) Hat er denn schon alles vergessen was er mir versprach in dem letzten Jahr?«

Arne Cohn erhält Bescheid, dass er auf Anordnung des Präsidenten der C.S.R. amnestiert ist und bedankt sich bei Dr. Büchi für dessen Gesuch. Dieser freut sich über die graphologische Tätigkeit seines Schützlings, der sich inzwischen Andresen nennt. Er bittet ihn, für die eben neu in Zürich gegründete Rudolf Steiner Schule, die »prachtvolles« leiste aber ständig in finanziellen Nöten sei, und wo auch seine eigenen zwei Kinder unterrichtet werden, nach Sponsoren zu suchen. Er, Büchi, könne sich vorstellen, »dass gelegentlich der eine oder andere Ihrer Kunden sehr gerne einen Beitrag mir zu diesem Zwecke zur Verfügung stellen würde«. Er schlägt ihm dann vor, Rückstellungen für Frau und Kind vorsorglich an ihn zu schicken.

An Hanna Kallas gehen wohlmeinende Ratschläge: »Sie sollen versuchen Arne C. so zu nehmen wie er ist und nicht wie er sein sollte. Sicher hat er viele fehlerhafte Züge an sich: Er ist unstet, er wirft leicht das Geld zum Fenster hinaus, er wird immer wieder tausend Beziehungen zu allen möglichen Frauen haben, aber Sie müssen nicht nur auf diese Tatsache hinschauen, sondern sich ganz im Innern einmal fragen, was diese Tatsache für ihn und die, die ihn lieben, bedeutet.« Etwas später klagt Hanna Kallas, Arne habe eine Bekanntschaft gemacht mit einer reichen Dame und wolle diese heiraten. »Arne stellt sich die Ehe so vor: er wird viel Geld haben, wird uns eine schöne Wohnung einrichten, wird uns fürs Leben Geld geben und wird bei uns ein und aus gehen so oft er will, weil er uns lieb hat.« Das lehnt Hanna Kallas aber vehement ab und überlegt sich, tief enttäuscht, in ihre Heimat zurückzukehren. Sie wie auch Arne möchten unbedingt Dr. Büchi sprechen, was bei ihr aus Geld- und bei ihm aus Zeitmangel immer wieder verschoben wird. Inzwischen tröstet dieser Hanna Kallas mit den bemerkenswerten Sätzen: »Irgendwie scheint es eben zu ihrem Leben zu gehören, A. immer wieder zur Seite zu stehen, wenn er in Not ist. Das ist eigentlich Frauenlos im tiefsten Sinn des Wortes, verträgt sich aber ganz und gar nicht mit grossen Erwartungen, die man an das Leben stellt.« Es wird acht Monate dauern, bis sich Hanna Kallas wieder bei Dr. Büchi meldet.

Am 4. Juni 1928 kommt es in Basel endlich zu einem Treffen zwischen Arne Cohn und Dr. Büchi. Von den geführten Gesprächen wissen wir nichts, doch schreibt Cohn kurz darauf ein Karte: »Herzl. Dank! Es war der schönste Tag meines Lebens, wie ich mich auch immer besinnen mag.« Später schreibt Arne Cohn ein Gesuch an die »Ligue française du droit de l'homme« in Paris, in dem er seine Situation als Staatenloser schildert, was durch den Vertrag von Versailles (mit dem sein Heimatort Brody zu Polen geschlagen wurde) verursacht worden sei. Eine Antwort von der Liga für Menschenrechte ist in den Akten nicht enthalten. Auch eine erneute Anfrage von Dr. Büchi bei der Staatsanwaltschaft Offenburg, nach den beschlagnahmten Papieren von Arne Cohn zu suchen, bleibt ohne Antwort.

Die letzten Briefe von Hanna Kallas sind die einer gebrochenen Frau. Arne sei roh und brutal zu ihr und rede sehr hässlich. »Bin nichts, rein gar nichts bei diesem Menschen.« Sie bekomme für die Haushaltführung so wenig Geld, dass es oft nicht für genügend Essen reiche und sie hungrig vom Tisch aufstehe. »Vor ca. 6 Wochen war ich beim Herr Dr. Berger und dieser Arzt sagte mir: ›wenn Sie noch lange so weiter leben sind Sie in einem Jahr schon längst tod‹, und ich muss um des Kindes willen leben, denn wenn ich sterbe, hat das Kind niemanden, kein Heim, den A. sagt immerzu das Kind sei ein Hindernis.« Die Antwort Dr. Büchis ist eine Bagatellisierung der Situation und voller schönrednerischer Ratschläge: »Haben Sie also noch ein wenig Geduld und beschäftigen Sie sich versuchsweise so häufig wie möglich mit schönen Dingen, anstatt ihrem Schmerze nachzuhängen, z.B. beschäftigen Sie sich mit der Lektüre eines guten Buches, der Betrachtung eines schönen Bildes, Spaziergänge in der freien Natur.« Der letzte Akteneintrag ist eine Telefonnotiz, dass sich Hanna Kallas in Oberrieden, im Erholungsheim Bergli befinde. Ob das Dr. Büchi veranlasst hat, wissen wir nicht. Wie überhaupt die Akte Cohn den weiteren Verlauf offen lässt.

Neuntes Kapitel: Die Verfahren und das Wissen
Soziale Untersuchung, psychiatrische Klassifikation und amtsvormundschaftliche Intervention

1. Soziale Untersuchung: inspizieren, Informationen einholen und unaufdringlich beeinflussen

Man erhält den Eindruck, dass in den Akten unablässig derselbe Diskurs wiedergekäut wird. Das erklärt sich aus einem bürokratischen Effekt: Häufig wurde eines dieser Dokumente vom anderen abgeschrieben. In den Akten wurden die Ergebnisse eines »inquisitorischen« Ermittlungswissens (die Inspektionen und Informationen bzw. die soziale Untersuchung), eines psychiatrischen Klassifikationswissens (die psychiatrische Prüfung) durch ein alltagstheoretisches, moralpädagogisches (und manchmal »psychoanalytisches«) Interpretationswissen vereinheitlicht.

Die Ausrichtung dieser heterogenen Wissensbestände auf eine gemeinsame Perspektive hin, wurde durch ihre Zusammenfassung in einer »außergerichtlichen Rechtsprechung«[1] durch die Vormundschaftsbehörde geleistet, die eine Synthese erarbeitete und eine (selten begründete) Empfehlung für die »günstigste« Maßnahme abgab. In den Berichten und Anträgen der Amtsvormünder auf Kontrolle, Verbeiständung, Bevormundung und Entzug der elterlichen Gewalt sowie Versorgung der Kinder (und manchmal auch der Eltern), umkleidet eine aufwändige Rhetorik die Affären und Verbrechen, die Übeltaten und Fehltritte, die Makel und Auswüchse, mit der die Angeschuldigten jeweils niedergeschmettert wurden: »Die Renitenz der Mutter gegenüber den Vormundschafts- und Armenbehörden ist an sich gewiss keine gesetzliche Voraussetzung der Einweisung in eine staatliche Korrektionsanstalt. Die gesetzlichen Voraussetzungen: Arbeitsscheu und Liederlichkeit waren aber beim Vater Nüssli, so auch bei der Mutter Nüssli zweifellos von jeher gegeben. (…) Die Mutter Nüssli konnte und kann nur innerhalb der Wohnung und des Haushaltes der Familie sich arbeitsscheu und liederlich erweisen, da sie in den letzten Jahren nicht ausserhalb des Hauses arbeitete. Sie steht auch heute noch im Mittelpunkt der bedenklichen sittlichen Degeneration und finanziellen Misswirtschaft. Die gesetzlichen Voraussetzungen für ihre Korrektionsversorgung sind also auch hinsichtlich der jüngsten Zeit durchaus gegeben.«[2]

Die soziale Untersuchung kommt in allen Dossiers vor, wohingegen die psychiatrische Prüfung zu Beginn selten war. Außerdem fehlen in einigen, der sonst so sorgfältig geführten Dossiers, die psychiatrischen Gutachten. Aber gehen wir geordnet vor: Das wichtigste Material über die »gefährlichen« und »gefährdeten« Kinder und Jugendlichen lieferte, zumindest in den ersten zwei Jahrzehnten des 20. Jahrhunderts, die soziale Untersuchung. Im Gründungsjahr der Amtsvormundschaft, 1908, wurden durch die Inspektionsgehilfinnen der Amstvormundschaft der Stadt Zürich 54 Inspektionen und Informationen durchgeführt. Sieben Jahre später waren es 10 135 Inspektions- und Informationsgänge.[3]

Die soziale Untersuchung wurde zur Notwendigkeit für die beiden Operationen, die für das amtsvormundschaftliche Handeln konstitutiv waren: Zum einen forderte die Zugehörigkeit der Amtsvormundschaft zur Justiz eine verstärkte Abwehr des unvorhersehbaren und widerspenstigen Verhaltens der Eltern (ich komme auf ihre Rekurse und Beschwerden noch zu sprechen). Zum anderen hatten der Entzug der elterlichen Gewalt und ihre Übertragung auf die Amtsvormundschaft (als verlängerter Arm der Justiz), die Ausarbeitung eines Verfahrens zur Überprüfung der erzieherischen Fähigkeiten der Eltern und des Milieus des Kindes und der Jugendlichen nötig gemacht.[4]

Die soziale Untersuchung am Schnittpunkt von Zwang und Hilfe

Die soziale Untersuchung stand damit am Schnittpunkt von Zwang und Hilfe, von Repression und Wohltätigkeit. Sie bildete das technische Verfahren, mit dem man die jeweiligen Schwächen der beiden Zugänge zu tilgen versuchte. Eine Schwäche beispielsweise lag in der Beschränkung der Repression, die erst auf der Grundlage einer Straftat (also zu spät) oder auf Antrag der Eltern (der willkürlich sein mochte) eingreifen konnte. Die Schwäche der freiwilligen Wohltätigkeit lag in ihrer subjektiven, gefühlsbetonten und zudem unzuverlässigen Gabe. Die soziale Untersuchung ging Zwangs- wie Wohltätigkeitsmaßnahmen gleichermaßen voraus und stellte das ideale Mittel dar, die Nachteile sowohl der Repression wie auch der Wohltätigkeit zu umgehen, indem sie beide Stränge in der wirksamen Reziprozität eines Prozesses verschmolz.[5]

Ausgehend von den Kinder- und Jugendfürsorgepraktiken durchdrang diese Praxis dann nach und nach die gesamte Sphäre des »Sozialen«: die Einrichtungen zum Schutz der verwahrlosten Jugend, die Fürsorge für schwangere Frauen und Mütter, die Fürsorge für Familien, die außergewöhnliche Leistungen vom Wohlfahrtsamt verlangten, die Fürsorge für arme Familien, bei denen ein Elternteil in einer Pflege- oder Korrektionsanstalt untergebracht war, die Aufsicht der ehemals straffälligen Jugendlichen etc. Die soziale Untersuchung war damit das wichtigste technische Verfahren beim Aufbau der neuen Logistik der rationellen Kinder- und Jugendfürsorge: Sie erschloss die Möglichkeit, Kinder und Jugendliche aus ihrem Milieu herauszuziehen oder wieder zu integrieren. Erst sie legitimierte den Eingriff in die Familie zum Zweck der Umerziehung.

Finanziell gesichert durch die Armenpflege (obgleich das Verhältnis zwischen Vormundschaftsbehörde und Armenpflege nicht spannungsfrei war, wie wir gesehen haben), politisch beschirmt durch Verwaltungsprozeduren und vor Ort vertreten durch anfänglich freiwillige, also unbezahlte bürgerliche Damen, dann bezahlte bürgerliche Inspektionsgehülfinnen, trat die Fürsorge in eine neue Phase, die weniger spektakulär war, dafür sehr viel »rationeller«, weil sie im Staatskörper angesiedelt worden war.

Die Technologie zur Untersuchung der Familien gab die Formel zu einer ausgedehnten Sozialregulierung ab, deren Vertreterinnen von kollektiven Instanzen beauftragt wurden und die sich auf den Verwaltungsapparat des Staates, das Netz privater Einrichtungen und die entsprechenden Artikel des Schweizerischen Zivilgesetzbuches stützen konnten.[6] Diese Neugestaltung der Kinder- und Jugendfürsorge, der disziplinierenden und regulierenden Infrastruktur der Gesellschaft, gestattete die Verallgemeinerung eines Untersuchungsverfahrens, indem sie ausräumte, was die Wirksamkeit der Philanthropie behinderte (»Beseelt von einem durch keinerlei praktische Rücksichten getrübten Idealismus oder auch nur aus interesseloser Bequemlichkeit, verabscheut der nach eigener Wahl Mildtätige diese als überflüssig und entwürdigend gebrandmarkte inquisitorische Ausfragerei«[7]) und der Untersucherin die Kraft gab, ihre Arbeit von der alten Logik der wohltätigen Spenderinnen und Helferinnen frei zu machen und zu einer »methodischen« Ermittlung überzugehen. Die Fälle mussten künftig streng sachlich und keinesfalls nach dem subjektiven Fühlen beurteilt werden.[8]

Die Inspektionsgehilfin:
Das wichtigste Instrument der neuen Regie

Zuständig für die soziale Untersuchung waren die Inspektionsgehilfinnen der Amtsvormünder, die damit zum wichtigsten Instrument der neuen Regie wurden.[9] Zu Beginn der amtsvormundschaftlichen Tätigkeit wurde diese Aufgabe von freiwilligen Helferinnen übernommen, von »wohlfahrtssporttreibenden Damen«[10], die anspruchslos und hingebungsvoll die Möglichkeit ergriffen, eine soziale Tätigkeit auszuüben.

Die Arbeit der Inspektionsgehilfinnen war anstrengend. Jedes Jahr fielen mehrere Gehilfinnen aus gesundheitlichen Gründen aus. Ihre Tätigkeit stellte an die Körperkräfte und an die Nerven hohe Anforderungen. Die Inspektionsgehilfinnen mussten eine Unfallversicherung abschließen, denn sie konnten vor den widerspenstigen, in Rage geratenen Eltern nicht sicher sein: »Ihr himmeltrauriges Hilfselement Hauptin soll mir meine Wohnung ja nicht mehr betreten, wenn sie ein Unglück verhüten will.«[11] Dazu kam, dass viele Überstunden geleistet werden mussten.[12] Die soziale Untersuchung erwies sich aber als dringend notwendig, um die »Fühlung des Amtsvormundes mit seinen Schutzbefohlenen« zu ergänzen.[13] Wo die amtliche Einmischung anfänglich auf Widerstand stieß, hoffte man, durch die persönliche Mitarbeit der weiblichen Helferinnen den Boden zu einem gedeihlichen Zusammenarbeiten zu ebnen.[14] Die kurze Erfahrung mit den freiwilligen weiblichen Hilfskräften hatte die Vormundschaftsbehörde gelehrt, dass die Mitwirkung geeigneter weiblicher Kräfte bei der Fürsorgearbeit des Amtsvormundes von großem Wert war. Die Kontrolle und Beaufsichtigung von Kindern gehörte ganz einfach in den Wirkungskreis der verständigen Frau, der es besser als dem Mann gelingen sollte, bei ihren Besuchen Übelstände aufzudecken und den Besorgerinnen entsprechende Belehrungen zu erteilen.[15] Standen zu Beginn dieser Praktik die beiden Prinzipien »Überwachung« und »Einschüchterung« im Vordergrund (»Die Aussicht auf wirkliche Sanierung ist entscheidend grösser, wenn die Leute sich weiterhin beobachtet wissen und wenn sie sich stets bewusst bleiben müssen, dass ein schärferer Eingriff in ihre Erziehungsrechte für den Fall der Nichtbesserung mit Sicherheit erfolgen würde«[16]), legitimierte man den Eingriff später über die Prinzipien »Beratung« und »Beeinflussung« (»Die von den Gehilfinnen auf dem Gebiete der Kinderpflege, der Hauswirtschaft und der Erziehung nach und nach erworbenen Erfahrungen ermöglichen ihnen, die Leute nicht lediglich zu ›kontrollieren‹, sondern auch zu beraten und nach und nach auch unaufdringlich zu beeinflussen«[17]).

Der Frau sollte also das persönliche Moment bei der Durchführung der großen Aufgabe der Kinder- und Jugendfürsorge zukommen und sie sollte damit der Institution der Amtsvormundschaft den allfälligen Vorwurf der Bürokratie ersparen.[18] Für die Betreuung der Säuglinge und Kleinkinder, die Platzierung von Mädchen, die hauswirtschaftliche Beratung und Anleitung, war sie »natur-gemäß« begabt. Aber auch abgesehen davon, sollte es für die Fälle keineswegs belanglos sein, dass auch der Frau ein Mitspracherecht zugesichert worden war. Zufolge ihrer engeren Bindung mit den Befürsorgten, erfuhr die Inspektionsge-hilfin so manches, das dem Amtsvormund verborgen blieb, für die Beurteilung der Sachlage und die weiteren Vorkehrungen aber von großer Bedeutung war. Da die Inspektionsgehilfin die Fälle von Anfang an miterlebte und kannte, war sie zudem in der Lage, den Amtsvormund in seiner Abwesenheit auch auf dem Büro zu vertreten.[19] Die Vormundschaftsbehörde war also fest davon überzeugt, dass ein sachgemäßes Vorgehen auf dem Gebiet der persönlichen Fürsorge die sorgfältige Prüfung der Verhältnisse des Einzelfalles zur notwendigen Voraus-setzung hatte. Die Inspektionsgehilfinnen sollten außerdem die Mitwirkung der Polizeiorgane ersetzen, auf welche die Vormundschaftsbehörde früher aus-schließlich angewiesen war, die jedoch von vornherein »etwas Odiöses« an sich hatten. Darum also bediente sich die Vormundschaftsbehörde je länger je mehr für die Untersuchung dieser Fälle der Amtsvormundschaft, die mit ihren ge-schulten Inspektionsgehilfinnen in möglichst diskreter Weise die bestehenden Schäden festzustellen hatte und auch am ehesten in der Lage schien, die geeig-neten Mittel zur Beseitigung derselben zu finden.[20]

Anonyme und belastende Hinweise

Die soziale Untersuchung folgte Regeln, die nirgends kodifiziert waren, die sich aber aus den Akten erschließen lassen. Ausgangspunkt war zunächst ein Hinweis aus der Nachbar- und Lehrerschaft oder von anderen Ämtern, wie bei-spielsweise dem Kinderfürsorgeamt, der bürgerlichen Armenpflege oder der Einwohner- und Freiwilligenarmenpflege. Das Kinderfürsorgeamt seinerseits wurde durch die Schulbehörden, durch Lehrer, Ärzte, Nachbarinnen oder Fami-lienmitglieder auf »zerrüttete Familienverhältnisse« und »sittliche Defekte der Kinder« aufmerksam gemacht.[21] Viele der dem Kinderfürsorgeamt gemeldeten Fälle, wurden von diesem an die Amtsvormundschaft überwiesen, weil sich die Eltern weigerten, die Kinder versorgen zu lassen und ihnen deshalb zuerst die elterliche Gewalt entzogen werden musste.[22]

Gegen solche (mitunter anonymen) Anzeigen wurde immer wieder Protest erhoben. Wer hatte nicht schon gehört oder gelesen, dass durch anonyme Briefe das größte Unheil über Familien oder einzelne Menschen gebracht worden war? Deshalb gingen auch die Gerichte gegen anonyme Meuchler des Familienglücks vor. Nicht dieser Ansicht scheine die Vormundschaftsbehörde Zürich zu sein, meinte G.M., der im Oktober 1923 in der Zeitung »Volksrecht« einen Leserbrief über sein Schicksal publizieren ließ. G.M. wurde auf einen anonymen Hinweis hin inspiziert und unter die Kontrolle der Amtsvormundschaft gestellt. Er habe, so G.M., eine Vorladung vor die Vormundschaftsbehörde erhalten und nicht begreifen können, wie er zu dieser »unerwarteten Ehre« gekommen war. Er behauptete nicht, ein Engel zu sein, glaubte jedoch von sich, »immer so mit dem großen leidenden Strom der unbemittelten Menschen dahinzugleiten« und deshalb nicht bange sein zu müssen.[23] Also erschien er »pünktlich und sauber gewaschen« auf der Amtsvormundschaft. Einmal aufgerufen, sei er von dem Beamten sofort »geröntgt« worden, »d.h. nach allen Regeln eines gewiegten Kriminalisten einem Kreuzverhör über Herkunft, Alter, Stammbaum usf. unterworfen worden«[24]. Dann habe der Beamte ihm eröffnet, dass anonyme Klagen über ihn eingegangen und er (der Amtsvormund) also nicht in der Lage sei, ihm über den oder die Urheber Auskunft zu geben. »Kein Gericht gibt etwas für eine anonyme Mitteilung, nur die Vormundschaftsbehörde lässt sofort seinen Informationsapparat spielen, hinter dem Hause, vor dem Hause.«[25] Eine Woche später erschien im »Volksrecht« die Antwort der Vormundschaftsbehörde: Dem Einsender könne in Bezug auf die Wertung anonymer Anzeigen bei der Vormundschaftsbehörde Zürich aus vielfacher Erfahrung nicht zugestimmt werden. Gerade die Vormundschaftsbehörde sei diejenige Stelle, an die nicht selten Personen ohne ihre Namensangabe mit Anzeigen sich wenden würden, um Umtriebe oder Unannehmlichkeiten zu vermeiden, wobei die Prüfung dieser Mitteilungen, die in allen Fällen stattfinde, meistens zur Feststellung von Zuständen oder Vorgängen führten, die Maßnahmen der Behörden nötig machten. Überdies habe die Vormundschaftsbehörde in diesem Punkt von dem Einsender gar keine Belehrung entgegenzunehmen.[26] Die Redaktion der Zeitung merkte darauf hin an, dass sie die Mitteilungen der Vormundschaftsbehörde, welche G.M. persönlich betrafen, gestrichen hätten,[27] und wies zudem darauf hin, dass ihr seit Erscheinen des Artikels noch weitere Klagen über ein rücksichtsloses und rigoroses Vorgehen von Funktionären der Vormundschaftsbehörde gegenüber Leuten, die von irgendeiner Seite dort denunziert worden seien, zugegangen seien.[28] Wieder eine Woche später wehrte sich der Vorstand des Vormundschafts- und Armenwesens, Genosse Gschwend, gegen die Anschuldigungen der Redaktion: »Wenn ein Herr G.M. eben in der Oeffentlichkeit sich als Engel zu produzieren beliebt, so muss er es auf sich nehmen, dass man an diesem Charakterbilde einige den Tatsachen entsprechende Korrekturen anbringt.«[29] Die Redaktion merkte dazu an, dass sie der vorstehenden Erklärung vollinhaltlich Raum gegeben habe, jedoch anmerken wolle, dass der Einsender G.M. sich nicht als Engel hinzustellen versuchte. Er hätte ja vielmehr selber gesagt, dass er kein Engel sei, sondern glaubte, mit dem breiten Strom »dahinzuschwimmen«. »Offenbar ging er von der Auffassung aus, dass die Idealmenschen und Idealfamilien, an denen ein gestrenger Sittenrichter nichts auszusetzen fände, leider nicht sehr zahlreich seien. Den Kern seiner Einsendung bildet denn auch nicht eine Beschönigung seiner Fehler, er drehte sich vornehmlich um die anonyme Angeberei, auf die die Vormundschaftsbehörde zugegebenermassen einsteigt und mit der sich zu befassen die Oeffentlichkeit ein Recht hat. Es handelt sich um Angriffe aus dem Hinterhalt, die eine grosse Gefahr bilden. Kein Mensch ist sicher, dass nicht auch er von lieben Nachbarn angeschwärzt wird, worauf die Vormundschaftsbehörde eine hochnotpeinliche Untersuchung anhebt, vor dem Hause und hinter dem Hause, die zum mindesten dem Klatsch Vorschub leistet, bei dem bekanntlich immer etwas hängen bleibt. Und zum anderen handelt es sich um eine nicht immer sonderlich taktvolle Behandlung der Opfer einer solchen Angeberei durch die Funktionäre der Vormundschaftsbehörde, worüber uns schon früher und wiederholt Klagen zugekommen sind, so dass wir auch nach dieser Seite hin eine öffentliche Kritik am Platze fanden. Wenn sie etwas gefruchtet hat – und wir hoffen das –, dann sind wir es zufrieden.«[30] Auch in vielen Beschwerden und Rekursen der Familien kommt der Unmut gegenüber der Tatsache der »anonymen Angeberei« zum Ausdruck: »Gegen diese Anschuldigungen wurde Protest erhoben, da sie nur von Leuten stammen können, welche den Mut nicht besässen, mit ihren Namen zu den Mitteilungen zu stehen.«[31] »Die Beschwerdeführer verlangen, dass die Namen der aussagenden Personen bekannt gegeben werden, damit gegen diese Leute gerichtlich vorgegangen werde.«[32]

Die schwerwiegendsten Hinweise auf die »liederlichen Mütter«, »arbeitsscheuen Väter« und »verwahrlosten« Kinder, kamen meistens von jemandem aus der Nachbarschaft. Oft genügte ein Hinweis auf dem Amt, um den Informationsapparat in Gang zu setzen und eine erste oder erneute Erkundigungsrunde zu starten. Wurde solchen Hinweisen nicht nachgegangen und erforderte die Situation dann doch das Einschreiten der Vormundschaftsbehörde, wurde der Amtsvormund wegen Pflichtvernachlässigung gerügt. »Dem Vormund kann der Vorwurf, dass er mit seinen Anordnungen zu lange gewartet hat, nicht erspart werden.«[33]

Der unangemeldete Hausbesuch:
Registrierung von Reinlichkeit, Ordnung und Seelenhaushalt

Auf die mündlichen oder schriftlichen, anonymen oder gezeichneten, von Ämtern oder Privatpersonen gemachten Anzeigen, folgte eine Untersuchung, die festzustellen hatte, ob tatsächlich »dauernde Gefährdung im leiblichen und geistigen Wohl« oder »Verwahrlosung« vorlag, was die Vormundschaftsbehörde dazu legitimierte, den Eltern die Kinder wegzunehmen und sie in »angemessener Weise« in einer Familie oder Anstalt unterzubringen, den Eltern, falls erforderlich, die elterliche Gewalt über ihre Kinder zu entziehen und den Kindern einen Vormund zu bestellen. Die Hausbesuche leiteten jedoch nicht nur eine Vormundschaft ein. Stand die Familie unter Kontrolle oder die Kinder unter Beistandschaft, fanden zur Überprüfung der Erziehungsverhältnisse ein bis drei Hausbesuche jährlich statt.[34] Eine Kontrolle oder Beistandschaft konnte sich über diese sozialen Folgeuntersuchungen in eine Vormundschaft verwandeln, wenn Reinlichkeit und Ordnung sowie die Erziehung zu wünschen übrig ließen, wodurch das Räderwerk der Erkundigungen bei der Nachbar- und Lehrerschaft erneut in Gang gesetzt wurde.

Die Hausbesuche waren unangemeldet: »Bei Schlatters ist niemand daheim.«[35] »Niemand angetroffen.«[36] »Bei Frau Flück wird niemand zu Hause getroffen.«[37] Die Inspektionsgehilfinnen inspizierten bei ihren Besuchen Reinlichkeit und Ordnung sowohl der Wohnung als auch der Eltern und Kinder: »Der persönliche Eindruck der Petentin ist nicht gerade ein schlechter, und sieht man, dass sie bestrebt ist, Ordnung und Reinlichkeit zu halten.«[38] »Die Wohnung hält sie sauber, aber die Wäsche ist schlimm, Kind muss seine Wäsche mit kaltem Wasser waschen.«[39] »Die Stube ist tadellos sauber u. aufgeräumt.«[40] »Frau D. benutzt heute den freien Nachmittag, um die Wohnung gründlich zu reinigen; macht mit ihrem grossen Eifer, neben der tägl. Arbeit die Hausgeschäfte nicht zu vernachlässigen, sehr guten Eindruck. Hält auch die Kinder stets sauber.«[41] »In ihrer bescheidenen Wohnung sieht es sauber & ordentlich aus, auch die Kinder, die einfach & nett gekleidet sind, sehen sauber & gut gehalten aus.«[42] »Frau J. und Ilse zu Hause. Nette, saubere, reine Wohnung.«[43] »Es ist sauber gewaschen, gekämmt und nett gekleidet. Gibt auf Fragen kurzen, anständigen Bescheid.«[44]

Die Inspektionsgehilfin studierte die Anordnung der Räume und die Schlafverhältnisse und drängte auf die Trennung von Kinder- und Erwachsenensphäre. »Ebenso wichtig ist es, festzustellen, inwieweit die Anzahl der vorhandenen

Schlafgelegenheiten der Grösse der Familie entspricht und insbesondere eine ausreichende Trennung der Geschlechter ermöglicht.«[45] »Anni schläft auf einer Chaiselongue im Zimmer der Eheleute, soll angeblich später in der Stube schlafen.«[46] »Anni schläft immer noch auf der Chaiselongue im Zimmer der Eheleute.«[47] »Das Kind besitzt ein eigenes, sauberes Bettchen.«[48]

Die Eltern sollten die Möglichkeit haben, die Kinder bei ihrem Treiben zu überwachen, jedoch selbst nicht beobachtet werden können: »Frau Uchtenhagen meint, sie würde es schon hören, wenn es Besuch hätte, da das Zimmer neben der Stube liegt, und dort jetzt immer jemand schlafe. Im Notfall würde sie das zu vermietende Zimmer gegen den Gang abschliessen und nur den Zugang von der Stube her frei lassen.«[49] »Da Ilse oben allein schläft, sehe die Mutter öfters nach, ob sie da sei; sie habe die Tochter sogar schon eingeschlossen.«[50] Es war verbreitet, Kost- und Logisgänger aufzunehmen. Auch das sollte, wenn immer möglich, vermieden werden, denn dieser Brauch machte den Raum der Familie zu einem gesellschaftlichen Raum, zu einem Umschlagplatz und nicht zu einem Raum der Aufsicht. Überhaupt waren der Fürsorge das wilde Treiben und das Chaos der »Clan-Familien« und »Sippschaften« ein Dorn im Auge: »Tag und Nacht soll dort ein Zulauf gewesen sein.«[51] »Fast jede Nacht habe man junge zweideutige Burschen ins Haus gehen sehen und dann sei nächtelang getanzt und gelärmt worden.«[52] »Zeitweise sollen in der Dreizimmerwohnung drei Familien gehaust haben, neben Nüssli's noch Küng und Schaller.«[53] »Ihre Wohnung bildet ein Sammelpunkt schlechter Burschen und Mädchen, welche dort zum steten Ärgernis aller übrigen Hausbewohner und der Nachbarschaft wahre Orgien feiern.«[54]

Die Wohnverhältnisse trugen mit zur Unmoral bei, weil die Kinder, die Jungen und Mädchen, die Eltern sowie die Kostgänger wild durcheinander wohnten und schliefen. Der soziale Teil der Wohnung sollte deshalb zugunsten reservierter Räume für Eltern und Kinder reduziert werden. Die Trennung der Geschlechter und der Altersgruppen hielt die Inspektionsgehilfin auf Trab, so sehr lief sie quer zu den alten Formen des Zusammenlebens. Die Wohnung sollte »gemütlich« werden. Und wenn nun der Mann doch noch lieber ausging und in der Wirtschaft hockte, wenn nun die Kinder doch die Strassen und Gassen mit ihren Spektakeln und Chilbis und mit ihrem Durcheinander bevorzugten, so war das nun an die Schuld der Ehefrau und Mutter. Die Unterschichtfamilie sollte gegen die Versuchungen des Aussen Stand halten: gegen das Wirtshaus und die Strasse.[55]

Die Inspektionsgehilfin registrierte nicht nur Reinlichkeit, Ordnung und Anordnung der Räume, sondern auch den Seelen- und Moralhaushalt der Eltern: »Jedoch scheint diese Frau nicht gerade mit der vollen Wahrheit umzugehen, denn Pet. verschwieg Berichterstatter im heutigen Befund die sonstigen rückständigen Schulden anzugeben, wie sie lt. Nachfrage immer noch bestehen, dazu noch Mietschulden.«[56] »Familie Nüssli ist vollkommen degeneriert, in moralischer und sittlicher Hinsicht ganz heruntergekommen, unglaublich verlogen, heuchlerisch.«[57] Die Inspektionsberichte enthalten kaum Aussagen über die Kinder und Jugendlichen (außer über deren Sauberkeit und Anstand). Nur selten versuchte die Inspektionsgehilfin, einen Einblick in das Seelenleben der Kinder zu vermitteln, das Wesen, den Charakter des Kindes zu eruieren: »Es hat etwas Bestimmtes, Ernstes in seinem Wesen, sehr ruhig. Ausser einem merkwürdig dunklen Ausdruck in den Augen, würde man ihm nichts anmerken, dass es schon so viel gesehen und mitgemacht hat.«[58] Dieses Manko sollte der Grund dafür sein, dass die soziale Untersuchung nicht mehr ausreiche und zunehmend unter Beschuss und Kritik geriet. Die psychiatrischen Beobachtungsstationen und die »Psychopathenklassen« würden sich künftig der Aufgabe der Erforschung des Wesens und des Charakters der Kinder annehmen.

Die Fürsorgeärztin ihrerseits vermass und registrierte bei ihren Hausbesuchen die Körper, erfasste das Kleine, die Details, das Vergängliche – Glieder, Organe, Gewebe, Beschaffenheit der Haut: »Während dem Gespräch wechselt sie auch ihre Farbe beständig, von gelb-blassem durchsichtigen Hautton zu grüner Farbe, die sichtbaren Schleimhäute sind ganz farblos.«[59] »Bei allen Kindern Degenerationszeichen: schlecht entwickelte ausgewachsene Ohrlappen, hoher Gaumen u. kleiner Finger erreicht nicht die Endphalange des 4. Fingers; auch bei Mutter der Kinder.«[60] Für spätere Zeiten sah man vor, auch das Gewicht der Kinder zu messen und vor allen Dingen Fotografien zu machen, mit deren Hilfe phrenologische und physiognomische Gutachten angefertigt werden sollten, denn das Kind sei in seiner Unschuld doch eigentlich ein sehr einfaches Beobachtungsobjekt.

Das Einziehen von Informationen

Neben der Kontrolle der Mündel war das Einziehen von Informationen über »den jeweiligen Stand der Verhältnisse«[61] bei den Nachbarn, den Arbeitgebern, den Pfarrern, den Lehrern, den Vermietern und den Ladenbesitzern, der zweite

Teil der sozialen Untersuchung durch die Inspektionsgehilfinnen (und wahrscheinlich der schwierigere – wurden doch oft, gestützt auf diese Erkundigungen, die schwerwiegendsten Entschlüsse gefasst).[62] »Leider können wir es ohne Informationen nicht machen. Sie sind ein notwendiges Übel und wir haben nur den einzigen Trost, dass durch die immer grösser werdende Erfahrung auf diesem Gebiete unsere Geschicklichkeit im Einziehen von Erkundigungen wächst.«[63] Die Erkundigungen sollten mit viel Takt durchgeführt und die erhaltenen Auskünfte sorgfältig gewürdigt werden.

Die Inspektionsgehilfinnen trugen die Informationen von Nachbarin zu Nachbarin, die jeweils die Aussagen der zuvor befragten Nachbarinnen verifizieren oder falsifizieren sollten: »Alles andere, was gesagt werde, vom Lügen und Verdrehen und Zleidwerchen der Frau Flück, vom Schuldenmachen und Trinken, sei mehr als wahr.«[64] Anhand einiger Passagen wird ersichtlich, dass die Frauen nicht einfach zu einer Erzählung angeregt, sondern befragt bzw. verhört wurden: »Dass Toni bei der Mutter die richtige Erziehung habe, glaubt Frau Baumgartner nicht.«[65] Das lässt auf die Frage der Inspektionsgehilfin schließen: »Glauben Sie, dass Toni bei seiner Mutter die richtige Erziehung erhält?« Oder: »In diesem Milieu ist es ja nicht möglich, dass die Kinder richtig erzogen werden, denken Sie nicht auch?«

Sowohl bei den Hausbesuchen und Kontrollgängen als auch bei den nachbarschaftlichen Abklärungen fanden Begegnungen zwischen Frauen statt: Begegnungen zwischen einer bürgerlichen, meist jüngeren Inspektionsgehilfin und einer, gegenüber dieser, meist älteren Hausfrau und Mutter aus dem Arbeitermilieu. Das jugendliche Alter der bürgerlichen Gehilfinnen wurde manchmal auch moniert: »Frau Flück macht mir dann den Vorwurf ich sei nie gekommen, sondern nur immer so Fräulein ohne Lebenserfahrung.«[66] Die Kinder waren bei diesen Besuchen meistens dabei. Nur bei heiklen Besprechungen und Unterweisungen wurden die älteren Kinder hinausgeschickt.[67] Die Männer wollten mit der Sache nichts zu tun haben: »Ihr Mann habe ihr jegliche Einmischung verboten.«[68]

Nicht nur die Nachbarinnen wurden befragt. Auch die Lehrer und Lehrerinnen wurden mittels Fragebogen über die Begabung, die Leistungen, den Fleiß, das Betragen, die häuslichen Verhältnisse, den Charakter, die Art der Erledigung der Hausaufgaben, die Regelmäßigkeit des Schulbesuchs, die Pünktlichkeit, die Anzahl der entschuldigten und unentschuldigten Absenzen, die Haltung bezüglich Kleidung und Körperpflege, die Gesundheit, die Teilnahme am Schülerfrühstück, an der Suppe, am Mittags-, Abend- und Ferienhort ausgefragt.[69] Und sie wurden ersucht, weitergehende schriftliche und ausführliche Auskunft über ihre Schülerinnen und Schüler zu erteilen: »Er ist ein wenig ein Galgenstrick, zu jedem lustigen Streich aufgelegt. Ich konnte ihm aber nicht zürnen, man muss seine Natur verstehen. Es kam auch etwa vor, dass ich ihm auf die Finger klopfte, aber im allgemeinen hat er sich nicht so übel gehalten. Er scheint vor mir so Respekt gehabt zu haben, dass er sich zusammennahm.«[70] Sie wurden in ihren Schulzimmern aufgesucht und befragt: »Frau Leber will in keiner Weise etwas von Vernachlässigung bei Anni Flück bemerkt haben. Das Kind sei punkto Kleider und Körperpflege wohl das bestgehaltene in der Klasse und auch, was Leistungen und Betragen anbetreffe, die beste Schülerin.«[71] Manchmal lässt sich anhand der Berichte auch nachvollziehen, wie die Informanten ihre Meinung sukzessive im Gespräch den »Verdachtsmomenten« der Inspektionsgehilfin annäherten: Der Lehrer von Anna Bodmer findet zuerst, sie sei seine beste Schülerin, meint dann, dass dies bei der schlechten Kasse allerdings keine Auszeichnung sei, findet anschließend, dass Anni in den letzten Wochen in den Leistungen doch etwas abgegeben habe und vermutet, dass etwas anderes das Kind ganz stark beschäftigen müsse und es doch eigensinniger und empfindlicher geworden sei in letzter Zeit.[72]

Die Inspektionsberichte:
Ungeschminkte Wiedergabe gehässiger Urteile

Die Inspektionsgehilfinnen sammelten also bei Dutzenden von Informantinnen und Informanten das anstößige Geschwätz und den oft niederträchtigen Klatsch, der uns alle umgibt. Die Berichte geben das nicht selten infame und gehässige Urteil der Nachbarn ganz unverblümt und hemmungslos wider: »Die ganze Familie hure, schnapse, lüge und stehle. Die Frau soll noch schlechter sein als der Mann. Man muss sich ja schämen, mit solchen Leuten im selben Haus wohnen.«[73] »Die Kinder sollen sämtlich missraten sein.«[74] »Rosmarie soll sittlich schon damals ganz verwahrlost, beständig mit Burschen zusammen gewesen sein und z.B. am Konfirmationstag bei offenem Fenster einem Burschen auf den Knien gesessen haben.«[75] »Frau Fellander ist sehr zurückhaltend mit ihren Angaben, sie fürchtet Frau Flück's Rache. Aber das sei sicher, dass es eine sittlich verkommene Gesellschaft sei und zwar alle zusammen, Bodmers, Furrers und Flücks.«[76] Manchmal hatten die Informantinnen also auch Angst vor Rache und vielleicht auch ein wenig ein schlechtes Gewissen: »Sie fürchte sie, ärger als das grösste Feuer, das in ihrer Wohnung ausbrechen könnte.«[77]

Manchmal, jedoch eher selten, sind es sorgfältig abgewogene, ernsthaft um das Wohl der Nachbarskinder besorgte Aussagen, die wiedergegeben werden, häufiger jedoch handelt es sich um den Bericht von Klatsch und Gerüchten. In den Rekursen wurde dies vielfach moniert. »Gegen solche ganz erfundene Lügengewebe, muss ich als Familienoberhaupt energisch Protest erheben, und gegen genannten Beschwerde und Anklage erheben, ich hoffe von der hohen Obrigkeit, das mann einer Familie, die einmal einen Fehler beging, auch noch Gerechtigkeit wiederfahren lasse, und gegen einen Vormund, der sich auf anderer Leute dummes Geschwätz stützt energisch Schranken setzt.«[78] Dagegen wehrten sich die Behörden: »Die Grundlage für unser Vorgehen bildet der uns vom Amtsvormund erstattete Bericht, der für uns ausschliesslich massgebend ist und der nicht auf ›Weiberklatsch‹ abstellt.«[79] Einige Verantwortliche konnten sich des Verdachts jedoch nicht erwehren und gaben (informell) zu bedenken, dass manchmal die Urteile wohl doch auf Klatsch beruhten: »Besprechung mit Stadtrat Gschwend. Dieser ist der Auffassung, es handle sich doch eigentlich ziemlich um Weiberklatsch. Er vermisse Polizeiberichte, Berichte des Betreibungsamtes und eigene Eindrücke meinerseits oder seitens der Gehilfin.«[80]

Die Berichte enthalten kaum Kommentare der Inspektionsgehilfinnen. Nur selten wird die Glaubwürdigkeit der Aussagen abgeschätzt, die Situation und die Stimmung der Informationsermittlung wiedergegeben: »Die Aussagen der Frauen Oberholzer, Zimmermann & Palmert, Schrennengasse, stimmen überein.«[81] »All die verschiedenen Angaben machen glaubwürdigen Eindruck, sie wurden auch nirgends in gehässiger Art gegeben.«[82] Erst die manchmal etwas »unbeholfenen« Berichte von Aushilfsinspektorinnen verdeutlichen, wie getreu die Inspektionsgehilfinnen ansonsten dem Anspruch nach »Objektivität« und »Sachlichkeit« folgten, während die Aushilfen sich selbst sprachlich einbrachten und zu eigenen Einschätzungen verstiegen: »Ich glaube wenn sie ein Mädchen hätte würde sie gar nichts tun.«[83] Die meisten Berichte sind jedoch als »reine Beschreibungen« der Meinungen der Nachbarn und Nachbarinnen verfasst. Hielten sich die Gehilfinnen nicht an diese Regel (»Sogar das besorgt der Pflegevater!«[84]), wurden sie von den Amtsvormündern zurechtgewiesen. Amtsvormund Dr. Schulthess strich die Bemerkung ganz einfach durch. Wir finden in den Inspektionsberichten auch fast keine Empfehlungen für zu treffende Maßnahmen.

Nur in den Erkundigungsberichten des Informators der Vormundschaftsbehörde sowie in den Inspektionsberichten der Fürsorgeärztin werden manchmal Empfehlungen für mögliche zu treffende Maßnahmen sowie eigene Stellungnahmen abgegeben: »Eine ernste Verwarnung mit Androhung der sofortigen Entziehung der elterlichen Gewalt, wenn sich der Mann nicht rasch bessert, dürfte das mindeste sein, was gegen den pflichtvergessenen Familienvater vorzukehren wäre, der sich so wenig um die Seinen kümmert und doch immer wieder Kinder auf die Welt stellt.«[85] Eine einzige Empfehlung einer Inspektionsgehilfin habe ich gefunden: »Nach meinem Dafürhalten liegt z. Z. aus erzieherischen Gründen keine Notwendigkeit einer Wegnahme des Kindes vor.«[86] Der Eintrag ist von der vierten Inspektionsgehilfin, Marie Vögeli, die ihre ersten Jahre (1914-1918) unter der (einzigen) Amtsvormündin, Dr. Olga Lenz, gearbeitet hatte. Möglicherweise, aber wir wollen vorsichtig sein, hatte diese ihrer Gehilfin mehr Freiheiten eingeräumt, als ihre männlichen Kollegen.

Manchmal blieben widersprüchliche Aussagen und Urteile nebeneinander bestehen. Das machte die Entscheidung des Amtsvormundes besonders schwierig. Dann nahm er zum Beispiel den Rat eines Psychiaters zu Hilfe. Darauf komme ich gleich zurück.

Die Angst des Amtsvormundes vor der Macht der Inspektionsgehilfin

Die wichtige Stellung der Gehilfinnen wurde für die Amtsvormünder zusehends bedrohlich und es sollte künftig darauf geachtet werden, dass keine zu weit gehende Delegation der Aufgaben des Vormundes an die Gehilfinnen erfolgte, denn die persönliche Beziehung zwischen Vormund und Mündel sollte auch beim Amtsvormund erhalten bleiben. Der Mündel und die Mündeleltern sollten schließlich Gelegenheit haben, jederzeit direkt mit dem Vormund zu verkehren, denn sonst schwinde das Vertrauen des »Publikums« in die gesamte Institution. Andererseits sei es auch für den Amtsvormund von größter Bedeutung, dass er die Möglichkeit behalte, seine Mündel persönlich zu kennen. Falle diese Möglichkeit dahin und sei der Amtsvormund ausschließlich auf die Berichte der Inspektionsgehilfinnen angewiesen, so gerate er in »die Gefahr, zu schablonisieren«[87], statt die einzelnen Fälle individuell zu behandeln. Nachdem gegen Ende der 20er Jahre die Fallzahl abnahm, konnte der Amtsvormund dieser Aufgabe auch wieder nachkommen und weitere Außenarbeit zusammen mit der ihm zugeteilten Gehilfin besorgen. Die freiwilligen Helferinnen wurden überflüssig und es wurden als Freiwillige nur noch die Schülerinnen der sozialen Frauen-schule aufgenommen, denen die Möglichkeit geboten werden musste, sich für ihren künftigen Beruf die erforderlichen praktischen Kenntnisse und Fertigkei-ten zu verschaffen.[88]

Es wurde immer wieder betont, dass der Amstvormund seine fürsorgerisch-pädagogische Aufgabe nur erfüllen könne, wenn es ihm möglich bliebe, eine persönliche Fühlung mit den Bevormundeten herzustellen und die Einflüsse kennen zu lernen, die für deren Verhalten ursächlich seien. »Aus dem zahlen-mässigen Geschäftsrückgang, auch wenn er sich künftig noch deutlicher aus-wirken sollte, ist übrigens keineswegs ein Mangel an voller Beschäftigung für die Amtsvormünder zu befürchten, wohl aber zu erhoffen, dass sie etwas weni-ger als bisher auf die bloss aktenmässige Behandlung ihrer Fälle angewiesen bleiben, sondern das persönliche Moment in der ganzen Fürsorgearbeit stärker zum Ausdruck bringen können durch direkte und fortlaufende Fühlungnahme mit den Mündeln und ihren Erziehern. Nicht in der Amtsstube, sondern in ihrer häuslichen Umgebung zeigen sich die Leute eben, wie sie wirklich sind. Darum soll auch der amtliche Vormund, soweit er wenigstens Entscheidungen von weittragender Bedeutung zu treffen hat, ein persönliches, nicht bloss ein ak-tenmässiges Bild von den Verhältnissen sich verschaffen. Je mehr er dieser For-derung nachkommen kann, desto eher wird es ihm gelingen, seine Schutzbefoh-lenen zu beeinflussen und erzieherisch zu fördern.«[89]

Der Amtsvormund sollte sich keinesfalls mehr darauf beschränken, sich von den Gehilfinnen das Material zusammentragen zu lassen und dann aufgrund dieser Akten seine Verfügungen zu treffen. Er dürfe seine Mündel und deren Umgebung nicht mehr ausschließlich aus den Akten und von gelegentlichen Besprechungen auf dem Büro kennen. Beim Mündel und seinen Angehörigen sollte wenigstens nach und nach das Empfinden Platz greifen, dass beim Amts-vormund, wenn auch seine Ernennung mit einem gewissen Unbehagen entge-gengenommen wurde, in allen Lagen ein guter Rat oder eine freundliche Hand-reichung erhältlich sei. Darum könne auch der Amtsvormund sich nicht jedes Mal ernstlich fragen, ob ein Dienst, um den er angegangen wurde, im engsten Sinn zu seiner vormundschaftlichen Verpflichtung gehöre. Solche Hilfeleistun-gen erheischten zwar ein Opfer an Zeit, seien aber unbedingt erforderlich, um zwischen dem Amtsvormund und dem Befürsorgten das für jeden Erfolg un-entbehrliche Vertrauensverhältnis herzustellen. Auch von einem freundlichen Kartengruß zum Geburtstag oder einer kleinen Spende zur Konfirmation und zu Weihnachten hoffte man, dass sie, weil sie eine persönliche Note enthielten, nachhaltiger wirkten als eine feierliche Zusprache. Um allen amtlichen Anstrich nach Möglichkeit zu vermeiden, verwendete die Amtsvormundschaft im Verkehr mit den Bevormundeten keine mit Vordruck versehenen Briefumschläge mehr. Je besser die Verbindung zwischen Amtsvormund und Mündel sei, um so eher gelinge es, die Persönlichkeit des letzteren und seine ganzen Verhältnisse wirklich zu erfassen und die Gefahr des Schematismus zu beseitigen.[90]

Den Verantwortlichen war also nach einem Jahrzehnt Tätigkeit bewusst, dass eine Beeinflussung ohne eine Vertrauensbasis, ohne ein »Arbeitsbündnis« nicht möglich war. Es war ihnen auch bewusst, dass das Einschreiten der Amtsvormundschaft einen stigmatisierenden Effekt hatte – deshalb die Vorsicht mit den unbedruckten Briefumschlägen. Es wird deutlich, dass »Fachlichkeits- und Professionalisierungsbestrebungen« in engem Zusammenhang mit der Quantität der zu bewältigenden Aufgaben stehen: In den Jahren nämlich, als die Fallzahlen sehr hoch waren, der Kontakt der Amtsvormünder mit den Mündeln also sehr eingeschränkt, wurde die Kritik, dass bei der hohen Fallzahl die einzelnen Mündel in der Masse untergingen, mit dem Argument entkräftigt, dass nicht übersehen werden dürfe, dass die Aufgabe der Amtsvormünder ja nicht darin bestehe, ihre Mündel zu erziehen, sondern vielmehr darin, die Verpflegung und Erziehung in die richtige Bahnen zu lenken und hierfür lediglich die geeigneten Erzieher zu finden.[91] Außerdem verfestigte sich in dieser Zeit die Rolle der Frau als soziale Hilfsarbeiterin. Ihr Zuständigkeitsbereich wurde laufend den Interessen der höhergestellten, meist männlichen Sozialarbeiter bzw. Jugendfürsorger angepasst. Die soziale Untersuchung verlor an Bedeutung. Die ambulante psychiatrische Abklärung und die stationäre psychiatrische Beobachtung sollten an ihre Stelle treten.

2. Psychiatrische Klassifikation:
beobachten, testen, zuordnen und empfehlen

Waren die Amtsvormünder in ihren auf den Inspektions- und Informationsberichten zu gründenden Urteilen unsicher oder wollten sie ihrem Urteil eine sichere Aussicht auf Genehmigung ihres Antrags durch die Vormundschaftsbehörde und durch den Bezirksrat verleihen oder scheiterten sie mit ihren Maßnahmen immer wieder und kamen nicht weiter (wie beispielsweise bei Walter Duss) holten sie ein psychiatrisches Gutachten ein: »Vorläufig ziehen die Amtsvormünder in zweifelhaften Fällen häufig den Psychiater beim Vormundschafts- und Armenwesen zur Begutachtung zu, da es von grösster Wichtigkeit ist, die Quelle des Übels zu erforschen, bevor man sich über den Weg der Bekämpfung desselben schlüssig macht.«[92]

Die psychiatrischen Gutachten erlangten in Bevormundungs- und Entmündigungsfällen eine zunehmend wichtige Bedeutung. Die Vormundschaftsbehörde beantragte in einem Fall beim Bezirksamt, gestützt auf das Gutachten des »kantonalen Irreninspektors«, die Entmündigung eines Geisteskranken. Der Bezirksrat glaubte jedoch, dass damit dem Einführungsgesetz nicht Genüge getan sei und verlangte *zusätzlich* ein zweites Zeugnis eines Bezirksarztes oder eines Arztes einer kantonalen Krankenanstalt.[93] Die Streitfrage, wie viele Gutachten es brauche und vor allem wer sie auszustellen habe sei, so die Vormundschaftsbehörde in ihrem Vorstoß an die Justizdirektion, praktisch von sehr großer Bedeutung: »Psychiatrische Begutachtung Geisteskranker und Geistesschwacher Personen ist immer eine etwas heikle und nicht selten auch eine etwas kostspielige Sache, zumal wenn, wie speziell in den ländlichen Bezirken, die keine kantonale Krankenanstalt besitzen, die Hülfe von zwei Ärzten in Anspruch genommen werden muss. Wir meinen nun, dass gerade in solchen Fällen das Zeugnis des psychiatrisch gut durchgebildeten Jrreninspektors genügen soll. Dadurch würde das Verfahren der Bevormundung insbesondere von Geistesschwachen, die nicht in einer Anstalt interniert werden müssen, bedeutend einfacher und billiger, und unseres Erachtens mindestens ebenso sichere Garantien bieten, als wenn auf die Zeugnisse von zwei psychiatrisch meist gar nicht besonders ausgebildeten Landärzten abgestellt wird.«[94] Die Justizdirektion gab der Vormundschaftsbehörde (mit einem kleinen Seitenhieb) Recht: »Es lässt sich nicht bestreiten, dass der Jrreninspektor mit bezug auf seine fachmännische und psychiatrische Berufstätigkeit den im Einführungsgesetz genannten Aerzten an kantonalen Anstalten gleichgestellt werden darf, wie sie auch selbst in Jhrem Exposé ausführen. Jmmerhin muss verlangt werden, dass er in gleicher Weise, wie es für die genannten Aerzte gesetzlich vorgeschrieben ist, in solchen Fällen in aller Form ein Gutachten erstattet und nicht bloss ›Antrag‹ stellt.«[95]

Vom Psychiater wurde verlangt, eine medizinisch-psychologische Prüfung vorzunehmen, zu sagen, ob der Jugendliche geisteskrank oder moralisch defekt sei, welcher Art die Geisteskrankheit oder der moralische Defekt sei, ob der Jugendliche bei Begehung einer Straftat unzurechnungsfähig gewesen und ob er anstaltsbedürftig sei. Ihre Ausführungen stützten die Psychiater auf die vorhandenen Akten, die Aussagen der Eltern, die Aussagen von Verwandten und Bekannten sowie die eigene Untersuchung und Beobachtung des Explananden.

Aus den sieben Falldossiers liegen drei vollständige psychiatrische Gutachten vor: ein Gutachten der Assistenzärztin Dr. Morgenstern (eingesehen von Prof. Bleuler) der Irren- bzw. Heilanstalt Burghölzli über Arne Cohn sowie zwei Gutachten des Psychiaters des Vormundschafts- und Armenwesens, Dr. Walter Moos, über Walter und Viktor Duss. Außerdem finden sich in den Anträgen der Amtsvormundschaft einige Auszügen aus den beiden Gutachten von Prof. Eugen Bleuler über Toni Marek.

Die Kategorien:
»Verbrecher«, »moralisch Defecter« und »Geisteskranker«

Das Gutachten von Dr. Morgenstern zuhanden der Bezirksanwaltschaft umfasst zehn Seiten.[96] Die Bezirksanwaltschaft bat die Irrenanstalt um die Beantwortung der Fragen, ob Arne Cohn geisteskrank sei (wenn ja, an welcher Form von Geisteskrankheit er leide), ob er zur Zeit der Begehung des Diebstahls unzurechnungsfähig oder vermindert zurechnungsfähig gewesen und ob er anstaltsbedürftig sei. Ihre Ausführungen stützte Dr. Morgenstern auf die der Heilanstalt überlassenen Akten, auf die Aussagen der Mutter von Arne Cohn, auf die Aussagen von Martha Burkhard, der Gehilfin und Vertrauten von Arne Cohn in der Erziehungsanstalt Burghof, auf die Angaben des Schriftstellers Ernst Wellauer, Arne Cohns Chef im Bahnhofbuffet Göschenen sowie auf die eigene Untersuchung und Beobachtung des Explananden während einem Monat.

Das Gutachten ist in vier Teile gegliedert: »Tatbestand«, »Vorgeschichte«, »eigene Beobachtung« und »Gutachten«. Unter »Tatbestand« rekonstruiert die Assistenzärztin den Diebstahl des Explananden unter Bezugnahme auf die Akten der Bezirksanwaltschaft.

In der »Vorgeschichte« legt sie Arne Cohns Familienumstände dar, seine erbliche Belastung und nimmt eine Einschätzung der Mutter vor. Sie gibt die Beurteilung der Mutter über ihren Sohn wieder sowie die Aussagen in den Akten der Staatsanwaltschaft über Arne Cohn, in denen auch die Einschätzungen der Lehrer zum Ausdruck kommen. Hierbei wurden auch die Charakterisierungen von Arne Cohn über sich selbst berücksichtigt. Dr. Morgenstern schildert ausführlich Arne Cohns Lebensgeschichte bzw. seine »Karriere« (Diebstahl, Erfassung durch die Polizei, Kinderfürsorgeamt, Vormundschaftsbehörde, Fremdplatzierung in einer Familie, psychiatrische Behandlung, Diebstahl, Erfassung durch die Polizei, Einholen eines psychiatrischen Gutachtens, zweijährige Unterbringung in einer Erziehungsanstalt, Fluchtversuche, Diebstahl, stationäre psychiatrische Beobachtung).

Unter »eigene Beobachtung« schildert die Assistenzärztin ihre Begegnung mit Arne Cohn und ihre Beobachtungen in der Heilanstalt. Es befindet sich in diesem Teil auch die Abschrift eines Briefes, den Arne Cohn an Martha Burkhard geschrieben hatte sowie ein Bericht über einen zehn Seiten langen Lebenslauf und eine schriftliche Abhandlung über die religiösen und moralischen Wandlungen, die Arne Cohn im Auftrag der Ärztin zu verfassen hatte. In diesem Teil nimmt die Assistenzärztin eine erste Einschätzung des Jungen vor. Eine Beurteilung seines Charakters, seines Verhältnisses zu seiner Mutter, seiner Interessen und Vorlieben, seiner Selbsteinschätzung, seines Gefühlslebens, seines Verhaltens und seines körperlichen Zustandes.

Im »Gutachten« schließlich fasst sie die wichtigsten Aspekte im Hinblick auf die Beantwortung der Fragestellung zusammen: Erbanlage, Schulzeit, Verlauf bis zum Delikt, Charaktereigenschaften (Konfliktunfähigkeit, übersteigertes Phantasieleben, Ehrgeiz) und die eigene Einschätzung des Explananden. Dr. Morgenstern kommt zum Schluss, dass Arne Cohn bei klarem Bewusstsein war und weder unter dem Druck einer Zwangsidee, noch einer Sinnestäuschung, noch eines krankhaften Phantasielebens stand. »Wie schon aus der raschen und scharfen Auffassung, aus den geschickten Antworten, die Expl. auf Fragen gibt, aus seinem Lebenslauf und dem kleinen Aufsatz zu ersehen ist, sind keine Defecte der Verstandestätigkeit bei ihm zu finden. Er versteht seine Gedanken klar und kurz auszudrücken und das ihm gebotene Material gut zu verarbeiten. (…) Moralische Gefühle fehlen ihm nicht; sie sind jedoch weder von einer genügenden Tiefe noch Stärke, um ihm bei an ihn herantretenden Versuchungen als Schutz zu dienen. Jedenfalls können wir ihn nicht zu den moralischen Idioten zählen. Seine Affecte waren dem Inhalt adäquat, in ihrer Qualität und Intensität normal. Wir sehen in Expl. sehr stark ausgeprägte positive Eigenschaften auf intellectuellem Gebiete, die sich vielleicht unter entsprechender Leitung gut verwerten liessen, andererseits vielleicht noch grössere moralische Defecte, das Fehlen von Hemmungen, die entweder in den moralischen Gefühlen als angeboren vorhanden sind oder durch feste Verankerung von Assoziationen sich zu moralischen Begriffen zusammenfügen.«[97]

Aus all dem leitete Dr. Morgenstern ab, dass dem Explananden zur Zeit der Tat die Urteilsfähigkeit, die zur Einsicht in die Strafbarkeit der Tat nötig ist, nicht gefehlt habe; und dieser ebenso im Stande war, die Tragweite seiner Handlungen zu übersehen und auch über die Fähigkeit der Selbstbestimmung verfügte, die Dr. Strasser in seinem früheren Gutachten dem Explananden abgesprochen hatte.

Die Assistenzärztin der Heilanstalt Burghölzi ließ also Arne Cohn einen Lebenslauf verfassen und einen Aufsatz zum Thema »Moral und Religion« schreiben. Sie stellte bei ihm »ein Gemisch von Trotz, Wurstigkeit und Scham« fest und wunderte sich über sein »unmotiviertes Lachen«. Arne Cohn hatte offensichtlich ein reges Phantasieleben und einen falschen Ehrgeiz. »Eine Verwebung von Ehrgeiz und Phantasie sehen wir in seinen Träumen nach Amerika zu gehen, um als reicher Mann zurück zu kehren.« Trotzdem schienen beide Eigenschaften keine krankhafte Ausprägung zu haben. Auch sein Urteilsvermögen wurde als gesund erachtet, denn keiner der Faktoren, die das Urteilsvermögen hätten trüben können (ein unklares Bewusstsein, der Druck einer Zwangsidee, eine Sinnestäuschung, ein krankhaftes Phantasieleben, Defekte der Verstandestätigkeit, das Fehlen moralischer Gefühle oder eine falsche Qualität und Intensität der Affekte), konnte bei Arne Cohn konstatiert werden.

Ob es aus der eigenen Unsicherheit der Assistenzärztin geschah, ob es Taktik jeder Untersuchung war oder ob Arne Cohn besonderen Anlass dazu gab, dass er aufgefordert wurde, sein eigenes Urteil über sich zu fällen, können wir nicht wissen: »Als ihm einmal von der Ärztin die Frage gestellt wurde, zu welcher der drei folgenden Kategorien er gehöre: ob er ein Verbrecher, ein moralisch Defecter oder ein Geisteskranker sei, antwortete er, es gäbe auch solche, die keines von den dreien seien, kann aber nicht präcisieren, was denn.« Morgenstern stellte bei allen Aussagen Arnes »eine deutliche Diskrepanz zwischen seinen Worten und seinem Gesichtsausdruck« fest, »eine leichte Langeweile, etwas Trotz, etwas Gleichgültigkeit und hauptsächlich der Wunsch, die Fragerei los zu sein, mischt sich im Gesicht«. Die Ärztin scheint trotz ihres klaren Urteils unsicher; durch das Gutachten streift aber auch ein Zug von Bewunderung. Überhaupt zieht sich die Faszination durch das »Falldossier Cohn«, der die Bibel, Nietzsche, Freud, Steiner und Schopenhauer liest und sich vor allen Dingen sich selbst als Material der Betrachtung widmet bzw. zumindest zu widmen versucht: »Ich fühle mich der gestellten Aufgabe nicht gewachsen, weil es eine gar eigene Sache ist, das Wesen seines inneren Menschen ganz zu erfassen, besonders aber, den ganzen Weg, den er gegangen ist, wieder zu finden.« Immer wieder wird anerkennend auf seine Intelligenz und seine Selbstbetrachtung hingewiesen: »Zu seiner Selbsterziehung regte ihn die Freundschaft mit Fräulein Burkhard an, die ihm die Mutter, die Schwester und vielleicht auch die erste Liebe war.«

Dr. Morgenstern hatte drei Kategorien zur Auswahl: »Verbrecher«, »moralisch Defekter« oder »Geisteskranker«. Die Zuordnung sollte Aufschluss geben über die Frage, ob die Justiz, die Jugendfürsorge oder die Jugendpsychiatrie zuständig sei, ob Arne Cohn also in eine Straf-, eine Erziehungs- oder eine Irrenanstalt versetzt werden sollte. Es ging damit auch um die Frage, ob und wenn ja, welchem Spezialistentyp Arne Cohn anvertraut werden sollte.

Eine Art »einleuchtende Phänomenologie des gesunden Menschenverstands«: Die Schwierigkeit der Klassifikation

Am Ende des zehnseitigen Gutachtens kommt Dr. Morgenstern zum Schluss, dass Arne Cohn zurechnungsfähig, nicht geisteskrank und nicht anstaltsbedürftig sei. Das implizierte, obwohl nicht ausgesprochen, dass er ein Verbrecher sei. Das Gutachten beinhaltet jedoch eine Unstimmigkeit: Zum einen wollte Morgenstern Arne Cohn nicht zu den moralischen Idioten zugeordnet haben. Zum anderen machte sie bei ihm »grössere moralische Defecte« aus, »das Fehlen von Hemmungen, die entweder in den moralischen Gefühlen als angeboren vorhanden sind oder durch feste Verankerung von Assoziationen sich zu moralischen Begriffen zusammenfügen«. Um Arne Cohn nicht dieser Kategorie zuordnen zu müssen, transformierte sie die Kategorie selbst: Aus dem anfänglich »moralischen Defekt« wird die »moralische Idiotie«, zu der jedoch Arne Cohn nicht gezählt werden konnte. Morgenstern hielt offensichtlich nicht viel von Erziehungsanstalten und sie verpasst es auch nicht, ihre Kritik an der Erziehungsanstalt »Pestalozzihaus« zum Ausdruck zu bringen, deren Erziehungsmethoden in ihren Augen ungeeignet und fruchtlos gewesen seien: »Der eigentliche Zweck seines Verbleibens in der Erziehungsanstalt war z. T. verfehlt, denn die Art und Weise des Verkehrs mit den Zöglingen war nicht geeignet, in Cohn eine feste Verbindung von Begriffen über Erlaubt und Unerlaubt auszubilden. Ein schwerer Schlag war für ihn der Missbrauch seines dem Hausvater geschenkten Vertrauens.« Trotzdem zeigte sich, dass sich Arne Cohn »in der straffen Zucht des Burghofs« gehalten hatte und er »in den alten Sumpf versank«, sobald ihm dieser Halt genommen wurde.

Daraus leitete Morgenstern die folgende, von ihr nicht abverlangte, Empfehlung ab: »Da die Erfahrung gezeigt hat, dass er dort, wo er eine feste Disziplin fühlt, sich hält, wäre vielleicht in seinem eigenen und im sozialen Interesse ratsam, ihn in seine Heimat zu befördern, wo er jetzt den Militärdienst absolvieren muss und vielleicht auf diesem Wege die für ein normales Leben notwendigen Hemmungen in sich grossziehen könnte.« Morgenstern »widersprach« damit dem Urteil des früheren Psychiaters, Dr. Strasser, der bei Arne Cohn einen »nervösen Charakter« ausmachte und *dementia praecox* (die heutige Kategorie der Schizophrenie) vermutete.[98]

Die Kinder- und Jugendpsychiatrie steckte noch in den Anfängen, wie wir dem Gutachten unschwer entnehmen können. Sie stand erst am Beginn der Herausbildung eines spezialisierten Wissens. Das Gutachten ist durchdrungen von einem nicht-spezialisierten Wissen, von »alltagstheoretischen« und moralischen Beobachtungskategorien wie »Trotz«, »Wurstigkeit« und »Scham«. Das Wissen, das bemüht wurde, betraf zunächst das Schicksal eines Menschen, des »Explananden«. Zugleich aber ging es auch um einen Wandel im Aufkommen eines neuen sozialen Steuerungsmechanismus: Die Justiz setzte sich immer erst nach einer Tat in Bewegung. Die Fürsorge und Psychiatrie sollten über ihre Einzelfallanalysen und über ihre Quantifizierungen nach und nach die Möglichkeit und Wahrscheinlichkeit eines strafbaren Verhaltens antizipieren und damit die Möglichkeit zur Prävention schaffen.

Physiologische und psychologische Testverfahren

Im »Fall Walter Duss« war dem Amtsvormund bereits klar, dass Walter in die Erziehungsanstalt Aarburg kommen sollte, sofern – und dies abzuklären war der Auftrag des Psychiaters – kein Intelligenzdefekt vorliegen sollte, »also festgestellt werden kann, ob seine Verstandesanlagen genügend sind, um nochmals eine Berufslehre wagen zu dürfen«[99]. Dr. Walter Moos, Psychiater des Vormundschafts- und Armenwesens, untersuchte Walter Duss an zwei Tagen im Knabenheim Selnau. Er legt in seinem vierseitigen Gutachten zuerst die Vorgeschichte dar, die er ausschließlich mit Hilfe der Beistandschaftsakten rekonstruierte. Er schildert die Familienverhältnisse, die Ansichten der Lehrer, des Beistandes und der Pflegeltern sowie die Lebensgeschichte Walters und die gescheiterten Ausbildungsversuche. Dr. Moos schilderte ausführlich die Beurteilung des Verwalters des Knabenheims Selnau, der Walter Duss als »verschlagenen Charakter, als faulen, bequemen Herrn« bezeichnete. Anschließend legte er die Ergebnisse seiner Testverfahren dar, mit Hilfe derer er die körperliche Verfassung (Organe, Haut, Muskulatur, Knochenbau, Reflexe), die psychische Verfassung (Intelligenz, Gefühlsleben, Kombinationsfähigkeit, Urteilsfähigkeit,

Abstraktionsvermögen) sowie die erbliche Belastung eruiert hatte. Auch bei Walter Duss wurde vom Psychiater, wie schon bei Arne Cohn, ein unverständliches und unerträgliches Lachen ausgemacht. Am zweiten Untersuchungstag wohnten der Untersuchung zwei Sekretäre der Freiwilligen Armenpflege bei. »Duss hatte in Gegenwart dieser Herrn im Gegensatz zum Vortage einen Stupor und rückte gar nicht mit der Sprache heraus. Sein Lachen konnte er aber auch hier nicht unterdrücken. Ein deutliches Verkümmern moralischer Gefühlsbetonungen war dabei festzustellen. Duss weiss dabei ganz genau was nicht getan werden darf, und gibt dem lakonisch und recht oberflächlich, wenn man eindringlich darauf besteht, Ausdruck.«

Was die an den Psychiater herangetragene Frage anbelangte, kam Dr. Moos zum Schuss, dass kein Intelligenzdefekt vorliege: »Einen Intelligenzdefekt leichtern oder schweren Grades konnte ich bei der Besprechung nicht feststellen. Auch die spezielle Prüfung ergab kein anderes Resultat. Die Kombinationsfähigkeit ist befriedigend, Unterschieds- und Urteilsfragen werden in richtiger Erfassung ziemlich prägnant beantwortet. Das Abstraktionsvermögen ist nicht erster Ordnung, aber auch nicht schlecht. Die intellektuelle Begabung von Duss ist eine durchschnittliche, keine untermittelmässige.« Walter Duss sei wahrscheinlich noch erziehungsfähig (zumal sich auch sein Bruder gebessert hatte), sofern er unter konsequente und richtige Leitung gestellt würde. Auch für eine Berufslehre sei er auf jeden Fall fähig. Was bei Walter vorliege, sei »vor allem Scheu vor geordneter Arbeit, Mangel an dauernder Arbeitsfähigkeit, was meist mit Moralitätsdefekten (angeborener oder erworbener) verknüpft ist«. In Erwägung dieser Umstände stimmte Dr. Moos der Amtsvormundschaft zu, den Knaben in der Erziehungsanstalt Aarburg unterzubringen.

Das Gutachten über Walters Bruder, Viktor Duss, fiel kürzer aus. Viktor sei körperlich von mittelkräftiger Konstitution, für sein Alter etwas klein (Gewicht 29,7 kg, Größe: 136 cm). Der Ernährungszustand sei ein guter. An den inneren Organen konnte Moos nichts Besonderes feststellen. Aufgefallen waren ihm »die sog. Henkeohren«. Die intellektuellen Fähigkeiten seien »gut durchschnittliche«. Auffassung und Kombinationsvermögen dem Alter entsprechend. Das Schulwissen sei angesichts Viktors Gleichgültigkeit in der Schule nicht schlecht. Eine »geistige Abnormität« konnte Dr. Moos nicht feststellen. »Es handelt sich bei ihm um eine ähnliche Anlage, wie bei dem von mir 1924 untersuchten Bruder Walter, nur dass es noch nicht zu krassen Manifestationen gekommen ist. Die Schulschwänzerei und das Davonlaufen sind freilich Ausdruck einer beginnenden Verwahrlosung, die zweifellos durch eine gewisse Aufsichtslosigkeit der erziehungsschwachen Mutter mitbedingt ist. Nach den neuesten Berichten des Lehrers sollen in den letzten Wochen Unzukömmlichkeiten nicht mehr vorgekommen sein. Unter diesen Umständen kann m. E. mit der Versorgung bei einer tüchtigen Privatfamilie auf dem Lande, wo er an Arbeit, Zucht und Ordnung und ein geregeltes Leben gewöhnt wird, aber nur bei andauernd gutem Verhalten, bis zum Frühjahrsschluss zugewartet werden.«[100]

Die Psychiater suchten zwar nach den inneren und äußeren Ursachen der Verfehlungen und Verirrungen, doch vermochten sie nicht mehr, als bestimmte Ereignisse als *mögliche* Ursachen zu benennen. Konnten die Kinder und Jugendlichen in keine der psychiatrischen Kategorien eingeteilt werden, blieb auch ihnen nur noch der Rekurs auf moralische und alltagstheoretische Konzepte. Sie hatten kein geschlossenes Begriffsraster zur Verfügung, um das Verhalten der Kinder und Jugendlichen zu entziffern, um ihre Beobachtungen auf einen spezifischen Zusammenhang zu überführen. Die Streiche, Verfehlungen und Delikte der Kinder und Jugendlichen wurden über die Verkettung voneinander unabhängiger Tatsachen und Ereignisse (der verunglückte Vater, der geisteskranke Onkel, die schwierige Kindheit, die sonderbare und ungeeignete Mutter, der ehrgeizige Charakter, das rege Phantasieleben etc.)[101] zu verstehen und zu erklären versucht. Dr. Morgenstern hatte für das, was sie sah und auf zehn Seiten darlegte, keine psychiatrischen Begriffe zur Hand. Deshalb vergegenwärtigte sie sich mehrmals die lebensgeschichtlichen Ereignisse, die objektiven Daten. Ihre eigenen Beobachtungen kamen nicht über die Wahrnehmung von »Trotz, Wurstigkeit und Scham« in dem Benehmen Arne Cohns und die Feststellung, dass er sich »im Bett wie ein Löwe im Käfig« benommen hatte, hinaus. Sie konnte die Beobachtungen nicht in einem spezialisierten, wissenschaftlichen Wissen geordnet und systematisch unterbringen und was zum Ausdruck gebracht wird, ist eher eine Art »einleuchtende Phänomenologie des gesunden Menschenverstandes«. Besser eruierbar schien, wozu die Explananden nicht gezählt werden konnten: »Jedenfalls können wir ihn nicht zu den moralischen Idioten zählen.«[102]

Kaum begründete Handlungsempfehlungen und Kompetenzüberschreitungen

Im Unterschied zu den Inspektions- und Informationsberichten der Gehilfinnen, enthalten die Gutachten Interventionsempfehlungen, die jedoch kaum stringent aus der gestellten »Diagnose« ableitbar sind und manchmal von anderen als medizinisch-pädagogischen Interessen motiviert scheinen, wie im Falle des Gutachtens über Arne Cohn. Die psychiatrischen Gutachten boten eine wichtige Möglichkeit, »kriminelle« und »geisteskranke« ausländische Kinder und Jugendliche ins Ausland abzuschieben.[103] Über die Empfehlung einer »konsequenten Beaufsichtigung, Leitung und Beeinflussung«[104] und die Vermittlung einer festen Disziplin (im Militär),[105] kamen auch die Psychiater nicht hinaus.

Ramsauer hält fest, dass die Behörden vom Urteil der Psychiater nie abwichen: »Das ZGB schrieb nicht nur die Beiziehung des Psychiaters vor, sondern die Behörde wich auch in ihrem Antrag mit keinem Wort von seinem Urteil ab.«[106] Diese Aussage ist in dieser Radikalität nicht haltbar. Dr. Strasser empfahl zunächst die Unterbringung von Arne Cohn in einer Erziehungsanstalt, in der eine »individualisierende Behandlung mit Erlernen eines Berufes«[107] durchgeführt werden sollte. Das Gericht berücksichtigte diesen Vorschlag insofern, als Arne Cohn im Juli 1914 für zwei Jahre in die Erziehungsanstalt Burghof gebracht wurde. Die Empfehlung von Dr. Morgenstern hingegen, Arne Cohn ins Ausland abzuschieben, wurde nicht berücksichtigt. Arne Cohn wurde des ausgezeichneten Diebstahls als schuldig zu einem Monat Gefängnis verurteilt. Das Gefängnis wurde ihm aber erlassen, da er durch die Amtsvormundschaft bereits in einer Pflegefamilie untergebracht worden war.[108] Im »Fall Marek« jedoch erwiesen sich die beiden psychiatrischen Gutachten der Heilanstalt Burghölzli als Legitimationsbasis für die Ausschaffung des als »gemeingefährlich« klassierten 12-jährigen Jungen. Toni Marek wurde zur Untersuchung in die Irrenanstalt Burghölzli verbracht. Das psychiatrische Gutachten lautete dahin, dass es sich um einen schwer belasteten, von Anfang an geistig abnormen Knaben handle, der in Bezug auf Zurechnungsfähigkeit gut zwei Jahre unter seinem Alter stehe und praktisch noch nicht strafmündig sei. Außerdem sei Toni Marek in hohem Grade gemeingefährlich.[109] »Er stiehlt massenhaft zusammen, was er erwischen kann, er schiesst scharf im Wald, er öffnet Gashahnen und Wasserhahnen.«[110]

Prof. Bleuler, der das Gutachten im Auftrag der Amtsvormundschaft erstellte, erteilte der Amtsvormundschaft den Rat, den Knaben in die Heimat abzuschieben und in eine passende Irrenanstalt unterzubringen und teilte der Amtsvormundschaft gleichzeitig mit, dass der Knabe durch ihn bereits bei der Armendirektion zur Ausschaffung angemeldet worden sei.[111] Die Strafuntersuchung wurde sistiert und Toni Marek »auf Grund der Feststellung der Unzurechnungsfähigkeit, Gefährlichkeit und Unverbesserlichkeit«[112] nach Österreich ausgeschafft. Die Heimatbehörden versorgten darauf »das Kind in eine Art Greisenasyl aus welchem die Mutter den Knaben auf seinen Wunsch am 4. April 1915 wieder holte und wiederum in Zürich in die Schule schickte«[113].

Daraufhin wiederholte sich die Geschichte: Toni Marek wurde durch kleinere Diebstähle wieder auffällig, es wurde ein zweites psychiatrisches Gutachten von Prof. Bleuler eingeholt, Toni Marek wurde erneute ausgeschafft. Der Antrag der Amtsvormundschaft, auch die Mutter auszuweisen, wurde abgewiesen. Diese eigenmächtige Einleitung einer Maßnahme durch die Irrenanstalt Burghölzli, scheint keine Ausnahme zu sein.[114] Der Entscheid für die Ausschaffung entledigte die Amtsvormundschaft vor weiterer Hilfe: »Mein Mündel Toni Marek, geb. 1902, Schüler der IV. Primarklasse des Herrn A. Peter, Schulhaus Mühlebach, kommt seit einiger Zeit nicht mehr zur Schule. Meine Erkundigungen haben ergeben, dass Toni für seine Mutter, die in nächster Zeit die Geburt eines Kindes erwartet und daher nicht mehr arbeiten kann, zu Hause die Hausgeschäfte besorgen muss. Mit Rücksicht darauf und weil Toni Marek und seine Mutter doch sowieso in nächster Zeit heimgeschafft werden, möchte ich Sie ersuchen, das Fernbleiben des Knaben vom Schulbesuch auf sich beruhen zu lassen und keine Maßnahmen dagegen anzuordnen. Wenn Toni gezwungen würde, die Schule zu besuchen, so könnte es dazu kommen, dass die Mutter in einer Pflegeanstalt und Toni im Jugendheim untergebracht werden müsste, da unmöglich die Mutter allein zu Hause gelassen werden kann. Durch eine solche Versorgung würden aber dem Staate bedeutende Kosten erwachsen. Ich finde es daher für richtiger, wenn der Knabe zu Hause gelassen wird und dort für seine kranke Mutter die Hausgeschäfte und die notwendigste Pflege besorgen kann.«[115] In dieser Empfehlung kommt auch zum Ausdruck, dass der Amtsvormund eine beantragte Maßnahme als Tatsache vorweg nahm (die Heimschaffung der Mutter), die vom Regierungsrat schließlich abgelehnt wurde.

Von der ambulanten zur stationäre Abklärung und vom Wandel der Kategorien

Die psychiatrischen Abklärungen wurden nach und nach in den stationären Kontext verlagert, wo in der Zusammenarbeit zwischen Jugendfürsorge und Psychiatrie die Kinder- und Jugendpsychiatrie entstand. In Kapitel 5 wurde dargelegt, wie die Kinder und Jugendlichen in der »Vorstation« der Pro Juventute psychiatrisch abgeklärt und immer subtiler klassifiziert wurden. Die »Vorstation« wurde 1923 durch die psychiatrische Anstalt »Stephansburg« ersetzt. Das Personal der »Vorstation« wurde übernommen. Albert Furrer wurde leitender Pädagoge in dieser neu gegründeten kinderpsychiatrischen Abteilung, die nun aber unter einer medizinischen und nicht mehr unter einer pädagogischen Gesamtleitung stand. Dr. Hans Maier, Sekundararzt der psychiatrischen Universitätsklinik Zürich bzw. leitender Arzt der neuen kinderpsychiatrischen Abteilung, rekurrierte für die Begründung der Notwendigkeit einer eigenen psychiatrischen Kinderabteilung auf die Doktorarbeit von Wera Erismann, in der diese aus dem Blickpunkt der Psychiatrie die Kinder untersuchte, die in den Jahren 1918 und 1920 dem Kinderfürsorgeamt überwiesen worden waren und sie entsprechend kategorisierte.[116] Von Albert Furrers Kategorien abweichend, unterteilte sie die Kinder in die Kategorien: »Nervosität in Verbindung mit körperlicher Schwäche oder Krankheit«, »Nervosität«, »Oligophrenie«, »Epilepsie«, »Moralischer Defekt«, »Antisoziales Benehmen«, »Psychopathie«, »Schizophrenie«, »Hysterie«, »andere Psychoneurosen« und »Tics«. In diese, nun deutlich erkennbar psychiatrischen Kategorien, sollten die Kinder und Jugendlichen eingeteilt werden. Besonderes Augenmerk sollte dabei auf die erbliche Belastung gelegt werden. Maier war es ein Anliegen, dass die psychiatrische Kinderstation von der Erwachsenenstation räumlich getrennt würde. Das Geld für ein eigenes Gebäude wurde zwar nicht gesprochen, aber in dem der Klinik Burghölzli angegliederten Gebäude »zur Stephansburg«, das einmal als Wirtschaftsgebäude und später als Pflegeabteilung für ruhige weibliche Kranke diente, fand die kinderpsychiatrische Abteilung ein Domizil.[117]

Nebst der kinder- und jugendpsychiatrischen Abteilung wurde 1926 in Zürich eine Beobachtungsklasse eröffnet, in der pädagogische, psychiatrische und neu auch psychoanalytische Wissensbestände und Techniken miteinander verknüpft wurden. Die ihr zugewiesenen Kinder wurden nach Anlage und Umwelt analysiert, »heilpädagogisch beeinflusst« und bei den maßgebenden Stellen Fürsorgemaßnahmen eingeleitet.[118] Die Einweisung in die Beobachtungsklasse wurde durch einen Psychiater vorgenommen. Den größten Anteil machten die »Frechen« und »Unsozialen« aus.[119] Es wurden keine intelligenzschwachen Kinder, sondern nur Kinder und Jugendliche mit Gefühls- und Willensstörungen eingewiesen. Eine Lehrerin und ein Psychiater teilten sich die Arbeit in der Klasse. Die Erfassung der Persönlichkeit, die »Strukturanalyse«, sollte auf »natürliche« und »systematische« Weise geschehen. Die Beobachtung der Kinder während ihren Schularbeiten und Freizeitbeschäftigungen gehörte in den Bereich der »natürlichen« Beobachtung, die Erforschung der Umweltverhältnisse

(Wohn- und Schlafverhältnisse, wirtschaftliche Verhältnisse, Erbanlage, Lebensgeschichte), der Wahrnehmungs- und Reaktionsfähigkeit und der Intelligenz mittels verschiedener Testverfahren (Rorschach, Assoziationsversuche, Bewegungstests) gehörten zur »systematischen« Beobachtung.[120]

Ende der 20er Jahre bildeten sich die Kategorien heraus, die längere Zeit Gültigkeit haben sollten: »Aufgrund seiner medizinischen Erfahrung ordnet der Psychiater je nach den Tatsachen des Befundes das Kind ein in die psychiatrischen Formenkreise der Neurose, der Psychopathie und der Asozialität.«[121] Die etablierten, normierenden Kategorien lieferten die Basis zur Feststellung der Häufigkeit der definierten Abweichungen, für die Erforschung ihres Verlaufs sowie für sozialpolitische Interventionen.[122] Sie lieferten im Einzelfall eine Normalitätsfolie für die Beurteilung von abweichendem Verhalten im Alltag, sie prägten die Strukturen und Organisationsformen der Einrichtungen, die Deutungs- und Handlungsmuster der Beteiligten. Sie legitimierten schließlich politische Strategien bis hin zu systematischen Ausgrenzungen, Einschließungen und Beschädigungen (z.B. Sterilisationen) der Kinder und Jugendlichen.[123]

3. Amtsvormundschaftliche Intervention: kontrollieren, elterliche Gewalt entziehen, anderweitig versorgen

Die Inspektions- und Informationsberichte und zunehmend auch die psychiatrischen Gutachten bildeten für den Amtsvormund, nebst seinen eigenen »Abhörungen« auf dem Amt, eine wichtige Entscheidungs- und Begründungsbasis für die Beantragung des Entzugs der elterlichen Gewalt oder die »anderweitige Versorgung« der Kinder bei der Vormundschaftsbehörde: »Unter Bezugnahme auf unsere mündliche Unterhandlung betr. Walter Duss (…) sende ich Ihnen in der Beilage ein Doppel des Gutachtens von Herrn Dr. Moos. Sie ersehen daraus, dass auch der Arzt zum Schlusse kommt, dass eine Versorgung des Burschen in die Anstalt Aarburg erfolgen müsse, wenn eine Besserung bei ihm erreicht werden soll.«[124] Ob sich die Amtsvormünder mit ihren Inspektionsgehilfinnen und den Psychiatern regelmäßig besprachen, sich nur informell austauschten oder gar nur deren Berichte lasen, geht weder aus den Akten, noch aus den Protokollen, noch aus den Geschäftsberichten des Stadtrates Zürich hervor. Die Inspektionsgehilfinnen ihrerseits traten »zweimal wöchentlich (…) mit den Beamten für Berufsberatung und Stellenvermittlung zu kurzen Rapporten zusammen, die hauptsächlich die nötige Einheitlichkeit bei der Vermittlung von Pflege-, Lehr-, und Dienstorten herstellen und ein planloses Nebeneinaderherhandeln verhindern«[125] sollten. Die Amtsvormünder hatten unter sich eine wöchentliche Fallbesprechung: »Zur Beratung schwieriger Fälle und zur Erzielung einer einheitlichen Fürsorgepraxis sowie zur Behandlung organisatorischer Fragen fanden wöchentlich Konferenzen der Amtsvormünder statt.«[126]

Kontrolle und Aufsicht: Das Gewissen der Eltern wach rufen

Die »anderweitige Versorgung« und der »Entzug der elterlichen Gewalt« war das letzte der Amtsvormundschaft zur Verfügung stehende Mittel. In manchen Fällen sollte zunächst einmal die bloße Tatsache, dass die Eltern und Kinder wussten, dass sie unter amtlicher Kontrolle standen und eventuell mit schärferen Maßnahmen zu rechnen hätten, ihre heilsame Wirkung ausüben.[127] Der Umstand, dass das Gewissen der Eltern durch das behördliche Einschreiten wachgerufen werden konnte, bildete bereits einen ersten moralischen Erfolg der Vormundschaftsbehörde.[128] Waren die Voraussetzungen für einen Entzug der elterlichen Gewalt und für eine Versorgung der Kinder (noch) nicht gegeben, behielt man die Familien also eine Zeit lang unter Kontrolle, welche auch schon aufgrund von vagen Verdachtsmomenten oder grundsätzlichem Misstrauen angeordnet werden konnte: »Nach Ihrem Schreiben vom 2. Mai a. c. stellen wir fest, dass Anna Bodmer bei Flücks gut aufgehoben ist und keine Notwendigkeit zur Wegnahme des Kindes aus erzieherischen Gründen vorliegt. Unsere Armenpatronin äussert sich dahin, dass die Kinderpflege einwandfrei sei während die Gefahr vorliege, dass eine gewisse Eitelkeit beim Mädchen gross gezogen werde, indem die Kleiderausrüstungen immer über die Verhältnisse Flücks hinaus erfolgen. Die ökonomischen Verhältnisse der Eheleute Flücks scheinen übrigens nicht die sichersten zu sein. Beide Eheleute werden als etwas leichtlebig geschildert, die Frau wird direkt als vergnügungssüchtige Misswirtschafterin bezeichnet. Ob daher Anna Bodmer auf die Länge hinaus bei Flücks einwandfrei gehalten werden kann, dürfte fraglich sein; eine ständige Kontrolle empfiehlt sich somit durchaus.«[129]

Die Aussicht auf »Sanierung« der Erziehungsverhältnisse wurde als entschieden größer eingeschätzt, wenn die Leute sich beobachtet wussten und wenn sie sich stets bewusst blieben, dass ein schärferer Eingriff in ihre Erziehungsrechte für den Fall der Nichtbesserung mit absoluter Sicherheit erfolgen würde.[130] »Aus den neuerdings vom Waisenamt gemachten Erhebungen geht hervor, dass Friedrich Duss dem Trunke immer noch in starkem Masse ergeben ist und seine Frau und seine Kinder ungemein grob behandelt. Friedrich Duss bestreitet in der heutigen Audienz vor dem Vorstande des Waisenamtes die ihm zur Last gelegten Verfehlungen. Seinen Kindern habe er schon seit mehr als einem halben Jahr keine Schläge mehr gegeben und seiner Frau überhaupt noch gar nie. Er trinke höchstens am Samstag und Sonntag Bier. Wenn er seiner Frau wenig Barmittel für den Haushalt zur Verfügung stellen könne, sei daran sein gegenwärtig ausnahmsweise kleiner Verdienst schuld.«[131] Da die Beweise für einen Entzug der elterlichen Gewalt in diesem Fall nicht ausreichten, beschloss die Vormundschaftsbehörde, die Pflege und Erziehung der Kinder unter die Kontrolle der Amtsvormundschaft zu stellen und Friedrich Duss – unter Androhung des Entzugs der elterlichen Gewalt, der eigenen Bevormundung und korrektionellen Versorgung – aufs eindringlichste zu ermahnen, endlich ein arbeitsameres und solideres Leben zu führen und seinen Pflichten gegenüber seiner Familie nachzukommen.[132] Sollte die Inspektionsgehilfin bei ihrem nächsten Kontrollbesuch nach wie vor unbefriedigende Erziehungsverhältnisse feststellen müssen, würden schärfere Maßnahmen ergriffen. Diese konnten auch auf Begehren der Eltern selbst eingeführt werden, wie der Fortgang im Fall der Kinder Duss aufzeigt, die sieben Jahre nach der eingeführten Maßnahme der »Kontrolle« (bzw. »Aufsicht«) unter Beistandschaft gestellt wurden: »Die Kinder Duss (…) stehen unter der Aufsicht des 3. Amtsvormundes, ihre Führung gibt zu Klagen Anlass, insbesondere beklagt sich die Freiwillige- und Einwohnerarmenpflege der Stadt Zürich, welche die Familie unterstützen muss, über die beiden ältesten Knaben. Auch die Mutter begehrt in einer Erklärung vom 16. dies strengere Massnahmen. Für einmal empfiehlt es sich die gegenwärtige Kontrolle in eine Beistandschaft umzuwandeln.«[133]

Die Einleitung der »anderweitigen Versorgung«

Vor ernstere innere Konflikte sei der Amtsvormund gestellt, so die Vormundschaftsbehörde im Geschäftsbericht des Stadtrates Zürich, wenn er sich schlüssig machen müsse über die Wegnahme der Kinder wegen »mangelhafter Erziehung«, »Pflichtverletzung der Eltern« und wegen »Gefährdung« oder »Verwahrlosung« der Kinder und Jugendlichen. Einerseits, so der geäußerte Zwiespalt, sei für das Kind der Gewinn um so größer, je früher eine Versetzung in eine ordentliche Umgebung stattfinde; andererseits lehre die Erfahrung doch immer wieder, dass das unsichtbare Band, das die Kinderseele mit seinen Eltern verknüpfe, auch in äußerlich wenig befriedigenden Verhältnissen stark sei und seine gewaltsame Lösung eine tiefe seelische Erschütterung für das Kind bedeute. Diese Auffassung habe die Amtsvormünder je länger je mehr dazu geführt, solche Wegnahmen auf Fälle schwerster Pflichtwidrigkeit der Eltern zu beschränken.[134] Solche Überlegungen tauchen in den Falldossiers jedoch nicht auf. Entweder fanden sie keinen schriftlichen Niederschlag in den Akten oder konnten unter dem (manchmal nur vermeintlichen) Entscheidungsdruck nicht angestellt werden. Auch die Versorgungszahlen widersprechen dieser angeblichen Tendenz der Zurücknahme der »anderweitigen Versorgung«.[135] Kam der Amtsvormund also zur Auffassung, dass eine anderweitige Versorgung unumgänglich sei, stellte er an die Vormundschaftsbehörde den entsprechenden Antrag, den die Vormundschaftsbehörde dem Bezirksrat vorzulegen hatte.

Verschiedene Gründe gaben Anlass auf Antrag zur Wegnahme der Kinder, obgleich letztlich den entsprechenden Artikeln des ZGB Genüge getan werden musste bzw. ein Entzug der elterlichen Gewalt und eine anderweitige Versorgung sich nur über die entsprechenden Artikel begründen ließen. Ausschlaggebend waren die »Degeneration« der Eltern (»Die Eltern und die ältern Kinder sind derart korrumpiert, dass die Trennung und anderweitige Versorgung auch der Kinder Rosmarie und Ernst unbedingt erforderlich ist.«[136]), das »verderbliche Milieu« (»Die Verhältnisse in der Familie Nüssli sind derart traurig, dass hier nur mit dem letzten Mittel, dem Entzug der elterlichen Gewalt und der anderweitigen Versorgung der Kinder geholfen werden kann.«[137]), das »Schulschwänzen« der Kinder (»Sein Hauptfehler war Schulschwänzen und Gleichgültigkeit dem Unterricht gegenüber, damit verbunden Unaufrichtigkeit. Versorgung bei tüchtigen Erziehern auf dem Lande.«[138]), die »sittliche Verwahrlosung« (»Das Mädchen ist in letzter Zeit auf sittlich nicht mehr einwandfreiem Wege gegangen und muss deshalb laut Beschluss des Waisenamtes der Stadt Zürich und im Einverständnis mit seinen Eltern versorgt werden.«[139]) oder die sittliche und moralische »Verdorbenheit« (»Sowohl die Eltern wie die Kinder werden durchwegs und gleichlautend als sittlich wie moralisch minderwertig & verdorben geschildert.«[140]).

Die Versorgung der Kinder musste nicht zwingend mit dem Entzug der elterlichen Gewalt einhergehen. Nur wenn sich die Eltern gegen eine »anderweitige Versorgung« zur Wehr setzten, musste ihnen zuerst die elterliche Gewalt entzogen und die Kinder damit unter amtliche Vormundschaft gestellt werden: »Da die Armenpflege aber an eine Versorgung der Kinder nicht habe denken können, so lange der Vater im Besitze der vormundschaftlichen Gewalt war, habe diese ihm zuerst entzogen werden müssen.«[141] Hier arbeiteten Armenpflege und Vormundschaftsbehörde Hand in Hand.

In vielen Fällen zog sich die Entscheidung monate- und jahrelang hin. War der Entscheid aber einmal gefällt, wurde plötzlich alles unverzüglich in die Wege geleitet: »Die Versorgung der Kinder sollte rasch geschehen.«[142] »Es wird ihm nochmals mitgeteilt, dass die Plazierung in der Nähe Zürichs erfolgen sollte und möglichst rasch.«[143] »Sodann wäre es gut, wenn das Mädchen so rasch als möglich ausserhalb Zürich's untergebracht werden könnte.«[144]

Ein Beitrag zur Lösung des landwirtschaftlichen Nachwuchsproblems

Wurde der amtsvormundschaftliche Antrag auf »anderweitige Versorgung« von der Vormundschaftsbehörde und dem Bezirksrat bewilligt, musste ein Pflegeort oder eine Anstalt gefunden und die Erkenntnisse über Kind und Pflegeort sollten zusammengebracht werden. Doch eigentlich ließ sich die Fürsorge diesbezüglich von der Devise »Probieren geht über Studieren«[145] leiten. Die Kinder sollten, wenn immer möglich, auf dem Land versorgt werden, da Tugend und Weisheit auf dem Land besser gediehen (weniger Versuchungen zum Genuss, zu Modetorheiten, zu Zerstreuungen und Laster, weniger Bedürfnisse dafür mehr Allgemeinkontrolle und nützliche Arbeit) als in der Stadt und da eine Versorgung auf dem Land zudem billiger war.

Was die Nützlichkeit anbelangt, so kamen die Versorgungen der schweizerischen Landwirtschaft sehr gelegen. Die Schweiz hatte zu Beginn des Jahrhunderts ein großes Nachwuchsproblem im Landwirtschaftssektor. Eine Untersuchung von 1907 ergab, dass von 3 000 Gemeinden über 80 % einen Mangel an landwirtschaftlichen Arbeitskräften vorwies.[146] Es stellte sich deshalb für den Bauernverband die Frage, woher man Nachwuchs rekrutieren könnte. Das Schweizerische Bauernsekretariat monierte, dass es früher selbstverständlich gewesen sei, Kinder und Jugendliche, die von der Armenunterstützung lebten, bei Bauern zu platzieren. Dem Bauernsekretariat schien die von der Kinder- und Jugendfürsorge deklarierte Verbesserung durch die Erziehungsanstalten (vor allem auch vom Standpunkt der Kinder aus betrachtet) immer schon sehr suspekt.[147] Für die kleinen Kinder (die man in der Landwirtschaft noch nicht einsetzen konnte), möge die Anstalt ja das bessere sein. Für die größeren je-

doch, habe das Anstaltsleben immense Schattenseiten. Die Kinder- und Jugendfürsorge argumentierte und handelte umgekehrt. Sie versorgte vor allem die
kleineren Kinder in Pflegefamilien und die größeren, schwierigeren, in Anstalten. Das Bauernsekretariat gab unumwunden zu, dass der Vorteil der Versorgung bei Landwirten nicht nur in der Kinderarbeit, sondern auch im Einfluss
auf die künftige Berufswahl liege. In den Anstalten dagegen, würden sich leider
andere Einflüsse viel stärker geltend machen. »Selbst wenn der Hausvater die
Zöglinge zum Ergreifen des landwirtschaftlichen Berufs ermuntert, so wirkt das
Beispiel der Mitschüler, die eine Handwerkslehre, in die Fabrik u. s. w. gehen,
oft mehr als der Rat des Lehrers.«[148] Diese Hypothese wollte das Bauernsekretariat mit einer Untersuchung überprüfen (bzw. beweisen). In dieser stellte sich
aber heraus, dass die Landwirtschaft durch die Erziehungsanstalten einen *Zu-
gewinn* an Knechten erhielt: das Doppelte nämlich an landwirtschaftlichem
Hilfspersonal, das die Bauern selber an Anstaltskindern einbrachten. Das Bauernsekretariat gab sich damit aber nicht zufrieden, denn man müsse diese Zahlen schließlich mit der Anzahl an Knechten vergleichen, die aus Pflegefamilien
kämen, was forschungspraktisch aber schwer durchführbar schien. Dann würde
diese Zahl, so das Bauernsekretariat, stark relativiert.

Die Kostenfrage und das Erziehungsheim als letzte Wahl

Die vormundschaftlichen Praktiken durchkreuzten zunächst die Interessen der
Bauern, denen die Armenpflege mit ihrer Versorgungspraxis immer zugedient
hatte: Zu Beginn des Jahrhunderts versorgte die Armenpflege ca. 90 % der
Kinder und Jugendlichen privat auf dem Land bei Bauernfamilien, während im
ersten Jahr der Amtsvormundschaft nur etwa 40 % der Kinder und Jugendlichen privat (und meistens auf dem Land) versorgt wurden. In den kommenden
Jahren erfolgte eine »gegenseitige Annäherung« der Versorgungspraxis und
nach 1915 hielten sich die privaten Versorgungen bei ca. 80 % sowohl bei der
Armenpflege als auch bei der Amtsvormundschaft die Waage, wobei die männlichen Jugendlichen fast ausschließlich bei Bauern, die weiblichen Jugendlichen indes auch in städtischen Haushalten untergebracht wurden.[149]

    Die Anpassung der vormundschaftlichen Praktiken erfolgte auch, da es in
Bezug auf die Versorgungen der Kinder und Jugendlichen in Anstalten immer
wieder gehässige und aufreibende Unstimmigkeiten zwischen der Vormundschaftsbehörde und der Armenpflege gab. Die Armenpflege verlangte, dass die

Vormundschaftsbehörde vor der Einweisung eines Jugendlichen in eine Anstalt eine Kostengutsprache einzuholen habe. Die Vormundschaftsbehörde wollte dem nicht nachkommen und bat die Justizdirektion um eine allgemeingültige Regelung. Sie begründete in ihrem Antrag, dass sich die Armenpflege oftmals quer stelle und die Versorgung von Jugendlichen nicht bezahlen wolle. Auch nur schon die vorübergehende Versorgung der Kinder im Jugendheim (was teurer war als eine Privatversorgung), sah die Armenpflege nicht gern: »Auf Ihre Verablassung haben wir mit Wirkung ab 19. Aug. 1913 Kostengutsprache geleistet für das im städt. Jugendheim interimistisch versorgte Mädchen Elisabeth Nüssli von Hoengg. Obschon wir Sie wiederholt gebeten haben, für eine anderweitige Versorgung des Mädchens besorgt zu sein, ist bis heute nichts geschehen. Wir möchten Sie dringend ersuchen, in solchen Fällen zur Vermeidung unnötiger Kosten Ihre Anordnungen tunlichst zu beschleunigen. Sollte Elisabeth Nüssli bis zum 25. Sept. noch nicht platziert sein, so müssen wir es Ihnen überlassen, für das Kostgeld im Jugendheim aufzukommen.«[150] Die Vormundschaftsbehörde kämpfte gegen eine vorgängige Kostengutsprache durch die Armenpflege, weil das bedeutet hätte, dass die Einweisung von der Kostengutsprache abhängig gemacht würde. Das widerspreche jedoch dem Sinn und Geist des Versorgungsgesetzes vollkommen. Es könne doch nicht möglich sein, so die Vormundschaftsbehörde, dass die Armenpflege in jedem einzelnen Fall um eine schriftliche Erklärung angegangen werden müsse, ob sie die gesetzlich festgelegte Haftbarkeit anerkenne. Die Gerichte würden ja eine Einweisung in eine Strafanstalt auch nicht erst beschließen, wenn sich die Gerichtskasse zur Übernahme der Kosten bereit erklärte. Auch praktisch wäre die Einweisung mit Schwierigkeiten verknüpft. Die Armenpflege wäre in der Lage, aus ökonomischen Gründen passiven Widerstand zu leisten oder die Einweisung, die in der Regel sehr dringlich sei, schlicht zu verzögern.[151] Die Justizdirektion stellte sich aber auf die Seite der Armenpflege und beschloss, dass der Armenpflege von Versorgungsbeschlüssen Kenntnis gegeben und sie in jedem einzelnen Falle um die Leistung der Kostengutsprache ersucht werden müsse. Die Armenpflege müsse schließlich wissen, dass die Kosten nicht vom Eingewiesenen oder seinen Verwandten bezahlt würden. Erst dadurch erhalte sie überhaupt die Möglichkeit, gegen Versorgungsbeschlüsse zu rekurrieren. Wenn, so die Konzession an die Vormundschaftsbehörde, eine Armenpflege die Kostengarantie aber ablehne oder ungebührlich verzögere, stehe gegenüber zürcherischen Armenpflegen der Beschwerdeweg an den Bezirksrat und den Regierungsrat und bei außerkantonalen Armenpflegen die Heimschaffung des Mündels offen. Die

Justizdirektion versprach, soweit sie über Aufnahmen in staatliche Anstalten überhaupt zu verfügen hatte, die Aufnahme (aber nur in wirklich sehr dringenden Fällen!) ausnahmsweise schon zu bewilligen, bevor die Kostengarantie vorliege.[152] Aus diesem Grund ging einer Versorgung in einer Erziehungsanstalt häufig eine Privatversorgung voraus.[153] Die Mädchen und die jüngeren Knaben wurden zunächst privat versorgt. Bei Schwierigkeiten suchte man für jüngere Mädchen einen neunen privaten Platz und für die älteren Mädchen eine Dienststelle, während die Knaben schon nach ein- oder zweimaligem Misserfolg der Privatversorgung in eine Anstalt gebracht wurden. »Bei Elisabeth versuchte ich es von vorneherein mit Familienpflege. 5 Mal musste bereits gewechselt werden, weil das Mädchen ohne triftigen Grund durchbrannte oder wegen schlechter Führung entlassen wurde. (...) Schliesslich hielt ich dafür, ohne Anstaltsversorgung sei auch bei ihr nicht auszukommen.«[154] »Ein dieses Frühjahr unternommener Versuch mit Landversorgung ist misslungen. Der Knabe (...) gehört unter eine feste Erzieherhand.«[155]

Bei der Platzierung auf dem Land bei Bauern stießen die Behörden oft auf den Widerstand der in der Stadt wohnenden Eltern, die ihre Kinder nicht zu den Bauern geben wollten: »Das ist ihre Fürsorge und Inteligent's bei einem Bauernweib ein Kind zu verschachern.«[156] »Frau Nüssli erscheint, reklamiert wegen der für Elisabeth absolut nicht passenden Stelle bei Frau Groll in Wytikon. Das Mädchen passe nicht zu Bauern.«[157] In der Stadt und vor allem für Mädchen wurden ältere und kinderlose Leute sowie allein stehende Witwen und Jungfern bevorzugt, denen sie ihre Einsamkeit erhellen sollten.[158]

Geschwister sollten in der gleichen Familie oder bei Nachbarn untergebracht werden und die Besetzung eines Ortes sollte erst nach einer persönlichen Überprüfung stattfinden. Viele dieser Kriterien blieben unberücksichtigt. Die Kinder wurden häufig auseinander gerissen: In der Familie Nüssli kamen alle Kinder an einen anderen Pflegeort: die 6-jährige Erna zu einer Bauernfamilie in Sünikon, der 10-jährige Werner ins Pestalozzihaus Schönenwerd, der 13-jährige Robert ins Pestalozzihaus Burghof, die 14-jährige Elisabeth an eine Dienststelle in Dielsdorf. Die 17-jährige Rosmarie und der 16-jährige Ernst entzogen sich ihrer Versorgung durch Flucht nach Frankreich. Eine persönliche Überprüfung der Pflegeorte fand längst nicht immer statt. Meistens stellte man für die Beurteilung der Eignung einer Pflegefamilie auf eine schriftliche Befragung des Pfarrers, des Lehrers oder des Gemeinderats ab.[159] Man verlangte von diesen Auskunft über den Familienbestand (Alter, Heimangehörigkeit, Beruf, Alter der Kinder), die Konfession, den Leumund, die Arbeitsamkeit, den Ton im Haus, das Verhältnis zu den Nachbarn, den Hang zum Alkohol und Geiz, die Ordnung und Reinlichkeit im Haushalt, die ökonomischen Verhältnisse, die Erziehung der eigenen Kinder, die Berufstüchtigkeit und man wollte wissen, ob der Bewerber bereits Kostkinder hielt und mit welchem Erfolg.[160] Der folgende Ausschnitt aus einem Brief des Amtsvormundes an die Armenpflege illustriert, dass es Fälle gab, bei den man sich offensichtlich weniger Gedanken machte über den Ort der Versorgung, als im hier vorliegenden: »Es ist auch gar nicht gleich, wohin Anni kommt und wäre es nicht recht, wenn man es nur ›irgendwo‹ hinsteckt, da es sich um ein intelligentes Kind handelt, auf dessen Fähigkeiten man gerechterweise Rücksicht nehmen sollte.«[161] Die finanzielle Seite der »Angelegenheit« sollte in diesem Fall keine Rolle spielen, sondern vielmehr der Wunsch, dem Kinde eine sorgfältige Erziehung zu sichern. »Zu diesem Zweck haben wir das Kind durch den Armenerziehungsverein Aarau versorgen lassen und diese Versorgung ist einwandfrei.«[162] Zwei Jahre später wird sich herausstellen, dass sich der »einwandfreie« Pflegevater in »geschlechtlicher Beziehung an Anna vergangen«[163] hat. Auch eine Abklärung bot keine Gewähr. Die Kinder wurden in den Anstalten und bei den Pflegefamilien ein bis zwei Mal pro Jahr von der Inspektionsgehilfin besucht. Die außerkantonalen Besuche machte der Amtsvormund meistens selber.[164] Waren sie verhindert, schickten sie einen anderen Amtsvormund vorbei, der in der Nähe einen Besuch bei einem eigenen Mündel abzustatten hatte. Diese Besuche und die damit verbundenen Reisen, waren eine willkommene Abwechslung, die den Inspektionsgehilfinnen vorenthalten wurde.

Zehntes Kapitel: Die Strategien und Kräfteverhältnisse Freiheitspraktiken, Subjektivierungsweisen und Handlungskomplexität

1. Widerstandsformen und Kräfteverhältnisse

Die anderweitige Versorgung der Kinder in Beobachtungsstationen, in Pflegefamilien sowie in Erziehungs- und Korrektionsanstalten, musste oft mit Gewalt und mit Hilfe der Polizei durchgeführt werden: »Als Elisabeth wieder ziemlich gut hergestellt war, wurde es auf einmal durch den Landjäger abgeholt, wie eine Verbrecherin und nach Zürich transportiert in die Polizeikaserne, von dort wieder per Polizei nach dem städtischen Jugendheim verbracht.«[1] Die Polizei wehrte sich gegen diese undankbare Aufgabe und forderte die Vormundschaftsbehörde auf anzuordnen, dass in Fällen, wo von ihr die polizeiliche Wegnahme eines Kindes angeordnet wird, der betreffende Vormund der Wegnahme zumindest persönlich beizuwohnen und sie zu leiten habe.[2]

Auch die Eltern wehrten sich und verstanden »die eigentliche Fürsorgearbeit mit allen erlaubten und unerlaubten Mitteln noch zu erschweren (…), so dass der Kampf mit den Angehörigen oft ebensoviel Zeit einfordert wie die Sorge um den Schützling selbst«[3]. Die Eltern hätten der Versorgung ihrer Kinder manchmal allen erdenklichen Widerstand entgegengesetzt, indem sie die Behörden mit »trödelhaften Rekursen« und Beschwerden überschwemmten, den Vormund und seine Hilfskräfte »aufs ärgste beschimpften« und durch übermäßig häufigen Besuch der versorgten Kinder und allerlei Skandalszenen an den Pflegorten dem Vormund die Unterbringung seiner Mündel im höchsten Grade erschwerten.[4] Dieser Kampf, dieses Ringen, dieser Widerstand, diese Freiheitsbewegungen kommen in manchen (aber nicht in allen) Falldossiers zum Ausdruck: Bei den Hausbesuchen taten die Mütter, als wären sie nicht zu Hause und öffneten die Türe nicht. Sie versteckten ihre Kinder: »Es wird jedenfalls von den Verwandten oder Bekannten versteckt gehalten.«[5] »Letzte Woche soll ein Polizist an einem Abend Elisabeth gesehen haben zu Gloor gehen, wollte es dort holen, er habe dann das Mädchen in dem Lederabfallsack versteckt, so dass es wieder glatt weg kam.«[6] Sie holten ihre Kinder mit Hilfe ihrer älteren Geschwister aus den Anstalten: »Ernst Nüssli hielt sich an dem Tage, da er Elisabeth in Dielsdorf entführte, längere Zeit auf dem ›Burghof‹ auf. (…) Nach des Hausvaters Meinung hatte er unbedingt im Sinn, Röbi wegzuholen«[7]. Sie

tauchten unerwarteter- und unerwünschterweise immer wieder in den Pflegefamilien auf und wollten ihre Kinder von dort mitnehmen: »Vater Nüssli riss
das Kind am Bein, ein anderes am Arm, ein drittes wollte es am Kopf festpa-
cken. Dazu war die halbe Bande berauscht. Ihrer sieben kamen sie mit Lärm
und Hallo.«[8] Sie zogen um, ohne die neue Adresse bekannt zu geben, verließen
die Stadt, den Kanton oder das Land: »Da laut heute eingegangenen protokolli-
schen Auszügen die Eltern Nüssli-Halder in Jona bei St. Gallen sich befinden,
muss von einer Vorladung derselben vor das hiesige Waisenamt zur Zeit abgesehen werden.«[9]

Die älteren Jugendlichen entzogen sich selber ihrer anderweitigen Versorgung ins Ausland: »Das Waisenamt der Stadt Zürich hat mir als Vormund der
gefährdeten Elisabeth Nüssli (…) Auftrag gegeben, sie in einer Anstalt unterzubringen. Sie vereitelte den Vollzug durch Flucht. Erst jetzt erfahre ich, sie halte
sich in Bitterfeld, Preussen auf.«[10] »Um der andern Versorgung zu entgehen,
drückte er sich mit Rosmarie nach Belfort.«[11] Ein solcher fürsorgerischer Misserfolg konnte mitunter auch als eigentlicher »Erfolg« ausgelegt werden: »Mit
Familienpflege wäre bei ihnen sowieso nicht auszukommen gewesen. Bei Anstaltsversorgung hätten sie womöglich die andern Zöglinge noch angesteckt.«[12]

Die Kinder und Jugendlichen flohen aus den Pflegefamilien und den Anstalten: »Er macht mehrere Fluchtversuche; bei einem nimmt er selbst einen Revolver in selbstmörderischer Absicht mit.«[13] Natürlich wurden die Kinder fast
immer wieder gefunden und zurück gebracht: »Walter habe vor vierzehn Tagen
einen Fluchtversuch gemacht, sei aber nach 2 Tagen wieder eingebracht worden.«[14] Doch für manchen blieb eine aufregende Flucht ein bleibendes Erlebnis
und ein erinnerungswürdiges Abenteuer im manchmal monotonen Anstaltsall-
tag: »Ich werde diese Flucht nie bereuen, denn ich habe unterwegs viel gesehen, was andere Menschen nicht sehen können. Es hat sich mir tief ins Gemüt
eingeschnitten. Ja es wird meinem Lebensweg einen Wendepunkt geben!«[15]

Rekurse und Beschwerden: Die schriftliche Form des Widerstands

Vor allem aber schrieben sie Briefe. Sie verfassten Briefe oder ließen sie sich
schreiben und sie benutzten dabei die Wendungen, die sie für angemessen hielten, wenn man sich an eine Behörde richtet und vermischten diese mit ihren eigenen Ausdrücken und Formulierungen. Neben formelle Worte gesellen sich

missklingende Ausdrücke, in die rituelle Sprache mischen sich Zorn, Wut, Hass, Leidenschaft, Verletzung, Entrüstung, Angst und Revolte.

Sie verfassten Protestbriefe: »Im Besitze der Beschlussfassung des Regierungsrates vom 1. pto. protestiere ich wiederholt gegen die von Ihnen zu Grunde gelegten Erwägungen, da solche den Tatsachen teilweise nicht entsprechen & stark übertrieben sind.«[16] »Laut diesem Vogtbericht, hat Herr Dr. Grob, mich und meine Familie, als degeneriert, unglaublich verlogen, heuchlerisch, und sittlich moralisch, hinuntergekommen hingestellt. Gegen solche ganz erfundene Lügengewebe, muss ich als Familienoberhaupt energisch Protest erheben.«[17]

Sie schrieben Beschwerdebriefe: »Ich erkläre mich mit einer zweijährigen Internierung von Linda unter keinen Umständen einverstanden, werde meine Beschwerde noch an einer andern Instanz anhängig machen, da mir Ihre Behandlung & Bemerkungen nicht gefallen lasse.«[18]

Sie erstellten Bittbriefe: »Mein lieber Herr Stadtrat Sie, sind ja Sozial mit Leib und Seele geben Sie Elisabethli und wenn es möglich ist auch das jüngste kleine Erneli seinen Eltern wieder denn die Mutter weint Tag und täglich für ihre Kinder und mir als Vater drückt es bereits das Herz ab dass ich einmal eine solche Dummheit gemacht habe und die Vaterschaft ausgeschlagen ich war absolut nicht im Klaren weil wir dazumal verhaftet. Meine lieben Herren seid gross und gebt unglücklichen Eltern ihre Kinder wieder gebt sie wieder als ein Geschenk zum Todestage Bebels des grossen Helden für die Freiheit.«[19]

Sie verfassten Schmähschriften: »Schuftenhund, Seelenmörder. (…) Beweisen Sie überhaupt, ob Sie Elisabeth je ein rechtes Plätzchen zugehabt haben. Das einzige ist bei Familie Brändli in Chur und das war nicht von Ihnen. Verstanden, Landvogt. Werde überhaupt gegen Sie Klage einleiten wegen Amtsgewalt und Überschreitung des Gesetzes.«[20]

Sie arbeiteten Drohbriefe aus: »Bezugnehmend auf mein Gesuch an die Armenpfl. Höngg betr. Entlassung von Linda, wurde solches wie erwartet, nachdem Sie sowie die Vorsteherin des Heimgartens das Nötige dazu beigetragen, abgelehnt. Ich sehe mich deshalb veranlasst meine Vaterrechte unverzüglich durch eine weitere Instanz zur Geltung bringen zu lassen, da ich mit Ihrer Beschlussfassung absolut nicht einverstanden bin. Ich wiederhole & wird mir dies von verschiedener Seite bestätigt, dass die Vergehen von Linda in keiner Weise derart sind um eine zweijährige Internierung in dieser Anstalt zu rechtfertigen. (…) Da Sie für die Zukunft von Linda sowie meine eigene Lage als ›überzeugter Sozialist‹ sehr wenig Verständnis zeigen, werde den ganzen Fall in einer gewissen Zeitung veröffentlichen, um eine dies bezügl. weitere zu erhalten!

Ferner verwahre mich entschieden gegen die Äusserungen der Anstalts-Vorsteherin, meiner Frau gegenüber!«[21]

Sie verfassten Aufklärungsbriefe: »Hiemit sehe ich mich veranlasst Jhnen einen Abschnitt aus dem ›Sozialdemokr. Wahlagitationsblatt‹ zu unterbreiten, mit der höfl. Anfrage ob der Jnhalt derselben mit der Taktik, welche mir speziell durch die H.H. ›Genossen‹ in der Armenpflege Höngg entgegengebracht wird, übereinstimmt? Berechtigter Weise wird erklärt, das Einkommen vieler Arbeiter, Angestellten sei ungenügend; diese Herren Genossen nunmehr Mitglieder in einer Armenpflege behaupten mein Einkommen sei mehr wie genug und sie selbst können mit weniger Einkommen und grösserer Fam. reichlich auskommen. (Mein monatl. Salär beträgt nach Abzug von Krankenkasse, Altersversicherung fr 300.–). Ist dies ehrliche, aufrichtige ›soziale‹ Handlungsweise Herr Nationalrat?«[22]

Sie berichteten über die Leidensgeschichten ihrer Töchter (»Die Leiden der Elisabeth Nüssli, geb. 1899«[23]) und sie schrieben das Geständnis ihres verfehlten Lebens: »Ich bitte Sie sehr, lesen Sie den Brief recht, es ist das Geständnis meines verfehlten Lebens.«[24]

Geringe Erfolgschancen und erschwerende Logik der Bürokratie

Die Eltern schrieben also an die Vormundschaftsbehörde Beschwerde-, Protest- und Bittbriefe sowie offizielle Rekurse gegen den Beschluss der Vormundschaftsbehörde und Gesuche um die Rückgabe ihrer Kinder und die Aufhebung der Vormundschaft bzw. die Rückgabe der elterlichen Gewalt. Sie rekurrierten gegen Beschlüsse der Vormundschaftsbehörde beim Bezirksrat und der Justizdirektion. Die Beschwerde von Familie Flück gegen die Wegnahme von Anna, wurde von der Vormundschaftsbehörde abgewiesen.[25] Flücks nahmen sich daraufhin einen Anwalt und rekurrierten beim Bezirksrat: »Flück's und deren Angehörige (Tante und Onkel mütterlicherseits) haben auch nichts unterlassen um eine Rückkehr Annas nach Zürich zu erzwingen. Nachdem die Vormundschaftsbehörde Zürich (…) ein solches Gesuch abgewiesen, haben sie an den Bezirksrat Zürich rekurriert.«[26] Der Bezirksrat Zürich lehnte den Rekurs gegen den Beschluss der Vormundschaftsbehörde als unbegründet ab.[27] Gegen diesen abweisenden Beschluss des Bezirksrats Zürich rekurrierte Rechtsanwalt Dr. Seiler im Namen der Eheleute Flück und Furrer an die Justizdirektion mit dem Antrag, es sei der Bezirksratbeschluss in Gutheißung des Rekurses aufzuheben.[28] Auch dieser Rekurs wurde von der Justizdirektion abgewiesen. Die Kosten, bestehend in einer Staatsgebühr von Fr. 30.– sowie in den Ausfertigungs-, Stempel- und Postgebühren, wurden den Rekurrenten angelastet.[29]

Manchmal wussten die Eltern nicht, an welche Instanz sie sich überhaupt zu wenden hatten. Der Verwaltungsapparat war undurchsichtig und das führte dazu, dass auf die Beschwerden und Rekurse oftmals materiell und formell gar nicht eingetreten werden musste. »Wenn die Eltern Nüssli eine anderweitige Unterbringung ihrer Kinder wünschen, so haben sie sich an die zuständige Armenpflege und wenn diese Behörde auf ihr Begehren nicht eingeht, an den Vormund oder das Waisenamt zu wenden; sie können auch direkt beim Vormund oder beim Waisenamt vorstellig werden, nicht aber können sie mit Umgehung dieser zunächst zuständigen Instanzen direkt an den Bezirksrat gelangen. (…) Auf die vorliegende Beschwerde wird nicht eingetreten.«[30] Und manchmal verpassten sie auch die Einsprache- und Rekursfristen: »Eine Einsprache gegen den Entzug der elterlichen Gewalt ist seitens der Eltern innert der zehntägigen Frist nicht erfolgt, bezw. gerichtlicher Entscheid nicht verlangt worden, der bezügliche Beschluss ist somit rechtskräftig. Die in der Beschwerdeschrift enthaltene Behauptung, gegen den Kinderentzug sei ein Prozess in Anwendung gebracht worden, entspricht somit der Wahrheit nicht.«[31]

Die Strategie der Familie Nüssli, die der Versorgung ihrer Kinder allen erdenklichen Widerstand entgegensetzte, führte dazu, dass die einzelnen Instanzen manchmal zunächst selber klären mussten, wer denn nun eigentlich im spezifischen Fall zuständig sei: »Mit Eingabe vom 17. Dezember 1915 hat sich die Familie Nüssli bei der Justizdirektion über den 2. Amtsvormund Dr. Hans Grob beschwert mit der Begründung, er lasse seiner Mündelin Elisabeth Nüssli, geb. 1899 keine rechte Behandlung angedeihen, bringe sie in ungeeigneten Familien unter und wolle neuerdings die noch unverdorbene Tochter im Heimgarten bei Bülach internieren. Die Eingabe stellt sich inhaltlich durchaus als Beschwerde gegen den Vormund dar, sodass deren erstinstanzliche Erledigung in die Kompetenz des Waisenamtes fällt. Die Beschwerde richtet sich auch keineswegs gegen einen waisenamtlichen Beschluss, wie die Justizdirektion und der Bezirksrat angenommen haben. (…) Dem Bezirksrat wird beantragt: auf die Beschwerde der Eltern Nüssli vom 17. Dezember 1915 wegen Inkompetenz nicht einzutreten und dieselbe dem Waisenamt Zürich zur direkten Erledigung zuzustellen, event. die Beschwerde aus formellem Grunde von der Hand zu weisen und letzten Falles sie aus materiellen Gründen abzuweisen.«[32]

239

In den Briefen der Kinder dokumentieren sich die Worte, die ihnen in den Erziehungsanstalten beigebracht wurden und die nun gegen ihre Vermittler gewendet werden: »Und wenn Sie mit mir tausend mündliche Unterredungen haben wollen so halte ich doch zu meinen Angehörigen und nicht zu einem Vormund. Und wenn ein Kind noch so traurige Eltern hat so soll man in sein Herz hinein den Samen der Liebe zu seinen Eltern pflanzen und nicht den Samen der Verachtung gegen seine Angehörigen.«[33] Sie wehrten sich gegen schlechte Pflegeeltern und gaben ihren Argumenten Beweiskraft mit Hinweis auf jene Quellen, die einst und anders ausgelegt, ihre Versorgung zu begründen halfen: »Meine ganzen Jugendjahre bei Ihnen waren ein Leben voller Qualen u. Seelenschmerz, welche psychologisch von einem Professor bewiesen die jetzigen Taten zur Folge hatten.«[34]

Sie zwangen die Vormünder zur Rechenschaft und zur Selbstprüfung: »Die Wandervögel ziehen wieder ein aus dem fernen Süden. Hier oben ziehen sie in Scharen aus. Die Lücken der Zöglinge werden immer grösser alle sollen das haben, was ich oben gewünscht, nur ich soll wieder weiter leiden, ich habe ja so schwer verbrochen. Wieviele sind darunter, welche glaubten 3 Jahre machen zu müssen, ihr Vormund aber eingesehen hat, dass man draussen schliesslich lernen könne und ihrer erbarmt haben und sie nun schon mit 1.5 oder 2 Jahren laufen liessen. Ich glaube die Zeit welche sie hier oben waren, war abschreckend genug, als dass sie nocheinmal gelüsten hier hinauf zukommen. Wollt Ihr nun der einzige Hartherzige sein, aber wie oft können sie am jüngsten Gericht sagen, einem Menschen etwas wirklich gutes getan zu haben. Nun lieber Vormund ich bin ganz in Ihrer Hand, sie könnten so viel wenn sie nur wollten, wählen sie nun Ihre Maske.«[35] Und sie verstärkten damit manchmal das Bündnis der Macht: »Welch ein bedauernswerter Mann, dieser Walti«, kommentierte der Direktor der Zwangserziehungsanstalt Aarburg Walters Brief (die die Anstalt nicht ungelesen verließen); »den Jammerbrief von Walti Duss eingehender zu beantworten muss ich mir versagen; ich will darüber keine weiteren Worte verlieren«[36], schrieb der Amtsvormund dem Direktor zurück.

Die lernende Organisation

Die Hunderten von Beschwerden und Rekursen stellte die Behörde vor eine immense Herausforderung. Sie irritierten die gängigen Praktiken und brachten in manchem Fall alles durcheinander. Im Fall »Anna Bodmer«, sah sich die

Vormundschaftsbehörde sogar gezwungen, beim Bezirksrat Zürich zu intervenieren. Anlässlich des Rekurses, den der Rechtsanwalt im Namen der Eheleute Flück-Bodmer gegen den Beschluss der Vormundschaftsbehörde beim Bezirksrat Zürich einreichte, stellte die Vormundschaftsbehörde nämlich fest, dass der Bezirksrat dem Rechtsanwalt alle Akten zur Einsicht geöffnet hatte. Mitunter auch jene des Erkundigungsdienstes und die von den Inspektionsgehilfinnen eingezogenen Berichte. Selbst die vertraulichen Notizen des Amtsvormundes seien dem Rechtsanwalt der Familien Flück und Furrer nicht vorenthalten worden. Die Nennung der Namen der Auskunft gebenden Personen sei jedoch nicht erlaubt. Das Vorgehen des Bezirksrates war der Vormundschaftsbehörde gänzlich unverständlich, da dadurch verunmöglicht würde, von den betreffenden Personen wieder einmal Auskünfte zu erhalten, »selbst in Fällen, die das Einschreiten der Vormundschaftsbehörde vielleicht noch gerechtfertigter erscheinen lassen als der vorliegende«[37]. Die Vormundschaftsbehörde ersuchte den Bezirksrat als vorgesetzte Instanz dafür zu sorgen, dass ein solches unbedachtes und völlig zweckwidriges Öffnen des Aktenmaterials in Rekursfällen nie mehr vorkomme.

Der Umstand, dass die Vormundschaftsbehörde aufgrund von Rekursen und Klagen auf die Einleitung einer Maßnahme und den Entzug der elterlichen Gewalt immer häufiger den Rückzug antreten musste, veranlasste den Bezirksrat Zürich zu einer Eingabe an die Vormundschaftsbehörde, sie möchte bitte in allen Fällen vorerst gründlich prüfen, ob nicht mit den milderen Maßnahmen, der Kontrolle und der Beistandschaft, das Ziel, das man wünschte, ebenso gut oder nicht noch besser erreicht werden könnte.[38] Die Vormundschaftsbehörde hatte diese Schwierigkeit bereits selber erkannt. Es war eben nicht einfach, nach einmaliger (wenn auch durchaus gründlicher!) Prüfung, eine Angelegenheit ganz sicher zu beurteilen. Damit die Verfügung der Vormundschaftsbehörde auch einem allfälligen Protest bzw. Rekurs der Eltern bei den Gerichten oder administrativen Oberbehörden Stand halten konnte, müsse doch, wo es sich um Entzug der Elternrechte oder um Entzug der elterlichen Gewalt handle (also um Maßnahmen, die sehr tief in die Elternrechte eingriffen), die Sachlage sorgfältig abgeklärt sein. Die Vormundschaftsbehörde behalf sich in solchen Fällen deshalb in zunehmendem Masse bereits in der Weise, dass vorerst die Amtsvormundschaft mit der Kontrolle der Erziehungsverhältnisse betraut wurde, wie wir weiter oben gesehen haben. Die von dieser Maßregel betroffenen Eltern könnten sich dann nämlich nicht mehr mit gutem Grund darüber beklagen, dass ihnen voreilig die gesetzlichen Machtbefugnisse über ihre Kinder entrissen worden seien. Und die Vormundschaftsbehörde hatte andererseits die Beruhigung, dass den bereffenden Kindern ein gewisser behördlicher Schutz zuteil wurde, und dass sie rechtzeitig davon benachrichtigt würde, wenn weitere vormundschaftliche Maßnahmen sich als unabwendbar erweisen sollten.[39] Vormundschaftsbehörde und Bezirksrat waren sich also einig.

Genau diese Strategie führte aber zehn Jahre später zu neuen Problemen und stieß auf die Kritik der Bundesbehörden. 1925 entschied die zweite Zivilabteilung des Bundesgerichts nämlich, dass die Beistandschaft *nicht* als Maßnahme im Sinne des Artikels 283 des Schweizerischen Zivilgesetzbuches zu anerkennen sei, und dass die Bestellung eines Beistandes für Kinder unter elterlicher Gewalt in jedem Fall den Entzug der elterlich Gewalt erfordere und also nur dann zulässig sei, wenn die Voraussetzungen für den Entzug der elterlichen Gewalt auch gegeben seien. Dieser Entscheid war für die Vormundschaftsbehörde ein Schock. Sie rekurrierte gegen den bundesgerichtlichen Entscheid beim Bezirksrat zuhanden der Justizdirektion. Dieser Entscheid, so die Vormundschaftsbehörde, schlage in die bisherige Praxis eine unerhört tiefe Bresche. Die Entscheidung diene nicht dem Kinderschutz, außer die Gerichte gingen dazu über, weniger strenge Anforderungen an den Entzug der elterlichen Gewalt zu stellen. In den Augen der Vormundschaftsbehörde verstoße die Bestellung eines Beistandes nicht nur nicht gegen Artikel 283, sondern dränge sich geradezu auf, um so mehr, als sie für die Abklärung der Verhältnisse größere Garantien biete. Die Vormundschaftsbehörde stand nun vor der Frage, ob und in wie weit ihre Praxis durch den bundesgerichtlichen Entscheid, »der doch kaum das letzte Wort sein dürfte«[40], beeinflusst würde. Die Vormundschaftsbehörde versprach, um die Beistandschaft nicht zu einer dauernden Maßnahme werden zu lassen, immer wieder neu und gründlich zu eruieren, ob die Voraussetzungen für den Entzug der elterlichen Gewalt nicht schon vorlägen.[41]

Wie wir bereits wissen, führte dieser Konflikt zur Gründung der Fürsorgestelle als eigene Abteilung des Vormundschaftswesens, die von nun an diese Aufgabe übernehmen sollte und eine neue Ära jugendfürsorgerischen Handelns eröffnete, die noch viel weniger auf den Buchstaben des Gesetzes angewiesen war als die Amtsvormundschaft.

Innerbehördliche Kontroversen

Es lassen sich indes weit mehr Konfliktlinien ausmachen, als nur jene zwischen der Amtsvormundschaft und den Familien. Wir finden in den Akten auch die Spuren der Konflikte zwischen den Amtsvormündern und anderen behördlichen Instanzen und wir finden einige Zeichen innerfamiliärer Konflikte. Diese vielfältigen Konfliktlinien steigern die Komplexität des Handelns und komplizieren die Deutung. Sie verweisen auf die bürokratische Handlungslogik, auf die Einschränkungen der Handlungsautonomie aller Beteiligten, auf das festgefahrene Gefüge der bürgerlichen Deutungs- und Handlungsmuster und die Ängste und Nöte der betroffenen Familien.

Manchmal richtete sich das Auge der Behörden und des Gesetzes auch auf die »Sittenrichter« selbst, die sich, ebenso wie ihre Mündel, an den bürgerlichen Moral- und Wertvorstellungen zu orientieren hatten. Amtsvormund Emil Kaiser befand sich unvermittelt in einer ähnlichen Situation, wie seine eigenen Mündel, die ihre Moral und Ehre unter Beweis zu stellen hatten. Emil Kaiser ging eine Liaison mit einer (noch) verheirateten Frau ein. Sein Verhältnis zu Frau Egli wurde durch die Einsprache des nun geschiedenen Ehemannes gegen die Weiterführung seines Namens durch seine Frau, beim Stadt- und Regierungsrat bekannt. Als die Vormundschaftsbehörde davon Wind erhielt, veranlasste sie eine Überprüfung von disziplinarischen Maßnahmen und rekonstruierte die Geschichte: Emil Kaiser lernte 1909 die Eheleute Egli-Grob kennen, war bei ihnen häufig zu Gast, besuchte mit den Eheleuten oder mit Frau Egli Theater und Konzerte, ging mit ihnen ins Wirtshaus und nahm sogar ein Zimmer bei Eglis. In der Folge hörte der Verkehr zwischen Amtsvormund Kaiser und dem Ehemann Egli auf, weil Emil Kaiser durch das Trinken Eglis und sein nachheriges dummes Benehmen blamiert worden sei, wie er zu Protokoll gab. Den Kontakt mit Frau Egli hielt Amtsvormund Kaiser jedoch aufrecht. Er machte mit ihr Ausflüge, Besuche bei Bekannten, Einkäufe in der Stadt, ging mit ihr ins Theater, besuchte sie an Kurorten, verbrachte mit ihr gemeinsam seine Ferien. Er besuchte sie häufig auch während der ordentlichen Bürostunden in deren Geschäft, telefonierte ihr, wurde von ihr in seinem Büro aufgesucht und telefonisch angerufen. Bei der Verbringung eines Mündels nach Bern sei Amtsvormund Kaiser in Begleitung von Frau Egli gereist. Der Bezirksrat und die Vormundschaftsbehörde kamen zum Schluss, dass ein in solcher Beziehung fehlbares Verhalten eines Amtsvormundes nicht nur die innere Hingabe an das Amt verunmögliche, sondern den Amtsvormund auch seiner inneren Überlegenheit und Autorität über seine Mündel beraube und zudem den Ruf des Amtes gefährde.[42] Emil Kaiser versuchte, sich zu verteidigen. Doch dem Vorstand erschienen seine wiederholten Erklärungen, dass er kein Wissen und keine Ahnung von der Eifersucht des Ehemannes gehabt hätte wenig glaubwürdig, nachdem er doch bereits im Brief vom 11. September 1909 aus Fislisbach die Eifersucht des Ehemannes zu zerstreuen versucht hatte. Auch Emil Kaisers Beteuerungen, dass sein Verhältnis zu Frau Egli ein rein freundschaftliches und kein intimes und ehebrecherisches gewesen sei, schienen wenig glaubwürdig.[43] Hätten nämlich stärkere Gefühle in dem Verhältnis zwischen Amtsvormund Kaiser und Frau Egli gefehlt, hätte Amtsvormund Kaiser als reifer und durch seine Bildung und frühere Berufstätigkeit sicher zu Selbstprüfung erzogener Mann, sich darüber klar sein dürfen, dass dem Verhältnis nicht Formen gegeben werden dürften, die den Eindruck des Ehebruchs hervorriefen. Takt und Ehrenhaftigkeit hätten Amtsvormund Dr. Kaiser veranlassen sollen, das Verhältnis zu beenden, sobald ihm die Einstellung des Ehemannes zu seinem Verhältnis zur Frau bekannt geworden sei. Die Vormundschaftsbehörde gelangte schließlich mit dem Bezirksgericht zur Auffassung, dass das Verhältnis von Amtsvormund Kaiser zu Frau Egli ein anstößiges sei und Emil Kaiser die Schuld seinem eigenen Verhalten zuschreiben müsse, welches sein weiteres Verbleiben im Amt verunmögliche. Kaum ein zweites Amt wie dasjenige eines Amtsvormundes erheische Persönlichkeiten, die sittlich unanfechtbar seien. Ohne die sittliche Überlegenheit würde jeder erzieherische Einfluss des Amtsvormundes auf die von ihm Betreuten fehlen. Ein Verhalten, wie es sonst Amtsvormünder und Vormundschaftsbehörde zur Anordnung von vormundschaftlichen und fürsorgerischen Maßnahmen veranlasse, durfte sich ein Amtsvormund selbst natürlich nicht zu Schulden kommen lassen.[44] Auf den Antrag des Vorstandes des Vormundschaftswesens beschloss die Vormundschaftsbehörde, Amtsvormund Emil Kaiser seines Amtes zu entheben.[45]

In einem anderen Fall setzte sich die Vormundschaftsbehörde vehement für einen ihrer Amstvormünder ein. Dr. Hans Grob, dem wir im Fall der »Familie Nüssli« begegnet sind, geriet in einen massiven Konflikt mit dem Stadtrat Zürich. Er hatte sich, nebst anderen Angestellten der Amstvormundschaft, im August 1919 am Generalstreik beteiligt und sich außerdem besonders hervorgetan durch die Abhaltung von Arbeitswilligen mit einem Flugblatt, worin er seine Kollegen aufforderte, »Mann für Mann die Bureaus zu verlassen und sich um die stadträtlichen Strafbestimmungen nicht zu kümmern«[46]. Der Stadtrat beantragte, Amtsvormund Dr. Hans Grob zu entlassen sowie mit einer Ordnungsbusse von Fr. 15.– und einem Lohnabzug für die versäumte Arbeitszeit zu bestrafen.[47] Das übrige am Generalstreik beteiligte Personal der Vormundschaftsbehörde (es waren weder weitere Amtsvormünder noch Inspektionsgehilfinnen darunter), sollte mit einem Lohnabzug für die versäumte Arbeitszeit, einer Ordnungsbusse und einer Androhung der Entlassung bestraft werden.[48]

Die Vormundschaftsbehörde beschloss einstimmig, Dr. Grob gleich wie das übrige am Streik beteiligte Personal zu behandeln und mit Mehrheit, diesem lediglich den Lohn für die versäumte Arbeitszeit abzuziehen. Die Vormundschaftsbehörde lehnte es also ab, eine disziplinarische Ahndung eintreten zu lassen und anerkannte seinen Beamten ausdrücklich das Recht auf Arbeitsniederlegung zu. Die Vormundschaftsbehörde gab zu Protokoll, dass sie bei allen nur den Lohn für die versäumte Arbeitszeit abziehen werde. Sie erachte dies als eine Anordnung, die zudem keine eigentliche Disziplinarmaßnahme darstelle, da selbstverständlich auch für das öffentlich-rechtliche Dienstverhältnis der Beamten der Gehalt die Gegenleistung für eine Dienstleistung sei.

Der Stadtrat erhob beim Bezirksrat Einsprache gegen den Beschluss der Vormundschaftsbehörde und beharrte auf seiner Entscheidung. Die Beschwerde des Stadtrates wurde durch den Bezirksrat gutgeheißen und die Vormundschaftsbehörde wurde beauftragt, die am Generalstreik beteiligten Beamten und Angestellten gemäss dem Stadtratbeschluss disziplinarisch zu bestrafen. Der Bezirksrat milderte jedoch das Urteil gegen Dr. Hans Grob. Er sollte mit Ordnungsbusse, Rückversetzung ins Provisorium und Unterbrechung der nächsten ordentlichen Besoldungsaufbesserung und Entlassungsandrohung bestraft werden. Sollten sich Mitglieder der Vormundschaftsbehörde weigern, diesen Aufträgen des Bezirksrates nachzukommen, würden sie ebenfalls mit Ordnungsbusse belegt.

Gegen diesen Beschluss des Bezirksrates rekurrierte die Vormundschaftsbehörde an den Regierungsrat, der die Einsprache der Vormundschaftsbehörde abwies. Nach diesem Beschluss des Regierungsrats sah die Vormundschaftsbehörde von einem Weiterzug der Angelegenheit an das Bundesgericht ab. Die Vormundschaftsbehörde kam gezwungenermaßen diesem Antrag nach, wenn sie sich dabei auch nicht verhehlen konnte, dass vor allem die Bestrafung Dr. Grobs nach wie vor eine harte und ungerechte sei.[49]

Im »Fall Nüssli«, der von Dr. Hans Grob bearbeitet wurde, ist dessen linkspolitische und gewerkschaftliche Einstellung nicht erkennbar. Der Fall zeigt auf, dass sozialpolitisches und sozialcouragiertes Engagement keine Gewähr für eine »Sorge um den Anderen« bieten, dass sozialpolitische Handlungslogik und Gesinnung nicht mit einer fürsorgerischen Haltung korrespondieren müssen, dass strukturelle Probleme im Individuellen nicht mehr erkannt und bearbeitet werden (können). Amtsvormund Dr. Hans Grob verstieg sich immer mehr in einen Kampf mit der Familie Nüssli, der sich in einem verbitterten Ton in den Akten niederschlug, so, dass sogar – und dies kam reichlich selten vor – die Waisenräte intervenierten: Dr. Grob stellte an die Vormundschaftsbehörde den Antrag, »das Gesuch der Eheleute Nüssli-Halder um Ueberlassung der Kinder zur Eigenpflege unter allen Umständen abzuweisen und den Gesuchstellern zu eröffnen, angesichts der Sachlage würden auf unabsehbare Zeit hinaus auch weitere Gesuche abgewiesen werden«[50]. Waisenrat Coradi erklärte sich mit dem Antrag auf Abweisung des Gesuchs einverstanden, nicht jedoch damit, »dass den Nüsslis eröffnet wird, sie könnten nie auf eine Rückgabe der Kinder rechnen. Auch dem schwersten Verbrecher muss Aussicht auf Besserung geschaffen werden«[51].

Und noch einmal wurde Amtsvormund Dr. Grob von den Waisenräten zurückgepfiffen, als er auf einer Bestrafung der Eltern Nüssli beharrte, die den Aufenthaltsort der beiden älteren Kinder nicht bekannt gegeben hätten, obgleich sie diesen mit Sicherheit kannten: »Das Verhältnis und der Verkehr zwischen Vormund und Mündeleltern wird durch die Wiederaufnahme des Strafverfahrens nicht besser. Nachdem die Adresse des Ernst jetzt bekannt ist, würde die Wiederaufnahme des Strafverfahrens den Beigeschmack der Rache und der kleinlichen Rechthaberei haben. Im Strafprozess müssten auch die Kinder Nüssli als Belastungszeugen gegen den Vater einvernommen werden. Es kann nicht Sache einer Vormundschaftsbehörde sein, Kinder als Belastungszeugen gegen einen Vater anzurufen, wenn es sich nicht um äusserst wichtige Interessen handelt. Die Kinder wären übrigens berechtigt, das Zeugnis zu verweigern (§ 863 St. P. O.).«[52] Dr. Hans Grob kritisierte diesen Entscheid: »Ich bedaure heute doppelt, dass seiner Zeit meinem Antrag auf Fortsetzung des Strafverfahrens gegen die Eltern Nüssli nicht zugestimmt wurde (…) Dadurch wurde nur erreicht, dass Familie Nüssli je länger desto frecher wird und eine richtige Erziehung des Mädchens Elisabeth verunmöglicht.«[53] Die Waisenräte ihrerseits monierten diese nachträgliche »Zensur« durch den Amtsvormund und wiesen ihn erneut zurecht: »Die nachträgliche Zensur an den Beschlüssen des W.A. dürfte Dr. Grob unterlassen. Würde das W.A. an den Anordnungen des II. Amtsvormund nachträglich mit Rücksicht auf den Erfolg Kritik üben, so würde dies Dr. Grob kaum als gerecht empfinden. Übrigens ist auf heute noch der

Standpunkt den das W.A. bei Fassung seines Beschlusses eingenommen hat richtig.«[54]

Nebst diesen grösseren Kämpfen, gewähren die Akten auch einen Blick auf kleinere Scharmützel: Es gab auch Anlässe, die die Vormundschaftsbehörde zur Kritik am Bezirksrat veranlassten. Die Vormundschaftsbehörde stellte gegenüber dem Bezirksrat beispielsweise mit Befremden fest, dass Akten, die es dem Bezirksrat zur Behandlung vorlegt hatte, »mit Grün-, Rot- oder Blaustift oft in herrlichem Durcheinander bemalt werden«[55]. Die Vormundschaftsbehörde habe sich bisher einer Äußerung über diese merkwürdige Behandlung amtlicher Dokumente enthalten. Nachdem sich der Brauch aber auch auf die Vormundschaftsberichte ausdehnte, sah sich die Vormundschaftsbehörde gezwungen, den Bezirksrat zu disziplinieren. In der Vormundschaft über Annamarie Susi Metzler habe sich der Vormund, betroffen von der auffälligen Behandlung, die seinem Berichte zu teil geworden war, nach dem Sinn der Frage- und Ausrufezeichen, mit denen der Bericht geschmückt worden war, erkundigt. Die Vormundschaftsbehörde legte diesen Bericht dem Bezirksrat vor und bat um Verständnis dafür, dass Fürsorger, die sich ihrem Amt mit Eifer und Hingabe widmeten, wenig angenehm berührt seien, wenn sie ihren Bericht in verschmiertem Zustand zurück erhielten. Die Vormundschaftsbehörde fand diese Behandlung wichtiger Aktenstücke bei einer Behörde einfach unwürdig.[56]

2. Familiäre Konflikte und Leidensgeschichten

Schliesslich scheinen in den Dokumenten auch die familiären Konflikte, Nöte und Ängste auf: Konflikte zwischen den Eheleuten und solche zwischen den Eltern und ihren Kindern sowie Verletzungen, Beschädigungen und Einschränkungen der individuellen Handlungsspielräume. Linda kämpfte vergebens um die Liebe und Zuneigung ihrer Eltern: »Da ich mich von zu Hause verachtet fühlte suchte ich meine Freuden anderweit kann aber alles was ich bis jetzt getan, vor jedermann verantwortlichen.«[57] Einen Tag nach ihrer (auf Verlangen der Eltern eingeleiteten) Versorgung, schrieb sie an ihre Eltern: »Ihr werdet sehr erstaunt sein von mir diese Zeilen zu erhalten. Ich will Euch den Vorschlag machen dass ich entweder Samstag nach Hause komme, oder Zürich für immer verlasse.«[58] Die Eltern »denunzierten« ihre Kinder selber – aus Überforderung, Hilflosigkeit, Verzweiflung, manchmal vielleicht auch aus Gleichgültigkeit – und ersuchten die Vormundschaftsbehörde um Hilfe: »Frau Cohn beklagt sich sehr über Arne. (…) Sie wäre schliessl. am zufriedensten, schon der steten Aufregung wegen, wenn Arne nach Oesterreich abgeschoben würde. Sie sehe schon, es nütze alles nichts.«[59]

Die Familienmitglieder beschuldigten sich gegenseitig: »Er wirft die ganze Schuld an der Geschichte auf die Frau, und die Frau auf den Mann, und Elisabeth steht entschieden auf Seite der Mutter.«[60] Wir dürfen die Eltern nicht nur als Opfer sehen. Die Machtverhältnisse sind vielfältig und komplex. Nicht nur den Staat, auch die Väter und Mütter störten die unehelich Geborenen, die ungehorsamen Kinder und vor allem die Mädchen von schlechtem Ruf.[61] All das, was der Ehre der Familie, ihrem Ruf und ihrer Stellung abträglich war. Die Väter beteuerten in ihren Briefen die Reinheit ihrer Töchter: »Ersuche Sie, mir meine Tochter Elisabeth innert 24 Stunden sofort wieder zuzustellen, denn diese gehört nicht an einen solchen Ort, wo Huren, Lumpenmenschen, Blutschandmädchen sein müssen. Elisabeth ist noch brav und rein.«[62] Die ob dem unsittlichen Lebenswandel ihrer Töchter verzweifelten Väter verzeigten diese selber.[63] Mütter trieben ihre Töchter in die Prostitution und ließen sie dann kläglich im Stich.[64] Väter schlugen ihre Kinder und ihre Ehefrau, vertranken das Geld und ließen ihre Familien hungern. Die tragische Geschichte Elisabeths hatte schon vor dem Eingriff der Amtsvormundschaft begonnen, wie Elisabeth einer Pflegemutter berichtete: »Als 6-jähriges Mädchen blieb ich einmal aus der Schule aus, weil mir nicht gut war. Ich ging damals in die erste Klasse. Vater, Mutter und die grossen Geschwister waren auf die Arbeit gegangen. Ich schloss die Gangtür nicht ab, weil ich den Schlüssel nicht drehen konnte. Wir hatten damals einen Schläfer, er hiess ›Rinderknecht-Hans‹. Es war das ein 64-jähriger Mann. Als ich so allein in der Stube war, kam dieser Rinderknecht-Hans herein, plagte und quälte mich, steckte mir Zündhölzchen in den Geschlechtsteil hinein. Ich rief und weinte, aber niemand hörte mich. Als die Mutter heimkam und fragte, was sei, schämte ich mich erst, es zu sagen. Der Vater sah es aber gleich, weil ich fest blutete. Ich musste nachher lange immer in das Spital gehen zur Behandlung. Am Abend verprügelte der Vater den Rinderknecht-Hans bis die Polizei dazwischen kam. Die Sache kam vor Gericht, ich musste auch vor.«[65] Die involvierten Personen und die Beziehungen sind vielgestaltig und komplex.

Familiäre Konflikte und Notlagen konnten sich durch das Eingreifen der Amtsvormundschaft im besten Fall (vorübergehend) entschärfen, im schlechteren Fall blieb die Situation gleich übel oder verschlimmerte sich, und im schlimmsten Fall wurden Not, Elend, Verdruss und Entfremdung durch das Eingreifen der Vormundschaftsbehörde erst produziert.

Es scheint, als sei es in der Familie Nüssli in jenem Jahr, als der Vater korrektionell versorgt wurde, etwas ruhiger geworden. Die Söhne traten an die Stelle des Vaters und übernahmen dessen Ringen um die jüngeren Geschwister. Ihre Briefe waren versöhnlicher. Sie hatten einiges gelernt. »Ich möchte Sie nun ebenso höflich wie dringend bitten, meinem Gesuche, den Robert zu Hause lassen, damit er nach seinem Wunsch Dreher zu werden, entsprechen zu wollen, ich verspreche Ihnen unter Ehrenwort, dass ich mich für die Erziehung in jeder Beziehung annehme so dass ich jederzeit mit gutem Gewissen Ihnen Rechenschaft abgeben kann, und die gute Erziehung, die er im Pestalozzihaus Schönenwerd erhalten hat beibehält. In der Hoffnung, Sie werden Gnade für Recht ergehen lassen, und meine sowie meines Bruders Herzensbitte gütigst erfüllen!«[66] »Die Gemeinde Höngg hat mir seiner Zeit vorgeworfen, das ich mich für meine jungen Geschwister herzlich wenig annehme, das ist nicht ohne Eindruck an mir vorübergegangen, habe mich fest entschlossen, für meine jüngeren Geschwister mein möglichstes zu tun, habe es auch nach allen Kräften getan, habe Wohnung sowie Familie auf meinen Nahmen geführt, das heisst auch Bruder Ernst hat dazu beigetragen, und heute darf ich mit Bestimmtheit sagen, das ich die Familie in diesen 1.5 Jahren recht geführt, und auch weiter führen werde, zur vollständigen Zufriedenheit des Waisenamtes Zürich, ich bitte den geerthen Herrn Stadtrat, über mich sowie über Brüder Ernst, in Oerlikon, Seebach, Wallisellen, Informationen einziehen zu lassen. Ich finde nun folgende Vorschläge besser, muss die Gemeinde Höngg für Robert 400 frs Lehrgeld zahlen, so ist das wieder eine schöne Summe für die Armenbehörde, muss sie aber nicht zahlen, so ist das eine Entlastung meiner Gemeinde, und auch ein Vorteil für mich dieselbe zu entlasten, was meine Gemeinde auch anerkennen wird.«[67] Auch eine Weihnachts- und Neujahrskarte schickte die Familie im Jahr der Abwesenheit des Vaters an Amtsvormund Dr. Grob und seine Gehilfin Frl. Haupt.

Zerbrochene Existenzen

Kinder und Eltern wurden durch die Intervention ihrer lebensweltlichen Autonomie beraubt, manche Existenzen zerbrachen, wie die Jugendfürsorger auch selber feststellen mussten, wobei sich natürlich nicht (re-)konstruieren lässt, welchen Verlauf die Lebensgeschichten ohne den amtlichen Eingriff genommen hätten: »Frau Duss ist infolge ihrer schwer bedrückten, kummervollen Jahre zermürbt. Der älteste Sohn Friedrich, der von den Verwandten Bruggisser eine gute Erziehung und Ausbildung genossen hat, ist in Amerika spurlos verschwunden, der zweite, Walter, ist zum Verbrecher geworden.«[68] Der andere Bruder, Hans, schloss indes mit großem Erfolg seine Lehre ab und sollte das Geschäft von Tante und Onkel Bruggisser übernehmen. Er kümmerte sich fortan nicht mehr um seine Familie. Der jüngste Bruder Walters, Viktor, absolvierte schließlich doch noch eine Lehre und bemühte sich, seine vom Leben gezeichnete und von den vielen Sorgen und der strengen Arbeit gebrochene Mutter finanziell zu unterstützen. Anna, die Schwester, die eigentlich Verkäuferin werden wollte, fand eine Stelle als Seidenspinnerin in der Fabrik, in der auch ihre Mutter arbeitete. Ihre Hoffnung, eine Lehre zu absolvieren, wurde vom Warenhaus »Globus« zerschlagen: »Herr Bühler teilt mit, dass er Anna Duss unmöglich behalten könne, es habe nicht die geringste Eignung z. Verkäuferinberuf, das habe sich schon während der Probezeit gezeigt, aber man hoffe eben auf Besserung. – A. spreche furchtbar unfähig mit der Kundschaft, stehe herum, den Kopf auf die Arme stützend; alles Zureden sei nutzlos, da auf mangelnde Intelligenz zurückzuführen.«[69] Sie blieb bei ihrer Mutter und sorgte für sie. Walter Duss konnte sein »Versagen« nicht verkraften. Er saß, nach drei Jahren Internierung in der Zwangserziehungsanstalt Aarburg und nach der »Abschreibung der Vormundschaft am Etat«, wegen Diebstahls im Gefängnis. Seine Mutter und Anna wollten nichts mehr von ihm wissen. Er schrieb im Gefängnis seiner Tante einen Brief und klagte sie an, sein Leben zerstört zu haben: »Glauben Sie ich häte Sie nicht schon längst durchschaut, dass Sie keinen guten Tropfen an mir lassen, nur um allfällige Besserungen meinerseits Lügen zu strafen. Aber jetzt ist genug oder besser gesagt ich habe genug, ich kann nichts mehr verlieren, meine Ehre ist sowieso schon verloren ich bin ein Verbrecher geworden durch Sie. Ich bin im Gefängnis gewesen – Ursache wieder Sie. Und nun glauben Sie, Sie können mit Verachtung u. Hohn auf mich herunter sehen u. zusehen wie man mich ganz nieder tritt. Ich wollte letzten Herbst noch einmal vorne anfangen, alles vergessen, u. Sie waren es die wieder alles vereitelt mich ins Elend zurückstiess. Ich hab Ihnen damals gesagt, dass Sie diese Tat noch einmal bereuen werden, Sie haben gelacht. Nun kommt das Lachen an mich, glauben Sie ich hätte umsonst das schreckliche Vergehen an meiner eigenen Mutter begangen, sei umsonst zweimal vorbestraft worden u. Wochen im Gefängniss gewesen. Nun hat die Stunde der Vergeltung geschlagen, jeder bekommt Rache bis aufs Blut; Gericht – Gefängnis kann mich nun nicht mehr davon abhalten mein Leben ist sowieso hin. Aber nun soll auch Deine Ehre hin sein; An alle

Welt werde ich es schreien u. schreiben was Sie sind. (…) Was erlauben Sie
sich Kinder zu erziehen, wenn Sie es nicht können. Glauben Sie Hans sei besser
als Friedrich u. ich gewesen. Einer muss doch nun einmal vor der Welt gut tun
es wäre sonst zu sehr auffallend gewesen, dass da was nicht stimmt. Sie werden
das alles nicht zugeben wollen, aber denken Sie daran, in der Wunde des Todes
werden Sie unter Qualen bereuen, was Sie aus zwei Menschen gemacht haben.
Und dann noch eins; glauben Sie ich hätte vergessen, was sich in der Nacht vor
meiner Abreise ereignet hat, u. was sich vorher manchmal ereignet hatte. Damals habe ich noch nicht richtig verstanden was Sie wollten, heute weiss ich es
bestimmt u. darum Ihre Angst u. Ihr ganzes Bestreben, mich zu verdrängen u.
zu verdrücken. (…) Meine ganzen Jugendjahre bei Ihnen waren ein Leben voller Qualen u. Seelenschmerz.«[70]

»Nun kommt das Lachen an mich«, schrieb Walter. Sein Lachen hallt bis
heute als Ausdruck seines Leidens und als Gebaren einer Suche nach, die im
Lachen einen vorübergehenden Ausweg gefunden hatte: »Er hatte zuerst jeweilen sein bekanntes Lachen.«[71] Das Lachen durchbrach das Schweigen und er-
schütterte die Ordnung der Dinge: »Auf die Frage, ob er geisteskrank sei, lachte
er aus vollem Halse.«[72] Das jugendliche Lachen schien das Unverständlichste
von allem zu sein: »Den Angehörigen kam sein (…) häufig unmotiviertes Lachen (…) krankhaft vor.«[73] »Er lachte dann ohne jeden Grund zuweilen aus
vollem Halse auf.«[74] Das Lachen wurde zum Komplizen des Schweigens im
Widerstand gegen die Fremdbestimmung: »Er schweigt oder lacht einen an.«[75]

»Die Leiden der Elisabeth Nüssli«

Die Erfahrungen in und mit den Pflegefamilien und in den Anstalten waren für
die Kinder sehr unterschiedlich. Nicht die einzige bedrückende Geschichte ist
jene von Elisabeth Nüssli, doch ist ihre ganz besonders ergreifend: Elisabeth
Nüssli wurde insgesamt etwa dreißig Mal zwischen Jugendheim, Elternhaus,
Pflegefamilien, Erziehungsanstalten und Gefängnis »verschoben« (wobei sie
häufig die Flucht selber ergriff) und musste ihren Versorgungsort ungefähr elf
Mal wechseln (ganz genau sind alle Bewegungen nicht eruierbar). Elisabeth
kam im April 1913, als 14-jähriges Mädchen, mit ihren drei jüngsten Geschwistern, Erna, Robert und Werner zuerst ins städtische Jugendheim, wo sie alle etwa einen Monat blieben. Ihre Eltern waren zu dieser Zeit in Untersuchungshaft
wegen Hehlerei und Kuppelei. Nach einem Monat wurden die Kinder verteilt.

Elisabeth kam zunächst zu Familie Kuhn in Dielsdorf, die selber ein 14-jähriges Mädchen hatte.

Die Pflegeltern hatten natürlich jeweils ihre eigenen und auch eigennützigen Interessen und Motive: »Frau Kuhn fand Elisabeth sehr klein, will es aber probieren mit ihr.«[76] »Am 15. Mai haben Sie mir die Elisabeth Nüssli von Hoengg zugeschickt. Obwohl das Kind noch nicht viel leistet u. in allem erst angelernt werden muss, hat meine Frau sich geneigt, dasselbe zu behalten. (…) Wir setzen als selbstverständlich voraus, dass Elisabeth uns für lange Zeit belassen werde, denn ohne das möchte meine Frau sich nicht die Mühe nehmen, das Kind anzulernen.«[77]

Nach zwei Monaten wurde Elisabeth von ihrem Bruder Ernst bei Kuhns »entführt« und nach Hause gebracht. Sie gab zu Protokoll, dass es ihr bei Kuhns nicht gefallen habe, sie Frau Kuhn sprachlich nicht verstanden habe, dass sie ausgenutzt worden sei und zu wenig zu essen erhalten habe und bat um Versetzung in eine andere Pflegefamilie, woraufhin ihr Frau Kuhn die folgenden Zeilen schrieb: »An Elisabeth, die freche Lügnerin! Ich hoffe v. Herzen, Gott strafe deine freche Lüge. Geht es Dir im Leben schlecht, so denke an Deine Undankbarkeit uns gegenüber. – Für unsere Tochter ist es wohl ein Glück, dass Bethli die Heuchlerin und Lügnerin fort ist, denn Dein Frommtun ist bei Dir nur ein Deckmantel Deines schon schwer verdorbenen Herzens.«[78]

Nachdem Elisabeth eine Woche bei ihren Eltern und den daheim gebliebenen, älteren Geschwistern, Rosmarie und Ernst, weilte, wurde sie von der Polizei abgeholt und inhaftiert. Bereits nach einem Tag floh sie aus der Arrestzelle und lief zurück nach Hause, wo die Eltern sie versteckten und dem Amtsvormund angaben, Elisabeth sei bei Bekannten in Berlin.

Nach einem Monat machte die Polizei sie erneut ausfindig und verbrachte sie ins städtische Jugendheim, wo sie den nächsten Monat blieb. Von dort wurde sie in einer Pflegefamilie in Dielsdorf platziert, die zwei Kinder im Alter von acht Monaten und zwei Jahren hatte. Nach knapp fünf Monaten schrieben Bachmanns an die Amtsvormundschaft, dass sie Elisabeth abgeben wollten, da sie sie in der Nachbarschaft verleugnet habe und überdies von ihrer Familie schlecht beeinflusst werde. Weil Bachmanns Elisabeth so schnell als möglich loshaben wollten, brachten sie sie vorübergehend zu Familie Vollmer, den Eltern von Frau Bachmann, wo Elisabeth vierzehn Tage blieb. Herr und Frau Vollmer hatten Elisabeth eigentlich »nicht ungern«, »nur habe das Mädchen einen Hang zum Schwatzen und Lügen«[79]. Nach dem kurzen Aufenthalt bei Familie Vollmer, wurde Elisabeth für einen Tag ins städtische Jugendheim verbracht, bevor sie nach Chur zu Familie Forster geschickt wurde. Dort schien es Elisabeth gefallen zu haben. Sie schrieb in einem Brief an den Amtsvormund und seine Frau: »Mit dem Essen habe ich's wie ein Herrenkind nähmlich die Bündner essen fein u. haben weniger auf dem Gstatd. Am Samstag hab ich zumersten mal die Churer Feuerwehrmusik gehört aber die bläst ausgezeichnet. Röbi hat mir auch geschrieben habe ihm auch geschrieben. Herrn Dr. die Familie Forster hat jetzt 3 Kinder sie sind sehr lieb mit mir und verstehen auch sehr viel Spass. Frau Forster hat den Herrn Pfarrer gefragt ob ich nicht hier in die Arbeitsschule gehen könnte aber halt leider nicht.«[80]

Nach einem Monat schrieb Frau Forster an die Amtsvormundschaft, dass sie gedenke, mit dem Mädchen zu wechseln, es tue ihr zwar leid, aber Elisabeth sei einfach keine große Hilfe. »Es ist mir gewiss auch nicht lieb, dass ich schon wieder wechseln muss hat man doch wieder ziemlich mühe bis ein so junges Mädchen eingeübt ist und wir Elisabeth sonst gerne mochten es ist so ein niedliches anständiges Mädchen aber es begreift die Sache doch auch da es selbst zugibt, dass es nie in eine Nähschule gegangen sei.«[81] Elisabeth bittet daraufhin Herrn und Frau Grob, sie im Jugendheim in Zürich zu versorgen: »Werter Herr Dr. muss Sie nochmals fragen, warum Sie auch nicht einverstanden sind wegen dem Jugendheim. Die Schwester sagte ja ich könne hier sein im Jugendheim, u. dann wolle sie mich noch nehmen in der Handarbeit. Denn wenn ich etwas könne, so können Sie mich Herr Dr. an einen Platz tun. Werter Herr Dr. mir ist ja dieser Standpunkt natürlich klar. Sie fürchten halt die Eltern könnten mich dann im Jugendheim zuviel besuchen aber mann könnte ja nur eine gewisse Zeit bestimmen zum besuchen es ist mir nicht wegen dem dass ich dann in Zürich sein könnte nein das absolut ausgeschlossen. Nur dass ich wenigstens etwas könnte lernen in der Handarbeit, im Jugendheim hätten die Schwestern am meisten Zeit. (…) Nun weiss ich nicht wo ich wieder hinkomme. (…) Schön hätte ich es jetzt bei Frau Forster haben können ja das schönste Leben.«[82]

Nach ihrem zweimonatigen Aufenthalt bei Familie Forster kam Elisabeth nicht ins Jugendheim, sondern wurde von Frau Forster, ohne vorherige Abklärung mit der Amtsvormundschaft, direkt zu Familie Brändli in Chur versetzt, wo Elisabeth als Kindermädchen aushelfen sollte. Auch bei Brändlis schien sich Elisabeth wohl zu fühlen: »Ich bin sehr gerne bei Familie Brändli, sie sind sehr gut mit mir. Ich bin auch gesund u. munter was ich auch hoffe von Ihnen und Ihren werten Angehörigen. Sage auch Ihnen u. der lieben Frau Dr. zum voraus meinen besten Dank. Ich hoffe das Brieflein treffe Sie gesund und wohlan, wie ich es verlassen.«[83] Sie bat ihren Amtsvormund und seine Frau um einen Besuch in ihrer »neuen Heimat«, doch hatten diese keine Zeit: »Wir können wohl kaum in nächster Zeit zu Dir kommen, weisst die Reise ist weit und kostet viel Geld, sei Du nun recht brav und tapfer, damit wir lauter gutes von Dir zu hören bekommen und Dich fast nicht mehr erkennen.«[84]

Vier Monate, nachdem Elisabeth bei Familie Brändli in Diensten stand, teilten Herr und Frau Brändli der Amtsvormundschaft mit, dass sie Elisabeth, aufgrund des Geschäftsrückganges während der Kriegszeit, nicht mehr behalten könnten. Amtsvormund Dr. Hans Grob bat Herrn und Frau Brändli um Nachsicht und Zuwarten: »Es ist mit der Möglichkeit zu rechnen, dass Deutschland seinen Krieg mit Frankreich rasch siegreich zu Ende führt. Weitere deutsche Erfolge auf dem Französischen Kriegsschauplatz werden wohl Italien vom Krieg gegen Oesterreich abhalten. Dann wird das Wirtschaftsleben sich wohl wieder zum Bessern wenden.«[85] Brändlis lehnten dies jedoch ab und meinten, Elisabeth sei auch nicht mehr, wie sie sein sollte, sei bei Austragungen immer zu lange weggeblieben. Brändlis entließen Elisabeth Mitte September, die daraufhin zu ihren Eltern, die mittlerweile in Altstetten wohnten, zurückkehrte.

Der Amtsvormund fand für Elisabeth eine neue Stelle bei der Bäuerin Frau Gull, in Wytikon. Am Tag nach ihrer Versorgung bei Frau Gull, riss Elisabeth dort jedoch wieder aus und kehrte zu ihren Eltern zurück. Nach einigen Tagen wurde sie erneut ins Jugendheim verbracht, wo sie, mitunter wegen Diphterie (und damit Ansteckungsgefahr), fast vier Monate versorgt blieb.

Im Januar 1915 wurde Elisabeth zur elfköpfigen Familie Vonmoos in Russikon »spediert«. »Frau Vonmoos ist sehr zufrieden mit Elisabeth. Es sei willig, flink und fleissig, und dazu ziemlich bewandert im Haushalt. Was es noch nicht könne, lasse es sich gern sagen, begreife schnell. Auch mit den Kinder kann es gut umgehen, und an Regensonntagen, wenn man daheim sein muss, ist es das Leben in der grossen Kinderschar, weiss immer etwas neues, und kann alle unterhalten.«[86]

Am 18. April 1915, also vier Monate nachdem Frau Vonmoos diese Zeilen an den Amtsvormund geschrieben hatte, erhielt Dr. Hans Grob von Familie Vonmoos ein Telegramm, dass Elisabeth fortgelaufen sei. Sie wurde zur Fahndung ausgeschrieben und die Polizei machte sie bei ihren Eltern ausfindig. Der Polizeiarzt stellte jedoch fest, dass Elisabeth an Blinddarmentzündung erkrankt und erschöpft war, dass sie deshalb nicht verhaftet und auch nicht an ihren Pflegeort zurück gebracht werden dürfe, da dieser offensichtlich viel zu streng für sie gewesen sei. Der Amtsvormund traute dem ärztlichen Gutachten offensichtlich nicht: »Elisabeth befindet sich zur Zeit bei den Eltern, angeblich erkrankt an leichter Blinddarmentzündung. Es muss damit gerechnet werden, dass die Krankheit glatt erlogen und der Familie nur Mittel zum Zweck ist, das Mädchen wieder einmal möglichst lange bei sich zu haben und so zu bearbeiten, dass man es womöglich nachher in einer Privatstelle nicht mehr brauchen kann.«[87] Familie Vonmoos' Vertrauen war durch die Flucht Elisbeths und ihre »Lügengeschichten« erschüttert und Herr und Frau Vonmoos weigerten sich, Elisabeth nach ihrer Genesung wieder aufzunehmen und ersuchten die Amstvormundschaft, ihnen ein anderes Mädchen zu schicken.

Da die Eltern Elisabeth nicht zum vereinbarten Termin ins Jugendheim brachten, beauftragte der Amtsvormund die Polizei um Verbringung des Mädchens ins Jugendheim. Am 24. Juli 1915, also ein halbes Jahr nach ihrer Erkrankung und ihres Aufenthaltes bei ihren Eltern, wurde Elisabeth von zwei Detektiven und Frl. Haupt, der Inspektionsgehilfin der Amtsvormundschaft, zu Hause abgeholt und ins Mädchenheim »Heimgarten« bei Bülach verbracht. Zwei Tage später flüchtete Elisabeth durch das Küchenfenster des Mädchenheims. Erneut wurde ein Fahndungsgesuch aufgegeben und Dr. Hans Grob von der Vormundschaftsbehörde ermächtigt, Elisabeth Nüssli für ihre Entweichung drei Tage in »scharfen Arrest« zu setzen.

Danach, im September 1915, kam Elisabeth zu Familie Wagner in St. Gallen, wo sie am 21. November wieder weglief. Es wurde ihr dort vorgeworfen, sie habe Geld gestohlen. Elisabeth wurde wiederum zu Hause von Detektiven abgeholt und erneut in »scharfen Arrest« in die Schipfe gesteckt. Sie verteidigte sich und hielt den Anschuldigungen Wagners entgegen, dass sie ausgenutzt worden sei, zu wenig zu Essen erhalten habe und immer alleine habe essen müssen. Über diese gegenseitigen Anklagen gab es, auf Wunsch von Elisabeth und ihrer Mutter, eine Aussprache bei Stadtrat Paul Pflüger. Dieser erlaubte Elisabeth, über Weihnachten zu Hause zu bleiben.

Am 29. Dezember 1915 erschien Elisabeth Nüssli nicht zur vereinbarten Stunde für die Überbringung in das Mädchenheim »Heimgarten« und wurde erneut polizeilich ausgeschrieben, konnte jedoch nicht ausfindig gemacht werden. Elisabeth hielt sich zwischenzeitlich bei einer Familie Notz auf. Als Amtsvormund Dr. Grob dies erfuhr, ließ er Elisabeth bei Herrn Notz sofort polizeilich abholen. »Der Polizist Suter in Seebach gestattete dem Mädchen im Wachtlokal der Mutter zu telefonieren. Diese kam. Während der Polizist in die ›Sonne‹ ging, um ein Bier zu nehmen, gingen Mutter und Tochter davon.«[88] Die Polizei machte Elisabeth nach diesem Lapsus wieder ausfindig und brachte sie am 22. Januar 1916 in das Mädchenheim »Heimgarten«. Dort floh Elisabeth wenige Tage später erneut und wurde, bevor man sie in den »Heimgarten« zurück brachte, abermals wegen »Durchbrennens« für vier Tage in »scharfen Arrest« gesetzt.

Am 25. März 1916 verfasste Elisabeths Vater, »Die Leiden der Elisabeth Nüssli« – einen langen Brief zuhanden der Vormundschaftsbehörde und des Bezirksrats. Zur selben Zeit floh Elisabeth wieder aus dem Mädchenheim »Heimgarten« und lief zu ihren Eltern. Sie wurde ausgeschrieben und kam erneut in scharfen Arrest in die Bürgerstube »Schipfe«, wo sie wieder »durchging, indem sie sich Nachts an zwei zusammengeknüpften Leinentüchern vom Fenster aus an der Hausmauer herunterliess«[89]. Sie wurde von der Polizei wieder eingebracht und floh am 16. Juli 1916 erneut aus der Bürgerstube.

Mittlerweile waren seit der ersten Versorgung im Jugendheim zwei Jahre vergangen. Elisabeth hatte vierundzwanzig Mal eine Bewegung von einem Ort zum anderen vollzogen und war in zehn verschiedenen Pflegefamilien und Anstalten versorgt.

Elisabeth blieb unauffindbar und schrieb Ende Juli an ihren Amtsvormund einen Brief, in dem sie ihm mitteilte, sie sei in Bitterfeld, Preußen: »Herrn Dr. Grob, muss Sie hiermit in Kenntnis setzen, das ich hier in Stellung bin, bei einer sehr guten Familie mit 5 Kindern, ich bin sehr gut aufgehoben und sehr zufrieden. Da die Herrschaft über mein Vorleben und meine Familienverhältnisse bereits orientiert ist, so wollen Sie sich gefälligst keine weitere Mühe geben, den die Leute lassen mich nicht fort, da Sie mit meinen Leistungen ebenfalls sehr zufrieden und die Frau mich sehr gern hat. Geehrter Herr!! Da ich mir absolut keiner Missetat und keines schlechten Lebenswandel bewusst bin, so konnte ich mich eben nie darein schicken versorgt zu sein in einer Anstalt, auch für mein späteres Fortkommen, und meine Zukunft nach dem 20 Jahre kann es mir nicht gleichgültig sein ob ich in einer Anstalt versorgt war, oder ob ich mich mit guten Zeugnissen ausweisen kann über meine Tätigkeit. Desshalb bin ich Ihnen diesmal wieder durch, auf welche Art werden Sie ja wissen, und wollen Sie mir gütigst verzeihen, wenn dereinst die Zeit mich frei macht dann werde ich mir erlauben mich bei Ihnen vorzustellen auf eine Art und in einer Verfassung an welcher Sie nichts zu tadeln haben werden. Was die Privatstellen anbelangen, die Sie mir jeweilen verschafft haben, so müssen Sie sich ja selbst sagen, wenn Sie der Wahrheit die Ehre geben wollen das diese nichts für mich waren, denn wenn man sofon den Eltern und Geschwistern entrissen wird so sollte man eben an einer Stelle so behandelt werden das man sich nicht Heimatlos fühlt, abgesehen davon, das ich oft nicht einmal genug zu Essen bekam wie zum Beispiel bei Fr. Wagner in St. Gallen. Nun wissen Sie noch dass ich mich nicht leicht entschlossen habe soweit wegzugehen auf so lange Zeit aber es musste sein, da Sie mir den Frieden und die Freiheit ja nicht gönnen wollten, sondern mich immer nach dem berüchtigten Beamtenschema behandelten. Indessen grüsst Sie nochmals freundlich Elisabeth Nüssli.«[90]

Elisabeth blieb vom Juli 1916 bis Mai 1917 unauffindbar. Amtsvormundschaft und Armenpflege setzten alle Hebel in Bewegung, schrieben nach Bitterfeld an die Einwohnerkontrolle, an das »Archiv Deutscher Berufsvormünder« in Frankfurt und an Frau Nüssli (der Vater war mittlerweile »korrektionell versorgt«): »Sollten wir bis zum genannten Zeitpunkt nicht die Wahrheit von Ihnen erfahren, so müssen Sie alle Verantwortung auf sich nehmen, wenn die Armenpflege mit allen ihr zu Gebote stehenden Mitteln gegen Sie vorgeht. Dass diese Mittel Erfolg haben, werden Sie bereits erfahren haben.«[91]

Elisabeth konnte weder von der Polizei in Bitterfeld (»Die Nüssli ist hier nicht gemeldet. Ein Härry ist unbekannt. Eine Hamburger Allee gibt es hier nicht.«[92]), noch von der Polizei in Zürich gefasst werden, der es »trotz eifrigen Nachforschungen in Wallisellen & Zürich nicht gelungen ist, dieselbe ausfindig zu machen« und die deshalb annahm, »dass sich die Nüssli nicht mehr auf Schweizerboden aufhält & sich irgendwo im Ausland herumtreiben muss«[93].

Am 22. Mai 1917 wurde die 18-jährige Elisabeth von der Polizei in Zürich verhaftet und über drei Wochen in der »Bürgerstube« eingesperrt. Sie schrieb Dr. Grob aus der Arrestzelle »ihr Geständnis«, entschuldigte sich für ihre Dummheiten, bat um Verzeihung und milde Strafe, gab ihrer Familie die Schuld an ihren verheerenden Ausbrüchen und schilderte ihm ihren Verbleib während den vergangenen Monaten: »Ich lege Ihnen hiermit mein Geständniss ab, wo ich bis dato gewesen bin (…).« Dabei stellte sich heraus, dass Elisabeth nicht in Bitterfeld war, sondern die ganze Zeit bei Emil Gloor in Zürich weilte und sich, aufgrund ihrer Beziehung mit Emil Gloor, mit ihrer Familie verkracht hatte.[94]

Emil Gloor, der zwei Kinder hatte und in Scheidung stand, bat Stadtrat Paul Pflüger, Elisabeth bei sich aufnehmen zu dürfen. Der Antrag wurde abgelehnt und am 15. Juni 1917 wurde Elisabeth Nüssli durch die Kantonspolizei in das geschlossene Arbeiterinnenheim »Emmenhof« (»Anstalt zur Versorgung und Erziehung von Arbeiterinnen der Spinnerei Emmenhof im Alter von über 14 Jahren«) in Derendingen im Kanton Solothurn verbracht (»Die Zöglinge werden durch eine erfahrene Hausmutter und durch das übrige Anstaltspersonal zu allem Guten angehalten und erzogen, insbesondere an Ordnung, Reinlichkeit und Fleiss gewöhnt, sowie abwechslungsweise in den weiblichen Handarbeiten und Hausgeschäften nachgenommen«[95]), wo sie drei Tage später erneut flüchtete: »Zu unserem lebhaften Bedauern müssen wir Ihnen mitteilen, dass die uns am 15. dies überbrachte Elisabeth Nüssli, geb. 1899, von Höngg, bereits das Weite gesucht hat. Sie hat dies schon am 2. Tage in der Hauptanstalt versucht und wurde dann zwecks besserer Beaufsichtigung in die Filiale versetzt, wo sie nun letzte Nacht sich vom 1. Stock durch's Fenster herunter liess.«[96]

In diesen Tagen schrieb der 17-jährige Robert Nüssli, Elisabeths Bruder, der im Pestalozzihaus versorgt wurde und anschließend eine Lehre begonnen hatte, an Dr. Grob einen Brief, in dem er sich für sich, für Elisabeth und seine Familie einsetzte: »Und besonders tut es mir weh, wenn ich oft nachts im Bette an Bethli denke an mein armes Geschwisterchen. Wie himmeltraurig schlecht machen Sie es doch dem Kinde und mir und überhaupt der ganzen Familie. Wenn Sie einmal nobel gegen uns u. wir gegen Sie auftreten täten so glaube ich käme alles ganz anders.«[97]

Amtsvormund Hans Grob schrieb Elisabeth beim kantonalen Polizeikommando wieder zur Fahndung aus: »Ich ersuche Sie dringend, nach dem Mädchen besonders intensiv fahnden zu lassen. Nach der Sachlage dürfte das rasche Auffinden am ehesten durch genaue Beobachtung des Gloor und seiner Beziehungen zu dem Mädchen zu erreichen sein.«[98] Es stellte sich erst nach mehreren Monaten heraus, dass Elisabeth Nüssli tatsächlich bei Emil Gloor weilte, der sie nun heiraten wollte und diesbezüglich auch einen Antrag an den Stadtrat und die Vormundschaftsbehörde stellte. Amtsvormund Dr. Grob bat Elisabeth, auf dem Amt vorbei zu kommen. Elisabeth kam dieser Vorladung jedoch nicht nach: »Hochgeerter Herr Dr. Grob! Wie ich von meinem Bräutigam und Gatte Emil Gloor erhielt, soll ich bei Ihnen auf Ihrem Bureau persöhnlich und alleine erscheinen. Werther Dr. Grob, nach langem Überreden von meinem mir innig lieben Verlobten, und nach meiner vollständigen Überlegung, muss ich Ihnen leider mitteilen, dass ich es nicht übers Herz bringe, auf Ihrem Bureau zu erscheinen, denn ich fürchte Sie und die Polizei zu sehr, und habe von diesem Frühjahr, wo ich 3.5 Wochen eingesperrt war hinter Gitter und nachher wie eine Verbrecherin nach Derendingen abgeschoben wurde so viel Respeckt, dass ich Sie bitten muss, mich deshalb zu entschuldigen, wenn ich Ihrem Wunsche nicht entsprechen kann.«[99]

Dr. Grob verweigerte die Heirat zwischen Elisabeth Nüssli und Emil Gloor, erklärte sich aber damit einverstanden, dass Elisabeth im Laden des Emil Gloor und im Haushalt mithelfe, sofern sie andernorts wohne. In derselben Zeit rekurrierte Elisabeth Nüsslis Mutter mit Hilfe eines Rechtsanwalts beim Regierungsrat erfolgreich gegen den vormundschaftsbehördlichen Beschluss, auch sie, wie schon ihren Ehemann, »korrektionell« zu versorgen. Emil Gloor stellte mehrmals den Antrag, Elisabeth heiraten zu dürfen, der jedoch jedes Mal abgelehnt wurde. Amtsvormund Grob erhielt hierzu unerwartete Unterstützung der Eltern von Elisabeth (der Vater war mittlerweile wieder aus der »korrektionellen Versorgung« entlassen), die sich gegen die Heirat mit Emil Gloor einsetzten, mit dem ihre Tochter nicht glücklich sein könnte, da er sie misshandle, schlage und würge, weshalb Elisabeth auch schon von ihm zu ihnen geflüchtet sei.

Mit diesen Auseinandersetzungen enden die Akteneintragungen, denn Elisabeth wurde 1919 volljährig und aus der Vormundschaft entlassen.

Nicht alle Versorgungen verliefen so dramatisch wie jene von Elisabeth Nüssli. Zwar verliefen auch die Versorgungen ihrer beiden jüngeren Brüder in den Pestalozzihäusern nicht reibungslos: Robert und Werner entwichen mehrmals aus den Anstalten. Ihr Vater, Heinrich Nüssli, erreichte, dass Robert vom Pestalozzihaus in Burghof ins Pestalozzihaus Schönenwerd, zu seinem Bruder Werner, versetzt wurde, da er vom Hausvater in Burghof, Herrn Ammann, offensichtlich geprügelt worden war (was die vom Stadtrat eingeleitete Untersuchung zwar nicht bestätigte). Die Berichte der Hausväter über Robert waren meistens zufriedenstellend: »Hausvater Ammann ist im ganzen zufrieden mit Robert, nur habe er in letzter Zeit Mühe gemacht mit vorlautem, etwas frechem Wesen.«[100]

Robert wurde, nach seinem vierjährigen Aufenthalt im Pestalozzihaus, eine Lehrstelle vermittelt: »Lieber Robert! Du hast nun also den Schritt ins Leben hinaus getan und sollst nun bei Herrn Schlossermeister Mattmann zu einem tüchtigen Schlosser, aber auch zu einem tüchtigen, brauchbaren Menschen erzogen werden. An Stelle des Hausvaters des Pestalozzihauses Schoenenwerd ist damit Herr Mattmann getreten. Ich erwarte von Dir, dass Du Dir Mühe gebest, den Kopf bei der Sache hast und Alles daran setzt, den Schlosserberuf gründlich zu erlernen; würdest Du es am gehörigen Ernst und am rechten Eifer fehlen lassen, so bleibst Du Dein Leben lang ein Pfuscher, Pfuscher bringen es aber nirgends zu etwas. Du sollst und willst es aber doch zu etwas Rechtem bringen?«[101] Robert nahm die Herausforderung an, kämpfte aber um den Kontakt zu seinen Eltern und um die Ehre seiner Familie: »Werther Hr. Dr. Grob. Ich habe Ihren Brief mit bestem Dank erhalten. Ich habe daraus gelesen dass Sie aus mir ein tüchtiger Arbeiter machen wollen dafür danke ich Ihnen werther Herr vielmal. Ich will Ihnen *versprechen dass ich mich an dieser Stelle gut halten werde und all mein Fleiss und Energie an die Arbeit setzen* damit Sie mit mir keine Umstände haben. Ich habe aber auch aus Ihrem Brief gelesen dass Sie mir den Weg zu meinen lieben Eltern und Geschwistern sperren wollen. Ich anerkenne das nicht für freundlich dass man einem Jüngling den Weg zu seiner Mutter sperren will. Denn *diese* Mutter hat mich geboren und keine andere. Also ist es meine Pflicht dass ich meine Mutter anerkenne, sogut wie jeder gute Sohn seine Mutter lieb und gern hat. Jeder Lehrling darf im Jahre mindestens 3 mal nach Hause gehen und mir allein soll dies nicht gegönnt sein. Ich habe seit dem Sie mein Vormund sind, mich ziehmlich gut gehalten um Ihnen möglichst wenig Ärger u. Verdruss zu machen und jetzt zum danke machen Sie es mir so, und verbieten mir den Weg nach Hause und zweitens schreiben Sie ich dürfe von meinen Eltern 2 mal im Jahr besucht werden also in den 3 Jahren wo ich lerne, 6 mal von meinen lieben besucht zu werden. Ich kenne auch Jünglinge die in der Lehre sind denen wird das Leben aber nicht so verbittert wie mir und überhaupt unserer ganzen Familie. Mann soll nur an Bethli denken wie Himmeltraurig macht man es dem armen Kinde. Ebenso unserem guten Vater der doch steht für die Familie eingestanden ist und geschafft hat, als armer Mann, dass ihm oft bei Nacht alle Glieder wehe taten. Und nun zum danke kommt er nach Kappel in eine Anstalt. Das ist ja wahr er ist Ihnen auch schon sehr grob gekommen als er Ihnen solche Schimpfwörter angehängt hat. Aber seien Sie doch so gut und vergeben Sie dem Vater es ist halt in seinem Blute sein Vater hat es schon gehabt dass er den Leuten so oft böse Schimpfwörter angehängt hat. Es gibt viele Familien auf der Welt die glücklich leben und arbeiten können. Warum kann das bei uns nicht sein. Wir leben ja auch nur *einmal* auf der Welt und uns wird das Leben so sauer eingebröckelt. Ich werde wenn ich ausgelernt bin wenigstens so dankbar sein, und der Armenpflege Höngg sowie Ihnen das Geld das Sie für mich ausgegeben haben wieder zurückgeben. Ich will später ein Mann werden von ganzem Herzen und ganzer Seele und nicht als Lump und Lotter von andern erhalten werden, das verspreche ich Ihnen in die Hand. Werther Herr Dr. Grob seien Sie bitte so gut und nehmen Sie es nicht für bös von mir auf, dass ich Ihnen in einigen Worten so nahe herangekommen bin. Wissen Sie ich bin halt nicht ein Tuggenmäusler wie es viele gibt sondern ich will den Leuten als ehrlicher Bürger vor die Augen treten. Was im Burghof u. Schönenwerd gegangen ist, geht dieses jetzt nicht mehr an, mein Geist hat sich jetzt anders entwickelt. Hochachtungsvoll und auf baldigen Bericht wartend grüsst Sie Ihr ergebener Robert Nüssli.«[102]

Nach einem Zwischenfall mit dem Lehrmeister wechselte er die Lehrstelle und es wurde ihm erlaubt, weiterhin bei seiner Familie zu wohnen – zumal die

Armenpflege auch nicht zusätzlich für Kost und Logis während der Lehrzeit aufkommen wollte.

Werner Nüssli war während der ganzen Vormundschaftsperiode im Pestalozzihaus Schönenwerd. »Die Hauseltern sind mit Werner im Ganzen recht zufrieden, man habe mit ihm weiter eigentlich keine Mühe mehr, seit die Eltern Nüssli aus der Gegend verzogen sind. Er habe nur oft einen eigensinnigen Kopf, der sich nicht immer den Regeln der Anstalt fügen wollte.«[103] Auch ihm sollte in Kürze eine Lehrstelle vermittelt werden. Der weitere Verlauf des Lebens von Robert und Werner Nüssli geht aus den Akten nicht hervor, da ihre Vormundschaft – aufgrund des Wegzugs der Familie aus der Stadt Zürich – dem Waisenamt Oerlikon übergeben wurde. Elisabeths jüngste Schwester, Erna, war während dieser Zeit bei der Pflegefamilie Schlatter in Sünikon. Über sie gingen ausschließlich gute Berichte ein: »Erneli mache in der Schule gute Fortschritte; gehöre zu den Ersten der Klasse. Durchschnittsnoten: 5, 5–6. Erneli sieht gut aus; ist einfach, aber sauber u. ordentlich gekleidet. Macht freundlichen, guten Eindruck. Scheint recht zu Hause zu sein. Ist ein zutrauliches, folgsames Kind.«[104] Auch von ihr vernahm man immer weniger, da auch ihre Vormundschaft an die Gemeinde Sünikon abgetreten und der Fall »am Etat abgeschrieben« wurde.

3. Subjektivierungsweisen und Komplexität des Handelns

Großmutter Marie Flück-Bodmer hatte, so wird es gesagt, einen Tscholi zum Mann. Heinrich Flück, Handlanger in der Kehrrichtverbrennung, hatte, so steht es geschrieben, eine Trinkerin zur Frau. Rosmarie Keller-Bodmer, Spetterin und Kellnerin, die Tochter von Marie Flück-Bodmer, gestand sich und dem Amtsvormund ihr trauriges, verfehltes Leben und den Hass auf ihre Mutter. Als sie vierzehn war, starb ihr »herzensguter« Vater, also der frühere Ehemann von Marie Flück-Bodmer. »Gehetzt von einem Ort zum andern, überall als Opfer der Sinneslust angeödet«, wurde Rosmarie schwanger, brachte Anni als uneheliche Tochter zur Welt und übergab sie, aus Überforderung und Verzweiflung, gleich nach der Geburt, ihrer Mutter. Sie selbst hatte eine Rabenmutter, die sie missbrauchte, so zumindest legte sie es dar. Dann hatte sie einen Schläger zum Mann (Peter Keller, Glasmacher und Schenkbursche), so steht es in den Akten geschrieben, und sie wollte und konnte deshalb Anni nicht zu sich nehmen. Aber ihre Mutter sollte Anni auch nicht haben, denn sie hatte schon ihr Leben versaut und sie in die Prostitution getrieben. »Ich sehe nun, dass ich mein ganzes armes, verpfuschtes Leben, der zu verdanken habe, die sich Mutter nennt. Nein, ich darf nicht daran denken, dass einst das ›Anni‹ das gleiche sagen müsste von mir.«[105] Zusammen mit Marie und Heinrich Flück-Bodmer sowie Anni, wohnte das Ehepaar Furrer-Bodmer: Marianne, eine weitere Tochter der Marie Flück-Bodmer und ihr Ehemann Max, Artist im Artistenverband »Sicher wie Jold« und bekannt unter dem Namen »Zürifritz«. Frau Furrer ging mit Wissen ihres Mannes auf den Strich und hatte Herrenbesuche. Aber dem Max war das egal. Flücks und Furrers kämpften um die Adoption Annis. Anni wusste das jedoch nicht. Sie glaubte, die Großmutter sei ihre Mutter. Sie kannte ihre leibliche Mutter nicht. Irgendeinmal kam es dann aus. Anni musste aufgeklärt werden, weil die Schulbehörde verlangte, dass Anni ihren richtigen Nachnamen trage. Die Adoption wurde durch die leibliche Mutter vereitelt. Anni musste fürchterlich weinen. Sie erfuhr auch, wer ihre Mutter war. Es war die, von der die ganze Nachbarschaft und vor allem ihre Großmutter immer sagten, sie sei eine Hure. Anni wollte sie nicht sehen. Sie schien aber stark. Sie war gut in der Schule, intelligent und munter. Die Lehrerinnen und Lehrer liebten sie. Wegen des schlimmen Lebenswandels der Großeltern Flück (sie liege bis 10 Uhr im Bett, er nehme Anni ins Bett), wurde sie dennoch weggenommen. Die Informationen von Dutzenden von Nachbarinnen und die Vorstrafenregister von Heinrich Flück und Max Furrer (Betrug, Diebstahl, Nichtbezahlen der Hundesteuer und des Militärpflichtersatzes, Störung des Straßenbahnbetriebs mit dem Fuhrwerk) lieferten die Entscheidungs- und Begründungsgrundlage. Anna kam in eine Pflegefamilie in ihren Heimatort, wo sie der Pflegevater »zur Unzucht missbraucht«[106]. Anni hatte es ihm ja auch leicht gemacht. »Es ist natürlich sehr bedauerlich, dass das Mädchen nicht sofort von den Annäherungen des Pflegevaters Mitteilung machte, und zeugt das von seiner Verschlagenheit.«[107] Außerdem sei der Schaden auf das sittlich bereits stark heruntergekommene Mädchen nicht sehr groß.[108] Dem »körperlich und seelisch gebrochenen Angeklagten«[109] wurde der bedingte Straferlass bewilligt. Anna bzw. die Armenpflege Erlinsbach als ihr gesetzlicher Vertreter, erhielt Fr. 200.– Genugtuung. Anna kam in eine Mädchenerziehungsanstalt in St. Gallen. Sollte »es« dort nicht parieren, so käme es in eine geschlossene Anstalt.

Es gibt keine einfache Deutung. Es lässt sich keine eindeutige Schlussfolgerung ziehen. Es lässt sich nicht in jedem Fall mit absoluter Gewissheit sagen, was richtig war und was falsch, welches Handeln legitim war und welches illegitim. Es lässt sich nur nachzeichnen, welches Handeln, zu welcher Zeit, unter welchen Bedingungen, als akzeptabel gegolten hatte und welche Strategien verfolgt wurden, um prekär und problematisch gewordene Praktiken in das »System der Akzeptabilität« zurück zu versetzen, wie beispielsweise durch die Einführung der Fürsorgeabteilung, mit der die Rekurse und Beschwerden endlich auf ein vernünftiges Maß reduziert werden sollten. Die Komplexität des Feldes und der Praktiken der Kinder- und Jugendfürsorge ist zu erdrückend, als dass eine einfache Deutung möglich wäre. Das ist keine originelle Erkenntnis. Doch es gibt »Fälle«, die sind (über die Fürsorge) nicht »lösbar«. Die Leidengeschichten der Beteiligten sind zu alt und zu lang, die Wunden sind zu tief, der Hass ist zu grausam, das Elend und die Armut sind zu groß, das Verstehen und das Wissen der Beteiligten sind zu klein, die unreflektierten Normen und Wertvorstellungen sind zu hindernd, die Handlungsmöglichkeiten der Beteiligten sind zu eingeschränkt, die Missverständnisse sind zu krass.

Komplexitätsreduktion

Die Logik der Bürokratie, die gesetzlichen Grundlagen und die Rationalisierungsbestrebungen verlangten eine radikale Reduktion dieser Komplexität, um »handlungsfähig« zu bleiben – selbst da, wo die Amtsvormundschaft um »adäquatere« Vorgehensweisen bemüht gewesen wäre, wie die folgende Auseinandersetzung mit der Justizdirektion illustriert:

Die Auslegung der rechtlichen Grundlagen der Vormundschaftsbehörden führte immer wieder zu Problemen. Eine ungelöste Frage des Elternrechtes beispielsweise war jene, ob die elterliche Gewalt auch lediglich in Bezug auf bestimmte Kinder einer Familie entzogen werden konnte. Die Fälle, so die Vormundschaftsbehörde, seien nicht selten, wo beispielsweise eine Mutter ihrem beinahe volljährigen Sohne gegenüber keinen erzieherischen Einfluss mehr ausüben konnte, während sie den jüngeren Kindern gegenüber ihre Elternpflichten voll und ganz nachkomme. Oder aber, und dies war eine häufig gemachte Beobachtung, die Eltern ließen einem besonders schutzbedürftigen Kind (wie z.B. einem körperlich oder geistig gebrechlichen Kind oder einem Kind erster Ehe) nicht die notwendige Pflege und Ausbildung zukommen, gaben aber in Bezug auf die Erziehung der übrigen Kinder zu keinen Klagen Anlass. Die Frage war nun, ob das Schweizerische Zivilgesetzbuch die praktisch nicht unbegründete Möglichkeit kenne, die elterliche Gewalt auch nur über bestimmte Kinder zu entziehen. Der Absatz des Artikels 285 legte nämlich fest, dass die Entziehung der elterlichen Gewalt auch gegenüber Kindern, die später geboren würden, wirksam sei. Dieser Absatz ließ nun allerdings eher die gegenteilige Auffassung des neuen Rechts vermuten. Die Vormundschaftsbehörde vertrat den Standpunkt, dass hierfür keine zwingenden Gründe vorlägen. Die Gesetzesbestimmung basierte auf der Präsumtion, dass, wenn einem Elternteil einmal seine elterlichen Rechte haben entzogen werden müssen, im Prinzip davon auszugehen sei, dass dieser Elternteil auch keine Gewalt für eine richtige Erziehung der nachgeborenen Kinder biete. Aus dieser bloßen Rechtsvermutung könne jedoch, so die Vormundschaftsbehörde, kaum die Unmöglichkeit des Entzugs der elterlichen Gewalt über einzelne, bestimmte Kinder hergeleitet werden, zumal das Gesetz selbst ja die individuelle Erziehung der Kinder besonders betone.

Die Justizdirektion beantwortete die Frage der Vormundschaftsbehörde jedoch *negativ*. Von Bedeutung sei, dass Artikel 285 vorschreibe, der Entzug der elterlichen Gewalt sei auch gegenüber Kindern, die später geboren würden, wirksam. Aus dieser positiven Gesetzesvorschrift dürfe entnommen werden, dass der Gesetzgeber nicht von Fall zu Fall, also für jedes einzelne Kind individuell prüfen müsse, ob die elterliche Gewalt ausreiche oder nicht, sondern dass der Entzug der elterlichen Gewalt prinzipiell für die Kinder Geltung habe, die bereits geboren sind oder noch geboren würden. Da selbst mit Bezug auf spätere Kinder eine Prüfung der künftigen Verhältnisse gesetzlich nicht angeordnet sei, könne hinsichtlich der bereits vorhandenen Kinder dafür umso weniger Veranlassung bestehen. Es wäre, so die Justizdirektion, »auch gar nicht rationell«, Personen, denen die elterliche Gewalt über eines oder mehrere Kinder wegen Untauglichkeit entzogen werden musste, über die übrigen Kinder verfügen zu lassen. Der Einwand der Vormundschaftsbehörde, dass das Schweizerische Zivilgesetzbuch Gewicht auf die individuelle Erziehung der Kinder lege, falle in diesem Punkt nicht in Betracht. Wenn die elterliche Gewalt mit Bezug auf die älteren Kinder versage, so werde sie aller Voraussicht nach auch in Bezug auf die jüngeren Kinder (nach und nach) in gleicher Weise versagen. Ebenso würden Eltern, die es an der Berücksichtigung der Individualität der Kinder fehlen ließen, sich immer wieder desselben Fehlers gegenüber anderen Kindern schuldig machen, sobald Verhältnisse eintreten, die größere Anforderungen stellten.[110]

Ein Gefüge des Begehrens: Das Wahrsprechen des Anderen

In der »Anthologie« liegt ein »Fall« vor (eigentlich handelt es sich zum großen Teil eben nicht mehr um einen »Fall«), der sich von den anderen markant unterscheidet. Amtsvormund Dr. Robert Büchi begleitet seinen ehemaligen Schützling, Arne Cohn, während zehn Jahren nach dem eigentlichen Fallabschluss freiwillig und – unter bürokratischer Handlungslogik wohl eigentlich unerlaubterweise – weiter. In dieser Zeit entsteht über einen philosophischen Diskurs, über die gemeinsame Lektüre von Rudolf Steiner und Goethe, über das geteilte Interesse an Anthroposophie, Graphologie, Traumdeutung, Astrologie und der Lehre des Buschido eine enge Beziehung zwischen Amtsvormund und dem ehemals unter amtlicher Vormundschaft stehenden Arne Cohn. Es entsteht ein Kontaktpunkt, an dem die Form der Führung eines Individuums durch einen anderen mit der Weise dessen Selbstführung verknüpft ist.

»Sehen Sie«, schreibt Dr. Büchi an Arne Cohn, der im Landesgefängnis Mannheim inhaftiert ist, »die Kräfte, die heute Ihre Zurückgezogenheit in ein Gefängnis wollen, sie dauern nur eine gewisse Zeit lang, hernach werden auch wieder Konstellationen kommen, die Sie verblüffend schnell frei kommen lassen (…), sofern Sie sich innerlich richtig verhalten. Die Kräfte, die Sie ins Gefängnis brachten, heissen nicht notwendig Gefängnis, sie haben auch eine andere Leseart. Sie heissen auch Ruhe und Stabilität, Vertiefung und In-sich-gehen. Das Beschäftigen mit Steiners Werken, wirkt (…) für Ihre innere und äussere Befreiung mehr, als alle Gnadengesuche und Rekurse.«[111] Darauf antwortet Arne Cohn: »Ihr ausserordentlich freundliches Anerbieten, mir zu helfen durch das kommende Dunkel nehme ich voll innigen Dankes an und verspreche Ihnen mein möglichstes dazu beizutragen den nötigen moralischen Mut zur ›richtigen Einstellung‹ zu finden. Ganz so einfach lässt sich von meinem bisherigen Habitus nicht loskommen.«[112] Dr. Büchi: »Ich greife in diesem Zusammenhang ein Problem Ihres Briefes vom 11.3.28 auf, worin Sie sich fragen, – wie Sie den ungünstigen Einflüssen gegenüber einer neuen Einstellung von vorneherein begegnen können. – Vor allem dürfen Sie nicht vergessen, dass der ›alte Adam‹, so wie er nun einmal ist, für dieses Leben sich immer in seiner besonderen Weise wird bemerkbar machen. Das kann ein Verhängnis sein dann, wenn man nicht begreift, wie sehr gerade unsere Unzulänglichkeiten Anlass und Ansporn sind zur Vertiefung und vor allem zur bewussten Erfassung dessen, was wir die endlichen und auch unendlichen Kräfte nennen. Sie werden es also nicht verhindern können, dass dieser alte Adam sich auch in Ihre neue Einstellung störend hineinmischt, aber gerade aus diesen Störungen heraus, wird Ihnen die anderwertige Einstellung erst eigentlich klar formbar und bewusst werden. Und nun noch einige Kampfregeln dazu: (...).«[113]

Arne Cohn antwortet ihm: »Am schlimmsten bleibt mir der Kampf gegen die sich in den sonderbarsten Formen immer wieder regenden Eitelkeit u. Eigenliebe. Und Nichts verführt mich mehr dazu als das, an sich selber arbeiten u. Erfolge erringen! Lieber Herr Dr. Büchi, nicht wahr, Sie nehmen das nicht als eine Phrase, wenn ich Ihnen sage; dass ich beim Studium von Steiners Werken (...) immer klarer u. deutlicher die Nichtigkeit meines bisherigen Erdendaseins erkenne, dass alle meine Jrrungen, – so furchtbar sie sind u. deren Folgen für mich noch werden müssen – den einen Zweck hatten, mich zu den gegenwärtigen Erkenntnissen zu führen. Ferner dass das Erdendasein d. Menschen überhaupt u. alle Ziele u. Probleme des Lebens, der Wissenschaften (...) ja diese selbst nur Mittel sind zu einem grossen Zweck: Menschheitsentwicklung u. dass meine Aufgabe ist, all das Gute, das mir auf die eigenartige Weise v. allen Seiten zuströmt zu erfassen u. in diesem Sinne auf mich wirken zu lassen u. wieder zu verwerten. Einen andern Sinn kann mein Leben nicht haben. Weil ich aber einen andern Sinn früher suchte u. gefunden zu haben glaubte waren alle jene Jrrungen möglich. Sie sind fortan unmöglich. (...) Bitte glauben Sie mir u. helfen Sie mir weiter.«[114]

Am Kontaktpunkt, an dem die Form der Führung eines Individuums durch einen anderen mit der Weise dessen Selbstführung verknüpft ist, entspringt die Sorge um den Anderen, die Fürsorge, als ein Einsatz in einem Spiel der Macht. Amtsvormund Dr. Robert Büchi wendet sich an die französische Liga der Menschenrechte, er schreibt dem Badischen Justizministerium, wendet sich an die Jüdische Kultusgemeinde, an den Gerichtshof den Haag und an den Präsidenten der Tschechoslowakei. Er beginnt, in seinem eigenen Namen zu sprechen, in seiner eigenen Situation und Kompetenz. Er wird zum Weggefährten. Die Beziehung wird transversal. »Schreiben Sie mir bald wieder, lieber Herr Cohn.«[115] Die Frau von Arne Cohn, Hanna Kallas, die während Arne Cohns Inhaftierung mit dem gemeinsamen Töchterchen in großer Armut leben musste und von Robert Büchi (privat) finanziell immer wieder unterstützt wurde, sieht sich von ihrem Mann zunehmend entfremdet: »Ich freute mich sehr auf das Wiedersehen mit A. aber ich bin sehr entteuscht gewesen, da A. gar keine Freude zeigte (...). A. ging nie mit uns zum essen weil ich zu einfach angezogen bin (...). Dafür kann ich nicht dass mich Kummer und Sorgen so alt und hässlich gemacht haben. Was soll ich Herr Doktor tun? Was soll ich anfangen? Wir haben ihn beide so lieb und wir brauchen Liebe und ein bischen Sonnenschein und ich kann ihn darum nicht betteln, weil ich mir denke wenn er uns nicht lieb hat, kann man ihn nicht dazu zwingen. (…) Was sollen wir tun. Bitte Herr Doktor raten Sie mir, ich bin ganz verzweifelt. Alles haben wir verloren, alles.«[116] Auf diesen Brief antwortet Dr. Büchi Hanna Kallas: »Irgendwie scheint es eben zu Ihrem Leben zu gehören, Arne immer wieder zur Seite zu stehen (…). Das ist eigentlich Frauenlos im tiefsten Sinne des Wortes, verträgt sich aber ganz und gar nicht mit grossen Erwartungen, die man an das Leben stellt.«[117]

Der uneingeschränkte Einsatz für ein Schicksal macht blind für das Andere. Dr. Büchi identifiziert sich mit seinem Gegenüber, verliert sich in ihm und sich selbst. Hier wirken Kräfteverhältnisse bar jeglicher Gewalt, Verhältnisse, die etwas fabrizieren, die das Individuum transformieren: seine moralische Einstellung, das Denken, die physische Erscheinung. Es ist kein Zufall, dass Robert Büchi einer der beiden Philosophen bzw. Pädagogen unter den sonst juristisch ausgebildeten Amtsvormündern ist. Es ist wohl auch kein Zufall, dass sich ein solches »Meister-Schüler-Verhältnis« erst unter einer »unbürokratischen« Handlungslogik entwickelt. Es handelt sich in diesem Fall nicht um ein Dispositiv der Macht, sondern um ein »Gefüge des Begehrens«[118], wobei die Macht eine Neigung des Begehrens wäre. Es kann hier im Foucaultschen Sinne von »Subjektivierung« gesprochen werden. »Subjektivierung« verstanden als Methode, das Individuum zu einem erkennenden und zugleich gestehenden Subjekt zu formen, zu einem Subjekt des eigenen Handelns, Denkens, Fühlens und Wollens, das diese Techniken zwecks Selbstformung übernehmen und somit zur Selbsttechnik ausbilden soll. Die Technik der Subjektivierung stiftet, so Foucault, einen hermeneutischen Selbstbezug des Individuums. Das Wort Subjekt erhält dadurch eine doppelte Bedeutung: jemandem durch Abhängigkeit unterworfen sein und durch Bewusstsein und Erkenntnis seiner eigenen Identität verhaftet zu sein.[119]

Ein Gefüge der Macht: Die aversive »Fürsorge«

Anders verhält sich die Sache im Fall der »Familie Nüssli«, in dem sich etwas wie ein »aversives« Hilfekonzept ausmachen lässt. Walter Nüssli schreibt an seinen Vormund Dr. Grob: »Wenn Sie aber doch zu mir kommen und mit mir eine Unterredung haben wollen so lassen Sie aber dann nicht bei meinem Meister den Teufel ab über unsere Familie. Sonst bin ich dann im Stande einen Brief an einen Advokat zu richten. Ich bin sonst recht und gut aber wenn man mich dann behandeln will wie ein Sträfling so wehre ich mich natürlich für mich und meine Familie. Ich halte zu meiner Familie da können Sie machen was Sie wollen. Und wenn Sie mit mir tausend mündliche Unterredungen haben wollen so halte ich doch zu meinen Angehörigen und nicht zu einem Vormund. Und wenn ein Kind noch so traurige Eltern hat so soll man in sein Herz hinein den Samen der Liebe zu seinen Eltern pflanzen und nicht den Samen der Verachtung gegen seine Angehörigen. Und ich habe keine schlechte Eltern hätten nur alle Kinder solche Eltern wie wir die so für die Kinder einstehen wie meine Eltern. Ich glaube um Ihretwillen hätte mich der Hausvater im Burghof noch lange geprügelt. Sie hätten mich nicht weggenommen. Aber meine Eltern haben gemacht dass ich von diesem Hause fortkam. Und dafür bin ich jetzt noch ein dankbarer Sohn gegenüber meinen Angehörigen. Wer hat mich geboren nicht die Amtsvormundschaft sondern meine Mutter und mein Vater.«[120]

Wir finden hier eine Widerstandsform, eine Fluchtlinie, die in sich die Spuren der Führungskünste des Pestalozzihauses trägt (»den Samen der Liebe ins Herz pflanzen«) und Disziplinierungs- und Regulierungsmechanismen als Strategien der Kinder- und Jugendfürsorge zum Ausdruck bringt, die sowohl auf das Individuum, als auch auf eine Gemeinschaft zielten, auf eine zwölfköpfige Familie, auf eine »böse«, »gefährliche« Gesellschaft. Bezogen auf diesen Fall müsste die Formel des doppelten Mandates eher als Legitimierungs- denn als Gefährdungsfigur sozialpädagogischen Handelns gedeutet werden, indem sie zum Ausdruck bringen soll, dass dieses Handeln *auch* helfendes Handeln sein soll. Die Angst vor der Fremdheit des anderen Lebensstils, der sich dem eigenen nicht beugen will, führt zu Verachtung, Kampf und »Krieg« als scheinbar einziger Ausweg: »Nachdem die Adresse des Ernst jetzt bekannt ist, würde die Wiederaufnahme des Strafverfahrens den Beigeschmack der Rache und der kleinlichen Rechthaberei haben.«[121]

Elftes Kapitel: Die Effekte
Neue Steuerungsformen des Sozialen

1. Von der Familie als Modell zur Familie als Instrument

Das Verwahrlosungsdispositiv führte zu einer »Dekomposition der Familie«[1], zu einer Reduktion der Familienautorität und zur Moralisierung der Hausfrau und Mutter. Die Kinder- und Jugendfürsorge ordnete die Beziehung der Eltern zu ihren Kindern neu. Es reichte nicht mehr aus, eine bestimmte Menge an Kindern zu produzieren. Die Kinder mussten richtig gestillt, ernährt, angeleitet und erzogen werden und sie mussten in einer bestimmten körperlichen, seelischen und moralischen Verfassung sein. Über die Einrichtung der amtlichen Vormundschaft wurden die Gesundheits- und Erziehungsziele mit den Methoden ökonomischer und moralischer Überwachung verknüpft. Eine Strategie, die zu Beginn des 20. Jahrhunderts durch das Auftauchen einer ganzen Reihe von Übergängen und Verbindungen zwischen öffentlicher und privater Jugendfürsorge, Jugendjustiz, Pädagogik, Medizin und Psychiatrie erleichtert worden war. Die Kinder- und Jugendfürsorge organisierte im Namen des gesundheitlichen und pädagogischen Schutzes der Familienmitglieder die Absetzung der väterlichen Gewalt und die ökonomisch-moralische Entmündigung der Familie. Die Regelungen des Schweizerischen Zivilgesetzbuchs spielten die Familienmitglieder gegen die patriarchalische Autorität aus. Donzelot nennt diese Transformation »den Übergang von einer Regierung der Familien zu einer Regierung durch die Familie«[2]. Die Familie wurde zum Relais, zum erzwungenen oder freiwilligen Träger der gesellschaftlichen Imperative infolge eines Prozesses, der das Familienwesen nicht abschaffte, sondern auf die Spitze trieb. Ein Prozess, der den Familienmitgliedern alle Vorzüge und Nachteile vor Augen führte, um zwei Koppelungen – eine negative und eine positive – von normativen Erfordernissen und ökonomisch-moralischen Verhaltensweisen vorzunehmen.[3]

Die negative Koppelung war die mangelnde finanzielle Selbständigkeit. Das Fürsorgeersuchen funktionierte als Indiz für Sittenlosigkeit und »Verwahrlosung«, welche pädagogische und gesundheitliche Mängel nach sich zogen und damit eine Bevormundung rechtfertigen konnten.[4] »Die degenerierte Familie Nüssli muss von der Heimatgemeinde Höngg seit Jahren schwer unterstützt werden. Die Heimatgemeinde hat das grösste Interesse daran, die Kinder zu tüchtigen Menschen heranzuziehen, damit die Familie womöglich einmal vom

Armenetat abgeschrieben werden kann. Das Opfer, dass sie zur Erreichung dieses Zieles nicht nur die Kosten der anderweitigen Versorgung der Kinder bestreiten, sondern nötigenfalls noch für die Eltern sorgen muss, nimmt die Gemeinde gerne in Kauf.«[5] »Die Versorgung des Mannes in Uitikon wird in Aussicht genommen, sobald die Familie wieder unterstützungsbedürftig würde.«[6] »Frau Flück fürchtet, dass man ihr das Kind wegnimmt. Sie würde es nicht geben, lieber verzichte sie auf das Kostgeld.«[7] »Was der Rekurrent in seiner Rekursschrift und den verschiedenen Nachträgen dazu vorbringt, ist nicht geeignet, ihn zu entschuldigen, und kann auch sonst nicht zur Anfechtung des vorinstanzlichen Beschlusses dienen. Die Behauptung, dass die Massnahmen der Vormundschafts- und Armenbehörden gegen ihn nur auf Aufbauschung der Verhältnisse durch den Amtsvormund zurückzuführen seien und dass er die Unterstützung der Armenpflege nicht wegen seiner Liederlichkeit, sondern wegen seiner grossen Kinderschar in so hohem Masse habe in Anspruch nehmen müssen, wird durch das vorliegende Aktenmaterial als unrichtig erwiesen.«[8] »Sie habe sich nun entschlossen, auf die Unterstützung durch die Gemeinde zu verzichten, nur damit man ihr nichts mehr sagen könne, man tue ja doch immer, wie wenn es bei ihr nicht stimme, und wie wenn sie das Kind über den Stand erziehen und verwöhnen würde.«[9] Auf die Verteidigung der Interessen der schwächsten Familienmitglieder (Kinder und Frauen) gerichtet, erlaubte die Vormundschaft ein staatliches und korrektives Eingreifen.

Die positive Koppelung war, dass die Familie die nicht mehr garantierte Selbständigkeit trotzdem erhalten und erweitern konnte. Erhalten konnte die Familie ihre Selbständigkeit, indem sie ihre ökonomische Kapazität und die Beherrschung ihrer Bedürfnisse benutzte, um in der Privatsphäre vertraglichen Austausches jene Probleme zu lösen, die sich auf der Ebene der Normalität ihrer Mitglieder stellen konnten, indem sie *selbst* ihre abweichenden Kinder und Jugendlichen (und die Frauen ihre Ehemänner) denunzierte und versorgte. Diese Möglichkeit war im Schweizerischen Zivilgesetzbuch auch vorgesehen: Die Vormundschaftsbehörde sollte auch auf Begehren der Eltern einschreiten, wenn ihnen ein Kind böswilligen und hartnäckigen Widerstand leistete und nach den Umständen nicht anders geholfen werden konnte. »Linda Eberhard (...) bereitet ihren Eltern Manfred Eberhard (...) und Lydia (...) seit ihrer Rückkehr aus dem Welschland vor einem Jahr grosse Schwierigkeiten. Sie gehorcht den Eltern nicht und hat mit einer ganzen Reihe junger Burschen Liebesverhältnisse angeknüpft. Weder Güte noch Strenge vermochten die Tochter auf einen andern Weg zu bringen, sie steht im Begriff völlig zu verwahrlosen. Eine Verwarnung der

Vormundschaftsbehörde hatte nur für kurze Zeit Erfolg. Die Eltern ersuchen deshalb um Bestellung eines Beistandes und Versorgung des Mädchens.«[10] »Frau Cohn beklagt sich sehr über Arne. (…) Sie wäre schliessl. am zufriedensten, schon der steten Aufregung wegen, wenn Arne nach Oesterreich abgeschoben würde. Sie sehe schon, es nütze alles nichts.«[11] »Die Mutter selbst erneuert ihren Wunsch um energisches Einschreiten.«[12] Die Familie konnte ihre Selbständigkeit auch erweitern, indem sie aus der Übernahme von Normen Nutzen für die Familie zog und ein günstiges Milieu schaffte, das Krisen und Niederlagen widerstand.[13]

Die neue Problematisierungsweise ermöglichte es, den Übergang der Unterschichten von der »Clan-Familie« zu der Familie zu bewerkstelligen, die nach den Kanons der häuslichen Hygiene, des Rückzugs nach innen, der Aufzucht und Überwachung der Kinder reorganisiert wurde. Der Schutz des armen Kindes erlaubte es, die Familie als »Widerstandsnest« zu zerstören. Über diesen Mechanismus wurden die Randgruppen ausgeschaltet, indem man ihnen private Rechte nahm und den Verzicht auf politische Rechte (z.B. der Frauen: »Wenn wir einmal so weit sind, so betrachte ich es als selbstverständlich, dass die Frauen auch Stimm- und Wahlrecht besitzen«[14]), mittels eines privaten Suchens nach Wohlergehen förderte.[15]

Was Donzelot als den Übergang von einer Regierung der Familien zu einer Regierung durch die Familie nennt, bezeichnet Michel Foucault als den Übergang von der Familie als Modell zu der Familie als Instrument. Die Familie diente nunmehr als privilegiertes Instrument für die Regierung der Bevölkerungen und nicht mehr als »chimärisches Modell« für die gute Regierung.[16] Bis die Problematik der Bevölkerung aufkam, konnte die Regierungskunst nur vom Modell der Familie, von der als Lenkung der Familie verstandenen Ökonomie her, gedacht werden. Dagegen trat ab dem Augenblick, in dem die Bevölkerung als etwas auftauchte, das sich nicht auf die Familie reduzieren ließ, die Familie gegenüber der Bevölkerung in den Hintergrund; sie trat innerhalb der Bevölkerung als ein Element auf. Sie war also kein Modell mehr, sondern ein Segment, ein privilegiertes Segment zwar, weil man, sobald man bei der Bevölkerung hinsichtlich des Sexualverhaltens, der Demografie, der Kinderzahl oder des Konsums etwas erreichen wollte, über die Familie vorgehen musste. Diese Verschiebung der Familie von der Ebene des Modells zur Ebene der Instrumentalisierung sei, so Foucault, fundamental. Indem die Bevölkerung das Modell der Familie eliminierte, machte sie die Aufhebung der Blockierung der Regierungskunst möglich.[17]

Die Mutter wurde in dieser Strategie zum zentralen Objekt der Kinder- und Jugendfürsorge, denn »tausende von feinen und feinsten Fäden gehen täglich durch ihre Hände«[18]. Die Hausfrauen und Mütter sollten künftig das Glück des Volkes bilden, denn von den Müttern hing am meisten ab, wie sich die Zukunft des Volkes gestalten würde.[19] Die größte Sorge bildete deshalb die Veredelung des weiblichen Geschlechts.[20] Von nun an war es die Frau, die die moralische Verantwortung für die Gesellschaft zu tragen hatte. In diesem »präventiven Ansatz«, der über das Selbstverhältnis der Frau auf die Regulierung des Sozialen zielte, kam dem »Willen zur Selbsterziehung«[21] (vor allem der Frau) eine wichtige Bedeutung zu. »Es ist vielleicht nebensächlich, von welcher Funktion her die Hilfe für die Entwicklung der Seele, für den Aufbau des Charakters versucht wird, denn jede ist ja mit der andern eng verflochten. Aber mir scheint die Erfahrung zu bestätigen, dass für Mädchen der Weg der Stärkung des Selbstvertrauens der sicherste und rascheste ist. Auf jeden Fall ist nur mit Hilfe des gestärkten Selbstvertrauens das Ziel der Erziehung zu erreichen: der Wille zur Selbsterziehung und zur lebendig tätigen Einordnung in Welt und Gemeinschaft.«[22] Es sollte im Kanton Zürich keine junge Mutter mehr geben, die nicht vor der Geburt ihres Kindes ein gutes, leichtfassliches Büchlein über Erziehung, Pflege und Ernährung des Kindes gekauft und gelesen hatte.[23] Die enge »Zusammenarbeit« der Inspektionsgehilfin und der Ärztin mit der Mutter und Hausfrau ermöglichte die Implementation von Spar- und Hygienemaßnahmen, von schulischem Aufstieg, die Disziplinierung des Mannes (den sie vom Wirtshaus fernhalten sollte) und die Kontrolle der Kinder (die sie zur Schule schicken und von der Strasse entfernen sollte). »Der Charakter der Mutter bildet die sicherste Gewähr für den Charakter des Kindes.«[24] Das »Jahrhundert der Frau« hatte begonnen.

2. Disziplinierungsapparate oder lernende Organisationen? Ambivalenz der Moderne oder antimoderne Ungleichzeitigkeit?

Die Lektüre der Fälle in Erinnerung rufend, scheint es doch etwas zynisch, wenn Nadja Ramsauer die Frage, wer hier eigentlich wen diszipliniert (also die Jugendfürsorger die Betroffenen oder umgekehrt), zur Debatte stellt und wenn Uwe Uhlendorff die Jugendpflegeeinrichtungen durch die Heranwachsenden kolonialisiert haben will.[25]

Ende der Sozialdisziplinierung?

Ramsauers Frage eindeutig zu beantworten und Uhlendorffs Behauptung zu differenzieren, hat noch nichts damit zu tun, die Befürsorgten nur als Opfer und die Professionellen nur als Täter zu betrachten und die Jugendfürsorge ausschließlich als Repressions- bzw. Disziplinierungsapparat (was nicht dasselbe ist) zu lesen. Aber bei den einen stand in diesen Kämpfen doch ihre Ehre, ihre Würde, ihre Integrität, ihre Autonomie, ihre Identität und Zukunft auf dem Spiel; bei den anderen waren es kleinere Misserfolge des Alltags: eine verlorene Abweisung eines Rekurses hier, eine kleine Zurechtweisung da, eine Niederlage in der Auslegung von Gesetzestexten hier, eine Zurechtweisung des Vorgesetzten dort, ein ärgerlicher Rekurs da, eine beleidigende und verletzende Beschimpfung hier. Die Amtsvormünder wurden Schuftenhund und Seelenmörder genannt, die Gehilfinnen, als »himmeltraurige Hilfselemente« und junge und unerfahrene Fräuleins tituliert.

Natürlich stimmt es, wie Ramsauer festhält, dass die Rekurse und Proteste der Eltern und Kinder aufzeigen, dass diese einen Handlungsspielraum hatten. Wogegen aber sollte sich der Protest, der Widerstand denn richten, wenn nicht gegen Versuche der Vereinnahmung, Kontrolle und Disziplinierung? Erschwerend kommt bei Ramsauers Auslegung hinzu, dass die Mechanismen der Disziplinierung nicht hinreichend geklärt werden, denn Disziplinierung negiert nicht, wie Ramsauer unterstellt, dass die staatlichen Organe durchaus auch andere als disziplinierende Absichten einschlossen.[26] Es gibt auch Strategien ohne Strategen.[27] Selbstverständlich hatten die Jugendfürsorger auch humane, helfende, fürsorgerische Absichten, wie Uhlendorff und Ramsauer festhalten. Das ist nicht der entscheidende Punkt, dem Ramsauer selber gar nicht recht gerecht zu werden vermag, da sich durch ihre Untersuchung ein Grundton der Anklage und Anprangerung der Akteure der Fürsorge zieht, um dann plötzlich am Schluss und in der weitergehenden Verarbeitung ihrer Erkenntnisse, die Handlungskompetenz und den Widerstand der Betroffenen herauszustreichen und die Disziplinierungsthese sozusagen umzukehren.[28]

Die Betroffenen leisteten also Widerstand und versuchten, sich den Disziplinierungs- und Kontrollversuchen zu widersetzten. Die Tatsache des Widerstands widerlegt aber nicht die Disziplinierungsthese. Im Gegenteil weist der geleistete Widerstand eindringlich auf Prozesse der Disziplinierung und Normierung sowie auf Prozesse der Kontrolle und Normalisierung hin, wie die Analyse der Fälle aufgezeigt hat. Ramsauer negiert in Anbetracht des Widerstandspotenzials und der Handlungskompetenzen der Eltern und Kinder Macht schlechthin und verpasst damit die Möglichkeit zur Analyse ihrer Wirkungsweisen. Es ist letztlich nicht nur falsch, sondern zynisch zu behaupten, dass die psychiatrischen Klassifikationen (wie auch die sonstigen Interventionen) zwischen Betroffenen, Behörden und Psychiatern »ausgehandelt« worden seien.[29]

Ramsauer behauptet, dass das Konzept der Sozialdisziplinierung in der Armenpflege zwar durchaus greife, in der Fürsorge bzw. im Vormundschaftswesen jedoch zu kurz greife. Die Adressaten und Adressatinnen der Armenbehörde hätten, im Gegenzug zu konformen Verhaltensweisen, Unterstützungsleistungen erhalten, während man vom Vormundschaftsamt keinerlei Hilfe erwartete und deshalb gegenüber der neuen Institution auch ablehnend eingestellt gewesen sei, sich also auch nicht konform verhalten musste. Sie illustriert bzw. belegt diese Aussage mit einem Zitat einer Mutter: »Solange einem die Behörde nichts gibt, braucht sie auch keine Kontrolle auszuüben.«[30] Die Frau habe der Fürsorgerin die Tür gewiesen, als diese zum vierten Mal innerhalb von zwei Monaten die Wohnverhältnisse habe überprüfen wollen. Ramsauer unterstellt mit diesem Beispiel, die Betroffenen hätten sich dem Eingriff so einfach mit einer Verweigerung entziehen können. Dass die Zugriffsmöglichkeiten der Amtsvormundschaft aber vielfältig und weitgehend waren, belegen die sieben Fallbeispiele. Sie zeigen darüber hinaus auch auf, wie eng und strategisch Armenpflege und Vormundschaft miteinander gekoppelt waren, und dass finanzielle Leistungen sehr wohl entzogen werden konnten.[31]

Tatsächlich lässt sich die Handlungslogik mit dem Ansatz der Sozialdisziplinierung bzw. besser: mit dem Modell der »Disziplinargesellschaft« nicht hinlänglich erfassen. Es gilt aber, die Effekte des Widerstands und die (mitunter) durch diese evozierten Transformationen der Kräfteverhältnisse und Machtformen in den Blick zu rücken, anstatt Macht schlechthin zu negieren.

Transformationen der Macht: Von der Disziplinierung zur Regulierung

Uhlendorffs These der »lernenden Institution«[32] muss dahingehend weiterentwickelt werden. Die Rekurse und Beschwerden waren ein entscheidender Grund für die Einführung der Fürsorgeabteilung, für die Bildung des Wohlfahrtsamts sowie für eine Reihe von »unabhängigen« Beratungsstellen. Die neu eingeführte Fürsorgeabteilung war nicht mehr auf den Buchstaben des Gesetzes angewiesen. Zugegeben, es brauchte oft große Mühe und »mühsame« und »zeitraubende« Unterhandlungen,[33] die Eltern davon zu überzeugen, dass es sich um ein durchaus freiwilliges Zusammenarbeiten zwischen ihnen und der Fürsorgeabteilung handelte.[34] Und »trotz aller angeführten Vorteile und des weitgehenden Entgegenkommens der Fürsorgeabteilung« gab es offensichtlich immer noch eine Anzahl Eltern, die Mangels Einsicht alle auch noch so wohlgemeinten Fürsorgemaßnahmen direkt oder indirekt vereitelten. Direkt, indem sie den Maßnahmen Widerstand entgegen setzten und es damit (es war dann definitiv ihre eigene Schuld) auf einen Entscheid der Vormundschaftsbehörde ankommen ließen. Indirekt, indem sie dem Fürsorger zwar keinen offenen Widerstand leisteten, aber »hinter seinem Rücken« den Bestrebungen immer wieder entgegen wirkten.[35] In diesen Praktiken zeigt sich aber nicht einfach das Verschwinden einer Machtform, sondern deren Transformation in eine andere. Es gilt also beim Modell der »lernenden Institution«, wie Gräser zu Recht moniert, zu fragen, »warum gelernt wird oder gelernt werden muss«[36].

Über die Rationalisierung der Kinder- und Jugendfürsorge wurde in und ausgehend von ihr, nebst individualisierenden Strategien ein Arsenal von Verfahren zur Regulierung der Bevölkerung entwickelt. Die Frage der Führung des Menschen und der Regierung der Bevölkerung wurde dabei nicht nur unter pädagogischen, sondern stärker noch unter biologischen und staatlichen Prämissen aufgeworfen und problematisiert. Die sich in den ersten Jahrzehnten herausbildende Logik der rationellen Kinder- und Jugendfürsorge markiert einen Schritt von disziplinierenden und individualisierenden hin zu bevölkerungsregulierenden und kollektivierenden Strategien, die auf die Lebensäußerungen einer gesamten Bevölkerung zielten – erst dadurch erhielt sie ihre »Rationalität«. Das Phänomen der »Verwahrlosung« stellte ein wichtiges Scharnier zwischen diesen beiden Regierungs- und Menschenführungsformen dar, denn die »Verwahrlosung« bildete zum einen ein individuelles Verhalten ab, das erzieherische und disziplinierende Maßnahmen erzwang und verwies zum anderen auf eine Pathologie und Degenerationserscheinung des Sozialen, die – über den Zugang über die Familie – bevölkerungsregulierende Strategien erforderlich machte. Die »Verwahrlosung« wurde sowohl zur »Chiffre der Persönlichkeit« als auch zum »Dynamometer der Gesellschaft«. Über den Verwahrlosungsdiskurs konnte die Frage des individuellen Zustandes mit der Frage nach dem Leben der Bevölkerung verbunden werden und damit wurde das Wissen, das sich in der Mischzone des Sozialen um die Verwahrlosung gebildet hatte, auch zu einem Einsatz für politische Interventionen.

Diese Prozesse können mit den Thesen der Pädagogisierung und Sozialdisziplinierung nicht hinreichend erklärt werden. Dies soll nochmals verdeutlicht werden: Die Disziplinarmacht geht von einer vorgeschriebenen Norm aus. Sie diszipliniert das Individuum im Hinblick auf diese Norm und wirkt insofern normierend. Sie schafft eine Trennung zwischen den Ungeeigneten und den übrigen, zwischen den Normalen und den Abnormalen. Sie funktioniert nach dem binären Code erlaubt und verboten. Die Operation der Disziplin besteht darin, die Subjekte an diese Norm anzupassen. Dies macht sie, indem sie vor allem auf den Körper zielt.[37] Die Disziplinartechnologien isolieren hierfür einen Raum, determinieren ein Segment, schließen ein, verhindern und lassen nichts aus. Die Disziplinarmacht wird deshalb vor allem in geschlossenen Institutionen (Schulen, Erziehungsanstalten, Gefängnissen) ausgeübt. Sie ist individualisierend und klassifikatorisch. Sie wirkt zentripetal. Ihr Ziel ist die Ordnung. Sie vermittelt Verhaltensweisen und bildet Gewohnheiten aus.[38] Die Zählung von 1897 brachte »schwachsinnige« und »sittlich verwahrloste« Kinder und Jugendliche als Bevölkerungsphänomen im Verhältnis zur gesamten Bevölkerung und in der regionalen Verteilung hervor.[39] Mit Hilfe der Disziplinartechnologien sollte das Problem bearbeitet, modifiziert, die Gruppe der »Abnormalen« und »Verwahrlosten« verringert werden. Die Zählung bot die Grundlage für die Errichtung von Anstalten, in denen an der Tüchtigkeit und Moral der Ausgesonderten gearbeitet werden konnte.

Die Regulationsmacht hingegen geht nicht von einer vorgeschriebenen Norm aus, sondern von einem quantitativ-empirisch eruierbaren Normalen. Dieses dient als Norm, erlaubt jedoch weitere Differenzierungen. Sie legt verschiedene Normalitätskurven fest, die sie miteinander in Beziehung bringt. Die vorteilhafteste Verteilung dient dann als vorläufige Norm. Die Subjekte werden um die Norm herum angeordnet und es wird versucht, sie zu normalisieren. Die Regulationsmacht zielt deshalb zum einen vor allem auf das Selbstverhältnis der Individuen und über dieses zum anderen auf die Bevölkerung. Sie reguliert, wie wir gesehen haben, die Zufallsereignisse des Lebens: die Fortpflanzung, die Hygiene, die Geburtenregelung, das Stillverhalten, die Lebensdauer, die Wohnverhältnisse. Hierfür entwickelt sie Subjektivierungs- und Regulierungstechnologien.[40] Die Regulationsmacht individualisiert nicht, sondern totalisiert. Sie wirkt zentrifugal und ist integrativ. Sie erfordert ein gewisses »laisser-faire« und stützt sich auf unbewertete Details. Sie folgt keinem binären Code. Sie geht nicht vom Verbot und auch nicht von der Pflicht aus. Die Institutionenbildung ist Konsequenz und nicht Voraussetzung ihres Funktionierens. Wir erinnern uns: »Erst, wenn alle vorbereitende Aufklärungsarbeit das Bedürfnis nach ständiger Beratung nach Massgabe der örtlichen und persönlichen Verhältnisse geweckt und gefördert hat, erst dann ist es Zeit, eine Mütterberatungsstelle zu gründen.«[41] Die Regulationsmacht richtet sich auf die Prozesse des Lebens. Sie zielt nicht auf Ordnung, sondern auf die Steigerung der Kräfte, die Fähigkeiten des Lebens im Ganzen. Es geht ihr um die Verwaltung und Verteilung der Kräfte der Bevölkerung. Die Subjekte müssen von nun an selbst normalisierend in die Kontrolle ihres Selbst eingreifen.[42] »Ich verweise da auf die ausgezeichnete Art, in der das *österreichische Jugendrotkreuz* arbeitet, wie die Kinder durch Selbsterziehung und Selbstbestimmung ganz von selber ein *Gesundheitsgewissen* in sich entwickeln (…) Diese Gewohnheiten sollen sich eingraben schon bevor der Intellekt zum Verständnis der weiteren Zusammenhänge in diesen Dingen gereift ist.«[43] Die Regulierungsmacht qualifiziert, misst, wägt ab, stuft ab. Sie greift auf kollektive Phänomene zu, die in ihren ökonomischen und politischen Wirkungen erst auf der Ebene der Masse in Erscheinung treten und bedeutsam werden.[44] Sie zielt auf die Sicherheit des Ganzen vor seinen inneren Gefahren.

Mit den Regulierungs- und Subjektivierungstechnologien wurden die Disziplinartechnologien nicht abgelöst. Sie wurden erweitert, ergänzt, modifiziert und relativiert. Das disziplinierte Individuum war Voraussetzung für die Durchschlagskraft von Regulierungs- und Subjektivierungstechnologien. Die Strategien dienten nicht mehr ausschließlich der Objektivierung, der Einschließung und Ausschließung, dem Zwang und der Bestrafung, sondern letztlich vor allem der Lebenssteigerung. Um die Disziplinen des Körpers und die Regulierungen der Bevölkerung organisierte sich etwas, was Foucault »Biomacht« nennt.

Über die Rationalisierung der Kinder- und Jugendfürsorge im ausgehenden 19. und beginnenden 20. Jahrhundert wurde es also möglich, disziplinierende mit bevölkerungsregulierenden und subjektformierenden Strategien eng miteinander zu verflechten. Über das Verwahrlosungsdispositiv konnte die Frage des individuellen Zustands mit der Frage nach dem Leben der Bevölkerung verbunden werden und damit wurde das Wissen, das sich in der Mischzone des Sozialen um die »Verwahrlosung« gebildet hatte, auch zu einem Einsatz für politische Interventionen. Das Dispositiv kennzeichnet das Netz, das zwischen den Diskursen, Institutionen, architektonischen Einrichtungen, Reglementen, Gesetzen, administrativen Maßnahmen, wissenschaftlichen Aussagen, philosophischen, moralischen und philanthropischen Sätzen geknüpft wurde und verdeutlicht die Natur der Verbindungen, die sich zwischen diesen heterogenen Elementen herstellen konnten.[45]

Die Subjektivierungs- und Regulierungstechnologien kennzeichnen demnach Technologien, die das Leben in Beschlag nehmen, es herstellen, kontrollieren *und* steigern. Sie erreichen ihren Höhepunkt nicht in normierten Werkstücken, sondern in dem Kunststück, die Individuen einzeln und als Masse in ein Netz einzuspannen, in dem diese selbst ihre Normalisierung vorantreiben.[46]

Ambivalenz der Moderne oder antimoderne Ungleichzeitigkeit?

Detlev Peukert lokalisierte die Ursache für die Wendung der Jugendfürsorge von der Inklusion hin zur Exklusion eines Teils des Klientels in der »rassistischen Entwicklungsdynamik der Humanwissenschaften«[47]. Marcus Gräser hält dem entgegen, dass die Jugendfürsorge an dieser »rassistischen Entwicklung« wenig Anteil gehabt habe. Schuld an dieser Entwicklung sei die eigentümlich zeitbedingte Verschränkung einer verunsicherten Fürsorge mit der Deutungsmacht und den Handlungsangeboten der Rassenhygiene.[48] Nicht eine »strukturelle Ambivalenz«[49] der Sozialpädagogik oder der Fürsorge seien der Grund für diese folgenschwere Verschränkung von Fürsorge und Rassenhygiene gewesen, sondern die Schwäche der Jugendfürsorge in ihrem begrifflichen Instrumentarium. Die »Wissenschaft der Verwahrlosung« sei alles andere als präzis gewesen. Die Forschung sei zu einer genauen Ursachenbestimmung nicht fähig gewesen und habe »Anlage« und »Milieu« gleichermaßen für die »Verwahrlosung« verantwortlich gemacht. Dieses von der Jugendfürsorge selbst empfundene Ungenügen habe sie für all das empfänglich gemacht, was dem Ideal exakter Wissenschaft entsprochen habe. Die medizinisch verbrämte Deutungsmacht habe deshalb in der Krise der Fürsorgeerziehung zunehmend an Popularität gewonnen. Die Wendung von der Inklusion hin zur Exklusion sei deshalb kein Ausdruck von Ambivalenz, sondern Ergebnis einer Schwäche, die empfänglich machte für rassenhygienische Deutungs- und Handlungsmuster.[50]

Meine eigene Untersuchung stützt Peukerts These: Die Ambivalenz war von Beginn an in der Jugendfürsorge angelegt. Schon im ersten Jugendfürsorgekurs von 1908 wurde die Forderung erhoben, die Schwachen aus den Schulen zu nehmen und in Spezialklassen zu stecken – nicht um der Schwachen willen –

sondern vor allem auch »um der Starkbegabten willen, denen sowieso die über-füllte Schule noch viel zu viel Zeit lässt zur Langeweile«[51].

Gräser differenziert nicht zwischen Sozialpädagogik, Fürsorgeerziehung und Jugendfürsorge und fasst die Jugendfürsorge als hauptsächlich pädagogischen Wirkungsbereich. Auf eine Diskursanalyse deutscher Verhältnisse kann nicht zurückgegriffen werden. In der Schweiz jedoch, so hat sich gezeigt, bildete die Jugendfürsorge einen diskursiven (und, wie wir gesehen haben, auch nicht-diskursiven) Bereich ab, in dem nicht allein Pädagogen und Erzieher zum Wor-te kamen, »sondern auch Mediziner und Juristen, Sozialpolitiker und Sozialre-former, Männer der Verwaltung und Förderer der Wohlfahrtseinrichtungen auf den Gebieten freien Wohltuns. Denn nur durch das Zusammenwirken aller Kreise, die berufen sind, auf den Gebieten der Jugendfürsorge ein massgeben-des Wort zu sprechen, können diese bedeutungsvollen Fragen in einer Weise gelöst werden, die einen dauernden Erfolg sichert«[52].

Tatsächlich zeichnete sich die *Fürsorgeerziehung* durch hoffnungslos veral-tete Strategien aus. Bestimmt trug der antimoderne Impetus der Fürsorgeerzie-hung zur Krisenanfälligkeit bei. Die Jugendfürsorge insgesamt jedoch war alles andere als schwach in ihren Instrumenten und Begriffen. Sie erwies sich, ganz im Gegenteil, als ein überaus innovativer und dynamischer Bereich, der sich permanent den neuesten Forderungen anzupassen bestrebt war und neue Strate-gien und Techniken, aber auch neue Begrifflichkeiten hervorbrachte.

Wie Heike Schmidt zu Recht betont, fasst Gräser den Begriff der Ausgren-zung zu eng und übersieht die Tendenz der Exklusion bereits *vor* der Krise ge-gen Ende der Weimarer Republik. Sie erachtet es als sinnvoller, den Begriff der Ausgrenzung auf die Verweigerung einer vollen gesellschaftlichen Teilhabe zu beziehen und nicht nur auf die Ausgrenzung von »Minderwertigen« und »Un-erziehbaren«.[53] Dazu gehört auch die Zwangsinklusion in Erziehungsanstalten, wie wir sie in den dargelegten Fällen finden, der eine Exklusion vorausgeht bzw. folgt. Diese war von Beginn an in der Jugendfürsorge angelegt. So kommt auch Heike Schmidt zum Schluss: »Um die Jugendfürsorge des Kaiserreiches zu beschreiben, erweist sich Peukerts These von der Ambivalenz der modernen Jugendfürsorge als tauglicher: der Anspruch zu helfen und zu fördern war un-trennbar verbunden mit dem Anspruch auf Normalisierung und der Tendenz, all diejenigen auszugrenzen, die sich dem fürsorgerischen Zugriff entzogen.«[54]

Darüber hinaus markiert Gräsers Deutung einen unangebrachten Wissen-schaftsoptimismus sowie eine Überhöhung der Erklärungskraft und Eindeutig-keit der Psychiatrie gegenüber einer schwachen und zerstreuten Pädagogik.

Auch die Psychiatrie verstrickte sich in uneinheitlichen Begrifflichkeiten und dutzenden von Kategorienbildungen, die permanent verändert wurden.

Die Deutung der Geschichte auf eine Krise hin, die jedem Ereignis erst Bedeutung im Hinblick auf eben jene Krise gibt, ist eine Hypothek der deutschen Geschichtsschreibung.

2. Soziale Arbeit als sekundäre Profession und das Konzept der *Gouvernementalité* als Ausgangspunkt für eine sozialpädagogische Theoriebildung

Die Kinder- und Jugendfürsorge bzw. die soziale Arbeit war angelegt als eine sekundäre Profession. In ihr sollten das Wissen und die Kompetenzen verschiedener Professionen für die große Kulturaufgabe genutzt werden. Hierfür bedurfte es allerdings einer spezifischen Weiter- bzw. Fortbildung in sozialer Arbeit, wie Wilhelm Feld sie forderte. Im Kontext der amtsvormundschaftlichen Tätigkeit wurde die Idee der »sekundären Profession« mit der Auflage des Grossen Stadtrates unterstrichen, dass mit der Schaffung der Stelle eines Prozessvertreters die Vormundschaftsbehörde bei der Besetzung der Stellen von Amtsvormündern die Möglichkeit erhalte, nicht nur Juristen, sondern auch Pädagogen und Mediziner als Jugendfürsorger zu berücksichtigen. Einige dieser Amtsvormünder ließen sich auch als Jugendfürsorger aus- bzw. weiterbilden. So z.B. Hans Grob, der 1922 in Tübingen den »Süddeutschen Hochschulkurs für Jugendfürsorge« besuchte.[55]

Was die tatsächliche Entwicklung im Berufsfeld anbelangt, gab es jedoch in denjenigen Praxisbereichen, in denen sich der Zuständigkeitsbereich von den klassischen Professionen (Recht, Pädagogik, Medizin) zu stark entfernte, einen Abgang der Vertreter der »klassischen Professionen« und einen Zugang vor allem von Männern mit kaufmännischer Ausbildung und damit eine Stärkung des Beamtentypus. Ein Beispiel hierfür ist die Entwicklung der Stellenbesetzung der Amtsvormundschaft der Stadt Zürich. Gleichzeitig mit der Integration der Amtsvormundschaft in das Wohlfahrtsamt Ende der 20er Jahre, wurden zum ersten Mal drei Amtsvormünder ohne akademische Ausbildung angestellt.

Die Frauen nahmen im Bereich der sozialen Arbeit vorwiegend Hilfsfunktionen ein. Aus leitenden Stellen wurden sie immer häufiger verdrängt, sobald ein Bereich höhere soziale Anerkennung erreichte oder dem Zuständigkeitsbereich einer klassischen Profession näher rückte. Ein Beispiel hierfür sind die

Bezirksjugendkommissionen des Kantons Zürich. Parallel zu deren Bedeutungszuwachs bzw. deren Definition als zentrale Institutionen der Jugendfürsorge und Jugendgerichtsbarkeit der einzelnen Bezirke, nahm die Anzahl der in ihnen tätigen Jugendsekretärinnen ab, deren Rolle erneut auf eine zudienende reduziert wurde. Gleichzeitig nahm die Anzahl der dort beschäftigten Juristen als Jugendsekretäre wieder zu: »Je nach den Aufgaben, die im Bezirk im Vordergrund standen, wurden Lehrer, z. T. vorerst im Nebenamt, oder Juristen an diese Posten berufen. Später traten auch Gemeinde- und Bezirksbeamte in die Reihe, und fürsorgerisch ausgebildete Frauen. In der letzten Zeit wurde die Zahl der Juristen grösser, hauptsächlich im Hinblick auf die immer zahlreicher werdenden amtsvormundschaftlichen Geschäfte. Tüchtige, meist in der sozialen Frauenschule Zürich ausgebildete Fürsorgerinnen ergänzen die Arbeit der Sekretäre und Sekretärinnen aufs Wertvollste.«[56] 1930 waren in den elf Bezirken des Kantons Zürich sieben Jugendsekretäre und vier Jugendsekretärinnen tätig. 1938 waren es neun Jugendsekretäre und noch zwei Jugendsekretärinnen. Die Fürsorgerinnen der Jugendsekretariate, also die Hilfskräfte der Jugendsekretärinnen und -sekretäre, waren alle weiblichen Geschlechts.[57] Die Frauen wurden jedoch nicht nur aus leitenden Positionen verdrängt, sondern es wurden ihnen auch bestimmte Zuständigkeitsbereiche »enteignet«. Im Zuge der Schaffung des Wohlfahrtsamtes wurden die Inspektionsgehilfinnen von den Inspektionen bei den Familien »entlastet« und es wurde ein Erkundigungsdienst eingerichtet bzw. verstärkt, der ausschließlich mit Männern besetzt wurde. Man begründete diesen Schritt damit, dass die Verbindung von Hausbesuchen und Informationserhebungen bei den Nachbarn zu Unzukömmlichkeiten geführt habe, indem die besuchten Familien durch direkte Wahrnehmung oder durch die Wohnnachbarn bemerkt hätten, dass die betreffende Fürsorgerin anlässlich ihres Besuches auch Nachforschungen im Hause anstellte. Es sei doch verständlich, dass dadurch die Leute Misstrauen fassten, und dass darunter die Fühlung zwischen Fürsorgerin und Befürsorgten leiden musste. Diesen Übelstand wollte man durch die Neuorganisation beseitigen. Was nunmehr als Informationen der Gehilfinnen bezeichnet wurde, waren im Wesentlichen nur noch die Nachfragen bei Lehrern, Dienst- und Arbeitgebern. Die übrigen Informationsberichte erhielt der Amtsvormund direkt vom zentralen Erkundigungsdienst des Wohlfahrtsamtes. Wenn nun ungünstige Auskünfte Anlass zu Erörterungen oder weitern Fürsorgemaßnahmen gaben, konnte die Fürsorgerin nicht mehr in Verdacht geraten, den Amtsvormündern diese Informationen beschafft und damit an den Leuten in deren Augen gleichsam Verrat geübt zu haben. Die Beseitigung dieses Hemmnisses sollte den Gehilfinnen den Verkehr mit den ihrer Aufsicht unterstellten Familien erleichtern. Sie sollten dadurch weniger als Fürsorgepolizistinnen empfunden werden und ihre Anregungen auf dem Gebiet der Kinderpflege, Erziehung und Hauswirtschaft damit auf einen empfänglicheren Boden fallen, besonders da neu die Möglichkeit bestand, den Leuten nicht nur Anweisungen, sondern soweit nötig auch die Mittel zu ihrer Befolgung zu geben.[58]

Die Erkundigungen wurden also neu von männlichem Personal ausgeführt und den Frauen wurde vor allem die Säuglings- und Kleinkinderfürsorge bzw. die Kostkinderkontrolle zugeteilt. Vor allem dort könne die Frau ihre spezifischen Fähigkeiten ja auch entfalten und fruchtbar einsetzen.

Die Fürsorgerinnen konnten sich, wenn überhaupt, nur in jenen Bereichen der Sozialarbeit eine nicht-zudienende Stellung verschaffen, die im Vergleich mit den juristisch-administrativen und medizinisch-hygienischen Apparaten der Kinder- und Jugendfürsorge eine untergeordnete Bedeutung einnahmen. Das waren vor allem karitative und religiöse Vereine. Im Pavillon der sozialen Arbeit an der Landesausstellung von 1939 wurde das Bild einer religiös verankerten, karitativen, weiblichen Fürsorge einerseits gegenüber einer rationalisierten, verstaatlichten und männlichen Fürsorge andererseits auch bildlich verfestigt.[59] Die beratende Jugendfürsorgetätigkeit wurde mit Hilfe einer Fotografie eines männlichen Jugendfürsorgers dargestellt.[60] Das über dem Eingang thronende Wandbild »*Caritas Christi urget nos*«, zeigte die reformierte Liebestätigkeit und die katholische Karitas – ausgeübt von zwei Frauen, die eine beschützt von Heinrich Bullinger, dem Nachfolger Ulrich Zwinglis, die andere gesegnet von Theodosius Florentini. Über das Zurückdrängen der Frau aus den zentralen und verstaatlichten Bereichen der Kinder- und Jugendfürsorge, wurde die verberuflichte soziale Arbeit in die Kirche und in karitative Vereine hineingetragen.

Es drängt sich die Frage auf, wie Rüdeger Baron und Rolf Landwehr zur Aussage kommen, dass 1925 nur noch wenige Männer im »Berufsfeld« tätig gewesen seien – die zudem in der Regel ohne Ausbildung und vorwiegend im Innendienst zu finden gewesen seien.[61] Die Aussage erscheint nur dann überhaupt sinnhaft und empirisch nicht völlig unhaltbar, wenn das so genannte »Berufsfeld«, das von Landwehr und Baron jedoch nicht spezifiziert wird, auf die soziale *Hilfs*arbeit eingeschränkt wird, auf die weibliche, fürsorgerische, meist zudienende Tätigkeit in der sozialen Arbeit. Dies mag auch Nadja Ramsauer dazu geführt haben, die Professionalisierung der Fürsorge deshalb als erfolgreich zu beurteilen, weil die Fürsorgerinnen in der Amtsvormundschaft nach 1908 eine exklusive Stellung erlangt hätten.[62]

Die Reduktion der Sozialen Arbeit auf die soziale Hilfsarbeit, stellt aber ein ebenso folgenreiches historisches Missverständnis für das Verständnis der Kinder- und Jugendfürsorge (wie überhaupt der Sozialen Arbeit) dar,[63] wie die damit zusammenhängende Diagnose, die deutsche Sozialarbeit habe ihre Wurzeln in der bürgerlichen Frauenbewegung,[64] Sozialarbeit sei deshalb untrennbar mit einer spezifischen Vorstellung weiblicher Emanzipation verknüpft und »soziale Mütterlichkeit« sei das dominante Handlungsmuster der Frühphase sozialer Arbeit, weshalb Wissenschaftlichkeit, Fachkompetenz und Methodenbasis der »sozialen Mütterlichkeit« stets untergeordnet gewesen seien.[65]

Dass die ersten drei Jahrzehnte des 20. Jahrhunderts als die große Zeit der Selbstverwirklichung der Frau gedeutet werden,[66] mag in Anbetracht dieser Rollenzuschreibungen und der geringen Beteiligung der Frauen am Diskurs über die Kinder- und Jugendfürsorge erstaunen[67] und ist wohl nur unter Berücksichtigung der Art der Evokation solcher Deutungsmuster mit Hilfe der *oral history* verstehbar, da Interviews mit Pionierinnen meist eine verklärte und beschönigende Deutung der Vergangenheit aufweisen. Ebenfalls problematisch an diesem Vorgehen ist, dass Rüdeger Baron und Rolf Landwehr die erzählten Lebensgeschichten der ehemaligen Sozialarbeiterinnen mit den damaligen Deutungs- und Handlungsmustern in eins setzen. Ihre Stilisierung der selbstbewussten, weiblichen Hilfstätigkeit, gedeutet als Abwehr und Kritik männlich geprägter bürokratischer und repressiver Eingriffe, stellt eine Idealisierung der weiblichen Rolle in der Sozialen Arbeit dar. Selbst wenn man unterstellt, dass sich vor allem die Frauen gegen eine bürokratische Handlungslogik zur Wehr gesetzt hatten (was aber erst zu beweisen wäre), so weist das noch nicht auf deren Erfolg hin. Mentona Moser beispielsweise, kündigte ihre Anstellung bei der Freiwilligen- und Einwohnerarmenpflege der Stadt Zürich, da sie die Art, wie die Armenbehörden mit den Hilfesuchenden umgingen, schockierte. Mit ihrer Jugendfreundin, Maria Fierz, plante Mentona Moser eine praktische und theoretische Ausbildung für junge Mädchen in sozialer Hilfstätigkeit. Im Januar 1908 wurde der erste Kurs mit siebzehn Teilnehmerinnen durchgeführt. Bereits 1909 trat Mentona Moser von der Kursleitung zurück »teils aus Zeitmangel, teils weil jede linkspolitische Einstellung abgelehnt wurde«[68].

Dass die Fürsorgerinnen, die ja in denselben bürokratischen und patriarchalischen Systemen funktionieren mussten wie die Männer, jedoch *generell* einen anderen Habitus hatten als die Fürsorger, konnte mit der vorliegenden Untersuchung nicht bestätigt werden. Die vorgelegte Anthologie zumindest verweist auf einen bürgerlich-weiblichen Habitus, der sich hinsichtlich der beruflichen Deutungs-, Orientierungs- und Handlungsmuster nicht erkennbar vom bürgerlich-männlichen Habitus unterscheidet. Das Konzept »soziale Hilfe«, das bereitwillig als Paradigma der Sozialarbeit akzeptiert wird, bezeichnete also zunächst einmal nicht das Verhältnis zwischen Fürsorgerinnen und ihren »Objekten«, sondern dasjenige zwischen Gehilfinnen und den in diesem Bereich tätigen Ärzten und Juristen. Der Begriff der »sozialen Hilfe« ist deshalb auch nicht geeignet, die Rationalisierungsbestrebungen auf dem Gebiet der Kinder- und Jugendfürsorge und damit die Handlungslogik der sozialen Arbeit zu Beginn des Jahrhunderts einzufangen. Auch auf der Ebene der untersuchten Handlungspraxis ist »Hilfe« nicht das relevante Orientierungs- und Handlungsmuster.

Michael Winkler monierte, dass Arbeiten, die sich um sozialpädagogische Theoriebildung bemühen im besten Fall Höflichkeitszitate, ansonsten aber keine Resonanz in der Disziplin erzeugen.[69] Die Theorie rege den Diskussionsprozess weder auf, noch an, die vorhandene Theorieproduktion werde nicht verarbeitet. Das gebrochene Verhältnis der Sozialpädagogik zu ihrer Theorie gründe aber nicht in den Mängeln der Theorie, sondern in der Unfähigkeit der Sozialpädagogik, diese zu rezipieren.[70] Ich halte dem entgegen, dass die Ursache für das gebrochene Verhältnis zur Theorie *auch* in den Mängeln der Theorie selbst liegt Die Aussage Hamburgers, dass die Arbeit der *Begründung* sozialpädagogischen Handelns in den letzten Jahren intensiv, geleistet worden sei, »so dass inzwischen auch das Normativitätsdefizit, sofern es einmal bestanden hat, ausgeglichen ist«[71], wird hier nicht geteilt. Die Legitimation sozialpädagogischen Handelns wird im erwähnten Diskurs auf eine Moral- und Ethikdiskussion verkürzt, was schon aus der verwendeten Begrifflichkeit in der Titelsetzung in den von Hamburger beigezogenen Monographien und Sammelbänden hervorgeht.

Einige Theoriebildungsversuche sozialpädagogischer und sozialarbeitswissenschaftlicher Provenienz erweisen sich auf der Grundlage historischer Selbstvergewisserung als zu idealistische Konzipierungsversuche. Die Schilderung der Sozialpädagogik als »Vermittlung von Mündigkeit und Zurechnungsfähigkeit«, die Definition der Sozialarbeit als »Wahrung der Menschenrechte«, beschreiben die (ortlose) sozialpädagogische Utopie, den sozialarbeiterischen Traum. Diesem Umstand lässt sich auch nicht Rechnung tragen, indem das Konzept des doppelten Mandates oder die These der Sozialdisziplinierung eingeführt werden, die im Kontext neoliberaler, postmoderner, management- und dienstleistungsorientierter Ansätze dann auch schon wieder in Vergessenheit geraten. Der Wille zur Legitimation der Sozialen Arbeit als eigenständige Disziplin und Profession scheint die Negation des eigenen Willens zur Macht zu evozieren, ob nun im Horizont sozialpädagogischer oder sozialarbeitswissenschaftlicher Theoriebildung.

Die Soziale Arbeit braucht eine Theoretisierung des Feldes und das heißt: sie braucht Begriffe, mit denen die Komplexität und Vieldeutigkeit der Bearbeitung der Mischzone des Sozialen erfasst werden kann. Foucault bietet mit seinem Konzept der *Gouvernementalité*[72] eine mögliche Anschlussstelle, um sozialpädagogische und sozialarbeiterische Praktiken und Diskurse in ihre politische und gesellschaftliche Dimension zurück zu versetzen. Foucault versteht unter »Regierung« oder »Führung« die Gesamtheit der Institutionen und Praktiken, mittels derer man die Menschen lenkt, von der Verwaltung bis zur Erziehung. Es handelt sich dabei um verwickelte Kombinationen von Individualisierungstechniken und Totalisierungsverfahren, wobei Subjektivierungsprozesse und Staatsbildungsprozesse immer unter einer einheitlichen Perspektive untersucht werden. »Regierung« beinhaltet die unterschiedlichsten Formen der Führung von Menschen. Jenseits einer exklusiven politischen Bedeutung verweist der Begriff auf zahlreiche und sehr unterschiedliche Handlungsformen und Praxisfelder, die in vielfältiger Weise auf die Lenkung und Leitung von Individuen und Kollektiven zielen.[73] Die semantische Verbindung von Regieren/Führen (*gouverner*) und Denkweise (*mentalité*) erlaubt es, die sozialen Beziehungen unter dem Blickwinkel der »Führung des Menschen« zu analysieren. Dadurch müssen positive (Hilfe, Unterstützung, Bildung) und negative Konnotationen (Kontrolle, Disziplinierung, Exklusion) nicht vorab eingeführt, sondern jeweils empirisch neu erschlossen werden.

Wenn Sozialpädagogen die unbegründete und utopische Vorstellung hegen, die Sozialpädagogik könne sich über eine Loslösung von der Sozialarbeit gegenüber sozialstaatlicher Vereinnahmung abgrenzen,[74] wenn Sozialarbeitswissenschaftlerinnen ihrerseits glauben, die Sozialarbeit könne sich über eine Loslösung von der Sozialpädagogik von disziplinierenden und individualisierenden Strategien befreien, dann werden die Probleme der Sozialen Arbeit zugespitzt und unlösbar gemacht. Die Abgrenzungsbemühungen verhindern nachgerade die Rekonstruktion der für die Mischzone des Sozialen und die Felder der Sozialen Arbeit *konstitutiven* Verschränkung von Strategien, die heute zum einen als sozialpädagogisch und zum anderen als sozialarbeiterisch gefasst werden.

Tabellen und Abbildungen

Tabelle 1: Anzahl Vormundschaften und Beistandschaften von 1893–1928: Waisenamt/Vormundschaftsbehörde sowie Amtsvormundschaft der Stadt Zürich

| | Vormundschaften | | Beistandschaften | | Kontrollen/Aufsichten | | Total | |
| | Art. 285 ZGB; § 683 pG | | Art. 283/284/297 ZGB; § 663 u. 732a pG | | Art. 283 ZGB | | | |
Jahr	WA	AV	WA	AV	WA	AV	WA	AV
1893	27						27	
1894	21						21	
1895	18						18	
1896	32						32	
1897	42						42	
1898	40						40	
1899	55						55	
1900	58						58	
1901	54						54	
1902	59						59	
1903	72						72	
1904	79						79	
1905	91						91	
1906	84						84	
1907	97						97	
1908	114	4		8			114	12
1909	119	10	29	22			148	32
1910	116	17	63	42			179	59
1911	166	35	100	79			266	114
1912	214	81	124	57			338	138
1913	358	191	209	105	126	126	693	422
1914	406	217	363	264	264	250	1033	731
1915	403	225	559	411	255	249	1217	885
1916	378	210	760	602	290	249	1428	1061
1917	359	203	976	794	301	258	1636	1255
1918	364	199	1165	984	277	238	1806	1421
1919	329	169	1285	1104	257	221	1871	1494
1920	280	168	1264	1085	334	225	1878	1478
1921	275	157	1230	1029	345	201	1850	1387
1922	239	156	1222	970	305	183	1766	1309
1923*	659	147	1180	958	234	145	1862	1250
1924*	624	125	1112	854	202	111	1938	1090
1925	221	114	1181	703	156	84	1558	901
1926	232	124	745	571	167	95	1144	790
1927	218	101	483	451	183	102	884	654
1928	205	105	303	298	400	161	908	564

Die Zahlen entsprechen Fällen, nicht der Anzahl Kinder. 1915 z.B. gab es 249 Kontrollfälle mit 709 Kindern. 1923/1924: Vormundschaften des WA inkl. Waisen! 1925 wurden beim Vormundschaftswesen eine Fürsorgeabteilung und eine Fürsorgestelle für schutzbedürftige Mädchen eingerichtet. Deshalb sinken bei der Amtsvormundschaft die Fallzahlen. Die Anzahl der von der Amtsvormundschaft (AV) behandelten Fälle ist immer eine Teilmenge der Fälle des Waisenamtes (WA) bzw. der Vormundschaftsbehörde.

Quellen: Geschäftsberichte des Stadtrates von Zürich für die Jahre 1900–1934.

Tabelle 2: Versorgungen durch das Waisenamt/die Vormundschaftsbehörde und die Amtsvormundschaft der Stadt Zürich von 1900–1928

1 = Arbeits- und Korrektionsanstalten; 2 = Erziehungsanstalten; 3 = Heilanstalten; 4 = privat; 5 = heimatliche Versorgung; 6 = Lehre; 7 = Dienstplatz; 8 = Ferien/Kuren; 9 = provisorische Internierung

Jahr	1	2	3	4*	5	6	7	8	9**	Total
1900	8				4					12
1901	3				5					8
1902	4									4
1903	6									6
1904	4									4
1905	8									8
1906	4									4
1907	5									5
1908	3	4			2					9
1909	3	22		14	27					66
1910	4	16		26	18	9	17			90
1911	18	28	9	88	11	23	48			225
1912	4	57	42	91	42	32	40			308
1913	4	59	27	116	85	42	57			327
1914	33	65	43	205	138	32	95			513
1915	30	72	104	322	98	61	133			718
1916	35	54	141	371	140	107	195		189	1143
1917	47	62	156	430	151	97	233	104	195	1366
1918	52	102	146	535	180	134	286	122	297	1700
1919	73	115	197	580	151	207	397	188	420	2140
1920	88	96	177	467	113	141	264	136	349	1647
1921	31	80	149	339	91	98	310	162	256	1405
1922	41	84	149	327	66	119	310	171	245	1387
1923	48	88	162	294	88	109	345	194	279	1471
1924	51	83	152	295	71	153	320	229	314	1534
1925	51	77	151	274	54	116	311	209	232	1347
1926	45	64	164	316	38	116	337	183	187	1341
1927	42	47	148	295	50	94	282	186	178	1233
1928	33	51	108	275	35	100	274	196	151	1139

* = inkl. Adoptionen; ** = z.B. Bürgerstube Schipfe, Tannenhof, städt. Jugendheim, Polizeiarrest. 1925 wurden beim Vormundschaftswesen eine Fürsorgeabteilung und eine Fürsorgestelle für schutzbedürftige Mädchen eingerichtet, die sich mit dem vorbeugenden Kinderschutz für die schwererziehbare und sittlich gefährdete Jugend befassen sollte. Die von diesen Stellen versorgten Kinder sind nicht dazu gezählt. 1928 verschmelzen Armen- und Vormundschaftswesen zum Wohlfahrtsamt. Die Versorgung Erwachsener erfolgte vor allem in die Arbeits-/Korrektions- und Heilanstalten. Was die anderen Kategorien anbelangt, so kann angenommen werden, dass es sich ausschließlich um Kinder und Jugendliche handelt.

Quellen: Geschäftsberichte des Stadtrates von Zürich für die Jahre 1900–1934.

Tabelle 3: Versorgung von Kindern und Jugendlichen durch die Armenpflege der Stadt Zürich von 1900–1928

1 = Erziehungsanstalten; 2 = Korrektions- u. Zwangserziehungsanstalten; 3 = industrielle Arbeitsanstalten; 4 = Kranken- und Pflegeanstalten; 5 = Heilanstalten*; 6 = Privat; 7 = Lehre; 8= Hauswesen; 9 = Landwirtschaft und Dienstknaben

Jahr	1	2	3	4	5*	6	7	8	9	Total
1900	19	5	11	18	5	330	107	10	9	**514**
1901	24	4	9	16	7	340	105	14	7	**526**
1902	27	1	6	18	8	352	108	18	16	**554**
1903	45	0	7	19	10	383	123	25	17	**629**
1904	51	0	5	30	10	396	147	18	9	**666**
1905	53	4	6	28	13	402	145	21	15	**687**
1906	52	1	6	27	13	410	151	26	14	**700**
1907	52	2	6	26	11	401	148	34	8	**688**
1908	58	2	5	32	14	396	131	25	7	**670**
1909	69	2	12	33	18	430	135	35	17	**751**
1910	85	2	4	42	21	458	126	32	14	**784**
1911	103	8	7	32	21	487	131	33	20	**842**
1912	101	17	6	41	19	494	161	47	22	**908**
1913	97	18	3	25	21	529	141	43	14	**891**
1914	98	31	7	29	23	622	150	38	17	**1015**
1915	92	28	1	34	23	665	147	60	17	**1067**
1916	95	26	0	51	22	555	186	61	14	**1010**
1917	102	11	4	73	19	634	176	46	33	**952**
1918**	70	50	2	7	21	699	192	103	42	**1186**
1919	106	45	1	40	17	676	149	85	37	**1156**

ab 1920 sind alle Anstalten zusammengefasst

Jahr	1	2	3	4	5*	6	7	8	9	Total
1920			197			652	213	32	32	**1126**
1921			125			583	185	65	23	**958**
1922			122			619	234	67	32	**1074**
1923			132			681	224	82	55	**1174**
1924			89			393	159	60	43	**744**
1925			81			376	159	59	67	**742**

ab 1926 zusammengefasst

Jahr	1	2	3	4	5*	6	7	8	9	Total
1926			82			373	315			**770**
1927			74			386	318			**778**
1928			56			439	384			**879**

**Ab 1918 sind die Waisenhauszöglinge sind nicht mehr aufgeführt. 1928 verschmelzen Armen- und Vormundschaftswesen zum Wohlfahrtsamt.

Quellen: Geschäftsberichte des Stadtrates von Zürich für die Jahre 1900–1928.

Tabelle 4: Verhältnis der Anstalts- und Privatversorgungen von Kindern und Jugendlichen durch das Waisenamt/die Vormundschaftsbehörde und die bürgerliche Armenpflege der Stadt Zürich von 1900–1928

	Waisenamt/Vormundschaftsbehörde und Amtsvormundschaft der Stadt Zürich		Bürgerliche Armenpflege der Stadt Zürich	
	Erziehungs- und Korrektionsanstalten	Privat	Erziehungs- und Korrektionsanstalten	Privat
Jahr				
1900			24 (6.8 %)	330 (93.2 %)
1901			28 (7.6 %)	340 (92.4 %)
1902			28 (7.3 %)	352 (92.7 %)
1903			45 (10.5 %)	383 (89.5 %)
1904			51 (11.4 %)	396 (88.6 %)
1905			57 (12.4 %)	402 (87.6 %)
1906			53 (11.4 %)	410 (88.6 %)
1907			54 (11.9 %)	401 (88.1 %)
1908			60 (13.1 %)	396 (86.9 %)
1909	22 (61.0 %)	14 (39.0 %)	71 (14.1 %)	430 (85.9 %)
1910	16 (38.1 %)	26 (61.9 %)	87 (16.0 %)	458 (84.0 %)
1911	28 (24.1 %)	88 (75.9 %)	111 (18.6 %)	487 (81.4 %)
1912	57 (38.5 %)	91 (61.5 %)	118 (19.2 %)	494 (80.3 %)
1913	59 (40.0 %)	116 (60.0 %)	115 (17.9 %)	529 (82.1 %)
1914	65 (24.0 %)	205 (76.0 %)	129 (17.1 %)	622 (82.9 %)
1915	72 (18.3 %)	322 (81.7 %)	120 (15.2 %)	665 (84.8 %)
1916	54 (12.7 %)	371 (87.3 %)	121 (17.9 %)	555 (82.1 %)
1917	62 (12.6 %)	430 (87.4 %)	113 (15.1 %)	634 (84.9 %)
1918	102 (16.0 %)	535 (84.0 %)	120 (16.1 %)	699 (83.9 %)
1919	115 (16.5 %)	580 (83.5 %)	151 (18.3 %)	676 (81.7 %)
1920	96 (17.0 %)	467 (83.0 %)	197 (23.2 %)	652 (76.8 %)
1921	80 (19.0 %)	339 (79.0 %)	125 (17.6 %)	583 (82.4 %)
1922	84 (20.4 %)	327 (79.6 %)	122 (16.5 %)	619 (83.5 %)
1923	88 (23.0 %)	294 (77.0 %)	132 (16.2 %)	681 (83.8 %)
1924	83 (22.0 %)	295 (78.0 %)	89 (18.5 %)	393 (81.5 %)
1925	77 (22.0 %)	274 (78.0 %)	81 (17.2 %)	376 (82.8 %)
1926	64 (16.8 %)	316 (83.2 %)	82 (18.0 %)	373 (82.0 %)
1927	47 (13.7 %)	295 (86.3 %)	74 (16.0 %)	386 (84.0 %)
1928	51(15.6 %)	275 (84.4 %)	56 (11.3 %)	439 (88.7 %)

Ab 1920 sind bei den Versorgungen durch die Armenpflege auch die Versorgungen in Kranken- und Pflegeanstalten dazu gerechnet.

Quellen: Geschäftsberichte des Stadtrates von Zürich für die Jahre 1900–1928.

Tabelle 5: Übersicht über die gesamtschweizerischen und zürcherischen Kongresse und Kurse in Kinder- und Jugendhilfe von 1908–1937

Titel der Veranstaltung	Leitung/Organisation	Beruf u. Tätigkeit der Dozierenden	Titel bzw. Thema des Referats
I. Kurs in Kinderfürsorge oder: Kurs zur Einführung in weibliche Hülfstätigkeit für soziale Aufgaben	**Leitung** **Frl. Mentona Moser** (1874–1971), (Ausbildung in London), Krankenschwester, Hilfskolonne, Mitglied der sozialistischen Partei		**Praktischer Teil** I. Betätigung in der Praxis während 4 Wochen in derselben Anstalt (1) Geschlossene Anstalten (Kinderstuben, Kinderstation, Frauenklinik, Kinderstube des Krankenasyls, orthopädisches Institut); (2) Offene
Datum 12.1. – 11.7.1908	**Frl. Maria Fierz** (1878–1956), (Ausbildung in London), Hilfskolonne, Hauspflege, Hortkommission, Mitbegründerin der sozialen Frauenschule Zürich		Anstalten (Kinderkrippen, städtische Kindergärten, Jugendhorte, Poliklinik des Kinderspitals); (3) Institutionen (Kostkinderkontrolle, Kinderschutzvereinigung, Hülfskolonne).
Dauer 6 Monate			
Teilnehmerinnen 17 (vorgesehen: 12–15) angemeldet: 70; definitive Anmeldungen: 23)	**Oberaufsicht** Erziehungsrat des Kantons Zürich	**J. Ulrich**, Lehrer **Frau Bänninger**, Lehrerin	II. Handarbeitsunterricht (Elementarkurs und Fröbelarbeiten). Fröbelsche Beschäftigung Papierarbeiten (Legen, Verbinden, Falten), Modellieren
Ort Zürich			III. Hospitieren in Volksschulklassen, in Spezialklassen für Schwachbegabte, in der Blinden- und Taubstummenanstalt)
Kurskosten Fr. 50.–			IV. Besichtigungen von Anstalten
	Komitee **a. Prof. Dr. med. M. Kesselring** (Präsident) **Frau Emma Coradi-Stahl** (1846–1912), Präsidentin des SGF **Dr. Furrer**, Dekan, Pfarrer am St. Peter	**Dr. phil. h.c. Friedrich Zollinger** (1858–1931), Erziehungssekretär, Zürich u. I. Sekretär der SGS	**Theoretischer Teil** Vorträge und Diskussionen jeweils am Montagnachmittag Übersicht über die gegenwärtigen Bestrebungen auf dem Gebiet der Jugendfürsorge (4 Vorträge)
	Frau Dr. Hilfiker-Schmid **Dr. iur. Heinrich Mousson** (1866–1944), Stadtrat, Schulvorstand der Stadt Zürich **Frl. Ida Schneider**, Oberin der Pflegerinnenschule **Dr. S. Stadler**, Rektor der höheren Töchterschule	**Prof. Dr. iur. Emil Zürcher** (1850) **Dr. med. Jakob Bernheim-Karrer** (1868–1958), Kinderarzt und Privatdozent **PD Dr. phil. Friedrich Wilhelm Förster** (1869–1966), Privatdozent Zürich	Das Kind im öffentlichen Recht und Privatrecht (3 Vorträge) »Ausgewählte Kapitel aus der Hygiene und den Krankheiten des Kindesalters (6 Vorträge) Charakterbildung und religiöse Erziehung (6 Vorträge)
	Stahel, Pfarrer, Oberglatt, Verein für kirchliche Liebestätigkeit **Dr. phil. h.c. Friedrich Zollinger** (1858–1931), Sekretär **Erziehungswesen Kanton Zürich**	**Frl. Mentona Moser** (1874–1971) **Prof. Dr. med. Otto Roth** (1884–1972), Professor der Hygiene am Polytechnikum **Prof. Dr. med. M. Kesselring**	Das Kind in der Arbeiterfamilie (3 Vorträge) Licht und Luft (6 Vorträge, fakultativ) Pädagogische Charakterbildung (4 Vorträge)

291

I. Schweizer. Informationskurs in Jugendfürsorge

Datum
31.8.–12.9.1908

Dauer
14 Tage

Teilnehmerinnen
246 (ca. gleich viele Frauen wie Männer)

Ort
Zürich

Organisation
SGS, EDK, SGG, SGF, SLV

Leitung
Dr. phil. h.c. Friedrich Zollinger (1858–1931), Sekretär des kantonalen Erziehungswesens
Dr. iur. Heinrich Mousson (1866–1944), Stadtrat und Vorstand des städtischen Schulwesens
Heinrich Hiestand (1872), Vorsteher des städtischen Amtes für Kinderfürsorge
Dr. iur. C. A. Schmid, 1. Sekretär der Armenpflege
Frau E. Coradi-Stahl (1846–1912), Präsidentin des Schweizerischen Gemeinnützigen Frauenvereins;
Frl. Maria Fierz (1878–1956)
Dr. Erismann, Stadtrat und Vorstand des städtischen Gesundheitswesen
Dr. A. Huber, Stadtschreiber und Sekretär der Konferenz der Schweizerischen Erziehungsdirektoren
Fr. Fritschi, Nationalrat und Präsident des schweiz. Lehrervereins
R. Wachter, Pfarrer, Sekretär der schweiz. gemeinnützigen Gesellschaft;
Walder-Appenzeller, Pfarrer

Besichtigungen von Einrichtungen (städtische Schulanstalten, kantonales Säuglingsheim, Frauenklinik, Pflegerinnenschule, Kinderspital, Kinderkrippen, Orthopädisches Institut, Mädchenasyl zum Pilgerbrunnen, Anstalt für gebrechliche Kinder St. Joseph [Vorstellung typischer Fälle von Anomalien durch den Anstaltsarzt], Landesmuseum, Zürcherische Anstalt für Rhachitische, Kindersanatorium, Blinden- und Taubstummenanstalt, Erziehungsanstalt für schwachsinnige Kinder in Regensberg, Erziehungsanstalten Wangen und Tagelswangen, Pestalozzihaus Schönenwerd-Aathal, Pflegeanstalt für schwachsinnige Kinder in Uster, Irrenanstalt Burghölzli, Anstalt für Epileptische auf der Rüti, Unterhaltung (Zürichseefahrt, Vereinigung in der Tonhalle, Metropol, auf Schönfels, im Rigiblick, im Sternen; Orgelkonzert, etc.

Dr. med. Friedrich Schmid, Präsident der SGS und Direktor des Schweizerischen Gesundheitsamtes in Bern	Eröffnung
H. Ernst, Regierungspräsident und Direktor des Erziehungswesens Kanton Zug	Begrüßung
H. Pestalozzi, Stadtpräsident Zürich	
Prof. Dr. phil. W. Rein, Professor der Pädagogik an der Universität Jena	Die Zielpunkte der Erziehung
Dr. phil. h.c. Friedrich Zollinger (1858–1931)	Übersicht über die derzeitigen Bestrebungen auf dem Gebiete der Jugendfürsorge
Dr. iur. C. A. Schmid, 1. Sekretär der Freiwilligen und Einwohnerarmenpflege	Die Öffentlichkeit und die private Wohltätigkeit in ihren Beziehungen zur Jugendfürsorge
Dr. iur. Heinrich Mousson (1866–1944)	Die Jugendfürsorge in der Stadt Zürich
Frl. Adele Schreiber, Berlin	Wöchnerinnenfürsorge und Mutterschutzbestrebungen
Prof. Dr. med. Karl Oskar Wyss (1874–1956), Zürich	Die Ursachen der Säuglingssterblichkeit unter besonderer Berücksichtigung der Schweizerischen Verhältnisse
Dr. med. Jakob Bernheim-Karrer (1868–1958), Vorstand des kantonalen Säuglingsheims und Privatdozent Zürich	Die Säuglingsfürsorge
Frau Emma Coradi-Stahl	Die Erziehung der Mädchen zum

(1846–1912), Präsidentin des Schweizerischen Gemeinnützigen Frauenvereins	Mutterberuf
Frau Guggenbühl-Kürsteiner, St. Gallen	Organisation und Betrieb der Kinderkrippen
Frau Stämpfli-Studer, Präsidentin des schweiz. Zentral-Krippenvereins, Bern	Bericht über die Entwicklung des Krippenwesens in der Schweiz
PD Dr. phil. Friedrich Wilhelm Förster (1869–1966), Privatdozent Zürich	Hauptpunkte der moralpädagogischen Behandlung der Jugend (Abenddiskussion)
Dr. med. Friedrich Erismann	Ernährung und Bekleidung dürftiger Schulkinder
Eugen Kull, Lehrer	Organisation und Betrieb der Jugendhorte
Pfarrer Bosshard, Vize-Präsident der Ferienkolonien	Die Ferienkolonien in der Schweiz
Dr. med. A. Kraft, Schularzt	Die sozialen Verhältnisse der unehelichen Kinder in ihren Ursachen und Wirkungen
Dr. med. Max Taube, Sanitätsrat, dirigierender Arzt der städt. Kinderpflege und des Säuglingsheims Leipzig	Die Amts- (Berufs- General-) Vormundschaft unter besonderer Berücksichtigung der Organisation in der Stadt Leipzig
Prof. Dr. iur. Emil Zürcher (1850), Zürich	Vergleichende Übersicht über die Jugendfürsorge-Gesetzgebung in Deutschland, Österreich-Ungarn, Frankreich, England
Prof. Dr. iur. August Egger (1875–1954), Zürich	Das Schweizerische Zivilgesetz und die Jugendfürsorge
Prof. Dr. iur. Ernst Hafter (1876–1949), Zürich	Neuzeitliche Reformen im Strafrecht der Jugendlichen
Dr. med. Alfred Ulrich, schweiz. Anstalt für Epileptische in Zürich (Psychiater)	Ursachen und Erscheinungsformen der anormalen und gebrechlichen Kinder
Frl. Lydia von Wolfring, Vorsitzende des Pestalozzivereins in Wien (vertreten durch Dr. Platzhoff-Lejeune, Lausanne)	Familienversorgung und Anstaltserziehung unter besonderer Berücksichtigung des Kindergruppen-Familiensystems
Pfarrer A. Wild, Mönchaltorf	Schutz der Kinder gegen Misshandlung und Ausbeutung
Dr. med. Wilhelm Schulthess (1855), Zürich	Die Krüppelfürsorge Vorstellung typischer Fälle
Dr. med. Laubi, Zürich	Die Fürsorge für sprachgebrechliche Kinder Vorstellung typischer Fälle
Jakob Kuhn-Kelly (1832), Inspektor, St. Gallen	Ursachen und Erscheinungsformen der Kinder-Verwahrlosung und Kampfmittel gegen die letztere
K. Knabenhans, Vorsteher der kantonalen Korrektionsanstalt Ringwil, Zürich	Jugendliche Verbrecher
Pfarrer Alther, St. Gallen	Schwachsinnigenfürsorge unter besonderer Berücksichtigung der Schweizerischen Verhältnisse
Hermann Graf, Lehrer,	Patronate, Berufslehre und Militär-

293

Zürich	dienst geistig beschränkter und schwachsinniger Kinder
Prof. Dr. med. Eugen Bleuler (1857–1939), Direktor der Irrenanstalt Burghölzli, Zürich (Psychiater)	Sexuelle Perversitäten
Rudolf Hinder, Armeninspektor, Zürich	Witwerheime als Mittel der Prophylaxis der Verwahrlosung der Jugend (Abenddiskussion)
Dr. med. O. Nägeli (1971), Zürich	Bekämpfung der Tuberkulose im jugendlichen Alter (Abenddiskussion)
Heinrich Hiestand (1872), Vorsteher Kinderfürsorgeamt	Die sozialpädagogischen Aufgaben der Volksschule
Prof. Dr. phil. Paul Häberlin (1878), Kreuzlingen	Die Erziehung zum Schönen
Dr. phil. h.c. Friedrich Zollinger (1858–1931)	Rückblick und Ausblick. Schlusswort

---

II. Kurs in Kinderfürsorge **Datum** 4.1. – 8.7.1909 **Dauer** 6 Monate **Teilnehmerinnen** 12 (angemeldet: 36; def. Anmeldungen: 18) **Ort** Zürich	**Leitung** **Frl. Maria Fierz** (1878–1956) **Fr. Mentona Moser-Balsiger** (1874–1971) Oberaufsicht Erziehungsrat des Kantons Zürich **Komitee** **Prof. Dr. med. M. Kesselring** **Frau Emma Coradi-Stahl** (1846–1912), Präsidentin des SGF **Dekan Dr. Konrad Furrer**, Pfarrer **Frau Dr. Hilfiker-Schmid** **Dr. iur. Heinrich Mousson** (1866–1944), Stadtrat, Schulvorstand der Stadt Zürich	**Prof. Dr. med. M. Kesselring** **Frau Mentona Moser-Balsiger** (1874–1971) **Frl. Luise Müller**, Kindergärtnerin **Frl. Zollinger**, Kindergärtnerin	Eröffnung Eröffnung Handarbeitsunterricht (3 Wochen: Papier-Schneiden, -Falten und – Kleben, Ton-Modellieren, Körbchenflechten) **Praktischer Teil** I. Betätigung in der Praxis während 6 Wochen in derselben Anstalt: (1) Geschlossene Anstalten (Kinderstuben, Kinderstation, Frauenklinik, Kinderstube des Krankenasyls, orthopädisches Institut); (2) Offene Anstalten (Kinderkrippen, städtische Kindergärten, Jugendhorte, Poliklinik des Kinderspitals); (3) Institutionen (Freiwillige- und Einwohnerarmenpflege, Fürsorgestelle für Tuberkulöse, Kinderfürsorgeamt, Kostkinderkontrolle, Kinderschutzvereinigung).
	Frl. I. Schneider, Oberin der Pflegerinnenschule **Dr. S. Stadler**, Rektor der höheren Töchterschule **Pfarrer Stahel**, Verein für kirchliche Liebestätigkeit **Dr. phil. h.c Friedrich Zollinger** (1858–1931)	**Helene Faas**, Krankenschwester **Prof. Dr. phil., VDM Ludwig Hugo Köhler** (1880–1956), auch prakt. Theologe, Zürich	II. Handarbeitsunterricht (Elementarkurs und Fröbelarbeiten). III. Hospitieren in Volksschulklassen, in Spezialklassen für Schwachbegabte, in der Blinden- und Taubstummenanstalt) Anstaltsbesuche **Theoretischer Teil** Vorträge und Diskussionen sowie Referate der Kursteilnehmerinnen jeweils am Mittwochnachmittag Die Pflege des gesunden Kindes (sechs Stunden) Der Wert der sozialen Hilfsarbeit für uns selbst

Prof. Dr. iur. Ernst Hafter (1876–1949), Zürich	Die Stellung des Kindes im Recht
Heinrich Hiestand (1872), Vorsteher des Kinderfürsorgeamtes	Überblick über die gegenwärtigen Bestrebungen der Jugendfürsorge und die Ursachen der jugendlichen Verwahrlosung
Dr. med. Frank, Nervenarzt	Kind und Alkohol
Dr. med. Jakob Bernheim-Karrer (1868–1958), Kinderarzt und Privatdozent	Die häufigsten Krankheitserscheinungen bei Kindern (3 Vorträge)
Frl. Eberhard, **PD Dr. phil. Friedrich Wilhelm Förster** (1869–1966), Privatdozent Zürich	Die Bildung von Charakter, Intelligenz, Gemüt und Phantasie beim Kind (7 Vorträge)
Dr. med. Alfred Ulrich, Leiter der Anstalt für Epileptische (Psychiater)	Die Behandlung anormaler Kinder
Dr. med. E. Hermann Müller (1849), Assistent des Stadtarztes	Ursachen der Rassenentartung und Mittel zu deren Bekämpfung

III. und IV. Kurs in Kinderfürsorge*	**Leitung** **Frl. Maria Fierz** (1878–1956)		**Praktischer Teil** I. Betätigung in der Praxis während 6 Wochen in derselben Anstalt (Kinderkrippen, städtische Kindergärten, Jugendhorte, Poliklinik des Kinderspitals); (3) Institutionen (Freiwillige- und Einwohnerarmenpflege, Fürsorgestelle für Tuberkulöse, Kinderfürsorgeamt, Kostkinderkontrolle, Kinderschutzvereinigung, Hülfskolonne).
Daten 1911/1912	**Frl. Marta von Meyenburg** (1882–1972), Zürcher Frauenzentrale, Mitbegründerin der sozialen Frauenschule Zürich		
Vorkurs III. Kurs: Januar 1911 IV. Kurs: 4.1.–24.1.1912	**Oberaufsicht** Erziehungsrat des Kantons Zürich		II. Handarbeitsunterricht (Elementarkurs und Fröbelarbeiten). III. Hospitieren in Volksschulklassen, in Spezialklassen für Schwachbegabte, in der Blinden- und Taubstummenanstalt)
Dauer 6 Monate	**Komitee** **Prof. Dr. med. M. Kesselring**		Anstaltsbesuche
Teilnehmerinnen 24	**Frau Emma Coradi-Stahl** (1846–1912), Präsidentin des Schweizerischen Gemeinnützigen Frauenvereins		**Theoretischer Teil** Einführung in die Grundzüge der menschlichen Anatomie und Physiologie
Ort Zürich		**Frl. Dr. med. Charlotte Müller**	
Kurskosten Fr. 100.–	**Dekan Dr. Konrad Furrer**, Pfarrer **Frau Dr. Hilfiker-Schmid**		
	Dr. iur. Heinrich Mousson (1866–1944), Schulvorstand der Stadt Zürich, Stadtrat	**Frau Dr. med. Marie Heim-Vögtlin**	Einführung in die körperliche und geistige Entwicklung des Kindes und ihre hauptsächlichsten Störungen Einführung in die Kinderpflege (Ernährung, Körperpflege, Erziehung)
	Frl. I. Schneider, Oberin der Pflegerinnenschule		
	Dr. S. Stadler, Rektor der höheren Töchterschule	**Dr. med. E. Hermann Müller** (1849), Assistent des Stadtarztes	
	Pfarrer Stahel, Verein für kirchliche Liebestätigkeit	**Frl. Dr. iur. Elisabeth Georgi** **Frl. Votteler**, Inspektorin der Freiwilligen u. Einwohnerarmenpflege	Einführung in volkswirtschaftliche Fragen Die Arbeiterfamilie
	Dr. phil. h.c. Friedrich Zollinger (1858–1931)	**Frl. H. Gwalter** **Frau Mentona Balsiger-Moser** (1874–1971)	

295

Dr. med. E. Hermann Müller (1849), Assistent des Stadtarztes **Dr. med. Alfred Ulrich**, Leiter der Anstalt für Epileptische (Psychiater)	Psychische Störungen bei Kindern und Ursachen der Degeneration
Heinrich Hiestand (1872), städtisches Kinderfürsorgeamt, **Frau M. Balsiger-Moser** (1874–1971)	Ursachen der Verwahrlosung
Dr. med. Frank	Alkoholismus
Frl. Dr. iur. Elisabeth Georgi, **Heinrich Hiestand** (1872), städtisches Kinderfürsorgeamt, **Dr. med. E. Hermann Müller** (1849), Assistent des Stadtarztes	Jugendfürsorgebestrebungen im In- und Auslande und neue soziale Frauenberufe
Dr. med. H. O. Wyss, **Dr. med. E. Hermann Müller**	Kinderkrankheiten
Prof. Dr. med. Emil Feer (1864–1955), Leiter Kinderspital Zürich	Kindersterblichkeit
Prof. Dr. phil. Edmund Willibald Klinke (1879–1963) **Frl. L. Eberhard**, **PD Dr. phil. Friedrich Wilhelm Förster** (1869–1966), Privatdozent Zürich **Prof. Dr. med. M. Kesselring**	Erziehungsfragen
Prof. Dr. iur. Ernst Hafter (1876–1949), Zürich	Jugendgerichte
Dr. iur. A. Escher **Prof. Dr. iur. Emil Zürcher** (1859) **Prof. Dr. iur. Ernst Hafter** (1876–1949), Zürich	Die Stellung des Kindes im Recht
Dr. iur. W. Schiller, Amtsvormund, Zürich	Die Frau als Vormund
Frl. Dr. iur. Elisabeth Georgi **Prof. Dr. phil., VDM Ludwig Hugo Köhler** (1880–1956), auch prakt. Theologe, Zürich	Soziale Frauenberufe
Frau Mentona Balsiger-Moser **Frl. Dr. iur. Elisabeth Georgi**	Soziale Hilfsarbeit

Erster Schweizerischer Jugendgerichtstag	**Organisation** Schweizerische Gesellschaft für Schulgesundheitspflege	Dr. iur. Hans Sträuli, Stadtpräsident, Nationalrat	Eröffnung
Datum 12.–13.5.1912	**Komitee** **Dr. iur. Hans Sträuli**, Stadtpräsident, Nationalrat	**Prof. Dr. med. Heinrich Zangger** (1874–1957), Professor für gerichtliche Medizin, Universität Zürich	Die Zusammensetzung der Jugendgerichte
Dauer 2 Tage	**Dr. Hauser**, Stadtrat **Nägeli-Heimlicher** **Dr. med. Ammann**	**Prof. Dr. iur. Ernst Hafter** (1876–1949), Professor für Strafrecht Universität Zürich	Der Stand der Jugendgerichtsbewegung, namentlich in der Schweiz
Teilnehmer/-innen Unbekannt	**Dr. Keller**, Rektor **Dr. W. Hünerwadel**, Gymnasiallehrer **alle in Winterthur**	**Prof. Dr. iur. Emil Zürcher** (1850), Professor für Strafrecht, Universität Zürich	Die Zusammensetzung der Jugendgerichte
Ort Winterthur		**Prof. Dr. iur. Alfred Gautier** (1958), Professor Universität Genf (I. Votant); **Jakob Kuhn-Kelly**, Inspektor St. Gallen (II. Votant); **Dr. med. Hans Wolfgang Maier** (1882–1945), Psychiatrische Universitätsklinik Zürich (Psychiater) (III. Votant); **Landesgerichtsrat Landsberg, Lennep** (Preußen) (IV. Votant)	Diskussion
		Prof. Dr. en droit Eugène Borel (1862–1955), avocat, Genève	La compétence des tribunaux pour mineurs
		Dr. iur. Elisabeth Georgi, Zürich (I. Votant); **Dr. iur. A. Geser-Rohner**, Kantonsrat in Alstätten (St. Gallen) (II. Votant)	Diskussion
		Heinrich Hiestand (1872), Vorsteher des städt. Kinderfürsorgeamtes, Zürich	Öffentlichkeit oder Ausschluss der Öffentlichkeit
		Frédéric Martin, avocat, Genève (I. Votant), **Pfarrer Reichen**, Winterthur (II. Votant)	Diskussion
		Dr. iur. Alfred Silbernagel, Zivilgerichtspräsident, Basel	Jugendstrafrecht und Jugendfürsorgerecht
		Dr. Fritz Studer, Nationalrat Winterthur (I. Votant), **Pfarrer E. Herrenschwand**, Gsteig-Wilderswil (II. Votant)	Diskussion
		Dr. iur. Gustav Beck, Bern	Zur Frage der Jugendgerichte

Internationaler Kinderschutz-Kongress

Datum
23.–26.7.1913

Dauer
4 Tage

Teilnehmer/-innen
40 Staaten aus allen 5 Erdteilen**

Ort
Brüssel

Anregung
Belgische Regierung

Patronat
Belgischer König und Königin

Carton de Wiart, Justizminister
Prof. Adolf Prins, Generalinspektor der belgischen Gefängnisse

Eröffnung

Die sozialen Ursachen des Kinderschutzes und seine Notwendigkeit zur Herstellung der sozialen Harmonie

Dr. iur. M. Passez, Avdokat, Paris

Dr. iur. Elsa von Liszt, Leiterin der Abteilung Berliner Jugendgerichtshelfer
Dr. iur. M. Campioni, Präsident Polizeigericht Brüssel

Sektion IA: Kompetenzen der Jugendgerichte und der Organisation der Schutzaufsicht
Soll den Jugendgerichten auch die Entziehung der elterlichen Gewalt und das Vormundschaftswesen anvertraut werden?
Sollen die Jugendgerichtshelfer eine besondere technische Ausbildung erhalten?
Wie soll die Schutzaufsicht organisiert werden? Wie gestaltet sich der Verkehr der verschiedenen Beteiligten?

Dr. iur. Vervaeck, Direktor des kriminalanthropologischen Laboratoriums, Gefängnisses Forest

Sektion IB: Die anormalen Kinder
Welches sind die Ursachen, der Ursprung und die Erscheinungen der Anormalität?

Dr. iur. Lévy-Morelle, Advokat, Brüssel

Wie soll sie behandelt werden?
Die Berufsvormundschaft

Prof. Dr. med. Ausset, Lille
Dr. med. Mirguet, Direktor, Brüssel
Dr. med. Hamel, Paris
Prof. Dr. iur. Albert Lemaire, Universität Löwen
Prof. Dr. Martinez Vargas, Barcelona

Sektion IIA: Der Säuglingsschutz
Welche besonderen Maßnahmen sind zum Schutz der außerhalb des elterlichen Hauses verpflegten Säuglinge zu ergreifen?
Der Schutz der Kostkinder

Frau E. Plasky, Arbeitsinspektorin, Brüssel
Frau Olga Veil-Picard, Präsidentin und Direktorin der Pouponnière
Frau Dr. med. Szana, Chefärztin

Dr. Dufort, Laeken
Dr. iur. Albert Delcourt, Brüssel
Van den Kerchove, Advokat, Brüssel
Dr. med. Hercod, Lausanne, Direktor internationales Bureau gegen den Alkoholismus

Sektion IIB: Kindersterblichkeit
Vereinheitlichung der statistischen Grundlagen

Alkoholismus

298

I. Internationaler Informationskurs in der Jugendfürsorge	**Organisation** Archiv deutscher Berufsvormünder		**Besichtigungen** Provinzial-, Heil- und Erziehungsanstalt für psychopathische Fürsorgezöglinge in Göttingen, evangelischer Stephansstift (Hannover), Frauenheim in Himmelstür (Hildesheim), Aufnahme- und Beobachtungsheim, Waisenhaus und Erziehungsanstalt für schulentlassene Mädchen in Altersdorf, das Rauhe Haus in Hamburg, Beobachtungsheim Roskilde Hvile (Dänemark), Aufnahmeheim Rosenvaenget (Dänemark), Kinderheim Godthaab (Dänemark), Landkolonie Proeven (Dänemark), Mädchenheim Skovly (Dänemark), Aufnahmeanstalt der Armenpflege, Privates Mütter- und Säuglingsheim, Flensburgstiftung, Aschan-Krippe, Kinderheim,
Datum 18.–27.8.1913	**Leitung** Prof. Dr. Christian Jasper Klumker (1868–1942)		
Dauer 10 Tage			
Teilnehmer/-innen unbekannt			
Ort Verschiedene Orte in Deutschland und Skandinavien			
			Vorträge Die Organisation und Methode der Hülfsschule für Fürsorgezöglinge Die Ausbildung von Erziehorn durch das Bruderhaus Stephansstift Die Prinzipien der Anstaltserziehung für schulentlassene männliche Zöglinge
		Petersen, Direktor des Frauenheims **Prof. Dr. Christian Jasper Klumker** (1868–1942)	Die Organisation der öffentlichen Jugendfürsorge (Hamburg) Die Beobachtungsanstalten als notwendiges Glied in der Fürsorgeerziehung
		Schallehn, Oberinspektor **Dr. Müller**	Die Familienpflege Die Arbeit des Vereins für Kinderschutz und Jugendwohlfahrt
		Dr. iur. Hertz **Dr. iur. Brun**, Oberlandsgerichtsrat, Kopenhagen **Graf Ahlefeldt-Lauvring** Ein Vertreter der Stadt und ein Arzt von Malmö (Schweden) **Barkmann**, Konsulent, Stockholm	Jugendgerichtshilfe Die Aufgaben der dänischen Aufnahme- und Beobachtungsheime Die dänische Familienpflege Die Jugendfürsorgeeinrichtungen in Malmö Die schwedischen Kinderschutz-Verhältnisse
Schweizerische Jugendfürsorgewoche	**SGS** R. Schenk, Gemeinderat, Bern (Präsident) Dr. med. Streit, Bern (Vizepräsident)	**Dr. med. Friedrich Schmid**, Direktor des Schweizerischen Gesundheitsamtes, Bern	**Eröffnungsrede**
Datum 15.–20.6.1914	**Dr. Dumont**, Fürsprecher, Bern (Sekretär)	**Vorsitz** **Dr. med. Friedrich Schmid**, Direktor Schweizerischen Gesundheitsamt	**Thema: Allgemeiner Kinderschutz**
Dauer 6 Tage	**Heinrich Hiestand** (1872), Vorsteher des städtischen Kinderfürsorgeamtes, Zürich		
Teilnehmer/-innen eine erfreuliche Zahl	**Dr. phil. h.c. Friedrich Zollinger** (1858–1931), Erziehungssekretär,	**Prof. Dr. en droit Eugène Borel** (1862–1955), Genf	La question de la législation relative à la protection de l'enfance en Suisse

299

Ort	Zürich		
Bern, Grossratssaal	**Frl. Bertha Bünzli**, Lehrerin, St. Gallen **Pfarrer Zimmermann**, Basel	**Frl. Bertha Bünzli**, Lehrerin, St. Gallen (Korreferentin) **Dr. iur. Alfred Silbernagel**, Zivilgerichtspräsident, Basel (I. Votant)	Der Kinderhandel in der Schweiz und die Maßnahmen zu dessen Bekämpfung Diskussion
		Dr. iur. J. Leuenberger, Amtsvormund in Bern	Die Amtsvormundschaft, ihre Organisation und Bedeutung
	Prof. Dr. L. Zbinden, Genf **Prof. Dr. iur. André de Maday** (1877), Neuenburg **Bertha Bünzli**, Lehrerin, St. Gallen	**Vorsitz** **Schenk**, Gemeinderat, Bern **Frau Dr. med. Frieda Imboden-Kaiser**, St. Gallen **Dr. med. E. Regli**, Bern (Korreferent) **Dr. med. Streit**, Bern (Korreferent) **Pfarrer Wenger**, Bern (I. Votant); **Dr. med. Jakob Bernheim-Karrer** (1868–1958), Kinderarzt und Privatdozent (II. Votant)	**Thema: Vorschulpflichtiges Alter** Die Bedeutung und Organisation der Kinderfürsorge im Kampfe gegen die Gefährdung unserer Jugend Organisation der Säuglingsfürsorge zu Stadt und Land Mutter- und Säuglingsschutz in der Schweiz
		Vorsitz **Lörtscher**, Armeninspektor **Heinrich Hiestand** (1872), Vorsteher des städtischen Kinderfürsorgeamtes Zürich **L. Henchoz**, Schulinspektor, Lausanne (Korreferent) **Gassmann**, Sekundarlehrer, Winterthur (I. Votant) **Frl. Steiner**, Lehrerin, Dagmarsellen (II. Votant) **Prof. Dr. iur. André de Maday** (1877), Neuenburg **Frl. Dr. Wirth**, St. Gallen (Korreferentin)	**Thema: Schulpflichtiges Alter** Die sozialpädagogische Aufgabe der Volksschule Le rôle social de l'école Die Heimarbeit der Kinder in der Schweiz
		Vorsitz **Burren**, Regierungsrat **Steinemann**, Gymnasiallehrer, Bern **Chaudet**, Redaktor, **Vivis** (Korreferent) **C. Leu**, Stadtrat, Schaffhausen (Korreferent) **A. Frey**, Lehrer Oberrealschule, Basel (I. Votant); **H. Merz**, Gymnasiallehrer, Burgdorf (II. Votant) **Pfarrer A. Wild**, Mönchaltorf	**Thema: Allgemeiner Schweizerischer Erziehungstag** Die Förderung der physischen Tüchtigkeit der Schweizerischen Jugend (inkl. Bekleidung und Ernährung armer Schulkinder) Jugendfürsorge und Alkohol Die staatliche und kommunale Jugendfürsorge nach ihrer Organisation und ihrem Verhältnis zur privaten Wohltätigkeit

		Vorsitz **Dr. med. Streit** **Frau Richter-Bienz**, Basel	**Thema: Nachschulpflichtiges Alter** Aufgaben, Organisation und Ziele der Fürsorge für weibliche die schulentlassene Jugend
		Tobler, Direktor Landerziehungsheim Hof Oberkirch bei Kaltbrunn (Korreferent)	Aufgaben und Ziele der Fürsorge für die männliche schulentlassene Jugend
		P. C. Hausknecht, Direktor, Drognens (I. Votant) **Pfarrer Zimmermann**, Basel (II. Votant)	Die Bekämpfung des jugendlichen Verbrechertums
		Dr. iur. O. Kronauer, Bundesanwalt, Bern **Schenk**, Stadtrat Zürich **Paul Pflüger** (1865–1947), Pfarrer und Stadtrat, Zürich **Gukelberger**, Vorsteher, Wabern bei Bern **Pfarrer Dr. Nager**, Schulinspektor, Attinghausen	
		Dr. mod. Good, Münsingen (Psychiater)	Was lässt sich tun, um der Zunahme abnormer Kinder zu steuern?
Kurs für Jugendfürsorge **Datum** 29.4.–30.4.1918 **Dauer** 2 Tage **Teilnehmer-/innen** 184 (132 Männer/52 Frauen)	**Im Auftrag des bernischen Synodalrates** **Ernst Rohr**, Pfarrer in Hilterfingen **Joh. Stauffer**, Vorsteher des Unterseminars in Hofwil **O. Lörtscher**, Pfarrer, kantonaler Armeninspektor in Bern	**Ernst Rohr**, Pfarrer **Otto Lädrach**, Missionar, Herbligen **E. Mühlethaler**, Lehrer und Grossrat Bern **Werner Krebs**, Schweizer Gewerbesekretär, Bern **J. Freiburghaus**, Nationalrat, Spengelried **Pfarrer Wäber**, Münsingen **Pfarrer A. Aeschlimann**, Burgdorf **Prof. Dr. med. Leon Asher** (1865–1943), Hochschule Bern	Eröffnung Unsere Jugendfürsorge. Rückblick, Was schon geschehen ist Unsere Jugendfürsorge: Ausblick Inwieweit sind Handel, Gewerbe und Landwirtschaft an der sittlichen Förderung der Jugend interessiert? Inwieweit sind Handel, Gewerbe und Landwirtschaft an der sittlichen Förderung der Jugend interessiert? (ausgefallen) Die Veredelung des geselligen Lebens unserer Jugend (auf dem Lande) Die Veredelung des geselligen Lebens unserer Jugend (in der Stadt) Physiologische Probleme in der Jugenderziehung (nach einem Stenogramm)
Erster Zürcher Jugendhilfekurs **Die Hilfe für den Säugling und das Kleinkind** **Datum** 2. – 7.10.1922 **Dauer** 6 Tage **Teilnehmer/-innen** 281 (ca. 1/7 Män-	**Auftraggeberin** Erziehungsdirektion des Kantons Zürich **Leitung** **Dr. iur. Robert Briner** (1885–1960), Vorsteher des Jugendamtes des Kantons Zürich **Marta von Meyenburg** (1882–1972), Leiterin der Sozialen Frauenschule Zürich **Heinrich Hiestand**	**Dr. iur. Heinrich Mousson** (1866–1944), Erziehungsdirektor des Kantons Zürich **Dr. iur. Robert Briner** (1885–1960), Vorsteher kantonales Jugendamt, Zürich **Prof. Dr. med. Wilhelm von Gonzenbach** (1880–1955), Zürich **Dr. iur. W. Zollinger**, Direktor der Vita Lebensversicherungs-Aktiengesellschaft, Zürich	Eröffnung Mitteilungen über Zweck und Organisation des Kurses Säugling und Kleinkind in der Sozialpolitik und Sozialhygiene Eltern und Kind in der Versicherung

ner), bis zu 500 Hörer mit Tagesausweisen **Ort** Kollegiengebäude Universität Zürich	(1872), Präsident der Gemeinnützigen Gesellschaft des Kts. Zürich, Vorsteher des Kinderfürsorgeamtes **E. Jucker**, Regionalsekretär der Schweizerischen Stiftung Pro Juventute, Sekretär der Jugendkommission des Bezirks Hinwil (früher Lehrer)	**Dr. iur. Walter Schneider**, Leiter Amtsvormundschaft, Zürich	Der Rechtsschutz des außerehelichen Kindes
		Dr. iur. Hans Grob, Amtsvormundschaft, Zürich	Die vormundschaftliche Hilfe gemäss Art. 283ff. Z.G.B.
		Dr. iur. Robert Briner (1885–1960), Vorsteher kant. Jugendamt, Zürich	Das Recht des Pflegekindes
		Dr. iur. E. Hauser, Jugendsekretariat, Winterthur	Das Verhältnis der vormundschaftlichen zur armenrechtlichen Hilfe
		Emil Jucker, Jugendsekretariat Hinwil, in Rüti (Zürich) (früher Lehrer)	Aus der Aufklärungsarbeit für Säuglings- und Kleinkinderhilfe
		Prof. Dr. med. Emil Feer (1864–1955), Zürich	Die Bedeutung der Ernährung in den ersten Lebensjahren
		Dr. med. Jakob Bernheim-Karrer (1868–1958), Kinderarzt und Privatdozent	Die ansteckenden Krankheiten im Kindesalter und ihre Verhütung
		Prof. Dr. med. dent. Giovanni Ambroggio Stoppany (1868–1945), Zürich	Die Zähne des Kleinkindes und ihre Pflege
		Dr. med. Richard Scherb (1880–1955), Leitender Arzt Anstalt Balgrist (Heilanstalt für krüppelhafte Kinder) und PD	Die Bedeutung der ersten Lebensjahre für die Entstehung orthopädischer Leiden
		Dr. med. Fritz Brandenberg, Winterthur	Mütterberatungsstellen
		Frau S. Glättli-Graf, Zürich	Kinderkrippen (Vortrag und Film)
		Prof. Dr. phil. Paul Häberlin (1878), Basel	Kinderfehler Wesen und Erziehung des Kleinkindes
		Frl. Marie Louise Schumacher, Zürich	Spiel und Beschäftigung des Kleinkindes
		Frl. E. C. Hürlimann, Kindergärtnerin, Zürich	Der Kindergarten
		Frl. M. Scheiblauer, Musiklehrerin, Konservatorium, Zürich	Kleinkind und rhythmische Gymnastik (Vorführung)
		Dr. med. Hans Wolfgang Maier (1882–1945), Burghölzli, Zürich (Psychiater)	Psychische Störungen und ihre Beeinflussung beim Kleinkind
		Dr. phil. Heinrich Hanselmann (1885–1969), Heilpädagoge, Zentralsekretär Pro Juventute	Vom Wesen der privaten Fürsorge
		Dr. iur. Robert Briner (1885–1960), Vorsteher Kant. Jugendamt, Zürich	Die öffentlich-rechtliche Jugendhilfe
		Prof. Dr. med. Wilhelm von Gonzenbach (1880–1955), Hygieniker, Zürich	Schlusswort
		Fr. Dr. iur. Emma Steiger (1895–1973)	Anhang: Ausgewählte Literatur
Zweiter Zürcher Jugendhilfekurs Die Hilfe für die schulentlassene	**Auftrag** Erziehungsdirektion des Kantons Zürich	**Dr. iur. Heinrich Mousson** (1866–1944), Erziehungsdirektor des Kantons Zürich	Eröffnungsansprache

Jugend	Leitung		
Datum 6.10.–11.10.1924	**Dr. iur. Robert Briner** (1885–1960), Vorsteher des Jugendamtes des Kts. Zürich	**Dr. phil. Heinrich Hanselmann** (1885–1969), Heilpädagoge, Rektor des heilpädagogischen Seminars, Zürich	Das Reifwerden des Menschen. Grundsätzliches
Dauer 6 Tage	**Marta von Meyenburg**, Leiterin der Sozialen Frauenschule Zürich	**Prof. Dr. med. Wilhelm von Gonzenbach** (1880–1955), Hygieniker, Zürich	Die Hygiene des nachschulpflichtigen Alters. Allgemeines und männliche Jugend
Teilnehmer/-innen 318 und 630 Besucher/-innen mit Tageskarten	**Heinrich Hiestand** (1872), Präsident der Gemeinnützigen Gesellschaft des Kts. Zürich, Vorsteher des Kinderfürsorgeamtes	**Dr. med. Paula Schultz-Bascho**, Hygienikerin, Bern	Die Hygiene des nachschulpflichtigen Alters: Weibliche Jugend
Ort Zürich (Kollegiengebäude der Universität)	**Emil Jucker**, Regionalsekretär der Schweizerischen Stiftung Pro Juventute, Sekretär der Jugendkommission des Bezirks Hinwil (früher Lehrer)	**Prof. Dr. med. Rudolf Hess** (1881–1973), Physiologe, Zürich	Die physiologische Bedeutung des Sportes für die Jugenderziehung Zur Psychologie der Reifezeit
		Dr. phil. Heinrich Hanselmann (1885–1969), Heilpädagoge, Rektor des heilpädagogischen Seminars, Zürich	Erfahrungen aus der Erziehung der männlichen und der weiblichen Jugend: Die Probleme der männlichen Pubertätszeit
		H. Tobler, Direktor des Landerziehungsheims Hof, Oberkirch	
		Dr. phil. Ida Somazzi, Sekundarlehrerin, Bern	Erfahrungen aus der Erziehung der männlichen und der weiblichen Jugend: Von der Erziehung junger Mädchen
		Dr. med. Moritz Tramer (1882–1963), Psychiater, Direktor der Irrenanstalt Rosegg, Solothurn	Psychische Störungen während der Reifezeit
		Prof. Dr. med. VDM Walter Gut (1885–1961), Theologie, Zürich	Jung und Alt
		Dr. iur. Robert Briner (1885–1960), Vorsteher des Jugendamtes des Kts. Zürich	Die Stellung der Jugendlichen im privaten und öffentlichen Recht
		Prof. Dr. iur. Emil Zürcher (1850), Professor und Rechtsanwalt in Zürich	Grundsätzliches über das Jugendstrafrecht
		Dr. iur. E. Hauser, Jugendanwalt Winterthur	Das Jugendstrafverfahren im Kanton Zürich
		Dr. iur. W. Spöndlin, Jugendanwalt Zürich	Erfahrungen bei der Behandlung jugendlicher Rechtsbrecher: bei der männlichen Jugend
		Dr. iur. Margrit Schlatter, Jugendanwältin Horgen	Erfahrungen bei der Behandlung jugendlicher Rechtsbrecher: bei der weiblichen Jugend
		Otto Graf, Adjunkt des kantonalen Jugendamtes Zürich	Jugend und Arbeit: Grundsätzliches
		E. Bloch, Sekretärin der Zürcher Frauenzentrale	Jugend und Arbeit: Einige Betrachtungen zum Berufsweg der Mädchen
		A. Schwander, Inspektor des Fortbildungsschulwesens des Kantons Zürich	Berufliche und allgemeine Bildungsfragen: Allgemeines
		Hanna Krebs, Vorsteherin der Abteilung für Frauenberufe und Hauswirtschaft an der städtischen Gewerbeschule Zürich	Berufliche und allgemeine Bildungsfragen: Gewerbliche Bildungsmöglichkeiten der Mädchen
		E. Schmid, Pfarrer, Armeninspektor	Die Gefährdung der Jugendlichen durch ihre Umgebung
		Emil Jucker, Regionalsek-	Freizeit

	retär Pro Juventute (früher Lehrer)	
	Frau F. Bertheau, Zürich	Was geschieht vom Verein der Freundinnen junger Mädchen für die schulentlassene weibliche Jugend? Einige Gesichtspunkte, von denen
	O. Binder, Leiter der Abteilung ›Schulentlassene‹ Pro Juventute	die Schweizerische Stiftung Pro Juventute sich bei der Fürsorge für Schulentlassene leiten lässt
	R. Gutknecht, VDM, Pfarrhelferin, Zürich	Fürsorgearbeit der Kirche und kirchlicher Instanzen
	Frau Dr. phil. Lüthy, Polizeiassistentin, Zürich	Aus den Erfahrungen einer Polizeiassistentin
	H. Stauber, Zürich	Vom Verein der Freunde des jungen Mannes
	K. Straub, Sekretär der Schweiz. Stiftung zur Förderung von Gemeindestuben und –häusern, Zürich	Jugend und Gemeindestube
	Dr. phil. Max Oettli, Lausanne	Die allgemeinen Aufgaben der Erwachsenen der Jugendbewegung gegenüber
	Prof. Dr. med. Wilhelm von Gonzenbach (1880–1955), Hygieniker	Schlusswort

Erster Kurs für soziale Arbeit für männliche Fürsorger	**Leitung** Schweizerische Gemeinnützige Gesellschaft	Gebiete Gefangenenfürsorge Tuberkulosefürsorge Wohnungsfürsorge
Datum 1925/6 Tage	**A. Wild**, Pfarrer	
Teilnehmer/-innen 30, fast ausschließlich Frauen		
Ort Zürich		

Dritter Zürcher Jugendhilfekurs Die Hilfe für die schulpflichtige Jugend	**Auftrag** Erziehungsdirektion des Kts. Zürich		Vorträge (siehe unten) Besichtigungen (Kantonale Schulausstellung, Waldschule, Tagesfreilufthorte, Familienhort, Jugendheime
Datum 11.7.–16.7.1927	**Leitung** **Dr. iur. Robert Briner** (1885–1960), Vorsteher des Jugendamtes des Kts. Zürich		Artergut und Palme, städtische Waisenhäuser, kantonales Kinderhaus Stephansburg, Zürcherische Heilstätte in Aegeri, Landerziehungsheim Albisbrunn bei Hausen,
Dauer 6 Tage	**Marta von Meyenburg**, Leiterin der Sozialen Frauenschule Zürich		Kinderhaus Elisabethen bei Schönenberg, Erholungsheim Adetswil bei Bäretswil, städtisches Pestalozzihaus Schönenwerd bei Aathal-Uster)
Teilnehmer/-innen 174 und 487 Tagesbesucher/-innen	**Heinrich Hiestand** (1872), Präsident der Gemeinnützigen Gesellschaft des Kts.		
Ort Zürich (Aula der Universität Zürich)	Zürich, Vorsteher des Kinderfürsorgeamtes **Emil Jucker**, Zürich. Regionalsekretär der	**Dr. iur. Heinrich Mousson** (1866–1944), Erziehungsdirektor des Kantons Zürich	Eröffnung

Schweizerischen Stiftung Pro Juventute, Sekretär der Jugendkommission des Bezirks Hinwil (früher Lehrer)	
Dr. iur. Robert Briner (1885–1960), Vorsteher des Jugendamtes des Kts. Zürich	Mitteilungen über Zweck und Organisation des Kurses
Prof. Dr. med. Wilhelm von Gonzenbach (1880–1955), Hygieniker, ETH Zürich	Die Aufgaben der Hygiene gegenüber dem Kind im Schulalter
Dr. phil. H. Schälchlin, Direktor des kantonalen Lehrerseminars, Küsnacht-Zürich	Über die seelische Eigenart des Kindes im schulpflichtigen Alter
Dr. med. Lauener, Schularzt der Stadt Bern	Die Überwachung der Gesundheit im schulpflichtigen Alter
Dr. med. A. Kraft, Schularzt der Stadt Zürich	Der schulärztliche Dienst in der Stadt Zürich
Dr. med. A. Walder, Schularzt der Gemeinde Rüti (Zürich)	Der schulärztliche Dienst auf dem Lande
Prof. Dr. med. dent. Giovanni Ambroggio Stoppany (1868–1945), Direktor des zahnärztlichen Institute der Universität Zürich	Die Behandlungswege des Kindergebisses während der Primarschulstufe
Dr. med. J. Bonjour, Zahnarzt, Zürich	Der schulzahnärztliche Dienst in der Stadt Zürich
G. Maurer, Lehrer, Sekretär der Jugendkommission des Bezirkes Dielsdorf	Der schulzahnärztliche Dienst auf dem Lande
Heinrich Hiestand (1872), Vorsteher Kinderfürsorgeamt	Maßnahmen gegen die gesundheitliche Gefährdung der Jugend im schulpflichtigen Alter
H. Gallmann, Lehrer, Zürich	Die Ferienkolonien der Stadt Zürich
Dr. med. Hs. Haegi, Ärztlicher Leiter des Erholungshauses Adetswil-Bäretswil	Über Erholungsheime und Ferienkolonien
Dr. phil. E. Leemann, Leiter des Lehrerturnvereins	Der erweiterte Turnunterricht in der Stadt Zürich und seine Bedeutung für die Jugendfürsorge
Emil Jucker, Jugendsekretariat, Rüti (früher Lehrer)	Die Maßnahmen gegen die sittliche Gefährdung der Jugend im schulpflichtigen Alter
Pfarrer M. Boller, Präsident der Hortkommission des Schulkreises Zürich III	Das Hortwesen in der Stadt Zürich
Frl. Maria Fierz, Zürich	Der Familienhort
Robert Suter, Lehrer,	Die Schülerbibliothek
Otto Graf, Adjunkt des Jugendamtes des Kantons Zürich	Schule und Berufsberatung
H. Stauber, Vorsteher des Amtes für Berufsberatung der Stadt Zürich	Die Berufswahlvorbereitung der männlichen Jugend
Frl. Hanna Brack, Sekundarlehrerin, Frauenfeld	Die Berufswahlvorbereitung der Mädchen in der Schule
Dr. phil. Heinrich Hanselmann (1885–1969), Heilpädagoge, Leiter des heilpädagogischen Seminars, Zürich	Über die Hilfe für Kinder, die dem ordentlichen Unterricht nicht zu folgen vermögen
Dr. phil. h.c. Friedrich	Aus der Geschichte der Hilfe für die

		Zollinger (1858–1931), Sekretär der kantonalen Erziehungsdirektion, Zürich	Jugend im schulpflichtigen Alter (ausgefallen)
		Dr. iur. Robert Briner (1885–1960), Vorsteher kant. Jugendamt, Zürich	Die Hilfe für die schulpflichtige Jugend. Zusammenfassung der Ergebnisse des 3. Zürcher Kurses für Jugendhilfe

Zweiter Schweizerischer Jugendgerichtstag	**Veranstalter** Stiftung Pro Juventute Schweizerischer Verein für Straf- Gefängniswesen	Heinrich Häberlin (1868–1947), Bundesrat	Eröffnung
Datum 17./18.10.1930		**Prof. Dr. iur. Ernst Hafter** (1876–1949), Strafprozessrecht, Zürich	Die Behandlung der Jugendlichen im eidgenössischen Strafgesetz-Entwurf
Dauer 2 Tage		**Prof. Dr. Iur. Emile Bise** (1859), Fribourg	Le régime répressif des infractions commises par les mineurs dans le projet de code pénal fédéral
Teilnehmer/-innen unbekannt		Dr. O. Wettstein, Ständerat, Zürich **Dr. iur. Hans Felix Pfenninger** (1886–1969), Staatsanwalt und Privatdozent, Zürich **Dr. iur. H. Abt**, Appellationsgerichtspräsident, Basel	Votanten
Ort Zürich, Polytechnikum		**Prof. Dr. iur. A. von Overbeck**, Freiburg **Prof. Dr. iur. Ernst Delaquis**, Hamburg **Prof. Dr. iur. Ph. Thormann**, Bern **Dr. iur. E. Hauser**, Jugendanwalt, Winterthur	Gerichtsorganisation und Prozessverfahren in der Jugendstrafrechtspflege vom Standpunkt der Fürsorge aus
		A. Capt, procureur général, Lausanne **Dr. iur. Hans Grob**, Jugendsekretär, Zürich	Votanten
		PD Dr. iur. Hans Felix Pfenninger (1886–1969), Staatsanwalt und PD, Zürich **Prof. Dr. iur. Ernst Delaquis**, Hamburg	Der Vollzug der Maßnahmen gegen Minderjährige nach dem Schweizerischen Strafgesetzentwurf
		Dr. iur. W. Spöndlin, Jugendanwalt, Zürich **Frau Dr. Annie Leuch**, Präsidentin des schweiz. Verbandes für Frauenstimmrecht, Lausanne **Jean Carrard**, avocat, Lausanne **Chr. Gasser**, Direktor kant. Strafanstalt, St. Gallen **Prof. Dr. iur. A. von Overbeck**, Freiburg **L. Merz**, Regierungsrat, Bern	Votanten

Prof. Dr. med. Moritz Tramer (1882–1963), Psychiater, PD in Bern und Direktor der kant. Heilanstalt Rosegg, Solothurn (Psychiater)
Prof. Dr. iur. Ernst Hafter (1876–1949), Zürich
Heinrich Häberlin (1868–1947), Bundesrat

Schlusswort

Zweiter Fortbildungskurs für soziale Arbeit für männliche Fürsorger	**Schweizerische Gemeinnützige Gesellschaft**	**A. Wild, Pfarrer**, Zentralsekretär der schweiz. gemeinn. Gesellschaft	Geschichte der Fürsorge in der Schweiz (4 Stunden)
		Fr. Dr. iur. Emma Steiger (1895–1973)	Aufbau der sozialen Arbeit in der Schweiz und im Ausland (6 Stunden)
		Dr. iur. E. Hauser, Vorsteher des kantonalen Jugendamtes	Praxis der Fürsorge, exkl. Armenfürsorge (4 Stunden)
Datum 20. – 24.10.1937			
Dauer 5 Tage		**Dr. iur. W. Frey**, geschäftsleitender Sekretär des Fürsorgeamtes der Stadt Zürich	Praxis der Armenfürsorge (2 Stunden)
Teilnehmer/-innen 115 (79 Männer/36 Frauen)		**PD Dr. med. Gian Töndury** (1906), Privatdozent Zürich	Hygiene (4 Stunden)
Ort Universität Zürich		**Dr. phil. H. Schälchlin**, Seminardirektor, Küsnacht-Zürich	Einführung in die Pädagogik (4 Stunden)
		Dr. med. Braun, Direktor Anstalt für Epileptische	Psychologie (3 Stunden)
		Dr. A. Gutersohn, Winterthur	Einige Kapitel aus der Volkswirtschaftslehre (4 Stunden) Besuch von Anstalten

* Die Kurse für Kinderfürsorge wurden bis 1919 jedes Jahr (außer 1914) durchgeführt. 1915 wurden die Kurse auf 9 Monate ausgedehnt unter Hinzuzug von Fragen der Erwachsenenfürsorge. 1916 dauerte der Kurs 15 Monate, wovon die Schülerinnen 11 Monate in der Praxis verbrachten. Ab 1920 wurden die Kurse zur Sozialen Frauenschule Zürich ausgebaut, die bis 1934 von Marta von Meyenburg geleitet wurde. ** Delegierte der Schweiz: Dr. iur. Leupold, Adjunkt des eidgenössischen Justiz- und Polizeidepartements und Nationalrat; Dr. Göttisheim, Basel; Dr. iur. A. Silbernagel, Zivilgerichtspräsident, Basel; A. Wild, Pfarrer, Mönchaltorf; Henri Le Fort, Richter in Genf. Was kursiv gedruckt ist beruht auf einer Annahme.

Quellen: Fierz 1909, 1912; Hiestand 1914; Komitee der Kurse für Kinderfürsorge 1907, 1908; NN 1908; Pro Juventute 1930; Rohr/Stauffer/Lörtscher 1918; Schweizerische Gemeinnützige Gesellschaft 1938; Schweizerische Gesellschaft für Schulgesundheitspflege 1914, 1923, 1925, 1927; Schweizerische Vereinigung für Kinder- und Frauenschutz 1914, 1937; Zollinger 1908.

Tabelle 6a: Verteilung der Referate der Kurse und Kongresse in Kinder- und Jugendfürsorge von 1908–1937 nach Disziplinen und Arbeitsbereichen

Medizin	Recht	Pädagogik	Politik[1]	Theologie	andere[2]	unbekannt[3]	Total	
							Frauen 44 17.8 %	Männer 203 82.2 %
73	68	45	19	16	4	22	247	
29.6 %	27.5 %	18.2 %	7.7 %	6.5 %	1.6 %	8.9 %	100 %	

1 = Stadträte, Großräte, Regierungsräte, Nationalräte, Bundesräte. 2 = 1 Redaktor, 1 Gewerbesekretär, 2 Adjunkte . 3 = Vorwiegend Vorsitzende von privaten Vereinen sowie Inspektoren/Inspektorinnen ohne Ausbildung oder ohne eruierbare Ausbildung (15 Frauen und 7 Männer) Bei den Zahlen handelt es sich nicht um Personen, sondern um Referate. Personen, die im Rahmen eines Kurses zwei Referate hielten, sind demnach doppelt gezählt.

Quellen: siehe Quellen Tabelle 5.

Tabelle 6b: Verteilung der Referate der Kurse und Kongresse in Kinder- und Jugendfürsorge von 1908–1937 innerhalb der Pädagogik

Lehrer/innen, Kindergärtnerinnen, Seminardirektoren	Erzieher, Anstaltsleiter und Hausvorsteher	Professoren und Privatdozenten
29	6	10
11.7 %	2.4 %	4.1 %
	18.2%	

Quellen: siehe Quellen Tabelle 5.

Tabelle 7: Verteilung der Referentinnen der Kurse in Kinder- und Jugendfürsorge in der Schweiz von 1908–1937 nach Disziplinen und Arbeitsbereichen

Juristinnen	Lehrerinnen	Krankenschwestern	Ärztinnen	Kindergärtnerinnen	Krippen- und Hortleiterinnen	Frauenvereine	Sonstige[1]	unbekannt
9	7	6	3	3	5	4	3	4
20.5 %	16.0 %	13.6 %	6.8 %	6.8 %	11.4 %	9.0 %	6.8 %	9.0 %

1 = 1 Pfarrhelferin, 1 Polizeiassistentin, 1 Inspektorin der Armenpflege

Quellen: siehe Quellen Tabelle 5.

Tabelle 8: Thematische Verteilung der Referate der Kurse und Kongresse in Kinder- und Jugendfürsorge in der Schweiz von 1908–1937

Krankheit, (Sozial-)Hygiene, Sterblichkeit, Ernährung	48	22.2 %
Organisationsfragen	44	20.3 %
Rechtliche Fragen	31	14.4 %
Erziehungsfragen (Charakter- und Willensbildung, Moralpädagogik)	18	8.3 %
Degeneration, Anormalität, Perversitäten, Rassenhygiene	12	5.6 %
Berufsbildungsfragen	10	4.6 %
Kinder- und Jugendkunde (Wesen und Psyche des Kindes)	8	3.7 %
Verwahrlosung und Delinquenz	8	3.7 %
Sport und Freizeit	7	3.2 %
Lebenswelt der Unterschicht- und Arbeiterfamilien	7	3.2 %
Die Frau als Fürsorgerin	5	2.3 %
Jugendfürsorge und Volksschule	4	1.9 %
Misshandlung und Ausbeutung von Kindern und Jugendlichen	3	1.4 %
Volkswirtschaftliche Fragen	3	1.4 %
Sozialpolitik und Sozialversicherungen	2	1.0 %
Sonstige	6	2.8 %
Total	**216**	**100 %**

Quellen: siehe Quellen Tabelle 5.

Tabelle 9: Inspektionen und Informationen durch die Inspektionsgehülfinnen der Amtsvormundschaft der Stadt Zürich von 1908–1928

	Inspektionen und Hausbesuche				Informationen		Total
	Besoldete		Freiw. & Schülerinnen		Besoldete	F & S	
Jahr	auswärtig	Stadt	auswärtig	Stadt			
1908				54			**54**
1909			66	1089		228	**1383**
1910	121	340	104	1140	605	427	**2737**
1911	164	461	102	792	683	182	**2384**
1912	293	171	714	1325	1854	878	**5235**
1913	476	1900	134	822	2537	417	**6286**
1914	588	1969	131	915	2428	635	**6666**
1915	995	2832	293	983	3025	2007	**10135**
1916	1151	3332	165	625	3485	894	**9652**
1917	1213	2939	198	786	2792	1004	**8932**
1918	1159	3227	20	231	2832	113	**7582**
1919	921	2724	168	793	2684	108	**7398**
1920	1092	3142	179	988	2067	108	**7576**
1921	1097	3312	69	436	2178	523	**7615**
1922	913	2245	90	502	2866	450	**7066**
1923	1097	3560	87	502	2108	352	**7706**
1924	1290	3495	86	292	2388	211	**7762**
1925	1275	3323	59	256	2122	211	**7246**
1926	1323	3688			2337		**7348**
1927	1287	3219			2110		**6616**
1928	1233	3560			2047		**6840**

Quellen: Bestand V.K.a.04: Protokolle des Waisenamtes bzw. der Vormundschaftsbehörde der Stadt Zürich; Geschäftsberichte des Stadtrates Zürich von 1900–1930; Geschäftsakten des Waisenamtes von 1908–1910.

Tabelle 10: Entwicklung des Stellenplans und Besetzung der Stellen der Amtsvormundschaft der Stadt Zürich von 1908–1934

Jahr	Amtsvormünder	Inspektionsgehülfinnen & freiwillige Aufsichtsdamen	Andere
1908	**I. Amtsvormund:** 1908–*1934* (24 Bewerbungen): **Dr. jur. Walter Schiller** (1880) Bisher: Sekretär der Freiwilligen- und Einwohnerarmenpflege der Stadt Zürich Besoldung: Fr. 4 860.– pro Jahr	**Aufsichtsdame:** 1908–1911: **Frl. Martha von Meyenburg** Besoldung: unbezahlt	
1909		**Aufsichtsdame:** 1909–1915 **Frl. May Welti** Besoldung: unbezahlt	
1910		**1. Inspektionsgehülfin** 1910–*1931* (32 Bewerbungen): **Frl. Helene Moser** (1882) Bisher: Tätigkeit in der Kinderkrippe Besoldung: Fr. 2 000.– (ab 1912: Fr. 2 600.–) pro Jahr	
1911	**II. Amtsvormund:** 1911–1929: **Dr. jur. Hans Grob** (1885) Nachher: Geschäftsleitender Sekretär des Jugendamtes IIIa Besoldung: Fr. 4 500.– pro Jahr 1929–1931 (34 Bewerbungen): **Ernst Weber** (1900) Bisher: Stellenvermittler bei der Amtsvormundschaft Besoldung: Fr. 7 608.– pro Jahr ab 1931 (67 Bewerbungen): **Georg Früh** (1896) Vorher: Sekundarlehrer; Leiter des Sekretariates der Schweiz. Zentralstelle für Friedensarbeit Besoldung: Fr. 8 256.– pro Jahr	1911–*1931*: **Frl. Gertrud von Muralt** Ersatz für die kranke Martha von Meyenburg Besoldung: unbezahlt	
1912	**III. Amtsvormund:** 1912–1913: **Dr. jur. Hans Aeppli** (1885) Bisher: Substitut am Bezirksgericht Nachher: Besoldung: Fr. 4 500.– pro Jahr 1913–1920: **Dr. jur. Hans Häberli** Nachher: Sekretär des städtischen Finanzwesens 1920–*1934* (18 Bewerbungen): **Dr. jur. Robert Schneider** (1892) Bisher: Zentralsekretär des Schweiz. Gemeinde- und Staatsarbeiterverbandes Besoldung: Fr. 7 630.– pro Jahr	**2. Inspektionsgehülfin:** 1912–1914: **Frl. Leonie Grob-Schwyzer** (1885) Bisher: Kindergärtnerin Besoldung: Fr. 2 200.– pro Jahr 1914–*1931*: **Frl. Luise Gertrud Haupt** (1889) Besoldung: Fr. 2 200.– pro Jahr plus Fr. 120.– Teuerungszulage 1918: **Fr. Emmy Graf** (1891) Vorher: Primarlehrerin Ersatz für die wegen nervöser Erschöpfung ausfallende Frl. Haupt	

1913	IV. Amtsvormund: 1913–1918 (14 Bewerbungen) **Frau Dr. jur. Olly (Olga) Lenz** (1877) Bisher: Sekretär im Waisenamt Nachher: Sekretär I. Klasse des Waisenamtes Besoldung: Fr. 4 500.– pro Jahr	3. Inspektionsgehülfin: 1913–*1931*: Lina Enderlin (1884)	
	1919–*1931* (keine Ausschrei- bung): **Dr. jur. Konrad Schulthess** (1890) Bisher: Prozessvertreter Waise- namt		
1914	V. Amtsvormund: 1914–1922: **Dr. jur. Emil Kaiser** (1877) Bisher: Gerichtssubstitut Besoldung: Fr. 4 500.– pro Jahr plus Teuerungszulage	4. Inspektionsgehülfin: 1914–*1931*: **Marie Vögeli** (1885) Besoldung: Fr. 2 200.– pro Jahr plus Fr. 120.– Teuerungszulage 1914:	Fürsorge-Ärztin: 1914–1920: **Frau Dr. med. Anna Wirz** (1879) Kinderärztin Besoldung: 3 Halbta- ge pro Woche zu je Fr. 5.–
	1922–1923 (80 Bewerbungen): **Dr. jur. Karl Naef** (1894) Bisher: Bezirksanwalt Nachher: private Stelle Besoldung: Fr. 8 170.– pro Jahr		**Berufsberater bzw. Fürsorger:** –1920 **Otto Graf** Nachher: Adjunkt des kantonalen Jugend- amtes
	1923–1930: **Dr. jur. W. Hürlimann** (1890) Bisher: Sekretär der Freiwilligen- und Einwohnerarmenpflege Nachher: Mitglied der Vormund- schaftsbehörde		1919–1921 **Ferdinand Böhny** (1895)
	ab 1930: **Jakob Sommerhalder** (1898)		
1915	VI. Amtsvormund: 1915–*1931* (15 Bewerbungen): **Dr. phil. Alfred Robert Büchi** (1888) Besoldung: Fr. 4 500.– pro Jahr	5. Inspektionsgehülfin 1915–*1931* (53 Bewerbungen): **Frl. Emmy Boller** (1876) Bisher: Kindergärtnerin Besoldung: Fr. 2 200.– pro Jahr	1921–1929: **Ernst Weber** (1900)
	1920: Stellvertreterin des 6. Amtsvormundes wegen Krank- heit: **Frl. Dr. jur. Margrith Beck** (1894)		1924: **Dr. jur. Jakob Heller** Aushülfe Berufsbera- tung
1916		6. Inspektionsgehülfin 1916–1923 (53 Bewerbungen): **Helene Jakob** (1892) Bisher: Tätigkeit im Gebiet der so- zialen Fürsorge Besoldung: Fr. 2 200.– pro Jahr	Prozessvertreter: 1916–1918: **Dr. jur. Konrad Schulthess** (1890)
		1923–*1931*: **Margrit Schnebele** (1895) Besoldung: Fr. 5 106.– pro Jahr	1917: **Fr. Dr. Gillonne Brüstlein** Stellvertre- tung von **Dr. jur. Kon- rad Schulthess**
			1919–1923: **Dr. jur. Walter Schneider** (1894)

311

Besoldung:
Fr. 5 000.– pro Jahr

1923–1928:
Dr. jur. Albert Wiesendanger (1893)
Bisher: Geschäftsleitender Sekretär des städtischen Mietamtes
Nachher: Städtischer Polzeiinspektor

1928–1931:
Dr. Emil Hilfiker
Verwalter Jugendheim Selnau:
1917–1919 (55 Bewerbungen):
Albert Hintermeister (1873)
Bisher: Maschinensetzer
Besoldung:
Fr. 2 800.– pro Jahr
(mit Frau) und freie Station

1917

VII. Amtsvormund:
1917–1920:
Dr. jur. Josef Kuster (1883)
Nachher: Mitglied des Bezirksgerichts Zürich
Besoldung: Fr. 4 500.– pro Jahr

1920–*1931* (27 Bewerbungen):
Dr. jur. Heinrich Meili (1892)
Bisher: Sekretär beim Städtischen Mietamt
Besoldung: Fr. 7 900.– pro Jahr

7. Inspektionsgehülfin
1917–1918 (28 Bewerbungen):
Elsbeth Mörgeli (1893)
Besoldung: Fr. 3 320.– pro Jahr

1918–1920 (41 Bewerbungen):
Else Burkhard (1893)
Nachher: Reise ins Ausland

1920–*1931* (70 Bewerbungen):
Wwe Lina Mramor-Meyer (1885)
Bisher: Erzieherin, Schwimmlehrerin, Bureauangestellte
Besoldung: Fr. 4 920.– pro Jahr

1918

VIII. Amtsvormund:
1918–*1931* (28 Bewerbungen):
Dr. jur. Ernst Sigg (1885)
Bisher: Leiter der Fürsorgestelle für Alkoholkranke
Besoldung: Fr. 6 000.– pro Jahr

IX. Amtsvormund:
1918–1926:
Dr. phil. Hans Oprecht (1894)
Bisher: Primarlehrer
Nachher: Nationalrat
Besoldung: Fr. 5 560.– (ab 1920: Fr. 8 440.–) pro Jahr

1926–1930:
Dr. jur. Karl August Simmler
Bisher: Rechtsanwalt; Sekretär der Freiwilligen- und Einwohnerarmenpflege
ab 1930:
Dr. jur. Hans Hafner (1893)

8. Inspektionsgehülfin
1918–1920 (41 Bewerbungen):
Hermaine Hürlimann (1895)
Bisher: Lehrerin (pat.)
Nachher: Lehrerin
Besoldung: Fr. 3 320.– pro Jahr

1920–*1931*:
Luise Koller Peter (1881)
Besoldung: Fr. 5 110.– pro Jahr ab 1921

Psychiatrische Begutachtung:
1918–1923:
Dr. med. Moritz Tramer (1882–1963)
Bisher bzw. parallel: Psychiatiker Assistent in der Anstalt für Epileptische
Nachher: Direktor der Solothurnischen Pflege- und Heilanstalt Rosegg
Besoldung:
Fr. 1 500.– pro Jahr

1923–1930:
Dr. med. Walter Moos (1894)
Vorher: Assistenzarzt in der Pflegeanstalt Rheinau

1921

9. Inspektionsgehülfin
1921–*1931*:
Frl. Elsa Forster (1885)
Vorher: Hortleiterin mit Kinderfürsorge, Kurs in Säuglungspflege
Besoldung: Fr. 4 920.– pro Jahr

Kursiv gedruckte Jahreszahlen kennzeichnen nicht das Ende der Anstellung, sondern das Ende der Recherche

Quellen: Bestand V.K.a.04: Protokolle des Waisenamtes bzw. der Vormundschaftsbehörde der Stadt Zürich; Geschäftsberichte des Stadtrates Zürich von 1900–1930; Geschäftsakten des Waisenamtes von 1908–1910.

Tabelle 11: Versorgungsgründe des Kinderfürsorgeamtes im Jahre 1911

	Anzahl
Zerrüttete Familienverhältnisse	65
Mangelnde Aufsicht und Zucht	58
Sittliche Gefährdung	44
Krankheit und Tod der Mutter	36
Diebereien und Betrügereien	35
Alkoholismus der Eltern	26
Misshandlung	24
Vernachlässigung und Unordentlichkeit der Eltern	22
Schulschwänzen	19
Ungezogenheit des Kindes	17
Abwesenheit der Eltern	14
Zwischentotal	**360**
Wegen Krankheiten	142
Zwecks Versorgung an einer Dienst oder Lehrstelle	18
Insgesamt	**520**

Quelle: Stauber 1915.

Tabelle 12: Einschreitungsgründe des stadtzürcherischen Vereins für Kinderschutz im Jahr 1911

	Anzahl
Misshandlung und Ausbeutung	25
Verwahrlosung und Vernachlässigung	19
Kränklichkeit und Armut	16
Mangelhafte Erziehung	12
Sittliche Gefährdung	10
Kostortgesuche	9
Ausschließlich Frauenschutz	9
Anmeldungen für die Sonderklasse	6
Arbeitsvermittlung und Versorgung Erwachsener	5
Auskunft	5
Verleumderische Angaben	3
Böswillige Verlassung des Kindes	1
Unbotmäßigkeit und Diebstahl	1
Total	**121**

Quelle: Schweizerische Vereinigung für Kinder- und Frauenschutz (1912).

Tabelle 13: Bewerbungen bei der Amtsvormundschaft von 1908–1934

Jahr	Amtsvormünder	Inspektionsgehülfinnen
1908	24	
1910		32
1911		
1912		
1913	14	
1914		
1915	15	53
1916		53
1917		28
1918	28	41
1920	18/27	70
1922	80	
1929	34	
1931	67	

Quellen: Bestand V.K.a.04: Protokolle des Waisenamtes bzw. der Vormundschaftsbehörde der Stadt Zürich; Geschäftsberichte des Stadtrates Zürich von 1900–1930; Geschäftsakten des Waisenamtes von 1908–1910.

Tabelle 14: Verteilung der Dokumente der sieben ausgewählten Falldossiers der Amtsvormundschaft der Stadt Zürich

Dokumentenart	Nüssli	Duss	Bodmer	Jens	Marek	Eberhard	Cohn	Total
Korrespondenz der El- tern an die Behörden	27	13	5			15	1	**61**
Korrespondenz der Kin- der an die Behörden	32	23				4	36	**95**
Korrespondenz der Le- bensgefährten an die Behörden	5						15	**20**
Korrespondenz der Fa- milienmitglieder unter- einander	9	3				1		**13**
Total der Korrespondenz der Betroffenen	73	39	5			20	52	**189**
Korrespondenz der An- wälte der Familien	1		1					**2**
Korrespondenz der Pfle- geeltern/Arbeitgeber	44	34				3	5	**86**
Korrespondenz der Be- hörden und Heime	211	127	105	7	20	53	85	**608**
Inspektionsberichte	64	55	31	5	4	34		**193**
Protokolle/Gutachten/ Rapporte	53	15	25	4	5	8	5	**115**
Aktennotizen	47	56	51	1	9	33	32	**229**
Sonstiges	2	7				1	2	**12**
Gesamttotal	495	333	218	17	38	152	181	**1444**

Quellen: Bestand V.K.c.30: Akten der Amtsvormundschaft der Stadt Zürich. Darunter die Akten von (Namen anonymisiert): Ilse Jens (No 4905); Arne Cohn (No 2122a); Toni Marek (No 225a); Familie Nüssli (No 1425a); Linda Eberhard (No 8736a); Walter Duss (No 5665b) und Anna Bodmer (No 1287b); die Akten des Waisenamtes der Stadt Zürich von Familie Nüssli: ohne Nummer, Dorf/Serie – 1921.

314

Tabelle 15: Entwicklung der Institutionen der Kinder- und Jugendfürsorge in der Stadt Zürich bis 1930

Institution	Zweck	Träger	Unterstützungsart und Ansatz	Aufnahmebedingungen
Waisenhaus der Stadt Zürich 1635	Für völlig und teilweise verwaiste Kinde von 4–14 Jahren, vater- oder mutterlose Kinder, wenn die Angehörigen nicht imstande sind, für richtige Erziehung zu sorgen	Früher: Zürcher Geistlichkeitssynode Ab 1919: Stadt Zürich	Die Kinder sollen gleich jenen des ordnungsliebenden Bürgers des Mittelstandes gehalten werden; Vorbildung auf einen geeigneten Beruf; Kinder besuchen Stadt-schulen; Gesang- und Handfertigkeitskurse, Gartenarbeit	Ausnahmsweise auch Kinder, die nicht verwaist sind, denen jedoch die nötige Pflege und Erziehung fehlt; keine Kinder mit ansteckenden Krankheiten
Bürgerliche Witwen- und Waisenstiftung der Stadt Zürich 1816	Witwen und Waisen verstorbener Gesellschafter von 25–60 Jahren	Stadt Zürich		Ausschließlich Bürger der Stadt Zürich; schriftliche Anmeldung mit Arztzeugnis
Kleinkinderbewahran-stalten, Zürich 1 1830 †, 1873 †	2 Anstalten für die Erziehung zur Religiosität warmen Frömmigkeit	Hülfsgesellschaft der Stadt Zürich		Keine Angaben
Kleinkinderschulen, Zürich 4 zwischen 1830 und 1880	7 Schulen für die Erziehung von Kindern von 4–6 Jahren	Stadtmissionar Hunziker/ Schulvorstand	Leitung nach pädagogische richtigen, auf dem Worte Gottes beruhenden Grundsätzen	
Kleinkinderschulen, Zürich 5–7	4 Schulen	Versch. Religiöse Vereinigungen		
Waisenstiftung Neumünster, 1836†	Erziehung und berufliche Ausbildung von armen oder nur wenig bemittelten Waisen	Waisengesellschaft Neumünster		Kinder aus Familien der Kirchgemeinde Neumünster
Verein zur Unterstützung armer Wöchnerinnen, Zürich 1, 1842–	Beistand an hilfsbedürftige Wöchnerinnen und deren Neugeborene	Freimaurer-Loge	Lingestücke, Kinderbetten, Bettzeug, Lebensmittel, Milch Kephir, Brennmaterial, kein Alkohol, kein Geld	½ Jahr in Zürich niedergelassen, erst beim 2. Kind, Erhebung der Bedürftigkeit durch Besuchsdame
Versorgungsverein für hilflose Mädchen, Zürich 1, 1854†	Versorgung von Mädchen zwischen 4 und 12 Jahren, denen im Elternhause an der nötigen Aufsicht fehlt	Komitee der Zürcher Fünferkollekte	Christliche, reformierte Erziehung der Mädchen in Familien auf dem Lande, bei Schwachsinn und großer Verwahrlosung in Anstalten	
Mathilde-Escher-Stiftung, Zürich 8, 1865–	Pflege und Unterweisung von gebrechlichen Kindern, deren Gebrechen einen fortschreitenden Unterricht verträgt	Mathilde-Escher-Stiftung		Nicht für unheilbare, blödsinnige, fallsüchtige und beständiger Pflege bedürfender Kinder
Spielschule Neumünster, Zürich 7/8 Anzahl 1933: 4 1869–	Religiöse Beeinflussung und Erziehung der Kinder	Gemeinnützige Gesellschaft Neumünster		
Anstalt Magdalenenheim, Zürich 8, 1872–	Zufluchtstätte für Mädchen, die auf Abwege geraten oder besonders gefährdet sind	Mathilde-Escher-Stiftung	Erziehung zu ehrbaren und brauchbaren Gliedern der menschlichen Gesellschaft durch Arbeit und christlichen Einfluss, Waschen, Glättern und Weissnähen	Freiwillig, zwischen 14 und 30, bildungsfähig, gesund, nicht in anderen Umständen, deutsch sprechend; ärztliches Zeugnis, Garantie des Kostgeldes; Aufenthalt 2 Jahre; wer sich der Ordnung nicht fügt, wird entlassen
Ferienkolonie der Stadt Zürich, 1876–	Erholungsbedürftige Kinder durch Kuraufenthalt bei einfacher, aber kräftiger Nahrung gesundheitlich zu stärken und durch Gewöhnung an Ordnung, Reinlichkeit und rücksichtsvolles Zusammenleben erzieherisch zu beeinflussen.	Prof. Dr. W. Bion/ Stiftung unter Aufsicht des Stadtrates Zürich	Ferienkolonien in den Sommerferien (3 Wochen), Betrieb von Erholungsheimen (ganzjährig geöffnet),	
Frauenverein Enge, Zürich 2, 1878†	Pflege von Wöchnerinnen und Unterstützung alter, allein stehender Frauen	Frauenverein	Bargeld, Bettwäsche, Lebensmittel, Brennmaterial, Weihnachtsbescherung (Brot, Kaffee, Holz), Hauspflegerinnen	
Pilgerbrunnen-Mädchenasyl, Zürich 3, 1880–	Anstalt für sittlich gefährdete Mädchen von 14–24 Jahren	Zürcherischer Frauenbund zur Hebung der Sittlichkeit	Waschen, Nähen, Haus- und Gartenarbeit	Schriftliche Verpflichtung für eine Probezeit von 4 Wochen; 2–3-jährige Aufenthaltsdauer
Heilstätte für skrofulöse und rachi-		Ärztliche Gesellschaft der	Altersentsprechender Unterricht, Spezialkurmittel, Solbäder, Sonnen-	Kinder der Stadt Zürich und Umgebung ohne Unterschied

tische Kinder 1885†		Stadt Zürich	und Luftbäder	des Geschlechts, der Herkunft und der Konfession; keine Unheilbaren; mind. 4–6 Monate
Ununterbrochenes Bahnhofwerk Zürich, 1886–	Mädchen und Frauen auf der Durchreise oder bei ihrer Ankunft behilflich zu sein.	Verein der Freundinnen junger Mädchen	Agentinnen sind von morgens bis abends am Bahnhof	
Jugendhorte in der Stadt Zürich Anzahl 1919: 48 Anzahl 1933: 47 1886–	Unentgeltlicher Ersatz des fehlenden Heimes für schulpflichtige Kinder unbemittelter Eltern während der schulfreien Zeit	Verschiedene gemeinnützige Gesellschaften und Jugendhortkommissionen später: Stadt Zürich	Unterkunft von Schulschluss bis 19 Uhr. Vesperessen (Milch und Brot). Beschäftigung mit Handfertigkeit, Garenarbeit, Spiel und Spaziergang.Hauptaugenmerk auf erzieherische Einwirkung, Gewöhnung an Zucht, Ordnung, Reinlichkeit, Sittlichkeit und Fleiß.	
Zürcherische Erholungsstationen, 1888†	Während der Sommerferien Station der Ferienkolonie, vorher und nachher Erholungsheim für erholungsbedürftige, schulpflichtige Kinder und kurbedürftige Töchter von 16–20.	Verein Zürcher Ferienkolonien	Kost und Logis, elterliche Verpflegung, beständige Aufsicht, Schulunterricht	Keine Kinder mit vorgeschrittener Tuberkulose, Skrophulose, ansteckende Krankheiten, Antrag durch Schularzt, Untersuchung der häuslichen Verhältnisse durch Kinderfürsorgeamt
Marthahaus, Zürich 1, 1888–	Jungen Mädchen, stellenlosen Dienstboten ein christliches Heim und durchreisenden Damen Unterkunft zu bieten.	Verein der Freundinnen junger Mädchen, Sektion Zürich (Martha-Verein)		
Pilgerbrunnen Maternité, Zürich 3, 1890†	Asyl für erstgefallene Mädchen (Erstgebärende)	Zürcherischer Frauenbund zur Hebung der Sittlichkeit	Stationäre Aufnahme (Pflege der Kinder, Haus- und Gartenarbeit), Vermittlung eines Dienstplatzes an brave und fleißige Mädchen	Ausfüllen eines Frage- und Bedingungsbogen, ärztliches Zeugnis, keine geistige anormale, blödsinnige oder syphilitische Mädchen, Verpflichtung, 6 Wochen nach Geburt zu bleiben
Erholungshaus Fluntern, 1890†	Würdige Töchter aus einfachen Verhältnissen zu Dienstboten heranziehen			Die Mädchen müssen lesen, schreiben und rechnen können und ihre Wäsche selbständig in Ordnung halten können
Marthahof, Zürich 1, 1892–	Töchterheim, Dienstboten- und Haushaltungsschule	Verein der Freundinnen junger Mädchen, Sektion Zürich (Martha-Verein)	Schulung von Mädchen von Mädchen in Küchen- und Zimmerdienst, Anleitung zum Waschen, Flicken, Nähen; religiöser Unterricht	
Kostkinderwesen der Stadt Zürich, 1893–1929	Beaufsichtigung der sozialen und hygienischen Verhältnisse der Kostkinder und Kosteltern durch den Stadtarzt-Adjunkten und Inspektorinnen. Erhebungen über Wohnung, Gesundheit, soziales Verhalten der Pflegefamilien	Stadt Zürich	Leihweise Aufrüstung von Kinderbettchen, Abgabe von Kleidungsstücken; Unterbringung von kranken Kindern	
Lehrlingspatronat Zürich, 1894†	Fürsorge für Lehrlinge und Lehrtöchter aus der Stadt Zürich	Gemeinnützige Gesellschaft und gewerbliche Vereine	Mithilfe bei der Berufswahl und Vermittlung von Lehrstellen und Kostorten, Abschluss von Lehrverträgen, Aufsicht über das Betragen der Lehrlinge und Unterstützung unbemittelter tüchtiger Lehrlinge durch Vorschüsse für Lehrgeld, Kost, Kleider und Wohnung	
Mädchenheim Ottenweg, Zürich 8, 1894†	Sittliche und moralische Erziehung junger Mädchen	Heilsarmee		
Rettungshaus, Zürich 8, 1894†	Anstalt für Mädchen unter 30 Jahren	Heilsarmee	Häusliches Arbeiten, Waschen, Bügeln, Nähen; für jüngere Mädchen auch Schulunterricht	Aufnahme jederzeit ohne Rücksicht auf Herkunft; verlangt wird nur der Wille, ein anderes Leben anzufangen; Entlassung, wenn der Beweis erbracht ist, dass eine Herzensänderung eingetreten ist
Privatkinderspielschule, Zürich 4	Unterstützung und Ergänzung der häuslichen Erziehung von Kindern	Vincentiusverein Zürich,		Keine Kinder mit Gebrechen und solche, die eine Gefahr

1894†	vom 3.–6. Lebensjahr	Konferenz St. Peter und Paul		für die anderen Kinder sind, keine Kinder mit Ausschlag oder anderen Ekel erregenden Krankheiten
Kinderkrippen der Stadt Zürich Anzahl 1918: 5 Anzahl 1933: 5 zwischen 1895 und 1933–	Aufnahme und Verpflegung von gesunden Kindern im vorschulpflichtigen Alter	Sektion Zürich des Schweizerischen Gemeinnützigen Frauenvereins	Aufnahme der Kinder (außer Sonn- und Festtage) von 6–20 Uhr, ärztliche Kontrolle, keine Übernachtungen	Kinder aus dürftigen, braven und arbeitsamen Familien, seit mind. ¼ Jahr in Zürich, Mutter muss außer Haus arbeiten, Krankheits- und Todesfälle, Aufnahmeschein, das Kind muss gesund sein
Kindergärten der Stadt Zürich Anzahl 1931: 95 1895–		Stadt Zürich		
Töchterheim 1895†	Alleinstehenden jungen Mädchen ein freundliches Familienleben bieten	Frl. Emma Hess	Christliche Hausordnung zur Bewahrung vor den Gefahren der Großstadt	
Lydiaheim	Herberge für Arbeiterinnen, die in Zürich in Geschäften arbeiten, für Mädchen, die eine Stelle suchen und für durchreisende Damen, die nicht gerne in Gasthöfen logieren			
Marienheim Zürich 4, 1896–	Anstalt für katholische Dienstboten und Arbeiterinnen der Pfarrei St. Peter und Paul	Pfarrei, kath. Mädchenschutzverein	Unterkunft und Stellenvermittlung	
Haushaltungsschule, Zürich 7, 1898–	Tüchtige Ausbildung der Mädchen aller Stände im Hauswesen	Sektion Zürich des Schweizerischen Gemeinnützigen Frauenvereins	Kochkurse, Haushaltungskurse, Heranbildung von Haushaltungslehrerinnen, Ausbildung von Hausbeamtinnen; Ausbildung von Arbeitslehrerinnen	
Pestalozzihäuser der Stadt Zürich Anzahl: 2 1898–	Erziehung sittlich verwahrloster Schuldkinder der Stadt Zürich	Stadtgemeinde Zürich	Eine Schulanstalt (6–12) und eine Arbeitsanstalt (ab 12 Jahren)	Für Knaben aus der Stadt Zürich. Schweizerbürger werden den Ausländern vorangestellt. Verpflichtung bis zum Schluss der obligatorischen Schulzeit
Suppenküche der Stadt Zürich, 1899†	Abgabe von nahrhafter Suppe an dürftige Schüler als Frühstück und Mittagessen	Schulverwaltung		Prüfung der Berechtigung durch Lehrerkonvente und Kinderfürsorgeamt
Mütter- und Säuglingsheim Inselhof, 1900†	Schutz und Fürsorge für Mütter und ihre Kinder	Verein Mütter- und Säuglingsheim Zürich	Aufenthalt, Vermittlung von Kenntnissen über Säuglingspflege und Kindererziehung	
Waisenstiftung Neumünster, Zürich 7/8 1900†	Erziehung, Förderung, Unterstützung und berufliche Ausbildung von armen, wenig bemittelten Waisenkindern	Waisengesellschaft Neumünster	Religiös-sittliche Erziehung	In erster Linie Kinder, die in der Kirchgemeinde verbürgert und jetzt Bürger der erweiterten Stadt Zürich sind
St. Josephsheim 1902–	Heim für Dienstboten, Arbeiterinnen, Ladentöchter und Schülerinnen	St. Josephsverein Zürich	Mit dem Heim verbunden ist eine Kochschule; Stellenvermittlung	
Ferienhorte der Stadt Zürich Anzahl 1916: 48 1903–	Schulpflichtigen Kindern, welche der elterlichen Aufsicht entbehren und die Ferienzeit in der Stadt verbringen müssten, eine Heimstätte und passende Beschäftigung bieten	Stadt Zürich	Aufsicht von 2–18 Uhr	
Tabeastift, 1904†	Alle Kinder von 1–6	Schweizerischer Diakonieverein für Haus- und Kinderpflege		
Zürcherische Pflegeanstalt für geistesschwache bildungsunfähige Kinder, 1904†		Gemeinnützige Gesellschaft des Kantons Zürich		Für Kantonsangehörige
Kommission zur Fürsorge für aus der Schule entlassene Schwachbegabte, Zürich 1, 1905†	Fürsorge für Kinder, die aus den Spezialklassen der Stadt Zürich, aus der Blinden- und Taubstummanstalt oder aus Anstalten für Schachsinnige austreten	Kinderschutzvereinigung Zürich	Mithilfe bei der Berufswahl, Vermittlung von Lehrstellen, Regelung der Verhältnisse zwischen Arbeitgeber und Arbeitnehmer; Fürsorge für Erholung, Schutz und körperliche Fortbildung	Eltern müssen in Zürich wohnhaft und mit der Fürsorge einverstanden sein
Asilo infantile italiano,	Unentgeltliche Verpflegung und Beaufsichtigung von 3–5-jährigen		Fröbel'sche Beschäftigung	Kinder armer italienischer Familien, deren Väter im

1906†	Kindern			Krieg sind und deren Mütter einem Verdienst nachgehen
Ferienheim Enge, Zürich 2 1906†	Sommerferienaufenthalt für Kinder von bemittelten und unbemittelten Eltern in stärkender Bergluft unter pädagogischer Leitung	Gemeinnützige Gesellschaft Enge		
Ferienversorgung Zürich 1906–	Kindern aus allen Stadtkreisen, die während der Ferienzeit häuslicher Aufsicht und Beschäftigung entbehren, bei wohlmeinenden Familien auf dem lande Unterkunft zu verschaffen.	Zürcherische und thurgauische Lehrerinnen Später: pro Juventute	Unterbringung bei Bauerfamilien, Mithilfe bei Feld- und Hausarbeiten	Nur gut empfohlene Kinder, hauptsächlich Hörtlinge, Nicht-Hörtlinge werden erst in zweiter Linie berücksichtigt
Städtisches Kinderfürsorge- amt, 1907–1929	Zentralstelle aller Maßnahmen für körperliche und sittliche Wohlfahrt der Kinder. Institution zur Ausübung der Schulgesundheitspflege, zur Fürsorge von rückständigen, körperlich oder geistig gebrechlichen, verwahrlosten und bedürftigen Kindern im vorschul- und schulpflichtigen Alter	Schulverwaltung der Stadt Zürich	Verbindung mit den Organen der Schülerspeisung, Verabfolgung von Kleidern an dürftige Kinder, Versorgung kranker, zurückgebliebener, verwahrloster Kinder, Überwachung der Versorgungsorte, Zuweisung der Kinder in Ferienkolonien, Erholungsstationen und Waldschulen, Organisation und Beaufsichtigung der Jugend- und Ferienhorte, Beteiligung an der Organisation der Kinderschutzmaßnahmen, Versorgung der Schüler aus Spezialklassen, Versorgung verwahrloster Kinder, Beschäftigung und Platzierung schulentlassener Kinder, Lehrlingspatronat, Verwaltung des städtischen Jugendheims und des Elisabethenheims; Berufsberatung	
Maximilianum, Zürich 1, 1907†	Lehrlingen aller Geschäftszweige, welche keinen Familienanschluss haben, soweit wie möglich das Elternhaus zu ersetzen und sie vor den Gefahren des Großstadtlebens zu bewahren; Kaufleuten und Studierenden ein angenehmes Heim sein.	Pfr. Dr. W. von Matt (römkath.)	Darbietung gesunder Schlafräume und guter Kost, Anregung, Belehrung und Unterhaltung	
Amtsvormund- schaft der Stadt Zürich, 1908–1929	Vormundschaften über Minderjährige nach Entzug der elterlichen Gewalt, Vormundschaften über Geisteskranke, Trunksüchtige, Verschwender, Personen mit lasterhaftem Lebenswandel und Kriminelle	Stadt Zürich	Beistandschaften über neugeborene Uneheliche sowie über gefährdete und verwahrloste Kinder Zusätzlich: Berufsberatung, Kontrolle von Erziehungsverhältnissen	
Stadtzürcherischer Verein für Mütter- und Säuglingsschutz 1909–	Schutz der Mutter in allen Fällen, Schutz der Neugeborenen gegen Vernachlässigung und Verwahrlosung; unentgeltlicher Rat, Vermittlung von Wohn- und Arbeitsgelegenheiten, Vermittlung von ärztlicher und juristischer Hilfe, Förderung der wirtschaftlichen Selbständigkeit	Stadtzürcherischer Verein für Mütter- und Säuglingsschutz	Eigenes Mütterheim, Ärztliche Kontrolle der Säuglinge, leihweise Abgabe von Betten, Wäsche, Stillpropaganda, eigenes Kinderasyl	Freiwillige Ratsuchende und überwiesene Frauen
Klub junger Mädchen, 1909†	Alleinstehenden Mädchen, die einen Beruf ausüben, ein Heim zu bieten; Unterhaltung, Belehrung und gegenseitigen Anschluss bieten	Verein der Freundinnen junger Mädchen, Sektion Zürich (Martha-Verein)	Charakterbildung soll auf christlicher Grundlage gefördert werden	
Fürsorgestelle der Zürcher Stadtpolizei, Zürich 1 1909–1929	Sittlich gefährdeten Frauen und Mädchen Schutz, Hilfe und Leitung zu gewähren. Fortkommen durch Arbeitsvermittlung sichern	Stadt Zürich	Ermöglichung der Rückkehr in die eigene Familie oder in eine Erziehungsanstalt	
Luisenstift Sihlwartheim 1910–	Mütter- und Kinderheim Alleinstehenden, erwerbenden, jungen Mädchen (Bureauangestellte, Ladenfräulein, Schneiderinnen, Büglerinnen, Modistinnen, Kursteilnehmerinnen) ein schützendes Heim zu bieten, in dem sie auch bei geringem Verdienste eine gute Unterkunft fin-	Verein der Freundinnen junger Mädchen, Sektion Zürich (Martha-Verein)	Christliche Hausordnung	

318

	den können.			
Verein für gute Versorgung armer Kostkinder, 1910†	Verbesserung des Loses armer Kostkinder	Frl. Hess, Lehrerin		
Städtisches Jugendheime, Zürich 1 (Florhofgasse), 1910+	Vorübergehende Aufnahme von verwaisten, verlassenen und misshandelten, nicht schulpflichtigen Kindern der Stadt	Pestalozzihauskommission/ Städtisches Kinderfürsorgeamt		
Sonntagssäle für Knaben, Zürich 3,4,5		Zürcher Evangelische Gemeinschaft		
Heim für junge Männer, Zürich 1, 1911–	Die schulentlassene, männliche Jugend der Stadt zu sammeln zu fröhlicher Geselligkeit, geistiger und körperlicher Weiterbildung und zu gemeinsamen sittlich-religiösen Streben	Christlicher Verein junger Männer (CVJM)		Ohne Berücksichtigung von Stand, Partei, Konfession
Gesellschaft der Schülergärten, Zürich, 1911–	Auf dem Gebiet der Stadt Zürich Schülergärten errichten und mit Hilfe der Gartenarbeit Knaben und Mädchen der mittleren Schulstufe erzieherisch zu beeinflussen, vor den Gefahren des Gassenlebens und anderen schädlichen Einflüssen zu bewahren, die körperliche Entwicklung zu fördern, Freude an der Arbeit und Liebe zum Boden der Heimat zu erwecken.	Pfarrer Bosshard/ Kinderfürsorgeamt/ Stadtgärtnerei	An zwei Wochenabenden wird unter Führung in Gärten gearbeitet.	
Mütterheim, Zürich 6, 1911†	Aufnahme und Pflege von unehelichen und eheverlassenen Müttern über die Zeit der Entbindung,	Stadtzürcherischer Verein für Mutter- und Säuglingsschutz	Stationärer Aufenthalt, sittlich-erzieherische Beeinflussung der jungen Mütter, Anleitung zum Stillen, Säuglingspflege, Ordnung und Pflichttreue, Vermittlung an Dienstplätze, Versorgung der Kinder	Freiwillige Ratsuchende und überwiesene Frauen
Ferienkolonie der Augustin Keller-Loge, 1911–	Ferienaufenthalte von 3 Wochen	Augustin Keller-Loge		
Kinderkrippe Wollishofen, Zürich 2, 1913–	Aufnahme und Verpflegung von gesunden Kindern im vorschulpflichtigen Alter	Krippengesellschaft zur Verpflegung und Erziehung nichtschulpflichtiger Kinder	Aufnahme der Kinder (außer Sonn- und Festtage) von 6–19.30 Uhr, ärztliche Kontrolle, keine Übernachtungen	Kinder aus dürftigen, aber rechtschaffenen und arbeitsamen, seit mind. ½ Jahr in Zürich lebenden Familien, Mutter muss außer Haus arbeiten,
Mütterberatungsstellen der Stadt Zürich Anzahl 1919: 5 Anzahl 1933: 8 1913–	Bekämpfung der Kindersterblichkeit	Stadtzürcherischer Verein für Mutter- und Säuglingsschutz	Sachkundige Aufklärung und Unterweisung der Mütter, ärztliche Kontrolle der Säuglinge, Stillpropaganda	Freiwillige Ratsuchende und überwiesene Frauen
Familienversorgung tuberkulos gefährdeter Kinder, Zürich 1913–	Versorgung tuberkulös gefährdeter Kinder in Familien auf dem Lande, damit sie körperlich erstarken, geistig-sittliche Förderung	Bezirkskommission Für die Jugend		Zuerst 2-monatiger Aufenthalt in Beobachtungsstation, nur solche Kinder, bei denen Versorgungsdauer durch den Ausschuss bestimmt werden kann, in erster Linie mehrere Jahre
Mädchenheim Tannehof, Zürich 6, 1913†	Gefährdeten und entgleisten Frauen vorübergehenden Aufenthalt, Schutz und Fürsorge zu bieten bis zur Plazierung, Heimschaffung oder dauernden Anstaltsversorgung		Beschäftigung in Bettmacherei, Haushalt und Garten	
Wohnheim für Jünglinge 1914†	Den nach der Stadt übersiedelnden jungen Leuten von 14–18 Jahren für die kein großes Kostgeld bezahlt werden kann, ein heim bei erzieherisch befähigten Familien zu bieten	Schweizerischer Verein der Freunde des jungen Mannes		
Bahnhofsmission des katholischen Mädchenschutz-		Katholischer Mädchenschutzverein		

319

vereins, Zürich, 1914–		Zürich		
Katholisches Töchterheim St. Nothburga Zürich 7 1914–	Alleinstehenden, katholischen Jungfrauen Kost und Logis zu bieten	Katholische weibliche Vereine der Antonius-Pfarrei		
Christliches Töchterheim, Zürich 1, 1914–	Aufnahme allein stehender Töchter, die städtische Schulen besuchen, wie stellenloser Mädchen und anderer weiblicher Personen, die kurzen Aufenthalt machen wollen bei Durchreise			
Zürcher Walderholungsstätte mit Waldschule, Zürich 7, 1914†	Vermittlung von Kräftigung und dauernder Heilung an erholungsbedürftige und schwächliche Schulkinder der Stadt Zürich bei reduzierterem und freierem Schulbetrieb	Tuberkulosekommission und Schulwesen der Stadt Zürich	Tageseinrichtung (Morgen bis 18 Uhr). Frühstück, Mittag- und Abendessen, Unterricht im Freien, Bewegungsspiele, Gartenarbeiten	Ausgeschlossen sind fieberhafte oder mit ansteckenden Krankheiten behaftete Kinder sowie solche, die an Herzfehler oder Epilepsie leiden. Aufnahme aufgrund eines ärztlichen Zeugnisses.
Berufsberatungsstelle der Zürcher Frauenzentrale, 1916†	Berufsberatung für Frauen und Mädchen, Vermittlung von Dienstlehrstellen für schulentlassene Mädchen	Zürcher Frauenzentrale		
Ferienfreilufthorte, 1916†	In den Sommerferien schwächliche Knaben und Mädchen durch eine regelrecht durchgeführte Sonnen- und Freiluftkur und Abgabe von Milch und Brot in ihrer körperlichen Widerstandsfähigkeit zu kräftigen, Schutz vor Tuberkulose	Bezirkskommission Für die Jugend		
Unentgeltliche Geburtshilfe der Stadt Zürich, 1916†	Unterstützung von armen Wöchnerinnen bei der Geburt	Vorstand des Gesundheitswesens	Bezahlung der Geburt (in Klinik oder Haus) sowie Pflege-, Arzt- und Arzneikosten	seit 1 Jahr in Stadt, weniger als Fr. 4 000.– Einkommen, Familie darf nicht Fürsorgeabhängig sein, Gesundheitsamt darf Geburtsort bestimmen
Jugendhort Hephata, Zürich 8, 1916†	Nachmittagsangebot für schwerhörige und ertaubte Kinder	Hephata-Verein Zürich	Spiel und Arbeit, Übungen im Ablesen des gesprochenen Wortes, Berufsausbildung, Vesper	Mütter sind als erwerbswillens von zu hause abwesend
Israelitischer Jugendhort, Zürich 4, 1916–	Beaufsichtigung und Beschäftigung von Kindern zur erzieherischen Beeinflussung und Bewahrung vor dem schändlichen Einfluss der Strasse	Israelitischer Frauenverein	Klebarbeiten (Knaben), Nähen und Stricken (Mädchen), Beaufsichtigung bei der Lösung von Schulaufgaben, Spiele, Spaziergänge, Vesper	Kinder, deren Mütter um des Erwerbs willen abwesend sind.
Jugendheime des Waisenamtes der Stadt Zürich, Anzahl: 2 (Mädchen und Knaben), 1917†	Vorübergehende Unterbringung schulentlassener gefährdeter und verwahrloster Knaben und jugendlicher Arrestanten bzw. Mädchen	Stadt Zürich	Angemessene Betätigung, Beobachtungsstation unter Zuzug von Psychiatern; Fabrikation von Heften, Papiersäcken und anderer Artikel der Papier- und Metallbranche	Geschlechter in beiden Heimen getrennt
Vorstation, 1917†	Beobachtung von schwer erziehbaren, schulpflichtigen und schulfähigen Kindern	Pro Juventute	Abklärung für Versorgung	Verpflichtung zu mind. 3 Monaten
Genossenschaft Proletarische Jugend, Zürich 4, 1917†	Erwerbung und Unterhaltung von Jugendheimen für die Arbeiterjugend			
Familienhort, Zürich 4 1917–	Ersatz der Familienhäuslichkeit und –erziehung während der schulfreien Zeit	Initiativkomitee	Schulaufgaben, Arbeit in Küche und Nähzimmer, Gartenarbeit, Vesper (Apfel), Nachtessen, Hausbesuche und Elternabende	
Kinderasyl, Zürich 6 1917–	Pflege von gesunden Säuglingen von der Geburt bis 1. Lebensjahr	Stadtzürcherischer Verein für Mütter- und Säuglingsschutz	Stationärer Aufenthalt der Kinder, ärztliche Untersuchung durch Hausärztin	Kostgeld nach Verhältnissen der Mütter
Krippe zum Kehlhof, Zürich 6, 1918–	Aufnahme und Verpflegung von gesunden Kindern im vorschulpflichtigen Alter	GG Wipkingen/ Sektion Zürich des SGF		
Jugendheim Aussersihl, Zürich 4, 1918–	Zur sittlichen und geistigen Hebung der schulentlassenen Jugend	Pfr. E. Tischhauser	Unterhaltung (Lichtbildervorträge, Gesangs- und Orchesterabende) und Belehrung (Sprachkurse)	

Städtisches Knabenheim Selnau	Vorübergehende Aufnahme schulentlassener Knaben und Jugendlicher, die aus irgendeinem Grund sofortiger Unterbringung und ev. Beobachtung bedürfen.	Stadt Zürich	Vollzug von Arreststrafen gegenüber Jugendlichen, Aufnahme von Pensionären (Jugendliche, die in der Stadt arbeiten und intensiver Aufsicht bedürfen); Hausarbeiten, Fabrikation von Massenartikeln der Papierbranche
Italienisches Waisenhaus, Zürich 6, 1919–	Versorgung von Kriegswaisen	Italienische Kolonie in Zürich	
Städtisches Jugendheim, Zürich 8, Forchstrasse; ab 1927 Städtisches Jugendheim Erika, Zürich 6, 1919–	Vorübergehende Aufnahme von verwaisten, verlassenen und misshandelten, nicht schulpflichtigen Kindern der Stadt	Pestalozzihauskommission/ Städtisches Kinderfürsorgeamt	
Katholisches Akademikerheim Zürich 1, 1919–		Augustinusverein	Hauskapelle, Lesezimmer, Bibliothek, Klub- und Konferenzräume, Studentenseelsorge, Pension
Erziehungsberatungsstelle im Heilpädagogischen Seminar Zürich 1, 1921–	Ratsuchenden in Erziehungsfragen Auskunft und Belehrung erteilen,	Pro Juventute/Heilpädagogisches Seminar/Frauenzentrale	Entwicklungsgehemmte Kinder erfassen und die für ihre Erziehung nötigen Maßnahmen anraten, ärztliche Behandlung, Milieuwechsel, Milieusanierung, Schulwechsel, individuelle Überwachung
Städtisches Jugendheim Artegut, Zürich 7 1924–	Aufnahme von Kindern von 2–6 Jahren für kürzere oder längere Zeit	Stadt Zürich	
Töchterheim Salem Zürich 6, 1925–	Alleinstehenden Töchtern und Frauen ein christliches Heim bieten	Baptistengemeinde Zürich	
Verein Ferien und Freizeit für Jugendliche, 1925–	Ideelle und materielle Unterstützung der Jugendgruppen. Förderung aller zweckmässigen Bestrebungen zur Freizeitverwendung	Privatpersonen aus der Jugendhilfe der Stadt Zürich	
Verein Zürcher Werkstätten, Zürich 1, 1926–	Errichtung und Führung von Werkstätten zur Anlernung und nötigenfalls dauernden Beschäftigung von Mindererwerbsfähigen, die Unterbringung angelernter Mindererwerbsfähiger in anderweitigen betrieben.		
Kinderkrippe, Zürich 4, 1927–	Pflege von Kindern von 14 Tagen bis zum vorschulpflichtigen Alter während der Abwesenheit der Mutter	Gemeinnütziger Verein Caritas	
Kleinkinderschule, Zürich 1, 1927–		Kath. Pfarramt Liebfrauen	
Marienheim-Hospiz, Zürich 4 1927–	Für Passantinnen	Gemeinnütziger Verein Caritas	
Zürcher Webstube, 1927–	Anlernung von mindererwerbsfähigen Burschen (Geistesschwache, Taubstumme, Gelähmte) in der Handweberei	Verein Zürcher Werkstätten	
Wohnheim für Jugendliche, Zürich 4, 1928–	Für Jugendliche unter 20 Jahren	Genossenschaft proletarische Jugend	
Katholisches Jugendheim St. Peter und Paul, Zürich 4, 1928–	Lehrlingen und jugendlichen männlichen Geschlechts ein trautes Heim bieten	Kasinogesellschaft Zürich	Verpflegung, moralischen Schutz, Weiterbildung
Neues Töchterheim, Zürich 4, 1928–		Verein der Freundinnen junger Mädchen	
Pension Matan, Zürich 4, 1928–	Heim für weibliche Angestellte	Verein der Freundinnen junger Mädchen	
Wohlfahrtsamt*,	Zusammenfassung der amtlichen	Stadt Zürich	I: Vorsorgliche Hilfe für Kinder; Ta-

321

1929–	Fürsorge der Stadt Zürich Für Kinder und Jugendliche: - Jugendamt I - Jugendamt II - Jugendamt IIIa - Jugendamt IIIb		gesheime, Jugend- und Ferienhorte, Ferienversorgung, Verwaltung der städtischen Jugendheime etc. II Berufsberatung und Stellenvermitt- lung III a: Beratung von Eltern, Kindern und Jugendlichen in Erziehungsfra- gen freiwillige Hilfe, Hilfe für ver- wahrloste, schwererziehbare und gesundheitlich gefährdete Kinder, etc. IIIb Pflegekinderwesen, amtliche Beaufsichtigung aller Kinder bis zum 14. Altersjahr
Studentenheim Zürich 6, 1930–	Den Studierenden der Hoch- schulen gesunde und billige Woh- nung und Raum zum geselligen Beisammensein bieten	Genossen- schaft Studen- tenheim an der ETH	
Studentinnenheim zum neuen Lin- denhof, Zürich 7, 1930–	Studentinnen, Lehrerinnen und weiblichen Bureauangestellten zwischen 18 und 32 Jahren eine Wohngelegenheit bieten	Verein	Zentrum geselliger Fröhlichkeit und geistiger Anregung; Informations- und Beratungsstelle
St. Idaheim Zürich 6, 1930–	Wohnheim für alleinstehende Frauen und Töchter	Verein Ida- heim	
Ferienkolonie des sozialstuden- tischen Zirkels 1930–		Akademische Vincenzkon- ferenz	
Jakob und Jose- phine Ritter-Müll- haupt-Stiftung Zürich, 1931–	Finanzielle Unterstützung von taubstummen, schwerhörigen, blinden und sehschwachen Per- sonen von über 15 Jahren		
Mütterhilfe Zürich, Schwangeren- beratungsstelle, Zürich 4, 1932–	Seelische und soziale Konflikte im Leben der Frau während der Schwangerschaft beheben oder mildern	Verein Mütterhilfe	Vermittlung ärztlicher Hilfe; Eruie- rung der sozialen und familiären Verhältnisse zur Vermeidung von Doppelspurigkeit in der Befürsor- gung; Vermittlung mit Familie und Arbeitgebern, Überweisung an die Amtsvormundschaft, Vermittlung von Stellen, finanzieller Hilfe, Haus- pflege, Erholungsurlauben
Zufluchtshaus Monikaheim, 1932–	Aufnahme von jungen Mädchen bis zu ihrer Versorgung in eine Erziehungsanstalt, werdender Mütter bis zu ihrer Entbindung und nach derselben zur Erholung, von Kindern, solange die Mütter sich im Hause aufhalten, von strafent- lassenen Frauen und Mädchen	Katholischer Fürsorge- verein Zürich	
Pädagogische Auskunftstelle Zürich 1, 1933–	Auskunfterteilung über Fragen der Eltern- und Jugendhilfe,	Erziehungs- gesellschaft Zürich	
Katholisches Ju- gendsekretariat, Zürich 1 & 4	Für weibliche und männliche Ju- gendliche		

»†« bedeutet, dass die Einrichtung vor 1933 geschlossen wurde. Die genauen Jahreszahlen der Schließung konnten nicht ausgemacht werden.

Quellen: Niedermann 1896; Wild 1910, 1919, 1933

Abbildung 1: Konzeptionen der Macht nach Michel Foucault und ihre Verbindung im Dispositiv der »Verwahrlosung«

Normalisierungsgesellschaft

Biomacht

Disziplinarmacht   **Regulationsmacht**

Disziplinartechnologien   **Kontroll-, Regulierungs-
und Selbsttechnologien**

Verwahrlosungsdispositiv

Verknüpfung im 19./20. Jahrhundert z.B. im Dispositiv der »Verwahrlosung«

Strategische Konzeption der Macht

Disziplinierung   Kontrolle des Selbstverhältnisses
des Individuums   und Regulierung der Bevölkerung

auf den Körper   auf das Selbstverhältnis der
und äußere Bewegungsabläufe   Individuen und auf die
der Subjekte gerichtet   Bevölkerungsbewegung gerichtet

Einzelfallforschung   Daten und Stichproben

Angriffsfläche: Angriffsfläche:

geschlossenes Milieu   offenes Milieu
(Schulen, Internate, Fabriken, Kasernen, Er-   Erziehung, Hygiene, Fortpflanzung, Sexuali-
ziehungsanstalten Irrenanstalten etc.)   tät, Gesundheit, Stillverhalten, Wohnverhält-
                                                        nisse, Siedlungsverhalten etc.

Macht über das Leben: Recht, leben zu machen.
Das Leben wird gefördert, geformt und zugerichtet

Macht ist »positiv«: sie schafft Neues

Quellen- und Literaturverzeichnis

Ungedruckte Quellen

Stadtarchiv Zürich

Bestand V.K.a.04: Protokolle des Waisenamtes bzw. der Vormundschaftsbehörde der Stadt Zürich.

Bestand V.K.c.30: Akten der Amtsvormundschaft der Stadt Zürich. Darunter die Akten von (Namen anonymisiert): Ilse Jens (No 4905); Arne Cohn (No 2122a); Toni Marek (No 225a); Familie Nüssli (No 1425a, Mappen I und II); Linda Eberhard (No 8736a); Walter Duss (No 5665b) und Anna Bodmer (No 1287b).

Die Akten des Waisenamtes der Stadt Zürich von Familie Nüssli: ohne Nummer, Dorf/Serie – 1921 (gekennzeichnet mit III).

Geschäftsakten des Waisenamtes von den Jahren 1908 bis 1910.

Protokolle des Stadtrates von Zürich von den Jahren 1904 bis 1930.

Gedruckte Quellen

Zeitschriften

Blätter für Gesundheitspflege. Jg. 1 (1872) bis 14 (1885).

Der Armenpfleger: Monatsschrift für Armenpflege und Jugendfürsorge. Offizielles Organ der Schweizerischen Armenpfleger-Konferenz. Monatsschrift zum Schweizerischen Zentralblatt für Staats- und Gemeindeverwaltung. Jg. 1 (1903/1904) bis 63 (1966).

Gesundheit und Wohlfahrt: Zeitschrift der Schweizerischen Gesellschaft für Gesundheitspflege. Jg. 14 (1934) bis 35 (1955).

Jahrbuch der Schweizerischen Gesellschaft für Schulgesundheitspflege. Hrsg.: Schweizerische Gesellschaft für Gesundheitspflege. Jg. 1 (1900) bis 21 (1920).

Jugendwohlfahrt: Schweizerische Blätter für Schulgesundheitspflege, Kinder- und Frauenschutz. Jg. 14 (1916) bis 17 (1919).

Pro Juventute: Schweizerische Zeitschrift für Jugendfürsorge und Jugendpflege. Jg. 1 (1920) bis 81 (1999).

Schweizerische Blätter für Gesundheitspflege. Neue Folge. Jg. 1 (1886) bis 33 (1918).

Schweizerische Blätter für Schulgesundheitspflege und Kinderschutz: (Hrsg.): Schweizerische Gesellschaft für Schulgesundheitspflege. Jg. 1 (1903) bis 13 (1915).

Schweizerische Zeitschrift für Gemeinnützigkeit. Jg. 1 (1862) bis 127 (1988).
Schweizerische Zeitschrift für Gesundheitspflege und Archiv für Sozialfürsorge. Jg. 7 (1927) bis 8 (1928).
Schweizerische Zeitschrift für Gesundheitspflege. Jg. 1 (1921) bis 6 (1926).
Schweizerische Zeitschrift für Hygiene und Archiv für Wohlfahrtspflege. Hrsg.: Schweizerische Gesellschaft für Gesundheitspflege. Jg. 9 (1929) bis 13 (1933).
Verhandlungen der Schweizerischen gemeinnützigen Gesellschaft. Jg. 1 (1810) bis 40 (1860).
Verhandlungen des Schweizerischen Armenerziehervereins. Jg. 1 (1881) bis 28 (1909).

Artikel, Sammelbände und Monographien mit Quellencharakter

Abt, Hans (1927): Die Abtreibung und das Strafrecht. Zürich.
Adler, Alfred et al. (1910) Über den Selbstmord, insbesondere den Schüler-Selbstmord. In: Diskussionen der Wiener psychoanalytischen Vereinigung, Bd. 1, S. 44–50. Wiesbaden.
Armen- und Anstaltenkommission der Schweizerischen Gemeinnützigen Gesellschaft und Schweizerische Armenpfleger-Konferenz (Hg.) (1918). Erster Instruktionskurs für Armenpfleger. Zürich.
Beck, Gustav (1912): Zur Frage der Jugendgerichte. In: Jahrbuch der Schweizerischen Gesellschaft für Schulgesundheitspflege, S. 419–437.
Binder, Otto (1929): Siebzehn Jahre Pro Juventute. Zürich.
Bleuler-Waser, Hedwig (1908): Diskussionsbeitrag zum Referat von Heinrich Hiestand. In: Zollinger/Hiestand, S. 660–661.
Bleuler-Waser, Hedwig (1919): Die Schweizerfrau als Erzieherin zur Tüchtigkeit und Arbeitsfreude. In: Jahrbuch der Schweizerischen Gesellschaft für Schulgesundheitspflege, S. 24–45.
Bosshard, G. (1911): Wie schützen wir uns vor dem »Schlamm«? Weniger Wohltätigkeit – mehr soziale Fürsorge: In: Schweizerische Zeitschrift für Gemeinnützigkeit, S. 364–379.
Brandenberg, Fritz (1923): Mütterberatungsstellen. Referat anlässlich des ersten Zürcher Kurses für Jugendhilfe vom 2. bis 7. Oktober 1922. In: Schweizerische Zeitschrift für Gesundheitspflege, S. 247–253.
Breitenstein, Jonas (1854): Referat über das Verhältnis und die Wirksamkeit der freiwilligen und der gesetzlichen Armenpflege. In: Verhandlungen der Schweizerischen Gemeinnützigen Gesellschaft, S. 235–290.
Briner, Robert (1923): Über den Zweck des Kurses. Referat anlässlich des ersten Zürcher Kurses für Jugendhilfe vom 2. bis 7. Oktober 1922. In: Schweizerische Zeitschrift für Gesundheitspflege, S. 126–131.
Büchi, Robert (1918): Neue Anstalten für schwererziehbare Jugendliche. In: Jugendwohlfahrt, XVI. Jg., H. 7, S. 85–88 sowie H. 8, S. 101–104, 122–128.

Büchi, Robert (1919): Zur Psychologie verbrecherischer Jugendlicher. In: Schweizerische Zeitschrift für Gemeinnützigkeit, S. 134–139, 145–150.

Coradi-Stahl, Emma/Eberhard, Luise (1908): Die Erziehung der Mädchen zum Mutterberuf. In: Zollinger/Hiestand, S. 152–167.

Denzler, Alice (1925): Jugendfürsorge in der alten Eidgenossenschaft. Ihre Entwicklung in den Kantonen Zürich, Luzern, Freiburg, St. Gallen und Genf bis 1798. Zürich.

Erismann, Wera (1922): Untersuchungen über psychische Störungen im Kindesalter anhand einzelner Krankheitsfälle und unter Benutzung von Material des Kinderfürsorgeamtes der Stadt Zürich. Auszug aus der Dissertation. Zürich.

Feer, E. (1923): Die Bedeutung der richtigen Ernährung in den ersten Lebensjahren. Referat anlässlich des ersten Zürcher Kurses für Jugendhilfe vom 2. bis 7. Oktober 1922. In: Schweizerische Zeitschrift für Gesundheitspflege, S. 208–213.

Feld, Wilhelm (1921): Fürsorge und Statistik. In: Schweizerische Zeitschrift für Gemeinnützigkeit, S. 307–311.

Feld, Wilhelm (1922a): Bureaukratie, Karriere und Fürsorgearbeit. In: Schweizerische Zeitschrift für Gemeinnützigkeit, S. 421–430.

Feld, Wilhelm (1922b): Neue Strömungen in der Wohlfahrtspflege und Fürsorge. In: Zeitschrift für Kinderforschung, 27. Jg., H. 4, S. 161–180.

Feld, Wilhelm (1925a): Über die Aufgaben einer Schule für soziale Arbeit. In: Schweizerische Zeitschrift für Gesundheitspflege, S. 493–512.

Feld, Wilhelm (1925b): Die akademische Ausbildung für die soziale Arbeit. In: Deutsche Zeitschrift für Wohlfahrtspflege. 1. Jg., H. 8, S. 357–362.

Feld, Wilhelm (1925c): Rationalisierung der Fürsorgearbeit. In: Schweizerische Zeitschrift für Gemeinnützigkeit, S. 214–222.

Feld, Wilhelm (1926): Soziale Diagnose. In: Schweizerische Zeitschrift für Gemeinnützigkeit, S. 176–180.

Fichter, Hans (1909): Kinderschutz und Anstaltserziehung. In: Verhandlungen des Schweizerischen Armenerziehervereins, S. 22–48.

Fierz, Maria (1909): Bericht über den zweiten Kurs in Kinderfürsorge vom 4. Januar bis 8. Juli 1909 in Zürich. In: Jahrbuch der Schweizerischen Gesellschaft für Schulgesundheitspflege, S. 241–244.

Fierz, Maria (1912): Kurse in Kinderfürsorge in Zürich von 1908–1912. In: Jahrbuch der Schweizerischen Gesellschaft für Schulgesundheitspflege, S. 509–524.

Fischer, Xaver (1877): Die Gründung einer Schweizerischen Rettungsanstalt für verwahrloste Mädchen und Errichtung von Vereinen für Versorgung der aus der Anstalt entlassenen Mädchen. In: Schweizerische Zeitschrift für Gemeinnützigkeit, S. 284–353.

Frey, W. (1918): Praxis der Armenpflege. In: Armen- und Anstaltenkommission der Schweizerischen Gemeinnützigen Gesellschaft und Schweizerische Armenpfleger-Konferenz, S. 49–106.

Furrer, Albert (1919): Zur Frage der Beobachtung schwererziehbarer Kinder. In: Schweizerische Zeitschrift für Gemeinnützigkeit, S. 118–126, 129–134.

Furrer, Albert (1920): Unsere Erfahrungen mit dem Beobachtungsheim. Zürich.

Gautier, Alfred (1912): Diskussionsbeitrag zum Referat von E. Zürcher am ersten Schweizerischen Jugendgerichtstag in Winterthur. In: Blätter für Schulgesundheitspflege und Kinderschutz, S. 317–319.

Geschäftsberichte des Stadtrates Zürich für die Jahre 1865–1930. Zürich. 1866–1931.

Glättli-Graf, S. (1923): Kinderkrippen. Referat anlässlich des ersten Zürcher Kurses für Jugendhilfe vom 2. bis 7. Oktober 1922. In: Schweizerische Zeitschrift für Gesundheitspflege, S. 253–260.

Gonzenbach, Wilhelm von (1923): Säugling und Kleinkind in der Sozialpolitik und Sozialhygiene. In: Schweizerische Gesellschaft für Gesundheitspflege, S. 131–142.

Gonzenbach, Wilhelm von (1925): Die Hygiene des nachschulpflichtigen Alters. Allgemeines und männliche Jugend. In: Zweiter Zürcher Jugendhilfekurs vom 6.–11. Oktober 1924. Spezialheft der Schweizerischen Zeitschrift für Gesundheitspflege, S. 22–32.

Gonzenbach, Wilhelm von (1927a): Das neue Programm der Schweizerischen Gesellschaft für Gesundheitspflege. In: Gesundheit und Wohlfahrt, S. 263–264.

Gonzenbach, Wilhelm von (1927b): Die Aufgaben der Hygiene gegenüber dem Kind im Schulalter. In: Dritter Zürcher Jugendhilfekurs. Spezialheft der Schweizerischen Zeitschrift für Gesundheitspflege, S. 9–20.

Good, A. (1914): Was lässt sich tun, um der Zunahme anormaler Kinder zu steuern? Referat anlässlich der Schweizerischen Jugendfürsorgewoche vom 15. bis 20. Juni 1914. In: Jahrbuch der Schweizerischen Gesellschaft für Schulgesundheitspflege, S. 214–230.

Gregor, Adalbert (1928): Zur Pädagogik des Erziehungsheims Schloss Flehingen 1927. In: Zeitschrift für Kinderforschung: Organ der Gesellschaft für Heilpädagogik und des Deutschen Vereins zur Fürsorge für Jugendliche Psychopathen, Jg. H. S. 198–212.

Grob, C. (1896): Wie steuern wir der Verwahrlosung unter der Schuldjugend? Zürich.

Grob, Hans (1930): Diskussionsbeitrag zum Referat von E. Hauser. In: Zweiter Schweizerischer Jugendgerichtstag, S. 65–68.

Grob, J. E. (1873): Das Verhältnis von bürgerlicher und territorialer Armenpflege. In: Schweizerische Zeitschrift für Gemeinnützigkeit, S. 170–198.

Häberlin, Heinz (1920): Die Gefahren des Geburtenrückganges und Vorschläge zu dessen Bekämpfung. Zürich.

Hafter, Ernst (1912): Der Stand der Jugendgerichtsbewegung in der Schweiz. Referat am ersten Schweizerischen Jugendgerichtstag in Winterthur. In: Schweizerische Blätter für Schulgesundheitspflege und Kinderschutz, S. 300–308.

Hafter, Ernst (1930): Die Behandlung der Jugendlichen im eidgenössischen Strafgesetz-Entwurf. In: Zweiter Schweizerischer Jugendgerichtstag, S. 9–18.

Hanselmann, Heinrich (1927): Über die Hilfe für Kinder, die dem ordentlichen Unterricht nicht zu folgen vermögen. In: Dritter Zürcher Jugendhilfekurs vom 11. bis 16. Juli 1927. Spezialheft der Schweizerischen Zeitschrift für Gesundheitspflege, S. 212–235.

Hanselmann, Heinrich (1946): Einführung in die Heilpädagogik. Zürich.

Hauser, E. (1930): Gerichtsorganisation und Prozessverfahren in der Jugendstrafrechtspflege vom Standpunkt der Fürsorge aus. In: Zweiter schweizerischer Jugendgerichtstag, S. 48–60.

Hauser, E. (1938): Anleitung zur praktischen Arbeit in der Fürsorge. Referat, gehalten am zweiten Fortbildungskurs für soziale Arbeit vom 20. bis 24. September 1937. In: Schweizerische Gemeinnützige Gesellschaft, S. 5–24.

Hiestand, Heinrich (1908): Die sozialpädagogische Aufgabe der Volksschule. In: Zollinger/Hiestand, S. 647–660.

Hiestand, Heinrich (1909): Das städtische Amt für Kinderfürsorge in Zürich. In: Schweizerische Blätter für Schulgesundheitspflege und Kinderschutz. S. 49–55.

Hiestand, Heinrich (1914):Vom ersten internationalen Informationskurs in der Jugendfürsorge vom 18. bis 27. August 1913. In: Schweizerische Blätter für Schulgesundheitspflege, S. 33–37, 49–54.

Hinder, Rudolf (1918): Aus der Kinderfürsorge der Bürgerlichen Armenpflege der Stadt Zürich. In: Schweizerische Zeitschrift für Gemeinnützigkeit, S. 13–26, 56–63.

Hunziker, Karl (1838): Bericht über die Fragen aus dem Fache des Armenwesens. In: Verhandlungen der Schweizerischen Gemeinnützigen Gesellschaft, S. 167–210.

Hunziker, Karl (1866): Über die Versorgung verwahrloster Kinder. In: Schweizerische Zeitschrift für Gemeinnützigkeit, S. 329–346.

Hunziker-Meyer (1881): Welche Mittel sind anzuwenden, um einer verlassenen oder verwahrlosten Jugend einen ausreichenden Schutz Theil werden zu lassen? In: Schweizerische Zeitschrift für Gemeinnützigkeit, S. 339–352.

Imboden-Kaiser, Frieda (1914): Die Bedeutung und Organisation der Säuglingsfürsorge. In: Jahrbuch der Schweizerischen Gesellschaft für Schulgesundheitspflege, S. 170–178.

Imboden-Kaiser, Frieda (1924): Wir sind nicht Herr über Leben und Tod. St. Gallen.

Jucker, Emil (1923): Aus der Aufklärungsarbeit für Jugendhilfe, insbesondere für Säuglingspflege und Mutterschutz im Kanton Zürich. In: Schweizerische Gesellschaft für Gesundheitspflege, S. 202–207.

Jucker, Emil (1925): Freizeit. In: Zweiter Zürcher Jugendhilfekurs vom 6. bis 11. Oktober 1924. Spezialheft der Schweizerischen Zeitschrift für Gesundheitspflege, S. 173–179.

Jud, Gertrud (1923): Ursachen der Verwahrlosung und Kriminalität der Jugendlichen. Untersuchung an Zöglingen der Anstalt Aarburg. Bern.

Kantonales Jugendamt und Bezirksjugendkommissionen (1930): Die Jugendhilfe im Kanton Zürich. Bericht des kantonalen Jugendamtes und der Bezirksjugendkommission über das Jahr 1930. Zürich.

Kantonales Jugendamt und Bezirksjugendkommissionen (1938): Die Jugendhilfe im Kanton Zürich. Bericht des kantonalen Jugendamtes und der Bezirksjugendkommission über das Jahr 1938. Zürich.

Klinke, Willibald (1910): Irrwege in der Erziehung. In: Schweizerische Blätter für Schulgesundheitspflege und Kinderschutz. S. 2–5.

Klinke, Willibald (1919): Zurück zu Pestalozzi! In: Jahrbuch der Schweizerischen Gesellschaft für Schulgesundheitspflege, S. 3– 23.

Knabenhans, K. (1908): Über jugendliches Verbrechertum. In: Zollinger/Hiestand, S. 544–562.

Komitee der Kurse für Kinderfürsorge (1907): Kurse zur Einführung in weibliche Hülfstätigkeit für soziale Aufgaben. In: Schweizerische Zeitschrift für Gemeinnützigkeit, S. 367–370.

Komitee der Kurse für Kinderfürsorge (1908): Kurse in weiblicher Hülfsarbeit für soziale Aufgaben in Zürich. In: Schweizerische Zeitschrift für Gemeinnützigkeit, S. 462–464.

Kühner, A. (1897): Das Lebensbuch. In: Die Kinderfehler: Zeitschrift für Kinderforschung mit besonderer Berücksichtigung der pädagogischen Pathologie, 2. Jg., H. 5, S. 129–138.

Kuhn-Kelly, Jakob (1908): Ursachen und Erscheinungsformen der Kinderverwahrlosung und Kampfmittel gegen die letztere. In: Zollinger/Hiestand, S. 529–543.

Kuhn-Kelly, Jakob (1912): Diskussionsbeitrag zum Referat von E. Zürcher am ersten Schweizerischen Jugendgerichtstag in Winterthur. In: Blätter für Schulgesundheitspflege und Kinderschutz, S. 319–336.

Kuhn-Kelly, Jakob (1916): Gewisses und Ungewisses über das Problem des sogenannten Versehens der Frauen (Muttermale) und Mutmassliches über Vererbung und Beeinflussung des Kindes in körperlicher und seelischer Beziehung vor der Geburt. Beobachtungen und persönliche Erlebnisse aus 20jähriger Kinder- und Jugendfürsorgepraxis an Hand von einschlägigen Beispielen. In: Zeitschrift für Kinderforschung: Organ der Gesellschaft für Heilpädagogik und des Deutschen Vereins zur Fürsorge für Jugendliche Psychopathen, 21. Jg., H. 21, S. 309–331.

Labhardt, Alfred et al. (1926): Schutz dem keimenden Leben. Basel.

Lampel, Peter Martin (1929): Jungen in Not. Berichte von Fürsorgezöglingen. Berlin.

Lengweiler, Robert (1895): Die Zwangserziehung der verwahrlosten, lasterhaften und verbrecherischen Jugend. St. Gallen.

Lienert, Meinrad (1904): Die Weihnachtspredigt. In: Morgenblatt der »Neue Zürcher Zeitung« vom 24. Dezember 1904.

M. G. (1923): Unstatthafte Praktiken beim städtischen Waisenamt. In: »Volksrecht« vom 31.Oktober. Zürich.

Maier, Hans W. (1912): Diskussionsbeitrag zum Referat von E. Zürcher am ersten Schweizerischen Jugendgerichtstag in Winterthur. In: Blätter für Schulgesundheitspflege und Kinderschutz, S. 336–341.

Maier, Hans W. (1923): Das kantonale Kinderhaus zur Stephansburg in Zürich. In: Schweizerische Zeitschrift für Gesundheitspflege, S. 27–39.

Maier, Hans W. (1926): Bericht über die kinderpsychiatrische Tätigkeit in Zürich. In: Zeitschrift für Kinderforschung. 31. Jg., H. 1, S. 74–88.

Martin, Frédéric (1912): Diskussionsbeitrag zum Referat von H. Hiestand am ersten Schweizerischen Jugendgerichtstag in Winterthur. In: Blätter für Schulgesundheitspflege und Kinderschutz, S. 380–382.

Marty, Eugen (1906): Die Aufgaben der Armenpflege gegenüber der Verwahrlosung der Jugend. In: Der Armenpfleger, S. 76–78, 96–98.

Marty, Eugen (1913): Armenpflege und Kinderfürsorge. In: Der Armenpfleger, S. 9–12.

Menzel (1910): Das persönliche Moment in der Armenpflege. In: Der Armenpfleger, S. 105–109.

Meyenburg, Martha von (1939): Die soziale Aufgabe und ihre Lösung. In: Schweizerische Landesausstellung, S. 133–136.

Mitteilungen des Schweizerischen Bauernsekretariates (1907): Die landwirtschaftliche Arbeiterfrage in der Schweiz. Erster Teil: Das Verhältnis der Schweizerischen Landarbeiter in Vergangenheit und Gegenwart. Nr. 30. Bern.

Mitteilungen des Schweizerischen Bauernsekretariates (1912): Die landwirtschaftliche Arbeiterfrage in der Schweiz. Dritter Teil: Vorschläge zur Lösung des Problems. Die Vermehrung des Angebots landwirtschaftlicher Arbeitskräfte. Nr. 45. Bern.

Moos, Walter/Sidler, M. (1930) Entwicklung zweier Kinder aus einer Zürcher Beobachtungsklasse. In: Zeitschrift für Kinderforschung: Organ der Gesellschaft für Heilpädagogik und des Deutschen Vereins zur Fürsorge für Jugendliche Psychopathen, 37. Jg., H. 2, S. 316–337.

Moser, Helene (1916): Aus den Erfahrungen einer Inspektionsgehilfin der Amtsvormundschaft Zürich. In: Schweizerische Zeitschrift für Gemeinnützigkeit, S. 177–185.

Moser, Mentona (1986): Ich habe gelebt. Zürich.

Mousson, Heinrich (1908): Die Jugendfürsorge in der Stadt Zürich. In: Jugendfürsorge. Bericht über den ersten schweizerischen Informationskurs in Jugendfürsorge, S. 64–76.

Mühlethaler, E. (1913): Jugendfürsorgebestrebungen der Gegenwart. In: Schweizerische Zeitschrift für Gemeinnützigkeit, S. 356–371.

Mühlethaler, E. (1918): Unsere Jugendfürsorge: Ausblick. In: Bernische Kirchensynode, S. 14–26.

Nägeli, K. (1908): Armenpflege, Vormundschaftsbehörden und väterliche Gewalt. In: Der Armenpfleger, S. 125–128.

Natorp, Paul (1894): Religion innerhalb der Grenzen der Humanität – ein Kapitel zur Grundlegung der Sozialpädagogik. Tübingen.

Natorp, Paul (1925): Vorlesungen über praktische Philosophie. Erlangen.

Niederer, Gottwald (1873): Über das Verhältnis von bürgerlicher und territorialer Armenpflege. In: Schweizerische Zeitschrift für Gemeinnützigkeit, S.201–223.

Niedermann, Wilhelm (1896): Die Anstalten und Vereine der Schweiz für Armenerziehung und Armenversorgung. Zürich.

Nohl, Herman (1924): Die Ausbildung der Sozialpädagogen durch die Universität. In: Zeitschrift für Kinderforschung: Organ der Gesellschaft für Heilpädagogik und des Deutschen Vereins zur Fürsorge für Jugendliche Psychopathen, 29. Jg., H. 1, S. 5–11.

O. N. (1859): Statistische Tabellen, betreffend die jugendlichen Verbrecher. Anhang zu dem Bericht der Centralcommission der schweiz. Gemeinnützigen Gesellschaft. In: Verhandlungen der Schweizerischen Gemeinnützigen Gesellschaft, S.167–175.

O. N. (1888): Fürsorge für verwahrloste Kinder im Alter von über 14 Jahren und jugendliche Verbrecher. In: Schweizerische Blätter für Gesundheitspflege, S. 365.

O. N. (1898): Das Lebensbuch im Kindesalter. In: Schweizerische Blätter für Gesundheitspflege, S. 232–233.

O. N. (1907a): Verhältnis der Armenpflege zu Vormund und Vormundschaftsbehörde. In: Der Armenpfleger, S. 62–64.

O. N. (1907b): Über das Verhältnis der heimatlichen zur örtlichen Armenpflege mit besonderer Bezugnahme auf die Freiwillige und Einwohnerarmenpflege der Stadt Zürich. In: Der Armenpfleger, S. 2–9.

O. N. (1908): Kurse in weiblicher Hülfsarbeit für soziale Aufgaben in Zürich. In: Schweizerische Zeitschrift für Gemeinnützigkeit, S. 462–464.

O. N. (1912) Moderne Jugenderziehung. In: Schweizerische Zeitschrift für Gesundheitspflege, S. 261–263.

O. N. (1913): Entzug der elterlichen Gewalt. In: Der Armenpfleger, S. 123.

O. N. (1914) Kinderselbstmorde. In: Zeitschrift für Jugenderziehung und Jugendfürsorge, Nr. 16.

Pfenninger, H. F. (1930): Votum zum Diskussionsbeitrag von Hauser. In: Zweiter schweizerischer Jugendgerichtstag, S. 69.

Pflüger, Paul (1917): Die Amtsvormundschaft in der Schweiz. Separatabdruck aus der Schweizerischen Zeitschrift für Gemeinnützigkeit, H. 10, S. 1–11.

Pro Juventute (Hg.) (1930): Zweiter Schweizerischer Jugendgerichtstag. Zürich.

Rein, W. (1908): Diskussionsbeitrag zum Referat von Heinrich Mousson. In: Zollinger/Hiestand, S. 76.

Richter-Bienz (1914): Aufgaben, Organisation und Ziele der Fürsorge für die schulentlassene Jugend. In: Jahrbuch der Schweizerischen Gesellschaft für Schulgesundheitspflege, S. 178–195.

Rohr, Ernst/Stauffer, Joh./Lörtscher, O. (1918): Jugendfürsorge. Bericht über den Kurs für Jugendfürsorge vom 29. bis 30. April 1918 in Bern. Bern.

Schälchlin, Hans (1927): Über die seelische Eigenart des Kindes im schulpflichtigen Alter. In: Dritter Zürcher Jugendhilfekurs vom 11. bis 16. Juli 1927. Spezialheft der Schweizerischen Zeitschrift für Gesundheitspflege, S. 20–32.

Schlatter, Margrit (1908): Diskussionsbeitrag zum Referat von C. A. Schmid: In: Zollinger/Hiestand, S. 62–63.

Schmid, C. A. (1908): Die Öffentlichkeit und die private Wohltätigkeit in ihren Beziehungen zur Jugendfürsorge. In: Zollinger/Hiestand, S. 44–58.

Schmid, C. A. (1912): Die Schweiz im Jahre 2000. In: Schweizerische Zeitschrift für Gemeinnützigkeit, S. 165–174, 197–207.

Schmid, C. A. /Wild, Albert (1900): »Zürich, deine Wohltaten erhalten dich!« Wohltätige und gemeinnützige Anstalten, Vereine und Fonds der Stadt Zürich. Dargestellt auf Grund authentischer Berichte. Zürich.

Schmid, E. (1925): Die Gefährdung der Jugendlichen durch ihre Umgebung. In: Zweiter Zürcher Jugendhilfekurs vom 6. bis 11. Oktober 1924. Spezialheft der Schweizerischen Zeitschrift für Gesundheitspflege, S. 164–172.

Schmid, Robert (1925): Der Geburtenrückgang in der Schweiz. Eine bevölkerungswissenschaftliche Studie. Zürich.

Schneider, J. J. (1881): Mit welchen Mitteln kann der Verwahrlosung der Jugend wirksam entgegengearbeitet werden? In: Schweizerische Zeitschrift für Gemeinnützigkeit, S. 395–410.

Schweizerische Gemeinnützige Gesellschaft (Hg.) (1938): Einführung in die Praxis der sozialen Arbeit. Referate von E. Hauser, W. Frey und H. Schälchlin, gehalten am zweiten Fortbildungskurs für soziale Arbeit vom 20. bis 24. September 1937. Zürich/Leipzig.

Schweizerische Gesellschaft für Schulgesundheitspflege (1914): Schweizerische Jugendfürsorgewoche. 15. bis 20. Juni 1914 in Bern. In: Jahrbuch der Schweizerischen Gesellschaft für Schulgesundheitspflege, S. 49–235.

Schweizerische Gesellschaft für Schulgesundheitspflege (Hg.) (1923): Spezialheft der Schweizerischen Zeitschrift für Gesundheitspflege: Erster Zürcher Jugendhilfekurs vom 2. bis 7. Oktober 1922.

Schweizerische Gesellschaft für Schulgesundheitspflege (Hg.) (1925): Spezialheft der Schweizerischen Zeitschrift für Gesundheitspflege: Zweiter Zürcher Jugendhilfekurs vom 6. bis 11. Oktober 1924. Die Hilfe für die schulentlassene Jugend. Zürich.

Schweizerische Gesellschaft für Schulgesundheitspflege (Hg.) (1927): Spezialheft des Jahrbuchs der Schweizerischen Gesellschaft für Schulgesundheitspflege: Dritter Zürcher Jugendhilfekurs vom 11. bis 16. Juli 1927. Die Hilfe für die schulpflichtige Jugend. Zürich

Schweizerische Landesausstellung (Hg.) (1939): Die Schweiz im Spiegel der Landesausstellung. Band 1. Zürich.

Schweizerische Vereinigung für Kinder- und Frauenschutz (Hg.) (1912): Schweizerisches Jahrbuch für Jugendfürsorge über das Jahr 1911. Zürich.

Schweizerische Vereinigung für Kinder- und Frauenschutz (Hg.) (1913): Schweizerisches Jahrbuch für Jugendfürsorge über das Jahr 1912. Zürich.

Schweizerische Vereinigung für Kinder- und Frauenschutz (Hg.) (19914): Schweizerisches Jahrbuch für Jugendfürsorge über das Jahr 1913. Zürich.

Schweizerische Vereinigung für Kinder- und Frauenschutz (Hg.) (1915): Schweizerisches Jahrbuch für Jugendfürsorge über das Jahr 1914. Zürich

Schweizerisches Zivilgesetzbuch vom 10. Dezember 1907. St. Gallen.

Sidler, M./Moos, Walter (1928): Die Beobachtungsklasse in Zürich, eine heilpädagogische Einrichtung. In: Zeitschrift für Kinderforschung, 34. Jg., H. 1, S. 75–83.

Silbernagel, Alfred (1909): Reform des Strafverfahrens gegen Jugendliche. In: Jahrbuch der Schweizerischen Gesellschaft für Schulgesundheitspflege, 10. Jg., S. 369–458.

Silbernagel, Alfred (1912): Jugendstrafrecht und Jugendfürsorgerecht. Referat am ersten Schweizerischen Jugendgerichtstag in Winterthur. In: Blätter für Schulgesundheitspflege und Kinderschutz, S. 387–406.

Simon, Helene (1922): Versorgung und Fürsorge. In: Soziale Praxis.

Somazzi, Ida (1925): Von der Erziehung junger Mädchen. In: Zweiter Zürcher Jugendhilfekurs vom 6. bis 11. Oktober 1924. Spezialheft der Schweizerischen Zeitschrift für Gesundheitspflege, S. 59–67.

Spranger, Eduard (1922): Lebensformen. Halle.

Staehelin, J. E. (1929): Abnorme Charakterentwicklungen und ihre Ursachen. In: Schweizerische Zeitschrift für Hygiene, S.53–66.

Statistisches Bureau des eidgenössischen Departements des Innern (1897): Die Zählung der schwachsinnigen Kinder im schulpflichtigen Alter mit Einschluss der körperlich gebrechlichen und sittlich verwahrlosten. Durchgeführt im Monat März 1897. I. Teil. 114. Lieferung.

Statistisches Bureau des eidgenössischen Departements des Innern (1900): Die Zählung der schwachsinnigen Kinder im schulpflichtigen Alter mit Einschluss der körperlich gebrechlichen und sittlich verwahrlosten. Durchgeführt im Monat März 1897. II. Teil. 123. Lieferung.

Stauber, H. (1907): Aus dem Gebiete der Jugendfürsorge. In: Jahrbuch der Schweizerischen Gesellschaft für Gesundheitspflege, S. 389–411.

Stauber, H. (1912): Das Kinderfürsorgeamt der Stadt Zürich im Jahre 1911. In: Schweizerische Blätter für Schulgesundheitspflege und Kinderschutz. S. I–III.

Stauber, H. (1915): Aus dem Geschäftsbericht des Kinderfürsorgeamtes Zürich. In: Schweizerische Blätter für Schulgesundheitspflege und Kinderschutz. S. 4–6.

Stauber, H. (1916): Das Kinderfürsorgeamt in Zürich im Jahre 1914. In: Schweizerische Zeitschrift für Hygiene, S. 25–27.

Stauber, H. (1917): Über die Tätigkeit des Kinderfürsorgeamtes der Stadt Zürich im Jahr 1915. In: Schweizerische Zeitschrift für Hygiene. S.40–43.

Steiger, Emma (1932): Die Jugendhilfe. Eine systematische Einführung. Zürich/Leipzig.

Steiger, Emma (1948): Handbuch der sozialen Arbeit in der Schweiz. Band I: Textband. Zürich.

Steiger, Emma (1949): Handbuch der sozialen Arbeit in der Schweiz. Band II: Nachschlageband. Zürich.

Streng, Franz von (1928): Um das Leben von Mutter und Kind. Luzern.

Tramer, Moritz (1925): Psychische Störungen während der Reifezeit. In: Zweiter Zürcher Jugendhilfekurs vom 6. bis 11. Oktober 1924. Spezialheft der Schweizerischen Zeitschrift für Gesundheitspflege, S. 68–75.

Tramer, Moritz (1930): Diskussionsbeitrag zum Referat von E. Delaquis. In: Zweiter Schweizerischer Jugendgerichtstag, S. 91–93.

Tschudi, Robert (1907): Sozialpädagogische Studie. In: Schweizerische Pädagogische Zeitschrift, S. 181– 201.

Tschudi, Robert (1914): Die Jugendpflege-Bewegung im Deutschen Reiche und ihre Anwendung auf die Schweizerischen Verhältnisse. In: Jahrbuch der Schweizerischen Gesellschaft für Schulgesundheitspflege, S. 24–48.

Villiger, E. (1917): Psychopathische Kinder und ihre Fürsorge. In: Schweizerische Zeitschrift für Hygiene. S. 33–37, 56–62, 78–82.

Volksrecht vom 31. Oktober 1923.

Webb, Sidney/Webb, Beatrice (1912): Das Problem der Armut. Jena.

Weber, Rudolf (1906): Das Verhältnis der freiwilligen zur amtlichen Armenpflege. In: Der Armenpfleger, S. 13–23.

Widler-Züst, Max (1937): Verwahrlosung und Hilfe in psychologisch-pädagogischem Zusammenhang. Historische Betrachtung der Mittel. Lachen.

Wiese, Helmut (1928): Der Fürsorgezögling. Eine erziehungswissenschaftliche Untersuchung. Halle.

Wild, Albert (1907): Die körperliche Misshandlung von Kindern durch Personen, welche die Fürsorgepflicht für dieselben obliegt. Zürich.

Wild, Albert (1910): Veranstaltungen und Vereine für soziale Fürsorge in der Schweiz. Zürich.

Wild, Albert (1917): Zivil- und armenrechtliche Jugendfürsorge. Ein Handbuch für Vormundschafts-, Armen- und Staatsbehörden, Anstaltsvorsteher, Pflegeeltern, Jugendfürsorger und Jugendfürsorgerinnen. Zürich.

Wild, Albert (1919): Soziale Fürsorge in der Schweiz. Zürich.

Wild, Albert (1924): Die Wohlfahrtspflege oder Fürsorge an den Schweizerischen Hochschulen. In: Schweizerische Zeitschrift für Gemeinnützigkeit, S. 202–210.

Wild, Albert (1933): Handbuch der sozialen Arbeit in der Schweiz. Band I und II. Zürich.

Wild, Albert (1937): Bericht über den Fortbildungskurs für soziale Arbeit. Vom 20. bis 24. September 1937 in der Universität Zürich. In: Schweizerische Zeitschrift für Gemeinnützigkeit, S. 344–353.

Wronsky, Siddy/Salomon, Alice (Hg.) (1926): Soziale Therapie. Ausgewählte Akten aus der Fürsorge-Arbeit. Berlin.

Zangger, H. (1912): Über die Beziehungen des Kindes zum Verbrechen. Referat, gehalten am ersten Schweizerischen Jugendgerichtstag in Winterthur. In: Schweizerische Blätter für Schulgesundheitspflege und Kinderschutz, S. 289–300.

Zollinger, Friedrich (1906): Probleme der Jugendfürsorge. Bericht an den Schweizerischen Bundesrat über den von der Zentrale für private Fürsorge in Frankfurt am Main 1906 veranstalteten Kurs für Jugendfürsorge. Zürich.

Zollinger, Friedrich (1908a): Übersicht über die gegenwärtigen Bestrebungen auf dem Gebiete der Jugendfürsorge. In: Zollinger/Hiestand, S. 34–43.

Zollinger, Friedrich (1908b): Rückblick und Ausblick. In: Zollinger/Hiestand, S. 683–688.

Zollinger, Friedrich (1919): Schlussbetrachtungen. In: Jahrbuch der Schweizerischen Gesellschaft für Schulgesundheitspflege, S. 151–160.

Zollinger, Friedrich/Hiestand, Heinrich (1908): Jugendfürsorge. Bericht über den ersten Schweizerischen Informationskurs in Jugendfürsorge vom 31. August bis 12. September 1908 in Zürich. Zürich.

Zürcher, Emil (1900): Über die Mittel, der sittlichen Gefährdung der Jugend entgegenzutreten. In: Jahrbuch der Schweizerischen Gesellschaft für Schulgesundheitspflege, S. 107–124.

Zürcher, Emil (1908): Diskussionsbeitrag zum Referat von K. Knabenhans. In: Zollinger/ Hiestand, S. 562f.

Zürcher, Emil (1912): Die Zusammensetzung der Jugendgerichte. Referat, gehalten am ersten Schweizerischen Jugendgerichtstag in Winterthur. In: Schweizerische Blätter für Schulgesundheitspflege und Kinderschutz, S. 309–316.

Literatur

Backes, Gertrud (1987): Frauen und soziales Ehrenamt. Zur Vergesellschaftung weiblicher Selbsthilfe. Augsburg.

Baecker, Dirk (2000): »Stellvertretende« Inklusion durch ein »sekundäres Funktionssystem«: Wie »sozial« ist die soziale Hilfe? In: Merten, S. 39–46.

Baron, Rüdeger/Landwehr, Rolf (1989): Zum Wandel beruflicher Identität – der Verlust bürgerlichen Selbstbewusstseins in der sozialen Arbeit. In: Olk/Otto, S. 139–168.

Baumgartner, Hans Michael (1982): Thesen zur Grundlegung einer transzendentalen Historik. In: Baumgartner/Rüsen, S. 274–302.

Baumgartner, Hans Michael/Rüsen, Jörn (1982): Seminar: Geschichte und Theorie. Umrisse einer Historik. Frankfurt am Main.

Berg, Eberhard/Fuchs, Martin (1995): Kultur, soziale Praxis, Text. Die Krise der ethnografischen Repräsentation. Frankfurt am Main.

Bernfeld, Sigfried (2000): Sisyphos oder die Grenzen der Erziehung. Frankfurt am Main.

Böhnisch, Lothar (1985): Lebensbewältigung: soziale und pädagogische Verständigungen an den Grenzen der Wohlfahrtsgesellschaft. Weinheim/München.

Bourdieu, Pierre (1995): Narzisstische Reflexivität und wissenschaftliche Reflexivität. In: Berg/Fuchs, S. 365–374.

Bourdieu, Pierre et al. (1997): Das Elend der Welt. Zeugnisse und Diagnosen alltäglichen Leidens an der Gesellschaft. Konstanz.

Breuer, Stefan (1986): Sozialdisziplinierung. Probleme und Problemverlagerungen eines Konzepts bei Max Weber, Gerhard Oestreich und Michel Foucault. In: Sachsse/Tennstedt, S. 45–69.

Breuer, Stefan (1987): Foucaults Theorie der Disziplinargesellschaft. Eine Zwischenbilanz. In: Leviathan, H. 3, S. 319–337.

Brieler, Ulrich (1998). Die Unerbittlichkeit der Historizität. Foucault als Historiker. Köln/Weimar/Wien.

Bröckling, Ulrich/Krasmann, Susanne/Lemke, Thomas (Hg.) (2000): Gouvernementalität der Gegenwart. Studien zur Ökonomisierung des Sozialen. Frankfurt am Main.

Brumlik, Micha (1992): Advokatorische Ethik. Zur Legitimation pädagogischer Eingriffe. Bielefeld.

Brunkhorst, Hauke (1989): Sozialarbeit und Ordnungsmacht – Zwischen Modernisierungsparadoxien und wachsendem Verständigungsbedarf. In: Olk/ Otto, S. 199–224.

Cariou, Pierre (1992): Les idealités casuistiques: aux origines de la psychanalyse. Paris.

Castel, Robert (1975): Die Ärzte und die Richter. In: Foucault, S. 279–296.

Combe, Arno/Helsper, Werner (Hg.) (1996): Pädagogische Professionalität. Untersuchungen zum Typus pädagogischen Handelns. Frankfurt am Main.

Crew, David (1998): Germans on Welfare: From Weimar to Hitler. New York/Oxford.

Dammer, Susanna (1988): Mütterlichkeit und Frauendienstpflicht. Versuche der Vergesellschaftung »weiblicher Fähigkeiten« durch eine Dienstverpflichtung (Deutschland 1890 bis 1918). Weinheim/Basel.

Dauk, Elke (1989): Denken als Ethos und Methode. Foucault lesen. Berlin.

Deleuze, Gilles (1979): Der Aufstieg des Sozialen. Nachwort in: Donzelot, S. 244–252.

Deleuze, Gilles (1996): Lust und Begehren. Berlin.

Deleuze, Gilles/Foucault, Michel (1977a): Die Intellektuellen und die Macht. Ein Gespräch zwischen Michel Foucault und Gilles Deleuze. In: Deleuze/Foucault, S. 86–100.

Deleuze, Gilles/Foucault, Michel (Hg.) (1977b): Der Faden ist gerissen. Berlin.

Deutsche Gesellschaft für Sozialarbeit (1992): Erklärung zur gegenwärtigen wichtigen Aufgabe in der Entwicklung von Wissenschaft und Praxis der Sozialarbeit.

Dewe, Bernd/Ferchhoff, Wilfried/Peters, Fritz (1984): Professionelle Kompetenz im Wandel: alte Probleme und neue falsche Propheten? In: Müller/Otto/Peter/Sünker, S. 297–337.

Dewe, Bernd/Ferchhoff, Wilfried/Scherr, Albert/Stüwe, Gerd (Hg.) (1993): Professionelles soziales Handeln. Soziale Arbeit im Spannungsfeld zwischen Theorie und Praxis. Weinheim/München.

Dickinson, Edward Ross (1996). The Politics of German Child Welfare from the Empire to the Federal Republic. Cambridge.

Donzelot, Jacques (1979): Die Ordnung der Familie. Frankfurt am Main.

Donzelot, Jacques (1984): L'invention du social. Essai sur le déclin des passions politiques. Paris.

Dreyfus, Hubert L. (1994): Die Gefahren der modernen Technologie: Heidegger und Foucault. In: Honneth, S. 107–120.

Dreyfus, Hubert L./Rabinow, Paul (1994): Michel Foucault. Jenseits von Strukturalismus und Hermeneutik. Frankfurt am Main.

Dreyfus, Hubert L.: Die Gefahren der modernen Technologie: Heidegger und Foucault. In: Honneth, S. 107–120.

Engelke, Ernst (1996): Soziale Arbeit als wissenschaftliche Disziplin. Anmerkungen zum Streit über eine Sozialarbeitswissenschaft. In: Puhl, S. 63–82.

Erath, Peter/Göppner, Hans-Jürgen (1996): Einige Thesen zur Begründung und Anlage einer Sozialarbeitswissenschaft. In: Puhl, S. 187–204.

Erdmann, Eva/Forst, Rainer/Honneth, Axel (Hg.) (1990): Ethos der Moderne: Foucaults Kritik der Aufklärung. Frankfurt am Main/New York.

Ewald, François (1986): L'Etat providence. Paris.

Ewald, François (1993): Der Vorsorgestaat. Frankfurt am Main.

Ewald, François/Waldenfels, Bernhard (Hg.) (1991): Spiele der Wahrheit. Michel Foucaults Denken. Frankfurt am Main.

Eyferth, Hans/Otto, Hans-Uwe/Thiersch, Hans (Hg.) (1987): Handbuch zur Sozialarbeit/Sozialpädagogik. Neuwied/Darmstadt.

Farge, Arlette/Foucault, Michel (1989): Familiäre Konflikte. Die »Lettres de cachet«. Aus den Archiven der Bastille im 18. Jahrhundert. Frankfurt am Main.

Fatke, Reinhard (2000): Der »Heros makelloser Menschenliebe« und die »schmuddelige Lebenswelt«. In: Neue Pestalozzi Blätter. Zeitschrift für pädagogische Historiographie, 6. Jg., H. 1, S. 9–16.

Flösser, Gaby/Schmidt, Mathias (1999): Konzepte der Modernisierung sozialer Dienste. In: 39. Beiheft der Zeitschrift für Pädagogik. S. 245–258.

Foucault, Michel (1975): Der Fall Rivière. Materialien zum Verhältnis von Psychiatrie und Strafjustiz. Frankfurt am Main.

Foucault, Michel (1976a): Die fröhliche Wissenschaft des Judo. Ein Gespräch mit Jean-Louis Ezine. In: Foucault (1976b), S. 124-129.

Foucault, Michel (1976b): Mikrophysik der Macht. Über Strafjustiz, Psychiatrie und Medizin. Berlin.

Foucault, Michel (1977): Die Folter, das ist die Vernunft. Ein Gespräch mit Knut Boesers. In: Literaturmagazin: Die Sprache des großen Bruders, H. 8, S. 60–68.

Foucault, Michel (1978): Dispositive der Macht. Über Sexualität, Wissen und Wahrheit. Berlin.

Foucault, Michel (1986): Vom Licht des Krieges zur Geburt der Geschichte. Berlin.

Foucault, Michel (1987): Das Subjekt und die Macht. In: Dreyfus/Rabinow, S. 243–261.

Foucault, Michel (1990): Was ist Aufklärung? In: Erdmann/Forst/Honneth, S. 35–54.

Foucault, Michel (1991a): Überwachen und Strafen. Die Geburt des Gefängnisses. Frankfurt am Main.

Foucault, Michel (1991b): Von der Subversion des Wissens. Frankfurt am Main.

Foucault, Michel (1991c): Nietzsche, die Genealogie, die Historie. In: ders.: Von der Subversion des Wissens. München, S. 69–90.

Foucault, Michel (1991d): Vorrede zur Überschreitung. In: ders.: Von der Subversion des Wissens. München.

Foucault, Michel (1992a): Der Wille zum Wissen. Sexualität und Wahrheit 1. Frankfurt am Main.

Foucault, Michel (1992b): Was ist Kritik? Berlin.

Foucault, Michel (1993): Der Staub und die Wolke. Grafenau.

Foucault, Michel (1994a): Warum ich Macht untersuche: Die Frage des Subjekts. In: Dreyfus/Rabinow, S. 243–261.

Foucault, Michel (1994b): Autobiographie. In: Deutsche Zeitschrift für Philosophie, 42. Jg., S. 699–702.

Foucault, Michel (1996): Der Mensch ist ein Erfahrungstier. Gespräch mit Ducio Trombadori. Mit einem Vorwort von Wilhelm Schmid. Mit einer Biographie von Andrea Hemminger. Frankfurt am Main.

Foucault, Michel (1998): Über Hermaphrodismus. Der Fall Barbin. Frankfurt am Main.

Foucault, Michel (1999): In Verteidigung der Gesellschaft. Vorlesungen am Collège de France 1975–76. Frankfurt am Main.

Foucault, Michel (2000): Die »Gouvernementalität«. In: Bröckling/Krasmann/Lemke, S. 41–67.

Foucault, Michel (2001): Das Leben der infamen Menschen. Berlin.

Gängler, Hans/Rauschenbach, Thomas (1996): »Sozialarbeitswissenschaft« ist die Antwort. Was aber war die Frage? In: Grunwald/Ortmann/Rauschenbach/Treptow, S. 157–178.

Gildemeister, Regine (1992): Neuere Aspekte in der Professionalisierungsdebatte. In: neue praxis, 22. Jg., H. 3, S. 207–219.

Göckenjan, Gerd (1986): Medizin und Ärzte als Faktor der Disziplinierung der Unterschichten: der Kassenarzt. In: Sachsse/Tennstedt, S. 286–303.

Graf, Martin (2000): Der Blick vom Diwan aufs Baugerüst. Zum Bedürfnis nach Klassikern in der Sozialpädagogik. In: Neue Pestalozzi Blätter. Zeitschrift für Historiographie, 6. Jg., H. 1, S. 17–25.

Graf, Martin Albert (1996): Mündigkeit und soziale Anerkennung. Gesellschafts- und bildungstheoretische Begründungen sozialpädagogischen Handelns. Weinheim/München.

Gräser, Marcus (1995): Der blockierte Wohlfahrtsstaat. Unterschichtjugend und Jugendfürsorge in der Weimarer Republik. Göttingen.

Gräser, Marcus (2001): Eine neue Sicht auf die Geschichte der Jugendfürsorge? Bemerkungen zu Uwe Uhlendorffs Frage nach dem Revisionsbedarf in der Geschichtsschreibung der Jugendfürsorge. In: neue praxis, Jg. 31, H. 6, S. 613–619.

Gredig, Daniel/Wilhelm, Elena (2000): Sozialpädagogik und Geschichte: Von den »Klassikern« und der theoretischen Legitimitätsprüfung zu einer historischen und empirischen Ereignishaftigkeitsprüfung. In: Neue Pestalozzi Blätter. Zeitschrift für pädagogische Historiographie, 6. Jg., H. 2, S. 32–37.

Groddeck, Norbert/Schumann, Michael (Hg.) (1994): Modernisierung sozialer Arbeit durch Methodenentwicklung und -reflexion. Freiburg im Breisgau.

Grunwald, Klaus/Ortmann, Friedrich/Rauschenbach, Thomas/Treptow, Rainer (Hg.) (1996): Alltag, Nicht-Alltägliches und die Lebenswelt: Beiträge zur lebensweltorientierten Sozialpädagogik: Festschrift für Hans Thiersch zum 60. Geburtstag. Weinheim/München.

Habermas, Jürgen (1989): Der philosophische Diskurs der Moderne. Frankfurt am Main.

Hamburger, Franz (1995): Zeitdiagnose zur Theoriediskussion. In: Thiersch/ Grunwald, S. 11–25.

Hark, Sabine (1999): Deviante Subjekte. Normalisierung und Subjektformierung. In: Sohn/Mehrtens, S. 65–84.

Haupert, Bernhard (1996): Kritische Anmerkungen zum Stellenwert und Gegenstand der Sozialarbeitswissenschaft. In: Puhl, S. 41–62.

Hering, Sabine/Münchmeier, Richard (2000): Geschichte der Sozialen Arbeit. Eine Einführung. Weinheim/München.

Herrmann, Ulrich (1995): Pädagogische Klassiker und Klassiker der Pädagogik. In: Zeitschrift für Pädagogik, 41. Jg., H. 2, S. 161–165

Hochstrasser, Franz/von Matt, Hans-Kaspar/Grossenbacher, Silvia/Oetiker, Hansruedi (Hg.) (1997): Die Fachhochschule für Soziale Arbeit. Bildungspolitische Antwort auf soziale Entwicklungen. Bern/Stuttgart/Wien.

Honneth, Axel (Hg.) (1994): Pathologien des Sozialen. Die Aufgaben der Sozialphilosophie. Frankfurt am Main.

Horkheimer, Max/Adormo, Theodor Wiesengrund (1982): Dialektik der Aufklärung. Frankfurt am Main.

Hornstein, Walter (1998): Erziehungswissenschaftliche Forschung und Sozialpädagogik. In: Rauschenbach/Thole, S. 47–80.

Hornstein, Walter (1999): Erziehung und sozialer Wandel – Brennpunkte sozialpädagogischer Forschung, Theoriebildung und Praxis. Eine Einführung in die Thematik des Beihefts. In: 39. Beiheft der Zeitschrift für Pädagogik. S. 7–14.

Hornstein, Walter/Lüders, Christian (1989): Professionalisierungstheorie und pädagogische Theorie. Verberuflichung erzieherischer Aufgaben und pädagogische Professionalität. In: Zeitschrift für Pädagogik. 35. Jg., H. 6, S. 749–769.

Huonker, Thomas (2003): Diagnose: »moralisch defekt«. Kastration, Sterilisation und Rassenhygiene im Dienst der Schweizer Sozialpolitik und Psychiatrie 1890–1970. Zürich.

Jütte, Robert (1986): Disziplinierungsmechanismen in der städtischen Armenfürsorge der Frühneuzeit. In: Sachße/Tennstedt, S. 101–118.

Kleve, Heiko (2000a): Die Sozialarbeit ohne Eigenschaften. Fragmente einer postmodernen Professions- und Wissenschaftstheorie Sozialer Arbeit. Freiburg im Breisgau.

Kleve, Heiko (2000b): Paradigmawechsel in der Systemtheorie und postmoderne Sozialarbeit. In: Merten, S. 47–66.

Kosellek, Reinhart (1982): Wozu noch Historie? In: Baumgartner/Rüsen, S.17–35.

Kraimer, Klaus (1994): Die Rückgewinnung des Pädagogischen Aufgaben und Methoden sozialpädagogischer Forschung. Weinheim/München.

Labisch, Alfons (1986): »Hygiene ist Moral – Moral ist Hygiene« – Soziale Disziplinierung durch Ärzte und Medizin. In: Sachße/Tennstedt, S. 265–285.

Lange-Appel, Ute (1993): Von der allgemeinen Kulturaufgabe zur Berufskarriere im Lebenslauf. Eine bildungshistorische Untersuchung zur Professionalisierung der Sozialarbeit. Frankfurt am Main.

Lemke, Thomas (1997): Eine Kritik der politischen Vernunft. Foucaults Analyse der modernen Gouvernementalität. Berlin/Hamburg.

Lemke, Thomas/Krasmann, Susanne/Bröckling, Ulrich (2000): Gouvernementalität, Neoliberalismus und Selbsttechnologien. Eine Einleitung. In: Bröckling/ Krasmann/Lemke (Hg.), S. 7–40.

Lewis, Jane (1980): The Politics of Motherhood: Child and Maternal Welfare in England 1900–1939. London.

Lüders, Christian (1999): Das Programm der rekonstruktiven Sozialpädagogik. Eine Kritik seiner Prämissen und Anmerkungen zu einigen Unterschieden zwischen sozialpädagogischem Handeln und Forschen. In: 39. Beiheft der Zeitschrift für Pädagogik, S. 203–219.

Lüders, Christian/Kade, Jochen (1996): Lokale Vermittlung. Pädagogische Professionalität unter den Bedingungen der Allgegenwart medialer Wissensvermittlung. In: Combe/Helsper, S. 887–923.

Marotzki, Winfried/Sünker, Heinz (Hg.) (1993): Kritische Erziehungswissenschaft – Moderne – Postmoderne. Band II. Weinheim.

Merten, Roland (1997): Autonomie der Sozialen Arbeit. Zur Funktionsbestimmung als Disziplin und Profession. Weinheim/München.

Merten, Roland (Hrsg.) (2000): Systemtheorie Sozialer Arbeit. Neue Ansätze und veränderte Perspektiven. Opladen.

Möhler, Rainer (2002): Rezension von: Gräser, Marcus (1995): Der blockierte Wohlfahrtsstaat. Unterschichtjugend und Jugendfürsorge in der Weimarer Republik. Göttingen. In: http://www.ifs.tu-darmstadt.de/npl/netz-rezensionen/ graeser.html.

Mühlum, Albert (1996): Sozialarbeitswissenschaft. Notwendig, möglich und in Umrissen schon vorhanden. In: Puhl, S. 25–40.

Müller, Burkhard/Thiersch, Hans (Hg.) (1990): Gerechtigkeit und Selbstverwirklichung. Moralprobleme im sozialpädagogischen Handeln. Freiburg.

Müller, Klaus D./Gehrmann, Gerd (1996): Wider die »Kolonialisierung« durch Fremddisziplinen. Für die Befreiung der Sozialarbeit von Fremdbestimmung und Bevormundung. In: Puhl, S. 101–110.

Müller, Siegfried/Otto, Hans-Uwe/Peter, Hilmar/Sünker, Heinz (Hg.) (1984): Handlungskompetenz in der Sozialarbeit/Sozialpädagogik I/II. Theoretische Konzepte und gesellschaftliche Struktur. Bielefeld.

Münchmeier, Richard (1981): Zugänge zur Geschichte der Sozialarbeit. München.

Niemeyer, Christian (1993): Sozialpädagogik zwischen Empfindsamkeit und Aufklärung: Über Ursprungsmomente der modernen sozialpädagogischen Denkform am Beispiel von Pestalozzis vormodernem Roman. In: Marotzki/Sünker, S. 176–203.

Niemeyer, Christian (1998): Klassiker der Sozialpädagogik. Weinheim/München.

Nietzsche, Friedrich (1984): Vom Nutzen und Nachteil der Historie für das Leben. Zürich.

Oestreich, Gerhard (1969): Geist und Gestalt des frühmodernen Staates. Berlin.

Oevermann, Ulrich (1996): Theoretische Skizze einer revidierten Theorie professionalisierten Handelns. In. Combe/Helsper, S. 70–182.

Oevermann, Ulrich (1998): Der professionalisierungstheoretische Ansatz des Teilprojekts »Struktur und Genese professionalisierter Praxis als Ortes der stellvertretenden Krisenbewältigung«, seine Stellung im Rahmenthema des Forschungskollegs und sein Verhältnis zur historischen Forschung über die Entstehung der Professionen im 19. und 20. Jahrhundert. Unveröffentlichtes Manuskript. Frankfurt am Main 1998.

Oevermann, Ulrich (2001): Kodifiziertes methodisiertes Wissen und persönliche Erfahrung in der professionalisierten Praxis stellvertretender Krisenbewältigung. Eine exemplarische Rekonstruktion des Falles eines niedergelassenen Facharztes. Unveröff. Manuskript. Frankfurt am Main.

Oexle, Otto Gerhard (1986): Armut, Armutsbegriff und Armenfürsorge im Mittelalter. In: Sachße/Tennstedt, S. 73–100.

Olk, Thomas (1986): Abschied vom Experten. Sozialarbeit auf dem Weg zu einer alternativen Professionalität. Weinheim, München.

Olk, Thomas/Otto, Hans-Uwe (1989): Soziale Dienste im Wandel 2. Entwürfe sozialpädagogischen Handelns. Neuwied/Frankfurt am Main.

Peukert, Detlev J. K. (1986): Grenzen der Sozialdisziplinierung. Aufstieg und Krise der deutschen Jugendfürsorge 1878–1932. Köln.

Peukert, Detlev J. K. (1989a): Die Genesis der »Endlösung« aus dem Geist der Wissenschaft. In: Peukert (1989b), S. 102–122.

Peukert, Detlev J. K. (1989b): Max Webers Diagnose der Moderne. Göttingen.

Peukert, Detlev J. K. (1991): Die Unordnung der Dinge. Michel Foucault und die deutsche Geschichtswissenschaft. In: Ewald/Waldenfels, S. 320–333.

Procacci, Giovanna (1978): Notes on the Goverment of the Social. In: History of the Present. Nr. 3, 5, S. 12–15.

Puhl, Ria (Hg.) (1996): Sozialarbeitswissenschaft. Neue Chancen für theoriegeleitete Soziale Arbeit. Weinheim/München.

Ramsauer, Nadja (2000): »Verwahrlost«. Kindswegnahme und die Entstehung der Jugendfürsorge im Schweizerischen Sozialstaat 1900–1945. Zürich.

Ramsauer, Nadja (2001): »Alles ist schmutzig und unordentlich« Zürcher Fürsorgerinnen und bevormundete Familien begegnen sich in den 1910er Jahren. In: Zeitschrift Forschung und Wissenschaft Soziale Arbeit, 2. Jg., H. 1, S. 6–20.

Rauschenbach, Thomas (1999a): Das sozialpädagogische Jahrhundert. Analysen zur Entwicklung Sozialer Arbeit in der Moderne. Weinheim, München.

Rauschenbach, Thomas (1999b): Sozialpädagogischer Bedarf – auf dem Weg ins Ungewisse? Soziale Berufe, qualitatives Wachstum und fachliche Effektivität. In: Treptow/Hörster, S. 103–121.

Rauschenbach, Thomas/Gängler, Hans (Hg.) (1992): Soziale Arbeit und Erziehung in der Risikogesellschaft. Neuwied.

Rauschenbach, Thomas/Ortmann, Friedrich/Karsten, Maria-Eleonora (Hg.) (1993): Der sozialpädagogische Blick: Lebensweltorientierte Methoden in der sozialen Arbeit. Weinheim/ München.

Rauschenbach, Thomas/Thiersch, Hans (Hg.) (1987): Die herausgeforderte Moral. Lebensbewältigung und Erziehung in sozialer Arbeit. Bielefeld.

Rauschenbach, Thomas/Thole, Werner (Hg.) (1998): Sozialpädagogische Forschung. Gegenstand und Funktionen, Bereiche, Methoden. Weinheim/München.

Rauschenbach, Thomas/Treptow, Rainer (Hg.) (1999): Soziale Arbeit zwischen System und Lebenswelt. Zur gesellschaftstheoretischen Verortung sozialpädagogischen Handelns. In: Rauschenbach 1999a, S. 75–122. (Ursprünglich erschienen unter: Rauschenbach, Thomas (1984): Sozialpädagogische Reflexivität und gesellschaftliche Rationalität. Überlegungen zur Konstitution gesellschaftlichen Handelns. In: Müller/Otto/Peter/Sünker 1984.)

Reinfeldt, Sebastian/Schwarz, Richard (Hg.) (1993): Bio-Macht. Duisburg.

Rektorat der Universität Zürich (Hg.) (1983): Die Universität Zürich 1933–1983. Festschrift zur 150-Jahr-Feier der Universität Zürich. Zürich.

Riot, Philippe (1975): Das Doppelleben des Pierre Rivière. In: Foucault, S. 259–278.

Roelcke, Volker (1999): Quantifizierung, Klassifikation, Epidemiologie: Normierungsversuche des Psychischen bei Emil Kraepelin. In: Sohn/Mehrtens, S. 183–200.

Ross, Ellen (1993): Love and Toil: Motherhood in Outcast London. 1870–1918. New York/Oxford.

Ruf, Barbara (1994): Zwischen Integration und Widerstand. Der Einfluss der Frauenbewegung auf die Verberuflichung und Professionalisierung der Sozialarbeit in der Schweiz von der Jahrhundertwende bis 1935. Unveröffentlichte Lizentiatsarbeit. Freiburg im Uechtland.

Rüsen, Jörn (1983): Historische Vernunft. Göttingen.

Rüsen, Jörn (1990): Zeit und Sinn. Strategien historischen Denkens. Frankfurt am Main.

Sachße, Christoph (1993): Berufsgeschichte und Berufsidentität. Methoden in der Konstitutionsphase Sozialer Arbeit. In: Rauschenbach/Ortmann/Karsten, S. 29–44.

Sachße, Christoph (1998): Historische Forschung und Soziale Arbeit. Skizze eines problematischen Verhältnisses. In: Rauschenbach/Thole, S. 141–157.

Sachsse, Christoph/Engelhardt, H. Tristram (Hg.) (1990): Sicherheit und Freiheit. Zur Ethik des Wohfahrtsstaates. Frankfurt am Main.

Sachße, Christoph/Tennstedt, Florian (Hg.) (1986): Soziale Sicherheit und soziale Disziplinierung. Frankfurt am Main.

Sachße, Christoph/Tennstedt, Florian (Hg.) (1988): Geschichte der Armenfürsorge in Deutschland. Band 2: Fürsorge und Wohlfahrtspflege 1871 bis 1929. Stuttgart.

Schäfer, Thomas (1995): Reflektierte Vernunft. Michel Foucaults philosophisches Projekt einer antitotalitären Macht- und Wahrheitskritik. Frankfurt am Main.

Scheuerl, Hans (1995): »Was ist ein pädagogischer Klassiker?« In: Zeitschrift für Pädagogik, 41. Jg., H. 2, S. 155–160.

Schmid, Wilhelm (1992): Auf der Suche nach einer neuen Lebenskunst. Die Frage nach dem Grund und die Neubegründung der Ethik bei Foucault. Frankfurt am Main.

Schmidt, Heike (2002): Gefährliche und gefährdete Mädchen. Weibliche Devianz und die Anfänge der Zwangs- und Fürsorgeerziehung. Opladen.

Schreiber, Helga (1993): Die Amtsvormundschaft Zürich: Zur Entstehung einer sozialpädagogischen Institution. Zürich 1993.

Schultheis, Franz (1997): Deutsche Zustände im Spiegel französischer Verhältnisse In: Bourdieu et al., S. 827–838.

Sohn, Werner/Mehrtens, Herbert (Hg.) (1999): Normalität und Abweichung. Studien zur Theorie und Geschichte der Normalisierungsgesellschaft. Opladen/Wiesbaden.

Sommerfeld, Peter (2000): Soziale Arbeit als sekundäres Funktionssystem oder der »very strange loop« sozialarbeiterischer Profis. In: Merten, S. 115–136.

Sozialdepartement der Stadt Zürich (Hg.) (2002): Anstaltseinweisungen, Kindswegnahmen, Eheverbote, Sterilisationen, Kastrationen. Fürsorge, Zwangsmassnahmen, »Eugenik« und Psychiatrie in Zürich zwischen 1890 und 1970. Bericht verfasst von Thomas Huonker. Zürich.

Staub-Bernasconi, Silvia (1995): Systemtheorie, soziale Probleme und soziale Arbeit. Bern/Stuttgart/Wien.

Staub-Bernasconi, Silvia (1997): Soziale Arbeit als »Menschenrechtsprofession«. In: Hochstrasser et al., S. 313–340.

Stekl, Hans (1986): »Labore et fame« – Sozialdisziplinierung in Zucht- und Arbeitshäusern des 17. und 18. Jahrhunderts. In: Sachße/Tennstedt, S. 119–147.

Stocker, Monika (2003): Es geht auch uns an! Vorwort der Zürcher Stadträtin Monika Stocker. In: Huonker, S. 11–13.

Straub, Jürgen (1996): Zur narrativen Konstruktion von Vergangenheit. Erzähltheoretische Überlegungen und eine exemplarische Analyse eines Gruppengesprächs über die »NS-Zeit«. In: BIOS. Zeitschrift für Biographieforschung und Oral History, 9. Jg., H. 1, S. 30–58.

Thane, Pat (1994): Wohlfahrt und Geschlecht. In der Geschichte: Ein partieller Überblick zu Forschung, Theorie und Methoden. In: L'Homme: Zeitschrift für feministische Geschichtswissenschaft, 5. Jg., H. 2, S. 5–18.

Thane, Pat (1996): Foundations of the Welfare State. London/New York.

Thiersch, Hans (1986): Die Erfahrung der Wirklichkeit. Perspektiven einer alltagsorientierten Sozialpädagogik. Weinheim/München.

Thiersch, Hans (1992): Das sozialpädagogische Jahrhundert. In: Rauschenbach/Gängler, S. 9–24.

Thiersch, Hans/Grunwald, Klaus (Hg.) (1995): Zeitdiagnose Soziale Arbeit. Zur wissenschaftlichen Leistungsfähigkeit der Sozialpädagogik in Theorie und Ausbildung. Weinheim/München.

Thole, Werner/Galuske, Michael/Gängler, Hans (1998): KlassikerInnen der Sozialen Arbeit. Neuwied.

Treptow, Rainer/Hörster, Reinhard (1999): Sozialpädagogische Integration. Entwicklungsperspektiven und Konfliktlinien. Weinheim/München.

Uhlendorff, Uwe (2001a): Ist die Geschichte der Jugendhilfe revisionsbedürftig? In: neue praxis, 31. Jg., H, 1, S. 40–51.

Uhlendorff, Uwe (2001b): Anmerkungen zu Marcus Gräsers Replik. In: neue praxis, 31. Jg., H. 6, S. 619–622.

Uhlendorff, Uwe (2003): Geschichte des Jugendamtes. Entwicklungslinien öffentlicher Jugendhilfe 1871 bis 1929. Weinheim/Basel/Berlin.

Veyne, Paul (1992): Foucault: Die Revolutionierung der Geschichte. Frankfurt am Main.

Wagner, Antonin (1995): Zur Debatte um eine eigenständige Sozialarbeitswissenschaft. Wissenschaftstheoretische Anmerkungen. In: Soziale Arbeit, 44. Jg., H. 9–10, S. 290–297.

Weber, Max (1985): Wirtschaft und Gesellschaft. Grundrisse der Verstehenden Soziologie. Tübingen.

Wendt, Wolf Rainer (1999): Müssen die Klassiker deutsch sein? Oder: wie breit Soziale Arbeit gegründet ist. Sozialwissenschaftliche Literaturrundschau, 22. Jg., H. 38, S. 31–40.

Wendt, Wolf Rainer (Hg.) (1994b): Sozial und wissenschaftlich arbeiten. Status und Positionen der Sozialarbeitswissenschaft. Freiburg im Breisgau.

Wendt, Wolf Rolf (1994a): Wo stehen wir in Sachen Sozialarbeitswissenschaft? In: Wendt 1994b, S. 13–40.

Winkler, Michael (1988): Eine Theorie der Sozialpädagogik. Stuttgart.

Winkler, Michael (1993): Hat die Sozialpädagogik Klassiker? In: neue praxis. 23. Jg., H. 3, S. 171–185.

Winkler, Michael (1997): Die Lust am Untergang: Polemische Skizzen zum Umgang der Sozialpädagogik mit ihrer eigenen Theorie. In: neue praxis, 27. Jg. H. 1, S. 54–67.

Winkler, Michael (1999): Integration ohne Grenzen? Zur gesellschaftlichen Verallgemeinerung sozialpädagogischer Denkweisen. In: Treptow/Hörster, S. 83–102.

Zeller, Susanne (1987): Volksmütter – mit staatlicher Anerkennung. Frauen im Wohlfahrtswesen der 20er Jahre. Düsseldorf.

Anhang

Abkürzungsverzeichnis

Abs.	Absatz
a. c.	année courante
A'd	Amtsvormund
Act.	Urkunde, Dokument, Beschluss
AdV	Anmerkung der Verfasserin
Art.	Artikel
AV	Amtsvormundschaft
crt.	courant
EDK	Konferenz der Schweizerischen Erziehungsdirektoren
E. G. oder EG	Einführungsgesetz
Fr. & E.A.	Freiwillige- und Einwohnerarmenpflege
Fr., Frcs., Frk.	Franken
Gb	Geschäftsbericht
Gb Str ZH	Geschäftsbericht des Stadtrates von Zürich
Kelt	Kindseltern
KM od. K.M.	Kindsmutter
Kt.	Kanton
Pet.	Petent (Bittsteller)
Prot.	Protokoll
prot.	protestantisch
ref.	reformiert
SAZ	Stadtarchiv Zürich
SGF	Schweizerischer Gemeinnütziger Frauenverein
SGG	Schweizerische Gemeinnützige Gesellschaft
SGS	Schweizerische Gesellschaft für Schuldgesundheitspflege
SLV	Schweizerischer Lehrerverein
StGB	Strafgesetzbuch
St.A.Z.	Staatsarchiv Zürich
St.A.Z. A. 61	Staatsarchiv Zürich, Almosenamt 1520–1790
St.A.Z. F. I	Staatsarchiv Zürich, Almosenamt
St.A.Z. H II7	Staatsarchiv Zürich, Hauskinder und Kranke
St.A.Z. R.M.	Staatsarchiv Zürich, Rats-Manuale
St.A.Z. U.M	Staatsarchiv Zürich, Unterschreiber-Manuale
St. Prot.	Stillstandsprotokolle
WA	Waisenamt
ZGB od. Z. G. B.	Zivilgesetzbuch der Schweiz

Hinweise zum Datenschutz und zur Abschrift der Akten

Akten unterstehen grundsätzlich einer Schutzfrist von 30 Jahren von ihrer Anlage an gerechnet. Personendaten sind im Kanton Zürich während 30 Jahren nach dem Tod der Betroffenen und, wenn das Todesdatum nicht bekannt ist, 100 Jahre seit der Geburt geschützt. Sind sowohl Tod wie Geburt nicht bekannt, gelten 80 Jahre ab Anlage der Akten. Wird diese Aktensperre für wissenschaftliche (oder andere Zwecke) vorzeitig aufgehoben, müssen schutzwürdige Belange von Personen *in jedem Fall* durch Anonymisierung respektiert werden. Schutzwürdig und zu anonymisieren sind auch die Angaben von Amtspersonen, die im Rahmen des üblichen Amtsgeheimnisses gehandelt haben und aktenkundig geworden sind. Schutzwürdige Belange oder besonders schützenswerte Personendaten sind solche, die sich auf religiöse, weltanschauliche, politische oder gewerkschaftliche Ansichten oder Tätigkeiten, auf die Gesundheit, die Intimsphäre oder die Rassenzugehörigkeit, Maßnahmen der sozialen Hilfe, administrative oder strafrechtliche Verfolgungen und Sanktionen beziehen. Die Schutzfrist kann aufgehoben werden, wenn die Einwilligung der betroffenen Person vorliegt. *Vor* Ablauf der Schutzfrist sind Namen also nur erlaubt, wenn die Akten frei zugänglich sind oder keine schutzwürdigen Belange tangiert werden. Obgleich ein großer Teil der Personendaten in den vorliegenden Dossiers aufgrund dieser Bestimmungen *nicht mehr* unter die Datenschutzbestimmungen fallen, wurden *alle* Vor- und Nachnamen der Befürsorgten und Bevormundeten, der Nachbarn, der Arbeitgeber, der Lehrmeister und Pflegeeltern, der Informanten und Informantinnen, der Zeugen und Zeuginnen etc. *anonymisiert*. Die Straßennamen wurden mit Straßennamen aus demselben Stadtkreis bzw. Quartier ersetzt und die Straßennummern wurden abgeändert. Geburtstage und Geburtsmonate wurden weggelassen. Die Namen der Amtspersonen (wie Bezirksräte, Stadträte, Waisenräte, Amtsvormünder, Inspektionsgehilfinnen, Lehrer, Hausväter, Psychiater) wurden *nicht* anonymisiert, um zukünftigen historischen Forschungen den Zugang zu erleichtern und vergleichende Studien zu ermöglichen. Sie allen wurde *vor* 1903 geboren, womit die Schutzfrist also im Jahr 2003 abgelaufen ist.

Einige der Dossiers sind so reichhaltig, dass bei fünf der sieben Fälle eine Auswahl der Dokumente getroffen werden musste[1], die dem Kriterium genüge tat, den Fall in seiner Vielschichtigkeit und Widersprüchlichkeit darzulegen. Weggelassen wurden beispielsweise Empfehlungsschreiben, in denen sich verschiedene Familien auf die in Zeitungen zur Pflege ausgeschriebenen Kinder beworben hatten.[2] Nicht aufgenommen wurden viele der fehlgeschlagenen Versuche der Amtsvormundschaft, für ihre Mündel einen Pflegeplatz oder eine Lehrstelle zu finden. Weggelassen wurden auch manche Briefe, in denen die Amtsvormünder die Heimatscheine und Schulzeugnisse ihrer Schützlinge suchten, die immer wieder an anderen Orten hinterlegt oder verloren waren. Weggelassen wurden viele Bitten der Amtsvormundschaft um Kostengutsprache an die bürgerliche sowie an die Freiwillige und Einwohnerarmenpflege, sofern aus den übrigen Akten die Dynamik zwischen Amtsvormundschaft und Armenpflege genügend hervorging. Um den Lesefluss zu erleichtern, wurde die Darstellung der Akten vereinheitlicht, was die Angaben von Ort und Datum, die Titel der Dokumente, in denen der Absender und der Adressat zusammengefügt wurden sowie das Schriftbild anbelangt. Handschriftliche Dokumente sind kursiv gedruckt. Ein Teil dieser Dokumente ist in deutscher Kurrentschrift geschrieben und die Schrift ist zudem manchmal verblichen, weshalb ich hie und da ein Wort nicht lesen konnte.[3] Der Inhalt der Dokumente ist minutiös und sorgfältig wiedergegeben. Dazu gehören auch die Übernahme der alten Schreibweise sowie die Wiedergabe von Orthographie- und Interpunktionsfehlern. Tippfehler hingegen (die sehr selten vorkamen) wurden bei der Abschrift behoben. Wo der Absender nicht vermerkt ist, weil es sich um einen Entwurf bzw. einen Durchschlag eines Briefes handelt, steht er unterhalb des Dokumentes in Klammern. Da die Akten vom Bezirksrat und der Justizdirektion »mit Grün-, Rot- oder Blaustift oft in herrlichem Durcheinander bemalt«[4] wurden und die Vormundschaftsbehörde die Berichte oft »in derart verschmiertem Zustande«[5] zurück erhielt, was darauf hindeutet, dass die Hervorhebungen von verschiedenen Leserinnen und Lesern bzw. Ämtern gemacht wurden, habe ich mich dazu entschieden, diese Hervorhebungen wegzulassen. So sind jeweils nur die durch den Verfasser oder die Verfasserin eines Dokumentes gemachten Hervorhebungen übernommen.

Beim Fall Nüssli kennzeichnen die römischen Zahlen hinter dem jeweiligen Datum des Dokuments die 3 verschiedenen Dossiers bzw. Schachteln, in denen die Akten aufbewahrt sind.

Gesetzesauszüge

Auszüge aus dem Schweizerischen Zivilgesetzbuch
von 1907, in Kraft seit 1912

Zweiter Teil: Das Familienrecht.
Zweite Abteilung. Die Verwandtschaft.
Siebenter Titel. Das eheliche Kindsverhältnis.

Fünfter Abschnitt. Die elterliche Gewalt.

273. Die Kinder stehen, solange sie unmündig sind, unter der elterlichen Gewalt und dürfen den Eltern nicht widerrechtlich entzogen werden.

Mündige Kinder, die entmündigt werden, stehen unter der elterlichen Gewalt, wenn die zuständige Behörde es nicht für angezeigt erachtet, ihnen einen Vormund zu bestellen.

274. Während der Ehe üben die Eltern die elterliche Gewalt gemeinsam aus.

Sind die Eltern nicht einig, so entscheidet der Wille des Vaters. Im Falle des Todes eines Ehegatten steht die elterliche Gewalt dem überlebenden Ehegatten und im Falle der Scheidung demjenigen zu, dem die Kinder zugewiesen werden.

275. Die Kinder sind den Eltern Gehorsam und Ehrerbietung schuldig.

Die Eltern haben ihre Kinder ihren Verhältnissen entsprechend zu erziehen und insbesondere auch den körperlich oder geistig gebrechlichen eine angemessene Ausbildung zu verschaffen.

Sie geben dem Kinde den Personennamen.

276. Die Ausbildung der Kinder in einem Beruf erfolgt nach den Anordnungen der Eltern.

Die Eltern haben auf die körperlichen und geistigen Fähigkeiten und die Neigung der Kinder soweit möglich Rücksicht zu nehmen.

277. Über die religiöse Erziehung des Kindes verfügen die Eltern. Ein Vertrag, der diese Befugnis beschränkt, ist ungültig.

Hat ein Kind das sechzehnte Altersjahr zurückgelegt, so darf ihm die selbständige Entscheidung über sein religiöses Bekenntnis nicht verwehrt werden.

278. Die Eltern sind befugt, die zur Erziehung der Kinder nötigen Züchtigungsmittel anzuwenden.

279. Die Eltern haben von Gesetzes wegen die Vertretung des Kindes gegenüber dritten Personen im Umfang der ihnen zustehenden elterlichen Gewalt.

Eine Mitwirkung der vormundschaftlichen Behörden findet nicht statt.

280. Das Kind hat unter der elterlichen Gewalt die gleiche beschränkte Handlungsfähigkeit wie eine bevormundete Person.

Die Bestimmungen über die Vertretung durch den Vormund finden entsprechende Anwendung, mit Ausschluss der Vorschrift betreffend Mitwirkung der Bevormundeten bei der Vermögensverwaltung.

281. Kinder unter elterlicher Gewalt können, wenn sie urteilsfähig sind, unter Zustimmung von Vater oder Mutter, für die Gemeinschaft handeln, verpflichten damit aber nicht sich selbst, sondern die Eltern nach ihrem Güterstande.

282. Soll ein Kind durch ein Rechtsgeschäft mit Vater oder Mutter, oder durch ein solches mit einem Dritten im Interesse von Vater oder Mutter verpflichtet werden, so hat ein Beistand mitzuwirken und die Vormundschaftsbehörde das Geschäft zu genehmigen.

283. Bei pflichtwidrigem Verhalten der Eltern haben die vormundschaftlichen Behörden die zum Schutze des Kindes geeigneten Vorkehrungen zu treffen.

284. Ist ein Kind in seinem leiblichen oder geistigen Wohl dauernd gefährdet oder ist es verwahrlost, so soll die Vormundschaftsbehörde es den Eltern wegnehmen und in angemessener Weise in einer Familie oder Anstalt unterbringen.

Die gleiche Anordnung trifft die Vormundschaftsbehörde auf Begehren der Eltern, wenn ihnen ein Kind böswilligen und hartnäckigen Widerstand leistet und nach den Umständen nicht anders geholfen werden kann.

Das öffentliche Recht bestimmt, unter Vorbehalt der Unterstützungspflicht der Verwandten, wer die Versorgungskosten zu tragen hat, wenn weder die Eltern noch die das Kind sie bestreiten können.

285. Sind die Eltern nicht imstande, die elterliche Gewalt auszuüben, oder fallen sie selbst unter Vormundschaft, oder haben sie sich eines schweren Missbrauches der Gewalt oder einer groben Vernachlässigung ihrer Pflichten schuldig gemacht, so soll ihnen die zuständige Behörde die elterliche Gewalt entziehen.

Wird beiden Eltern die Gewalt entzogen, so erhalten die Kinder einen Vormund.

Die Entziehung ist auch gegenüber Kindern, die später geboren werden, wirksam.

286. Im Falle der Wiederverheiratung von Vater oder Mutter, ist, wenn die Verhältnisse es erfordern, den Kindern, die sich unter ihrer Gewalt befinden, ein Vormund zu bestellen.

Als Vormund kann einer der Ehegatten bezeichnet werden.

287. Fällt der Grund weg, aus dem die elterliche Gewalt entzogen worden ist, so hat die zuständige Behörde von sich aus oder auf Verlangen des Vaters oder der Mutter sie wieder herzustellen.

Die Wiederherstellung darf in keinem Falle vor Ablauf eines Jahres nach der Entziehung der Gewalt stattfinden.

288. Die Kantone ordnen das bei der Entziehung und der Wiederherstellung der elterlichen Gewalt zu beobachtende Verfahren.

Die Weiterziehung an das Bundesgericht bleibt vorbehalten.

289. Durch die Entziehung der elterlichen Gewalt wird die Pflicht der Eltern, die Kosten des Unterhaltes und der Erziehung der Kinder zu tragen, nicht aufgehoben. Das öffentliche Recht bestimmt, unter Vorbehalt der Unterstützungspflicht der Verwandten, wer die Kosten zu tragen habe, wenn weder die Eltern noch das Kind sie bestreiten können.

Achter Titel. Das außereheliche Kinderverhältnis

311. Sobald die Vormundschaftsbehörde von der außerehelichen Geburt Kenntnis erhalten oder die Mutter ihr die außereheliche Schwangerschaft angezeigt hat, wird in allen Fällen dem Kinde ein Beistand ernannt, der dessen Interessen zu wahren hat.

Dritte Abteilung. Die Vormundschaft. Zehnter Titel.
Die allgemeine Ordnung der Vormundschaft.

Erster Abschnitt. Die vormundschaftlichen Organe.

360. Vormundschaftliche Organe sind: die vormundschaftlichen Behörden, der Vormund und der Beistand.

361. Vormundschaftliche Behörden sind: die Vormundschaftsbehörde und die Aufsichtsbehörde.

Die Kantone bestimmen diese Behörden und ordnen, wo zwei Instanzen der Aufsichtsbehörde vorgesehen sind, die Zuständigkeit dieser Instanzen.

362. Eine Familienvormundschaft kann ausnahmsweise für die Fälle gestattet werden, wo die Interessen des Bevormundeten wegen Fortführung eines Gewerbes, einer Gesellschaft und dergleichen es rechtfertigen.

Sie besteht darin, dass die Befugnisse und Pflichten und die Verantwortlichkeit der Vormundschaftsbehörde auf einen Familienrat übertragen werden.

363. Die Familienvormundschaft wird auf Antrag von zwei nahen handlungsfähigen Verwandten oder auf Antrag eines nahen Verwandten und des Ehegatten des Bevormundeten durch Beschluss der Aufsichtsbehörde angeordnet.

364. Der Familienrat wird von der Aufsichtsbehörde aus wenigstens drei zur Besorgung einer Vormundschaft geeigneten Verwandten des Bevormundeten auf je vier Jahre zusammengesetzt.

Der Ehegatte des Bevormundeten kann dem Familienrat angehören.

365. Die Mitglieder des Familienrates haben für die richtige Erfüllung ihrer Pflichten Sicherheit zu leisten.

Ohne diese Sicherstellung darf eine Familienvormundschaft nicht angeordnet werden.

366. Die Aufsichtsbehörde kann die Familienvormundschaft jederzeit aufheben, wenn der Familienrat seine Pflicht nicht erfüllt oder wenn die Interessen des Bevormundeten es erfordern.

367. Der Vormund hat die gesamten persönlichen und vermögensrechtlichen Interessen des unmündigen oder entmündigten Bevormundeten zu wahren und ist dessen Vertreter.

Der Beistand ist für einzelne Geschäfte eingesetzt oder mit Vermögensverwaltung betraut.

Für den Beistand gelten, soweit keine besonderen Vorschriften aufgestellt sind, die Bestimmungen dieses Gesetzes über den Vormund.

Zweiter Abschnitt. Die Bevormundungsfälle.

368. Unter Vormundschaft gehört jede unmündige Person, die sich nicht unter der elterlichen Gewalt befindet.

Die Zivilstandsbeamten, Verwaltungsbehörden und Gereichte haben der zuständigen Behörde Anzeige zu machen, sobald sie in ihrer Amtstätigkeit von dem Eintritt eines solchen Bevormundungsfalles Kenntnis erhalten.

370. Unter Vormundschaft gehört jede mündige Person, die durch Verschwendung, Trunksucht, lasterhaften Lebenswandel oder durch die Art und Weise ihrer Vermögensverwaltung sich oder ihre Familie der Gefahr eines Notstandes oder der Verarmung aussetzt, zu ihrem Schutze dauernd des Beistandes und der Fürsorge bedarf oder die Sicherheit anderer gefährdet.

371. Unter Vormundschaft gehört jede mündige Person, die zu einer Freiheitsstrafe von einem Jahr oder darüber verurteilt worden ist.

Die Strafvollzugsbehörde hat, sobald ein solcher Verurteilter seine Strafe antritt, der zuständigen Behörde Mitteilung zu machen.

372. Einer mündigen Person kann auf ihr Begehren ein Vormund gegeben werden, wenn sie dartut, dass sie infolge von Altersschwäche oder andern Gebrechen oder von Unerfahrenheit ihre Angelegenheiten nicht gehörig besorgen vermag.

373. Die Kantone bestimmen die für die Entmündigung zuständigen Behörden und das Verfahren.

Die Weiterziehung an das Bundesgericht bleibt vorbehalten.

374. Wegen Verschwendung, Trunksucht, lasterhaften Lebenswandel oder der Art und Weise ihrer Vermögensverwaltung darf eine Person nicht entmündigt werden, ohne dass sie vorher angehört worden ist.

Die Entmündigung wegen Geisteskrankheit oder Geistesschwäche darf nur nach Einholung des Gutachtens von Sachverständigen erfolgen, das sich auch über die Zulässigkeit einer vorgängigen Anhörung des zu Entmündigenden auszusprechen hat.

375. Ist ein Mündiger bevormundet, so muss die Bevormundung, sobald sie rechtskräftig geworden ist, wenigstens einmal in einem amtlichen Blatte seines Wohnsitzes und seiner Heimat veröffentlicht werden.

Die Aufsichtsbehörde kann ausnahmsweise eine Verschiebung der Veröffentlichung bewilligen, solange der Geisteskranke, Geistesschwache oder Trunksüchtige in einer Anstalt untergebracht ist.

Vor der Veröffentlichung kann die Bevormundung gutgläubigen Dritten nicht entgegengehalten werden.

Dritter Abschnitt. Die Zuständigkeit.

376. Die Bevormundung erfolgt am Wohnsitze der zu bevormundenden Person. Die Kantone sind berechtigt, für ihre im Kanton wohnenden Bürger die vormundschaftlichen Behörden der Heimat als zuständig zu erklären, insofern auch die Armenunterstützung ganz oder teilweise der Heimatgemeinde obliegt.

377. Ein Wechsel des Wohnsitzes kann nur mit Zustimmung der Vormundschaftsbehörde stattfinden.

Ist er erfolgt, so geht die Vormundschaft auf die Behörde des neuen Wohnsitzes über.

Die Bevormundung ist in diesem Falle am neuen Wohnsitze zu veröffentlichen.

378. Die Vormundschaftsbehörde der Heimat ist befugt, die Bevormundung von Angehörigen, die in einem andern Kanton ihren Wohnsitz haben, bei der Wohnsitzbehörde zu beantragen.

Sie kann zur Wahrung der Interessen eines Angehörigen, der in einem andern Kanton bevormundet werden sollte oder bevormundet ist, bei der zuständigen Behörde Beschwerde führen.

Wenn über die religiöse Erziehung eines bevormundeten Unmündigen eine Verfügung zu treffen ist, so hat die Behörde des Wohnsitzes die Weisung der heimatlichen Vormundschaftsbehörde einzuholen und zu befolgen.

Vierter Abschnitt. Die Bestellung des Vormundes.

379. Als Vormund hat die Vormundschaftsbehörde eine mündige Person zu wählen, die zu diesem Amte geeignet erscheint.

Bei besonderen Umständen können mehrere Personen gewählt werden, die das Amt gemeinsam oder auf Grund einer amtlichen Ausscheidung der Befugnisse führen.

Die gemeinsame Führung einer Vormundschaft kann jedoch mehreren Personen mit ihrem Einverständnis übertragen werden.

380. Sprechen keine wichtigen Gründe dagegen, so hat die Behörde einem tauglichen nahen Verwandten oder dem Ehegatten des zu Bevormundenden bei der Wahl den Vorzug zu geben, unter Berücksichtigung der persönlichen Verhältnisse und der Nähe des Wohnsitzes.

381. Hat die zu bevormundende Person oder deren Vater oder Mutter jemand als Vormund ihres Vertrauens bezeichnet, so soll dieser Bezeichnung, wenn nicht wichtige Gründe dagegen sprechen, Folge geleistet werden.

382. Zur Uebernahme des Amtes sind verpflichtet die männlichen Verwandten und der Ehemann der zu bevormundenden Person, sowie alle in bürgerlichen Ehren stehenden Männer, die in dem Vormundschaftskreis wohnen.

Die Pflicht zur Uebernahme des Amtes besteht nicht, wenn der Vormund durch den Familienrat bestimmt wird.

383. Die Uebernahme des Amtes können ablehnen:
1. wer das sechzigste Altersjahr zurückgelegt hat,
2. wer wegen körperlichen Gebrechen das Amt nur mit Mühe führen könnte,
3. wer über mehr als vier Kinder die elterliche Gewalt ausübt,
4. wer bereits eine besonders zeitraubende oder zwei andere Vormundschaften besorgt,
5. die Mitglieder des Bundesrates, der Kanzler der Eidgenossenschaft und die Mitglieder des Bundesgerichtes.
6. die von den Kantonen bezeichneten Beamten und Mitglieder kantonaler Behörden.

384. Zu dem Amte sind nicht zu wählen:
1. wer selbst bevormundet ist,
2. wer nicht im Besitze der bürgerlichen Ehren und Rechte steht, oder einen unehrenhaften Lebenswandel führt,
3. wer Interesse hat, die in erheblichen Weise denjenigen der zu bevormundenden Person widerstreiten, oder wer mit ihr verfeindet ist,
4. die Mitglieder der beteiligten, vormundschaftlichen Behörden, solange andere taugliche Personen vorhanden sind.

385. Die Vormundschaftsbehörde hat mit aller Beförderung den Vormund zu bestellen.

Das Entmündigungsverfahren kann nötigenfalls schon eingeleitet werden, bevor der zu Bevormundende das Mündigkeitsalter erreicht hat.

Wenn mündige Kinder entmündigt werden, so tritt an Stelle der Vormundschaft in der Regel die elterliche Gewalt.

386. Wird es vor der Wahl notwendig, vormundschaftliche Geschäfte zu besorgen, so trifft die Vormundschaftsbehörde von sich aus die erforderlichen Maßregeln.

Sie kann insbesondere die vorläufige Entziehung der Handlungsfähigkeit aussprechen und eine Betreuung anordnen.

Eine solche Maßregel ist zu veröffentlichen.

387. Dem Gewählten wird unverzüglich seine Ernennung schriftlich mitgeteilt.

Zugleich wird die Wahl im Falle der Auskündung der Bevormundung in einem amtlichen Blatte des Wohnsitzes und der Heimat veröffentlicht.

388. Der Gewählte kann binnen zehn Tagen nach Mitteilung der Wahl einen Ablehnungsgrund geltend machen.

Außerdem kann jedermann, der ein Interesse hat, die Wahl binnen zehn Tagen, nachdem er von ihr Kenntnis erhalten hat, als gesetzwidrig anfechten.

Wird von der Vormundschaftsbehörde die Ablehnung oder Anfechtung als begründet anerkannt, so trifft sie eine neue Wahl, andernfalls unterbreitet sie die Angelegenheit mit ihrem Bericht der Aufsichtsbehörde zur Entscheidung.

389. Der Gewählte ist trotz der Ablehnung oder Anfechtung bei seiner Verantwortlichkeit verpflichtet, die Vormundschaft zu führen, bis er des Amtes enthoben wird.

390. Von der Entscheidung macht die Aufsichtsbehörde sowohl dem Gewählten als der Vormundschaftsbehörde Anzeige. Wird der Gewählte entlassen, so trifft die Vormundschaftsbehörde unverweilt eine neue Wahl.

391. Ist die Wahl endgültig getroffen, so erfolgt die Uebergabe des Amtes an den Vormund durch die Vormundschaftsbehörde.

Fünfter Abschnitt. Die Beistandschaft.

392. Auf Ansuchen eines Beteiligten oder von Amtes wegen ernennt die Vormundschaftsbehörde einen Beistand da, wo das Gesetz es besonders vorsieht, sowie in folgenden Fällen:

1. wenn eine mündige Person in einer dringenden Angelegenheit infolge von Krankheit, Abwesenheit oder dergleichen weder selbst zu handeln, noch einen Vertreter zu bezeichnen vermag,
2. wenn der gesetzliche Vertreter einer unmündigen oder entmündigten Person in einer Angelegenheit Interesse hat, die denen des Vertretenen widersprechen,
3. wenn der gesetzliche Vertreter an der Betreuung verhindert ist.

393. Fehlt einem Vermögen die nötige Verwaltung, so hat die Vormundschaftsbehörde das erforderliche anzuordnen und namentlich in folgenden Fällen einen Beistand zu ernennen:

1. bei längerer Abwesenheit einer Person mit unbekanntem Aufenthalt,
2. bei Unfähigkeit einer Person, die Verwaltung ihres Vermögens selbst zu besorgen oder einen Vertreter zu bestellen, falls nicht die Vormundschaft anzuordnen ist,
3. bei Ungewissheit der Erbfolge und zur Wahrung der Interessen des Kindes vor der Geburt,
4. bei einer Körperschaft oder Stiftung, solange die erforderlichen Organe mangeln und nicht auf andere Weise für die Verwaltung gesorgt ist,
5. bei öffentlicher Sammlung von Geldern für wohltätige und andere dem öffentlichen Wohle dienende Zwecke, solange für die Verwaltung oder Verwendung nicht gesorgt ist.

394. Einer mündigen Person kann auf Begehren ein Beistand gegeben werden, wenn die Voraussetzungen der Bevormundung auf eigenes Begehren vorliegen.

395. Wenn für die Entmündigung einer Person kein genügender Grund vorliegt, gleichwohl aber zu ihrem Schutze eine Beschränkung der Handlungsfähigkeit als notwendig erscheint, so kann ihr ein Beirat gegeben werden, dessen Mitwirkung für folgende Fälle erforderlich ist:
1. Prozessführung und Abschluss von Vergleichen,
2. Kauf, Verkauf, Verpfändung und andere dingliche Belastung von Grundstücken,
3. Kauf, Verkauf und Verpfändung von Wertpapieren,
4. Bauten, die über die gewöhnlichen Verwaltungshandlungen hinausgehen,
5. Gewährung und Aufnahme von Darlehen,
6. Entgegennahme von Kapitalzahlungen,
7. Schenkungen,
8. Eingehung wechselrechtlicher Verbindlichkeiten,
9. Eingehung von Bürgschaften.
10. Unter den gleichen Voraussetzungen kann die Verwaltung des Vermögens dem Schutzbedürftigen entzogen werden, während er über die Erträgnisse die freie Verfügung behält.

396. Die Vertretung durch einen Beistand wird für die der Beistandschaft bedürftige Person von der Vormundschaftsbehörde ihres Wohnsitzes angeordnet.

Die Anordnung einer Vermögensverwaltung erfolgt durch die Vormundschaftsbehörde des Ortes, wo das Vermögen in seinem Hauptbestandteil verwaltet worden oder der zu vertretenden Person zugefallen ist.

Der Heimatgemeinde stehen zur Wahrung der Interessen ihrer Angehörigen die gleichen Befugnisse zu wie bei der Vormundschaft.

397. Für das Verfahren gelten die gleichen Vorschriften wie bei der Bevormundung. Die Ernennung wird nur veröffentlicht, wenn es der Vormundschaftsbehörde als zweckmäßig erscheint.

Elfter Titel. Die Führung der Vormundschaft.
Erster Abschnitt. Das Amt des Vormundes

398. Bei Uebernahme der Vormundschaft ist über das zu verwaltende Vermögen durch den Vormund und einen Vertreter der Vormundschaftsbehörde ein Inventar aufzunehmen.

Ist der Bevormundete urteilsfähig, so wird er, soweit tunlich, zur Inventaraufnahme zugezogen.

Wo die Umstände es rechtfertigen, kann die Aufsichtsbehörde auf Antrag des Vormundes und der Vormundschaftsbehörde die Aufnahme eines öffentlichen Inventars anordnen, das für die Gläubiger die gleiche Wirkung hat wie das öffentliche Inventar des Erbrechts.

399. Wertschriften, Kostbarkeiten, wichtige Dokumente und dergleichen sind, soweit es die Verwaltung des Mündelvermögens gestattet, unter Aufsicht der Vormundschaftsbehörde an sicherem Ort aufzubewahren.

400. Andere bewegliche Gegenstände sind, soweit es die Interessen der Bevormundeten erheischen, nach Weisung der Vormundschaftsbehörde öffentlich zu versteigern oder aus freier Hand zu veräußern.

Gegenstände, die für die Familie oder den Bevormundeten persönlich einen besonderen Wert haben, sollen wenn immer möglich nicht veräußert werden.

401. Bares Geld hat der Vormund, soweit er dessen nicht für den Bevormundeten bedarf, beförderlich in einer von der Vormundschaftsbehörde oder durch kantonale Verordnung hiefür bezeichnete Kasse oder in Werttiteln, die von der Vormundschaftsbehörde nach Prüfung ihrer Sicherheit genehmigt werden, zinstragend anzulegen.

Unterlässt der Vormund diese Anlage länger als einen Monat, so wir der zinspflichtig.

402. Kapitalanlagen, die nicht genügend Sicherheit bieten, sind durch sichere Anlagen zu ersetzen.

Die Umwandlung soll aber nicht zur Unzeit, sondern unter Wahrung der Interessen des Bevormundeten vorgenommen werden.

403. Findet sich im Vermögen ein Geschäft, ein Gewerbe oder dergleichen, so hat die Vormundschaftsbehörde die nötigen Weisungen zur Liquidation oder zur Weiterführung zu erteilen.

404. Die Veräußerung von Grundstücken erfolgt nach Weisung der Vormundschaftsbehörde und ist nur in den Fällen zu gestatten, wo die Interessen des Bevormundeten es erfordern.

Die Veräußerung erfolgt durch öffentliche Versteigerung, unter Vorbehalt der Genehmigung des Zuschlags durch die Vormundschaftsbehörde, die beförderlich darüber zu entscheiden hat. Ausnahmsweise kann mit Genehmigung der Aufsichtsbehörde der Verkauf aus freier Hand stattfinden.

405. Ist der Bevormundete unmündig, so hat der Vormund die Pflicht, für dessen Unterhalt und Erziehung das Angemessene anzuordnen.

Zu diesem Zwecke stehen ihm die gleichen Rechte zu wie den Eltern, unter Vorbehalt der Mitwirkung der vormundschaftlichen Behörden.

406. Steht der Bevormundete im Mündigkeitsalter, so erstreckt sich die Fürsorge auf den Schutz und Beistand in allen persönlichen Angelegenheiten, sowie nötigenfalls auf die Unterbringung in eine Anstalt.

407. Der Vormund vertritt den Bevormundeten in allen rechtlichen Angelegenheiten, unter Vorbehalt der Mitwirkung der vormundschaftlichen Behörden.

408. Zu Lasten des Bevormundeten dürfen keine Bürgschaften eingegangen, keine erheblichen Schenkungen vorgenommen und keine Stiftungen errichtet werden.

409. Ist der Bevormundete urteilsfähig und wenigstens sechzehn Jahre alt, so hat ihn der Vormund bei wichtigen Angelegenheiten, soweit tunlich, vor der Entscheidung um seine Ansicht zu befragen.

Die Zustimmung des Bevormundeten befreit den Vormund nicht von seiner Verantwortlichkeit.

410. Ist der Bevormundete urteilsfähig, so kann er Verpflichtungen eingehen oder Rechte aufgeben, sobald der Vormund ausdrücklich oder stillschweigend zum voraus seine Zustimmung gegeben hat oder nachträglich das Geschäft genehmigt.

Der andere Teil wird frei, wenn die Genehmigung nicht innerhalb einer angemessenen Frist erfolgt, die er selber ansetzt oder durch den Richter ansetzen lässt.

411. Erfolgt die Genehmigung des Vormundes nicht, so kann jeder Teil die vollzogenen Leistungen zurückfordern, der Bevormundete haftet jedoch nur insoweit, als die Leistung in seinem Nutzen verwendet wurde, oder als er zur Zeit der Rückforderung noch bereichert ist oder sich böswillig der Bereicherung entäußert hat.

Hat der Bevormundete den anderen Teil zu der irrtümlichen Annahme seiner Handlungsfähigkeit verleitet, so ist er ihm für den verursachten Schaden verantwortlich.

412. Der Bevormundete, dem die Vormundschaftsbehörde den selbständigen Betrieb eines Berufes oder Gewerbes ausdrücklich oder stillschweigend gestattet, kann alle Geschäfte vornehmen, die zu dem regelmäßigen Betrieb gehören, und haftet hieraus mit seinem ganzen Vermögen.

413. Der Vormund hat das Vermögen des Bevormundeten sorgfältig zu verwalten.

Er hat über die Verwaltung Rechnung zu führen und diese der Vormundschaftsbehörde in den von ihr angesetzten Perioden, mindestens aber alle zwei Jahre, zur Prüfung vorzulegen.

Ist der Bevormundete urteilsfähig und wenigstens sechzehn Jahre alt, so soll er, soweit tunlich, zur Rechnungsablegung zugezogen werden.

414. Was einem Bevormundeten zur freien Verwendung zugewiesen wird, oder was er mit Einwilligung des Vormundes durch eigene Arbeit erwirbt, kann er frei verwalten.

415. Die Vormundschaft wird in der Regel auf zwei Jahre übertragen.

Nach Ablauf der Amtsdauer kann der Vormund je auf zwei weitere Jahre mit einfacher Bestätigung im Amte bleiben.

Nach Ablauf von vier Jahren ist er befugt, die Weiterführung der Vormundschaft abzulehnen.

416. Der Vormund hat Anspruch auf eine Entschädigung die aus dem Vermögen des Bevormundeten entrichtet und von der Vormundschaftsbehörde für jede Rechnungsperiode nach der Mühe, die die Verwaltung verursacht, und nach dem Ertrag des Vermögens festgesetzt wird.

Zweiter Abschnitt. Das Amt des Beistandes

417. Die Beistandschaft hat unter Vorbehalt der Bestimmungen über die Mitwirkung eines Beirates auf die Handlungsfähigkeit der verbeiständeten Person keinen Einfluss.

Die Amtsdauer und die Entschädigung werden von der Vormundschaftsbehörde festgestellt.

418. Wird dem Beistand die Besorgung einer einzelnen Angelegenheit übertragen, so hat er die Anweisungen der Vormundschaftsbehörde genau zu beobachten.

419. Wird dem Beistand die Verwaltung oder Ueberwachung eines Vermögens übertragen, so hat er sich auf die Verwaltung und die Fürsorge für die Erhaltung des Vermögens zu beschränken.

Verfügungen, die darüber hinausgehen, darf er nur auf Grund besonderer Ermächtigung vornehmen, die ihm der Vertretene selbst oder, wenn dieser hiezu nicht fähig ist, die Vormundschaftsbehörde erteilt.

Dritter Abschnitt. Die Mitwirkung der vormundschaftlichen Behörden

420. Gegen die Handlungen des Vormundes kann der Bevormundete, der urteilsfähig ist, sowie jedermann, der ein Interesse hat, bei der Vormundschaftsbehörde Beschwerde führen. Gegen die Beschlüsse der Vormundschaftsbehörde kann binnen zehn 10 Tagen nach deren Mitteilung bei der Aufsichtsbehörde Beschwerde geführt werden.

421. Die Zustimmung der Vormundschaftsbehörde wird für folgende Fälle gefordert:

1. Kauf, Verkauf, Verpfändung und andere dingliche Belastung von Grundstücken.
2. Kauf, Verkauf und Verpfändung anderer Vermögenswerte, sobald diese Geschäfte nicht unter die Führung der gewöhnlichen Verwaltung und Bewirtschaftung fallen,
3. Bauten, die über die gewöhnlichen Verwaltungshandlungen hinausgehen,
4. Gewährung und Aufnahme von Darlehen,
5. Eingehung wechselrechtlicher Verbindlichkeiten,
6. Pachtverträge, sobald sie auf ein Jahr oder länger, und Mietverträge über Räumlichkeiten, sobald sie auf wenigstens drei Jahre abgeschlossen werden,
7. Ermächtigung des Bevormundeten zum selbständigen Betrieb eines Berufes oder Gewerbes,
8. Prozessführung, Abschluss eines Vergleichs, eines Schiedsvertrages oder eines Nachlassvertrages, unter Vorbehalt der vorläufigen Verfügungen des Vormundes in dringenden Fällen,
9. Eheverträge und Erbteilungsverträge,
10. Erklärung der Zahlungsunfähigkeit,
11. Versicherungsverträge auf das Leben des Bevormundeten,
12. Verträge über die berufliche Ausbildung des Bevormundeten,
13. Unterbringung des Bevormundeten in eine Erziehungs-, Versorgungs- oder Heilanstalt.
14. Verlegung des Wohnsitzes des Bevormundeten.

422. Die Zustimmung der Aufsichtsbehörde wird, nachdem die Beschlussfassung der Vormundschaftsbehörde vorausgegangen ist, für folgende Fälle gefordert:

1. Annahme eines Bevormundeten an Kindes Statt oder Kindesannahme durch einen Bevormundeten,
2. Erwerb eines Bürgerrechtes oder Verzicht auf ein solches,
3. Uebernahme oder Liquidation eines Geschäftes, Eintritt in eine Gesellschaft mit persönlicher Haftung oder erheblicher Kapitalbeteiligung,
4. Leibgedings-, Leibrenten- und Verpfründungsverträge,
5. Annahme oder Ausschlagung einer Erbschaft und Abschluss eines Erbvertrages,
6. Mündigkeitserklärung,
7. Verträge zwischen Mündel und Vormund.

423. Die Vormundschaftsbehörde prüft die periodischen Berichte und Rechnungen des Vormundes und verlangt, wo es ihr notwendig erscheint, deren Ergänzung und Berichtigung.

Sie erteilt oder verweigert die Genehmigung der Berichte und Rechnungen und trifft nötigenfalls die für die Wahrung der Interessen des Mündels angezeigten Maßregeln.

Die Kantone können der Aufsichtsbehörde eine Nachprüfung und die Genehmigung übertragen.

424. Ist ein Geschäft ohne die vom Gesetz verlangte Zustimmung der zuständigen vormundschaftlichen Behörde für den Bevormundeten abgeschlossen worden, so hat es für ihn nur die Wirkung eines ohne Zustimmung seines Vertreters von ihm selbst abgeschlossenen Geschäftes.

425. Die Kantone haben die Mitwirkung der Behörden auf dem Wege der Verordnung näher zu regeln.

Sie haben namentlich Bestimmungen aufzustellen über die Anlage und Verwahrung des Mündelvermögens, sowie die Art der Rechnungsführung und Rechnungsstellung und der Berichterstattung.

Diese Erlasse bedürfen zu ihrer Gültigkeit der Genehmigung des Bundesrates.

Vierter Abschnitt. Die Verantwortlichkeit der vormundschaftlichen Organe

426. Der Vormund und die Mitglieder der vormundschaftlichen Behörden haben bei der Ausübung ihres Amtes die Regeln einer sorgfältigen Verwaltung zu beobachten und haften für den Schaden, den sie absichtlich oder fahrlässig verschulden.

427. Wird der Schaden durch den Vormund oder die Mitglieder der vormundschaftlichen Behörden nicht gedeckt, so haftet für den Ausfall der Kanton.

Es bleibt jedoch den Kantonen vorbehalten, hinter dem Vormund und der Vormundschaftsbehörde vorerst die beteiligten Gemeinden oder Kreise haften zu lassen.

428. Wird die vormundschaftliche Behörde aus der Führung der Vormundschaft verantwortlich, so ist ein jedes Mitglied haftbar, soweit es nicht nachweisen kann, dass ihm kein Verschulden zur Last fällt.

Jedes der haftbaren Mitglieder trägt den Schaden für seinen Anteil.

429. Sind der Vormund und die Mitglieder der Vormundschaftsbehörde zugleich haftbar, so haften letztere nur für das, was vom Vormund nicht erhältlich ist.

Sind die Mitlieder der Aufsichtsbehörde und diejenigen der Vormundschaftsbehörde zugleich haftbar, so haften die erstern nur für das, was von den letztern nicht erhältlich ist.

Aus Arglist haften alle verantwortlichen Personen unmittelbar und solidarisch.

430. Ueber die Verantwortlichkeitsklage gegen den Vormund und die Mitglieder der vormundschaftlichen Behörden, sowie gegen die Gemeinden oder Kreise und den Kanton entscheidet der Richter.

Die Klage aus der Verantwortlichkeit darf nicht von der vorgängigen Prüfung durch eine Verwaltungsbehörde abhängig gemacht werden.

Zwölfter Titel. Das Ende der Vormundschaft.

Erster Abschnitt. Das Ende der Bevormundung

431. Die Vormundschaft über eine unmündige Person hört mit dem Zeitpunkt auf, da die Mündigkeit eintritt.

Bei der Mündigerklärung setzt die zuständige Behörde zugleich den Zeitpunkt fest, mit dem die Mündigkeit eintritt, und ordnet die Veröffentlichung in einem amtlichen Blatte an.

432. Die Vormundschaft über eine zu Freiheitsstrafe verurteilte Person auf mit der Beendigung der Haft.

Die zeitweilige oder bedingte Entlassung hebt die Vormundschaft nicht auf.

433. Die Vormundschaft über andere Personen endigt mit der Aufhebung durch die zuständige Behörde.

Die Behörde ist zu dieser Aufhebung verpflichtet, sobald ein Grund zur Bevormundung nicht mehr besteht.

Der Bevormundete, sowie jedermann, der ein Interesse hat, kann die Aufhebung der Vormundschaft beantragen.

434. Die Ordnung des Verfahrens erfolgt durch die Kantone.

Die Weiterziehung an das Bundesgericht bleibt vorbehalten.

435. Wurde die Entmündigung veröffentlicht, so ist auch die Aufhebung zu veröffentlichen. Die Wiedererlangung der Handlungsfähigkeit hängt von der Veröffentlichung nicht ab.

436. Die Aufhebung einer wegen Geisteskrankheit oder Geistesschwäche angeordneten Vormundschaft darf nur erfolgen, nachdem das Gutachten von Sachverständigen eingeholt und festgestellt ist, dass der Bevormundungsgrund nicht mehr besteht.

437. Die Aufhebung einer wegen Verschwendung, Trunksucht, lasterhaften Lebenswandels oder wegen der Art und Weise der Vermögensverwaltung angeordneten Vormundschaft darf der Bevormundete nur dann beantragen, wenn er seit mindestens einem Jahre mit Hinsicht auf den Bevormundungsgrund nicht mehr Anlass zu Beschwerden gegeben hat.

438. Die Aufhebung einer auf eigenes Begehren des Bevormundeten angeordneten Vormundschaft darf nur erfolgen, wenn der Grund des Begehrens dahingefallen ist.

439. Die Vertretung durch den Beistand hört auf mit der Erledigung der Angelegenheiten, für die er bestellt worden ist.

Die Vermögensverwaltung hört auf, sobald der Grund, aus dem sie angeordnet wurde, weggefallen und der Beistand entlassen ist.

Die Beistandschaft des Beirates endigt mit der Aufhebung durch die zuständige Behörde nach den Vorschriften über die Aufhebung der Vormundschaft.

440. Das Aufhören der Beistandschaft ist in einem amtlichen Blatt zu veröffentlichen, wenn deren Anordnung veröffentlicht wurde oder die Vormundschaftsbehörde es sonst für angezeigt erachtet.

Zweiter Abschnitt. Das Ende des vormundschaftlichen Amtes

441. Das Amt des Vormundes hört mit dem Zeitpunkt auf, da er handlungsunfähig wird oder stirbt.

442. Das Amt des Vormundes hört auf mit Ablauf der Zeit, für die er bestellt worden ist, sofern er nicht bestätigt wird.

443. Tritt während der Vormundschaft ein Ausschließungsgrund ein, so hat der Vormund das Amt niederzulegen.

Tritt ein Ablehnungsgrund ein, so kann der Vormund in der Regel die Entlassung vor Ablauf der Amtsdauer nicht verlangen.

444. Der Vormund ist verpflichtet, die notwendigen Geschäfte der Vormundschaft weiter zu führen, bis sein Nachfolger das Amt übernommen hat.

445. Macht sich der Vormund einer groben Nachlässigkeit oder eines Missbrauchs seiner amtlichen Befugnisse schuldig, begeht er eine Handlung, die ihn der Vertrauensstellung unwürdig erscheinen lässt, oder wird er zahlungsunfähig, so ist er von der Vormundschaftsbehörde seines Amtes zu entheben.

Genügt er seinen vormundschaftlichen Pflichten nicht, so kann ihn die Vormundschaftsbehörde, auch wenn ihn kein Verschulden trifft, aus dem Amte entlassen, sobald die Interessen des Bevormundeten gefährdet sind.

446. Die Amtsenthebung kann sowohl von dem Bevormundeten, der urteilsfähig ist, als auch von jedermann, der ein Interesse hat, beantragt werden.

Wird der Vormundschaftsbehörde auf anderem Wege ein Enthebungsgrund bekannt, so hat sie von Amtes wegen zur Enthebung zu schreiten.

447. Vor der Enthebung hat die Vormundschaftsbehörde die Umstände des Falles zu untersuchen und den Vormund anzuhören.

Bei geringen Unregelmäßigkeiten kann die Enthebung bloß angedroht und dem Vormund eine Busse bis auf hundert Franken auferlegt werden.

448. Ist Gefahr im Verzuge, so kann die Vormundschaftsbehörde den Vormund vorläufig im Amte einstellen und nötigenfalls seine Verhaftung und die Beschlagnahme seines Vermögens veranlassen.

449. Neben der Amtsenthebung und der Verhängung von Strafen hat die Vormundschaftsbehörde die zur Sicherung des Bevormundeten nötigen Maßregeln zu treffen.

450. Gegen die Verfügungen der Vormundschaftsbehörde kann die Entscheidung der Aufsichtsbehörde angerufen werden.

Dritter Abschnitt. Die Folgen der Beendigung

451. Geht das vormundschaftliche Amt zu Ende, so hat der Vormund der Vormundschaftsbehörde einen Schlussbericht zu erstatten und eine Schlussrechnung einzureichen, sowie das Vermögen zur Uebergabe an den Bevormundeten, an dessen Erben oder an den Amtsnachfolger bereit zu halten.

452. Der Schlussbericht und die Schlussrechnung werden durch die vormundschaftlichen Behörden in gleicher Weise geprüft und genehmigt, wie die periodische Berichterstattung und Rechnungsstellung.

453. Sind der Schlussbericht und die Schlussrechnung genehmigt und das Mündelvermögen dem Bevormundeten, dessen Erben oder dem Amtsnachfolger zur Verfügung gestellt, so spricht die Vormundschaftsbehörde die Entlassung des Vormundes aus.

Die Schlussrechnung ist dem Bevormundeten, dessen Erben oder dem neuen Vormund zuzustellen unter Hinweis auf die Bestimmungen über die Geltendmachung der Verantwortlichkeit.

Gleichzeitig ist ihnen von der Entlassung des Vormundes oder der Verweigerung der Genehmigung der Schlussrechnung Mitteilung zumachen.

454. Die Verantwortlichkeitsklage gegenüber dem Vormund und den unmittelbar haftbaren Mitgliedern der vormundschaftlichen Behörden verjährt mit Ablauf eines Jahres nach Zustellung der Schlussrechnung.

Gegenüber den Mitgliedern der vormundschaftlichen Behörden, die nicht unmittelbar haftbar sind, sowie gegenüber den Gemeinden oder Kreisen und dem Kanton verjährt die Klage mit Ablauf eines Jahres, nachdem sie erhoben werden konnte.

Die Verjährung der Klage gegen die Mitglieder der vormundschaftlichen Behörden, gegen die Gemeinden oder Kreise oder den Kanton beginnt in keinem Falle vor dem Aufhören der Vormundschaft.

455. Liegt ein Rechnungsfehler vor oder konnte ein Verantwortlichkeitsgrund erst nach Beginn der ordentlichen Verjährungsfrist entdeckt werden, so verjährt die Verantwortlichkeitsklage mit Ablauf eines Jahres, nachdem der

Fehler oder der Verantwortlichkeitsgrund entdeckt worden ist, in jedem Falle aber mit Ablauf von zehn Jahren seit Beginn der ordentlichen Verjährungsfrist.

Wird die Verantwortlichkeitsklage aus einer strafbaren Handlung hergeleitet, so kann sie auch nach Ablauf dieser Fristen noch so lange geltend gemacht werden, als die Strafklage nicht verjährt ist.

456. Bei der Pfändung und im Konkurse des Vormundes oder der Mitglieder der vormundschaftlichen Behörden hat die Ersatzforderung des Bevormundeten ein Vorrecht nach Schuldbetreibungs- und Konkursrecht.

Auszüge aus dem Zürcherischen Einführungsgesetz zum ZGB von 1911

Zweiter Abschnitt: Familienrecht

59. Die Vormundschaftsbehörde hat von Amtes wegen einzuschreiten, sobald ihr ein pflichtwidriges Verhalten der Eltern (Z. G. B. 283, 297) oder die dauernde Gefährdung des leiblichen oder geistigen Wohles des Kindes (Z. G. B. 284) zur Kenntnis kommt.

Insbesondere liegt es ihr ob, einzuschreiten, wenn Eltern es unterlassen, körperlich oder geistig gebrechlichen Kindern eine angemessene Ausbildung zu verschaffen (Z. G. B. 275). Sie trifft auch die erforderlichen Maßnahmen zum Schutz unbeaufsichtigter Kinder (Förderung der Kinderkrippen, Kindergärten, Jugendhorte etc.)

60. Anzeigepflichtig ist jeder Beamte, der in Ausübung seines Amtes Kenntnis von einem Falle erhält, welcher das vormundschaftliche Einschreiten rechtfertigt, wie namentlich Gerichts- und Polizeibeamte, Armen- und Untersuchungsbehörden, Lehrer und Geistliche.

Anzeigeberechtigt ist jedermann.

61. Die Vormundschaftsbehörde stellt den Sachverhalt durch Befragung derjenigen Personen, die über die Verhältnisse Auskunft geben können, fest. In diese Untersuchung können Ärzte, Geistliche, Lehrer, Vertreter von Kinderschutzvereinigungen als Experten zugezogen werden.

62. Wo es notwendig ist, trifft die Vormundschaftsbehörde vor den endgültigen Erledigung provisorische Maßnahmen.

Von der Art der Erledigung ist demjenigen, der Anzeige erstattet hat, auf sein Verlangen Kenntnis zu geben.

Ebenso ist dem Bezirksrat und der Heimatbehörde von der angeordneten Maßnahme Mitteilung zu machen.

63. Über die Verfügungen der Vormundschaftsbehörde, sowie über Verschleppung der Angelegenheit steht jedermann, der ein Interesse hat, die Beschwerde zu (Z. G. B. 420, Abs. 2).

64. Wird von der Vormundschaftsbehörde die Wegnahme des Kindes angeordnet, so ist diesem regelmäßig ein Beistand zu bestellen.

65. Die infolge des Einschreitens der Vormundschaftsbehörde und der angeordneten Maßnahmen entstandenen Kosten tragen die Eltern, und wenn diese nicht dazu imstande sind, das Kind, in letzter Linie die unterstützungspflichtigen Verwandten. Das Kindesvermögen ist wenn nötig zur Sicherstellung der Versorgungskosten in die Schirmlande zu legen.

66. Sind die Kosten auf diese Weise nicht erhältlich und kann nicht anders geholfen werden, so sind sie, wenn das Kind im Kanton Zürich verbürgert ist, von der Armenpflege der Heimatgemeinde zu tragen. Dieser ist wenn möglich von Anfang an die Durchführung der Versorgung zu übertragen.

Die Armenpflege hat dem Beistand und dem Waisenamt von der Unterbringung und jeder Änderung derselben Mitteilung zu machen. Dem Waisenamt steht sowohl auf Antrag des Vormundes oder Beistandes als auch von sich aus gegen ungenügende Versorgung die Beschwerde beim Bezirksrat der Heimatgemeinde und die Weiterziehung an die Armendirektion zu.

Ist das Kind nicht im Kanton Zürich verbürgert, so wird die kostenpflichtige Heimatbehörde um die Durchführung der Versorgung ersucht. Wird diese abgelehnt, und kann nach der Lage der Verhältnisse nicht anders geholfen werden, so erfolgt die Heimschaffung des Kindes.

67. Die Anordnung und die Aufhebung der Versorgung von Kindern, welche bereits unterstützt sind, oder deren Familien armengenössig ist, kann auch durch die Armenbehörde nach den Vorschriften des Armengesetzes erfolgen.

Die Bestimmung des § 66, Absatz 2, findet entsprechend Anwendung.

69. Die Bestimmungen der §§ 59-63 und 65-67 gelten auch für den Fall des Entzuges der elterlichen Gewalt.

70. Die Entziehung der elterlichen Gewalt erfolgt durch den Bezirksrat auf Antrag des Waisenamtes (§ 40).

Die Eltern können binnen zehn Tagen nach der Mitteilung des Beschlusses des Bezirksrates bei diesem schriftlich gerichtliche Entscheidung über die Entziehung der elterlichen Gewalt verlangen. Der Bezirksrat überweist darauf die Akten dem Bezirksgerichte.

Die Entziehung bleibt bis zum richterlichen Entscheid in Kraft.

Die Kosten des Verwaltungsverfahrens trägt derjenige, gegen den das Verfahren eingeleitet wurde.

71. Die Wiederherstellung der elterlichen Gewalt erfolgt durch den Bezirksrat auf Antrag des Waisenamtes. Ein gerichtliches Verfahren findet nicht statt.

*Auszüge aus dem Schweizerischen Strafgesetzbuch
von 1937 in Kraft seit 1942*

Behandlung der Minderjährigen.

Erster Abschnitt: Kinder.

Art.82. Allgemeine Bestimmungen (M).

Kinder, die das sechste Altersjahr noch nicht zurückgelegt haben, fallen nicht unter dieses Gesetz.

Begeht ein Kind, welches das sechste, aber nicht das vierzehnte Altersjahr zurückgelegt hat, eine durch dieses Gesetz mit Strafe bedrohte Tat, so finden die folgenden Bestimmungen Anwendung.

Art. 83. Untersuchung (M).

Die zuständige Behörde stellt den Sachverhalt fest. Soweit die Beurteilung des Kindes es erfordert, macht sie Erhebungen über das Verhalten, die Erziehung und die Lebensverhältnisse des Kindes und zieht Berichte und Gutachten über dessen körperlichen und geistigen Zustand ein. Sie kann auch die Beobachtung des Kindes während einer gewissen Zeit anordnen.

Art. 84. Erziehung unter Aufsicht (M).

Ist das Kind sittlich verwahrlost, sittlich verdorben oder gefährdet, so ordnet die zuständige Behörde seine Versorgung an; diese kann durch Übergabe an eine vertrauenswürdige Familie oder durch Einweisung des Kindes in eine Erziehungsanstalt erfolgen.

Das Kind kann auch der eigenen Familie zur Erziehung überlassen werden.

Die zuständige Behörde überwacht in allen Fällen die Erziehung, die dem Kinde zuteil wird.

Sie hebt die getroffenen Maßnahmen auf, wenn diese ihren Zweck erreicht haben. Spätestens mit dem zurückgelegten zwanzigsten Altersjahr fallen sie dahin.

Sobald das Kind das vierzehnte Altersjahr zurückgelegt hat, kann seine weitere Erziehung nach den Bestimmungen über die Jugendlichenerfolgen.

Art. 85. Besondere Behandlung (M).

Erfordert der Zustand des Kindes eine besondere Behandlung, namentlich wenn das Kind geisteskrank, schwachsinnig, blind, taubstumm oder epileptisch ist, so ordnet die zuständige Behörde die notwendige Behandlung an.

Art. 86. Änderung der Maßnahmen (M).

Die zuständige Behörde kann jederzeit die getroffene Maßnahme durch eine der andern Maßnahmen ersetzen.

370

Art. 87. Disziplinarische Maßnahmen (M).

Ist das Kind weder sittlich verwahrlost, noch sittlich verdorben oder gefährdet, und bedarf es keiner besondern Behandlung, so erteilt ihm die zuständige Behörde, falls sie das Kind fehlbar findet, einen Verweis oder verhängt Schularrest.

In geringfügigen Fällen kann die Behörde auch von diesen Maßnahmen absehen und die Ahndung dem Inhaber der elterlichen Gewalt überlassen.

Art. 88. Absehen von Maßnahmen (M).

Die zuständige Behörde kann von jeder Maßnahme absehen, wenn der Inhaber der elterlichen Gewalt bereits genügende Maßnahmen getroffen hat, oder wenn seit der Tat drei Monate verstrichen sind.

Zweiter Abschnitt: Jugendliche.

Art. 89. Allgemeine Bestimmung (M).

Begeht ein Jugendlicher, der das vierzehnte, aber nicht das achtzehnte Altersjahr zurückgelegt hat, eine durch dieses Gesetz mit Straf bedrohte Tat, so finden die folgenden Bestimmt Anwendung.

Art. 90. Untersuchung (M).

Die zuständige Behörde stellt den Sachverhalt fest. Soweit die Beurteilung des Jugendlich es erfordert, macht sie Erhebungen über das Verhalten, die Erziehung und die Lebensverhältnisse des Jugendlichen und zieht Berichte und Gutachten über dessen körperlichen und geistigen Zustand ein. Sie kann auch die Beobachtung des Jugendlichen während einer gewissen Zeit ordnen.

Art. 91. Erziehungsanstalt. Familienversorgung (M).

1. Ist der Jugendliche sittlich verwahrlost, sittlich verdorben oder gefährdet, so verweist ihn die zuständige Behörde in eine Erziehungsanstalt für Jugendliche. Der Zögling bleibt so lange in der Anstalt, als es seine Erziehung erfordert, jedoch mindestens ein Jahr. Hat er das zweiundzwanzigste Jahr zurückgelegt, so wird er entlassen.

2. Die zuständige Behörde kann den Jugendlichen auch einer vertrauenswürdigen Familie zur Erziehung übergeben. Bewährt sich die Familienerziehung nicht, so wird die Anstaltsversorgung angeordnet. Der Jugendliche kann auch der eigenen Familie zur Erziehung überlassen werden.

3. Ist der Jugendliche besonders verdorben oder hat er ein Verbrechen oder ein schweres Vergehen begangen, das einen hohen Grad der Gefährlichkeit offenbart, so ist er in eine Erziehungsanstalt einzuweisen und von den übrigen

Eingewiesenen zu trennen. In diesem Falle bleibt er in der Anstalt, bis er gebessert ist, jedoch mindestens drei und höchstens zehn Jahre.

4. Die zuständige Behörde überwacht in allen Fällen die Erziehung des Jugendlichen.

Art. 92. Besondere Behandlung (M).

Erfordert der Zustand des Jugendlichen eine besondere Behandlung, namentlich wenn der Jugendliche geisteskrank, schwachsinnig, blind, taubstumm, epileptisch, trunksüchtig oder in seiner geistigen oder sittlichen Entwicklung ungewöhnlich zurückgeblieben ist, so ordnet die zuständige Behörde die notwendige Behandlung an.

Art. 93. Änderung der Maßnahme. (M).

Die zuständige Behörde kann jederzeit die getroffene Maßnahme durch eine der andern Maßnahmen ersetzen. Erweist sich während des Anstaltsaufenthalts ein Jugendlicher, der das achtzehnte Altersjahr erreicht hat, als unverbesserlich, oder bedeutet sein Verhalten eine Gefahr für die Erziehung der übrigen Zöglinge, so kann ihn die zuständige Behörde in eine Strafanstalt versetzen. In der Strafanstalt sollen Jugendliche von mündigen Gefangenen in der Regel getrennt gehalten werden.

Art. 94. Bedingte Entlassung (M).

Hat der Jugendliche mindestens ein Jahr, im Falle des Art. 91, Ziff. 3 mindestens drei Jahre, in der Erziehungsanstalt zugebracht, so kann ihn die zuständige Behörde, nach Anhörung der Anstaltsleitung, bedingt entlassen. .

Sie stellt den Entlassenen unter Schutzaufsicht, sorgt in Verbindung mit deren Vertretern für seine Überwachung und ist ihm bei seiner Unterkunft und Erziehung behülflich. Sie setzt eine bestimmte Bewährungsfrist fest, die mindestens ein Jahr betragen soll, und kann ihm für sein Verhalten bestimmte Weisungen erteilen, so die Weisung, einen Beruf zu erlernen, an einem bestimmten Orte sich aufzuhalten, sich geistiger Getränke zu enthalten.

Handelt der Entlassene innerhalb der Bewährungsfrist den ihm erteilten Weisungen zuwider oder missbraucht er in anderer Weise die Freiheit, so versetzt ihn die zuständige Behörde in die Anstalt zurück. Andernfalls ist er endgültig entlassen.

Art. 95. Bestrafung (M).

Ist der Jugendliche weder sittlich verwahrlost, noch sittlich verdorben oder gefährdet, hat er kein Verbrechen oder schweres Vergehen begangen, das einen hohen Grad der Gefährlichkeit offenbart, und bedarf er keiner besondern Behandlung, so erteilt ihm die zuständige Behörde, wenn sie ihn fehlbar findet, einen Verweis oder bestraft ihn mit Busse oder mit Einschließung von einem Tage bis zu einem Jahr. Einschließung und Busse können verbunden werden.

Wenn die Behörde eine Busse ausspricht, so sind die Bestimmungen dieses Gesetzes über die Busse anzuwenden.

Die Einschließung darf nicht in einem Gebäude vollzogen werden, das als Strafanstalt oder Arbeitsanstalt für Erwachsene dient. Der Jugendliche wird angemessen beschäftigt. Im übrigen wird die Einschließung wie die Haft vollzogen.

Wird die Einschließung binnen drei Jahren nicht vollzogen, so fällt sie dahin.

Art. 96. Bedingter Strafvollzug (M).

Die zuständige Behörde kann die Einschließung und den Vollzug der Busse aufschieben und dem Verurteilten eine Probezeit von sechs Monaten bis zu drei Jahren auferlegen, wenn nach Führung und Charakter des Jugendlichen zu warten ist, dass er keine weitern strafbaren Handlungen begehen werde, insbesondere wenn er vorher noch keine oder nur geringfügige strafbare Handlungen begangen hat.

Der Jugendliche wird in diesem Fall unter Schutzaufsicht gestellt, wenn nicht besondere Umstände eine Ausnahme begründen. Die zuständige Behörde kann ihm für sein Verhalten bestimmte Weisungen erteilen, so die Weisung, einen Beruf zu erlernen, an einem bestimmten Orte sich aufzuhalten, sich geistiger Getränke zu enthalten.

Handelt der Jugendliche während der Probezeit trotz förmlicher Mahnung den ihm erteilten Weisungen zuwider, oder täuscht er in anderer Weise das auf ihn gesetzte Vertrauen, so verfügen die Behörde den Vollzug der Strafe.

Bewährt sich der Jugendliche bis zum Ablaufe der Probezeit, so verfügt die Behörde die Löschung des Eintrages im Strafregister.

Art. 97. Aufschub des Entscheides (M).

Kann nicht mit Sicherheit beurteilt werden, ob ein Jugendlicher zu den sittlich Verwahrlosten, Verdorbenen oder Gefährdeten oder zu den Pflegebedürftigen gehört, so kann die zuständige Behörde unter den im vorausgehenden Artikel genannten Voraussetzungen den Entscheid über die Verhängung einer Strafe oder einer Maßnahme aussetzen. Der Jugendliche wird unter Schutzaufsicht gestellt. Es wird ihm eine Probezeit von sechs Monaten bis zu einem Jahr auferlegt.

Bewährt sich der Jugendliche während der Probezeit nicht, so verhängt die Behörde Einschließung oder Busse oder eine der gegen Jugendliche vorgesehenen Maßnahmen. Bewährt sich der Jugendliche bis zum Ablaufe der Probezeit, so verfügt die Behörde die Löschung des Eintrages im Strafregister.

Art. 98. Absehen von Maßnahmen (M).

Die zuständige Behörde kann von jeder Maßnahme absehen, wenn seit der Tat die Hälfte der Verjährungsfrist abgelaufen ist.

Art. 99. Löschung der Maßnahmen im Strafregister (M).

Die zuständige Behörde kann auf Gesuch des Täters anordnen, dass die gegen ihn verhängten Maßnahmen im Strafregister gelöscht werden, wenn seit ihrem Vollzuge mindestens zehn Jahre verflossen sind, das Verhalten des Täters die Löschung rechtfertigt, und wenn er den behördlich oder durch Vergleich festgestellten Schaden, soweit es ihm zuzumuten war, ersetzt hat.

Dritter Abschnitt: Minderjährige im Alter zwischen 18 und 20 Jahren.

Art. 100.

1. Wer zur Zeit der Tat das achtzehnte, aber nicht das zwanzigste Jahr zurückgelegt hat, wird nach folgenden Bestimmungen beurteilt:

An die Stelle der lebenslänglichen Zuchthausstrafe tritt Zuchthaus von fünf bis zu zwanzig Jahren. Ist das Verbrechen oder das Vergehen mit einer Freiheitsstrafe von bestimmter Mindestdauer bedroht, so ist der Richter nicht an diesen Strafsatz gebunden.

Bei mildernden Umständen kann der Richter statt auf eine Zuchthausstrafe auf Gefängnis von sechs Monaten bis zu fünf Jahren und statt auf eine Gefängnisstrafe auf Haft erkennen.

2. Die Verurteilten sollen von mündigen Gefangenen in der Regel getrennt gehalten werden.

Weihnachtspredigt von Meinrad Lienert vom 24.12.1904

»Weihnachtspredigt: Schon seit manchem Jahr, wenn ich mit meinen Lieben unter dem Weihnachtsbaum stehe, gehen vor mir jene bleichen abgehärmten Kinderscharen um, die bei vertierten Eltern leben müssen, nie Weihnachten, wohl aber das ganze Jahr schwere Passionswochen haben. Sie sehen mich an mit hilferufenden Augen und martern meine Seele. Sie sind die ärmsten der Armen. Alle Waisenkinder, Kinder in Besserungsanstalten u.s.f. sind hundertmal besser dran. Sie haben eine Heimstätte, haben Luft, Licht, Ordnung, Freundlichkeit um sich, haben ihren Weihnachtsbaum, ihren Weihnachtraum. Kurzum, sie können noch glauben, hoffen, lieben. Die schwer misshandelten Kinder herzloser Eltern haben nichts auf Gottes Erdboden, das sie erfreuen könnte, nicht einmal den süssen Schlaf, denn böse Kobolde verwüsten ihre Traumbilder. Sie sind bedauernswerter als die ›Hexen‹ des Mittelalters, denen auch in der tiefsten Pein noch ein Rest von Hoffnung auf baldige Befreiung blieb. Es gibt aber Kinder, die sich jahraus, jahrein in der Folterkammer ohne alle Aussicht auf baldige Erlösung befinden. Ihre beständigen Peiniger sind die eigenen Eltern. Zuletzt nehmen die armen Geschöpfe die ewigen Quälereien in stumpfer Ergebung hin, wie die überladenen Zugpferde die Peitsche eines gottvergessenen Fuhrmanns, bis sie ihren Schmerzen entweder erliegen oder bis die Behörden von den Nachbarn endlich auf ihre Leidensgeschichte aufmerksam gemacht werden. Während sonst der Klatsch geschehene und ungeschehene Sünden, allüberall aufwirbelt wie Strassenstaub, schweigt sich die Menschenfurcht und der Egoismus über die nachbarlichen Kinderschindereien nur allzugern aus. Man will nichts gesehen, man will nichts gehört haben. Über die Fälle von Kindermisshandlungen, die vor Gericht gezogen werden, zeigen das Elend und der Jammer solcher armen Kinder mit so erschreckender Wahrheit und Klarheit, dass alle Redensarten von Uebertreibungen und dergleichen verstummen müssen. Ich durchmustere immer ängstlich jede Zeitung, um nachzusehen, ob nicht wieder ein herzzerreissender Fall von Kindermisshandlung durch entmenschte Eltern darin geschildert werde. Nur zu oft haben die Berichterstatter über Strafgerichtsverhandlungen solche Martergeschichten zu melden, die einem das Blut erstarren machen. Dann verberge ich die Zeitung sorgsam, damit solch grässlicher Jammer meine Frau nicht unglücklich mache. Diese Berichte haben mich schon wochenlang nachher noch im Wachen und Schlafen geplagt und ich habe mich immer wieder gefragt: Gibt es denn für die Armen misshandelten Kinder, die sich in den Klauen solcher Tiger befinden, keine Erlösung? Sollen sie denn nicht wenigstens soviel öffentlichen Schutz erfahren wie Hunde und Katzen? Und ist es denn nicht möglich, dass die sonst unermüdlich tätige Gesetzesmaschine hier etwas Besseres, Genügenderes schafft? Ich weiss nicht, ob überhaupt und was für Strafmasse die heutigen Gesetze überall in unserer Schweiz bei Kindermisshandlung vorschreiben. Die Gesetze sind in dieser Beziehung meistens recht unvollkommen und pflegen der misshandelten Kinder wegen möglichst selten oder gar nicht wegweisende Paragraphen oder auch nur Absätze zu enthalten. Jedenfalls steht nach meiner Ansicht, in den weitaus meisten Fällen, die ausgefällte Strafe in keinem Verhältnis zur unmenschlichen Tat. Es wird da gelinde als Uebertretung oder leichtes Vergehen mit geringer Geldstrafe und leichtem Gefängnis von meistens nur einigen Tagen bestraft, was sich bei näherem Zusehen als Verbrechen, zum mindesten als schweres Vergehen erweist. Während der geringfügigste Diebstahl mit schwerwiegenden, entehrenden Strafen geahndet wird, scheinen die Richter zu angemessener Bestrafung solcher grauenhafter, systematisch betriebener Kinderschindereien im Gesetze keine Handhabung zu finden. Während Körperschädigungen, die etwa eine gewisse Zeitlang Arbeitsunfähigkeit bedingen und überhaupt Körperverletzungen aus Raufhändeln verhältnismässig nicht so ›pomadig‹ wegkommen, gehen die ruchlosen Eltern, die ihre Kinder aufs entsetzlichste wochen=, ja monate= und jahrelang misshandeln, mit leichten Strafen davon. Und doch sind die z.B. in Raufhändeln Misshandelten meistens kräftige Leute, die sich wehren können, währen die Kinder wehr= und hilflos die Misshandlungen ihrer Eltern zu ertragen haben. Die Kinder sind ihren Eltern gegenüber sozusagen vogelfrei. Die schweren Fälle von Kindermisshandlungen, die wir von Zeit zu Zeit aus den Gerichtsverhandlungen erfahren, haben mit einer leicht zu nehmenden Ueberschreitung des Züchtigungsrechtes nichts mehr zu tun. Man muss staunen, wie die ›Nebenmenschen« des Kindes im allgemeinen so leicht über diese schrecklichen Quälereien hinwegkommen, ja, sie fast als etwas nehmen, das nun einmal so sein müsse; dass sie eigentlich erst in tieferer Entrüstung machen, wenn die Schindereien sich als Körperverletzung mit tödlichem Ausgang qualifizieren. Und die Gesetzgebung? – die straft diese Kindleinfresser, wie schon gesagt, meistens wie ein lendenlahmer Greis, der sich nicht zu helfen weiss. Mit Leichtigkeit liesse sich diese Aussage durch zahllose Beispiele belegen. Wem sollte dies übrigens nicht bekannt sein? Getreue liebe Eidgenossen! Gedenkt a l l e r Kinder! Erbarmt euch auch der ärmsten Kinder der Mutter Helvetia! Man mag es anderwärts halten, wie man will, in unserm Schweizerischen Vaterlande soll es heissen: hinein in die Familie ohne Rücksicht, ohne alles Vorschützen von sogenannten heiligen Haus- und Familienrechten, wenn es sich um das leibliche und seelische Heil der Kinder handelt, hinein in die Familie! Und wenn es auch nicht angenehm für den Staat ist, sich mit neuen Bürden zu belasten und weit bequemer für die Allgemeinheit, vor diesen offenkundigen Uebelständen die Augen so viel als möglich zu verschliessen, so darf das alles und anderes mehr heute nicht mehr gelten, hinein in die Familie, wenn's Not tut! – in Gottesnamen selbst unter Kostenfolge. Wie könnten sich rechtskundige Männer mit der Erlösung der ärmsten aller armen Kinder eine schöne Aufgabe setzen! Was könnte sich ein junger Rechtsbeflissener mit einer Dissertation, welche die Befreiung dieser Armen durch das Gesetz behandelte, für einen stolzen Doktorhut holen! Jetzt wäre immer noch die gegebene Zeit, im Entwurf für ein eidgenössisches Strafgesetz einzusetzen. Sowieso: Man soll sich der verlassensten Kinder jetzt einmal annehmen, wie man kann und mag, sei es auf eidgenössischem, sei es auf kantonalem Boden. Bin ich kein Rechtsgelehrter, so sind es andere. Die Schweiz hat eine grosse Anzahl gescheiter und rechtskundiger Männer, die in der Gesetzgebung wertvolle Dienste leisten und zu leisten imstande sind. Wenn sie auch hier einsetzen wollten! Wären es nur wenige Berufene, wäre es am Ende nur ein starker und kundiger Mann, der mit ganzem Herzen und aller Kraft nach dem gezeigten Ziele hinarbeiten würde, er müsste ein Wertvolles zugunsten der armen misshandelten Kinder in Bälde in die Gesetze einführen können. Und alles, was edel denkt in der Schweiz, würde schliesslich freudig mithelfen, auch den gequältesten Geschöpfen durch ein fürsorgliches Vaterland in vielem den Vater zu ersetzen. Nein, nein, es ist nicht wahr, dass es hier wenig zu ändern gibt oder gar, dass da nicht zu helfen wäre. Man muss nur ernstlich zusehen und zulangen wollen. Niemand darf denken: ich bin mit meinen Kindern recht, wenn andere Leute ihr eigenes Fleisch und Blut in ihren Kindern gerne reinigen wollen, so lässt mich das kalt, es geht mich nichts an. Das wäre so ungefähr der Standpunkt der Wildkatze, die ihre Jungen ebenfalls aufs zärtlichste liebt. Uebrigens sind solche bequemen Redensarten nicht nur herzlos, sondern auch unbesonnen. Nämlich, die wie Tiere behandelten Kinder werden sich auch zu Tieren auswachsen und sollen jene Pharisäer die Ausrufe des Abscheus für sich behalten, wenn sie solche vertierten Geschöpfe etwa in der menschlichen Gesellschaft nach allen Seiten um sich beissen sehen. Man hat vielleicht teilnahmslos zugesehen, als diese verkommenen Geschöpfe, da sie noch Kinder und für Gutes wie Böses empfänglich waren, von ihren entmenschten Eltern unter die Bestien hinein=, oder wenn man will: zurückgerissen wurden. Item. So kann man über die schaurigen Kindermisshandlungen nicht mehr hinwegsehen. Die armen Tröpfe im fernen Ostasien, die sich auf dem Kriegsschauplatz ›metzgen‹ lassen müssen und die ein so grausiges Liederbuch unserer gerühmten Zeit für die Nachwelt liefern, sind nicht übler, sind nicht so übel dran, wie die wehrlosen armen Kinder und Kindlein, die in den vier Wänden ihrer Eltern ein peinvolles Siechtum, ein Fegefeuer durchleben oder eher durchsterben. Was kann aber der Staat hier tun? Einmal: Er kann die verbrecherischen, herzlosen Eltern durch bedeutend verschärfte Strafbestimmungen in den Gesetzen schwerer treffen. Nicht dass ich meine, die schwere Strafe würde die Betroffenen bessern; was zum Tiger ausgewachsen ist, bleibt Tiger, kann aber die Peitsche respektieren lernen. Wenn aber für die Bestraften die schwere Strafe eine imponierendere Peitsche bedeutet, als die leichtere, so dürfte das erst recht der Fall sein, für jene grausamen Eltern, die für eine gerichtliche Bestrafung noch nicht völlig reif sind. Denn die derzeitigen Strafausfällungen müssen notwendigerweise bei verrohten Eltern die Meinung verstärken, sie können mit ihren Kindern machen, was sie wollen. Wenn wir mit Abscheu auf jene Zeiten zurückblicken, in denen die Römer ihre Sklaven ungestraft töteten oder den wilden Tieren vorwerfen liessen, so dürfte heute – abgesehen von den grossen Metzgergeschäften in Ostasien – auch noch einiges zu sehen sein, das Anspruch auf unsere allertiefste Entrüstung hätte: eben diese armen Kinder in den elterlichen Tigerkäfigen. Gewiss sind solche vertierte Eltern auch unendlich zu bemitleiden, aber wenn man sonst keine andern Auswege weiss – auf Rechnung ihrer Kinder darf man sie nicht schonen. Die Hauptsache aber würde, wie ich meine, der Staat dadurch leisten, dass er die misshandelten Kinder – ich meine hier die schwereren und schweren Fälle – nicht und nie mehr zu den entmenschten Eltern zurückkehren liesse, sie in feine Versorgungsanstalten übernähme, den Eltern nach Möglichkeit die Kosten des Unterhaltes überbindend. Die Deutung der Fälle wäre an Hand möglichst klarer gesetzlicher Bestimmungen bei den Richtern. Denn bisan mussten für gewöhnlich die misshandelten Kinder nach kurzem Atemschöpfen zu dem schrecklichen elterlichen Drille zurück. Künftig aber sollten, und koste es, was es wolle – öffentliche Erziehungs- bezw. Versorgungsanstalten an Stelle der Eltern die Kinder nach gerichtlicher Weisung aufnehmen. Die Kosten dürfen, und wären sie noch so horrend, nicht von einer Tat zurückschrecken, welche Hunderten und Aberhunderten von bleichen, Welt und Leben verabscheuenden Kinder zur Erlösung aus unsagbaren Leiden würde. Diese Tat, sie würde sich indirekt tausendfach bezahlen, denn die Oeffentlichkeit erhielte statt wieder Tiere einmal zum grossen Teil ordentliche, lebensfrohe Menschen. Der Staat könnte also nur gewinnen. Man denke z.B. nur an die Schule. Solange hier nicht so oder anders eine Wandlung zur Besserung eintritt, kann ich mich unter dem Weihnachtsbaum nie wahrhaft freuen. Die anklagenden Augen, die verhärmten kranken Gesichtlein jener Kinder sehen mich gespenstig an, die hilflos in dumpfem Jammer in den Folterkammern ihrer unmenschlichen Eltern verkommen. Wer erlöst sie, wo sind die Retter dieser Aermsten?! – Wenn es Engel im Himmel gibt, alle Legionen der Engel müssten segnend auf diese Erlöser sehen und alle edlen Menschenherzen müssten für sie schlagen in alle Ewigkeit. Amen.«[6]

Anmerkungen

Anmerkungen erstes Kapitel

1   Zollinger 1908a, S. 34.
2   1923 wurde das Waisenamt in Vormundschaftsbehörde umbenannt. Der Einfachheit halber wird durchgängig von der Vormundschaftsbehörde gesprochen.
3   Vgl. Schneider 1881, S. 396.
4   Vgl. Lengweiler 1895, S. 7.
5   Vgl. Pflüger 1917, S.7.
6   Geschäftsbericht des Stadtrates Zürich 1910, S. 300.
7   Vgl. Farge/Foucault 1989.
8   Die beiden Inspektionsgehülfinnen Frl. Helene Moser und Frl. Leonie Schwyzer ließen sich 1912 gegen Unfall versichern, »da sie bei der Ausübung ihres Berufes einer erhöhten Unfallgefahr ausgesetzt sind« (vgl. V.K. a.04.:41: 1912, No. 5203). Die Überbelastung für die Amtsvormünder »stellt nicht nur eine wirksame Fürsorge ernstlich in Frage, sondern sie kann den Amtsvormündern selbst recht gefährlich werden angesichts der weitgehenden Haftbarkeit, welcher der Vormund gegenüber dem Mündel nach den Bestimmungen des Vormundschaftsrechtes, aber auch gegenüber Drittpersonen gemäss Obligationenrecht untersteht.« Gegen diese Gefahr sicherten sich die Amtsvormünder mit Hilfe einer Haftpflichtversicherung ab (vgl. Geschäftsbericht des Stadtrates Zürich 1922, S. 301).
9   Vgl. Moser 1916, S. 184.
10 Vgl. Mühlethaler 1913, S. 369.
11 Fischer 1877, S. 351.
12 Vgl. Feld 1925c, S. 215.
13 Die »Ontologie der Gegenwart« bezeichnet eine historische Untersuchung der Ereignisse, die uns dazu geführt haben, uns als Subjekte dessen, was wir tun, denken und sagen zu konstituieren und anzuerkennen. »Sie ist in ihrer Absicht genealogisch und in ihrer Methode archäologisch. Archäologisch – und nicht transzendental – insofern als sie nicht versucht, die universalen Strukturen aller Erkenntnis oder jeder möglichen moralischen Handlung zu identifizieren, sondern die Fälle von Diskursen zu behandeln sucht, die das, was wir denken, sagen und tun in verschiedensten historischen Ereignissen bezeichnen. Und diese Kritik wird insofern genealogisch sein, als sie nicht aus der Form unseres Seins das ableitet, was wir unmöglich tun und wissen können; sondern sie wird in der Kontingenz, die uns zu

dem gemacht hat, was wir sind, die Möglichkeit auffinden, nicht länger das zu sein, zu tun oder zu denken, was wir sind, tun oder denken.« (Foucault 1990, S. 49.) Die historische Ontologie nimmt von allen Projekten Abstand, die beanspruchen, global, universell und radikal zu sein und beschränkt sich auf partielle und lokale Untersuchungen. Unser Hauptschauplatz ist daher Zürich. Die Geschichten reichen aber sehr wohl über die Stadt- und über die Landesgrenzen hinaus bis nach Deutschland, Holland, Frankreich, Österreich und in die Tschechoslowakei.

14 Vgl. Peukert 1986. Im gleichen Jahr erschien der Sammelband von Christoph Sachße und Florian Tennstedt (1986), in dem die These der Sozialdisziplinierung von verschiedenen Autoren unter Inblicknahme unterschiedlichster Untersuchungsgegenstände weitgehend bestätigt wurde: Vgl. z.B. Oexle (1986) und Jütte (1986) im Hinblick auf die Armenfürsorge im Mittelalter und die Frühneuzeit, Stekl (1986) hinsichtlich der Sozialdisziplinierung in Zucht- und Arbeitshäusern oder Labisch (1986) und Göckenjan (1986) in Bezug auf die Hygiene.

15 Vgl. Peukert 1986, S. 23. Das ist meines Erachtens eine Fehleinschätzung. Foucaults Theoriebildungen beruhen auf einer ganzen Reihe detaillierter, materialbasierter Einzelfallanalysen. Vgl. z.B. Foucault (1998): Der Fall Barbin; Farge/Foucault (1989): Familiäre Konflikte; Foucault (1975): Der Fall Rivière; Foucault (2001): Das Leben der infamen Menschen. Die Originale sind alle vor 1983 – also vor Peukerts Untersuchung – erschienen. Aber auch seine beiden Bücher »Überwachen und Strafen« (Foucault 1991a) sowie »Der Wille zum Wissen« (Foucault 1992a) sind historisch-empirisch angelegte Studien, die, um Peukerts Ausdruck zu übernehmen, in »philosophisch-essayistische« Überlegungen münden.

16 Peukert 1986, S. 314.

17 Vgl. ebd., S. 313. Die Veränderungen im Habitus und im Verhalten der Jugendlichen aus der Unterschicht seien nämlich vielmehr eine Folge der Veränderungen im Arbeitsprozess, des demografischen Umschwungs zu kleineren Familien sowie der gleichmacherischen Wirkung des Konsums.

18 Vgl. ebd., S. 316.

19 Vgl. ebd., S. 309.

20 Vgl. Gräser 1995, 2001 sowie Dickinson 1996.

21 Vgl. Gräser 1995, S. 216f.

22 Ebd., S. 216.

23 Vgl. ebd., S. 216f.

24 Vgl. ebd., S. 217.

25 Zu einer ähnlich gelagerten Kritik an Peukerts Untersuchung vgl. Dickinson 1996. Crew kritisiert an Peukert vor allem sein Kontinuitätsmodell, das

die durch den ersten Weltkrieg und die Machtübernahme Hitlers evozierten Brüche vernachlässige (vgl. Crew 1998, S. 6f.).

26   Vgl. z.B. Ramsauer 2000, S. 17 sowie 2001; Uhlendorff 2001a, 2001b. Vgl. auch Lewis 1980; Ross 1993; Thane 1994, 1996.

27   Vgl. Ramsauer 2000, S. 17.

28   Vgl. ebd., S. 15.

29   Weber 1985, S. 122.

30   Vgl. Ramsauer 2001, S. 9.

31   Vgl. Ramsauer 2000, S. 279.

32   Vgl. ebd., 279.

33   Ramsauer 2001, S. 10.

34   Vgl. Uhlendorff 2001a, S. 41.

35   Vgl. Uhlendorff 2001b, S. 619.

36   Vgl. Uhlendorff 2001a, S. 48.

37   Vgl. ebd., S. 50.

38   Vgl. Oestreich 1969; Foucault 1991a.

39   Vgl. z.B. auch Breuer 1987, S. 319.

40   Peukert 1991, S. 330.

41   Vgl. ebd., S. 330. Foucault hat sein Projekt selbst als revisionsbedürftig gehalten und modifiziert. Eine Arbeit, die, als unabgeschlossenes und teilweise nur skizziertes Projekt, zur Weiterentwicklung auch für die Sozialpädagogik nutzbar gemacht werden kann.

42   Vgl. z.B. Breuer 1986.

43   Vgl. Peukert 1986, S. 30 und 324.

44   Ebd., S. 152.

45   Vgl. Wronsky/Salomon 1926; Wiese 1928; Gregor 1928; Lampel 1929.

46   Wie heikel es ist, aus solchen Falldarstellungen Schlüsse auf die Befindlichkeit der Betroffenen zu ziehen, sei mit einem Beispiel illustriert, in dem die Fälle durch Peukert auf unausgewiesener normativer Basis zum zweiten Male objektiviert werden: »Ihre Mutter war durch diese Belastung hoffnungslos überfordert. Die in solcher Situation ausgebildeten kindlichen Verhaltensstrategien mussten mit den gesellschaftlichen Normen vielfach kollidieren. Ebenso bestand wenig Aussicht, dass sie stabile persönliche Charaktereigenschaften entwickelten, die ihnen eine geordnete Lebensführung erlaubt hätten. Solche innere und äußere Devianz (Unbeständigkeit und Rechtsbrüche) musste zwar die Fürsorge auf den Plan bringen, ließ sich aber in den vielfältigen, gutgemeinten, doch unkoordinierten Verhaltensaktivitäten und Erziehungsangeboten kaum erfolgreich beheben.« (Peukert 1986, S. 217)

47   Peukert 1986, S. 29.

48 Bernfeld hatte bereits 1925 den konservativen Charakter der Erziehung moniert: »Die Erziehung ist konservativ. Ihre Organisation ist es insbesondere. Niemals ist sie Vorbereitung für eine Strukturänderung der Gesellschaft gewesen. Immer – und ganz ausnahmslos – war sie erst die Folge der vollzogenen.« (Bernfeld 2000, S. 119)

49 Vgl. Schmidt 2002, S. 287.

50 Vgl. Möhler 2002.

51 Vgl. ebd.

52 Einen sehr guten Überblick über den Forschungsstand zur Kinder- und Jugendfürsorge in Deutschland vor allem hinsichtlich der Fürsorgeerziehung gibt Heike Schmidt in ihrer Einleitung (vgl. Schmidt 2002).

53 Vgl. Peukert 1986, S. 341, Tabelle 29. Erst in der Wirtschaftskrise sinkt der Anteil der Anstaltsversorgungen unter 50 %, nie jedoch unter 40 % (vgl. Peukert 1986, S. 340, Tabelle 28). Zu den Zahlen in Preußen vgl. Gräser 1995, S. 108. Sie liegen von 1913–1932 zwischen 44 % und 50 %.

54 Auf diesen Prozentsatz kommen wir, wenn die Zahlen der Amtsvormundschaft und der Armenpflege der Stadt Zürich als repräsentativ unterstellt werden bzw. sie im Bereich der Anstaltsversorgung als eher höher als auf dem Lande und in der übrigen Schweiz eingeschätzt werden. Zwischen 1900 und 1928 wurden bei der bürgerlichen Armenpflege der Stadt Zürich zwischen 6.8 % und 23.2 % in Anstalten versorgt und bei der Amtsvormundschaft der Stadt Zürich zwischen 12.6 % und 61 %, wobei die 61 % aus dem ersten ausgewiesenen Jahr, nämlich 1909 stammen und die Versorgungen in den Anstalten sukzessive ab- bzw. die Privatplatzierungen zunahmen. Vgl. dazu die Tabellen 2, 3 und 4. Der höchste Prozentsatz der Anstaltsversorgung zwischen 1900 und 1928 lag bei der bürgerlichen Armenpflege der Stadt Zürich 1920 bei 23.2 % und bei der Amtsvormundschaft der Stadt Zürich 1909 bei 61 %, wobei bei der Armenpflege die Versorgungen in den Heil- und Pflegeanstalten mitgezählt sind (sich der Prozentsatz also nochmals verkleinert).

55 Vgl. z.B. Zollinger 1906, S. 156; Schmid/Wild 1900, S. 5, 124.

56 Gräser 2001, S. 617.

57 Vgl. ebd., S. 618. Zur Auseinandersetzung zwischen Gräser und Uhlendorff vgl. Gräser 2001 und Uhlendorff 2001a und 2001b.

58 Vgl. Sozialdepartement der Stadt Zürich 2002; Huonker 2003.

59 Huonker 2003, S. 15.

60 Stocker 2003, S. 11.

61 Vgl. ebd.

62 Vgl. Huonker 2003, S. 15.

63 »Der Frl. Lina Enderlin, Inspektionsgehülfin bei der Amtsvormundschaft, wird auf Grund des stadtärztlichen Befundes ein Erholungsurlaub von 4 Wochen bewilligt.« (V.K. a.04.:59: 1917, No. 4676) Frau Dr. Lenz wird aufgrund eines ärztlichen Zeugnisses zu der in folge Operation nötigen Erholung ein Urlaub von 2 Wochen bewilligt (V.K. a.04.:66: 1919, No. 1369). »Auf Grund ärztlicher Zeugnisse wird der Ferienurlaub von Helene Moser (um 3 Wochen), Frieda Guggenbühl (um 4 Wochen) und Elise Dietrich (um 4 Wochen) verlängert.« (V.K. a.04.:67: 1919, No. 5316)

64 Vgl. beispielsweise den Artikel von Helene Moser über die Inspektionen.

65 Vgl. Huonker 2003, S. 56.

66 Niemand gibt uns die Gewissheit, dass unser Zeitalter in einigen Jahrzehnten nicht als dasjenige mit den subtilsten und in diesem Sinne unseligsten Methoden des Eingriffes in die Persönlichkeitsrechte und in die lebensweltliche Autonomie beschrieben wird. Es ist denkbar, dass Frank Urbaniok, der mit großem Ehrgeiz und fester Überzeugung Sexual- und Gewaltstraftäter zweitausend Therapiestunden auferlegt (als ihre einzige Chance, jemals wieder aus dem Gefängnis zu kommen), in denen sie ihre Taten lückenlos offen legen müssen und ihre Täterpersönlichkeit schonungslos geröntgt wird, um ihnen dann möglicherweise mitzuteilen, dass sie doch niemals entlassen werden könnten, dass Urbaniok also dereinst als grausamster »Verbrecher« an den Menschenrechten des 21. Jahrhunderts beschrieben wird. Die Gefangenen erhalten eine Therapie von 14 Wochenstunden über einen Zeitraum von 33 Monaten. Von »Zwang« kann hier in dem Sinne gesprochen werden, als diese Therapie die einzige und letzte Chance der Täter ist, allenfalls überhaupt einmal aus der Gefängnishaft entlassen zu werden.

67 Die einzige, mir bekannte Studie über weibliche Fürsorgezöglinge bzw. die Fürsorgeerziehung für Mädchen in Deutschland liegt von Heike Schmidt (2002) vor.

68 Foucault 1994b, S. 702.

69 Vgl. Mitteilungen des Schweizerischen Bauernsekretariats 1912. Dass das Manko an Landwirten ein wichtiger Grund der Versorgung der »verwahrlosten« Kinder und Jugendlichen in landwirtschaftlichen Betrieben war, kommt auch im Satz von Robert Büchi zum Ausdruck, der die Schwierigkeit der Versorgung von »Verwahrlosten« beklagt: »Würde heute nicht ein ausserordentlicher Bedarf nach Arbeitskräften in landwirtschaftlichen Betrieben bestehen, so stünden wir bereits vor einer eigentlichen Kalamität.« (Büchi 1918, S. 85)

70 Die »Ereignishaftigkeitsprüfung« meidet die Suche nach Tiefe und sucht die Oberflächen der Ereignisse, die Details, die geringen Verschiebungen

und die subtilen Konturen. Sie analysiert, *was* genau bestimmte Praktiken und Diskurse tun und *wie* sie es tun.

71 Foucault 1991c, S. 77. Für den Genealogen bewegt weder ein Individual- noch ein Kollektivsubjekt die Geschichte. Er widersetzt sich einer überhistorischen Perspektive, die versucht, die innere Entwicklung der Geschichte aufzuspüren und sich selbst auf bequeme Weise in der Vergangenheit wieder zu erkennen. Es werden nicht Sinn und Bedeutung einer vergangenen Epoche, das Bild eines vergangenen Zeitalters, einer Person oder Institution eingefangen. Es wird nicht behauptet, diese Institutionen hätten früher einen ähnlichen Sinn gehabt wie heute (vgl. Dreyfus/Rabinow 1994, S. 147). Es ist eine historische Arbeit der Diagnose und Analyse der Geschichte und der Organisation geläufiger kultureller Praktiken.

72 Vgl. Riot 1975, S. 259.

73 Vgl. Castel 1975, S. 282, 289.

74 Wie dies für die Sozialpädagogik Graf (1996) getan hat.

75 Vgl. Schäfer 1995, S. 36.

76 Rauschenbach/Treptow 1999, S. 84, Fußnote 18.

77 Ebd., S. 85, Fußnote 20.

78 Brunkhorst 1989, S. 205.

79 Ebd., S. 207.

80 Vgl. Brunkhorst fügt dieser Paradoxie drei weitere hinzu: Die Expansionsparadoxie, die Effektivierungsparadoxie und die Professionalisierungsparadoxie (vgl. ebd., S. 203).

81 Vgl. auch Dreyfus 1994, S. 115.

82 Vgl. Habermas 1989, S. 331, in Bezugnahme auf Foucault 1991d.

83 Vgl. Foucault 1994a, S. 245.

84 Ebd., S. 257.

85 Vgl. Oevermann 1996, S. 70.

86 Vgl. Thiersch 1992; Rauschenbach 1999a.

87 Rauschenbach 1999a, S. 11.

88 Vgl. Winkler 1999, S. 83.

89 Rauschenbach 1999b, S. 104.

90 Vgl. ebd., S. 104 und 120.

91 Vgl. Rauschenbach 1999a, S. 231–268. Zur wohlfahrtsstaatlich mitkonstituierten Profession vgl. Olk 1986.

92 Herrhausen o. J.; zitiert in: Flösser/Schmidt 1999, S. 256.

93 Vgl. Merten 1997, S. 154.

94 Vgl. ebd., S. 152.

95 Vgl. ebd., S. 8.

96 Vgl. ebd., S. 164.

97 Ebd., S. 126.
98 Ebd., S. 159.
99 Vgl. Hornstein 1999, S. 13.
100 Vgl. Müller/Gehrmann 1996.
101 Vgl. ebd., S. 105. Vgl. dazu auch Erath/Göppner 1996, S. 192, die vom »Kontext pädagogisch-psychologischer Interventionen« reden.
102 Gängler/Rauschenbach 1996, S. 165.
103 Vgl. Vgl. Mühlum 1996, S. 32; vgl. Wendt 1994a, S. 16; vgl. Deutsche Gesellschaft für Sozialarbeit 1992, zitiert in: Haupert 1996, S. 47, Fußnote 6; vgl. Wagner 1995, S. 296; vgl. Engelke 1996, S. 68; vgl. Staub-Bernasconi 1995, S. 95; vgl. Staub-Bernasconi 1997
104 Vgl. Kleve 2000a, S. 175 und S. 196.
105 Vgl. Erath/Göppner 1996, S. 196.
106 Vgl. Thiersch 1986; vgl. Böhnisch 1985; vgl. Graf 1996; vgl. Winkler 1988.
107 Vgl. z.B. Kraimer 1994.
108 Vgl. Lüders/Kade 1996, S. 889. In diesem Text kommt eine weitere Unschärfe in der Rezeption zum Ausdruck: Oevermann hat keine Professionstheorie sondern eine (radikalisierte) Theorie professionalisierten Handelns entwickelt.
109 Vgl. Gildemeister 1992, S. 213.
110 Zur »narzisstischen Reflexivität« vgl. Bourdieu 1995.
111 Vgl. Lüders 1999, S. 215.
112 Vgl. Dewe/Ferchhoff/Scherr/Stüwe 1993, S. 40.
113 Gildemeister 1992, S. 213 (Hervorhebung im Original).
114 Vgl. Dewe/Ferchhoff/Scherr/Stüwe 1993. Vgl. auch Dewe/Ferchhoff/Peters (1984). Oevermann bringt in seinem Text von 1996 hingegen zum Ausdruck, dass nicht nur stellvertretend gedeutet, sondern der Klient auch partiell von Entscheidungen entlastet werden muss. Dies wird mit dem Begriff der »stellvertretenden Krisenbewältigung« unterstrichen (vgl. z.B. Oevermann 1998, 2001).
115 Vgl. Gildemeister 1992, S. 212f.
116 Hornstein/Lüders 1989, S. 763.
117 Die Verwendung dieser Quellen ist an die Einhaltung der Datenschutzbestimmungen gebunden (vgl. Anhang).
118 Vgl. Kapitel 8.
119 Zur Einleitung und Regelung der Maßnahmen vgl. die Auszüge aus dem Schweizerischen Zivilgesetzbuch (ZGB) und aus dem kantonalen Einführungsgesetz (EG) im Anhang. Das ZGB wurde am 10. Dezember 1907 von den Eidgenössischen Räten verabschiedet und trat per 1. Januar 1912 in

Kraft. Die Kinderschutzbestimmungen sind in den Artikeln 283, 284 und 285 des ZGB geregelt. Unter den sieben Fällen befinden sich drei (Anna Bodmer, Ilse Jens, Arne Cohn), die nicht aufgrund von »Pflichtverletzung der Eltern«, »Gefährdung« oder »Verwahrlosung« (Artikel 283–285), sondern aufgrund von Minderjährigkeit bzw. Illegalität (Artikel 386 und des ZGB) verbeiständet oder bevormundet wurden. Die Fälle wurden aber alle zunehmend zu »Fällen von Gefährdung und Verwahrlosung« bzw. »Pflichtverletzung der Eltern«.

120 Zu der Anzahl der bevormundeten, verbeiständeten, kontrollierten und versorgten Kinder und Jugendlichen der Vormundschaftsbehörde, der Amtsvormundschaft und der Armenpflege vgl. Tabellen 1 bis 4.

121 Eine Übersicht über die relevantesten Zeitschriften der Kinder- und Jugendfürsorge in der Schweiz befindet sich im Quellenverzeichnis.

122 Vgl. Münchmeier 1981, S. 10.

123 Vgl. Lemke 1997, S. 206.

124 Vgl. Gonzenbach 1923, S. 140.

125 Vgl. ebd., S. 141.

126 Vgl. Lemke 1997, S. 228ff.

127 Zur ihrer Entpolitisierung vgl. z.B. Münchmeier 1981, S. 9, 83ff.

128 Vgl. Donzelot 1979.

129 Vgl. Hunziker 1838, S. 168.

130 Vgl. Castel 1975, S. 280.

131 Die beiden Begriffe »Chiffre der Individualität« und »Dynamometer der Gesellschaft« sind aus: Foucault 1992a, S. 174.

132 Zum »Vormundschaftskomplex« vgl. Donzelot 1979, S. 108.

133 Vgl. Beck 1912, S. 436.

134 Castel 1975, S. 282.

135 Vgl. Donzelot 1979, S. 104.

136 Zum »Mischbereich des Sozialen« vgl. Deleuze 1979, S. 244ff.

137 Uhlendorff 2001a, S. 48.

138 Gräser 2001, S. 617.

139 Bleuler-Waser 1908, S. 661.

140 Vgl. Schmidt 2002, S. 286f.

141 Zur *Gouvernementalité* vgl. Foucault 2000. Foucaults Text beinhaltet die Ausarbeitung des Konzepts der *Gouvernementalité* in einer historischen und analytischen Abgrenzung gegenüber den Souveränitäts- und Disziplinarmechanismen. Die von Bröckling/Krasmann/Lemke (2000) vorgelegte Übersetzung enthält erstmals den vollständigen Text der Vorlesung in deutscher Sprache.

Anmerkungen zweites Kapitel

1   Die vorliegenden Überlegungen beruhen auf einem zusammen mit Daniel
    Gredig verfassten Artikel (vgl. Gredig/Wilhelm 2000).
2   Vgl. Herrmann 1995; Scheuerl 1995.
3   Niemeyer 1998; Thole/Galuske/Gängler 1998; Wendt 1999.
4   Fatke 2000; Graf 2000
5   Vgl. Gredig/Wilhelm 2000, S. 32.
6   Vgl. ebd., S. 32f.
7   Vgl. ebd., S. 33.
8   Vgl. Rüsen 1983, S. 48–58 sowie Straub 1996, S. 33ff. Erzählungen kön-
    nen lebensweltlich dann Gültigkeit in Anspruch nehmen, wenn sie die drei
    Kriterien der empirischen, der normativen und der narrativen Triftigkeit er-
    füllen. Erzählungen sind empirisch triftig, wenn die behaupteten Tatsachen
    durch Erfahrung gesichert sind. Normative Triftigkeit ist gegeben, wenn
    die Relevanzkriterien, von denen die Erzählungen geleitet sind, bei den
    Zuhörern auch Geltung haben, und narrativ triftig sind Erzählungen dann,
    wenn der unterlegte Sinn von einem Kriterium geleitet ist, das mit den
    Sinnkriterien der Zuhörer für ihr aktuelles und geplantes Handeln vermit-
    telbar ist (vgl. Rüsen 1983, S. 82ff.).
9   Konstitutiv für diese Leistung, Gegenwart sinnhaft zu deuten und Selbst-
    vergewisserung zu bieten, ist allerdings, dass die Vergegenwärtigung von
    Vergangenem bei den Fragen und beim Orientierungsbedürfnis der Ge-
    genwart ansetzt. Erst dadurch wird die Bezugnahme auf Vergangenes zu
    der von Nietzsche geforderten »anderen Historie« (Nietzsche 1984) (vgl.
    Gredig/Wilhelm 2000, S. 33).
10 Vgl Gredig/Wilhelm 2000, S. 33.
11 Vgl. Rüsen 1990, S. 87–100. Vgl. Gredig/Wilhelm 2000, S. 33.
12 Vgl. Baumgartner 1982, S. 281.
13 Vgl. ebd., S. 282–292.
14 Vgl. Gredig/Wilhelm 2000, S. 34.
15 Vgl. Graf 2000.
16 Vgl. ebd., S. 23f.
17 Vgl. Gredig/Wilhelm 2000, S. 34.
18 Fatke 2000, S. 11.
19 Vgl. Gredig/Wilhelm 2000, S. 34.
20 Vgl. Niemeyer 1998, S. 8 und 13.
21 Vgl. Kosellek 1982, S. 28. Ausführlicher dargelegt in: Gredig/Wilhelm
    2000, S. 34.
22 Vgl. Gredig/Wilhelm 2000, S. 35.

23 Vgl. ebd., S. 35.

24 Vgl. Scheuerl 1995, Herrmann 1995.

25 Dass eine so angelegte Theoriegeschichte erhellend sein kann, zeigen die Beiträge von Graf und Fatke ansatzweise selbst. Beide weisen auf entscheidende Weichenstellungen in der Ausrichtung der sozialpädagogischen Theoriebildung und auf mögliche Alternativen hin. Fatke unternimmt im Zusammenhang mit seiner Frage nach den richtigen und den falschen Klassikern den Versuch zu belegen, weshalb der Rekurs auf Pestalozzi und Natorp lohnenswerter sei, als jener auf Bäumer und Thiersch. Und auch Graf weist auf die Weichenstellung hin, die sich für die sozialpädagogische Theoriebildung daraus ergeben habe, dass »Institution und Profession [...] zunehmend die zentralen (gleichwohl unzureichenden) Referenzpunkte für theoretische Reflexionen in der Disziplin« (Graf 2000, S. 21) wurden. Graf bezeichnet diese Entwicklung mit dem Etikett des »Institutionspositivismus« (Graf 2000, S. 21) (vgl. Gredig/Wilhelm 2000, S. 35).

26 Vgl. Winkler 1993.

27 Vgl. Gredig/Wilhelm 2000, S. 35.

28 Vgl. Graf 2000, S. 20.

29 Vgl. ebd., S. 23.

30 Vgl. Graf 1996, S. 126, Fussnote 2. Vgl. dazu Gredig/Wilhelm 2000, S. 35f.

31 Vgl. Graf 2000, S. 139.

32 Graf 1996, S. 11 und 196.

33 Vgl. Graf 2000, S. 10.

34 Vgl. ebd., S. 9.

35 Diese Auffassung teilt Graf mit Niemeyer (1993) (vgl. Graf 1996, S. 11, Fußnote 3).

36 Vgl. Graf 1996, S. 188.

37 Mit »projektiver Kraft« meint Graf die Antizipation von Bildung. Die Antizipation wiederum lässt Erziehung zu Bildung werden (vgl. Graf 1996, S. 152).

38 Graf 1996, S. 164. Während die Antwort auf die Frage der Aufklärung, weshalb die Menschen ihre Interessen nicht durchsetzen, das falsche Bewusstsein ist, so ist die Antwort auf die Frage, wie Menschen Mündigkeit erlangen, die Aufdeckung der Bewusstseinshinderungen, die Aufdeckung der Prozesse, wie falsches Bewusstsein entsteht bzw. hergestellt wird (vgl. ebd.).

39 Vgl. ebd., S. 199.

40 Ebd., S. 13.

41 Graf betont am Schluss selbst die Annäherung der beiden Konzepte (vgl. ebd., S. 201).

42 »Argumentativ gesättigt ist ein Diskurs nur dann, wenn alle Mitglieder sich in dieser Situation an alle relevanten Erfahrungen erinnern können und sich auch getrauen, diese zu äußern.« (ebd., S. 186)

43 Ebd., S. 192.

44 Basis der Liebe ist nicht nur die Freiheit des Geistes zur Mimesis (vgl. ebd., S. 192, in Anlehnung an Adorno). Liebe ist auch ein offen oder verdeckt strategisches Spiel, in dem sich die Dinge mithin umkehren können. Über den anderen Macht auszuüben ist Teil der Liebe, der Leidenschaft und der Lust.

45 Vgl. Foucault 1992b, S. 102. Vielleicht ist es auch kein Zufall, dass Graf zwei Begriffe wählt (Mündigkeit und Zurechnungsfähigkeit), die auch und vor allem im juristischen Diskurs verwendet werden.

46 Vgl. Graf 1996, S. 126, Fussnote 2.

47 Niemeyer 1993, S. 190; zitiert in: Graf 1996, S. 11, Fußnote 3.

48 Gilles Deleuze drückt dies in einem Gespräch mit Foucault so aus: »Theorie ist ein Instrumentarium: sie hat nicht zu bedeuten, sie hat zu funktionieren. Und zwar nicht für sich selbst. Wenn es niemanden gibt, der sich ihrer bedient – das beginnt schon beim Theoretiker selbst, der damit aufhört, ein solcher zu sein –, so taugt die Theorie eben nichts […].« (Deleuze/Foucault 1977a, S. 89)

49 Graf 1996, S. 197.

50 Foucault 1992b, S. 30f.

51 Vgl. Ebd.

52 Vgl. ebd., S. 34.

53 Ebd., S. 33f.

54 Vgl. Gredig/Wilhelm 2000, S. 36.

55 Vgl. Foucault 1978, S. 119f. Vgl. auch Foucault 1999, 1992a.

56 Vgl. Foucault 1978, S. 120.

57 Vgl. Schäfer 1995.

58 Vgl. Foucault 1990, S. 49.

59 Vgl. Graf 2000.

60 Vgl. Gredig/Wilhelm 2000, S. 36.

Anmerkungen drittes Kapitel

1 Vgl. Lemke 1997, S. 195.

2 Vgl. Donzelot 1984.

3 Vgl. ebd., S. 72; zitiert in: Lemke 1997, S. 196.

4 Vgl. Lemke 1997, S. 197.

5 Vgl. ebd., S. 200.

6 Vgl. Ewald 1993.

7 Vgl. Procacci 1978, S. 154f.; zitiert in: Lemke 1997, S. 203.

8 Kutter o. J.; zit. in: Tschudi 1907, S. 181.

9 Vgl. Ewald 1993, S. 112ff.

10 Ebd., S. 112.

11 Vgl. ebd., S. 112.

12 Ewald spricht von »imprévoyance« (ebd., S. 92ff.), was mit »Sorglosig-keit« übersetzt wurde. M. E. trifft dieser Begriff das Phänomen jedoch nicht richtig.

13 Vgl. ebd., S. 114.

14 Vgl. ebd., S. 114.

15 Vgl. Rein 1908, S. 76 (Hervorhebungen im Original).

16 Vgl. Ewald 1993, S. 115.

17 V.K. c.30: No. 1287b, Fall Bodmer: Inspektionsbericht vom 22. Juli 1924.

18 V.K. c.30.: No. 1425a, Fall Nüssli: Brief der Stadtpolizei Zürich an das Po-lizei-Inspektorat Zürich vom 7. Januar 1916.

19 Ebd.: Protokollauszug der Armenpflege Höngg vom 25. Oktober 1904.

20 V.K. c.30.: No. 8736a, Fall Eberhard: Aus dem Protokoll des Regierungsra-tes vom 1. Oktober 1925.

21 Vgl. Donzelot 1979, S. 30.

22 Vgl. Lemke 1997, S. 207.

23 V.K. c.30.: No. 1425a, Fall Nüssli: Inspektionsbericht vom 14. Januar 1919.

24 V.K. c.30.: No. 5665b, Fall Duss: Psychiatrisches Gutachten vom 5. Juli 1924.

25 Ebd.

26 Ebd.: Inspektionsbericht vom 24. Oktober 1924.

27 Ebd: Inspektionsbericht vom 28. April 1931.

28 Ebd.: Protokoll der Amtsvormundschaft vom 15. Mai 1928.

29 V.K. c.30.: No. 1425a, Fall Nüssli: Inspektionsbericht vom 19. März 1913.

30 V.K. c.30.: No. 1287b, Fall Bodmer: Inspektionsbericht vom 18. August 1926.

31 V.K. c.30.: No. 8736a, Fall Eberhard: Brief der Amtsvormundschaft an die Vormundschaftsbehörde vom 27. Mai 1925.

32 V.K. c.30.: No. 1425a, Fall Nüssli: Brief der Bezirksanwaltschaft an die Amtsvormundschaft vom 23. April 1913.

33 Zürcher 1900, S. 119.

34 Bosshard 1911, S. 368.
35 V.K. c.30.: No. 1425a, Fall Nüssli: Protokoll des Bezirksrates vom April 1908.
36 Ebd.: Informationsbericht vom 19. März 1913.
37 Ebd.: Inspektionsbericht vom 14. April 1916.
38 Foucault 1999, S. 281. Die Epidemie kommt von außen und legt sich als Tod brutal auf das Leben. Die Endemie entzieht der Gesellschaft von innen heraus die Kräfte.
39 Vgl. V.K. c.30.: No. 1425a, Fall Nüssli: Inspektionsbericht vom 4. April 1916; ebd.: Informationsbericht vom 10. April 1912; ebd.: Inspektionsbericht vom 18. Januar 1916; ebd.: Inspektionsbericht vom 12. Februar 1918; ebd.: Antrag der Amtsvormundschaft an das Waisenamt vom 7. August 1914; ebd.: Protokoll des Regierungsrates vom 16. Dezember 1916; ebd.: 1. Vormundschaftsbericht vom 19. November 1915; ebd.: Inspektionsbericht vom 1. Dezember 1915; ebd.: Inspektionsbericht vom 19. März 1913; ebd.: Auszug aus dem Protokoll des Stadtrates vom 21. Juni 1916; ebd.: Informationsbericht vom 19. März 1913; V.K. c.30.: No. 1287b, Fall Bodmer: Inspektionsbericht vom 31. Juli 1925; ebd.: Inspektionsbericht vom 18. Mai 1926.
40 Frey 1918, S. 65, in Anlehnung an Webb/Webb 1912.
41 Die These Uhlendorffs, dass der Problemtyp, um den es in den frühen Debatten vor allem ging, das ländliche, in der sittlichen Erziehung vernachlässigte Kind unter 12 Jahren sei, kann ich auf der Grundlage der von mir untersuchten Quellen nicht bestätigen (vgl. Uhlendorff 2003, S. 62). Heike Schmidt (2002) bestätigt indes in ihrer Untersuchung für Deutschland, dass zu Beginn der Fürsorgeerziehung in Preußen die Hälfte der Fürsorgezöglinge vom Land stammte (vgl. ebd., S. 82 und S. 96).
42 Zürcher 1900, S. 119.
43 Vgl. Münchmeier 1981, S. 9f. »Mit dem Stichwort ›Pädagogisierung‹ lässt sich deshalb ein Zugang zur Entstehungsgeschichte der Sozialarbeit und ihrer historischen Entwicklung wie auch zur Analyse der strukturellen Probleme ihrer Etablierung und Weiterentwicklung gewinnen.« (ebd., S. 9)
44 Vgl. ebd., S. 9, 83ff.
45 Ebd., S. 9f.
46 Gonzenbach 1923, S. 141 (Hervorhebungen im Original).
47 Vgl. Lemke 1997, S. 206.
48 Gonzenbach 1923, S. 140f. (Hervorhebungen im Original).
49 Ebd., S. 140.
50 Ebd., S. 141f. (Hervorhebungen im Original).
51 Ebd., S. 141 (Hervorhebungen im Original).

52 Vgl. Foucault 1986, S. 27ff.
53 Foucault 1999, S. 299.
54 Vgl. Lemke 1997, S. 228ff.
55 Steiger 1932, S. 46.
56 Feld 1922b, S. 167.

Anmerkungen viertes Kapitel

1 Vgl. Donzelot 1979, S. 68.
2 Das Schweizerische Strafgesetzbuch und als Teil davon das Schweizerische Kinder- und Jugendstrafrecht, wurde 1938 verabschiedet und trat 1942 in Kraft.
3 Zürcher 1912, S. 331
4 Der erste Entwurf der Expertenkommission zum Jugendstrafrecht von 1908 formulierte die Notwendigkeit der Einziehung von Berichten über die persönlichen Verhältnisse des Kindes. Der neue Entwurf von 1916 ergänzte diese Bestimmung durch die Vorschrift der Einziehung ärztlicher Berichte in allen Zweifelsfällen. Im endgültigen Gesetzestext von 1937 wurde dies wieder gestrichen und ersetzt durch die Erhebung des Verhaltens, der Erziehung und der Lebensverhältnisse des Kindes sowie Berichte und Gutachten über dessen körperlichen und geistigen Zustand (vgl. die Auszüge im Anhang).
5 Die Kantone sollten die für die Behandlung des Kindes zuständigen Behörden bezeichnen (Jugendgerichte, Jugendschutzämter, vormundschaftliche Behörden usw.) (vgl. Zürcher 1912, S. 331).
6 Kuhn-Kelly 1912, S. 327.
7 Vgl. Zürcher 1912, S. 314.
8 Vgl. ebd., S. 314.
9 Vgl. dazu Kapitel 5.
10 Vgl. Kuhn-Kelly 1912, S. 331.
11 Silbernagel 1912, S. 397.
12 Vgl. Zangger 1912, S. 296f.
13 Martin 1912, S. 382.
14 Zum Begriff der »familiären Justiz« vgl. Donzelot 1979, S. 111.
15 Vgl. Einführungsgesetz der Stadt Basel zum ZGB von 1907 § 245; zitiert in: Hafter 1912, S. 306.
16 Vgl. Hafter 1912, S. 306. Nur in den allerschlimmsten Fällen jugendlichen Verbrechertums traf den 14- bis 18-jährigen eine von den ordentlichen Gerichten auszusprechende Gefängnisstrafe.

17 Gautier 1912, S. 317.

18 Zürcher 1900, S. 123.

19 Pfenninger 1930, S. 69, in einem Diskussionsbeitrag am zweiten Schweizerischen Jugendgerichtstag, zu den Ausführungen von Dr. E. Hauser, Jugendanwalt in Winterthur. Vgl. zur Kritik am »Inquisitionsprozess« auch Silbernagel 1909, S. 380f.

20 Pfenninger 1930, S. 69.

21 Vgl. ebd., S. 69.

22 Vgl. z.B. die aufschlussreiche Dissertation von Gertrud Jud über die Zöglinge der Anstalt Aarburg. Es wurden mehr Jugendliche über den administrativen als über den gerichtlichen Weg interniert (vgl. Jud 1923, S. 51).

23 V.K. c.30.: No. 1287b, Fall Bodmer: Brief der Amtsvormundschaft an die Vormundschaftsbehörde vom 3. Februar 1924.

24 Vgl. Maier 1912.

25 Hafter 1930, S. 12.

26 Vgl. Maier 1912, S. 336f.

27 Vgl. Donzelot 1979, S. 109.

28 Hunziker 1838, S. 168.

29 Vgl. Fetscherin 1838; zit. in: Hunziker 1838, S. 181.

30 Vgl. Hunziker 1838, S. 180.

31 Vgl. ebd., S. 177.

32 Vgl. ebd.

33 Vgl. ebd., S. 187.

34 Vgl. ebd., S. 191.

35 Vgl. ebd., S. 204.

36 Meinrad Lienert im Morgenblatt der »Neue Zürcher Zeitung« vom 24. Dezember 1904. Die Weihnachtspredigt befindet sich im Anhang. Diese Predigt regte die staatswissenschaftliche Fakultät der Universität Zürich zu einer Preisausschreibung zu den beiden Themen »Schutz gegen Misshandlung« und »Schutz gegen Ausbeutung« an (vgl. Wild 1907) und setzte eine Maschinerie der Kinder- und Jugendfürsorge in Gang. Die Arbeit von Wild wurde durch das Preisgericht als die beste Lösung der ersten Frage ausgezeichnet.

37 Noch bis ins 18. Jahrhundert waren Eingriffe des Staates in die Erziehung der Kinder selten. Es wurde zwar bereits damals in Fällen von »Kindsverwahrlosung« eingeschritten, wobei man unter »Verwahrlosung« die vorsätzliche oder liederliche Tötung des Kindes verstand. So wurde beispielsweise die Cheophea Ammannin von Eschlikon, die verdächtigt wurde, ihr Kind bei der Geburt zu verwahrlosen »in demme sie nit nur die schwangerschafft auf öffteres befragen gefehlicher weis verlaügnet, sondern auch das

kind by der geburth ohne bysein nöthiger weiberen in eine gelten, mit ohn-rath fallen lassen, welches aber durch sie selbst und ein darzu gekommene heraus widrum aus selbiger gezogen worden«, »um solcher liederlicher hindansetzung willen mütterlicher pflichten«, an den Stud gestellt und aus-gestrichen und ihr in ihrer Heimat bei offener Kirchentüre durch den Pfar-rer vor dem Stillstande ihre Fehler »zu gemüth gelegt« und ihr ausserdem verboten, öffentliche Gesellschaften zu besuchen (vgl. St.A.Z. U.M., 16. April 1703; zitiert in: Denzler 1925, S. 39). Im 18. Jahrhundert wurden die Ermahnungen liederlicher Eltern zu einer besseren Kindererziehung durch die Stillstände offensichtlich häufiger und die Stillstände verliehen ihren Mahnungen mit Strafen Nachdruck. Dem Bernhard Wirz von Regensdorf wurde 1724 vom Stillstand seine liederliche Kinderzucht vorgehalten, »da alles in aller unzucht und geilheit lebe, er aber selbiger nicht wahrne und wende«. (St. Prot. Regensdorf, 2. April 1724; zitiert in: Denzler 1925, S. 48.) 1739 sollte in Uster der Ehegaumer Temperli dem Heinrich Ehrismann und seiner Frau – mit denen man schon viel vergebliche Mühe hatte – an-zeigen, ihren 14-jährigen Knaben in einen Dienst zu geben. Sollten sie das verweigern, so würden sie bestraft und ihnen das wöchentliche und das monatliche Almosen entzogen (vgl. St. Prot. Uster, 28. Juni 1739; zitiert in: Denzler 1925, S. 48).

38   Vgl. ZGB von 1907, Paragraphen 283 bis 285. Ein Ausschnitt des ZGB befindet sich im Anhang.

39   Vgl. z.B. Moos/Sidler 1930; Sidler/Moos 1928.

40   Vgl. Donzelot 1979, S. 109.

41   Vgl. z.B. Büchi 1919; Erismann 1922; Fischer 1877; Grob 1896, Hunziker 1866; Hunziker-Meyer 1881; Jud 1923; Klinke 1910; Lengweiler 1995; Schneider 1881; Staehelin 1929; Villiger 1917 etc.

42   Lengweiler 1895, S. 5.

43   Vgl. z.B. o. N. 1859; o. N. 1888; o. N. 1908 (dargelegt in: Schweizerische Vereinigung für Kinder- und Frauenschutz 1915); Statistisches Bureau des eidgenössischen Departements des Innern 1897 und 1900 (Lieferungen 114 und 123 der Schweizerischen Statistik).

44   Vgl. o. N. 1898, S. 232.

45   Kühner 1897, S. 131.

46   Kühner empfahl die Rubriken »Vorbemerkungen«, »Erstes Lebensjahr: Säuglingsalter, körperliche Eigenschaften«, »Zweites bis sechstes Lebens-jahr: Spielalter«, »Gedenksprüche und Merkworte«, »Erinnerungen« sowie »Anekdoten und lustige Einfälle der Kinder« im Lebensbuch aufzuneh-men.

47 Grob 1930, S. 65, in einem Diskussionsbeitrag am zweiten Schweizerischen Jugendgerichtstag.
48 Vgl. Briner 1923, S. 515.
49 Vgl. Foucault 1991a, S. 127. Zu einer »nicht-individualisierenden Kasuistik« vgl. Cariou 1992.
50 Kuhn-Kelly 1908, S. 538.

Anmerkungen fünftes Kapitel

1   Fischer 1877, S. 328.
2   Vgl. ebd., S. 323 und 325..
3   Vgl. ebd., S. 325–328.
4   Menzel 1910, S. 107.
5   Vgl. Donzelot 1979, S. 108.
6   Vgl. ebd.
7   Vgl. ebd., S. 109.
8   Jud 1923, S. 7.
9   Vgl. Donzelot 1979, S. 109.
10 Vgl. ebd., S. 109.
11 Vgl. Lengweiler 1895.
12 Vgl. ebd., S. 11.
13 Fischer 1877, S. 302; vgl. auch Hunziker 1866, S. 330.
14 Vgl. Fischer 1877, S. 302f.
15 Ebd., S. 314.
16 Vgl. zu Falldarstellungen z.B. Büchi 1919; Furrer 1919; Hafter 1930; Moos/Sidler 1930; Sidler/Moos 1928. Besonders interessant sind die zwei sehr ausführlichen Falldarstellungen in Moos/Sidler 1930.
17 Büchi 1919.
18 Diesem Fall werden wir in Kapitel 8 sowie in der »Anthologie« wieder begegnen. In dem Artikel von Robert Büchi ist der Vorname nicht anonymisiert und der richtige Nachname mit dem Initialbuchstabe abgekürzt. Ich übernehme hier den fiktiven Namen des Falldossiers.
19 Vgl. Büchi 1919, S. 147.
20 Vgl. ebd., in Anlehnung an Kaufmann 1912.
21 Vgl. Büchi 1919, S. 149.
22 Vgl. Büchi 1918, S. 85.
23 1890 wurde durch die Vormundschaftsbehörde der Stadt Zürich 2, 1919 wurden 2 140 Kinder und Jugendliche versorgt (vgl. Tabelle 2).
24 Büchi 1918, S. 102 (Hervorhebung im Original).

25 Vgl. Furrer 1919, S. 121.

26 Hafter 1930, S. 12.

27 Vgl. ebd., S. 86.

28 Furrer 1919, S. 120f.

29 Geschäftsbericht des Stadtrates Zürich 1922, S. 302f.

30 Vgl. ebd., S. 119.

31 Zum Zeitpunkt des Verfassens des Artikels bestand die »Vorstation« ca. 22 Monate. Sie wurde im Frühjahr 1917 gegründet. Der Vortrag wurde am 28. Februar 1919 gehalten. Das ergibt einen Zeitraum von 21 bis 23 Monaten. Die Kinder mussten mindestens drei Monate bleiben, einige blieben jedoch über 1,5 Jahre, wie wir den Angaben von Albert Furrer entnehmen können. Da nicht mehr als fünf Kinder aufgenommen werden konnten (die Beobachtungszeit sollte lange, die Beobachtungsabteilung musste klein sein) konnte es pro Typus (es sind deren elf) also allerhöchstens drei Kinder geben.

32 Vgl. Furrer 1919, S. 133.

33 Ebd., S. 133.

34 Vgl. ebd.

35 Vgl. Tramer 1925, S. 74f.

36 Vgl. Hanselmann 1946.

37 Vgl. Geschäftsbericht des Stadtrates Zürich 1927, S. 335.

38 Vgl. Furrer 1920, S. 1. Zur »Stephansburg« vgl. Maier 1923.

39 Kuhn-Kelly 1916, S. 323.

40 Zollinger 1908b, S. 685. Oder: »Gebt dem Lande gute Mütter und um Euer Land wird es wohl bestellt sein!« (Coradi-Stahl/Eberhard 1908, S. 154). Vgl. dazu auch Kapitel 11.

41 Vgl. Jucker 1923.

42 Tschudi 1914, S. 24.

43 Der Begriff der »Jugendwohlfahrtspflege« war den Schweizern zu kompliziert, weshalb man sich auf denjenigen der Jugendhilfe einigte, zugleich aber betonte, dass darunter dasselbe wie in Deutschland unter Jugendwohlfahrtspflege zu verstehen sei: Über das Prinzip der Vorsorge »gelangen wir zu unserem Ausdruck ›Jugendhilfe‹, der uns zweckmässiger und vor allem einfacher schien als der in Deutschland in unserem Sinne neben ›Jugendhilfe‹ gebrauchte Ausdruck: Jugendwohlfahrtspflege« (Briner 1923, S. 131).

44 Vgl. Schweizerische Gesellschaft für Schulgesundheitspflege 1914, S. 231f.

45 Gonzenbach 1923, S. 132 (Hervorhebung durch Elena Wilhelm).

46 Vgl. Gonzenbach 1927a, 263f.

47 Lengweiler 1895, S. 9.
48 O.N. 1912, S. 261.
49 Gonzenbach 1927b, S. 20.
50 Feld 1922a, S. 421.
51 Vgl. Imboden-Kaiser 1914, S. 171.
52 »Kein Staatswesen der Welt sieht wie das unsrige sein unrühmliches Ende in direkt greifbarer Nähe vor sich, nachdem es eine glorreiche Geschichte demokratischer Entwicklung absolviert hat.« (Schmid 1912, S. 167)
53 Zum Selbstmord vgl. z.B. o. N. 1914; Adler et al. 1910. Zur Stillunfähigkeit vgl. Imboden-Kaiser 1914, S. 173: Die »Stillfähigkeit« der Schweizerinnen betrug 43 %, diejenige der Deutschen 49 % und diejenige der Italienerinnen 85 %. Mit »Engelmacherei« ist die Abtreibung gemeint.
54 Schmid 1912, S. 173.
55 Schlatter 1908, S. 62.
56 Zum »Kinematographenwesen« vgl. Schweizerische Vereinigung für Kinder- und Frauenschutz 1913, S. 71. Zum »Velofieber« vgl. Gonzenbach 1925; Schmid, E. 1925.
57 Vgl. Schweizerische Vereinigung für Kinder- und Frauenschutz 1913, S. 68 sowie Schweizerische Vereinigung für Kinder- und Frauenschutz 1914, S. 81–123.
58 »Anzeiger für das Limmattal« 1912; zitiert in: Schweizerische Vereinigung für Kinder- und Frauenschutz 1913, S. 116.
59 Bleuler-Waser 1919, S. 36.
60 Glättli-Graf 1923, S. 256.
61 Zollinger 1919, S. 153. Zur Sozial- und Rassenhygiene vgl. z.B. Good 1914; Gonzenbach 1923, 1925, 1927b. Zum Geburtenrückgang vgl. z.B. Häberlin 1920; Schmid 1925. Zur Abtreibung vgl. z.B. Abt 1927; Imboden-Kaiser 1924; Labhardt et al. 1926; Streng 1928. Zum Still- und Ernährungsverhalten vgl. z.B. Brandenberg 1923; Feer 1923; Glättli-Graf 1923; Imboden-Kaiser 1914. Zu den Wohnverhältnissen vgl. »Das Wohnen. Schweizerische Zeitschrift für Wohnungswesen«. All dies floss in der Forderung von Nationalrat Baumberger zusammen, der 1924 eine Untersuchung über die »wirtschaftlich-technische, verkehrs- und agrarpolitische, sozial-ethische, volkspädagogische und volkshygienische Lage der Bergbevölkerung« anregte (Binder 1929, S. 175)
62 Jucker 1923, S. 207.
63 Ebd., S. 206.
64 Vgl. ebd., S. 204f.
65 Vgl. ebd., S. 204. Oder: »Weniger Repression, mehr Prävention, weniger Gericht, mehr Schutz und Fürsorge!« (Zürcher 1912, S. 336)

66 Vgl. Foucault 1978, S. 119f.
67 Vgl. ebd., S. 120.
68 Vgl. dazu Abbildung 1.
69 Vgl. Uhlendorff 2001, S. 621.

Anmerkungen sechstes Kapitel

1 Vgl. zu der Entwicklung in der Stadt Zürich Tabelle 15.
2 Pflüger 1917, S. 10.
3 Vgl. Kantonales Jugendamt und Bezirksjugendkommissionen 1930 und 1938.
4 Vgl. ebd.
5 »Endlich ist bei einem erheblich Theil der Bürger grosse Abneigung gegen Übernahme einer Vogtstelle vorhanden […]. Es scheint […] diese Abneigung mit […] Erscheinungen im politischen Leben der Neuzeit in Verbindung zu stehen.« (Geschäftsbericht des Stadtrates Zürich 1865, S. 19). »Leider ist die freiwillige Übernahme einer Vogtstelle selten.« (Geschäftsbericht des Stadtrates Zürich 1867, S. 13). »Wenn es auch oft schwer fällt, die geeigneten Personen für die Besetzung der Vogtstellen zu finden, so wird doch constatirt, dass die Abneigung gegen die Übernahme solcher Stellen nicht in Zunahme begriffen ist.« (Geschäftsbericht des Stadtrates Zürich 1874, S. 21). Vgl. auch die Geschäftsberichte des Stadtrates Zürich von 1877, S. 41 und 1878, S. 20.
6 »Wir beantragen Ihnen, den Rekurs des Dr. Hans Hoffmann, Sekundarlehrers, in Altstetten, gegen unsern Beschluss vom 23. Oktober 1925 als unbegründet abzuweisen. Der Rekurrent beruft sich darauf, dass er in Altstetten wohnhaft sei und daher gemäss Art. 382 Z.G.B. zur Uebernahme der Vormundschaft nicht verpflichtet werden könne. Diese Auffassung des Dr. Hoffmann ist unrichtig. Er ist in Zürich als Sekundarlehrer gewählt und demzufolge in Zürich wohnpflichtig. Vom Stadtrate hat er lediglich die Erlaubnis bekommen, in Altstetten zu wohnen. Diese Erlaubnis kann aber widerrufen werden. Art. 23 Z.G.B. bestimmt, dass der Wohnsitz einer Person sich an dem Orte befindet, wo er sich mit der Absicht dauernden Verbleibens aufhält, d.h. wo der Mittelpunkt seiner Interessen liegt. Dies ist im vorliegenden Fall unzweifelhaft Zürich. Dass dem Rekurrenten nun gestattet worden ist, sich in Altstetten aufzuhalten, ändert nichts, auch dann nicht, wenn dieser Ausnahmezustand jahrelang dauert. Als weiterer Grund mag gelten, dass der Rekurrent das Mündel als dessen früherer Lehrer be-

reits kennt und dass er sowohl von den Eltern als auch vom Mündel als Vormund gewünscht wird.« (V.K. a.04.:110: 1925, No. 8401).

7 Vgl. Geschäftsbericht des Stadtrates Zürich 1910, S. 300. Zur quantitativen Entwicklung vgl. die Statistiken über den Entzug der elterlichen Gewalt sowie die Versorgungen der Kinder und Jugendlichen im Anhang (Tabellen 1 bis 4).

8 Vgl. Pflüger 1917, S.7. Am 20. Juni 1908 erhielt die neue Geschäftsord- nung der Vormundschaftsbehörde die Genehmigung durch den Grossen Stadtrat. Die Neuerungen basierten auf der Gemeindeordnung vom 8. Sep- tember 1907, in der die Vormundschaftsbehörde befugt wurde, die Führung der Vormundschaft einem »besonderen Beamten« zu übertragen. »Art. 138. Das Waisenamt ist befugt, die Führung von Vormundschaften über eltern- lose oder ausserehelige Kinder besondern Beamten (Amtsvormündern) zu übertragen, denen auch andere Vormundschaften überbunden werden kön- nen.« (Protokollauszug 1905, S. 2f.; zitiert in: Schreiber 1993, S. 221.)

9 Vgl. Geschäftsbericht des Stadtrates Zürich 1911, S. 279.

10 Geschäftsbericht des Stadtrates Zürich 1909, S. 302.

11 Vgl. Geschäftsbericht des Stadtrates Zürich 1908, S. 292.

12 Zur Entwicklung des Stellenplans der Amtsvormundschaft vgl. Tabelle 10. Dort sind auch die Geburtsdaten (sofern bekannt) sowie die Besoldungen der Mitarbeiter und Mitarbeiterinnen aufgeführt.

13 Vgl. die Bewerbung von Dr. Walter Schiller in den Geschäftsakten der Vormundschaftsbehörde von 1908.

14 Vgl. Geschäftsbericht des Stadtrates Zürich 1910, S. 302f.

15 Aus dem Dankesbrief von Marta von Meyenburg vom 23. Dezember 1909 an den Vorstand des Waisenamtes der Stadt Zürich, Herrn Hans Nägeli (vgl. Geschäftsakten des Waisenamtes der Stadt Zürich von 1909).

16 Aus dem Dankesbrief von May Welti vom 25. Dezember 1909 an den Prä- sidenten des Waisenamtes der Stadt Zürich, Herrn Hans Nägeli (vgl. Ge- schäftsakten des Waisenamtes der Stadt Zürich von 1909).

17 Vgl. Geschäftsbericht des Stadtrates Zürich 1911, S. 286.

18 Vgl. V.K. a.04.:34: 1909, No. 3568.

19 Vgl. ebd.

20 Vgl. ebd.

21 Vgl. Geschäftsakten des Waisenamtes von 1909.

22 Es handelte sich Ida Hauser, Milly Humbel, Helene Moser und Marta Weigmann. Die vier Kandidatinnen wurden vor den Vorstand des Vor- mundschaftswesens für eine persönliche Vorstellung und Besprechung ein- geladen.

23 Geschäftsakten des Waisenamtes von 1909.

24 Ebd.

25 Vgl. ebd.

26 Vgl. die Bewerbung von Helene Moser in den Geschäftsakten des Waisenamtes von 1909.

27 Vgl. ebd.

28 Geschäftsakten des Waisenamtes von 1909. Die Besoldung von Helene Moser wurde auf Fr. 2 000.– festgesetzt. Der Amtsvormund wurde außerdem ermächtigt, die neu gewählte Gehülfin zwecks Einführung in die armenpflegerische Tätigkeit während einem Monat bei der Freiwilligen- und Einwohnerarmenpflege der Stadt Zürich arbeiten zu lassen, sofern die Leitung dieses Instituts sich damit einverstanden erkläre. 1912 wurde im Amtsblatt des Kantons Zürich eine Stelle ausgeschrieben, auf die sich Frl. Moser bewerben wollte. Es handelte sich um die Stelle der kantonalen Inspektorin für Arbeiterinnenschutz. Helene Moser hätte dort zwischen Fr. 2 800.– und höchstens Fr. 3 600.– verdient. Walter Schiller vermutete, dass Helene Moser die Stelle erhalten würde und er stellte Antrag für eine Lohnerhöhung. Schiller begründet dies damit, dass allein seiner Fürsorge 700 Mündel unterstellt seien und diese Tatsache ohne weiteres den Schluss zulasse, dass er zur richtigen Erfüllung seines Amtes einer tüchtigen Mithülfskraft bedürfe. Eine solche stehe ihm in der Person der bisherigen Gehülfin, Fräulein Helene Moser zur Seite, sie sich während den 2 1/4 Jahren, da sie die Stelle bekleide, als sehr tüchtig erwiesen habe und schwer zu ersetzen wäre. Sie besitze Takt und Gefühl, daneben aber auch große Geschäftsroutine. Helene Moser wurde ein Lohn von Fr. 2 600.– in Aussicht gestellt, falls sie auf eine Bewerbung verzichten würde (V.K. a.04.:39: 1912, No. 1142). Helene Moser verzichtete schließlich auf die Bewerbung (vgl. V.K. a.04.:39: 1912, No. 1324).

29 Vgl. die Anzahl eingegangener Bewerbungen in Tabelle 13.

30 Vgl. V.K. a.04.:72: 1920, No. 7796. Dazu kamen beispielsweise die folgenden Erwägungen: »Den Anforderungen im vollen Umfang entsprach Lina Mramer-Meyer (1885), die vor ihrer Verheiratung als Erzieherin tätig war, gegenwärtig einen städtischen Schwimmkurs anbietet und die nach dem Hinschied ihres Mannes eine Bureaustelle übernahm.« Für die Anstellung von Elsa Forster, die sich seit mehr als 10 Jahren als Hortleiterin mit der Kinderfürsorge befasst und einen vierteljährlichen Kurs in praktischer Säuglingspflege im Säuglingsasyl absolvierte, sprach ihr »weitgehendes Interesse in öffentlicher Fürsorge« sowie ihr »gereiftes soziales Urteil« (vgl. V.K. a.04.:75: 1921, No. 2759). Von den Amtsvormündern war niemand jünger als 26 und niemand älter als 37. Von den Inspektionsgehülfinnen war keine jünger als 23 und keine älter als 39.

31 Vgl. V.K. a.04.:79: 1922, No. 625.

32 Vgl. V.K. a.04.:82: 1923, No. 93. Der Stadtpräsident hob jedoch hervor, dass die protokollarische Fassung des Beschlusses zu weitgehend sei, da lediglich den Funktionärinnen, deren Aufgabe die persönliche Fürsorge sei, die Teilnahme am Kurs ermöglicht werden sollte. Auf alle Fälle dürfe die Arbeit in den Verwaltungsabteilungen durch die Teilnahme keine Störung erleiden. Die Kanzlistinnen der Vormundschaftsbehörde kamen daher für die Beteiligung am Kurs nicht in Frage. Mit dieser Auffassung erklärte sich die Vormundschaftsbehörde einverstanden.

33 Während 1909 die Zahl der vom Amtsvormund geführten ordentlichen und außerordentlichen Vormundschaften 212, die Zahl der Mündel 340 betrug, wies das Geschäftsverzeichnis Ende Juli 1910 362 ordentliche und außerordentliche Vormundschaften mit insgesamt 460 Mündeln auf. Diese Ziffern wurden von der Vormundschaftsbehörde als Grenze des Zulässigen erklärt, sofern der Amtsvormund den Verpflichtungen, welche die waisenamtliche Geschäftsordnung ihm bezüglich der Führung der Vormundschaften auferlegte, auch wirklich nachkommen und nicht in seinen Leistungen auf das durchschnittliche Niveau des ehrenamtlichen Einzelvormundes herabsinken wollte (vgl. Geschäftsakten des Waisenamtes von 1910).

34 Vgl. Geschäftsakten des Waisenamtes von 1910.

35 Die beiden freiwilligen Aufsichtsdamen besorgten in den sieben Monaten des Jahres 1909 zusammen rund 700 Kontrollbesuche bei Mündeln, 110 Besuche bei neugeborenen, außerehelichen Kindern, 40 Kostkinderinspektionen und 190 diverse Geschäfte, wie z.B. die Begleitung auswärts zu versorgender Kinder oder die Stellenvermittlung von Mündeln sowie insgesamt 100 Tage Büroarbeit (vgl. dazu Tabelle 9).

36 Sie führte im laufenden Jahre 145 Kontrollbesuche bei in der Stadt untergebrachten und 51 bei auswärts untergebrachten Mündeln durch, holte 338 Informationen ein, machte 311 Gänge für neugeborene, noch nicht bevormundete außereheliche Kinder, bewältigte 47 Kostortinspektionen auf Stadtgebiet und 22 auswärts sowie 327 diverse Geschäfte (vgl. Tabelle 9).

37 Vgl. Geschäftsakten des Waisenamtes von 1910.

38 Vgl. Geschäftsbericht des Stadtrates Zürich 1910, S. 303.

39 Frau Dr. Olly bzw. Olga Lenz wurde unter vierzehn Bewerbungen zum 4. städtischen Amtsvormund gewählt. Sie trat ihre Stelle auf den 1. August 1913 mit einer Anfangsbesoldung von Fr. 4 500.– an. Olly Lenz verließ ihre Stelle 1918. Bis 1934 wurde keine Frau mehr gewählt. Ob sich überhaupt noch Frauen beworben hatten, konnte nicht in Erfahrung gebracht werden.

40 Vgl. V.K. a.04.:47: 1914, No. 2974. Lohn pro Halbtag: Fr. 5.–.

41 Die Stelle ging 1919 an Dr. jur. Walter Schneider über (vgl. V.K. a.04.: 67: 1919, No. 3082) und wurde 1921 durch Beschluss des Grossen Stadtrats definitiv bestätigt (vgl. V.K. a.04.:77: 1921, No. 8992).

42 Vgl. V.K. a.04.:52: 1915, No. 5039.

43 Seine jährliche Besoldung belief sich auf Fr. 4 500.– exkl. Teuerungszulage.

44 V.K. a.04.: 65: 1918, No. 8810. Auch der 1. Amtsvormund teilte diese Auffassung.

45 Vgl. V.K. a.04.: 72: 1920, No. 8199.

46 Ebd.

47 Von den Bewerbern mit juristischer Bildung und Verwaltungspraxis wurde Dr. Karl Naef gewählt, der sich nach Abschluss seiner Hochschulstudien als Auditor beim Bezirksgericht Zürich betätigte und während 2 1/4 Jahren als außerordentlicher Bezirksanwalt in Zürich amtete. Dr. Naef habe sich als sehr fleißiger Beamter erwiesen (vgl. V.K. a.04.: 78: 1922, No. 1313).

48 Vgl. Tabelle 13.

49 Vgl. V.K. a.04.:170: 4 Juli 1930.

50 Der I. Inspektor war Rudolf Hinder. 1918 waren 2 Inspektoren, 1 Hilfsinspektorin sowie 1 Buchhalter, 1 Kassier und 3 Sekretäre beschäftigt (vgl. Hinder 1918, S. 14).

51 Hinder 1918, S. 15.

52 Ebd.

53 Diejenigen Kinder, die in Anstalten kamen, wurden hauptsächlich in den beiden Pestalozzihäusern der Stadt Zürich versorgt. Die Jugendlichen kamen in die Korrektionsanstalt in Ringwil oder in die Zwangserziehungsanstalt Aarburg. Die Mädchen kamen in den Heimgarten bei Bülach.

54 Vgl. Hinder 1918, S. 17.

55 Vgl. zum Verhältnis zwischen Armenpflege und Vormundschaft: Hinder 1918; Marty 1906, 1913; Nägeli 1908; o. N. 1907a; o. N. 1908; o. N. 1913. Zum Verhältnis zwischen bürgerlicher und freiwilliger Armenpflege vgl. Breitenstein 1854; Grob 1873; Niederer 1873; o. N. 1907b; Weber 1906.

56 Fichter 1909, S. 22.

57 Ebd., S. 31.

58 Ebd., S. 22.

59 O. N. 1908, S. 78.

60 Vgl. Nägeli 1908, S. 126.

61 Ebd., S. 127.

62 Geschäftsbericht des Stadtrates Zürich 1923, S. 299.

63 Ebd.

64 Auch städtisches Amt für Kinderfürsorge genannt.

65 Vgl. Hiestand 1909, S. 49.
66 Vgl. Marty 1906, S. 77.
67 Vgl. ebd.
68 Vgl. Hiestand 1909, S. 316.
69 Ebd., S. 316 und S. 51.
70 Vgl. Geschäftsordnung für die Schulbehörden vom 13. Februar 1909; zit. in: Hiestand 1909, S. 318.
71 Hiestand 1909, S. 318.
72 Vgl. ebd., S. 52. Hinzu kommen die 142 Fälle von Krankheiten der Kinder, wobei es sich beim größten Teil um tuberkulöse und schwachsinnige Kinder handelte sowie die 18, denen eine Dienst- oder Lehrstelle vermittelt wurde (vgl. Schweizerisches Jahrbuch für Jugendfürsorge 1913, S. 38). Von den 520 befürsorgten Kindern wurden 117 in Anstalten und 191 bei Privaten versorgt. Die Heimschaffung erfolgte bei 27 und die Einleitung der ordentlichen Vormundschaft bei 93 Kindern und Jugendlichen. 40 Jugendliche wurden in einer Lehr- oder Dienststelle untergebracht. (vgl. dazu auch Tabelle 11). Drei Jahre zuvor, 1908, wurden durch das Kinderfürsorgeamt 164 Kinder und Jugendliche versorgt (vgl. Hiestand 1909, S. 320).
73 Vgl. Stauber 1916, S. 25.
74 Vgl. Stauber 1912, S. I.
75 Vgl. Hiestand 1909, S. 54.
76 Stauber 1917, S. 42. In der Stadt Zürich gab es 1914 bereits 44 städtische Kinder- und Jugendhorte und 51 Ferienhorte.
77 Vgl. Hiestand 1909, S. 52.
78 Stauber 1916, S. 26f.
79 Stauber 1912, S. 147.
80 Vgl. Stauber 1915, S. 6.
81 Hiestand 1909, S. 54. Vgl. auch Art. 108 der Geschäftsordnung für die Schulbehörden: »Das Amt für Kinderfürsorge ist die Zentralstelle für alle Massnahmen, welche sich die Sorge um körperliche und sittliche Wohlfahrt von Kindern des schulpflichtigen und vorschulpflichtigen Alters zum Ziele setzen.« (Geschäftsordnung für die Schulbehörden und Lehrerkonvente 1909; zitiert in: Hiestand 1909, S. 50.) Heinrich Hiestand (1872–1942) war vor seinen Tätigkeit als Vorsteher des Kinderfürsorgeamtes Lehrer. Als Mitglied des Vorstandes der Schweizerischen Gemeinnützigen Gesellschaft wurde er in die Organisationskomitees verschiedener Kinder- und Jugendfürsorgekurse geschickt.
82 Vgl. Ramsauer 2000, S. 58f.
83 Vgl. ebd., S. 282.
84 Vgl. Geschäftsbericht des Stadtrates Zürich 1925, S. 285.

85 Vgl. ebd., S. 286.

86 Vgl. ebd., S. 271ff.

87 Vgl. ebd., S. 287. Bei 301 Fällen wegen Schwererziehbarkeit und Vernachlässigung, bei 42 Fällen wegen Schwachsinn, bei 12 Fällen wegen ungünstigen Wohnverhältnissen und bei 13 Fällen wegen Krankheit. Vom 1. Oktober bis zum 31. Dezember 1925 wurden 69 Kinder versorgt.

88 Vgl. Geschäftsbericht des Stadtrates Zürich 1927, S. 333.

89 Kantonales Jugendamt und Bezirksjugend-Kommissionen 1930, S. 11. Ramsauers Auslegung, dass in den 30er Jahren bei der Amtsvormundschaft die Kontrollen wieder abnahmen und die Bevormundungen zunahmen (vgl. Ramsauer 2000, S. 284), ist vor dem Hintergrund zu interpretieren, dass ab 1929 das Wohlfahrtsamt in verschiedene Abteilungen aufgegliedert war und die Amtsvormundschaft vor allem die »schwierigen« Fälle, nicht mehr jedoch die Aufsichten und Kontrollen betreute. Es kann also nicht von einer *allgemeinen* Abnahme der Kontrollfälle gesprochen werden.

90 Vgl. Tabelle 15. Die *Kommission zur Versorgung verwahrloster Kinder im Bezirk Zürich* ging aus der Gemeinnützigen Gesellschaft Zürich hervor. Als Aufgabe stellte sie sich, zur Versorgung verwahrloster Kinder, deren Eltern im Bezirk Zürich wohnten, Hand zu bieten, ohne Rücksicht auf die Heimatangehörigkeit der Eltern bzw. mit Bevorzugung der Ausländer, da die Armenpflegen diesen gegenüber machtlos seien (vgl. Schmid/Wild 1900, S. 123). Ab 1893 nahm sich die Kommission nur noch in besonderen Fällen der Kinder niedergelassener Ausländer an und zwar nur dann, wenn zu erwarten war, dass sie ihren Wohnort nicht bald wieder wechselten. Dazu seien sie durch das wenig entgegenkommende Benehmen der ausländischen Armenbehörden und durch nüchterne Stimmen von Gabenspendern veranlasst worden. Ein Fall wurde nur noch in Behandlung genommen, wenn die Eltern selbst die Notwendigkeit einsahen. *Die Kinderschutz-Vereinigung Zürich* wurde 1898 mit dem Ziel gegründet, sittlich gefährdete Kinder vor Schande und Verwahrlosung zu bewahren und den vernachlässigten und misshandelten Kindern den nötigen Schutz zu verschaffen. Die Bevölkerung wurde aufgerufen, Beobachtungen über sittliche Gefährdung, Vernachlässigung, Misshandlung und Ausbeutung von Kindern dem Ausschuss der Vereinigung schriftlich zur Kenntnis zu bringen. Auf einen Hinweis folgten Untersuchungen des Falles ohne Nennung des Namens des Verzeigers. Dem Zentralausschuss gehörten drei Männer und zwei Frauen, darunter Pfarrer Hirzel, die Schriftstellerin Ilse Frapan und der Zürcher Stadtarzt Dr. Müller an (vgl. ebd., S. 127). *Der stadtzürcherische Verein für Kinderschutz*, der 1910 ins Leben gerufen wurde, setzte sich zum Ziel, misshandelten und vernachlässigten Kindern zu ihrem Recht zu

verhelfen. Im Laufe der Zeit wurde die Vereinigung auch auf den Frauenschutz ausgedehnt, »zeigte doch die Fürsorgetätigkeit mehr und mehr, wie
eng die beiden Gebiete sich berühren, wie sie oft überhaupt nicht voneinander getrennt werden können« (Schweizerisches Jahrbuch für Jugendfürsorge 1912, S. 75). Die Kinder- und Frauenschutzvereinigung schloss sich
im Jahre 1909 mit der Mutterschutzkommission zu einem *Gesamtverein
für Frauen-, Mutter- und Kinderschutz* zusammen, der aktiv wurde in Fällen von Misshandlung und Ausbeutung, Verwahrlosung und Vernachlässigung, Kränklichkeit und Armut, mangelhafter Erziehung, sittlicher Gefährdung, Kostortgesuche, Frauenschutz, Anmeldungen für die Sonderklasse,
Arbeitsvermittlung und Versorgung Erwachsener, Auskunft, verleumderi-
schen Angaben, böswilliger Verlassung des Kindes, Unbotmäßigkeit und
Diebstahl (vgl. ebd., S. 75 sowie Tabelle 12). Präsident dieses Vereins war
Heinrich Hiestand, Vorsteher des Kinderfürsorgeamtes.

91 Vgl. Geschäftsbericht des Stadtrates Zürich von 1926, S. 299. Als Auskunft
sollte nur die Angabe der amtlichen oder freiwilligen Hilfsstellen in Betracht kommen, die näheren Bericht über einen Fürsorgefall geben konnten. Wo eine angeschlossene freiwillige Fürsorginstanz die Auskunftserteilung über ihre Hilfe an Außenstehende, d.h. nicht an das Register
angeschlossene Stellen verweigerte, sollte darauf Rücksicht genommen
werden. An Private und an nicht an das Register angeschlossene Stellen
sollte eine Auskunft nur dann gegeben werden, wenn einwandfrei fest-
stand, dass sie nicht gegen das Interesse des Befürsorgten ausgenützt werden konnte. Die Auskunft sollte sich auf die Verweisung der Auskunftssu-
chenden an die im betreffenden Falle handelnden Instanzen beschränken.
Es sollten alle Vorkehrungen getroffen werden, dass nach außen die Diskretion gewahrt blieb, und dass das Register keine schädigenden Wirkungen für die Bedürftigen haben konnte (vgl. ebd.).

92 Die erste Dienstabteilung: Die zentrale Abteilung mit der Oberleitung des
Amtes, dem Zentralsekretariat, dem Fürsorgezentralregister, dem Erkundigungsdienst, dem ärztlichen Dienst und der Altersbeihilfe. Die zweite
Dienstabteilung: Das Jugendamt, das wiederum vier Unterabteilungen besaß: Das Jugendamt I mit der vorsorglichen Hilfe für die vorschulpflichtigen und schulpflichtigen Kinder, das Jugendamt II für die schulentlassene
Jugend und die Berufsberatung, das Jugendamt III a für die freiwillige fürsorgliche Hilfe zugunsten aller minderjährigen Personen und das Jugendamt III b mit der Amtsvormundschaft für die gesetzliche Jugendfürsorge
und die Pflegekinderaufsicht und schließlich die dritte Dienstabteilung, das
Fürsorgeamt, das den Pflichtenkreis der wirtschaftlichen Fürsorge (Armenpflege) für alle in Zürich niedergelassenen und in Zürich zuständigen, au-

ßerhalb der Stadt wohnhaften Personen umschloss (vgl. Geschäftsbericht des Stadtrates Zürich 1929).

93 Kantonales Jugendamt und Bezirksjugendkommissionen 1930, S. 11.

94 Vgl. Kantonales Jugendamt und Bezirksjugendkommissionen 1938, S. 7.

95 Beck 1912, S. 436.

Anmerkungen siebtes Kapitel

1 Vgl. Feld 1922b, 1925a, 1925b.

2 Vgl. Feld 1922a, S. 423.

3 Feld 1922b, S. 164.

4 Ebd.

5 Vgl. Feld 1922a, S. 424.

6 Feld 1922b, S. 164.

7 Vgl. ebd.

8 Vgl. Feld 1922a, S. 425.

9 Vgl. Feld 1922b, S. 165.

10 Vgl. ebd.

11 Vgl. ebd., Fussnote 1.

12 Vgl. Feld 1922a, S. 428.

13 Vgl. ebd., S. 429.

14 Ebd.

15 Ebd., S. 430. Wilhelm Feld nahm Bezug auf den von Helene Simon ebenfalls 1922 in der Zeitschrift »Soziale Praxis« publizierten Artikel über »Versorgung und Fürsorge«. Simon habe dort, so Feld, den entscheidenden Gegensatz zwischen der persönlich arbeitenden Fürsorge und der sachlich geregelten Versorgung entwickelt. Ein typisches Beispiel von Versorgung sei die Rente (z.B. für Kriegshinterbliebene aufgrund der gesetzlich festgelegten Ansprüche des einzelnen Versorgungsberechtigten). Sie möge noch so methodisch abgestuft sein: innerhalb der Stufen bleibe sie die gleiche. Dagegen sei eine noch so generell vorgesehene Fürsorge von Einzelfall zu Einzelfall anders geartet, wenn sie mehr sein wolle, als blosse geldliche Ergänzung der Rente. Deshalb sei die Fürsorge die innerlich ungleich qualifiziertere und schwierigere Aufgabe.

16 Vgl. Feld 1925a, S. 493.

17 Darunter ist nicht dasselbe wie unter einem »sekundären Funktionssystem« zu verstehen, als das die Soziale Arbeit heute mitunter bezeichnet wird (vgl. z.B. Baecker 2000, Kleve 2000b, Sommerfeld 2000).

18 Vgl. Feld 1925a, S. 493.

19 Nohl 1924, S. 6.

20 Ebd.

21 Vgl. Spranger 1922.

22 Feld 1925a, S. 495f.

23 Vgl. dazu insbesondere die Tabelle 6b sowie die Übersicht der Kurse und deren statistische Auswertung in den Tabellen 5, 6a, 7 und 8.

24 Vgl. Tabelle 8.

25 Zum Vorkommen des Begriffs vgl. Schmid 1908, S. 47; Hiestand 1908, S. 648; Zollinger 1908b, S. 687; Mühlethaler 1918, S. 15; Knabenhans 1908, S. 559; Tschudi 1907. Im Kontext der Kurse und Kongresse wurde der Begriff in den beiden Kursen von 1908 und 1914 unter dem Titel »Die sozialpädagogische Aufgabe der Volksschule« eingeführt.

26 Vgl. Hiestand 1908, S. 648.

27 Ebd., S. 649.

28 Vgl. Bleuler-Waser 1908, S. 661.

29 Vgl. Gräser 1995, S. 14f.

30 Vgl. Tschudi 1907, S. 201.

31 Natorp 1925, S. 529.

32 Vgl. Natorp 1894, S. 62.

33 Vgl. Tschudi 1907, S. 181.

34 Hornstein 1998, S. 49.

35 Ramsauer macht in ihrer Studie unterschiedliche Phasen bzw. Paradigmen des Jugendfürsorgediskurses hinsichtlich des Konzepts der »Verwahrlosung« aus. »Verwahrlosung« sei zuerst als soziales, dann als medizinisches und danach als erzieherisches Problem definiert worden. Zu Beginn des 20. Jahrhunderts sei, so Ramsauer, die wirtschaftliche Not im Zentrum der Diskussion gestanden, es sei ökonomisch und sozialpolitisch und kaum moralisierend diskutiert worden. Ramsauer bezeichnet dieses Paradigma als »sozialdeterministisch«. In diesem »sozialdeterministischen« Paradigma sei die »Verwahrlosung« auf soziale Faktoren zurückgeführt worden. Ab 1910 sei vor allem moralisierend diskutiert und »Verwahrlosung« sei auf »moralisch-charakterliche« Qualitäten zurückgeführt worden. Danach sei das alte »sozialdeterministische« Erklärungsmuster von pädagogisierenden Ansätzen überformt und die ehemals charakterbezogene Interpretation der »Verwahrlosung« von der eugenischen und biologischen Sichtweise vereinnahmt worden. Dieses von Ramsauer entwickelte »Phasenmodell« (vgl. Ramsauer 2000, S. 170–177) kann ich auf der Grundlage der Analyse derselben Diskurse nicht bestätigen. Meine Analyse ergibt auch nicht eine zunehmende Vereinnahmung der Kongresse und Tagungen durch die Wis-

senschaft, während die Vertreter der Berufspraxis als Referenten und Referentinnen immer weniger präsent gewesen seien (vgl. dazu die Tabelle 5).

36 Widler-Züst 1937, S. 109 (Hervorhebungen im Original).

37 Vgl. Wild 1924, S. 202ff.

38 Vgl. Steiger 1932, S. 9. Emma Steiger hat eine Monographie über die Jugendhilfe sowie mehrere Monographien über die soziale Arbeit vorgelegt (vgl. Steiger 1932, 1948, 1949).

39 Feld 1922a, S. 497.

40 Ebd., S. 498.

41 Ebd.

42 Vgl. ebd., S. 499–512.

43 Feld 1925c, S. 219.

44 Feld 1925b, S. 220. Für die Ausbildung schlug er vor, sie nach einer allgemeinen Einführung in Teilgebiete zu spezialisieren, da es unmöglich sei, sich in allen Gebieten ausbilden zu lassen – die Gefahr der Halbbildung, sei dabei zu groß (vgl. Feld 1922a, S. 504). Zu Fürsorge und Statistik vgl. Feld 1921.

45 Vgl. Feld 1925a, S. 511. Im juristischen Studium gehe es darum, dass der Student seine Kenntnisse der Grundsätze des Rechts aus der Analyse von früheren Entscheidungen und Urteilen statt aus Lehrbüchern erarbeite (vgl. dazu auch Feld 1926).

46 Vgl. o. N. 1909, S. 89.

47 Vgl. Wild 1924.

48 Vgl. o. N. 1909, S. 91.

49 Ebd.

50 Vgl. Wild 1924, S. 205ff.

51 Anders verlief die Entwicklung in der Heilpädagogik, für die an der Universität Zürich 1931 eine außerordentliche Professur *ad personam* eingerichtet wurde. Die Nähe der Sonderpädagogik zur Medizin ist unverkennbar. Darauf verweist auch die Tatsache, dass Heinrich Hanselmann 1956 der Grad eines Dr. med. ehrenhalber verliehen wurde (vgl. Rektorat der Universität Zürich 1983, S. 491). Hanselmanns »Theorie der Sondererziehung« gründete auf der Theorie der Entwicklungshemmung und hielt sich in Übereinstimmung mit den zeitgenössischen biologischen Grundlagen. Es liegt wohl an der Nähe der Sonderpädagogik zur Medizin, dass in ihr kein Professionalisierungsdiskurs geführt wird bzw. werden muss.

52 Wild 1937, S. 344.

53 Vgl. dazu Schweizerische Gemeinnützige Gesellschaft 1938, S. 5 sowie Wild 1937.

54 Wild 1937, S. 345.

55 Vgl. Ramsauer 2000, S. 165 und 190.

56 Vgl. ebd., S. 161 ff.

57 Vgl. Tabelle 5.

58 »Die nachfolgenden Ausführungen entsprechen ungefähr dem, was am Zürcher Kurs für soziale Arbeit im September 1937 von einem Praktiker zu Praktikern gesprochen wurde. Sie werden deshalb einem Leser, der wissenschaftliche Gründlichkeit und Durchdringung des Stoffes fordert, nicht genügen.« (Hauser 1938, S. 5)

Anmerkungen achtes Kapitel

1 Bourdieu et al. 1997.

2 Das richtige »Verständnis der Interviews« bedinge die Lektüre der theoretisch-methodologischen Prämissen, die Bourdieu in seinem gesamten Werkkorpus erarbeitet hat und die im letzten Teil des Buches gerafft dargelegt werden. Bourdieus deklariertes Ziel ist es: »Nicht bemitleiden, nicht auslachen, nicht verabscheuen, sondern verstehen.« (Bourdieu et al. 1997, S. 13)

3 Brieler 1998, S. 358.

4 Graf 2000, S. 23, in Anlehnung an Horkheimer/Adorno 1982.

5 »Die geschilderten Lebensumstände stellen sich dank dieser Rahmung auch als Manifestationen von tiefer liegenden, meist nur indirekt und vermittelt durch subjektive Handlungsmuster und Strategien zur Geltung kommenden makrostrukturellen gesellschaftlichen Bedingungen dar, bzw. als Effekte vorausgehender Ereignisse und Umstände.« (Schultheis 1997, S. 829).

6 Schultheis 1997, S. 839.

7 Ebd., S. 840.

8 Foucault 1977, S. 60.

9 Vgl. Foucault 1994b, S. 702.

10 Foucault 1975, 1998, 2001 sowie Farge/Foucault 1989.

11 Vgl. Foucault 1990, S. 51.

12 Foucault 1976a, S.127.

13 Brieler 1998, S. 366.

14 Bourdieu 1997, S. 782.

15 Vgl. Veyne 1992, S. 49.

16 V.K. c.30.: No. 2122a, Fall Cohn: Psychiatrisches Gutachten vom 21. Juli 1918.

17 V.K. c.30.: No. 1425a, Fall Nüssli: Inspektionsbericht vom 20. September 1913.

18 V.K. c.30.: No. 225a, Fall Marek: Inspektionsbericht vom 8. Juli 1915.

19 V.K. c.30.: No. 1425a, Fall Nüssli: Protokoll des Bezirksrates im April 1908.

20 Ebd.: Inspektionsbericht vom 4. April 1916.

21 Veyne 1992, S. 82.

22 Insgesamt handelt es sich um 1 444 Aktenstücke, wovon 189 von den betroffenen Eltern und Kindern verfasst wurden. Zu der Verteilung der Dokumente vgl. Tabelle 14.

23 Die Zitate in den sechs Falldarstellungen werden nicht referenziert. Die Personen- und Straßennamen wurden anonymisiert. Zum Datenschutz und zur Abschrift der Akten vgl. die Hinweise im Anhang.

Anmerkungen neuntes Kapitel

1 Donzelot 1979, S. 129.

2 V.K. c.30.: No. 1425a, Fall Nüssli: Brief der Amtsvormundschaft an die Direktion der Justiz und Polizei vom 21. Februar 1918.

3 Vgl. Tabelle 9.

4 Vgl. Donzelot 1979, S. 131.

5 Vgl. ebd., S. 133.

6 Vgl. Beck 1912.

7 Frey 1918, S. 57.

8 Vgl. Geschäftsbericht des Stadtrates Zürich 1910, S. 302f.

9 Sowie des Erkundigungsdienstes der Vormundschaftsbehörde.

10 Feld 1922b, S. 167.

11 V.K. c.30.: No. 1425a, Fall Nüssli: Brief von Heinrich Nüssli an den Amtsvormund, Dr. Hans Grob, vom 26. Juli 1915.

12 Geschäftsbericht des Stadtrates Zürich 1919, S. 325.

13 Vgl. V.K. a.04.:34: 1909, No. 3568.

14 Vgl. ebd.

15 Vgl. ebd.

16 Geschäftsbericht des Stadtrates Zürich 1912, S. 309.

17 Geschäftsbericht des Stadtrates Zürich 1924, S. 283.

18 Geschäftsbericht des Stadtrates Zürich 1911, S. 286.

19 Geschäftsbericht des Stadtrates Zürich 1928.

20 Vgl. Geschäftsbericht des Stadtrates Zürich, 1911, S. 284f.

21 Vgl. Stauber 1917, S. 41.

22 Vgl. Stauber 1916, S. 25.

23 Vgl. »Volksrecht« vom 31. Oktober 1923.

24 Ebd.

25 Ebd.

26 Vgl. »Volksrecht« vom 6. November 1923.

27 Die Mitteilungen des Waisenamtes, die G.M. persönlich betreffen, hätten gelautet: »Im vorliegendem Falle des G.M. umsoweniger, als die Feststellungen, die der Einvernahme des Einsenders vorangingen, Veranlassung gaben, ihn zu ermahnen, dem Alkoholkonsum möglichst zu entsagen und seinen Familienangehörigen gegenüber weniger Härte an den Tag zu legen, um dadurch die Einleitung eines neuen Verfahrens gegen ihn zu vermeiden, nachdem früher seines Verhaltens wegen schützende Massnahmen für ein Familienmitglied hatten getroffen und während mehreren Jahren aufrecht erhalten werden müssen.« (V.K. a.04.:85: 1923, No 8425).

28 »Volksrecht« vom 6. November 1923.

29 »Volksrecht« vom 12. November 1923.

30 Ebd.

31 V.K. a.04.:132: 1927, No. 5542.

32 Ebd.

33 Ebd. Vgl. auch: V.K. c.30.: No. 1287b, »Fall Bodmer«: Auszug aus dem Protokoll der Vormundschaftsbehörde vom 19. August 1927.

34 Im »Fall Bodmer« (V.K. c.30.: No. 1287b) z.B. zwischen 1915 und 1926, also innerhalb von 12 Jahren, 15 Mal. Im »Fall Duss« zwischen 1914 und 1919, also im Zeitraum von 6 Jahren, 14 Mal.

35 V.K. c.30.: No. 1425a, Fall Nüssli: Inspektionsbericht vom 30. April 1915.

36 V.K. c.30.: No. 5665b, Fall Duss: Inspektionsbericht vom 23. März 1918.

37 V.K. c.30.: No. 1287b, Fall Bodmer: Inspektionsbericht vom 24. September 1920.

38 V.K. c.30.: No. 1425a, Fall Nüssli: Inspektionsbericht vom 10. April 1912.

39 Ebd.: Inspektionsbericht vom 14. Januar 1919.

40 Ebd.

41 V.K. c.30.: No. 5665b, Fall Duss: Inspektionsbericht vom 31. März 1917.

42 Ebd.: Inspektionsbericht vom 20. Juni 1918.

43 V.K. c.30.: No. 4905, Fall Jens: Inspektionsbericht vom 25. August 1914.

44 V.K. c.30.: No. 1425a, Fall Nüssli: Inspektionsbericht vom 11. Mai 1917.

45 Frey 1918, S. 69.

46 V.K. c.30.: No. 1287b, Fall Bodmer: Inspektionsbericht vom 22. Juli 1924.

47 Ebd.: Inspektionsbericht vom 18. Februar 1926.

48 Ebd.: Inspektionsbericht vom 15. Mai 1915.

49 V.K. c.30.: No. 1425a, Fall Nüssli: Inspektionsbericht vom 5. Dezember 1917.

50 V.K. c.30.: No. 4905, Fall Jens, Inspektionsbericht vom 25. August 1914.

51 V.K. c.30.: No. 1425a, Fall Nüssli: Inspektionsbericht vom 4. April 1916.

52 Ebd.

53 Ebd.

54 Ebd.: Auszug aus dem Protokoll des Stadtrates vom 21. Juni 1916.

55 Vgl. dazu Donzelot 1979, S. 58.

56 V.K. c.30.: No. 1425a, Fall Nüssli: Informationsbericht vom 10. April 1912.

57 Ebd.: Vormundschaftsbericht vom 19. November 1915.

58 V.K. c.30.: No. 1287b, Fall Bodmer: Inspektionsbericht vom 18. Februar 1926.

59 V.K. c.30.: No. 5665b, Fall Duss: Inspektionsbericht vom 21. März 1914.

60 Ebd.

61 Moser 1916, S. 179.

62 Vgl. ebd., S. 184.

63 Ebd., S. 185.

64 V.K. c.30.: No. 1287b, Fall Bodmer: Inspektionsbericht vom 18. August 1926.

65 V.K. c.30.: No. 225a, Fall Marek: Inspektionsbericht vom 3. Mai 1915.

66 V.K. c.30.: No. 1287b, Fall Bodmer: Inspektionsbericht vom 2. November 1926.

67 Vgl. ebd.: Inspektionsbericht vom 22. Juli 1924.

68 Ebd.: Inspektionsbericht vom 18. August 1926.

69 Vgl. z.B. V.K. c.30.: No. 8736a, Fall Eberhard: Ein durch den Lehrer ausgefüllter Fragebogen vom 30. Juni 1923.

70 V.K. c.30.: No. 5665b, Fall Duss: Brief des Lehrers von Walter Duss an die Amtsvormundschaft vom 20. März 1921.

71 V.K. c.30.: No. 1287b, Fall Bodmer: Inspektionsbericht vom 15. März 1923.

72 Ebd.: Inspektionsbericht vom 19. Februar 1926.

73 V.K. c.30.: No. 1425a, Fall Nüssli: Inspektionsbericht vom 4. April 1916.

74 Ebd.

75 Ebd.: Inspektionsbericht vom 14. April 1916.

76 V.K. c.30.: No. 1287b, Fall Bodmer: Inspektionsbericht vom 31. Juli 1925.

77 Ebd.: Inspektionsbericht vom 18. August 1926.

78 V.K. c.30.: No. 1425a, Fall Nüssli: Brief von Heinrich Nüssli an das Waisenamt und an den Bezirksrat vom 31. März 1916.

79 V.K. c.30.: No. 1287b, Fall Bodmer: Brief der Armenpflege Erlinsbach an den Rechtsanwalt der Familie Flück vom 6. Dezember 1926.

80 Ebd.: Aktennotiz der Amtsvormundschaft vom 11. Februar 1927.

81 Ebd.: Inspektionsbericht vom 21. Dezember 1915.

82 Ebd.: Inspektionsbericht vom 18. August 1926.

83 V.K. c.30.: No. 1425a, Fall Nüssli: Inspektionsbericht vom 21. Dezember 1915.

84 V.K. c.30.: No. 1287b, Fall Bodmer: Aktennotiz der Amtsvormundschaft vom 23. Dezember 1921.

85 V.K. c.30.: No. 5665b, Fall Duss: Erkundigungsbericht vom 2. März 1914. Dass die Inspektionsgehülfinnen auch »argumentierten«, wie Ramsauer darlegt (vgl. Ramsauer 2000, S. 134ff.), konnte in den vorliegenden Fällen nicht rekonstruiert werden. Ich kann auch nicht bestätigen, dass die Berichte der Inspektionsgehülfinnen über die Hausbesuche in indirekter und jene über die Informationsgänge in der Nachbarschaft in direkter Rede geschrieben worden seien (vgl. Ramsauer 2000, S. 140f.).

86 V.K. c.30.: No. 1287b, Fall Bodmer: Inspektionsbericht vom 25. April 1919.

87 Geschäftsakten des Waisenamtes 1910.

88 Vgl. Geschäftsbericht des Stadtrates Zürich 1927, S. 330.

89 Geschäftsbericht des Stadtrates Zürich 1924, S. 283.

90 Geschäftsbericht des Stadtrates Zürich 1928.

91 Vgl. Geschäftsbericht des Stadtrates Zürich 1912, S. 309.

92 Geschäftsbericht des Stadtrates Zürich 1922, S. 302f.

93 Gemäss § 84 Absatz 1 des Einführungsgesetzes zum Schweizerischen Zivilgesetzbuch sei bei der Entmündigung wegen Geisteskrankheit oder Geistesschwäche das Gutachten des Bezirksarztes unter Zuziehung des behandelnden Arztes oder dasjenige eines Arztes einer kantonalen Krankenanstalt einzuholen.

94 V.K. a.04.:41: 1912, No. 4831.

95 V.K. a.04.:41: 1912, No. 6013.

96 Vgl. V.K. c.30.: No. 2122a, Fall Cohn: Psychiatrisches Gutachten über Arne Cohn vom 21. Juli 1918. Alle nachfolgenden Zitate beziehen sich auf dieses Gutachten.

97 Ebd.

98 Ebd.: Aktennotiz der Amtsvormundschaft vom 24. Januar 1918.

99 V.K. c.30.: No. 5665b, Fall Duss: Psychiatrisches Gutachten über Walter Duss vom 5. Juli 1924. Alle nachfolgenden Zitate beziehen sich auf dieses Gutachten.

100 Ebd.: Psychiatrisches Gutachten über Viktor Duss vom 1. Februar 1926.

101 Vgl. V.K. c.30.: No. 2122a, Fall Cohn: Psychiatrisches Gutachten über Arne Cohn vom 21. Juli 1918.

102 Vgl. ebd.   ·

103 Vgl. ebd. sowie V.K. c.30.: No. 225a, Fall Marek.

104 V.K. c.30.: No. 5665b, Fall Duss: Psychiatrisches Gutachten über Walter Duss vom 5. Juli 1924 sowie ebd.: Psychiatrisches Gutachten über Viktor Duss vom 1. Februar 1926.

105 V.K. c.30.: No. 2122a, Fall Cohn: Psychiatrisches Gutachten über Arne Cohn vom 21. Juli 1918.

106 Ramsauer 2000, S. 230.

107 V.K. c.30.: No. 2122a, Fall Cohn: Psychiatrisches Gutachten über Arne Cohn vom 21. Juli 1918.

108 Vgl. ebd.: Protokoll des Bezirksgerichts Zürich, II. Abteilung, vom 18. September 1918.

109 V.K. c.30.: No. 225a, Fall Marek: Brief der Amtsvormundschaft an die Freiweilligen- und Einwohnerarmenpflege vom 12. Mai 1916.

110 Ebd.: Verfügung der Staatsanwaltschaft Zürich vom 9. August 1916.

111 Vgl. ebd.: Aktennotiz der Amtsvormundschaft vom September 1914 in Bezugnahme auf das psychiatrische Gutachten vom 14. Juli 1914.

112 Ebd.: Verfügung der Staatsanwaltschaft Zürich vom 9. August 1916. Der Begriff der »Unverbesserlichkeit« wurde von Moritz Tramer, dem ehemaligen Psychiater der Vormundschaftsbehörde, heftig kritisiert. Er schlug »vom Standpunkt des Psychologen und Psychiaters«, 15 Jahre nach Bleulers Urteil vor, dass nicht eine Einzelpersönlichkeit alleine entscheiden sollte, ob der Betreffende unverbesserlich sei oder nicht, sondern ein Kollegium von Fachleuten dies tun sollte. Schließlich handle es sich ja dabei um »das moralische Todesurteil eines Menschen« und dieses sollte nicht in die Hand einer einzigen Persönlichkeit gelegt werden (vgl. Tramer 1930, S. 91f.).

113 V.K. c.30.: No. 225a, Fall Marek: Verfügung der Staatsanwaltschaft Zürich vom 9. August 1916.

114 Vgl. Ramsauer 2000.

115 V.K. c.30.: No. 225a, Fall Marek: Brief der Amtsvormundschaft an die Kreisschulpflege 7 vom 23. März 1916.

116 Vgl. Erismann 1922; zit. in: Maier 1926, S. 77.

117 Die »Stephansburg« wurde umgebaut: Es wurde ein Wachsaal mit dicken, unzerschlagbaren Fenstern eingerichtet sowie ein Bad, das für die Dauerwarmwasserbehandlung geeignet war. Im Parterre des Hauses war das Zimmer des Pädagogen, der Speisesaal und zugleich Unterrichtsraum. In der mittleren Etage lag der Wachsaal mit drei kleinen Nebenräumen und

dem Bad. Im Dachstock befanden sich das Zimmer des Arztes und der Pflegerinnen sowie der Schlafsaal der Knaben.

118 Vgl. Sidler/Moos 1928, S. 75.

119 Vgl. ebd., S. 78.

120 Vgl. ebd., S. 76.

121 Vgl. ebd.

122 Vgl. Roelcke 1999, S. 196.

123 Vgl. Huonker 2003.

124 V.K. c.30.: No. 5665b, Fall Duss: Brief der Amtsvormundschaft an die Freiwilligen- und Einwohnerarmenpflege vom 10. Juli 1924.

125 Vgl. Geschäftsbericht des Stadtrates Zürich 1926, S. 315

126 Geschäftsbericht des Stadtrates Zürich 1922, S. 301.

127 Vgl. Geschäftsbericht des Stadtrates Zürich 1909, S. 303.

128 Vgl. Geschäftsbericht des Stadtrates Zürich 1913, S. 319. Nicht nur bei Familien, sondern auch bei Einzelpersonen wurde das System der Kontrolle eingeführt, z.B. bei Trunksüchtigen und solchen Personen, die einer ausschweifenden Lebensweise verdächtig waren (vgl. Geschäftsbericht des Stadtrates Zürich 1914, S. 314).

129 V.K. c.30.: No. 1287b, Fall Bodmer: Brief der Freiwilligen- und Einwohnerarmenpflege an die Amtsvormundschaft vom 16. Mai 1919.

130 Vgl. Geschäftsbericht des Stadtrates Zürich 1912, S. 309.

131 V.K. c.30.: No. 5665b, Fall Duss: Auszug aus dem Protokoll des Waisenamtes vom 28. März 1914.

132 Vgl. ebd.

133 Ebd.: Auszug aus dem Protokoll des Waisenamtes vom 24. März 1921.

134 Vgl. Geschäftsbericht des Stadtrates Zürich 1925, S. 281.

135 Vgl. Tabelle 2.

136 V.K. c.30.: No. 1425a, Fall Nüssli: Antrag der Amtsvormundschaft an das Waisenamt vom 23. März 1914.

137 Ebd.: Auszug aus dem Protokoll des Waisenamtes vom 2. Mai 1913.

138 V.K. c.30.: No. 5665b, Fall Duss: Brief der Amtsvormundschaft an die Versorgungskommission vom März 1926.

139 V.K. c.30.: No. 8736a, Fall Eberhard: Brief der Amtsvormundschaft an das Maison de Relèvement de L'armée du Salut vom 19. Juli 1923.

140 V.K. c.30.: No. 1425a, Fall Nüssli: Infomationsbericht der Freiwilligen und Einwohnerarmenpflege vom 19. März 1913.

141 Ebd.: Aus dem Protokoll des Bezirksrates vom April 1908.

142 Ebd.: Aktennotiz der Waisenräte vom 30. April 1913.

143 V.K. c.30.: No. 5665b, Fall Duss: Aktennotiz der Amtsvormundschaft vom 9. Januar 1930.

144 V.K. c.30.: No. 1287b, Fall Bodmer: Amtsvormundschaft an die Freiwilli-
ge- & Einwohnerarmenpflege vom 1. November 1926.

145 Vgl. Hinder 1918, S. 22.

146 Vgl. Mitteilungen des Schweizerischen Bauernsekretariates 1907, S. 55.

147 Vgl. Mitteilungen des Schweizerischen Bauernsekretariates 1912, S. 7.

148 Vgl. ebd., S. 8.

149 Vgl. Tabelle 4.

150 V.K. c.30.: No. 1425a, Fall Nüssli: Brief der Freiwilligen- und Einwohnerarmenpflege an die Amtsvormundschaft vom 23. September 1913.

151 Vgl. V.K. a.04.:109: 1925, No. 8272.

152 Vgl. V.K. a.04.:110: 1925, No. 8744.

153 Vgl. V.K. c.30.: No. 1425a, Fall Nüssli; V.K. c.30.: No. 5665b, Fall Duss;
V.K. c.30.: No. 2122a, Fall Cohn; V.K. c.30.: No. 1287b, Fall Bodmer;
V.K. c.30.: No. 8736a, Fall Eberhard.

154 V.K. c.30.: No. 1425a, Fall Nüssli: Brief der Amtsvormundschaft an die
Armenpflege Höngg vom 13. August 1915.

155 V.K. c.30.: No. 5665b, Fall Duss (Viktor): Auszug aus dem Protokoll der
Pestalozzihauskommission vom 6. Juli 1926.

156 V.K. c.30.: No. 1425a, Fall Nüssli: Brief von Heinrich Nüssli an die Amtsvormundschaft vom 22. Juni 1913.

157 Ebd.: Aktennotiz der Amtsvormundschaft vom 22. September 1914.

158 Vgl. Hinder 1918.

159 Darin wurden erhoben: Familienbestand, Beruf, Alter, Konfession, Leumund, Arbeitsamkeit, Sparsamkeit, Friedfertigkeit, Dienstfertigkeit, Gesittung, Hausordnung, Reinlichkeit, Konsequenz, Energie, ökonomische Verhältnisse, Kost, Arbeitsmenge, Erziehung der eigenen Kinder, Lebensstellung erwachsener Kinder, Erfolg allfälliger früherer Pflegeverhältnisse.
Die Beurteilungen widersprachen sich dabei oft in den wichtigsten Punk-
ten.

160 Vgl. V.K. c.30.: No. 5665b, Fall Duss: Brief der Amtsvormundschaft, Abteilung Stellenvermittlung, an die Gemeindekanzlei Curtilles vom 23. April
1923. Im Erhebungsbogen der Armenpflege wurden zusätzlich erhoben:
Sparsamkeit, Friedfertigkeit, Dienstfertigkeit, Gesittung, Konsequenz,
Energie, Kost, Arbeitsmenge und die Lebensstellung erwachsener Kinder.
Die Beurteilungen widersprachen sich dabei oft in den wichtigsten Punk-
ten.

161 V.K. c.30.: No. 1287b, Fall Bodmer: Brief der Amtsvormundschaft an die
Freiwilligen- und Einwohnerarmenpflege vom 16. September 1926.

162 Ebd.: Brief der Armenpflege Erlinsbach an den Rechtsanwalt der Familie
Flück-Bodmer vom 6. Dezember 1926.

163 Vgl. ebd.: Brief der Amtsvormundschaft an den Armenerziehungsverein des Bezirks Aarau vom 31. Dezember 1928.

164 Vgl. z.B. den Besuch von Amtsvormund Hans Grob bei Elisabeth Nüssli in Chur am 15. Juli 1919, den Besuch von Amtsvormund Robert Schneider bei Friedrich Duss in Bern im Oktober 1921, den Besuch von Amtsvormund Robert Schneider bei Hans Duss in Bern am 24. April 1925, die Besuche von Amtsvormund Robert Schneider bei Walter Duss in der Erziehungsanstalt Aarburg vom 2. Juli 1925, 2. Oktober 1925, 8. Oktober 1926, den Besuch von Amtsvormund Hans Oprecht bei Walter Duss in Prévodins près Curtilles am 8. August 1923, die Besuche von Amtsvormund Konrad Schulthess bei Anna Bodmer in Aarau vom 1. Februar 1927, 20. Juli 1927, 16. März 1928 und 2. November 1928.

Anmerkungen zehntes Kapitel

1 V.K. c.30.: No. 1425a, Fall Nüssli: Brief von Heinrich Nüssli (»Die Leiden der Elisabeth Nüssli, geb. 1899«) an das Waisenamt und den Bezirksrat vom 25. März 1916.

2 Vgl. V.K. a.04.:40: 1912; No. 3680.

3 Geschäftsbericht des Stadtrates Zürich, 1913, S. 324.

4 Vgl. V.K. c.30.: No. 1425a, Fall Nüssli: Aus dem Protokoll des Regierungsrates vom 16. Dezember 1916.

5 Ebd.: Brief der Amtsvormundschaft an das Kantonale Polizeikommando Zürich vom 20. Juli 1917.

6 Ebd.: Inspektionsbericht vom 5. November 1917.

7 Ebd.: Inspektionsbericht vom 20. September 1913.

8 Ebd.

9 Ebd.: Aktennotiz der Waisenräte vom 12 Juli 1913.

10 Ebd.: Brief der Amtsvormundschaft an das Archiv Deutscher Berufsvormünder in Frankfurt am Main vom 18. August 1916.

11 Ebd.: Einvernahme von Ernst Nüssli auf der Amtsvormundschaft vom 2. November 1914.

12 Ebd.: 1. Vormundschaftsbericht vom 19. November 1915.

13 V.K. c.30.: No. 5665b, Fall Duss: Psychiatrisches Gutachten über Walter Duss vom 5. Juli 1924.

14 Ebd.: Inspektionsbericht vom 24. Oktober 1924. Oder: »Bei seinen Pflegeeltern schmiedet er Entwicklungspläne, trotzdem seine zwei ersten Fluchtversuche ein klägliches Ende nehmen.« (ebd.: Psychiatrisches Gutachten über Walter Duss vom 5. Juli 1924).

15 Ebd.: »Auf der Flucht«, geschrieben von Walter Duss am 11. Oktober 19125.

16 V.K. c.30.: No. 8736a, Fall Eberhard: Brief von Manfred Eberhard an die Amtsvormundschaft vom 5. November 1925.

17 V.K. c.30.: No. 1425a, Fall Nüssli: Brief von Heinrich Nüssli an das Waisenamt und an den Bezirksrat vom 31. März 1916.

18 V.K. c.30.: No. 8736a, Fall Eberhard: Brief von Manfred Eberhard an die Amtsvormundschaft vom 5. November 1925.

19 V.K. c.30.: No. 1425a, Fall Nüssli: Brief von Heinrich Nüssli an Stadtrat Paul Pflüger vom 24. August 1913.

20 V.K. c.30.: No. 1287b, Fall Bodmer: Brief von Heinrich Nüssli an Amtsvormund Dr. Grob vom 26. Juli 1915.

21 V.K. c.30.: No. 8736a, Fall Eberhard: Brief von Manfred Eberhard an die Amtsvormundschaft vom 7. Februar 1926.

22 Ebd.: Brief von Manfred Eberhard an die Amtsvormundschaft vom 18. April 1926.

23 V.K. c.30.: No. 1425a, Fall Nüssli: Brief von Heinrich Nüssli an das Waisenamt und an den Bezirksrat vom 25. März 1916.

24 V.K. c.30.: No. 1287b, Fall Bodmer: Brief von Rosmarie Keller an die Amtsvormundschaft vom 9. August 1926.

25 Vgl. ebd.: Brief der Amtsvormundschaft an den Armenerziehungsverein des Bezirks Aarau vom 2. September 1927.

26 Ebd.: 6. Vormundschaftsbericht vom 27. Januar 1928.

27 Vgl. ebd.: Verfügung der Direktion der Justiz des Kantons Zürich vom 29. August 1928.

28 Vgl. ebd.

29 Vgl. ebd.

30 V.K. c.30.: No. 1425a, Fall Nüssli: Aus dem Protokoll des Bezirksrates Zürich vom 10. Juli 1913.

31 Ebd.

32 Ebd.: Brief des Waisenamtes an die Amtsvormundschaft und den Bezirksrat vom 4. Februar 1916.

33 Ebd.: Brief von Robert Nüssli an seinen Amtsvormund, Dr. Grob, vom 10. Juli 1917.

34 V.K. c.30.: No. 5665b, Fall Duss: Brief von Walter Duss an seine Tante und Pflegemutter, Frau Bruggisser, vom 14. Juli 1928.

35 Ebd.: Brief von Walter Duss an seinen Amtsvormund, Dr. Schneider, vom 14. Februar 1926.

36 Ebd.: Brief der Amtsvormundschaft an den Direktor der Erziehungsanstalt Aarburg vom 2. März 1926.

37 V.K. a.04.:136: 1927, No. 8325.

38 Vgl. V.K. a.04.:54: 1916, No. 481.

39 Vgl. Geschäftsbericht des Stadtrates Zürich 1913, S. 324.

40 V.K. a.04.:105: 1925, No. 5280.

41 Vgl. ebd.

42 In der durchgeführten Untersuchung gab Amtsvormund Kaiser die angeführten Tatsachen als richtig an. Er bestritt lediglich, dass sein Verhältnis zu
Frau Egli (nun Grob, geschiedene Egli) ein intimes und ehebrecherisches
gewesen sei, und dass er das Verhältnis ohne Willen und Wissen des Ehemannes gepflegt habe. In der Einvernahme bestritt Emil Kaiser dezidiert,
während der Bürozeit bei Frau Egli gewesen zu sein, bezichtigte die Zeugen der Unwahrheit und bestritt, dass er vom I. Amtsvormund Dr. Schiller
verwarnt oder ermahnt worden sei. Bei der Gegenüberstellung mit den
Zeugen musste Kaiser bei der Einvernahme der ersten Zeugin zurechtgewiesen werden, weil er die betreffende anfuhr und sie, so das Protokoll,
einzuschüchtern versuchte. Bei diesen Einvernahmen von Angesicht zu
Angesicht habe Amtsvormund Kaiser die Besuche während der Bürozeit
zugegeben und habe sich auch plötzlich wieder erinnert, von seiner Gehilfin mit Frau Egli getroffen worden zu sein (vgl. V.K. a.04.:77: 1921, No.
9924a).

43 Das ganze Verhalten von Amtsvormund Kaiser spreche schlicht dagegen.
Die Häufigkeit der Besuche bei Frau Egli in und nach der Bürozeit, das
Vorsprechen bei gelegentlichen Ausgängen in der Stadt, das Beratenlassen
bei Einkäufen durch Frau Egli, der Zuruf sentimentaler Verse und Klagen
auf Postkarten nebst dem andern eingangs erwähnten Verhalten, dürften
kaum eine Erklärung in einem freundschaftlichen Verkehr finden (vgl. V.K.
a.04.:77: 1921, No. 9924a).

44 Das Bezirksgericht plädierte auf eine schwere Amts- und Dienstpflichtver-
letzung, die zu seiner sofortigen Entlassung berechtigte. Zugleich trat Art.
384, Abs. 2 des Schweizerischen Zivilgesetzbuches in Kraft, wonach zum
Amte eines Vormundes nicht wählbar sei, wer einen unehrenhaften Lebenswandel führe sowie Art. 455, wonach die Enthebung von seinem Amte
zu erfolgen habe, wenn er eine Handlung begehe, die ihn der Vertrauensstellung als unwürdig erscheinen lasse (vgl. V.K. a.04.:77: 1921, No.
9924a).

45 Vgl. V.K. a.04.:77: 1921, No. 9924a.

46 Auszug aus dem Protokoll des Stadtrates Zürich vom 29. August 1919, No.
1671.

47 Der Beschluss wurde gefällt aufgrund einer Mehrheit (bestehend aus dem
Stadtpräsidenten Paul Pflüger und den Stadträten Bosshardt, Kern, Kruck

und Streuli), entgegen dem Minderheitsantrag (bestehend aus den Stadträten Klöti und Lang), die Amtsvormund Dr. Hans Grob nur ins provisorische Anstellungsverhältnis versetzen wollten) und unter Stimmenthaltung von Stadtrat Traber.

48   Dies waren Sekretär Dr. L. Wille, die Kanzlisten Hans Brütsch, Karl Straub und Fritz Zenger bei der Vormundschaftsbehörde, Berufsberater Graf, sein Gehilfen Ferdinand Böhny und die Kassengehilfin Frau Förtsch-Rüegg bei der Amtsvormundschaft.

49   Die Vormundschaftsbehörde beschloss, in Achtung des Beschlusses des Bezirksrats Zürich, bestätigt durch den Beschluss des Regierungsrats, Amtsvormund Dr. Grob, Sekretär Dr. Wille, die Kanzlisten Brütsch und Zenger, den Gehilfen Böhny und die Kanzleigehilfin Förtsch wegen Teilnahme am Generalstreik vom August 1919 mit einer Ordnungsbusse von Fr. 15.– zu belegen und ihnen für den Fall der Wiederholung die Entlassung anzudrohen. Amtsvormund Dr. Grob wurde zudem ins provisorische Anstellungsverhältnis versetzt und seine nächste ordentliche Gehaltsaufbesserung wurde sistiert (vgl. Geschäftsbericht des Stadtrates Zürich 1929). Amtsvormund Dr. Hans Grob trat übrigens am 1. April 1929 zurück und wechselte im neu geschaffenen Wohlfahrtsamt von der Vormundschaftsabteilung als leitender Sekretär in den Bereich der »freiwilligen fürsorglichen Hilfe zugunsten aller minderjährigen Personen« (Jugendamt IIIa).

50   V.K. c.30.: No. 1425a, Fall Nüssli: Antrag der Amtsvormundschaft an das Waisenamt vom 7. August 1914.

51   Ebd.: Aktennotiz der Waisenräte vom 10. August 1914. Unter diesen Kommentar schreibt Waisenrat Klauser: »Dr. Grob sagt nicht ›nie‹ sondern ›auf unabsehbare Zeit‹. In Anbetracht der Verhältnisse scheint mir dieser Ausdruck nicht zu weitgehend zu sein. Ein länger andauerndes Nichteintreten sind wir auch dem heimatlichen Höngg schuldig.« Waisenrat Manz schreibt daraufhin darunter: »›Unabsehbar‹ ist ›nie‹. Ich meine mit Coradi, man sollte dies nicht sagen.

52   Ebd.: Auszug aus dem Protokoll des Waisenamtes vom 27. November 1914.

53   Ebd.: Brief der Amtsvormundschaft an das Waisenamt vom 29. April 1915.

54   Ebd.: Aktennotiz der Waisenräte vom 3. Mai 1915.

55   V.K. a.04.:152: 1929, No. 711.

56   Ebd.

57   V.K. c.30.: No. 8736a, Fall Eberhard: Brief von Linda Eberhard an ihren Amtsvormund, Dr. Oprecht, vom 13. Februar 1925.

58   Ebd.: Brief von Linda Eberhard an ihre Eltern vom 18. März 1925.

59 V.K. c.30.: No. 2122a, Fall Cohn: Aktennotiz der Amtsvormundschaft vom 13. April 1918.

60 V.K. c.30.: No. 1425a, Fall Nüssli: Inspektionsbericht vom 29. Dezember 1915.

61 Vgl. Donzelot 1979, S. 39.

62 V.K. c.30.: No. 1425a, Fall Nüssli: Brief von Heinrich Nüssli an die Amtsvormundschaft vom 26. Juli 1915.

63 Vgl. Vgl. V.K. c.30.: No. 8736a, Fall Eberhard.

64 V.K. c.30.: No. 1287b, Fall Bodmer: Brief von Rosmarie Keller-Bodmer an Amtsvormund Dr. Konrad Schulthess vom 9. August 1926.

65 V.K. c.30.: No. 1425a, Fall Nüssli: Inspektionsbericht vom 27. Februar 1914.

66 Ebd.: Brief von Heinrich Nüssli jun. an Stadtrat Paul Pflüger vom 19. Januar 1918.

67 Ebd.: Brief von Heinrich Nüssli jun. an Stadtrat Paul Pflüger vom 6. Februar 1918.

68 V.K. c.30.: No. 5665b, Fall Duss: Beistandschaftsbericht vom 27. März 1929.

69 Ebd.: Aktennotiz der Amtsvormundschaft vom 25. Mai 1925.

70 Ebd.: Brief von Walter Duss an seine Tante und Pflegemutter, Frau Bruggisser, vom 14. Juli 1928.

71 Ebd.: Psychiatrisches Gutachten über Walter Duss vom 5. Juli 1924. Oder: »Nachträglich hatte er nur ein freches Lachen für sein Benehmen.« (ebd.).

72 V.K. c.30.: No. 2122a, Fall Cohn: Psychiatrisches Gutachten über Arne Cohn vom 21. Juli 1918. Oder: »Arne Cohn macht keinen guten Eindruck – moquantes Lächeln.« (ebd.: Aktennotiz der Amtsvormundschaft vom 24. Januar 1918)

73 Ebd.: Psychiatrisches Gutachten über Arne Cohn vom 21. Juli 1918.

74 Ebd.

75 V.K. c.30.: No. 5665b, Fall Duss: Psychiatrisches Gutachten über Walter Duss vom 5. Juli 1924. Oder: »Duss hatte in Gegenwart dieser Herrn im Gegensatz zum Vortage einen Stupor und rückte gar nicht mit der Sprache heraus. Sein Lachen konnte er aber auch hier nicht unterdrücken.« (ebd.)

76 V.K. c.30.: No. 1425a, Fall Nüssli: Telefonnotiz der Amtsvormundschaft vom 16. Mai 1913.

77 Ebd.: Brief von Herrn Kuhn, Pflegevater der Elisabeth Nüssli, an die Amtsvormundschaft vom 21. Mai 1913.

78 Ebd.: Brief von Frau Kuhn an Elisabeth Nüssli vom 18 Juli 1913.

79 Ebd.: Inspektionsbericht vom 27 Februar 1914.

80 Ebd.: Brief von Elisabeth Nüssli an Herrn und Frau Dr. Grob vom 22. März 1914.

81 Ebd.: Brief von Frau Forster an die Amtsvormundschaft vom 13. April 1914.

82 Ebd.: Brief von Elisabeth Nüssli an Herrn und Frau Dr. Grob vom 5. April 1914.

83 Ebd.: Brief von Elisabeth Nüssli an Herrn und Frau Dr. Grob vom 5. Juni 1914.

84 Ebd.: Brief von Frau L. Grob-Schwyzer, Inspektionsgehilfin (und Frau von Dr. Hans Grob) an Elisabeth Nüssli vom 6. Mai 1914.

85 Ebd.: Brief der Amtsvormundschaft an Frau Brändli vom 26. August 1914.

86 Ebd.: Inspektionsbericht vom 26. März 1915.

87 Ebd.: Brief der Amtsvormundschaft an die Vormundschaftsbehörde vom 29. April 1915.

88 Ebd.: Aktennotiz der Amtsvormundschaft vom 19. Januar 1916.

89 Ebd.: Brief der Amtsvormundschaft an die Armenpflege Höngg vom 12 Juli 1916.

90 Ebd.: Brief von Elisabeth Nüssli an ihren Amtsvormund, Dr. Hans Grob, vom 30. Juli 1916.

91 Ebd.: Brief der Armenpflege Höngg an Frau Nüssli vom 17. Januar 1917.

92 Ebd.: Brief der Polizei-Verwaltung Bitterfeld an die Amtsvormundschaft der Stadt Zürich vom 16. März 1917.

93 Ebd.: Brief des Polizeikommandos des Kantons Zürich vom 26. April 1917.

94 Ebd.: Brief von Elisabeth Nüssli an das Waisenamt der Stadt Zürich vom 30. Mai 1917.

95 Ebd.: Vertrag zwischen der Direktion des Mädchenheims Emmenhof und Dr. Grob, Vormund der Elisabeth Nüssli, vom 11. Juli 1916.

96 Ebd.: Brief des Arbeiterinnenheims Derendingen an die Amtsvormundschaft vom 18. Juni 1917.

97 Ebd.: Brief von Robert Nüssli an seinen Amtsvormund, Dr. Grob, vom 10. Juli 1917.

98 Ebd.: Brief der Amtsvormundschaft an das Kantonale Polizeikommando Zürich vom 20. Juli 1917.

99 Ebd.: Brief von Elisabeth Nüssli an ihren Amtsvormund, Dr. Grob, vom 19. November 1917.

100 Ebd.: Inspektionsbericht vom 23. September 1917

101 Ebd.: Brief der Amtsvormundschaft an Robert Nüssli vom 20. Juni 1917.

102 Ebd.: Brief von Robert Nüssli an seinen Amtsvormund, Dr. Hans Grob, vom 22. Juni 1917 (Hervorhebungen im Original).

103 Ebd.: Inspektionsbericht vom 16. Mai 1914.

104 Ebd.: Inspektionsbericht vom 11. Dezember 1915.

105 V.K. c.30.: No. 1287b, Fall Bodmer: Brief von Rosmarie Keller-Bodmer an Amtsvormund Dr. Konrad Schulthess vom 9. August 1926.

106 Ebd.: Beurkundung des Kriminalgerichts des Kantons Aargau vom 18. März 1929.

107 Ebd.: 7. Vormundschaftsbericht vom 1. März 1929.

108 Vgl. ebd.

109 Vgl. ebd.: Beurkundung des Kriminalgerichts des Kantons Aargau vom 18. März 1929.

110 V.K. a.04.:41: 1912, No. 6013.

111 V.K. c.30.: No. 2122a, Fall Cohn: Brief des Amtsvormundes Dr. Büchi an Arne Cohn vom 29. Februar 1928.

112 Ebd.: Brief von Arne Cohn an Amtsvormund Dr. Büchi vom 11. März 1928.

113 Ebd.: Brief des Amtsvormundes Dr. Büchi an Arne Cohn vom 13. April 1928.

114 Ebd.: Brief von Arne Cohn an Amtsvormund Dr. Büchi vom 22. April 1928.

115 Ebd.: Brief des Amtsvormundes Dr. Büchi an Arne Cohn vom 13. April 1928.

116 Ebd.: Brief von Hanna Kallas an Amtsvormund Dr. Büchi vom 9. Juli 1928.

117 Ebd.: Brief des Amtsvormundes Dr. Büchi an Hanna Kallas (Hanna Andresen) vom 28. November 1928.

118 Deleuze 1996, S. 19.

119 Vgl. Foucault 1987, S. 246f.

120 V.K. c.30.: No. 1425a, Fall Nüssli: Brief von Robert Nüssli an seinen Amtsvormund, Dr. Grob, vom 10. Juli 1917.

121 Ebd.: Auszug aus dem Protokoll des Waisenamtes vom 27. November 1914.

Anmerkungen elftes Kapitel

1 Zürcher 1908, S. 562, in einem Diskussionsbeitrag am ersten Schweizerischen Informationskurs für Jugendfürsorge.

2 Donzelot 1979, S. 104.

3 Vgl. ebd., S. 104.

4 Vgl. ebd., S. 104f.

5 V.K. c.30.: No. 1425a, Fall Nüssli: Brief der Amtsvormundschaft an das Waisenamt vom 7. August 1914.

6 Ebd.: Aus den Protokollauszügen der Gemeinde Höngg vom 23. Oktober 1912.

7 V.K. c.30.: No. 1287b, Fall Bodmer: Aktennotiz der Amtsvormundschaft vom 7. November 1923.

8 V.K. c.30.: No. 1425a, Fall Nüssli: Aus dem Protokoll des Regierungsrates vom 16. Dezember 1916.

9 V.K. c.30.: No. 1287b, Fall Bodmer: Inspektionsbericht vom 22. Juli 1924.

10 V.K. c.30.: No. 8736a, Fall Eberhard: Auszug aus dem Protokoll des Waisenamtes vom 15. Juni 1923.

11 V.K. c.30.: No. 2122a, Fall Cohn: Aktennotiz der Amtsvormundschaft vom 13. April 1918.

12 V.K. c.30.: No. 5665b, Fall Duss: Auszug aus dem Protokoll des Waisenamtes vom 24. März 1921.

13 Vgl. Donzelot 1979, S. 103f.

14 Bosshard 1911, S. 374.

15 Vgl. Donzelot 1979.

16 Vgl. Foucault 2000, S. 60f.

17 Vgl. ebd.

18 Stauber 1907, S. 389.

19 Ebd., S. 389.

20 Vgl. Somazzi 1925, S. 67.

21 Somazzi 1925, S. 67.

22 Coradi-Stahl/Eberhard 1908, S. 152. Vgl. zur »Selbsterziehung« auch: »Wir sind so viel Erzieher, als wir bestrebt sind zur Selbsterziehung.« (Hanselmann 1927, S. 235). »Der Jugendliche muss das Leben aus sich selbst heraus bauen können.« (Schälchlin 1927). Vgl. auch Hanselmann 1927; Jucker 1925; Richter-Bienz 1914.

23 Vgl. Jucker 1923, S. 205.

24 Klinke 1919, S. 9.

25 Vgl. Ramsauer 2001, S. 10 sowie Uhlendorff 2001a, S. 45f.

26 Vgl. Ramsauer 2000, S. 287.

27 Vgl. Foucault 1994a, S. 259.

28 Vgl. Ramsauer 2000 und 2001.

29 Vgl. Ramsauer 2000, S. 229.

30 Ramsauer 2001, S. 10.

31 Vgl. dazu Kapitel 6.

32 Uhlendorff 2001a, S. 48.

33 »Es ist hier erneut dem Wunsch Ausdruck zu geben, dass die Eltern ge-
    fährdeter Kinder immer mehr einsehen lernten, dass die Fürsorgeabteilung
    nur dem Wohle ihrer eigenen Kinder dienen will und deshalb ihre volle
    Unterstützung verdient.« (Geschäftsbericht des Stadtrates Zürich 1927, S.
    337)

34 Vgl. Geschäftsbericht des Stadtrates Zürich 1926, S. 319.

35 Geschäftsbericht des Stadtrates Zürich 1925, S. 288.

36 Vgl. Gräser 2001, S. 617.

37 Vgl. Foucault 1993, S. 7.

38 Vgl. Lemke/Krasmann/Brökling 2000, S. 13.

39 Vgl. Statistisches Bureau des eidgenössischen Departementes des Innern
    1897 und 1900 (Lieferungen 114 und 123 der Schweizerischen Statistik).

40 Vgl. Foucault 1993, S. 8ff. sowie Lemke/Krasmann/Brökling 2000, S. 13.

41 Jucker 1923, S. 206.

42 Hark 1999, S. 74.

43 Gonzenbach 1927b, S. 16 (Hervorhebungen im Original).

44 Vgl. Foucault 1999, S. 284.

45 Vgl. Foucault 1978, S. 119f.

46 Vgl. Dauk 1989, S. 129.

47 Peukert 1989a, S. 104.

48 Vgl. Gräser 1995, S. 163.

49 Peukert 1986, S. 295.

50 Vgl. Gräser 1995, S. 164.

51 Bleuler-Waser 1908, S. 661.

52 Zollinger 1908b, S. 683.

53 Vgl. Schmidt 2002, S. 286f.

54 Ebd., S. 287.

55 Vgl. V.K. a.: 4:79: 1922, No. 3141. Dr. Grob wurde beurlaubt, damit er den
    Süddeutschen Hochschulkurs für Jugendfürsorge an der Universität Tübin-
    gen für die Zeit vom 18.–30. April 1922 besuchen konnte.

56 Kantonales Jugendamt und Bezirksjugendkommissionen 1938, S. 7f.

57 1930 wurden fünf der elf Sekretariate nebenamtlich geleitet; 1938 waren
    alle hauptamtlich besetzt (vgl. Kantonales Jugendamt und Bezirksjugend-
    kommissionen 1930, 1938).

58 Vgl. Geschäftsbericht des Stadtrates Zürich 1929.

59 Vgl. Schweizerische Landesausstellung 1939, Band 1, S. 149 sowie Mey-
    enburg 1939.

60 Vgl. Schweizerische Landesausstellung 1939, Band 1, S. 143.

61 Vgl. Baron/Landwehr 1989, S. 145. Die Umkehr im Beschäftigungsver-
    hältnis zwischen Frauen und Männern sei eingeleitet worden durch den 1.

Weltkrieg (vgl. ebd., S. 143). Zur Sozialen Arbeit als Frauenberuf vgl. auch Hering/Münchmeier 2000, S. 48ff.

62 Vgl. Ramsauer 2000, S. 285. Ramsauer klärt jedoch nicht, was sie unter Professionalisierung versteht. Jedenfalls bezeichnet sie mit diesem Begriff den Prozess der Verberuflichung und vermag damit nicht an aktuelle professions- und professionalisierungstheoretische Überlegungen anzuschließen. Nur deshalb kann sie Prozesse der Bürokratisierung und Professionalisierung ungehindert nebeneinander stehen lassen. In aktuellen professionalisierungstheoretischen Überlegungen wird deutlich, dass die bürokratische Handlungslogik die Professionalisierung verhindert bzw. zumindest erschwert (vgl. z.B. Oevermann 1996).

63 Zur Erforschung der Verknüpfung von Geschlechter- und Berufsproblematik vgl. z.B. Backes 1987; Zeller 1987; Dammer 1988; Lange-Appel 1993; Ruf 1994.

64 Vgl. Sachße 1993, S. 40.

65 Vgl. ebd., S. 36f.

66 Vgl. Baron/Landwehr 1989, S. 149.

67 Im Rahmen der Schweizerischen und zürcherischen Tagungen und Kongresse von 1908–1937 waren es 17.8 % (vgl. Tabellen 6a und 7).

68 Moser 1986, S. 114.

69 Vgl. Winkler 1997, S. 55.

70 Vgl. ebd., S. 56.

71 Vgl. Hamburger 1995, S. 21. Hamburger verweist hier auf: »Gerechtigkeit und Selbstverwirklichung. Moralprobleme im sozialpädagogischen Handeln« (Müller/Thiersch 1990); »Sicherheit und Freiheit. Zur Ethik des Wohlfahrtsstaates« (Sachsse/Engelhardt 1990); »Advokatorische Ethik. Zur Legitimation pädagogischer Eingriffe« (Brumlik 1992); »Die herausgeforderte Moral. Lebensbewältigung und Erziehung in sozialer Arbeit« (Rauschenbach/Thiersch 1987). Hamburgers Artikel »Zeitdiagnose zur Theoriediskussion« (1995) ist meines Erachtens ein Beispiel von »Reflexion der Reflexion«, die hinter der Reflexion ersten Grades zurückbleibt. Die Theoriediskussion wird polemisch-unsachgemäss »aufgearbeitet«, Probleme der Theoriebildung werden unter den Tisch gewischt bzw. als gelöst erklärt, letztlich als solche also gar nicht erkannt, weshalb weder die bestehenden Gehalte, noch die Linien zur Fortsetzung theoretischer Begründungen der Sozialpädagogik markiert werden können.

72 Vgl. Foucault 1996, S. 118ff.

73 Vgl. Foucault 1994a, S. 255.

74 Vgl. z.B. Graf 1996, S. 201.

Anmerkungen zum Anhang

1 Nur die beiden Fälle »Toni Marek« und »Ilse Jens« sind vollständig abgebildet.
2 Die Sichtung dieser »Bewerbungen« ist eine eigene Untersuchung wert.
3 Diese Stellen sind mit (…) gekennzeichnet.
4 V.K. a.04.:152: 1929, No. 711.
5 Ebd.
6 Lienert 1904.

Harald Fasching (Hrsg.) / Reingard Lange (Hrsg.)

sozial managen

Grundlagen und Positionen des Sozialmanagements zwischen Bewahren und
radikalem Verändern

2005. 511 Seiten, 91 Abbildungen, 2 Tabellen,
kartoniert
CHF 73.– / € 48.50
ISBN 3-258-06814-3

Eine Zusammenstellung praxisrelevanter Grundlagen und Methoden des Sozialmanagements – auf der Grundlage von zwanzig Jahren Erfahrung der Wiener Akademie für Sozialmanagement. Ziel der Autorinnen und Autoren ist es, Leiter/innen von sozialen Einrichtungen und von Gesundheits- und Bildungsorganisationen bei der Konzeption der Angebote, bei der Leitung und Optimierung ihrer Einrichtung, beim Finden, Fördern und Herausfordern ihrer Mitarbeitenden und bei der Selbstentwicklung als Führungskraft zu unterstützen. Die Beiträge decken alle relevanten Führungsaufgaben des Sozialmanagements ab. Sie enthalten einen Grundlagenteil zum Weiter-denken und konkrete Werkzeuge zur Umsetzung. – Das Buch eignet sich hervorragend als Lehrbuch für angehende Sozialmanagerinnen und Sozi-almanager, es bietet aber auch erfahrenen Praktikerinnen und Praktikern wertvolle Unterstützung.

Autorinnen und Autoren
Elfriede Biehal-Heimburger, Alexander Bodmann, Renate Buber, Wilfried Datler, Harald Fasching, Friedrich Glasl, Angelika Güttl-Strahlhofer, Anne Elisabeth Höfler, Roland Hutyra, Günther Kienast, Rainer Kinast, Karin Michaela Krischanitz, Reingard Lange, Irmgard Mendler-Schadt, Christian Metz, Michael Meyer, Hannes Piber, Bettina Riha-Fink, Ursula Rosenbichler, Norbert Schermann, Ingrid Schneider, Karl Schörghuber, Kornelia Steinhardt, Astrid Wallner-Ewald.

Mit einem Nachwort von Carlo Knöpfel, Caritas Schweiz

‡ Haupt   **Haupt Verlag** Bern • Stuttgart • Wien
verlag@haupt.ch • www.haupt.ch

Matthias Drilling

Schulsozialarbeit

Antworten auf veränderte Lebenswelten

3., aktualisierte Auflage 2004. 152 Seiten, 6 Abbildungen,
18 Tabellen, kartoniert
CHF 34.– / € 22.50
ISBN 3-258-06794-5

Die Schule sieht sich einer zunehmenden Zahl von Kindern und Jugendlichen gegenüber, die sich durch Schulverdrossenheit und Schulversagen
auszeichnen. Die Jugendhilfe ihrerseits entwickelt Konzepte, um mit Kindern und Jugendlichen in Kontakt zu treten, bevor sie von der Schule an die
behördlichen Stellen verwiesen werden. Damit wird eine enge Kooperation
zwischen Schule und Jugendhilfe immer dringlicher. Konzepte der Schulsozialarbeit sind in der Schweiz noch jung, der Informationsbedarf gross. Das
Buch fasst Erfahrungen auch aus anderen Ländern zusammen, diskutiert
methodische Herangehensweisen und konkretisiert einzelne Handlungs-
felder der Schulsozialarbeit.

⁞ Haupt   **Haupt Verlag** Bern · Stuttgart · Wien
verlag@haupt.ch · www.haupt.ch

Thomas Rhyner / Bea Zumwald

Coole Mädchen – starke Jungs

Ratgeber für eine geschlechterspezifische Pädagogik

2002. 176 Seiten, 2 Grafiken, kartoniert
CHF 32.– / € 18.–
ISBN 3-258-06426-1

Seit der Einführung der Koedukation scheint die Gleichstellung von Mädchen und Jungen in der Schule verwirklicht. Aber die Realität ist eine andere. Noch immer sind Mädchen unter gewissen Aspekten in der Schule benachteiligt. In letzter Zeit wurde zunehmend deutlich, dass auch Jungen ihre Rolle nicht ohne Mühen und Nöte finden und in mancher Hinsicht zu kurz kommen. Daraus resultierte die wichtige Einsicht: Mädchen und Jungen brauchen spezifische Förderung. Was können Lehrkräfte und andere Beteiligte zur tatsächlichen Gleichstellung beitragen, ohne dass sie gleich die Schule neu erfinden müssten? – Ein Ratgeber mit zahlreichen Praxisbeispielen.

: Haupt **Haupt Verlag** Bern · Stuttgart · Wien
verlag@haupt.ch · www.haupt.ch

Tina Hascher / Kathrin Hersberger /
Stefan Valkanover (Hrsg.)

Reagieren, aber wie?

Professioneller Umgang mit Aggression
und Gewalt in der Schule

Schulpädagogik – Fachdidaktik – Lehrerbildung. Band 7
2003. 208 Seiten, 10 Abbildungen, 2 Tabellen, kartoniert
CHF 34.– / € 22.–
ISBN 3-258-06640-X

Wie kann Gewalt im Schulunterricht thematisiert werden, zum Beispiel im
musik-. Im Geschichts- oder im Fremdsprachenunterricht? Was lässt sich
gegen Mobbing unter Schülerinnen und Schüler unternehmen? Wie können Lehrpersonen und Polizei bei Gewaltsituationen im Schulbereich besser
zusammen arbeiten? Wie kann Gewalt in der Schule im Kontext jugend-
psychologischer Ansätze besser verstanden werden? Die Beiträge in diesem
Band bieten Antworten aus verschiedenen Perspektiven und einen Einblick
in unmittelbare Handlungsmöglichkeiten bei Gewalt in der Schule.

Mit Beiträgen von Allan Guggenbühl, Christopher Szaday, Ruedi Welten und
anderen.

: Haupt **Haupt Verlag** Bern • Stuttgart • Wien
verlag@haupt.ch • www.haupt.ch

Yves Cocard

Vertrauen im Jugendalter

Theoretische Überlegungen und empirische Ergebnisse zur Vertrauensentwicklung bei 12- bis 21-Jährigen

Schulpädagogik – Fachdidaktik – Lehrerbildung. Band 6
2003. 262 Seiten, 45 Abbildungen, 54 Tabellen, kartoniert
CHF 58.– / € 36.–
ISBN 3-258-06602-7

Die Bedingungen, unter denen Jugendliche aufwachsen, und die Grundstrukturen eines jugendlichen Lebenslaufs haben sich in den letzten Jahrzehnten stark verändert. Das soziale Umfeld – familiäre Bindungen, Beziehungen zu Gleichaltrigen und der schulische Kontext – spielt im Leben der Heranwachsenden aber weiterhin eine wichtige Rolle. Vertrauensvolle Beziehungen stützen die individuelle Entwicklung und bieten Rückhalt in schwierigen Zeiten.

Unter welchen Voraussetzungen kann sich dieses Vertrauen überhaupt entwickeln? Aus welchen Gründen vertrauen Jugendliche? Wie breit ist ihr Spektrum an Vertrauensbeziehungen? Wie sehen solche Beziehungen aus? – Gestützt auf Erfahrungsberichte und persönliche Einschätzungen von Jugendlichen, gibt Yves Cocards Studie tiefen Einblick in die Vertrauensentwicklung und macht die immense Bedeutung deutlich, die Vertrauen im Jugendalter hat.

: Haupt   **Haupt Verlag** Bern · Stuttgart · Wien
verlag@haupt.ch · www.haupt.ch